广州市公路管理局
2007年
公路技术论文集

广州市公路管理局 编

人民交通出版社
China Communications Press

内 容 提 要

本书是广州市公路管理局公路建设和管理上多年来的实践经验总结。全书共汇集论文 78 篇，内容涵盖公路建设、管理、养护、征稽、设计、施工、监测等各个方面，按论文不同内容分别编辑为桥梁、道路、隧道和综合篇。其各篇内容密切结合实际，技术内容丰富，含有多方面的经验，可供从事公路建设、养护、管理和征稽技术人员借鉴和参考。

图书在版编目(CIP)数据

广州市公路管理局 2007 年公路技术论文集/广州市公路管理局编. —北京：人民交通出版社，2008.2
ISBN 978-7-114-07007-5

I. 广… II. 广… III. 道路工程—文集 IV. U41-53

中国版本图书馆 CIP 数据核字(2008)第 017581 号

书　　名：**广州市公路管理局 2007 年公路技术论文集**
著 作 者：广州市公路管理局
责任编辑：刘永芬
出版发行：人民交通出版社
地　　址：(100011)北京市朝阳区安定门外外馆斜街 3 号
网　　址：http://www.ccpress.com.cn
销售电话：(010)85285656，85285838，85285995
总 经 销：北京中交盛世书刊有限公司
经　　销：各地新华书店
印　　刷：北京市密东印刷有限公司
开　　本：880×1230　1/16
印　　张：21.5
字　　数：670 千
版　　次：2008 年 3 月第 1 版
印　　次：2008 年 3 月第 1 次印刷
书　　号：ISBN 978-7-114-07007-5
定　　价：80.00 元

编委会
BIANWEIHUI

主　　编　陈小朋

编委成员　李朝文　黄少新　胡胜敏

施瑞欣　李晓东　苏镇洪

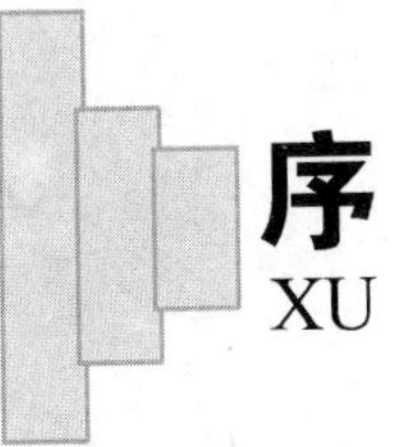

序

XU

在我国经济社会发展大潮中，广州市公路事业快速健康的发展。近年来，广州市公路管理局以广州市二环高速公路为代表的高速公路项目相继建成通车，另一批高速公路项目和国省道新改建项目正在如火如荼建设中。在公路建设、管理、养护工作中，历练了队伍，培养了人才，全局科技水平不断提高。《广州市公路管理局2007年公路技术论文集》就是实践的结晶、经验的总结、研究的成果。全书内容涵盖公路管理、建设、设计、监测、养护等各个方面，内容丰富，具有一定的指导性和实用性。该书的出版从侧面体现了广州公路事业科技兴路的累累硕果，也使我们看到了穗路人人才济济、风华正茂的精神面貌，实在可喜可贺。

人们对自然界、对社会认识，对技术的掌握，都有一个由浅入深、由表及里、由低级到高级发展的过程，要完整地反映事物的内在规律和技术真谛，必须将丰富的感性认识去粗取精、去伪存真，逐步加以分析、探究，并在实践中得到升华和验证。我们所收集的论文，有“粗”有“精”，有“浅”有“深”，但都充分总结了穗路人的技术经验，凝聚着穗路人的心血和智慧，值得自豪，也欢迎大家批评指正。

小平同志“科学技术是第一生产力”的科学论断早已深入人心。“人才是第一财富”体现着“以人为本”的人本理念。社会要进步，事业要发展，离不开科学技术，更离不开辈出的人才。党的十七大的胜利召开，昭示着我国经济社会进入一个崭新的时期。我们处身于这个伟大的时代，在以胡锦涛总书记为核心的党中央的正确领导下，公路事业即将开始新一轮的跨越。为此，通过论文集这一科技交流的载体和渠道，我期待着业界科技工作者能从中得到有益的启迪和借鉴，也期望大家在公路事业的实践中，不断地学习、探索、研究，努力促进公路技术的发展，更期望穗路人尤其是科技人员，在实践中奉献聪明才智，在奉献中茁壮成长，为公路技术的不断进步，为公路事业的不断发展，做出新的更大的贡献。

广州市公路管理局局长：陈心明

二〇〇八年三月二十日

目录

MULU

桥 梁 篇

道 路 篇

隧道篇

综合篇

1. 珠江黄埔大桥悬索桥锚碇基坑支护设计与施工

张少锦　张太科
（广州珠江黄埔大桥建设有限公司）

摘　要　广州珠江黄埔大桥南汊桥跨越珠江主航道，设计为主跨 1 108m 单跨钢箱梁悬索桥，锚碇采用重力式锚碇，基坑采用混凝土圆形地下连续墙支护，排水明挖。本文介绍了黄埔珠江大桥锚碇基坑支护工程—圆形地下连续墙的设计和施工技术及控制过程。

关键词　黄埔大桥　锚碇工程　嵌岩地连墙　成槽技术

1　引言

广州珠江黄埔大桥位于广州东南部，珠江水上距离虎门大桥 34km，大桥全长 7 016.5m，由北引桥、北汊主桥、中引桥、南汊主桥、南引桥 5 部分组成。其中南汊主桥为主跨 1 108m 的单跨钢箱梁悬索桥，梁宽 41.69m(图 1)，大桥设计荷载标准为汽车—超 20 级、挂车—120，通航净空高度为 60m，设计风速为 20m 高处百年一遇 10min 平均最大风速 41.4m/s；抗震按基本烈度 VIII 度设防。悬索桥锚碇采用重力式锚碇，基础埋深为 30m，基坑采用混凝土圆形地下连续墙支护，排水明挖。本文主要介绍基坑支护结构圆形地下连续墙的设计和施工过程。

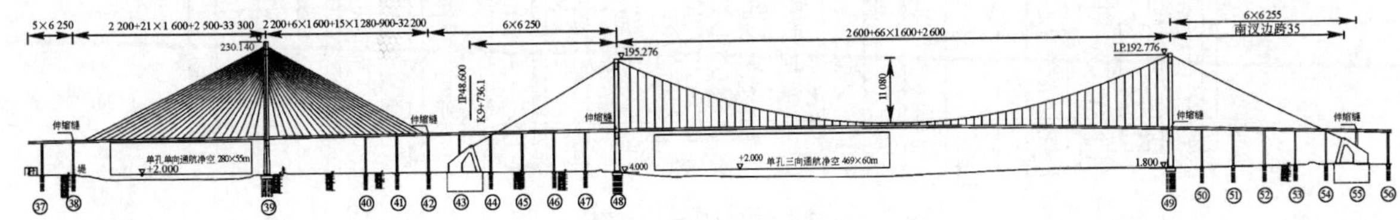

图 1　珠江黄埔大桥主桥立面图

2　水文地质条件

桥位区地层岩性分两层，上部为第四系全新统—更新统三角洲相和河流相覆盖层，三角洲相为灰色、灰黑色淤泥、淤泥质土和淤泥质粉砂、细砂，靠近陆缘部分分布腐木层，河流相为黄色、灰色、灰白色中粗砂、粉细砂，局部夹淤泥，厚达 20～30m；基岩第三系(E1-2)为古新统～始新统棕红色、紫红色、浅灰色砾岩、含砂砂岩、粉砂岩、粉砂质泥岩，白垩系(K2s)为南雄群浅灰、浅棕、紫红色砾岩、含砂砂岩、粉砂岩、粉砂质泥岩，下古生界(Pzl)为灰黑色、灰白色绢云母千枚岩、片岩、片麻岩、变粒岩、石英岩、混合岩及变质砂岩等，燕山期岩浆岩(γ52(3))为灰色、灰白色、灰黑色、肉红色花岗岩、斑状花岗岩、花岗闪长岩、二长花岗岩。地震基本烈度：工程场址区的地震基本烈度为Ⅶ度。本项目存在瘦狗岭断裂、化龙-黄阁断裂和文冲断裂。根据工可报告以及初步设计阶段的地质勘察认为，本项目范围内的断裂带的地震活动不会对工程场址造成直接的危害。

桥址区地下水为第四系孔隙水和基岩裂隙水，具有承压性，地下水主要受珠江水和大气降水渗入补给，补给条件良好，地下水位埋藏浅。第四系孔隙水含水层为砂性土(粗砂、中砂、粉细砂)，水量丰富；基岩为混合岩裂隙水，主要受基岩节理裂隙发育条件限制，富水性一般较弱。

3 黄埔大桥嵌岩地连墙设计

锚碇是悬索桥控制性工程之一，基础设计最大埋深30m。南锚碇工程位于广州市番禺区化龙镇，桥址地处文冲船厂下游约1km，锚碇距堤岸距离约55m。基坑开挖深度为25.5m；北锚碇基础工程位于珠江波萝庙船厂段的江中的大濠沙岛上，基坑开挖深度为30m。

根据桥位处水文地质情况，经反复比较，基坑支护结构采用外径73m，壁厚1.2m的混凝土圆形地下连续墙，鉴于地质钻探所结果揭示的岩石单轴极限抗压强度较低、基岩破碎、裂隙发育的现状，为避免地连墙底脚发生渗流以及踢脚破坏，保证基坑的抗隆起稳定性，确定地连墙嵌入弱风化混合岩深度不小于3m，墙深32～42m。为封闭地连墙底岩体缝隙渗流，在地连墙预埋钢管进行墙体下压浆。基坑开挖时，内设2.0～2.5m钢筋混凝土内衬与连续墙相连。锚碇地连墙及支护结构如图2所示。

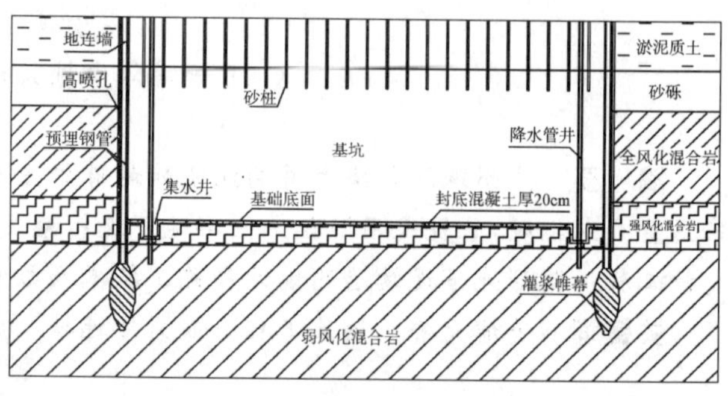

图2 锚碇地连墙及支护结构

地连墙施工槽段分I期、II期两种槽段各25个槽段，共50个槽段，I期槽段采用三铣成槽，边槽轴线处长2.8m，中间槽轴线处长1.12m，槽段轴线处总长6.72m，边槽与中间槽交角为176.9°；II期槽段长2.8m，II期与I期之间交角为175.9°。II期与I期槽段在地连墙轴线处搭接长度为0.25m。地连墙具有墙体深、厚度大、需嵌岩等技术特点，为确保地连墙的施工质量和施工进度，确定采用铣接法连接方式。南北锚碇地下连续墙槽段展开图如图3、图4所示。

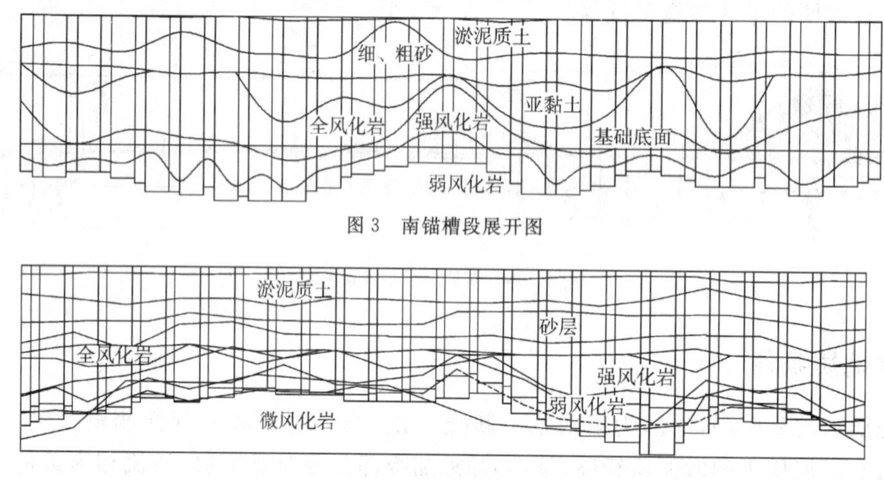

图3 南锚槽段展开图

图4 北锚槽段展开图

4 嵌岩地连墙成槽技术

嵌岩成槽是嵌岩型地下连续墙施工中的关键技术，表1中给出了国内近年来几个代表性工程的基岩成槽方案，可以看出在基岩中成槽，主导的工艺还是采用凿抓铣法。

国内代表性工程比较 表1

工程名称和完工时间	平面形式	挖深(m)	基岩主要成槽方案
虎门西锚	圆形	50	钻冲法
润扬北锚(2002年)	矩形	48	凿抓铣法
阳逻南锚(2004年)	圆形	45	凿抓铣法
黄埔北锚(2006年)	圆形	30	凿抓铣法
黄埔南锚(2006年)	圆形	25	钻抓铣法

4.1 工法选择

地连墙的成槽主要机械主要有抓斗、铣槽机、冲击钻和重锤（凿）等，其中抓斗适用于较软的土层，液压铣槽机不仅在软弱土层、粉砂层中可以施工槽段壁面较光滑的槽孔，而且在砾石、卵石以及软弱基岩中直接铣削成槽，具有很高的效率，但是对坚硬基岩的直接铣削效果很差，施工费用高，应配合冲击钻或重凿进行施工。

由于地连墙成槽效率主要受到地质情况的制约，只有根据实际的工程地质情况选择适合的成槽机械才能取得较好效果。南锚场地的强、弱风化岩层的高程高于北锚，也就是说南锚地连墙在硬基岩的成槽深度更大，而北锚场地强、弱风化岩层的高程较低，地连墙槽孔主要位于全风化岩、砂层和软弱土层等开挖难度较小的土层，在较硬基岩的工作量较小。因此，根据南、北锚不同的地质情况应该选取不同的成槽技术。经过综合评估，北锚碇地连墙由施工单位的委托法国地基公司施工，南锚碇地连墙则由施工单位自主组织施工，并取得明显效果。

4.2 成槽方案

(1)南锚碇地连墙成槽工艺

南锚碇成槽技术可以概括为：抓孔，卷扬式冲击钻成槽，铣槽机修槽，铣侧边。

考虑到在较硬岩层成槽工程量大的特点，将槽段分为上下两层，采用不同的成槽技术：

①槽段上层成槽方法

槽段上层采用液压抓斗和铣槽机成槽，其工作流程如下：

槽口开挖→就位→抓（铣）进→下个孔位→修孔→检查→下个槽段

施工时，首先根据槽段划分在导墙顶面及侧面用红漆作好标志。在铣槽机工作之前，用挖掘机开挖此槽段顶部2～3m深，以使铣槽机铣削头处的泥浆泵可以淹没在泥浆中。

I期槽成槽时，必须先施工两侧槽孔，最后施工中间槽孔。液压抓斗在连续三抓空抓时，即可停抓，由施工员对比地质钻资料及调查最后一抓的弃渣，如距离强风化面较远，则改用铣槽机继续成槽，否则按到达上下层分界面处理。当铣槽机压力表读数急剧上升，即可停铣，按到达上下层分界面处理。

②槽段下层成槽工艺

槽段下层采用冲击钻成槽，其工作流程如下：回填黏土→就位→造浆→冲进→下个孔位→修孔→检查→下个槽段。冲锤就位时，指挥人员根据导墙上的标志，指挥司机移动机架，使冲锤移至设计槽位上。冲机先用圆锤冲出5个圆孔，再换成方锤修孔。每个I期槽段布置两台冲机，圆孔成孔及修孔均按先边后中的顺序进行，每个孔在确认进入弱风化3m后，再进行下一个孔的成孔作业。

(2)北锚地连墙成槽工艺

北锚成槽技术可以概括为：抓孔，铣槽，重锤凿，抓碎石，铣槽机，修槽，铣侧边。

成槽工艺主要为液压铣铣削成槽，主要分为以下三种情况：

①在上部10m范围内的土层采用钢丝绳抓斗设备进行“纯抓法”成槽；

②10m以下的土层至基岩部分采用HF12000液压铣槽机进行“纯铣法”成槽；

③进入坚硬岩石层以后，采用重凿和液压铣（抓斗）交替使用，直到设计的槽孔深度，即重凿破碎岩石层，再使用铣槽机成槽。

施工工艺如下：铣槽机施工至基岩，难以进尺──→提出铣槽机──→下入重凿（锤）──→重凿破碎岩石──→提出重凿（锤）──→下入铣槽机成槽

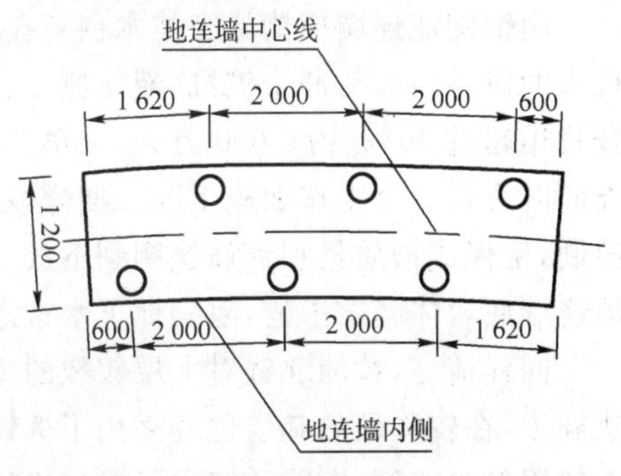

图5 地连墙帷幕灌浆孔平面位置图（I期槽）

4.3 墙底压浆

避免地连墙底脚发生渗流，增加地下水渗流路径，在墙体设计预埋了灌浆管（图5），墙体施工完毕后对墙体底部进行压浆形成挡水帷幕。压浆深度要求进入微风化岩不小于3m，实

际施工自墙底下有10m左右。

根据地连墙与基岩的接触地带灌浆易串、冒的特点，在接触带采用高压水旋转冲洗后，使用卡塞法或孔口封闭法进行压水和灌浆，灌浆后待凝24h以上方能进行下一段的钻灌工作。

采用自上而下分段灌浆法施工时，在设计压力下，注入率不大于1L/min，继续灌注30min，灌浆可以结束；采用自下而上分段灌浆法施工时，在设计压力下，注入率不大于0.5L/min，继续灌注10min，灌浆可以结束。质量检查以分析检查孔压水试验为主。

黄埔大桥采用的墙底压浆实际效果较好，压浆后基坑开挖基本实现了干开挖，避免了墙体外增设止水帷幕等额外的止水方案，既节约了工程投资，也节约了工期。

5 黄埔大桥地连墙成槽技术创新

根据南、北锚的工程地质情况和可能的成槽机械相组合，我们分别对南、北锚的成槽方案进行了部署和试成槽，形成了两个适合本工程实际情况的成槽施工工艺，并且通过施工实践，实现了在坚硬层中集中大量使用简单成孔机械达到计划功效及质量要求和使用较先进的成槽机械及较低劳动力消耗达到成槽施工目标的两个成功案例。在国内嵌岩地下连续墙施工领域实现了成槽施工工艺的成套技术的完整创新。

南锚碇地连墙成槽质量完好；围绕基坑均匀布置了8个测斜管，通过实时监控，地连墙受力较为理想，内侧和外侧的环向应力较接近，以受压为主，当基坑开挖至20m深度位置，数据显示最大变形10mm，最大应力9.67MPa，均控制在设计允许范围之内(图6、图7)。

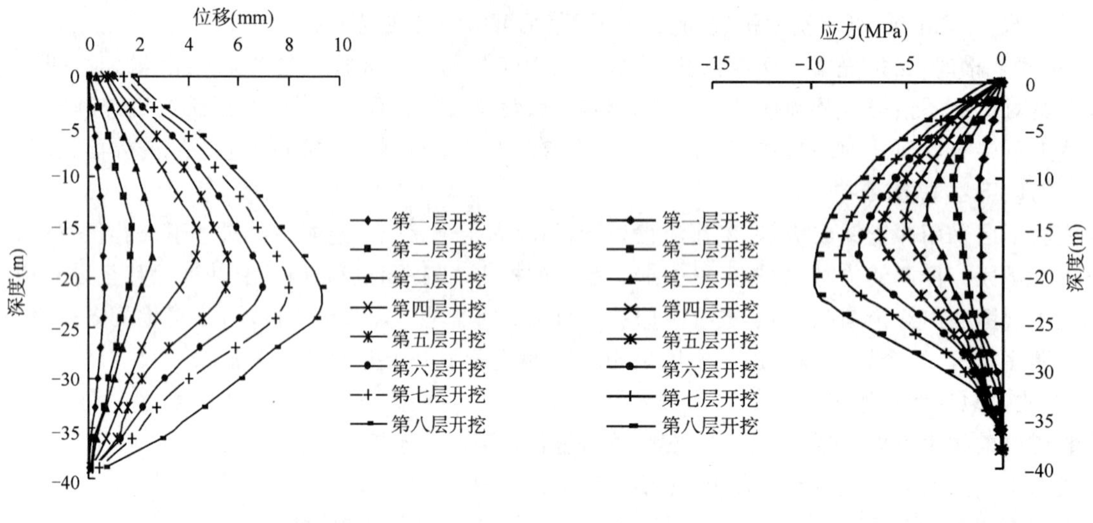

图6 南锚碇连墙位移图

图7 南锚碇连墙环向应力图

南锚碇地连墙成槽施工技术创新在三方面得到了充分体现：第一、降低了大量施工成本。该工艺所投入的设备由简易冲击桩机、液压抓斗、及铣槽机组成，减少大量临时进口设备费用的支出，节省该项投资费用超过30%(约1 000万元)。第二、能大面积施工，满足工期要求。投入16台冲机施工，一期槽段能同时进行8个工作面施工。二期槽段能同时16个工作面开工。第三、成槽的最后一道工序由铣槽机控制，确保成槽质量和钢筋笼顺利下放。第四、通过地连墙墙底压浆工法代替墙外止水帷幕方案，封闭地连墙底岩体缝隙渗流，阻隔地下水进入基坑，节省工期和投资费用。

同样道理，黄埔北锚对上层较软的土体主要采用抓孔、铣削砂层，对下层基岩的较弱部分采用纯铣法施工，在较坚硬的基岩位置采用了凿铣法施工，实际施工质量优良，但是铣槽机的工时耗用较多、劳动力使用较为节约，实践和完善了较先进的成槽工艺。

6　结束语

通过对广州珠江黄埔大桥锚碇基坑地下连续墙施工的总结，液压铣槽机用于地下连续墙成槽能充分保证施工质量、精度高、施工速度快，但是台班费用过高，黄埔珠江大桥南锚的经验表明，只要合理应用，简单、传统的成孔机械也可以保证有足够的精度并且能有效控制成本。

参考文献

[1] 广州珠江黄埔大桥悬索桥施工图.

[2] 广州珠江黄埔大桥 S09/S10 标地连墙施工技术方案.

[3] 李劭晖，徐伟. 深基坑嵌岩支护技术应用研究. 岩土工程学报，2006 增刊：1720-1723.

[4] 丛蔼森. 地下连续墙地设计施工与应用. 北京：中国水利水电出版社，2001.

[5] 张有光，关华. 虎门大桥西锚碇基础地下连续墙的施工技术. 国外公路，1998，18(5)：49-51.

2. 移动模架工法的关键问题及解决策略研究*

黄成造[1]　项贻强[2]　汪劲丰[2]　张少锦[1]　赵　阳[2]
(1. 广州珠江黄埔大桥建设有限公司；2. 浙江大学土木工程系)

摘　要　移动模架工法由于其具有安全、经济、高效及施工质量易于保证等优点，在我国桥梁工程建设中得到了越来越广泛的应用。本文以广州珠江黄埔大桥成套技术研究为背景，针对移动模架的设计制造及施工使用缺乏专业的规范和技术标准等问题，对移动模架工法中的关键技术进行了论述，并对设计计算、安全监测及质量控制等的解决方案进行了探讨。这对确保模架施工安全、提高模架施工质量具有非常重要的现实意义。

关键词　移动模架　成套技术　关键问题　解决策略

移动模架施工法由于其具有安全、经济、高效及施工质量易于保证等优点而得到了广泛应用。移动模架工法在我国的桥梁建设中得到了大力推广，本文从确保移动模架施工安全及质量、提高目前我国移动模架施工能力和水平的角度，对移动模架工法的关键技术问题进行了阐述，并对各自的解决方案进行了探讨。

1　移动模架工法现状及关键技术

移动模架工法简称MSS(Movable Scaffolding System)工法，最早于1959年原联邦德国施特拉巴克公司开发始用于Andernach附近联邦9号高速公路的克钦卡汉大桥(该桥为13×39.2m)的预应力混凝土连续箱梁，因其设备制造费用昂贵，用钢量很大，一度在当时推广应用受到很大的局限性。1970年，挪威工程师和机械制造商合作，设计出了新型的MSS造桥机，该系统在超过100多个桥梁工程的实践中，经过多年反复优化，MSS造桥机已发展成为重量轻、安装简易、操作高效、并具有国际著名的液压和起重系统而享誉世界的桥梁施工设备。20世纪70年代移动模架工法传入日本、美国，现已推广于全世界，成为最主要的建桥方法之一。

就我国而言，移动模架最早是由中国路桥公司使用于伊拉克建造的摩索尔四号桥和五号桥。国内首次应用于公路桥梁施工的是福建厦门的高集海峡大桥，选用了42m等跨径、等截面、分离式双箱预应力混凝土连续染桥，总长2 070m。我国的移动模架法的施工跨度从30m、40m到50m，发展到目前珠江黄埔大桥上的62.5m，施工最大总质量已达到了2 650t，施工跨度及重量均已达到了世界之最。

由于我国移动模架施工方法起步相对较晚，且有相当一部分移动模架的设计制造都是参考国外的。同时由于我国在钢材品质及制作加工工艺上同国际先进水平还存在一定的差距，导致移动模架在实际应用中还存在诸多问题，模架扭曲变形甚至倒塌的安全事故也时有发生，给人员安全、工程质量及工程进度等都带来了极为不好的影响。目前我国移动模架的设计及制作规范和标准还不完善，移动模架安全使用也缺少统一的指导书，这些工作都急需进一步完善。

移动模架工法在我国桥梁工程建设中，虽已得到了广泛的应用，从设计制造及施工使用等各个方面都积累了非常丰富的经验。但从目前现状来看，有如下关键技术值得深入探讨：

(1)移动模架工法的适用性及其分析方法；

(2)移动模架的设计及分析验算；

* 本文为2006广东省交通厅2006科技计划项目“广州珠江黄埔大桥移动模架成套技术研究”的一部分工作。

(3)移动模架的加工质量控制及产品验收办法；

(4)移动模架使用过程中的安全监控；

(5)移动模架施工混凝土桥梁的质量控制；

(6)移动模架工法的系列指南及规范、标准的研究与制定。

上述问题涉及面非常广，是一个系统课题。接下来，主要从模架的设计与使用角度，就移动模架的设计计算、安全监控、施工线形控制等的解决方案进行探讨。

2　设计计算方案

移动模架结构体系复杂，且承重主梁一般是腹板带孔的箱形结构，模板系统一般是由面板加梁肋组成的组合结构，其受力复杂，基于材料力学的传统方法一般只能用于结构初步设计和选型计算。在模架的设计分析验算时，基于有限元的数值分析方法是目前进行模架受力分析的有效方法。在模架结构验算时，一般包括整体效应和局部效应两个方面，采用的是板壳单元和空间杆、梁单元。

2.1　分析思路

其具体的分析思路如下：

(1)认真阅读移动模架的设计图纸、桥梁施工组织设计及移动模架的拼装、移动资料，必要时到现场进行实地查看，确保对模架结构构造和工作原理的真正理解。

(2)选择确定计算分析的力学物理参数。

(3)根据移动模架的工作原理和作业环境，确定移动模架在使用过程中可能存在的荷载工况。

(4)根据移动模架的传力机理，将移动模架结构分解成构件级，在此层面上，采用通用有限元软件，用梁、板壳及实体单元建立各受力构件的分析模型。

(5)采用上述模型，按已拟定的荷载工况，对各构件的强度、刚度及屈曲稳定进行验算。

(6)根据整体分析的计算结果，对需要进行局部分析的构件进行细部分析。

(7)整理分析计算结果。

2.2　计算荷载及组合

正确分析移动模架在使用期间可能出现的荷载及其组合情况，是进行移动模架分析的关键一步。根据移动模架施工的实际情况，作用于其上的荷载主要有三类：

(1)常规荷载：移动模架自重、浇注的混凝土重量、起吊物重量。用于屈服、弹性失稳及疲劳失效等验算。

(2)偶然荷载：是指移动模架在正常工作时不经常发生的偶然出现的荷载，包括由工作状态的风引起的荷载。主要用于结构的强度验算。

(3)其他荷载：是在其他某些特定情况下发生的荷载，包括在移动模架安装、纵移、平移及拆卸时出现的荷载，作用在移动模架的平台或通道上的荷载等。

在进行移动模架结构计算时，将考虑三类不同的基本荷载情况：

(1)无风工作的荷载情况；

(2)带风工作的荷载情况；

(3)受到特殊荷载的工作或非工作情况。

2.3　分析工况

(1)空载状态

将已合模、混凝土为浇注的状态称为空载状态。在此状态下，主要是分析横向风荷载作用下，模架主梁结构的受力情况。分析时主要考虑的荷载为：钢梁自重和静风荷载。对于风荷载的选取，可依据《公路桥梁抗风设计指南》。

(2)首跨浇筑

将首跨＋悬臂段的施工工况，称为首跨浇筑。该工况浇筑的混凝土量最大，是模架主梁、上下横梁系统、模板系统及模架支承系统受力最为不利的一个工况。该工况下，要对主梁、横梁、模板、支承等构件进行全面验算，验算内容包括：强度、变形及稳定性。须分别考虑有风和没有风的情况：

①模架自重＋混凝土自重

②模架自重＋混凝土自重＋横向风荷载

③模架自重＋混凝土自重＋纵向风荷载

(3)标准跨浇筑

将标准中间跨的施工定义为标准跨浇筑。该工况下，重点对主梁模板、横梁等构件的变形进行验算，同时兼顾强度和稳定性的验算。验算工况主要为：模架自重＋混凝土自重。

(4)过渡跨浇筑

该工况并不是对所有的模架施工都存在的，只对于存在不同跨径过渡段的桥梁是存在的。该工况下，主要是对主梁模板、横梁等构件的变形进行验算，验算工况主要为：模架自重＋混凝土自重。

(5)尾跨浇筑

将每一联最后一跨的施工，称为尾跨浇筑。该工况下，主要是对主梁模板、横梁等构件的变形进行验算，验算工况主要为：模架自重＋混凝土自重。

(6)移动模架纵向行走

移动模架在行走过程中，其支承条件不断变化，且受到纵向的水平推力。在该工况下，前、后鼻梁受力不利。要求对前后鼻梁的强度、变形及稳定性等进行验算。考虑的情况主要有：鼻梁最大剪力及鼻梁最大弯矩。

3 安全监测方案

3.1 监测状态分析

移动模架在使用过程中要反复经历行走、合模、承重的过程，在这一过程中，其结构体系、支承条件及承受荷载都不尽相同。同时，移动模架还将受到风、温度等环境因素作用。因此，对于移动模架可分为三种工作状态：

(1)行走状态；

(2)立模状态；

(3)混凝土浇筑状态。

当移动模架处于行走工作状态时，其结构体系是变化的，从行走开始到行走到位要经历带双悬臂的简支、带单悬臂的两跨连续、带双悬臂的简支等体系变化过程；并且由于移动模架在不断移位，移动模架上各支承点的位置也是在不断变化的。移动模架处于行走状态时的复杂性主要体现在结构体系及支承条件的变化。该状态下，在移动模架主梁底部将受到摩擦力作用，在移动前的临界时刻是最大静摩擦力，在移动过程中受到的是滑动摩擦力。在该状态下，移动模架的前、后鼻梁处于受力较为不利的状态，须对前后鼻梁的应力进行监测。

移动模架的立模状态是指移动模架前移到位、合模的状态，该状态下，移动模架处于空载，不是模架的最不利状态。但该状态是模架监控的基本状态，在该状态下要进行模架应力及变形的初值测量。

移动模架的混凝土浇筑状态是指在移动模架上浇筑完混凝土、预应力张拉前的状态，该状态下移动模架将承受浇筑跨的钢筋混凝土的全部重量。该状态又因施工位置的不同，其工作状况存在一定差异，如首跨施工、中间跨施工、尾跨施工等。该状态下，移动模架的主梁受力不利，主要表现在两个区域上：最大正弯矩区域、最大剪力区域，须对主梁进行应力监测。

由于本移动模架均处于一般的自然条件之下，不论其处于何种工作状态，都不可避免地受到温度、风等自然环境条件的影响，温度、风等的作用同荷载作用一样，同样会引起结构的内力及变形。因此，在各中状态监测分析中，都须考虑自然环境的影响。

3.2 监测的内容

基于上文有关移动模架工作状态的分析，移动模架安全的监测实际上主要是应力的监测，同时在混凝土浇筑过程中还需进行相关变形的监测。应力监测的主要内容有：

(1)行走状态移动模架前后鼻梁受力不利构件的应力监测；

(2)立模状态移动模架鼻梁、主梁等的初始状态测量；

(3)混凝土浇筑状态移动模架主梁的应力监测；

(4)混凝土浇筑状态移动模架横梁吊杆系统的应力监测；

(5)混凝土浇筑状态移动模架支腿反力的监测；

(6)移动模架在各种状态下环境条件的影响监测；

(7)移动模架使用过程中，局域区域临时、加密应力测量。

3.3 应力监测方法

移动模架是一全钢结构，在目前测试水平条件下，采用以钢弦式应力计为主进行应力监测是可行的，同时在必要时辅以电测应变片，通过测量测点应变换算应力值。其中，电阻应变片主要是考虑到移动模架在使用过程中，当局部构件出现异常状况时，或为了特定目的，如校验验证、专题研究等，用于局部区域应力的临时、加密测量。对于钢结构，其应力测量的计算公式如下：

$$\sigma = E \cdot \varepsilon_{V} \tag{1}$$

式中：σ——荷载作用下钢结构测点的应力；

E——钢材弹性模量；

ε_{V}——荷载作用下消除了温度影响的钢结构测点应变，即真应变。

在实际测量的应变中包含了温度的影响，因此在钢结构应力测试计算时，须扣除温度引起的应变。考虑温度效应影响后，钢结构应力测量的计算公式如下：

$$\sigma = E \cdot (\varepsilon - \varepsilon_{t}) = E \cdot (\varepsilon - \alpha \cdot \Delta t) \tag{2}$$

式中：ε——应力计所测得的应变，即总应变；

ε_{t}——温度变化引起的材料变形量；

α——钢材的线膨胀系数；

Δt——温度变化量。

因此在进行钢结构应力的测量的同时，还须同时进行温度的测量。

对于钢弦式应力计，是利用传感器内腔中钢弦频率的变化来反映被测物体的应变。钢弦式应力计的输出信号为钢弦的振动频率，其与应变的关系为：

$$f=\frac{1}{2l}\sqrt{\frac{\sigma}{\rho}}=\frac{1}{2l}\sqrt{\frac{E_{g}\varepsilon}{\rho}} \tag{3}$$

式中：f——钢弦自振频率；

l——钢弦长度；

σ——钢弦所受应力；

ρ——钢弦材料的线密度。

采用钢弦式应力计测得的是总应变。

3.4 应力测点布置

在移动模架应力监测上，应本着“抓住重点、确保精度”的原则。在应力测点布置上主要考虑以下几个方面：

(1)前后鼻梁：选择模架纵移中受力最为不利的杆件作为监测对象；

(2)模架主梁：主要选择正弯矩最大和剪力最大截面作用应力的测试截面；

(3)模板悬吊或支承系统：选择受弯和受拉最不利的部位进行应力测试；

(4)支承系统：选择前支腿中部截面及前支承横梁的正弯矩最大截面进行应力测试。

因此，应力测点的布置必须以模架结构的分析计算结果为依据，确保在应力测点的设置上做到有的放矢。

3.5 应力监测工况

移动模架在整个使用过程中，有多种工作状态，在各种状态下需要监测的对象列于表1。

移动模架应力监测工况一览表

表1

监测对象	监测工况				备注
	立模状态	混凝土浇筑	开模状态	行走状态	
模架主梁	√	√	√		连续监测
模架导梁	√			√	连续监测
横梁吊杆系统	√	√	√		选取部分跨
模架前支腿	√	√			选取部分跨
其他构件	根据工程实际需要，具体另行确定				

3.6 移动模架应力的环境效应监测

由于移动模架处于野外工作环境，不论其处于何种工作状态，都不可避免地受到自然环境作用，其中最重要的是风和温度变化，因此有必要进行移动模架应力的环境效应监测。

(1)在典型的气候条件下(春、夏、秋、冬)，分别对各种工作状态下的移动模架主梁、导梁等应力的温度效应进行监测。要求连续24h对应力进行监测，同时对温度进行测量，测量间隔为0.5h。

(2)在风力较大的气候条件下，分别对各种工作状态下移动模架主梁、导梁、吊杆等应力的风载效应进行监测。要求连续12h进行监测，测量时间间隔为15min。

(3)选择在风力较大、气温变化较明显的气候条件下，分别对各种工作状态下移动模架主梁、导梁、吊杆等应力的风载效应进行监测。要求连续24h进行监测，测量时间间隔为15min。

4 主梁线形控制方案

对于移动现浇施工的混凝土桥梁，其线形控制包括两个方面：一是桥梁现浇的整体线形控制(整体线形)；另一是新旧混凝土结合部位施工错台的控制(局部线形)。

4.1 整体线形控制

整体线形控制主要是通过设置合理的预拱度来实现的。因此，整体线形控制的关键在于分析预拱度的组成以及确定各组成的取值。

(1)预拱度的设置

对于预拱度的组成，可根据规范要求及混凝土浇筑托架的传力机理，一般能准确确定。对于移动模架现浇混凝土主梁预拱度的设置，重点考虑以下几个方面：

①设计预拱度；

②移动模架主梁变形；

③移动模架模板支承系统变形；

④移动模架外模板变形；

⑤移动模架内模系统变形；

⑥温度效应引起的模架变形。

梁底预拱度=①－②－③－④－⑥

梁顶预拱度=①－②－③－④－⑤－⑥

对于设计预拱度，按规范要求取(成桥累计位移加$\frac{1}{2}$活载挠度)的反值。

由于浇筑混凝土的重力通过模板传递到模板支承系统，再传递到主梁，因此在设置主梁预拱度时须考虑主梁、模板支承系统以及模板系统的变形，需要明确的是该变形是指由混凝土和钢筋引起的净变形，不包括移动模架自重引起的变形。由于施工不允许局部有较大的变形，因此内、外模本身一般不会有明显的变形，从目前模架施工情况来看也确是如此。但由于内模下有支架支承，该支架会存在整体变形。

温度的升高或降低会导致材料的伸长和缩短，从而引起移动模架高程的变化，这种变化在不均匀温度场的条件下表现得更为明显。因此温度对立面的高程的影响必须考虑。由于在日照条件下，结构内部温度场非常复杂，不可能进行准确的理论分析。对此项的考虑，主要是通过在气温相对恒定性时进行高程的控制测量，尽量减少温度效应的干扰。

(2)预拱度的取值

由于理论分析模型、计算参数取值等与实际情况存在一定差异，因此移动模架变形的理论计算值存在误差。由于移动模架静载试验过程中，荷载分布很难与实际情况相一致，且静压试验也很难模拟钢筋骨架及未凝混凝土的刚度，因此移动模架的静压实测变形同浇筑混凝土时的移动模架变形也存在误差。所以理论计算变形以及荷载试验所测得的变形只能作为预拱度取值的一个依据，预拱度的合理取值还须通过多个梁段施工的监测，不断积累数据和经验，才能真正取得。

因此，在前期施工过程中，必须通过有目的的大量测量，积累数据和经验，逐步取得预拱度各组成部分的合理取值。

4.2 局部线形控制

对于采用移动模架法施工的混凝土桥梁，在其中间跨及尾跨都存在新旧混凝土结合部，在混凝土结合部区域，由于已施工的桥梁结构与模架系统不可能协调变形，因此在新旧混凝土结合区域不可避免地存在施工错台。施工错台轻则影响结构外观，重则还影响结构的受力性能。对于跨径较大的混凝土桥梁施工，施工错台会比较明显。

(1)常用的错台控制方案

常用的错台控制措施是在悬臂段施加反向压力，以通过下压混凝土桥梁上顶模架主梁的方式来改善施工错台情况。该控制措施理论上似乎可行，但经分析，该方法实际效果并不理想，主要原因如下：

①对于连续刚构桥，反顶力除在墩顶产生竖向力外，还产生水平力和弯矩。由于在反顶力施加和拆除时的结构体系不同，在桥梁结构内部会产生较大的残余应力。

②混凝土主梁及移动模架的刚度都比较大，即使施加很大的反顶力，也很难产生的明显效果。

③在已施工梁的悬臂前端，施加较大的反顶力，对箱梁结构的横向局部受力不利，容易产生裂缝。

因此，基于以上的理由，认为常用的错台控制措施不够理想，必须探求新的控制措施。

(2)新的错台控制措施探讨

上述常用的错台控制措施是一种被动方式，对结构受力存在不利影响，且效果不明显。本研究从移动模架的结构及工作机理出发，探索一种积极主动的错台控制措施。

在混凝土浇筑过程中，混凝土重量由模板传递给模型支承，再由模板支承系统给模架主梁。从该传力机理可以看出，模板支承系统是可与主梁相独对立的，在其上可设置一模板高度调节装置，而在立模时，是通过调节模板支承系统来调节模板高度的。因此在混凝土浇筑过程中，亦可采用顶升横梁吊杆系统的方式来控制施工错台，具体顶升的量可根据现场实测的错台位置高程变化量确定。我们将上述的错台控制方法称为支承系统主动调节法。

该方法的操作步骤如下：

①混凝土浇筑前，安装横梁提升千斤顶；

②连续观测错台位置的模板高程变化情况；

③错台位置高程下降量接近控制限制(0.5cm)，准备提升；

④根据高程下降量，缓慢提升模板，直到模板高程达到预定值；

⑤重复②～③步，并记录好高程变化量、提升量及顶升力。

使用该方法时，要注意确保顶升过程均匀、缓慢，同时记录顶升量及顶升力；要注意确保模板的侧向稳定。

图1示意了上行式移动模架施工错台形成的原因及相应的控制措施。

4.3 影响主梁线形的关键因素分析

对于局部线形，通过逐步提升模板的方法能有效地解决施工错台问题。

对于整体线形，从移动模架施工桥梁的实践来看，在众多的影响因素中，移动模架主梁的变形是最主要的，而设计预拱度值一般不超过1.5cm，只占整个预拱度中的小部分。因此要控制好主梁的线形，关键是要通过理论分析和经验积累来取得移动模架各变形的客观值。移动模架系统变形的准确预测将是线形控制的关键。

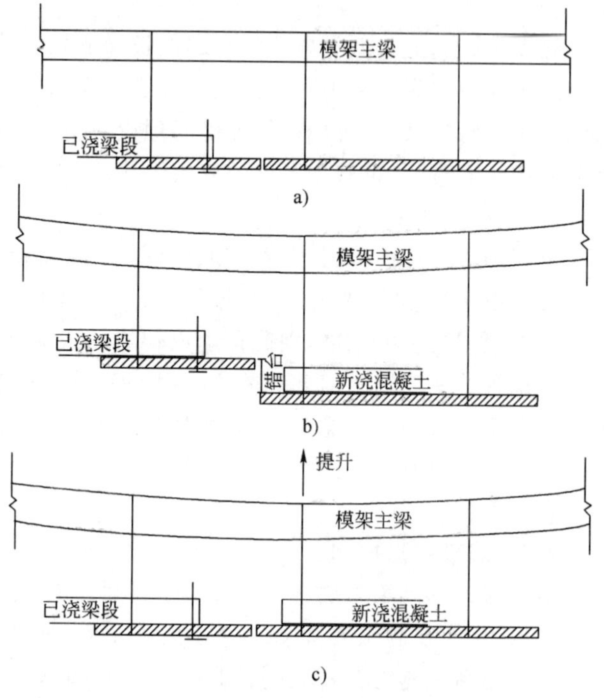

图1 上行式移动模架施工错台成因及控制示意图
a)立模状态示意图；b)错台形成示意图；c)错台控制措施示意图

5 结束语

移动模架工法虽已有较多的工程应用及经验积累，其工艺也比较成熟，但从确保移动模架的施工安全及提高施工质量的角度，还有诸多关键技术需进行更深入地探讨，同时也急需移动模架工法的操作指南及技术规程、规范等成套技术指导文件。本文所探讨的模架设计分析、安全监测及线形控制的方案，对工程实践具有重要的指导意义，也可为相关指南及规范的制定提供参考依据。

参考文献

[1] 胡安祥，曹三鹏等.移动模架造桥机在苏通大桥引桥PC连续梁的应用[J].中国港湾建设，2005，138(4)：41-45.

[2] 胡安祥，雷江洪，镇亦明等.国内外MSS移动模架系统在苏通大桥的应用及比较[J].施工技术，2006，35(3)：55-58.

[3] 张乐亲，林荫岳.秦沈客运专线MZ32移动模架造桥机研究设计[J].铁道标准设计，2000，20(3)：9-11.

[4] 帅长斌，俞文生.高墩桥梁移动模架法整孔无支架现浇造桥机设计[J].桥梁建设，2002，4：65-68.

[5] 赵启林，濮卫，陈一飞，等.基于光纤监测系统的桥梁移动模架安全性监测与控制[J].解放军理工大学学报(自然科学版)，2005，6(5)：469-473.

3. 连续刚构桥梁荷载试验分析

黄少新[1]　赵文秀[2]
(1. 广州市公路管理局;2. 广州市公路管理局工程研究所)

摘　要　桥梁荷载试验是鉴定桥梁承载能力、评价桥梁现状的重要手段。本文通过洛溪大桥的荷载试验及对该桥检测结果的评价分析,介绍了连续刚构桥梁荷载试验的一般方法和分析试验结果的主要原则。

关键词　连续刚构桥　静载试验

连续刚构桥是预应力混凝土大跨梁式桥的主要桥型之一,它综合了连续梁和 T 形刚构的受力特点,将主梁做成连续梁体,与薄壁桥墩固接而成。

连续刚构桥的主要特点是主梁连续、墩梁固接,既保持了连续梁无伸缩缝、行车平顺的优点,又保持了 T 形刚构不设支座、无须体系转换的优点,方便施工,而且顺桥向具有很大的抗弯刚度,横向具有很好的抗扭刚度,能大大满足较大跨径桥梁的受力要求。因此,它是一种极有生命力的桥梁结构,已成为大跨度预应力混凝土桥梁的首选桥型。

1　桥梁概况

洛溪大桥位于广州市南郊,跨越珠江主航道,该桥主桥结构为 65m＋125m＋180m＋110m 的不对称四跨连续刚构。除与引桥连接处的两端设伸缩缝外,在主桥全长范围内上部结构及其与墩身是连接全部采用了刚性连接整体结构,该桥主要技术标准如下:

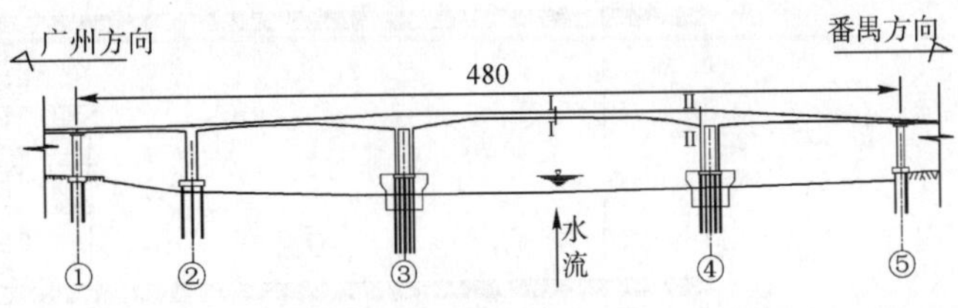

图 1　洛溪大桥主桥连续刚构立面示意图(尺寸单位:m)

(1)跨径组合:12×16m＋16×30m＋(65m＋125m＋180m＋110m)＋20×30m＋10×16m,桥梁全长 1916.04m(图 1);

(2)设计荷载等级:汽车—20 级,挂车—100;

(3)桥面宽度:桥面总宽 15.0m,其中行车道宽 13.0m,两边设人行道 1m;

(4)桥面坡度:双向纵坡 4%;

2　试验目的及依据

桥梁鉴定性荷载试验的目的是检测大桥结构的刚度、强度和整体受力性能,检验大桥是否符合设计要求及能否正常使用。

本次荷载试验主要参照交通部《大跨径混凝土桥梁的试验方法》(以下简称《方法》);《公路钢筋混凝土及预应力混凝土桥涵设计规范》(JTG D62—2004)(以下简称《混凝土桥规》);《公路桥涵施工技术规范》(JTJ 041—2000);工程竣工图、变更图及其他相关文件数据。

3　荷载试验

3.1　测试内容和仪器

根据连续刚构的特点,加载试验测试的项目有:

(1)180m主跨跨中最大正弯矩截面正截面强度；

(2)180m主跨最大负弯矩截面正截面强度；

(3)主桥跨的挠度。

控制截面强度测试(应变)采用日本DATALOGGER-TDS303型自动静态数据采集分析系统；主桥挠度测量采用日本DL-101C、DL-111C拓普康电子数字精密水平仪。

3.2 试验荷载的确定原则

(1)根据《方法》的规定，最大试验荷载按试验荷载效率η确定。静力试验荷载效率η的计算公式为：

$$\eta=\frac{S_{stat}}{S\sigma}$$

式中：S_{stat}——试验荷载作用下，检测部位变位或内力的计算值；

S——设计荷载作用下，检测部位变位或内力的计算值；

σ——设计取的动力系数。

根据《方法》要求，对本结构，试验荷载效率η的取值范围为0.8～1.05。

在设计荷载等级汽车—20级、挂车—100作用下，180m跨中截面理论计算最大正弯矩值$M_{理论}=$ 25 255.6kN·m，刚构箱梁根部截面理论计算最大弯矩值为$M_{理论}=-143\,411.1$kN·m。

(2)试验荷载值按等效弯矩方法确定。最大荷载在桥面布置十四辆汽车(每辆汽车的总重30t)作为试验荷载，在试验荷载作用下，180m主跨跨中截面弯矩试验值$M_{试验}=24\,171.6$kN·m，跨中弯矩值的荷载效率为$\eta=0.96$，满足《方法》规定的要求；刚构箱梁根部截面弯矩试验值为$M_{试验}=-138\,147.6$kN·m，荷载效率$\eta=0.96$，满足《方法》规定的要求。

3.3 加载工况及测点布置

试验共采用14辆加载车(每辆汽车的总重30t)，分三级加载，两级卸载。加载的顺序和位置如图2所示。

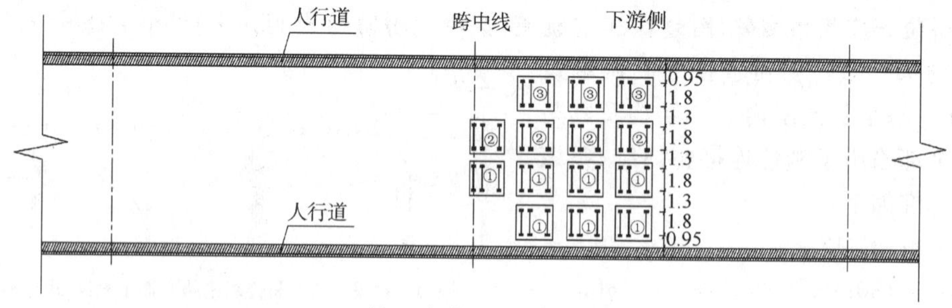

图2 加载工况示意图

注：数字序号①②③分别表示加载分级的第一级、第二级、第三级。

控制断面的应变测点布置在主梁顶板内侧、腹板、底板上，各测点的位置见图3、4；沿主桥纵向方向，在跨中、1/4L、3/4L、墩位处分别在桥面上游侧和下游侧布置挠度测点，共38个，观测在试验荷载作用下主桥的挠度变化曲线。

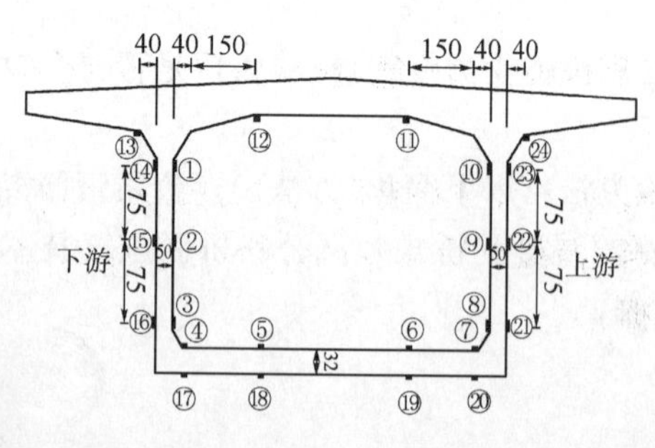

图3 I-I 截面应变测点布置示意图

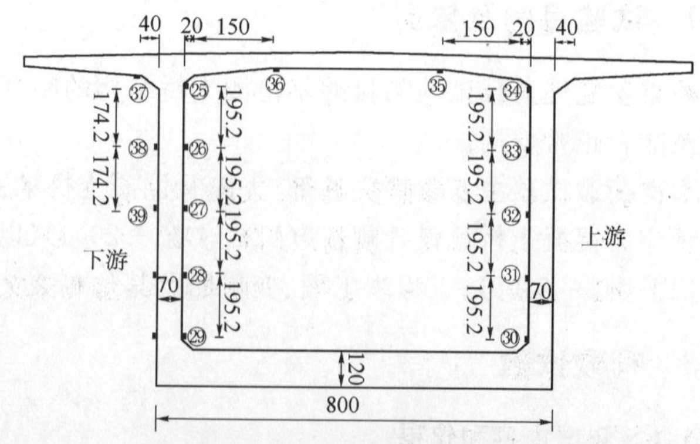

图4 II-II截面应变测点布置示意图

4 测试结果及分析

4.1 主梁应变测试

表 1 为满载时主梁底板、顶板活载应变实测值与理论计算值的比较表。

活载应变实测值与理论计算值的比较表　　表 1

测试截面	实测最大弹性应变值($\mu\varepsilon$)	理论计算应变值($\mu\varepsilon$)	校验系数(η)(弹性应变/理论应变)
180m 主跨跨中(I-I)	64	90	0.71
4 号墩墩位负弯矩截面(II-II)	51	51	1.00

从表 1 中可以看出：实测值小于理论计算值，应变校验系数在 0.71～1.00，说明主梁的实际刚度比理论计算值稍大。本次试验实测的应变值能较好的反映不同荷载等级下测试截面的内力变化规律，实测应变沿梁高基本呈线性分布，符合平截面假定。实测应变值基本按荷载增大的比例而呈线性增大(图 5、图 6)，说明在试验荷载作用下箱梁处于弹性工作状态。

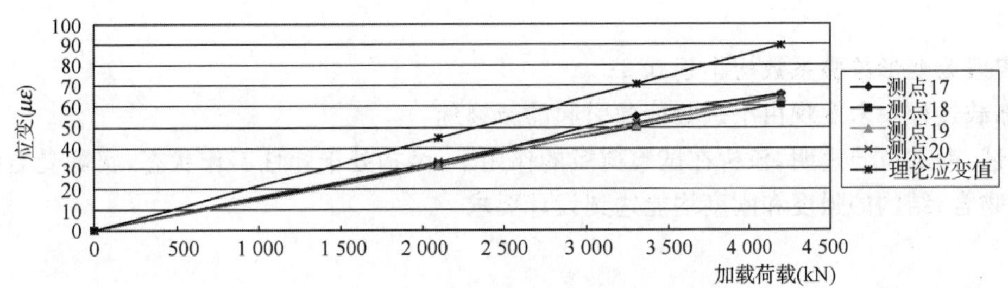

图 5 跨中梁底应变测点随加载荷载变化关系曲线图

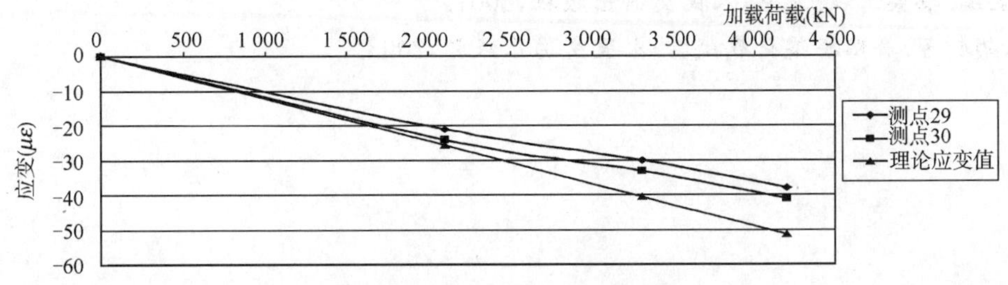

图 6 墩位部分测点实测应变与加载荷载关系曲线图

4.2 主梁挠度测试

表 2 为满载时挠度的实测和理论值比较图表。从全桥看，实测值和理论计算的挠度曲线吻合较好，挠度校验系数在 0.70～0.73 之间，主梁的实际刚度较理论计算值大。

跨中挠度校验系数表　　表 2

位　置	实测最大挠度值(mm)	理论计算挠度值(mm)	校验系数(η)
			弹性挠度/理论挠度
跨中	36.96	52.8	0.70
$L/4$ 跨	11.86	16.7	0.71
$3L/4$ 跨	21.12	29.1	0.73

4.3 残余变形

从试验结果看，本桥存在一定的残余变形，按《方法》的要求，最大残余挠度(S_P)与实测挠度(S_{tot})的比值应满足：$\frac{S_P}{S_{tot}} \leqslant 0.2$。本次静载试验所测的各载位下的残余变形的校验系数均小于 0.2(表 3)。

满载时残余变形的校验系数　　表3

应变测点位置	实测值 ($\mu\varepsilon$)	残余应变 ($\mu\varepsilon$)	残余应变/实测应变	挠度测点位置	实测值 (mm)	残余应变 (mm)	残余挠度/实测挠度
跨中截面	64	−5	−0.08	跨中	36.96	4.61	0.12
墩部截面	51	5	0.10	$L/4$跨	11.86	1.80	0.15
—	—	—	—	$3L/4$跨	21.12	1.60	0.08

5　试验结论与桥梁状况评定

(1)本次静载试验的荷载试验效率为0.96,满足《方法》的要求,表明试验荷载能够反映设计活载的作用;

(2)在试验荷载满载作用下,控制截面的应变校验系数在0.71～1.00之间,满足《方法》的要求。应变实测值随着荷载的增加而呈线性关系;

(3)相应控制截面实测的挠度与荷载增大的比例基本是一致的,说明在试验荷载作用下箱梁处于弹性工作状态;

(4)实测残余变形校验系数均小于0.2;

(5)在加载过程中未发现由于试验荷载引起的新裂缝。

综上所述,静载试验表明,该桥在试验荷载的作用下,结构处于弹性工作状态,实际受力状态与理论计算值较为吻合,结构的强度和刚度均能达到设计要求。

参考文献

[1] 交通部公路科学研究所等.大跨径混凝土桥梁的试验方法[R].1982.

[2] 范立础主编.桥梁工程.北京,人民交通出版社,2001.

[3] 湛润水,胡钊芳.公路桥梁荷载试验.人民交通出版社,2003.

4. 广深跨线桥施工监控与长期健康监测一体化系统的设计及监测分析

招国忠[1]　曾　磊[1]　汤立群[2]　刘逸平[2]　何庭蕙[2]
（1.广州珠江黄浦大桥建设有限公司；2.华南理工大学交通学院）

摘　要　由于桥面宽并跨越广深铁路，导致的施工环境恶劣，广深跨线桥的施工监控变得十分重要。本文通过合理设计，从施工监控和长期健康监测一体化考虑，设计了广深跨线桥的应变、温度监测系统。该系统采用无线远程通信技术，应用方便，不仅能满足当前桥梁施工监控中桥梁内力监测的需要，还能无缝地转化为长期健康监测系统。施工阶段的应变监测数据表明该桥梁内力符合设计要求，同时温度监测数据还能很好地建议了桥梁的合龙时机。

关键词　施工监控　健康监测　一体化

连续刚构桥型是20世纪60～70年代首先在国外发展起来的，由于其综合了连续梁桥和T形刚构桥的优点，因此近20年来得到了蓬勃的发展。

连续刚构桥的施工，一般采用分节段施工方法，最终形成结构，必须经历一个漫长而又复杂的施工过程以及结构体系转换，同时还受混凝土材料的非均匀性、收缩徐变和温度的影响。为此，必须对桥梁施工过程中每个阶段的受力状态和变形情况进行预测和监控，以保证桥梁施工中的安全和结构线形及结构恒载内力符合设计要求。

由于桥面宽、跨越广深铁路导致的施工环境恶劣，广深跨线桥的施工监控变得十分重要。为了保障桥梁施工安全和满足桥梁长期健康监测的需要，我们通过合理选择传感器、数据采集系统和通信系统，很好地实现了施工监控系统与长期健康监测系统的一体化设计。该系统很好地完成了施工监控任务，并且开始无缝地转入长期健康监测系统。

1　监测系统设计

1.1　传感器的布置

广深铁路跨线桥为60.02m＋3×80m＋60.02m预应力混凝土刚构—连续组合箱梁桥，主桥长360.04m。桥面中心设计高程：36.66m，桥分左、右幅设计。为了能有效地监测桥梁施工过程的应力状态，在主梁上按图1所示的位置布设了测点。在悬臂根部附近、7号梁段、跨中等17个关键截面上，共埋设59个传感器。这些截面分别进行编号4N0、4S0、4S7、4M5、5N7、5N0、5S0、5S7、5M6、6N7、6N0、6S0、6S7、6M7、7N7、7N0、7S0等（图1）。

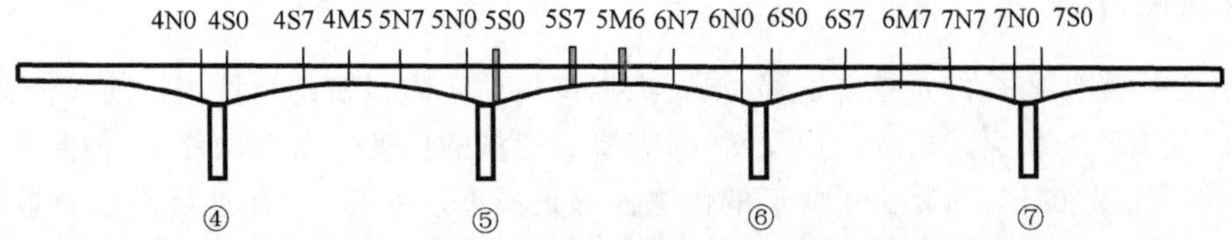

图1　传感器布置的截面位置图

其中悬臂根部、1/4跨截面的传感器能有效地监测各梁段预应力张拉、混凝土浇筑等工况引起的箱梁内力的变化，进而协助判断这些工况的施工质量。同时，布置合龙段上的传感器将有利于开展长期健康监测。

传感器在不同截面上的布置如图 2 所示。

图 2 的 a),b)传感器布置兼顾了长期健康监测,通过不同部位埋设传感器,将可以全面地比较典型梁段的受力变化情况,同时还能更好地了解箱梁内部混凝土的温度变化情况。

1.2 传感器与数据采集系统

从可靠性以及易用性等方面考虑,采用智能弦式数码应变温度型传感器,即能同时测量埋设位置的应变和温度。此类应变计自身内置计算机芯片,自动保存传感器的型号、编号和标定系数等参数,而且能自动保存多次测量的参数,传输距离长且不失真。

数据采集系统是数字式全自动多通道数据采集系统,该系统具备自动采集功能,在混凝土浇筑等关键过程,数据采集的最短时间可以达到 10min。在长期健康监测时,初始采样时间可以 2h,当然这些采样时间可以通过远程网络进行设置。

在左、右幅桥梁各安排一个测量控制箱[图 3a)]分别对左右两幅的传感器进行控制管理和数据采集。

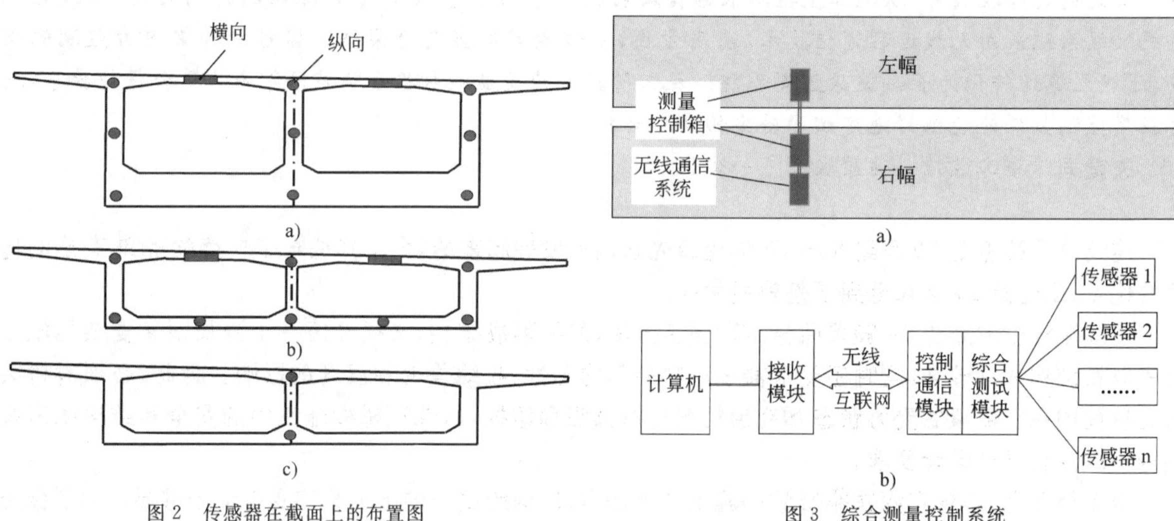

图 2 传感器在截面上的布置图

a)5 号墩 0(1)号梁段上 5S0 截面测点的布置图;b)5 号墩 7 号梁段上 5S7 截面及合龙段 5S7 截面测点的布置图;c)其他截面上测点的布置图

图 3 综合测量控制系统

a)测量控制系统连线示意图;b)无线通信示意图

1.3 综合测量控制系统

在我们设计的系统中,各测量控制箱之间可以通过 825 总线实现远程相连,即在读取控制箱中的数据或者向控制箱发送控制命令时,只要连接上一个控制箱就可以连接控制所有的控制箱。

在实际的控制过程中,我们利用无线网络技术,即通过将 IP over 公共无线网络中国移动的 GPRS 或者中国联通的 CDMA 网络,进行远程通信,实现对控制箱的控制和采集数据的传输[图 3b)]。采用这样的测量控制,能实现对整个施工工程进行"不间断"的监测,从而全面地掌握桥梁内部应变、温度随着施工工况的变化情况。而且,由于有无线网络通信的支持,该系统能实现无人值守,因而自然地可以转化为长期健康监测系统。

2 应变监测分析

在施工过程中,需要监控的是挂篮前移、混凝土浇筑和预应力张拉的过程。目前的传感器大部分是应变传感器,因此要和加载引起的理论应变对比,需要对测量的应变作必要的修正,如温度、徐变等因素的修正。其中温度引起的修正,是由于我们的传感器都是温度应变型的,在进行应变测量时,温度都已经同时测量,因此很容易按照仪器厂家的提供修正公式进行温度修正即可。

2.1 徐变修正

下面重点介绍徐变的修正。首先,由桥梁博士计算得出桥轴线上的理论徐变值,根据线形徐变理论,可求出相应施工阶段对应位置的徐变系数 a(a=徐变变形/理论弹性变形);然后由修正温度后的总应变值依据徐变系数分离出其中的徐变变形，从而得出张拉前后单纯由预应力荷载产生的应变变化的实测值。现用6N1-7、6S1-8两个传感器举例说明徐变的计算以及测量数据的修正(表1)。

徐变计算　　表1

节点号	张拉钢筋	6N1-7		6S1-8	
施工阶段		竖向位移(m)	徐变值(με)	竖向位移(m)	徐变值(με)
9	T3	3.04E-05	15.2	3.02E-05	15.1
12	T4	3.16E-05	15.8	3.12E-05	15.6
15	T5	3.24E-05	16.2	3.20E-05	16.0
18	T6	3.41E-05	17.0	3.37E-05	16.8
21	T7	3.47E-05	17.4	3.43E-05	17.2

注：徐变值＝竖向位移/2(节段长)×1 000 000。

2.2　结果分析

真实测量应变结果如表2所示，从表2结果可以看出，修正后的实测应变值和理论计算值比较接近，其他测点的传感器的结果也类似，这说明本文采用的监测系统是可行的，同时说明施工基本达到了设计要求。

传感器测量数据修正　　表2

传感器标识	6N1-7					6S1-8				
传感器编号	207160					207199				
张拉预应力束前后	理论值(με)	实测应变(με)	徐变值(με)	徐变系数(a)	修正后实测值(με)	理论值(με)	实测应变(με)	徐变值(με)	徐变系数(a)	修正实测值(με)
T3	−34.0	−61.4	15.2	−0.4	−43.9	−32.9	−62.4	15.1	−0.5	−41.6
T4	−36.3	−53.0	15.8	−0.4	−37.9	−35.1	−54.2	15.6	−0.4	−38.7
T5	−38.5	−48.2	16.2	−0.4	−34.4	−37.0	−54.9	16.0	−0.4	−39.2
T6	−41.2	−59.0	17.0	−0.4	−42.1	−39.6	−54.0	16.8	−0.4	−37.8
T7	−43.2	−59.2	17.4	−0.4	−42.3	−41.5	−53.3	17.2	−0.4	−38.1

3　温度监测分析

本监测方案不仅能监测应变同时还监测温度。这些温度的测量除了为我们对测量的应变做必要的修正外，还帮助了解箱梁内部不同位置的温度分布以及随时间的变化规律，从而帮助我们定量地分析非均匀温度场引起的热应力提供了基础数据。

3.1　纵向温度分布

在纵桥向的19个横截面上都埋有传感器。通过这些传感器所收集的温度数据，就可以分析纵桥向的温度分布情况。

不同横截面上对应测点的温度变化如图4所示，从中可以看出如预想一样，不同截面上相同位置的测点温度变化基本一样，这说明温度沿桥梁纵向的分布基本是一样的。

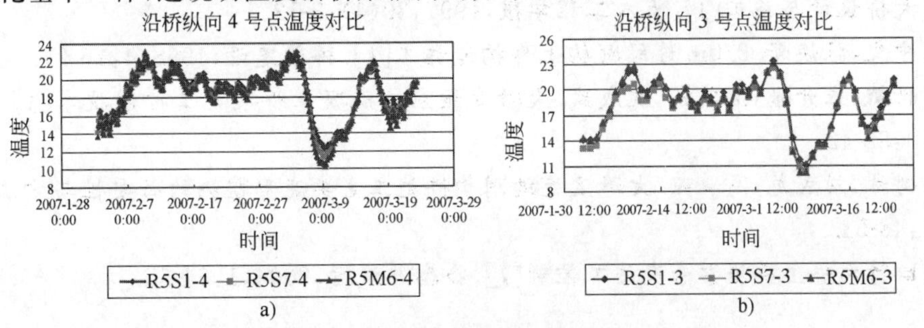

图4　不同截面上对应测点的温度变化对比

a)3号测点；b)4号测点

3.2 竖直温度分布

相对而言,在施工阶段了解箱梁内部竖直方向的温度分布更为重要,因为竖直方向的非均匀温度场能引起悬臂挠度。

图5a)中R5S1-7,R5S1-3,R5S1-11,R5S1-4传感器距离顶板表面厚度分别为:0.14m、0.265m、2.004m、3.728m。可见,比较靠近顶板表面,温度受日照影响最为明显。它的温度波动明显比腹板(R5S1-11)和底板(R5S1-4)测量值要大。腹板(R5S1-11)和底板温度(R5S1-4)也成波动变化状态,它的变化规律与顶板的变化相似,但相对滞后,波动幅度相对平缓。

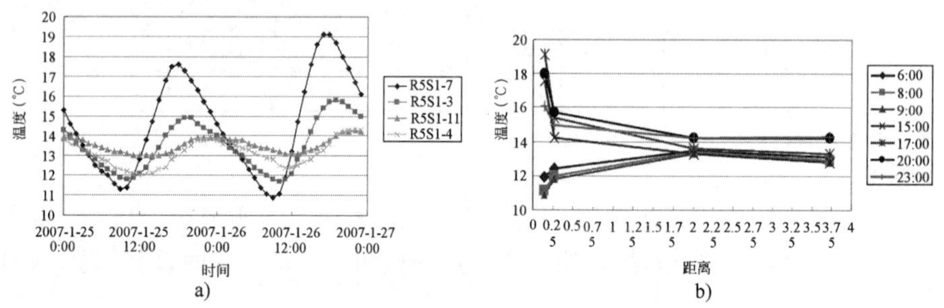

图5 温度沿桥梁截面高度的分布规律

a)不同高度位置温度随时间变化;b)在不同时刻温度随到顶板表面距离的变化

我们通过回归,可以得出在夏天温差最大时刻的温度分布函数为:

$$T = 21.2e^{-11y} + 13.0$$

式中:T——温度;

y——测点位置到顶板表面的距离。

图5b)显示在不同时刻,截面上不同位置的温度分布,从中可以看出一个重要的信息:在凌晨6点是箱梁截面内的混凝土温度分布最均匀的时刻,甚至比半夜12点的时刻分布还要均匀。

4 结束语

本文利用IPoverGPRS/CDMA无线网络技术,设计了能满足施工监控和长期健康监测需求的一体化监测系统,经过施工阶段的监测表明该系统能可靠运行,有效地监测了施工阶段的应变分布以及变化规律,监测的温度不仅为开展非均匀温度引起的温度应力分析打下良好的基础,而且还很好地建议了桥梁的合龙时机。该监测系统目前已经顺利地转入长期健康监测系统。

参考文献

[1] 周军生,楼庄鸿.大跨径预应力混凝土连续刚构桥的现状和发展趋势[J].中国公路学报,2000,1:31-37.

[2] Zhou,Junsheng;Lou,Zhuanghong. Status and developing trends of large-span prestressed concrete bridges with continuous rigid frame structure[J]. Beijing Jianda Road and Bridge Consulting Co,China,2000,13(1):31-37.

[3] 戴竞.虎门大桥设计与施工[J].土木工程学报,1997,30(4):3-13.

[4] 陈士平,王中文,张焕新.270m连续刚构上部构造施工[J].桥梁建设,1998,4:26-27.

[5] 向木生,张世飙,张开银,沈典栋,沈成武.大跨度预应力混凝土桥梁施工控制技术[J].中国公路学报,2002,10:38-42.

[6] 黄建跃,王树林,刘成龙,高淑照.大跨度连续刚构桥施工主梁变形监测的必要性与方法[J].桥梁建设,2003,1:48-51.

[7] 欧阳琼.江口特大桥主桥箱梁悬浇施工控制[J].公路与汽运,2004,1:64-65.

5. 广州珠江黄埔大桥特殊结构件的腐蚀与防护

凌　晓[1]　张少锦[1]　余锦秀[2]　叶觉明[2]
（1. 广州珠江黄埔大桥建设有限公司；2. 武汉桥梁科学研究院）

摘　要　广州珠江黄埔大桥特殊结构件腐蚀防护方面运用了多种新技术、新材料、新工艺，确保了桥梁安全使用寿命。本文主要介绍了广州珠江黄埔大桥特殊构件选用的腐蚀防护方法和方案，为此类桥梁特殊构件腐蚀防护提供了非常有益的参考意见。

关键词　悬索桥　斜拉桥　特殊结构件　腐蚀　防护

1　工程概况

广州珠江黄埔大桥项目是交通部规划的“五纵七横”中京珠国道主干线广州绕城公路的东段，又是珠江三角洲经济区环形公路的东环段。项目包括华南地区最大跨径钢箱梁悬索桥（主跨 1 108m）、国内目前最大跨径独塔双索面钢箱梁斜拉桥（主跨 383m）和南、北引桥为 62.5m、45m、30m 跨径的连续刚构（梁）桥梁，桥面宽度 34.5m，大桥全桥总长 7 016.5m。广州珠江黄埔大桥特殊结构件主要是用于悬索桥上部结构的索鞍、主缆索股、钢箱梁、索夹、吊索及附属钢构件和用于斜拉桥的钢箱梁、斜拉索及附属钢构件。广州珠江黄埔大桥项目中特殊结构件总投资额达人民币约 8 亿，占建设总投资的 31%，具有重要的控制性地位。

在桥梁领域内由于钢结构系统发生腐蚀破坏引起的安全事故和经济损失是非常惨重的，因此必须加强和重视桥梁钢结构的防腐防护问题。本文主要介绍了广州珠江黄埔大桥特殊构件选用的腐蚀防护方法和方案，并探讨了其他桥梁项目的经验教训，为此类桥梁特殊构件腐蚀防护提供了非常有益的参考意见。

2　桥梁钢结构的应用和腐蚀防护

桥梁钢结构在我国应用较早，但受国家经济实力和技术水平限制，发展较慢，近十年来随着桥梁钢结构大量应用，我国也逐步成为有影响的世界桥梁大国。在桥梁钢结构应用过程中，存在着一般钢结构的腐蚀破坏问题，为了保证桥梁的安全，桥梁钢结构的防腐保护已经成为保证钢结构桥梁长期安全营运的重要课题。

桥梁钢结构应用广泛，主要有钢塔、钢梁（钢桁梁、钢箱梁）、钢拱（钢管拱、钢箱拱）、缆索（斜拉索、主缆索股、吊索）及钢锚座、钢支座、索鞍、索夹等。广州珠江黄埔大桥建设规模庞大，同时采用了大跨悬索桥和大跨斜拉桥二种桥型，基本涉及了绝大部分桥梁钢结构的应用领域。

桥梁钢结构由金属材料加工而成，主要腐蚀原因有金属化学反应而引起的化学腐蚀、金属和介质发生电化学反应而引起的电化学腐蚀、各种因素相互作用产生的化学或电化学反应引起的腐蚀。金属腐蚀的防护措施主要应用以下三个基本原理：①屏障保护。②化学抑制。③电流（阴极）保护。

广州珠江黄埔大桥特殊结构件采用的方法有：

（1）涂料涂装方法，主要应用于桥梁钢箱梁防腐。

（2）结构件表面热镀锌（铝）、热喷锌（铝）方法，主要在结构附属件上应用。

（3）干燥空气除湿，主要用于钢箱梁内部防腐，锚室、鞍室腐蚀防护。

（4）结构防护和结构密封、填充措施，通过结构措施减少腐蚀环节和腐蚀条件，减缓腐蚀，目前主要是缆索索体、锚具部位防护。广州珠江黄埔大桥特殊结构件腐蚀防护方面主要是通过钢材材料面层保护,并运用了多种新技术、新材料、新工艺,从而确保了桥梁安全使用寿命。

3 悬索桥钢箱梁和斜拉桥钢箱梁及附属结构的腐蚀防护

广州珠江黄埔大桥悬索桥和斜拉桥地处高温高湿地区,受海洋性气候影响较大,钢箱梁的外表面暴露在大气环境中极易腐蚀,只能采取涂装防护。钢箱梁内部通风环境较差,湿气的聚集可能引起涂层的起泡锈蚀等问题。桥面板因路面结构可能积水和行车动载会振动摩擦造成涂层破坏等原因,在全桥腐蚀防护中是较难处理的地方。广州珠江黄埔大桥钢箱梁结构根据结构不同部位和使用条件,采取了不同涂料和涂装体系(表1、表2)。

悬索桥钢箱梁涂装体系 表1

部 位	表面处理及油漆种类	干膜厚度(μm)	备 注
钢箱梁及风嘴外表面(除桥面)	无机硅酸锌车间底漆	20	工厂内喷涂板单元
	环氧富锌底漆	80	装焊完后分段涂装
	厚浆型环氧云铁中间漆	150	装焊完后分段涂装
	丙烯酸聚氨脂面漆一道	40	装焊完后分段涂装
	丙烯酸聚氨脂面漆一道	40	桥址处整桥涂装
钢箱梁内部(布置抽湿机,湿度小于50%)	无机硅酸锌车间底漆	20	工厂内喷涂板单元
	厚浆型环氧云铁中间漆	150	装焊完后分段涂装
桥面板上表面	无机硅酸锌车间底漆	20	工厂内喷涂板单元
	环氧富锌底漆	75	桥面铺装前整桥涂装

斜拉桥钢箱梁涂装体系 表2

部 位	表面处理及油漆种类	干膜厚度(μm)	备 注
钢箱梁及风嘴外表面(除桥面)	无机硅酸锌车间底漆	20	工厂内喷涂板单元
	环氧富锌底漆	80	装焊完后分段涂装
	厚浆型环氧云铁中间漆	150	装焊完后分段涂装
	丙烯酸聚氨脂面漆一道	40	装焊完后分段涂装
	丙烯酸聚氨脂面漆一道	40	桥址处整桥涂装
风嘴内部	无机硅酸锌车间底漆	20	工厂内喷涂板单元
	环氧富锌底漆	80	装焊完后分段涂装
	环氧云铁漆	100	装焊完后分段涂装
	环氧云铁漆	100	装焊完后分段涂装
钢箱梁内部(布置抽湿机,湿度小于50%)	无机硅酸锌车间底漆	20	工厂内喷涂板单元
	厚浆型环氧云铁中间漆	150	装焊完后分段涂装
桥面板上表面	无机硅酸锌车间底漆	20	工厂内喷涂板单元
	环氧富锌底漆	75	桥面铺装前整桥涂装

广州珠江黄埔大桥钢梁结构设计寿命在百年以上,使用高性能的涂装体系可以延长钢箱梁的使用周期,提高桥梁的安全使用寿命。钢箱梁外表面采用重防腐涂料和涂装体系,内部采用干燥空气除湿系统,提供干燥工作条件,可以大大缓解内部腐蚀。桥面板除采用无机富锌底漆外,与之配套的路面系统还考虑了防水胶和其他结合层保护。斜拉桥钢箱梁需要螺栓连接,也是腐蚀防护的重要环节,该部位也要使用相应高质量的涂料防腐体系,防止腐蚀的产生(图1)。

钢箱梁结构设计推荐采用由富锌底漆、环氧中间漆和聚氨酯面漆组成的重防腐涂装防护体系。广州珠江黄埔大桥在选择最可靠的长效重防腐涂装系统的基础上，还组织了专门的配套涂料和施工单位招标，选择质量较优最有实力的涂料供应商和有经验的涂装承包商。为了保证质量每批次涂料都进行抽样检查，监理还按照一定的比例抽样检查，悬索桥和斜拉桥钢箱梁都配备有专业的涂料供应商代表和涂装监理工程师进行质量控制。

图1　斜拉桥钢箱梁结构示意图

广州珠江黄埔大桥扁平钢箱梁内壁构造复杂，空气不流通，以后除锈重涂工作极为困难，因此在钢箱梁箱体内部安装了除湿机。干燥空气除湿是利用除湿机产生干燥空气，在一定空间内供应干燥空气、排出潮湿空气，改变环境条件，减少和减缓腐蚀。

高强度螺栓连接面一般都是采用的热喷锌(铝)或喷涂特殊增加表面摩阻的防护涂料，在钢桥架完后补上涂装体系，防止螺栓周围和板缝之间的腐蚀。喷锌、铝层与钢铁的结合力强，工艺灵活，可以现场施工，适用于重要的不易维修的钢铁桥梁。广州珠江黄埔大桥采用了电弧喷铝方案。

桥面是钢箱梁的重要承载部位，为了车辆通行，桥面上要铺设路面，这对桥面的保护提出了新的要求，一方面要求桥面钢板与路面牢固结合，另一方面还要防止路面渗水腐蚀钢板。这是一处特殊的防护部位，要求高，又难以检查维护维修。为此广州珠江黄埔大桥采用了在桥面涂装富锌底漆，与路面间设置防水层，然后铺设路面的方法。

桥梁桥面的附属结构较多的是通过热镀锌、热喷锌和多层次涂料涂装进行钢结构腐蚀防护，利用各涂层的装饰作用、屏蔽作用、缓蚀作用和阴极保护作用，实现对桥梁钢结构的底层钢材的长效防腐保护。

4　悬索桥缆索系统和斜拉索腐蚀防护

广州珠江黄埔大桥悬索桥主缆、吊索和斜拉桥斜拉索都是由钢丝、钢丝绳等与锚具组成，按缆索用途分，特殊结构件包括悬索桥主缆预制平行钢丝索股、斜拉桥用HDPE包覆平行钢丝斜拉索、悬索桥钢丝绳吊索，还有悬索桥检修道扶手索等。索体的钢丝一般都通过热镀锌处理，防止桥梁用缆索在制造、运输、架设以及使用过程中索体的腐蚀生锈，提高桥梁的缆索系统索体安全寿命。以前一些没有使用镀锌钢丝的小型桥梁，多因应力腐蚀断裂或腐蚀疲劳造成缆索失效，而不得不全面换索。

4.1　悬索桥主缆防护

主缆是悬索桥的"安全生命线"，悬索桥的两根主缆将承受桥梁的全部载荷，是悬索桥最主要的承重构件，在整个大桥的使用期内不可更换。悬索桥主缆由预制平行钢丝索股组成。由于处在跨越江河湖海和承力的环境下，易受大气和雨水腐蚀，主缆必须进行特殊防护。悬索桥主缆的防护，主要是应用高强热镀锌钢丝，主缆架设完成紧缆和安装索夹后，在主缆外部进行重防腐防护，涂抹防锈腻子、缠绕钢丝和外层涂料防护，形成特殊的铠装保护层，防止主缆的钢丝在使用过程中被腐蚀。

我国的主缆涂料涂装防护系统基本上采用的热镀锌钢丝组成的缆索经过清洁处理后，涂装腻子、缠绕钢丝，然后涂装底漆、中间漆和面漆的防护方案(图2)。通过腻子填塞钢丝缝隙，并在表面形成一定的覆盖厚度，主缆使用的腻子能与缠丝形成铠装密水保护。各桥方案的差别在于腻子材料不同和涂料系统的差异。除广东虎门大桥和江苏江阴、润扬大桥外，其他悬索桥主缆使用的是北京航空材料研究院提出的防护系统，应用航空领域的聚异丁烯不干性密封膏作为腻子材料。广州珠江黄埔大桥经过综合评估，也准备应用这一防护系统。

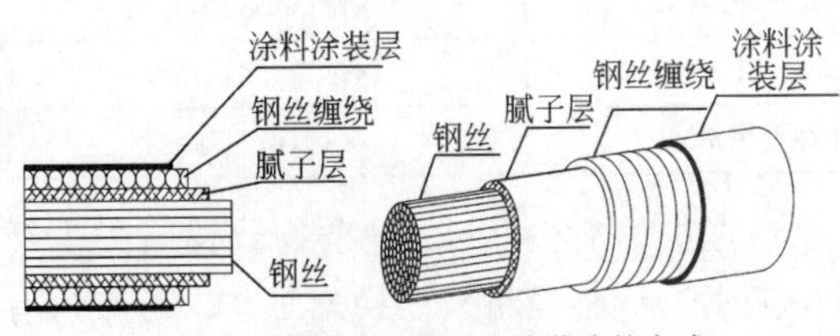

图2　主缆腻子＋缠丝＋涂装防护方式

4.2 悬索桥吊索防护

广州珠江黄埔大桥吊索索体材料主要是钢丝绳，吊索与主缆的连接方式采用骑跨式；吊索与钢箱梁的连接方式采用锚箱套筒螺母承压式。检修道扶手索、骑跨式结构的钢丝绳吊索因结构原因，只能采用涂料涂装防护。由于吊索腐蚀破坏问题比较突出，广州珠江黄埔大桥吊索防护原设计涂装防护，在设计方案基础上进行了进一步探讨，目前提出了三种防护意见：

(1)钢丝绳涂装特殊渗透型防腐油脂(如 LIQUID-A 等专用防腐润滑油脂)形成保护膜层，还可渗透至钢丝绳中心，排出湿气，形成的涂层屏蔽作为长期保护。

(2)吊索索体外套 PE 防护层，索体内填充防腐材料，锚固端密封，隔绝腐蚀源。

(3)表面在使用状态下，采用特殊防腐涂料体系涂装，表层涂装特殊成膜涂料形成外屏蔽保护层。

4.3 斜拉桥斜拉索防护

广州珠江黄埔大桥采用的斜拉索系统是用热挤高密度聚乙烯(PE)防护的半平行钢丝索配以冷铸墩头锚系统的钢丝斜拉索。斜拉索由高强度锌钢丝组成，为制作和成盘运输方便，制作过程中采用小扭角(2°～4°)同心绞合工艺扭绞成型。扭绞后在钢丝索外面绕包高强度复合胶带，然后热挤高密度聚乙烯(PE)防护层，在 PE 表层增加了压花工艺，作为斜拉索使用过程的辅助减震措施。热挤高密度聚乙烯(PE)防护层是斜拉索的主要防腐蚀措施。这种斜拉索在精确下料后两端灌铸冷铸锚具(或热铸锚具)，成品索经预张拉(或反顶)检验合格可以成盘、成圈方式包装运输。广州珠江黄埔大桥为了加强索体防护功能，增加了索体在钢丝外加缠 PV 带的辅助防护措施，内外层 PE 全部采用进口材料，成品索采用大规格盘成盘包装。

4.4 锚具结构和锚端的防护

锚具按锚固方式分，常用的锚具结构主要有冷铸镦头锚和热铸锚。锚具与索体的连接和过渡部位是腐蚀防护的重要环节，这一部位是主要的损毁区域，是目前索结构的重点难题。热铸锚是将索体端头钢丝在锚具内均匀分散用锌铜合金锚固为一体，传递张力。有的锚具为了减小端部疲劳，在锚具上端口或接长筒部分灌注冷铸填料或其他填充料。冷铸锚锚具在组装后灌注环氧铁砂，安装好接长筒后灌注环氧胶浆，在安装好挡板并完成养生后，最后还要压铸环氧树脂密封胶。张拉检验结束后，在锚索连接处按图压铸密封胶，缠 PE 防腐胶带，检查修补损伤的护套，包缠保护拉索护套的包带。近年还探讨了锚管口和 PE 套热塑 PE 过渡连接和现场热塑锚管和索体过渡连接的密封防护措施。为了延长锚具安全使用寿命，广州珠江黄埔大桥重视锚具结合部位的腐蚀防护，同时各种锚具全部采用了表面热镀锌防护措施(表 3)。

缆索锚具结构分类 表 3

锚固方式	主缆索股锚具	斜拉索锚具	吊 索 锚 具
	热铸锚	冷铸镦头锚	热铸锚
接长筒	无	改进锚口受力状态	改进锚口受力状态
接长筒填充	无	冷铸料或聚氨酯等填料	冷铸料或聚氨酯等填料
过渡结构	锚板结构	橡胶紧固件或热缩套等	橡胶紧固件或热缩套等
辅助措施		密封胶、防腐胶带	防水盖、密封圈
锚固护筒		防腐料填充、密封胶	防腐料填充、密封胶
锚具	热镀锌	热镀锌、油脂涂抹	热镀锌、涂料涂装
锚具端部	尾端加盖密封	尾端加盖密封	密封、涂料涂装

如果不对斜拉索的端部和锚具进行专门的防护，会造成预埋护筒管内积水、进杂物或锚具发生锈蚀，不仅严重影响斜拉索的使用寿命，而且严重影响斜拉桥中期索力调整及将来的换索工作。近年来有采用封闭性聚氨酯发泡，填充在斜拉索锚具与预埋护筒管的间隙内，防止水分进入护筒管。该聚氨酯发

泡塑料具有质量轻、吸水性特小、低导热性、隔气性好、较好的韧性等特点。能使钢材和索体表面PE层粘合成较牢固的整体，使导管内的锚具与雨水、潮气及其他腐蚀介质相隔离，能在较长时间内防止索端锚具锈蚀。同时还采用了在两端锚具外露部分的表面涂刷一层锚具专用的防护油脂，然后在锚具外加盖不锈钢护罩的防护措施。防护专用油脂由矿物油脂及适量的树脂组成，具有对金属无腐蚀、常温下不粘手、80℃下不流淌和低温下不开裂的性能。在锚具表面均匀地涂刷一层油脂后，锚具表面与大气隔离，可达到锚具防护的目的。加盖不锈钢护罩可防止油脂被损坏而导致锚具锈蚀。斜拉索的梁和塔出口端也进行必要的密封和填充防护处理，由此还可以改善斜拉索结构的外观，广州珠江黄埔大桥结合延长斜拉索安全使用寿命的科研课题，项目系统开发应用斜拉索锚端防护系统，达到延长斜拉索安全使用寿命的目的。

主缆索股和吊索等外露锚具还要进行表面涂料涂装防护处理。吊索锚具一般采用与主缆或桥面钢梁相同的涂装系统和表面色彩，表面镀锌的锚具要注意表层处理和底漆涂料选择。

5 主索鞍、散索鞍和索夹的防护和涂装

索鞍的主要功用是支承主缆，将主缆的竖向压力均匀地传递到索塔上面。大型索鞍鞍体为铸造组焊件结构，铸造和组焊工艺要求十分严格。索鞍是不可更换钢结构，寿命与大桥相同，所以索鞍的防腐蚀措施是相当重要的。一般防护方法是在鞍槽内的隔板焊接完成后，对鞍座槽道内进行喷锌防腐蚀处理，表面喷砂处理，热喷锌层一定厚度，然后表面进行封闭。对于鞍体的外露面同样要求喷砂处理，然后喷涂无机硅酸锌底漆，环氧中间漆和聚氨酯面漆。孔加工面不能涂装处理，但要进行涂脂防锈处理。广州珠江黄埔大桥在悬索桥主鞍和散索鞍(含埋件制造)中应用了锌加涂料防护。

由于桥梁结构的特殊要求和重要性，锌加涂料作为一种新材料在桥梁钢结构腐蚀防护中有良好的应用前景，特别是对于需要重防腐、而又难以实施热镀锌和热喷锌的钢结构，应用锌加涂料使用简单、操作方便、容易修补，有一定优势。

(1)锌加涂料在桥梁缆索系防护中的应用，锌加涂料可以方便地用于悬索桥缆索锚固结构、主鞍和散索鞍(含埋件)、索夹、主缆和吊索锚具等的腐蚀防护；用于斜拉桥的斜拉索锚固结构和锚具等的防护；用于拱桥吊索锚具结构部分和拱结构的防护。

(2)锌加涂料在桥梁钢梁、钢塔防护中的应用，可以选用锌加涂料作为桥梁钢塔、钢箱梁、钢桁梁、钢锚固件等钢结构的防护涂料。在桥梁钢结构上应用锌加涂料，主要应用于结构复杂热喷锌处理困难的结构，作为重防腐涂装的底层，与其他配套涂层一起形成可靠的长效涂装保护层。改进和提高桥梁钢结构腐蚀防护效果，延长桥梁的安全使用寿命。由于锌加涂料的功能特点和施工方法简单灵活方便，锌加涂料可广泛用于各种桥梁钢结构腐蚀防护和防护维修。

广州珠江黄埔大桥索夹是骑跨式索夹，在主缆上安装位置和受力情况的不同，分为吊索索夹和无吊索索夹。主要作用是紧箍主缆，加强主缆的整体性，同时支撑扶手钢索。索夹的内孔加工面进行喷锌防护处理，加工面涂脂防锈，非加工面按规定内表面喷砂喷锌涂装防腐，外表面喷砂涂装防腐。

6 结束语

随着国民经济飞跃发展和科学技术进步，钢结构已经大量地应用于桥梁工程，桥梁钢塔、钢箱梁、钢桁梁、钢拱、桥梁缆索(斜拉索、主缆索股、吊索等)在悬索桥、斜拉桥和拱吊桥等桥梁结构作为主要承重结构应用。由于具备工厂预制、保证质量、节省工期等优异特点，桥梁钢结构得到大量成功运用，提高了桥梁建设规模和质量，推进了桥梁建设工艺技术进步，使我国快速成为世界桥梁大国。

广州珠江黄埔大桥同时包括斜拉桥和悬索桥，特殊结构件全部采用钢结构，各种先进的钢结构腐蚀防护方法得到了较全面地应用。目前桥梁钢结构主要还是应用涂料涂装为主的防护体系，涂料材料的性能直接影响防腐效果，广州珠江黄埔大桥大量应用的涂料主要是国外品牌海虹老人牌涂料，斜拉索内外层PE、pvf缠带，索鞍涂装的锌加都是进口防护材料，只有主缆腻子和涂料和体系是国内北京航空材

料研究所开发了得系列涂料和体系。国外品牌涂料存在价格偏高的问题，目前价格对一些性能优异的重防腐涂料的推广应用有一定的制约。涂料、密封材料、灌注填料、HDPE外套材料等材料的选择直接影响防腐效果，一定要重视对材料采购和供应的控制，不适当的材料是达不到相应效果的。桥梁钢结构涂装和防护还受到结构的制约，有些结构影响涂装。常言“三分涂料，七分涂装”，由于涂装本身和结构加工制造等施工造成的问题是比较多的，如果工艺或施工操作不当造成的问题更严重，需要重视涂装质量和的施工质量，特别是制造和施工过程对原涂装造成的损伤和破坏，以及施工过程造成的损伤和破坏，施工过程造成的缺陷修补要及时到位。

参考资料

[1] 叶觉明.悬索桥主缆缠丝涂装防护工程.腐蚀与防护，2000.3.(3).
[2] 叶觉明.除湿机系统在钢箱梁防护中的应用.腐蚀与防护，2001.10.(10).
[3] 叶觉明.大跨度桥梁钢箱梁的防腐涂装.现代涂料与涂装，2002.2.(1).
[4] 叶觉明，钟建驰.桥梁缆索系统的腐蚀与防护.钢结构，2005.4.(2).
[5] 叶觉明.桥梁斜拉索锚端防护.腐蚀与防护，2007.2.(2).

6. 复杂条件下东二环广深跨线桥预拱度分析

曾 磊[1] 邓志华[1] 何庭蕙[2] 刘泽佳[2] 汤立群[2]
(1. 珠江黄浦大桥建设有限公司;2. 华南理工大学交通学院)

摘 要 广深跨线桥施工受众多的外部因素影响,使得桥梁施工环境恶劣、不同主墩的施工严重不同步、支座体系转换顺序和合龙顺序的改变等,导致桥梁施工监控变得十分困难。本文介绍了监控部门在保障大桥施工质量前提下,正确分析桥梁预拱度,并根据工程需要及时对桥梁预拱度进行必要的修正,从而保障了大桥的线形流畅、合龙顺利的工作。

关键词 施工控制 预拱度

1 引言

大跨径预应力混凝土连续箱梁悬臂浇筑施工过程中,施工控制是个复杂的动态系统工程,是实现大桥成桥线形、内力满足设计要求的重要手段。要确保大桥的成桥线形满足设计要求,主要是严格控制每一节段箱梁的竖向挠度及其横向偏移,若有偏差并且偏差较大时,必须立即进行误差分析并确定调整方法,为下一节段更为精确的施工做好准备工作。其中最为关键的竖向挠度的影响因素很多(如施工荷载、挂篮自重力、张拉预应力、温度变化混凝土徐变等),施工时就要充分考虑影响挠度的各种因素,在各节段设置预拱度,严格控制立模高程。

同三、京珠国道主干线,经广州公路东环段,通向三亚和珠海。广深铁路跨线桥位于广东省广州市东南部,桥梁跨越广园快速干道、广深铁路以及多条输油管线。全长535.04m,主桥为60.02m+3×80m+60.02m预应力混凝土连续刚构体系。大桥设计为双向6车道,由2幅完全分离的平行桥梁构成。其中,主梁为单箱双室结构,采用挂篮悬臂现浇的施工方法。4个主墩共有4个T构,每个"T构"左右两边各有10个悬浇节段(图1、图2)。

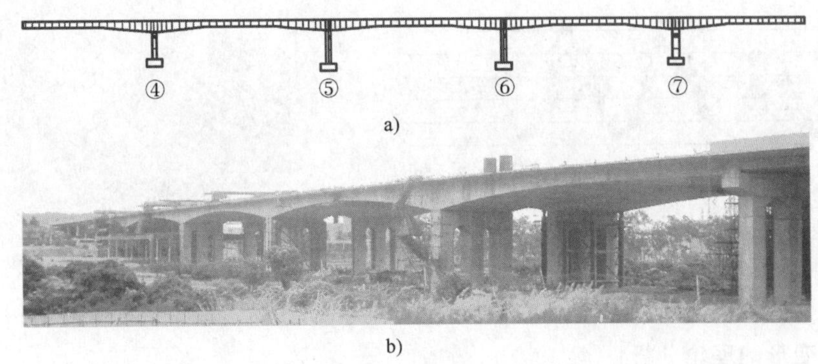

a)

b)

图1 广深跨线桥

a)主桥结构图;b)右幅桥全景

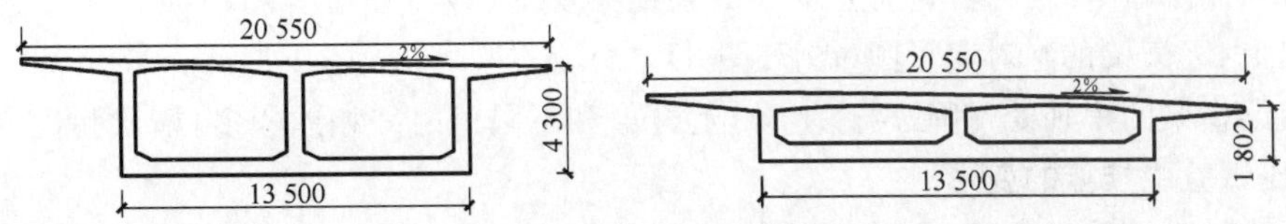

图2 箱梁根部、跨中断面图(尺寸单位:mm)

广州东二环广深铁路跨线桥主桥施工时，受众多的外部因素影响，使得桥梁施工环境恶劣、不同主墩的施工严重不同步、支座体系转换顺序和合龙顺序的改变等，导致桥梁施工监控变得十分困难。监控部门在保障大桥施工质量前提下，正确分析桥梁预拱度，并根据工程需要及时对桥梁预拱度进行必要的修正，从而保障了大桥的线形流畅、合龙顺利。

2 非对称性预拱度

运用桥梁博士软件3.0对东二环广深铁路跨线桥各施工阶段进行模拟仿真分析。模型共计采用173个单元，128组钢束。预拱值计算中，有限元分析中考虑的因素有：箱梁结构自重、预应力效应、混凝土的收缩徐变、挂篮重力及合龙阶段的平衡配重、成桥阶段结构体系转换、体系转换后的预应力及混凝土收缩徐变引起的二次内力、二期恒载等。通过实测和以往工程实际经验，对模型设计参数做了修正。单元截面惯性矩修正系数0.9，张拉控制应力1 353.75MPa。根据施工完毕3 000d后桥梁应达到设计所期望的线形的要求，计算得出每个悬浇梁段的理论预拱值，如图3所示。

从图3中可以看到，运用桥梁博士计算出来的预拱度与某单位提供的计算结果比较接近。由于该单位提供的预拱度是对称的，而我们计算的结果却是非对称的，那究竟哪个合理？如果仅仅考虑悬臂施工的主桥部分，那么确实是对称的，但是南北两边跨连接合龙段的现浇段桥梁宽度是不一样的，即相当于悬臂施工段主桥的边界条件是非对称的，因此桥梁的预拱度是不可能对称的。这些提醒我们在判断对称性时，光考虑桥梁结构的对称性是不够的，还有考虑施工荷载和边界条件是否满足对称。

3 挂篮变形影响

东二环广深铁路跨线桥经过两个多月5个节段6号、7号墩的施工后，实测高程发觉挂篮变形在整个横截面上是非均匀的，即中间大、两翼板小。设计单位提供的设计高程测点定义在翼板上，而施工单位提供的挂篮变形计算公式仅针对挂篮的纵向变形，这将会导致一定的矛盾。因此我们通过理论计算、分析实测施工过程测点高程变化以及结合施工单位提供的挂篮变形预压试验，对挂篮变形进行了全面的分析，结果表明在横截面上挂篮变形确实是非均匀的，并采取了较为有效的修正措施(图4)。

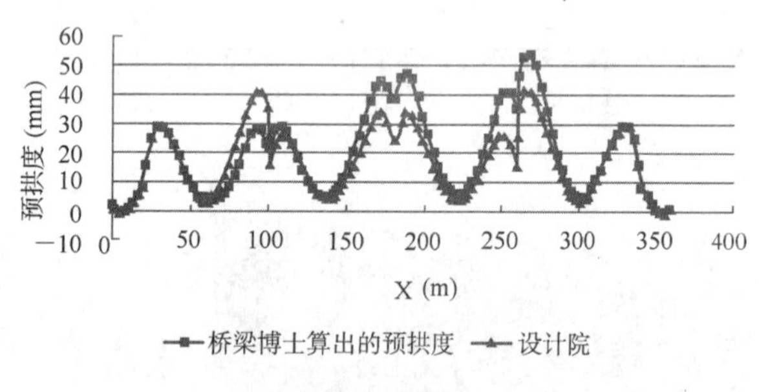

图3 预拱度计算结果

图4 实际挂篮系统

3.1 挂篮变形的理论分析

根据挂篮图纸，建立有限元模型求解，主要考察前上、前下横梁和上、下横梁间吊杆的变形。选用ANSYS的BEAM3二维梁单元，ANSYS计算模型和挠度图如图5、图6所示。

根据ANSYS计算出的数据，叠加上17mm的纵梁变形(挂篮预压实验中纵梁变形数据，由施工单位提供)，画出上、下横梁的绝对变形图(图7、图8)。

可看出箱梁横梁的中轴处下降、两边上升，上升值和下降值之间相差较多，横梁弹性变形比较大。

3.2 预压试验中挂篮的变形

挂篮的预压是对挂篮设计强度、刚度和稳定性的一种验证，也是对挂篮适应性的一种验证，同时为挂篮模板预拱度提供可行的实际依据。预压的方式很多,本挂篮采用水箱存压法。测量结果由施工单位提供。

预压试验也证明挂篮在压力作用下会出现箱梁中轴处下沉量大于翼板边缘处下沉,和 ANSYS 模型计算的数值相差不大,而且趋势是一样的。

3.3　施工现场实测的挂篮变形

施工控制过程中,在箱梁顶面布置了钢筋头测点,对箱梁的顶面高程进行跟踪监控。其中钢筋头测点布置方式如图 9 所示。提取 7 号墩 4 号块箱梁顶面测点数据,忽略挂篮横梁和箱梁顶面之间的吊杆的弹性变形,得出挂篮横梁变形数据,并画出横梁变形如图 10 所示。

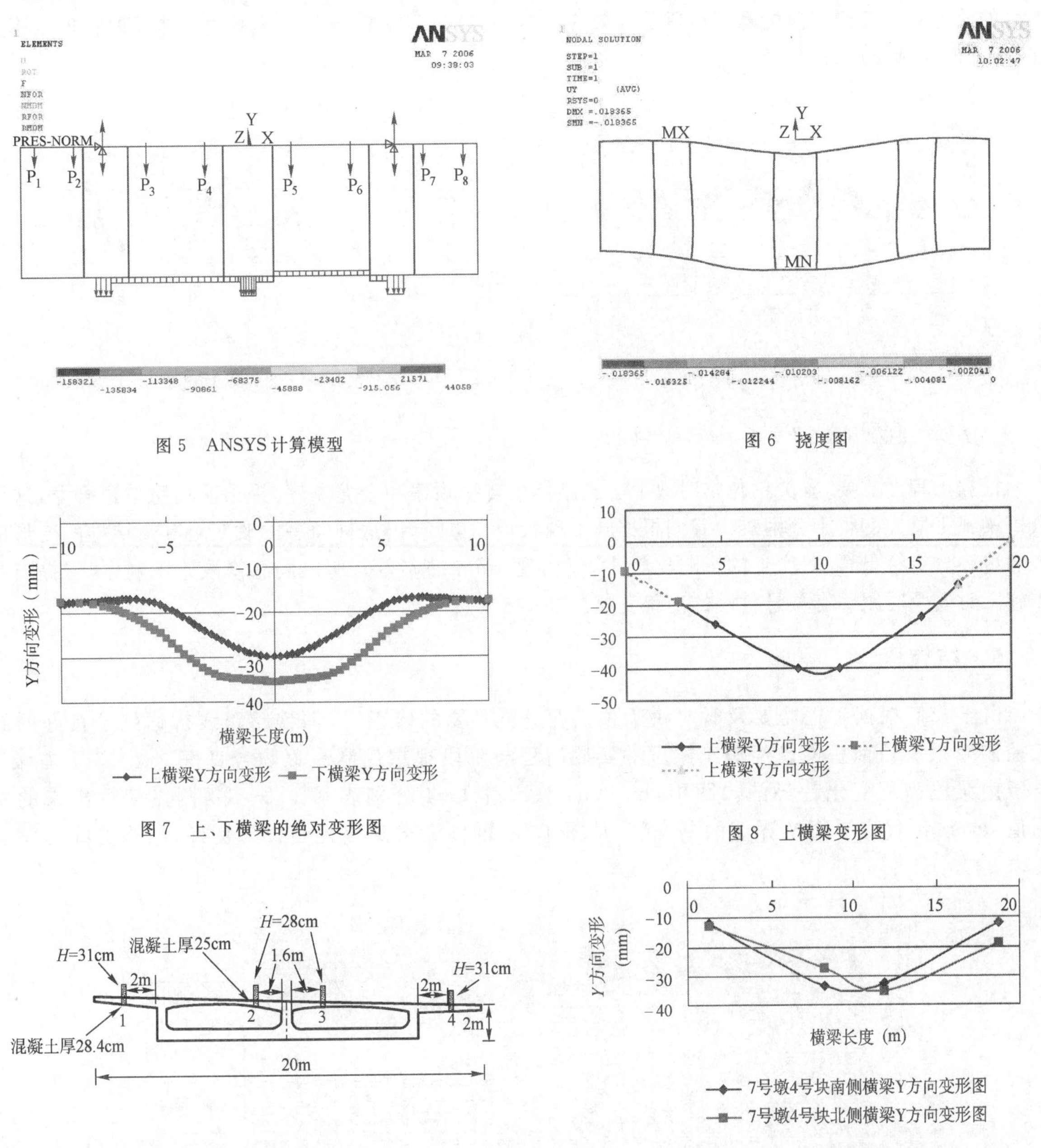

图 5　ANSYS 计算模型

图 6　挠度图

图 7　上、下横梁的绝对变形图

图 8　上横梁变形图

图 9　箱梁顶面观测点布置图

图 10　实测顶板垂直方向变形图

施工控制现场实测数据也证明:挂篮在浇注混凝土的压力下会出现箱梁中轴处下沉量大于翼板边缘处下沉,和 ANSYS 模型计算中得出的结果趋势是一样的。

综合三方面的分析,可以确定挂篮系统的刚度不足。因此建议施工单位对挂篮系统进行了必要的刚度加强，同时在浇筑的时候，在顶板顶面拉一条直线作为标定线进行浇筑，减少挂篮变形的影响。通过一些控制措施，桥梁达到了较好的施工控制效果。

4 工况改变的预拱度调整

随着施工进度安排，6 号和 7 号墩两侧合龙均比预计晚，而且由于施工条件的限制，已经完成的悬浇段的挂篮不能完全移走，其间有 4～6 个月的时间，考虑到这段时间的收缩徐变可能会对中跨合龙和次中跨合龙造成影响，我们用桥梁博士计算了 6、7 号墩北边悬臂施工最大节段后收缩徐变 3、6 个月的挠度变化(即边跨合龙后、张拉边跨底板束后、边跨支撑拆除后收缩徐变 90、180d)，详见图 11。可见此工况的改变将对已经完成的悬浇段因徐变效应，产生一定的下挠量，我们在监控过程中及时根据工程进度，合理调整预拱度，详见图 12。

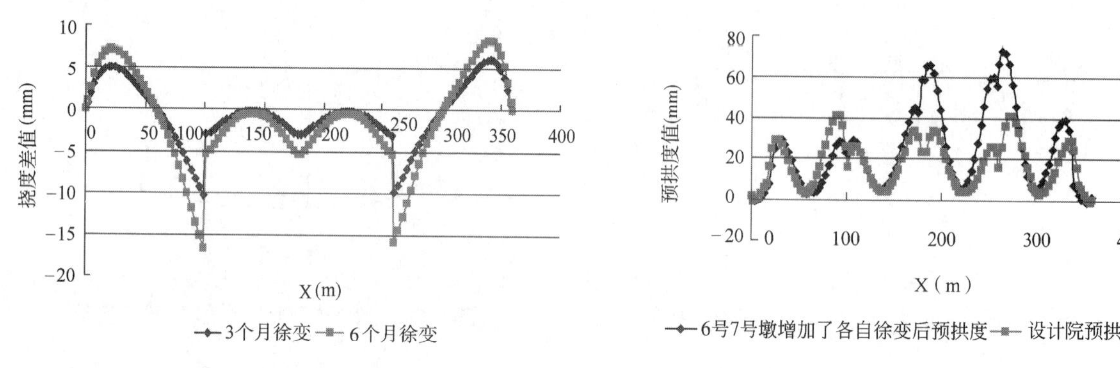

图 11 底板束张拉后徐变 3～6 个月挠度变化图

图 12 调整后的预拱度

根据工程的需要，有关单位临时改变了支座体系转换顺序和合龙顺序，提出次边跨单边合龙，这导致桥梁施工监控变得十分困难。我们根据施工现状，及时计算出这种顺序的改变对其余结构的变形的影响量。分析结果可知：产生的影响比较小，仅出现 4mm 的误差。所以同意修改施工顺序，但提出具体施工时要及时跟踪有关悬臂端的高程变化。

5 结束语

由于我们根据工程需要及时对桥梁预拱度进行必要的修正，广深铁路跨线桥达到了良好的施工控制效果。目前桥梁已经施工梁段的实测高程与阶段理想控制高程吻合良好。图 13 为右幅 5 号墩南梁段高程变化趋势图。图中，hsz1、hsz2、hsz3、hsz4 分别表示 1、2、3、4 测点换算出来的实测值，average 代表 4 个换算值的平均值，从图 13 中可以看出高程控制效果良好，结构的线形符合要求。

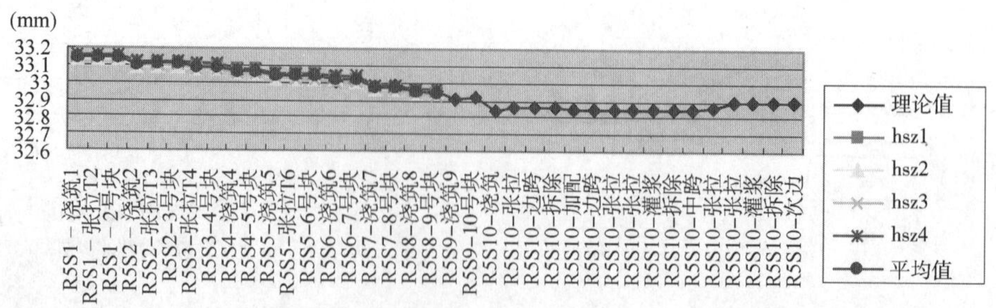

图 13 高程变化趋势图

参考文献

[1] 周军生,楼庄鸿.大跨径预应力混凝土连续刚构桥的现状和发展趋势[J].中国公路学报,2000,1:31-37.

[2] Zhou,Junsheng;Lou,Zhuanghong. Status and developing trends of large-span prestressed concretebridges with continuous rigid frame structure[J]. Beijing Jianda Road and Bridge Consulting Co,China,2000,13(1):31-37.

[3] 戴竞.虎门大桥设计与施工[J].土木工程学报,1997,30(4):3-13.

[4] 陈士平,王中文.张焕新.270m连续刚构上部构造施工[J].桥梁建设,1998,4:26-27.

[5] 李国平.预应力混混凝土结构设计原理[M].北京:人民交通出版社,2000.

[6] 中华人民共和国交通部标准.公路桥涵设计(85)通用规范[M].北京:人民交通出版社,1985.

[7] 中华人民共和国交通部标准.公路桥涵施工技术规范(JU 041—2000).北京[M]:人民交通出版社,2000.

[8] 李国豪.桥梁与结构理论研究[M].上海科学技术文献出版社,1983.

7. 广州珠江黄埔大桥悬索桥钢箱梁的焊接与变形控制研究

陈　红[1]　张少锦[1]　王秀菊[2]
(1. 广州珠江黄埔大桥建设有限公司;2. 中铁宝桥股份有限公司)

摘　要　广州珠江黄埔大桥悬索桥钢箱梁为全焊结构,具有结构复杂、熔透焊缝多,制造难度大等特点。制造过程中的关键之一在于控制构件的焊接质量和焊接变形,从而保证钢箱梁的接头质量和钢箱梁的尺寸。本文对广州珠江黄埔大桥悬索桥钢箱梁制造过程中典型构件的焊接质量和变形控制进行了分析,采用合理的预留收缩变形量和合适的焊接反变形量等焊接工艺手段有效地减少了焊接变形,保证了产品的焊接质量,取得了良好的效果。

关键词　钢箱梁　焊接　焊接变形　变形控制

1　引言

广州珠江黄埔大桥南汊桥为主跨1 108m的单跨钢箱梁悬索桥,主缆分跨为290m+1 108m+350m,中跨为悬吊结构,钢箱梁结构断面见图1。标准梁段长度为12.8m,全桥共87个梁段,标准梁段83个,合龙段2个,其余特殊梁段2个。钢箱梁构件均采用低合金高强度结构钢Q345C,钢箱梁为全焊结构,结构复杂、焊缝多,尤其是熔透焊缝较多,从而导致焊接难度和焊后变形及焊接残余应力较大,使箱体制造难度加大。钢箱梁是珠江黄埔大桥悬索桥上部的承重钢结构,其顶板直接承受桥面车辆轮压作用,锚箱和横隔板是钢箱梁重要的受力和传力结构,钢箱梁焊接质量的好坏直接关系到钢箱梁的短期的受力安全和长期的结构疲劳引起的结构隐患,为保证产品整体质量,控制焊接变形,必须对钢箱梁焊接和焊接变形控制进行细致的分析,制定合理可靠的焊接工艺措施。

图　1

2　主要接头类型

广州珠江黄埔大桥悬索桥钢箱梁主要焊接接头形式有对接接头和角接接头两种,即:顶、底板的对接焊缝,横隔板的立位对接,横隔板与顶板接板的仰横位对接,锚箱承力板与横隔板的立位不等厚对接;U形肋与顶、底板的坡口角接,锚箱承力板与斜底板的坡口角接,锚腹板与顶板、斜底板的熔透坡口角接,横隔板与底板、斜底板的角焊缝,斜顶板与人行道面板、斜顶板与顶板自然坡口熔透角焊缝,锚箱构件的熔透角接、坡口角接以及抗风支座、竖向支座的各类熔透焊缝等。

3　焊接施工变形控制

3.1　U形肋与顶、底板坡口角接焊缝的焊接和变形控制

本桥U形肋板厚为顶板8mm、底板6mm,要求焊缝有效厚度≥0.8倍的U形加劲肋的板厚,且不允许烧穿,并对焊缝进行超声波探伤检测。焊接以及焊接变形控制难度较大,经综合分析并结合焊接工艺评定试验,对U形肋与顶、底板的坡口(图2)角焊缝定位焊采用实芯焊丝(ϕ1.0mm)CO_2气体保护半自动焊焊接,正式焊接采用药芯焊丝(ϕ1.6mm)CO_2气体保护自动焊焊接。为保证焊缝有效厚度达到设计要求、控制焊接变形,通过试验设计了图3所示的焊接反变形胎架,使工件在近似船形位

置的拘束状态下焊接。

整个板块采用同方向施焊，并采用合适的焊枪角度及焊丝送进位置以保证坡口根部熔合良好，保证焊缝表面成型质量，焊丝对正位置参见图 4。焊接工艺参数见表 1。

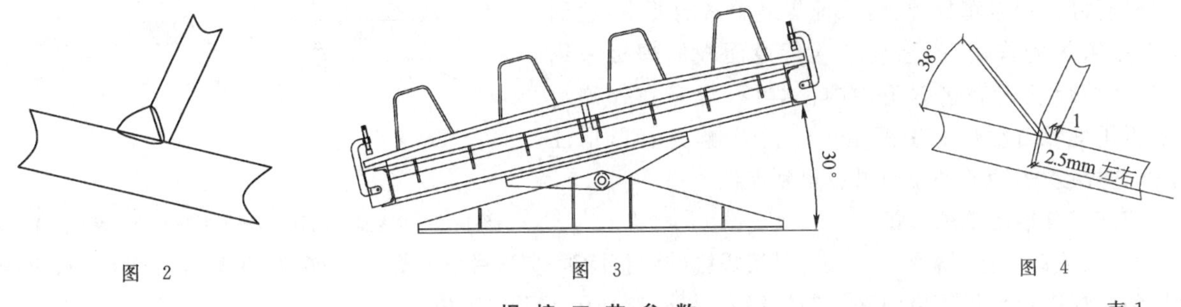

图 2　　图 3　　图 4

焊 接 工 艺 参 数　　表 1

位　置	电流(A)	电压(V)	干伸长(mm)	气流量(1/min)	车速(cm/min)
顶板	380±20	29±1	18±3	20～25	29±3
底板	320±20	30±1	18±3	20～25	33±3

超声波检测结果表明：采用上述工艺施焊的焊缝，有效厚度达到 0.8～0.9 倍板厚，满足设计要求。

3.2　顶、底板的对接焊接与收缩变形控制

顶、底板的对接采用实心焊丝 CO_2 气体保护焊打底，埋弧自动焊填充盖面的单面焊双面成型技术。在打底焊道中，过马板处容易出现根部缩孔、弧坑裂纹、反面成型不好以及间隙不匀所引起的焊缝根部熔合不良等问题。在生产过程中通过严格限制打底焊道工艺参数、熄弧处加快接头速度或回焊 20mm 以上、针对过大或过小的焊接间隙采用向前推或拉的运条方式解决根部熔合不良的问题；并要求焊接完第一道埋弧自动焊后再去除衬垫，让受热下坠的焊缝金属有所依托，避免了由于打底焊道较薄，焊缝受热后易下坠而导致反面余高过高等外观问题；马板在第一道打底焊道焊接完成并等焊缝温度降低之后拆除，以减小焊接变形。

对接焊缝间隙控制在 4～8mm 之间，生产过程中结合以往经验的同时，通过前期生产实测收缩值，使焊接收缩以及变形处于受控状态，从而保证了焊接质量和整个大桥的整体制造精度。

3.3　横隔板对接焊缝的焊接与变形控制

横隔板采用整体隔板形式，横隔板在长度方向采用立位对接，宽度方向不同于以前的搭接接头形式，采用仰横位对接，其接头形式见图 5。立位和仰横位对接横隔板板厚为 12mm 的，采用单面焊双面成型，背面贴圆弧槽陶质衬垫。对于特殊梁段部分板厚为 16mm 的，考虑到单面焊接填充量大，焊接变形严重，所以立位对接采用双面 V 形坡口进行焊接。横位对接 16mm 厚板采用不对称 K 形坡口，先焊接大坡口侧，再反面清跟焊接小坡口侧，保证熔透。

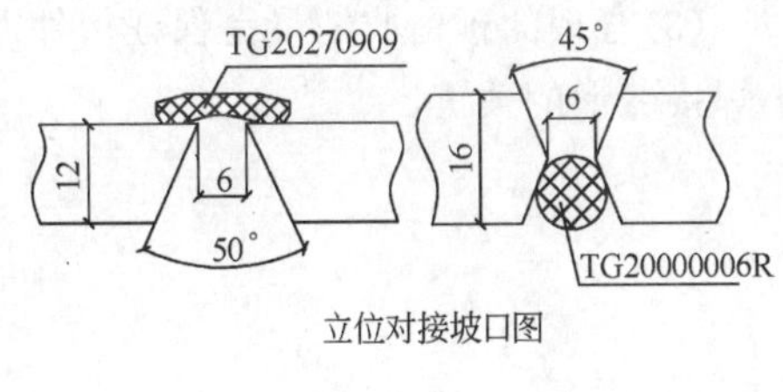

立位对接坡口图

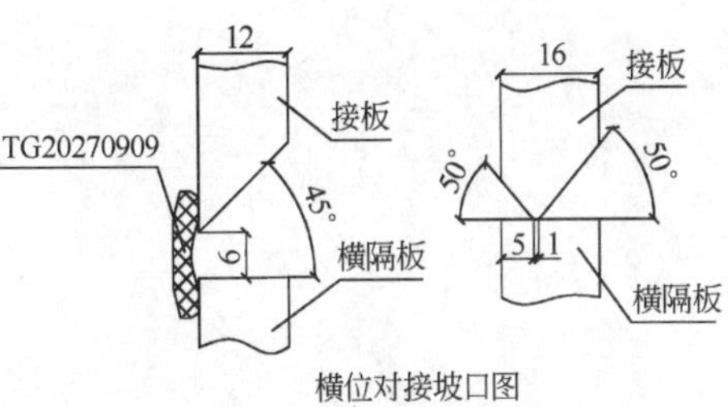

横位对接坡口图

图 5 (尺寸单位：mm)

对于较薄板的焊接，采用单面焊接双面成型，是一种可以保证焊接质量的好方案，但当板厚较大时，改双面坡口可以减小焊接填充量，降低劳动强度，并减小了焊接收缩和焊接变形量。另外，横隔板宽度方向的仰横位对接，焊接难度大，劳动强度大，横隔板的垂直度等精度控制难度大，对焊工的技术和责任心要求高。通过各方面的努力，横隔板整体精度得到有效控制，焊缝一次探伤合格率达到 96%以上，经过一次返修，超声波探伤全部合格。

3.4 斜顶板与顶板、斜顶板与人行道面板的焊接

斜顶板与顶板及人行道面板的焊接接头形式见图6，为自然坡口焊缝。斜顶板与顶板的焊接采用CO_2药芯焊丝，先焊接钢箱梁里侧焊缝，焊完后在钢箱梁外侧清跟，焊接箱外焊缝，保证焊缝熔透的要求，达到钢箱梁密封的作用；斜顶板与人行道面板的焊接采用CO_2实芯焊丝先焊接钢箱梁内侧焊缝，焊完在外侧清跟，再用埋弧自动焊焊接钢箱梁外侧焊缝，这样既保证了熔透焊接，焊缝的外观质量也得到保证。

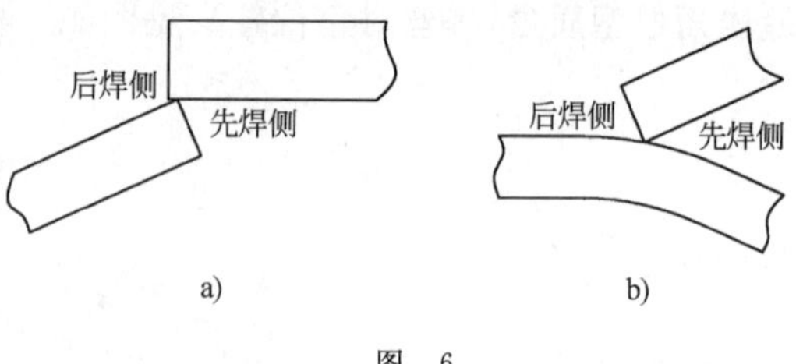

图 6

a)斜顶板与顶板焊缝大样；b)斜顶板与人行道焊缝大样

3.5 其他焊缝的焊接

其余坡口角接、熔透角接以及对接焊缝的焊接除通过采用小的焊接线能量、两侧交替焊接、对称施焊、预留焊接变形量等措施来控制焊接变形外，还采用了下述措施：

(1)顶、底板纵向对接采用同时同方向焊接或中间向两侧同时反向焊接，以减小焊接变形并保证焊接变形的一致性。

(2)在箱形总拼时先焊横隔板立位对接，再焊横隔板与底板、斜底板的角焊缝或熔透角接焊缝，后焊横隔板的仰横位对接。

(3)顶板对接焊缝焊接完成后，再焊接顶板接板与横隔板的对接焊缝。

(4)钢箱梁总拼现场焊接严格按照焊接顺序进行焊接，使焊接收缩量及焊接变形处于受控状态。焊接过程中严格执行焊接工艺参数，焊接材料的保管及使用严格执行要求。培训焊工在室外作业的防风、防雨、除污、除锈、除湿、定位焊质量等意识。

4 结束语

以上的焊接工艺措施和质量控制措施，有效地保证了广州珠江黄埔大桥悬索桥钢箱梁板块制作的精度、总拼焊接质量要求。通过本桥的焊接过程以及焊接变形控制得出以下结论：

(1)单元焊接时，采用合适的反变形量能有效的减少热矫正量，降低制造成本，提高制造精度。

(2)采用合理有效的焊接工艺参数和焊接顺序是减小钢箱梁焊接变形的有效措施，例如整体横隔板的制造工艺，较好的解决了横隔板装配难、仰焊焊接质量难以保证的问题。

(3)合理的预留收缩量是保证构件尺寸的重要措施，合理的设计焊缝坡口形式是保证焊接质量和减小焊接变形的关键。

8. 船舶撞击桥梁基础的动力放大系数的研究

廖小军
（广州市公路开发公司）

摘 要 船舶撞击桥梁基础是一个低速碰撞过程，是在任意荷载作用下的动力响应过程。本文在通过对搜集大跨度桥梁主桥基础分别任意荷载的动力有限元分析，得到了船舶撞击桥梁基础的动力放大系数的一般性规律。

关键词 船舶撞击 动力放大系数

1 引言

船舶撞击桥梁基础结构是一个时间短暂、相互作用力巨大的非线性动力过程。由于船舶相对桥梁基础结构来说是相对柔性的，船舶特别是船艏位置的构件会随着撞击过程的进行不断地屈服，因此船舶撞击桥梁基础的撞击力实际上是一个先增加又减小再增大又减小不断重复直至最大撞击力，随后由于基础结构开始振动，撞击力又是一个先减小又增加再减小又增加不断重复直至为零。由此可知船舶对桥梁基础结构的撞击的本质是桥梁基础结构在任意荷载作用下的动力响应过程。

由动力学的知识可知，动力放大系数 μ_D 只与结构的一阶固有频率 ω 和动力荷载作用的时间 t 有关，而与动力荷载的大小无关。故本文对所收集的 12 座典型的大跨度桥梁基础结构在任意荷载作用下的进行动静力分析，并将二者的结果进行对比，得出各自的动力放大系数，然后用分段曲线拟合的方法对动力放大系数进行规律总结。

2 动力放大系数

由瞬态动力学的知识可知，结构的动力位移响应 $y = \mu_D y_{st}$，其中 μ_D 为动力放大系数，y_{st} 为相同幅值作用下的静力位移响应，可见动力放大系数是架起动力响应与静力响应之间的桥梁。动力放大系数 μ_D 是基础结构的固有频率 ω、撞击作用时间 t 的函数和阻尼比 ζ 的函数，即：

$$\mu_D = \mu(\omega_1 \omega_2 \cdots \omega_n, t, \zeta) \tag{1}$$

由于船舶撞击桥梁的过程是短暂的，其撞击时间一般在 3～5s 之内，因此可以忽略阻尼的影响，故式(1)可以写成：

$$\mu_D = \mu(\omega_1 \omega_2 \cdots \omega_n, t) \tag{2}$$

3 有限元仿真计算

3.1 动力加载

船舶撞击力是一个任意荷载，我们选取撞击力是时间的正弦函数进行加载即：

$$F = f_P \sin\omega t \tag{3}$$

将改瞬态动力沿 X 方向和 Y 方向分解为：

$$F_x = f_p \sin\omega t \cdot \sin\theta \tag{4}$$

$$F_y = f_p \sin\omega t \cdot \cos\theta \tag{5}$$

式中：f_P——动力加载幅值即静力加载值(可以通过现行的撞击力公式获得)；

ω——加载频率即整个撞击时间的一半；

θ——加载力方向与 X 轴之间的夹角。

3.2 仿真结果

根据基础结构的频率随桩基的不同埋土深度即桩土的相互作用位置而改变，我们对某大桥主桥基础模型设置不同的桩土的相互作用位置来得到其一阶固有频率分别为：0.621、0.968、1.09、1.133、1.152、1.157、1.198、1.287、1.401、1.541、1.700、1.707、1.742、1.746、1.767、1.856、1.906、1.952、2.047、2.047、2.126 和 2.501s^{-1}。由于船舶撞击桥梁的过程是短暂的，撞击时间通常在 3～5s，故我们选取撞击时间分别取 0.50s、0.75s、1.00s、1.25s、1.50s、1.75s、2.00s、2.25s、2.50s、2.75s、3.00s、3.50s、4.00s、4.50s 和 5.00s 共 15 个撞击工况进行仿真计算。

对基础结构分别进行动静力加载计算，现列举频率为 2.126 时结构的计算结果，如表 1 所示。

一阶固有频率＝2.126s^{-1}动静力计算结果 表 1

计 算 项 目	桩头 x 方向位移(cm)	桩头 y 方向位移(cm)	计 算 项 目	桩头 x 方向位移(cm)	桩头 y 方向位移(cm)
静力加载	1.26	0.78	动力放大系数	1.06	1.05
T-0.50	2.06	1.26	T=2.50	1.32	0.81
动力放大系数	1.63	1.62	动力放大系数	1.05	1.04
T=0.75	1.81	1.11	T=2.75	1.34	0.82
动力放大系数	1.44	1.42	动力放大系数	1.06	1.05
T=1.00	1.53	0.94	T=3.00	1.35	0.83
动力放大系数	1.21	1.21	动力放大系数	1.07	1.06
T=1.25	1.36	0.83	T=3.50	1.31	0.80
动力放大系数	1.08	1.06	动力放大系数	1.04	1.03
T=1.50	1.44	0.88	T=4.00	1.33	0.82
动力放大系数	1.14	1.13	动力放大系数	1.06	1.05
T=1.75	1.44	0.88	T=4.50	1.30	0.80
动力放大系数	1.14	1.13	动力放大系数	1.03	1.03
T=2.0	1.38	0.84	T=5.00	1.31	0.81
动力放大系数	1.10	1.08	动力放大系数	1.04	1.04
T=2.25	1.34	0.82			

从表 1 中，我们可以看到：

(1)基础结构在 X 轴方向即横向桥和 Y 轴方向即顺桥向的动力放大系数相差甚微，我们可以认为是相等的；这也说明了基础结构的一阶固有频率对结构动力放大系数的贡献是最大的，可以忽略二阶及高阶固有频率的贡献；

(2)撞击时间在 3～5s 内的 5 个工况下的动力放大系数一般都小于 1.10。

限于篇幅，我们现将各个频率的基础结构在撞击时间 0.5～3s 内的 10 个撞击工况下的动力放大系数汇总如表 2 所示。

动力放大系数汇总表 表 2

结构各级频率(Hz)	撞击时间(s)									
	0.50	0.75	1.00	1.25	1.50	1.75	2.00	2.25	2.50	3.00
0.621	1.15	1.57	1.72	1.77	1.73	1.67	1.59	1.54	1.46	1.31
0.968	1.55	1.77	1.73	1.64	1.53	1.41	1.30	1.20	1.12	1.16
1.090	1.56	1.71	1.64	1.54	1.42	1.29	1.19	1.10	1.10	1.16
1.133	1.60	1.72	1.64	1.52	1.38	1.26	1.16	1.08	1.11	1.17
1.152	1.66	1.74	1.65	1.50	1.36	1.24	1.14	1.08	1.14	1.16

续上表

结构各级频率(Hz)	撞击时间(s)									
	0.50	0.75	1.00	1.25	1.50	1.75	2.00	2.25	2.50	3.00
1.157	1.67	1.74	1.67	1.53	1.38	1.25	1.16	1.09	1.16	1.17
1.198	1.63	1.70	1.61	1.46	1.34	1.21	1.12	1.07	1.14	1.15
1.287	1.65	1.69	1.56	1.42	1.27	1.15	1.07	1.11	1.15	1.13
1.401	1.69	1.66	1.51	1.36	1.21	1.09	1.13	1.14	1.15	1.10
1.541	1.71	1.64	1.46	1.28	1.14	1.10	1.15	1.14	1.13	1.07
1.700	1.71	1.57	1.38	1.19	1.10	1.16	1.14	1.14	1.11	1.07
1.707	1.70	1.57	1.39	1.20	1.06	1.13	1.15	1.14	1.10	1.08
1.742	1.71	1.56	1.37	1.18	1.10	1.15	1.14	1.13	1.10	1.07
1.746	1.71	1.53	1.30	1.12	1.15	1.17	1.15	1.12	1.07	1.09
1.767	1.72	1.54	1.32	1.15	1.13	1.17	1.15	1.11	1.07	1.08
1.856	1.70	1.50	1.29	1.10	1.14	1.16	1.14	1.11	1.06	1.07
1.906	1.70	1.52	1.29	1.12	1.12	1.15	1.15	1.10	1.06	1.08
1.952	1.68	1.47	1.27	1.08	1.15	1.16	1.13	1.10	1.05	1.08
2.047	1.64	1.41	1.18	1.09	1.15	1.11	1.11	1.06	1.08	1.08
2.126	1.63	1.44	1.21	1.08	1.14	1.14	1.10	1.06	1.05	1.07
2.501	1.49	1.22	1.12	1.15	1.10	1.07	1.09	1.06	1.06	1.05

4　结果分析

4.1　动力放大系数与撞击时间的关系

为了更加直观地分析数据和总结动力放大系数与撞击时间之间的规律，现将表 2 中的数据绘成图 1。

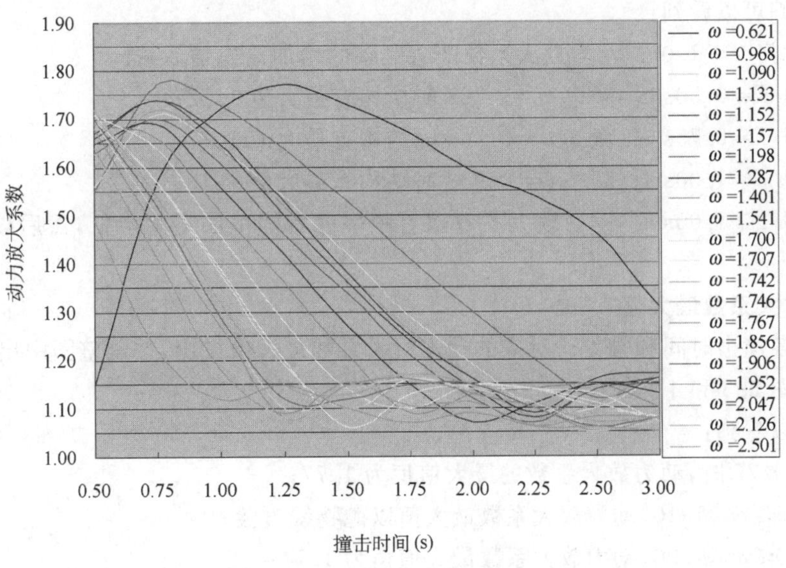

图 1　动力放大系数与撞击时间关系图

从图 1 中我们可以看到：

(1)当频率 $\omega=0.621$ 时，动力放大系数随着撞击时间的增加大幅度地先增后减，在撞击时间 $T=1.25$s时有最大值 1.77；

(2)频率 0.968≤ω≤1.287s^{-1}时，动力放大系数随着撞击时间的增加大幅度地先增后减，随后小幅度地上下波动，在撞击时间 T=0.75s 时有最大值其范围在 1.69～1.77 之间；

(3)频率 1.401≤ω≤1.952s^{-1}时，动力放大系数随着撞击时间的增加大幅度地先减后增，随后小幅度地上下波动，在撞击时间 T≤0.50s 时有最大值其范围在 1.68～1.72 之间；

(4)频率 2.047≤ω≤2.501s^{-1}时，动力放大系数随着撞击时间的增加大幅度地先减后增，随后小幅度地上下波动，在撞击时间 T≤0.50s 时有最大值其范围在 1.49～1.64 之间。此外，还可以看到不论频率大小，动力放大系数曲线随着撞击时间的不断增加，其幅值都不断衰减并无限趋向于 1。

4.2 动力放大系数与频率的关系

为了更加直观地分析数据和总结动力放大系数与频率之间的规律，现将表 2 中的数据绘成图 2。

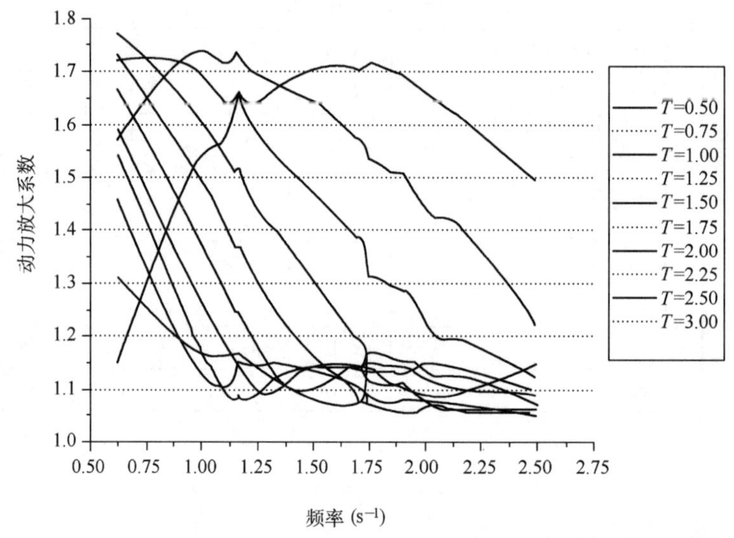

图 2　动力放大系数与频率的平顺曲线图

从图 2 中我们可以看到：

(1)当撞击时间 T≤1.00s，动力放大系数随着频率的增加而先增后减。

(2)撞击时间 T=0.50s 时，频率 ω=1.767 时结构有最大值 1.72；

(3)撞击时间 T=0.75s 时，频率 ω=0.968 时结构有最大值 1.77；

(4)撞击时间 T=1.00s 时，频率 ω=0.968 时结构有最大值 1.73。

(5)撞击时间 T>1.00s 时，动力放大系数随着频率的增加呈明显的降低，然后以小幅值上下波动衰减，无限趋向于 1。

4.3 动力放大系数最大值

现将表 2 中各撞击时间和频率所对应的动力放大系数最大值挑出，并调整图中出现“尖角”数据，并用光滑的曲线绘图如 3 和 4 所示。

从图 3 中可以看到：

(1)频率 ω≤0.75 时，动力放大系数的最大值恒为 1.77；

(2)频率 0.75≤ω≤1.10，动力放大系数最大值以抛物线过渡；

(3)频率 1.10≤ω≤1.90，动力放大系数最大值恒为 1.71；

(4)频率 1.90≤ω≤2.50，动力放大系数最大值以斜率为－0.37 直线递减至 1.49。我们可以预测在频率 ω≥2.50 时动力放大系数将以对数形式无限趋向于 1。

从图 4 中可以看到，撞击时间 0.50≤T≤1.50s 时，动力放大系数的最大值在 1.75 上下波动；撞击时间 1.50<T≤3.00s 时，动力放大系数最大值以斜率为－0.263 直线递减至 1.31。我们可以预测在撞击时间 T>3.00s 时动力放大系数将以对数形式无限趋向于 1。

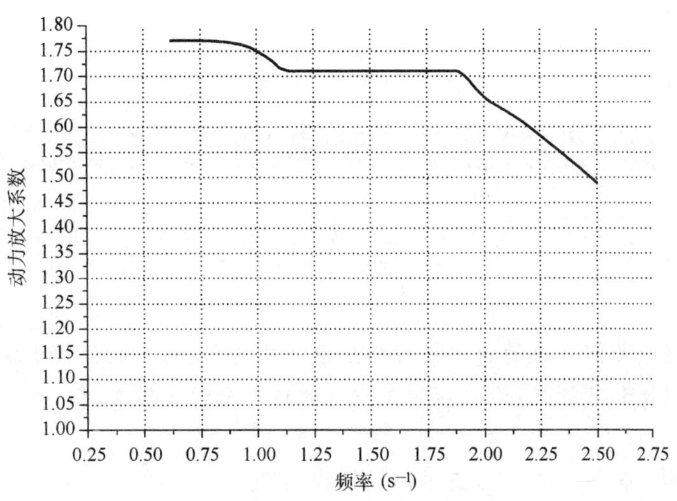

图 3 动力放大系数最大值与频率的关系图

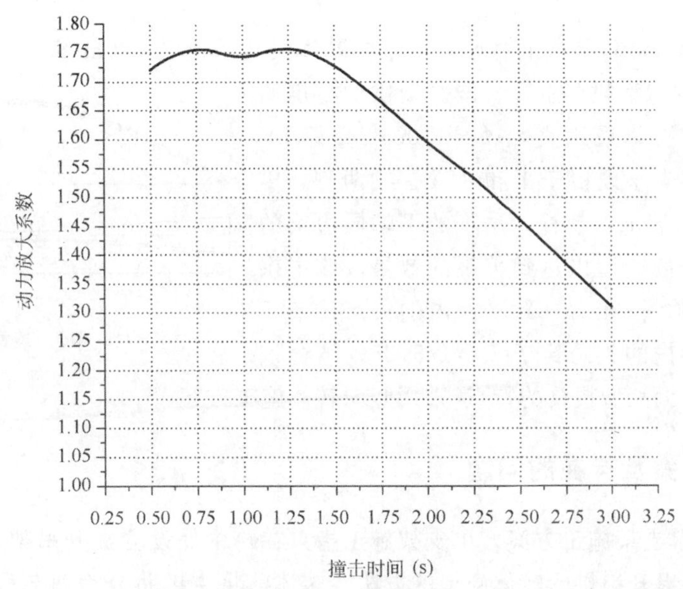

图 4 动力放大系数最大值与撞击时间的关系图

5 结束语

通过相同幅值的动静力作用下结构的响应来总结动力放大系数 μ_D 的一般规律，有了这个规律后，桥梁专业设计人员可以在初步设计阶段从其他渠道估算得撞击力的大小后，只需要对结构进行静力分析，然后由静力响应乘以动力放大系数 μ_D 便可得到基础结构在船舶撞击作用下的动力响应，无需进行动力分析的巨大工作量，便于设计人员拟定桥梁基础结构的尺寸，加速桥梁设计进度。

参考文献

[1] 同济大学土木工程防灾国家重点实验室．湛江海湾大桥防撞系统动力仿真分析[R]．2003.12.

[2] 刘昭培，丁学成．结构动力学[M]．天津：天津大学出版社，1987.

9. 造型拱竖向转体施工仿真分析

徐芳元
（广州市公路开发公司）

摘　要　通过对某市黄河大桥的转体方案各阶段的内力、变形、稳定和模态的仿真分析，论证了竖向转体施工方案的合理性和可行性，为以后同类结构的施工提供了借鉴。

关键词　结构仿真　转体施工　动态模拟　结构稳定

1　引言

湟贵黄河大桥地处市郊，是城市桥梁。桥梁的基本结构采用7×30m简支变连续梁。在简支梁上部设置跨径为210m的造型拱（图1）。该造型拱的主拱肋采用提篮式结构。主拱肋采用直径$\phi=110$cm，壁厚$\delta=10$cm的空心钢管。拱支座设置于1和8号冒梁两侧。拱中部150m范围内设置装饰性拉杆。吊杆的下端同边梁的外侧相连，形成系杆拱的造型以达到美观的效果。该主拱肋的拱轴线为二次抛物线；在$X-Y$平面内的矢跨比$f/L=1/30$，在$Y-Z$平面内的矢跨比$f/L=1/5.25$。结合该拱肋自重小，施工场地无大型机具的特点，采用竖向转体施工方案。

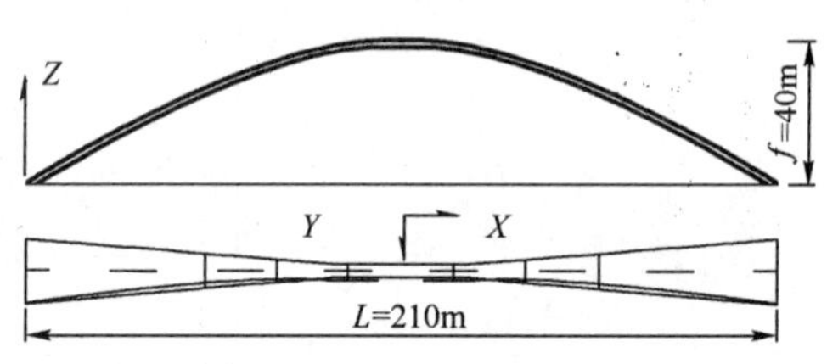

图1　造型拱拱形图

2　转体施工方案及存在的问题

施工拟采用采用单支架施工方案。单支架施工指只在跨中处设置提升吊架，将主拱肋分为两节坦拱，竖向以拱脚为圆心提升坦拱的转体施工的方法。转体前将主拱肋分为两节段在桥面预制拼装。转体的典型施工工序包括以下五个工况：

(1)拱肋转体开始；

(2)拱肋转体10°；

(3)拱肋转体21°；

(4)拱肋合龙；

(5)封铰成桥。

竖向转体施工最初出现在国外，主要用于将横肋竖向拼装或浇注好的构件放下合龙的一种方法。这种技术经过改进后，转变为将预制构件提升道设计位置的一种方法。使这种技术更适合于大跨径桥梁的施工。在我国以往的钢管拱的施工中，钢管往往充当劲性骨架，故在转体的过程中配备了大量的扣索，通过调整扣索的拉力使各节段的高程和拱轴线坐标值的差值最小使成桥后拱轴线和设计拱轴相吻合。单点起吊施工时因为钢拱肋的自重较大，要求较大的提升牵引力。钢管拱的刚度较小，施工过程没有辅助调的扣索，在施工过程中节段的坐标偏离设计拱轴线。这种偏离使结构产生较大的附加弯矩，使施工过程表现了较大的几何非线性。

3　计算模型及参数的选取

3.1　结构荷载

钢管拱属于景观拱，不承受汽车活载。故拱肋的计算竖向力只考虑结构自重和吊装荷载。横向力（风荷载），用于计算浪风索的设置和成桥后解除浪风索后的拱肋的稳定和强度。

风荷载在转体过程中取半跨拱肋迎风面积的总风力；在封铰成桥后的风荷载计算转化为计算拱脚处的附加弯矩：

$$M_1=P_1L^2/12(\text{横向}),$$

$$M_2=P_2f^2/2(\text{纵向})$$

$$M_j=M_1\cos\phi_j+M_2\sin\phi_j$$

式中：ϕ_j——拱轴线在拱脚处的水平倾角；

$P_1=P/L$，P_2 按《桥涵通用设计规范》规定选取。取风速为 13.8m/s，吊装荷载以系数的形式加到荷载上，$k=0.2$。

3.2　结构离散

钢管拱采用 sap2000 建模（图 2），主拱肋采用杆单元，拱的临时下弦拉索，采用两端释放弯矩，并且取较小的惯性矩比例系数的杆单元。转体过程根据结构的对称性只建半跨，合龙后建全桥模型。转体过程中竖向荷载以竖向 1.2 倍重力加速度加到结构上，横向荷载以 0.69kN/m 均布荷载施加道主拱圈。

结构破坏采用应力容许法判断 $б<[б]$；以主应力超过容许值为结构破坏准则：

(1)　$$\sigma_{\text{主拉}}=\frac{\sigma_{max}}{2}-\sqrt{\frac{\sigma_{max}^2}{4}+\tau^2}$$

(2)　$$\sigma_{\text{主压}}=\frac{\sigma_{max}}{2}+\sqrt{\frac{\sigma_{max}^2}{4}+\tau^2}$$

式中：$\tau=\tau_{\text{扭}}+\tau_{\text{剪}}$；

$\sigma=\sigma_x+\sigma_y+\sigma_N$。

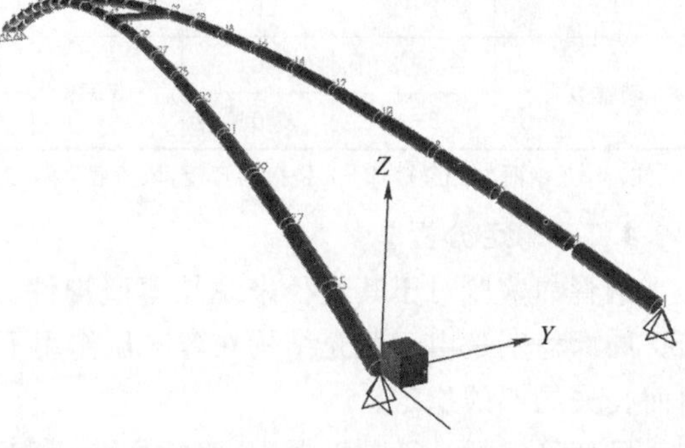

图 2　结构计算模型（半拱）

材料力学参数的选取；钢材屈服应力 $\sigma_s=345$MPa，容许应力 $[\sigma]=\sigma_s/1.7=202.9$MPa，弯曲容许应力 $[\sigma_{Ww}]=\sigma_s/1.85=186$MPa，容许剪应力 $[\sigma]=0.6X\quad\sigma_s=121.74$MPa，弹性模量 $E_g=1.99\times10^5$MPa。

4　结构计算分析

采用三维空间有限元理论对施工过程进行典型施工过程的模拟分析计算，计算以施工顺序进行。拱桥在架设和转体的过程中结构的几何非线性对拱肋的竖向位移和弯矩的影响较大。故转体过程的模拟考虑了结构几何非线性的影响。并对施工工序中的具体方案进行预测性调整；主要计算了在施工主要阶段的强度，位移，和稳定情况。根据计算的内力情况判断结构的是否安全和施工方案的可行性。对施工方案提出改进意见。

由于结构在荷载的作用下会发生非线性行为，在静力分析中由于钢材材质的均匀性较好，故忽略材料非线性的影响。材料的本构关系采用简化的斜直线模型。结构的几何非线性的平衡方程为：

$$[K_T]\{r\}=\{R\}$$

式中：$[K_T]$——T 时刻的结构刚度矩阵，包含了弹性变形和结构位移的影响；

$\{r\}$——结点的位移列阵；

$\{R\}$——结点荷载等效结点列阵。

在求解的过程中以位移 10×10^{-3}m 为迭代收敛条件。

4.1　施工静力分析

按原施工方案不加浪风索时：工况一（转体开始）：结构最大位移达 24cm，随着结构提升。工况二

(转体 10°):结构最大横向位移达到 27cm,提升点的横向力不断增加。根据以上计算结果转体过程必须添加浪风索。

调整施工方案后(添加浪风索后)施工转体过程中各工况计算各节段截面的内力如表 1。

拱肋各控制截面施工阶段的内力值(单位:kN,kN/m) 表 1

计算项目	截面	拱顶		L/4 截面		拱脚		最大弯矩	
		M	N	M	N	M	N	M+	M−
风荷载						253.36			
降温 20℃	3−3	−1 174.56	−3 889.11	1 358.71	−4 165.45	−2 324.05	−4 973.71	1 469.25	−2 324.05
	2−2	−73.22		−146.84		−538.89		347	−538.89
升温 20℃	3−3	−1 540.7	−3 898	131.33	−4 172.15	−1 841.23	−4 889.9	1 573.18	−1 832.93
	2−2	42.4		−139		−477.93		342.66	−477.93
成桥状态	3−3	−1 357.65	3 894.73	1 337.52	−4 245.42	−2 082.64	4 976.68	1 379.63	−2 082.64
	2−2	41.82		−143.3		508.11		345.07	−608
未封铰前	3−3	−2 256	−3 960	1 708	−4 230	0	−5 204	2 497	−2 256
	2−2	−73		−131		0		495	−977.9
转体 10°	3−3	0	−5 632	1 218.92	−5 673	0	−5 702	3 360.19	−3 027
	2−2	0		−201.47		0		220.7	−625.43
转体 0°	3−3	0	−5 978	1 243.7	−5 698	0	−6 007.2	3 033.67	−3 008.47
	2−2	0		−179.02		0		240	−499.11

注:3−3 指面内的弯矩,2−2 指横向弯矩,风荷载为附加荷载没有叠加。

4.2 稳定分析

钢管的壁厚对于其直径来说是薄壁构件。薄壁构件的稳定包含着结构局部稳定和整体稳定两部分。局部稳定是由于薄壳结构在弯−压作用下可能在总体失稳以前,构件的某一部分会产生局部的翘曲而丧失局部的稳定。

局部稳定的计算是根据《公路桥规》对薄壳钢构件进行局部稳定验算。

$$b/\delta < [b/\delta] \qquad b/\delta = 5.5 < [b/\delta];$$

式中:b 和 δ——分别为构件的宽度和厚度;

$[b/\delta]$——容许宽厚比。

造型拱的矢跨比 $f/L<1/20$,根据规范要求必须进行稳定验算。稳定的计算分施工状态和成桥状态两步计算。

(1)转体中的稳定

主拱肋在施工的过程中不可避免的具有初始的弯曲,偏心,残余应力等初始缺陷。拱肋在转体过程中是压弯组合构件,其稳定属于第二类稳定问题,即结构的临界荷载是求极值点。拱肋几何非线性的影响明显,故在施工各工况求极值要计入结构变形的影响。

极值点的求解以荷载增量法,采用逐级加载的方法获得结构的极值点。拱肋的极值点的判断方法是以某时刻的非线性平衡方程的刚度矩阵在给定的条件不收敛为依据的。即 $P-\Delta$ 曲线的斜率逐步减少,其斜率为零时结构达到最大承载力而破坏。由于我国现行的规范均未使用第二类失稳作为结构稳定的依据,参照我国万县长江大桥和广州丫髻大桥的转体施工中稳定控制的经验。在转体过程中以求的极值点的稳定系数方法判断结构的稳定是可行的。参照已有的经验:

结构稳定系数

$$K = P_{cr}/p \geqslant 2$$

同时施工过程中结构的稳定形态还借助结构的振型来判断。

(2)合龙后的稳定

纵向稳定则表达为强度验算，即将拱肋换算成相当长度的压杆，按平均轴向力计算：

$$N_j \leqslant \alpha A g R g / [k]$$

合龙成桥后结构的稳定计算，横向稳定：

$$K_2 = N_L / N_j \geqslant 4 \sim 5$$

式中：N_L——拱肋失稳临界轴力：N_L 由结构程序计算得出或由 $N_L = \frac{\pi^2 E_a I_Y}{l_0^2}$

$l_0 = \rho\alpha s$，本例 $\alpha = 1$；

$$\rho = \sqrt{1 + \frac{\pi^2 E_a I_y}{(\alpha s)^2}\left(\frac{ab}{12E_a I_B} + \frac{a^2}{24E_a I_a} \times \frac{1}{1-\beta} + \frac{na}{bA_b G}\right)}$$

式中：n——形状系数，本例 $n=1.11$；

N_j——拱肋平均轴力。

(3)合龙封铰后主拱肋的自振分析

结构自振动力分析计算了成桥后结构前十阶自振频率，如表 2。

拱肋自振特性一览表 表 2

振动类型	阶次	频率(Hz)	振动类型	阶次	频率(Hz)
平面内弯曲	1	0.234 6	平面外弯扭耦合	6	0.935
平面内弯曲	2	0.513 56	平面外弯扭耦合	7	1.434 3
平面外弯扭耦合	3	0.530 1	平面外弯扭耦合	8	1.646 4
平面内弯扭耦合	4	0.655 8	平面外弯扭耦合	9	2.079
平面外弯扭耦合	5	0.855 9	平面外弯扭耦合	10	2.461 2

结合拱肋转体各工况判断结构的稳定形态和稳定系数如表 3 所示。

各施工阶段的稳定系数表 表 3

序号	工况	稳定系数	判断方法	稳定判断	一阶振型	失稳形态
1	开始转体	3.7	极值点失稳	不失稳	面内	面内失稳
2	转体 10°	4.3	极值点失稳	不失稳	面外	面外失稳
3	转体 20°	4.5	极值点失稳	不失稳	面外	面外失稳
4	合龙	2.1	极值点失稳	不失稳	面内	面内失稳
5	成桥	7.4	桥规规定	不失稳	面内	面内失稳

静力分析表明，拱的截面弯矩小，水平推力小，表明转体后结构和拱轴线的吻合程度较好，该施工方案可行；从动力分析结果和稳定分析结果数据表明，该拱肋的横向刚度较大，在横向具有较足够的安全度。面内刚度较小。从频率上看，一般拱桥的单拱频率在 0.3～0.4Hz 之间。本桥的成桥的一阶频率为 0.24，可见该拱肋在面内的刚度较小。

5 结论及建议

施工的过程仿真分析作为一种科学的预测和控制手段，可以科学的预测一些因素的影响和施工方案的欠缺，是有效的指导施工不可缺少的手段和方法。本文通过对拱肋施工结构的仿真计算，证明了结构和施工的合理性和可行性。通过对结构各阶段的静力、动力、稳定的计算分析，提出一下建议：

(1)拱肋的焊接施工应该是在托架或吊架上进行节段焊接施工。在焊接过程中要保持拱肋线性的与设计一致，控制焊接工艺尽量减小焊接的残余应力对薄壳结构产生局部的破损，或局部应力过大。

(2)拱肋焊接完成后应及时的张拉下弦杆(临时拉索)，半拱肋在不张拉下弦杆的自由状态下，其最大纵向位移达到 2.45m，竖向位移达到 4.5m。对于弯曲的壳体结构，可能引起结果局部破坏。

(3)控制下弦杆的预张力以保证拱肋在转体过程中不出现大的水平变形。转体施工过程中下弦杆的张力最大值达到 5 722kN。拱肋的受力状态也由初始状态的外侧受拉转化为复合受力状态，弯矩图呈正弦曲线的特点。且经过建模分析，适当的加大下弦杆的控制张拉预应力对整个转体施工的过程时以有利的，对拱肋内力的分配有利。

(4)在竖向转体的过程中，拱肋的一端在 x 方向的变化较大，由 0°时刻的 $x=112.4$，变化到合龙状态的 $x=105$，提升吊杆的转向角为 10°。竖直吊架的收到较大的水平力和弯矩，在转体过程中要加强吊架的稳定。

(5)拱肋合龙时拱顶向上翘曲偏离设计拱轴线 9cm。拱肋合龙后最大竖向位移 7.4cm，最大水平横向位移 11.5cm。合龙工况最不利荷载组合下(即风荷载，自重，和温度应力作用)拱肋最大竖向位移达到 0.212m($x=35$m)。在施工的过程中可以采取控制合龙温度，添加扣索和 K 撑，以提高拱肋局部变形。合龙阶段的施工应在转体过程中应调整预拱度，在拱顶增加配重以保证合龙合拱肋的线性与设计相符；合龙完成后应先封铰，然后解除配重、扣索和浪风索。

(6)施工过程中，结构体系不断的转换，拱肋的变形和内力不断发生变化，保证转休过程的顺利进行，还应对结构的内力和变形进行预测。在结构关键部位设置位移和应力的预测点，以便动态的掌握整个过程的应力，应变与时间的关系以及应力和应变的关系。预测点的布置如图 3 所示：测试的过程应该采取动态测试与周期测试相结合。周期测试控制在 5～15min，稳定静态时应一小时测试一次。以便及时的了解转动体系的应力，变形状态，前面的指导施工。

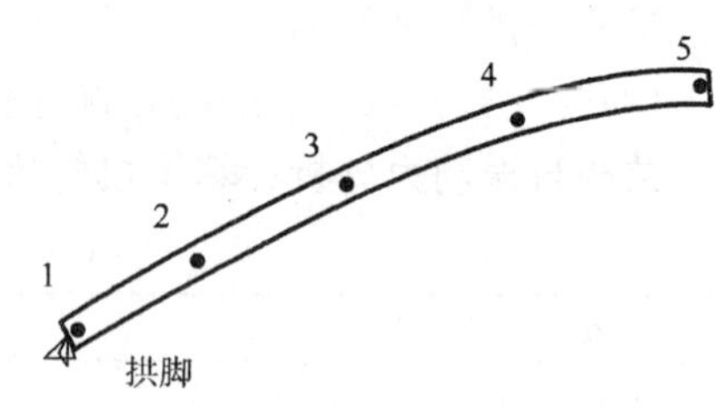

图 3　测点布置示意图

内力与位移的关系：结构在初始状态位移为零时刻，结构类似于带拉杆的无水平推力拱，随着拱肋的提升，结构的内力分布越来越近似于自重作用下的细杆，随位移的增大这种趋势越明显。拆除下弦杆、合龙、封铰后，结构体系转换。内力二次分布使拱脚弯矩增大。消除配重后拱脚弯矩增大，拱顶弯矩减小。拱内力和变形变化的幅值和施工误差，合龙温度，风荷载有明显的关系。

参考文献

[1] 陈宝春. 钢管混凝土拱桥. 北京：人民交通出版社，2002.

[2] 顾安邦. 桥梁工程. 北京：人民交通出版社，2002.

[3] 颜全胜. 丫髻大桥主桥非线性分析. 北京：铁道标准设计，2001.

10. 虚拟温度荷载法在调整斜拉桥成桥恒载索力中的应用

欧阳剑
（广州市公路开发公司）

摘　要　本文采用 ANSYS 提供的参数化设计语言 APDL，将虚拟温度荷载法引入其中，使其具备了调整斜拉桥成桥恒载索力的计算功能。该方法能实现调索前后结构分析计算模型的统一，且能方便地考虑调索过程中各种非线性因素的影响。

关键词　APDL　虚拟温度荷载法　调索

斜拉桥是一种高次超静定的柔性结构，“牵一索而动全桥”。目前国内外斜拉桥确定恒载索力的方法大致有：简支梁体系法、刚性索法、刚性支撑连续梁法、指定应力法以及优化方法等等。在斜拉索张拉即索力调整时，通常的分析方法是先将相应的索从结构中“拆开”，并在桥塔和主梁上的锚固点处施加一对大小相等方向相反的集中力来进行结构计算的。显然，这样做破坏了原有的结构形式，也需要分别建立调索过程分析与调索后结构受力分析的力学模型，且调整不同的索力就要形成不同的力学模型。

为了避免这种繁琐不经济的求解过程，本文以芜湖长江大桥为例，采用一种新的初始状态的确定方法——斜拉索虚拟温度荷载法，并将其引入 ANSYS，通过其提供的参数设计语言 APDL，使 ANSYS 具备调整斜拉桥成桥恒载索力的计算功能。

1　计算模型的建立

芜湖长江大桥是国内首次采用板桁组合结构建造的一座公铁两用桥梁，铁路桥全长 10 520.97m，公路桥全长 5 681.20m，正桥主航道采用双塔双索面斜拉桥型。根据航道和飞行净空的要求，斜拉桥跨度布置为 180m＋312m＋180m，是世界上第一座钢筋混凝土板钢桁结合共同受力的大跨度公铁两用结合梁斜拉桥。

对于板桁结合斜拉桥而言，其桥面系是由桥面板和钢桁梁组成，它的单元划分通常有两种方式：一种是采用板壳单元和梁单元相结合的方式；另一种则是按照格子梁的分析方法，将节间的桥面板抽象为格子梁的形式，将桥面板的刚度和质量进行适当的分配，然后按照空间梁单元来分析。本文是采用前一种方法，将主桁主要杆件和塔均离散为空间梁单元，斜拉索离散为杆单元，桥面板采用板壳单元。整体模型见图 1、图 2。

2　斜拉索虚拟温度荷载法

斜拉索的张拉过程与该索虚拟温度的下降过程在力学状态上存在某种一一对应的关系，即张拉某斜拉索，使该索的索力由 N_1 调整到 N_2 的过程，等效于结构不变，该索的虚拟温度由 T_1 变化为 T_2 的过程。而温变问题的有限元方法与荷载作用时的有限元分析在方法上、力学模型上是统一的，这样在调索时就不必将索“断开”，调索过程的分析和斜拉索经调索达到设计状态后的活载分析，可在同一力学模型上通过先施加等效温度节点荷载，紧接着再施加活载的连续计算过程予以实现。

该方法与非线性调值计算原理相结合，通过在不断调整斜拉索虚拟温度的同时，反复修正斜拉桥的构形，并进行迭代运算，使它们最终满足设计要求。这时得到的斜拉索索力即为初始恒载索力，结构状态即为斜拉桥相应阶段的恒载状态。该方法能包含斜拉桥大位移、大转动、梁柱效应等非线性因素的影响。

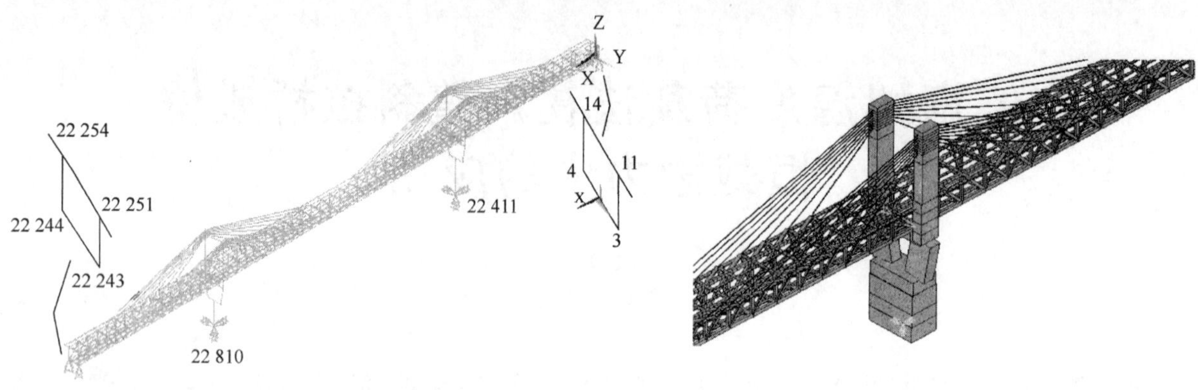

图1 芜湖长江大桥整体模型图

图2 桥塔和斜拉索连接处结构模型

3 斜拉桥成桥初始恒载索力的调整

长期以来，对桥梁问题的求解一般是通过开发相应的有限元分析程序来完成的。而开发桥梁有限元分析程序不仅需要投入大量的人力、物力，而且开发周期长，程序代码的重用率低、不易维护，这些已不能满足桥梁工程技术快速发展的要求。如何使人们从繁琐、单调的常规有限元编程中解脱出来，如何缩短桥梁分析程序的开发周期，已成为桥梁工程界面临的主要问题。本文将利用大型有限元软件ANSYS提供的APDL参数化语言进行二次开发，对斜拉桥成桥初始恒载索力调整。

3.1 参数化程序设计技术

ASYSY程序设计中，命令后往往带有参数，当结构状态改变时，命令后参数也会有所改变，这时就需要用户重新输入命令。对于简易结构可直接更改命令，但对于大型或复杂结构，要完全正确地更改并不容易。故ANSYS提供参数设计语言APDL(ANSYS Parametric Design Language)，以更方便的方式进行程序编辑。ANSYS参数化设计语言APDL是一种解释性语言，可以用来自动完成一些通用性强的任务，也可以根据参数建立模型。此外，APDL还包括其他许多特性，如重复某条命令、宏、条件语句、Do循环以及标量、矢量和矩阵运算等。

3.2 基于APDL的斜拉索初始恒载索力调整

ANSYS为用户提供了多种二次开发技术，用户可以根据自己的需要，选择相应的二次开发技术。本文主要采用它提供的参数化设计语言APDL，将斜拉桥初始恒载索力的确定方法引入到ANSYS软件中，使其具备了调整斜拉桥初始恒载索力的计算功能。由于ANSYS未直接提供输入初始索力的方法，因此，调整斜拉桥初始索力的过程必须通过改变结构的初始应变完成。本文采用改变斜拉索虚拟温度的方法对斜拉桥索力进行调整，使斜拉索索力达到目标状态，程序流程图如图3。程序中预设的迭代收敛标准为最终索力与目标索力绝对值差的百分比控制在5%以内，提高迭代收敛标准，可使最终索力精度更高，但是迭代的次数要增多。经过24次迭代之后得到的最终索力与目标索力比较结果见表1。

最终索力和目标索力比较表(单位:N)　　表1

索编号	最终索力	目标索力	相差百分比	索编号	最终索力	目标索力	相差百分比
C8′	1.37×10^7	1.40×10^7	2.44%	C8	1.41×10^7	1.40×10^7	−0.45%
C7′	1.29×10^7	1.33×10^7	2.46%	C7	1.33×10^7	1.33×10^7	−0.58%
C6′	1.21×10^7	1.26×10^7	3.82%	C6	1.27×10^7	1.26×10^7	−0.40%
C5′	1.16×10^7	1.21×10^7	4.25%	C5	1.21×10^7	1.21×10^7	−0.18%
C4′	1.09×10^7	1.15×10^7	4.59%	C4	1.15×10^7	1.15×10^7	0.10%
C3′	1.06×10^7	1.12×10^7	4.59%	C3	1.11×10^7	1.11×10^7	0.48%
C2′	1.01×10^7	1.05×10^7	4.24%	C2	1.04×10^7	1.05×10^7	0.77%
C1′	0.975×10^7	1.03×10^7	4.87%	C1	1.02×10^7	1.03×10^7	0.43%

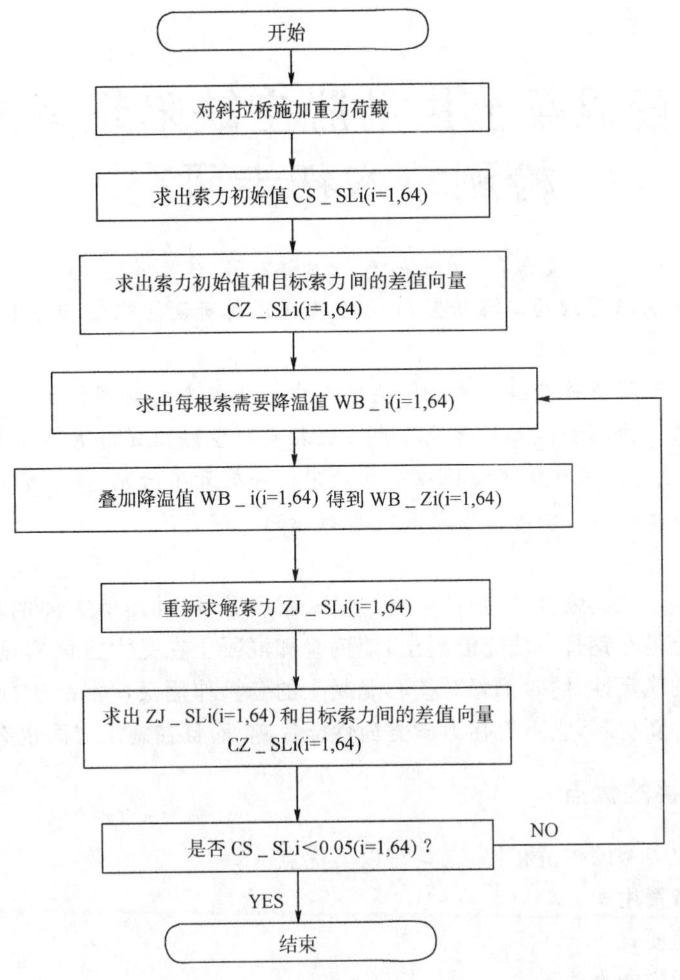

图 3　程序流程图

从表 1 计算结果可以看出，最终索力与目标索力相差的百分比都在±5%以内，利用 ANSYS 提供的二次开发技术，将虚拟温度荷载法进行斜拉桥成桥索力的确定是完全可能的，并且可采用不同的控制参数进行迭代计算。

参考文献

[1] 华孝良，徐光辉主编. 桥梁结构非线性分析. 人民交通出版社，1997.
[2] 韦成龙. 大跨度板桁结合主梁斜拉桥极限承载力分析. [博士学位论文]. 长沙：中南大学，2004.
[3] 程进，江见鲸，肖汝诚，项海帆. ANSYS 二次开发技术及在确定斜拉桥成桥初始恒载索力中的应用. 公路交通科技，No. 3，2002，50-52.
[4] ANSYS APDL Programmer's Guide . SAS IP，Inc，1998.
[5] 陈精一，蔡国忠编著. 电脑辅助工程分析 ANSYS 使用指南. 中国铁道出版社，2001.

11. 钢管混凝土拱肋脱空缺陷超声波定量检测技术初步研究

梁富会[1] 唐光武[2] 黄福伟[2] 傅 斌[3]
(1 广州市公路管理局工程研究所;2 重庆交通科研设计院;3 重庆交通大学)

摘 要 钢管混凝土拱桥是我国近年来桥梁建设中发展起来的新型桥梁结构,是大跨度拱桥的一种比较理想的结构形式。检测管内混凝土是否存在脱粘或脱空缺陷是非常重要的,本文对超声波用于钢管混凝土拱脱粘、脱空厚度尺寸的定量检测公式使用条件展开了研究,得到了一些有益的结论。

关键词 钢管混凝土拱桥 混凝土密实度 无损检测 超声波

钢管混凝土的产生以及其强度高、塑性好、质量轻、耐疲劳、耐冲击等方面的性能,受到桥梁工程师们的重视。钢管混凝土是在钢管内填充混凝土,使钢管和混凝土在受力方面实现优势互补。内填的混凝土可以增强钢管壁的稳定性,同时钢管对核心混凝土的套箍作用又使混凝土处于三向应力状态。钢管混凝土更接近于一种新材料,它不仅在力学方面性能优越,而且在施工方面也有许多优点。

1 钢管混凝土桥的优点

钢管混凝土与其他类型的拱桥相比,它具有以下优点:

(1)施工方便,节省费用;

(2)自重小,安装简便;

(3)跨越能力大,适应能力强;

(4)造型美观,体现民族特色;

(5)具有强度高、塑性好、耐腐蚀、抗冲击性能好。

在钢管混凝土拱桥施工和运营期间,由于施工技术、现场条件以及外界多种因素的作用和影响,导致拱肋内出现缺陷;如果不及时对缺陷进行检测和处理,将严重影响到桥梁正常使用。

钢管混凝土拱肋内混凝土缺陷常用检测方法:人工敲击法、钻芯取样法、表面波法、光纤传感监测系统以及超声波法。超声波检测技术在巫山长江大桥、新疆库尔勒市孔雀河大桥、湘西王村钢管混凝土拱桥、广丰县永丰大桥、资江三桥双肋哑铃型钢管混凝土拱桥等多座钢管混凝土桥梁的无损检测中得到了广泛的应用。超声波法是目前钢管混凝土拱桥拱肋混凝土缺陷检测推荐采用的方法,具有测试设备简单,测试方法简便,能较可靠地检测出钢管混凝土的缺陷,但是定量检测钢管混凝土缺陷的超声波技术目前还不成熟,需要进一步研究。本文主要的研究的是钢管混凝土拱肋脱空缺陷厚度超声定量检测理论公式的使用条件,并通过试验验证了使用条件的可靠性。

2 钢管混凝土拱肋脱空缺陷厚度超声定量检测理论公式

首先:设超声波波速通过无缺陷和有缺陷钢管混凝土的时间分别为 t 和 t'。

再假定 d 为钢管壁的厚度,v_s 是超声波通过钢管的声速,v_c 是超声波通过混凝土的声速,D 为钢管内混凝土的直径,则有:

$$t = 2d/v_s + D/v_c \tag{1}$$

$$t' = 2d/v_s + (D-h)/v_c + h/v_a \tag{2}$$

从以上二式可得：

$$h=\frac{(t'-t)v_c v_a}{v_c-v_a} \tag{3}$$

其次：显然，$v_c>10v_a\gg v_a$，因此：

$$h\approx(t'-t)v_a=\Delta t v_a \tag{4}$$

即，钢管混凝土内部空洞和脱空厚度尺寸 h 约等于超声波在有缺陷和无缺陷钢管混凝土中传播时，首波声时差与其在空气中传播速度的乘积。需要重点指出的是，此公式是在一种理想的情况，即假定钢管内混凝土是均匀、各向同性，在同一检测测线上只存在一个脱空缺陷。

3 超声波在曲面上传播理论

当超声波入射到球面或圆柱面上时，与光入射到曲面上的情况相似，也会发生聚焦和发散等现象，而且，由于超声波在界面上会发生波型转换，情况比光学中还要复杂。

3.1 平面波入射到曲界面上的反射

平面波入射到曲面上时的情况如图 1 所示。平面波束与曲面上各入射点的法线成不同的夹角：入射角为 0°的声线沿原方向返回，称为声轴；其余声线的反射则随着距声轴距离的增大，发射角逐渐增大。当曲面是球面时，反射线汇聚于一个焦点上；发射面为圆柱面，反射线汇聚于一条焦线上。

此时，焦距 F 为：

$$F=\frac{r}{2} \tag{5}$$

式中：r——曲面的曲率半径。

如图 1 所示，当曲面为凹面时，反射波发生聚焦，焦点为实焦点；曲面为凸面时，反射波则向四周发散，焦点为发散声束的反向汇聚点，为虚焦点。

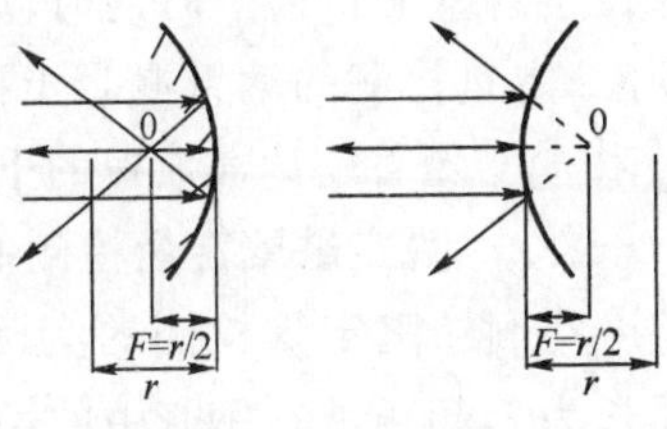

图 1 平面波入射至曲面时的反射图

3.2 平面波在曲面上的折射

平面波入射到曲面上时，其折射波也将发生聚焦或发散。这时折射波的聚焦或发散不仅与曲面的凹凸有关，而且与界面两侧介质的声速有关。

4 脱空缺陷超声波定量检测理论公式的使用条件

尽管公式(1)～(4)简捷地导出了钢管混凝土拱肋中混凝土脱空尺寸定量检测的基本公式，但由于超声波传播途径的复杂性和混凝土结构材质的不均匀性，在应用公式(3)时应注意以下条件：

4.1 脱空缺陷定量检测的理论上限 h_{max1}

超声波检测方式采用沿直径方向的透射波检测；

透射波声时 t 须小于沿钢管壁传播的声时 t_s，即接收端接收到的首波必须是透射过的超声波。

$$t=2d/v_s+D/v_c<t_s=\frac{\pi D}{2v_s\cos\alpha} \tag{6}$$

由式(6)可得：

$$d/D<\frac{\pi v_c-2v_s\cos\alpha}{4v_c\cos\alpha} \tag{7}$$

由于 d/D 总是大于 0，因此混凝土中超声波波速应满足：

$$\frac{\pi v_c-2v_s\cos\alpha}{4v_c\cos\alpha}>0 \tag{8}$$

即：

$$v_c > \frac{2v_s\cos\alpha}{\pi} \tag{9}$$

式(9)中代入 v_s=5 700m/s，则知 v_c 必须大于1 072.8m/s。当混凝土中超声波波速低于该速度时，通过钢管壁传播的超声波将成为首波，此时，理论上无法采用首波检测钢管混凝土拱脱空厚度尺寸。

定量检测的钢管混凝土拱混凝土空洞尺寸有理论上限 h_{max1}，钢管混凝土空洞尺寸超过该上限时，理论上无法采用首波对其进行定量检测，此上限值为：

$$h_{max1} \approx (t_s - t)v_a = \Delta t_{max} v_a \tag{10}$$

为对式(10)有感性的认识，以 d=12mm=0.012m，D=0.7m，v_c=4 800m/s，v_s=5 700m/s，v_a=320m/s 为例进行分析，则：

$$t_{sc} = \frac{\pi D}{2v_s\cos\alpha} = \frac{3.14\times0.7}{2\times5\,700\times\cos72.8^\circ} = 0.000\,650\,6\text{s} = 650.6\mu\text{s} \tag{11}$$

$$t = \frac{2d}{v_s} + \frac{D}{v_c} = \frac{2\times0.012}{5\,700} + \frac{0.7}{4\,800} = 0.000\,150\text{s} = 150.0\mu\text{s} \tag{12}$$

$$h_{max1} = \Delta t_{max} v_a = 0.000\,500\,6\times320 = 0.1\,602\text{m} = 160.2\text{mm} \tag{13}$$

当混凝土波速下降到 v_c=3 800m/s，则：

$$t = \frac{2d}{v_s} + \frac{D}{v_c} = \frac{2\times0.012}{5\,700} + \frac{0.7}{3\,800} = 0.0\,001\,884\text{s} = 188.4\mu\text{s} \tag{14}$$

$$h_{max1} = \Delta t_{max} v_a = 0.000\,004\,4\times320 = 0.0\,999\text{m} = 99.9\text{mm} \tag{15}$$

从上面的例子可知：当超声波通过混凝土的波速下降的时候，声时在增加；当超声波通过混凝土的声时超过通过钢管壁的传播声时的时候，将测不出混凝土的内部缺陷；定量检测的钢管混凝土拱混凝土空洞尺寸的理论上限 h_{max1} 随着超声波波速的下降而下降。

4.2 脱空缺陷定量检测的实际上限 h_{max2}

空洞缺陷定量检测的实际上限 h_{max2} 主要由钢管的弧长为 l，超声波在钢管中的声速为 v_s，入射角为 α 三个主要参数来控制的(图2)。

根据超声波的传播理论，并经过后面的空钢管径向测试试验验证，本文通过研究后提出，超声波在钢管壁中的传播是以与钢管外壁切线成 α 的入射角度进入钢管，通过钢管内壁反射回到钢管外壁，如此反复，折线前进传播。

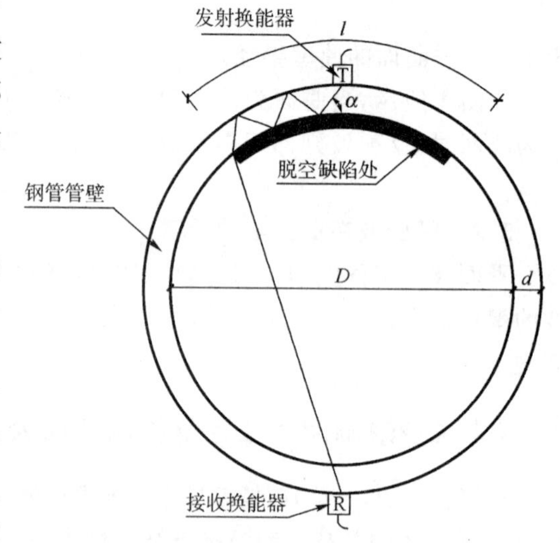

图2 超声波透射、绕射过脱空缺陷的示意图

设钢管的弧长为 l，超声波在钢管中的声速为 v_s，入射角为 α，超声波在钢管中传播的声时：

$$t_s = \frac{l}{2v_s\cos\alpha} \tag{16}$$

超声波绕射过脱空缺陷后再通过混凝土内部到达接收换能器的传播时间为：

$$t_r = \frac{l}{2v_s\cos\alpha} + \frac{d}{v_s} + \frac{\sqrt{D^2 - 2D\sin\frac{l}{2D}}}{v_c} \tag{17}$$

则脱空厚度定量检测公式的实际上限为：

$$h_{max2} = (t_r - t)v_a \tag{18}$$

脱空缺陷尺寸实际上限 h^2_{max} 随着混凝土波速的下降而增大。

公式(6)～(18)对定量检测的条件进行了主要参数分析，确定了定量检测时缺陷厚度的上限和对混凝土波速的要求，并可知道超声波在混凝土中的波速越高越有利于扩大定量检测的使用范围和得出准确性的结论。在此基础上，利用超声透射波首波声时实现钢管混凝土拱脱空厚度尺寸定量检测是可行的。

5 实验室内空钢管的超声测试研究

5.1 试验概况

为了验证脱空缺陷厚度超声定量检测技术的使用条件的正确性，本文针对空钢管进行了一系列的超声测试研究，具体研究情况如下：

首先对空钢管进行外径的测量，然后在进行超声对测，对测方式采用径向对测和纵向对测。共检测了五个空钢管，空钢管 EST-1、2（“EST”—Empty Steel Tube 缩写）的检测任务是在第一阶段完成，空钢管 EST-3、4、5 的检测任务在第二阶段完成（图 3～图 8）。

图 3 测量空钢管外径照片

图 4 检测空钢管的工作照片

图 5 EST-1、2 封底后的照片

图 6 EST-3 照片

图 7 空钢管 EST-4 照片

图 8 空钢管 EST-5 照片

5.2 测试结果

五个空钢管的超声测试数据如表1～表4：

空钢管 EST-1 2 的检测数据　　表1

空钢管编号	测 试 形 式	测 线	声时(μs)	声速(m/s)	波幅(dB)	主频(kHz)	间距(mm)
EST-1	管壁纵向	1-1 测线	63.9	5 429	66.6	48.5	347
	管壁径向	1-1 测线	331.7	2 110	101.1	57.4	700
EST-2	管壁纵向	1-1 测线	63.8	5 469	101.1	48.3	349
	管壁径向	1-1 测线	331.3	2 110	103.3	60.6	699

空钢管 EST-3 的径向检测数据　　表2

截 面 号	测 线	声时 (μs)	径向声速 (m/s)	环向声速 (m/s)	波幅 (dB)	主频 (kHz)	间距 (mm)	半周长 (cm)
截面1	1-1 测线	345.8	2 027	3 181	108.0	58.5	701	110.0
	2-2 测线	340.5	2 059	3 231	91.8	57.3	701	
截面2	1-1 测线	341.0	2 041	3 225	100.8	54.7	696	110.0
	2-2 测线	342.2	2 034	3 214	108.0	60.4	696	
截面3	1-1 测线	345.3	2 018	3 215	89.8	37.9	697	111.0
	2-2 测线	349.0	1 997	3 181	101.9	77.9	697	
截面4	1-1 测线	346.5	2 020	3 175	101.9	56.1	700	110.0
	2-2 测线	349.9	2 001	3 144	107.1	53.5	700	

空钢管 EST-4 的径向检测数据　　表3

截 面 号	测 线	声时 (μs)	径向声速 (m/s)	环向声速 (m/s)	波幅 (dB)	主频 (kHz)	间距 (mm)	半周长 (cm)
截面1	1-1 测线	333.9	2 108	3 324	102.7	68.5	704	111.0
	2-2 测线	340.7	2 067	3 258	107.7	62.2	704	
截面2	1-1 测线	335.4	2 087	3 309	101.9	63.5	700	111.0
	2-2 测线	337.6	2 073	3 288	104.1	50.4	700	
截面3	1-1 测线	337.9	2 063	3 285	101.9	43.7	697	111.0
	2-2 测线	339.4	2 053	3 270	110.7	61.7	697	
截面4	1-1 测线	333.9	2 096	3 324	102.7	68.5	700	111.0
	2-2 测线	343.2	2 040	3 234	103.5	58.0	700	

空钢管 EST-5 的径向检测数据　　表4

截 面 号	测 线	声时(μs)	径向声速(m/s)	波幅(dB)	主频(kHz)	间距(mm)
截面1	1-1 测线	331.3	2 140	81.9	47.8	709
截面2	1-1 测线	325.4	2 170	91.3	65.6	706
截面3	1-1 测线	327.5	2 147	95.5	81.9	703
截面4	1-1 测线	329.6	2 133	96.0	49.7	703

5.3 测试结果分析

(1)空钢管 EST-1、EST-2 的径向测试结果很理想，声时的最大误差在 1μs 以内。空钢管 EST-3、EST-4、EST-5 的径向测试结果不太理想，声时的最大误差是 EST-4 的截面 4 的两条测线，达到 9.3μs，可能会使缺陷厚度测试误差达到 $320\times10^3\times9.3\times10^{-6}=2.98$mm。

(2)如果超声波是沿着钢管外壁直接传播，声速在 3 200m/s 左右，这与 5 400m/s 左右的钢材声速不符；如果超声波是沿着钢管径向直接传播，声速在 2 000m/s 左右，这与 340m/s 左右的空气声速不符。

(3)根据有关的超声波传播理论本文提出，超声波的传播途径是以与钢管外壁切线成 α 的入射角度进入钢管，通过钢管内壁反射回到钢管外壁，如此反复，折线前进传播。

取钢管弧长为 $l=1.11\text{m}$，超声波在钢管中的声速为 $v_s=5\ 700\text{m/s}$，在钢管中的传播时间为 $t=330\mu\text{s}$，则：

$$a=\arccos\left(\frac{l}{2\times v_s\times t}\right)=72.8^\circ。$$

从上面的式子也可以推导出超声波在钢管中传播的声时，$t_s=\dfrac{l}{2v_s\cos\alpha}$，式中 l 是缺陷弧长，α 为超声波的入射角度。

6　结束语

本文根据超声波传播的基本理论，提出超声波的传播途径是以与钢管外壁切线成 α 的入射角度进入钢管，通过钢管内壁反射回到钢管外壁，如此反复，折线前进传播推导出超声波在钢管中传播的声时，并通过实验室超声空钢管的测试数据及分析结果验证了假设的途径，从而进一步导出了钢管混凝土拱肋脱空缺陷超声波定量检测理论公式的使用条件。这一使用条件的提出，对使用超声波定量检测拱肋脱空缺陷厚度的下一步研究具有重要意义。

本文提出的拱肋脱空缺陷厚度定量检测的方法，可以初步应用于钢管混凝土拱桥拱肋一些单一脱空缺陷的检测；但对于一些复杂的情况，例如同一测线多个缺陷、检测数据的后处理分析、混凝土龄期对超声检测结果的影响及一些无法对测的结构，这一系列的问题仍需要进一步深入的实验研究。

参考文献

[1] 陈宝春编著．钢管混凝土拱桥设计与施工[M]．北京：人民交通出版社，1999.

[2] 吴新璇主编．混凝土无损检测技术手册[M]．北京：人民交通出版社，2003.

[3]《国防科技工业无损检测人员资格鉴定与认证培训教材》编审委员会编．超声检测[M]．北京：机械出版社，2005.

[4] 文国华．哑铃型钢管混凝土拱肋应用超声波检测混凝土质量的探讨[J]．中南公路工程，2003，28(1)：94-96.

[5] 童寿兴，商涛平．拱桥拱肋钢管混凝土质量的超声波检测[J]．无损检测，2002，22(11)：464-466.

[6] 刘清元，熊章绪．两种测试钢管混凝土内部缺陷的判别方法[J]．武汉理工大学学报，2005，27(6)：38-40.

[7] 国家建筑工程质量监督检验中心．《混凝土无损检测技术》中国建材工业出版社[M].

[8] 黄克超，陈晓光．用超声波定量探测钢管混凝土缺陷的研究[R]．乌鲁木齐：新疆交通科研院.

[9] 童林，夏桂云，吴美君，上官兴．钢管混凝土脱空的探讨[J]．公路，2003，5：16-20.

[10] 李天降，徐昭，肖瑞．超声波在钢管混凝土检测中的运用[J]．山西建筑，2005，31(20)：62-63.

[11] 杜晓光，冯玉平．超声波检测钢管混凝土拱桥的质量[J]．森林工程，2006，22(2)：41-43.

[12] 李国成，王靖涛，丁美英，黄新国．钢管混凝土完整性检测研究[J]．华中科技大学学报(城市科学版)．2003，20(4)：28-30.

12. 系杆拱桥的侧向稳定性分析

周剑兰
（广州市公路管理局工程研究所）

摘　要　以弹性分析为基础，综合考虑横撑刚度、桥面刚度、吊杆非保向力等因素，运用能量驻值原理建立了系杆拱桥侧向稳定性分析方法，并对各参数进行了详细的讨论。

关键词　系杆拱桥　侧向稳定

系杆拱桥，以系杆承受拱脚水平推力为主要特征。众所周知，拱桥的稳定问题十分重要，而系杆拱桥由于其结构的特殊性，其稳定特性与传统拱桥存在一定差异。系杆拱桥由于一般都有密置的吊杆连接拱肋和系梁，吊杆对面内屈曲具有一定的抵抗作用，因而通常情况下都不会发生面内屈曲失稳。相比较而言，系杆拱桥的侧向失稳问题显得更为重要。在实际的系杆拱桥中，拱肋形式大都采用二次抛物线，而横撑通常既有平式也有立式，且桥面系对系杆拱桥侧向稳定性的影响也不容忽视。本文针对拱肋形式为二次抛物线的下承式系杆拱桥，综合考虑各因素的影响，对其侧向稳定性进行全面分析。

1　理论推导

1.1　基本假定与基本方程

基本假定：

(1)最低阶失稳模态是双拱肋同向对称侧倾；

(2)拱肋截面特性沿跨径方向不变；

(3)忽略拱肋轴向变形；

(4)外荷载竖直向下作用在拱轴线上并沿跨度均匀分布，在拱肋侧倾过程中保持方向不变。

由假定(1)，为简便，可取单个拱肋进行分析，横撑也相应取一半进行分析。

拱肋的曲率：

$$K_u=\frac{1}{R}\frac{dw}{ds}+\frac{d^2v}{ds^2}=\frac{Bb^2}{2L^2}(1+b^2\xi^2)^{-2}\beta+\frac{B}{2L^2}(1+b^2\xi^2)^{-1}\frac{d^2\beta}{d\xi^2}$$

$$K_v=\frac{\theta}{R}-\frac{d^2u}{ds^2}=\frac{b}{L}(1+b^2\xi^2)^{-\frac{3}{2}}\theta+\frac{b^2\xi}{L^2}(1+b^2\xi^2)^{-2}\frac{du}{d\xi}-\frac{1}{L^2}(1+b^2\xi^2)^{-1}\frac{d^2u}{d\xi^2}$$

$$K_w=\frac{1}{R}\frac{du}{ds}+\frac{d\theta}{ds}=\frac{b}{L^2}(1+b^2\xi^2)^{-2}\frac{du}{d\xi}+\frac{1}{L}(1+b^2\xi^2)^{-\frac{1}{2}}\frac{d\theta}{d\xi}$$

式中：$\xi=z/L$；

θ——拱肋扭转角；

$v=\frac{B}{2}\beta$；

β——横撑在拱的径向平面内的转动角。

1.2　拱肋位移函数与边界条件

当两拱肋的拱脚铰结时：

边界条件为$\xi=\pm1$时，$u=0,u''_{\xi}=0(u,\theta,\beta,u_D)$，可采用如下满足边界条件的位移函数：

$$f_{\xi}=1-\frac{6}{5}\xi^2+\frac{1}{5}\xi^4,f'_{\xi}=\frac{4}{5}\xi^3-\frac{12}{5}\xi,f''_{\xi}=\frac{12}{5}\xi^2-\frac{12}{5}$$

当两拱肋的拱脚固结时：

边界条件为 $\xi=\pm1$ 时，$u=0, u'_{\xi}=0(u,\theta,\beta,u_D)$，可采用如下满足边界条件的位移函数：

$$f_{\xi}=1-2\xi^2+\xi^4, f'_{\xi}=4\xi^3-4\xi, f''_{\xi}=12\xi^2-8$$

式中：u_D——桥面系的侧向位移。

1.3　横撑挠屈变形能

由文献[1]可知：

横撑在拱肋切向平面内（平式横撑）的挠曲变形能：

$$U_{BV}=\frac{6E_B I_{BV} n^2}{(2Bn+H_3 S_0 L)S_0 L^2}\int_{-1}^{1}(1+b^2\xi^2)^{-\frac{1}{2}}\left(\frac{du}{d\xi}\right)^2 d\xi$$

其中：节间长度 $D=\frac{S_0 L}{n}$，$S_0=\int_{-1}^{1}(1+b^2\xi^2)^{-\frac{1}{2}}d\xi$，$n$=横撑数目+1，$H_3=\frac{E_B I_{bv}}{EI_v}$ 横撑在拱肋径向平面内（立式横撑）的挠曲变形能 $U_{BW}=\frac{3E_B I_{BW}}{BD}\int_0^s(\beta-\theta)^2 ds$

1.4　拱肋挠屈应变能

拱肋竖向挠曲应变能：

$$U_u=\frac{1}{2}EI_u\int_0^s K_u^2 ds$$

拱肋侧向挠曲应变能：

$$U_v=\frac{1}{2}EI_v\int_0^s K_v^2 ds$$

拱肋扭转应变能：

$$U_w=\frac{1}{2}GT\int_0^s K_w^2 ds$$

1.5　外力势能

由曲梁弹性变形几何位移关系，并引入拱肋不可压缩条件可得：

$$U_a=-q\int_{-L}^{L}v dz=-q\int_{-1}^{1}vL d\xi,$$

1.6　非保向力势能和桥面系横向挠曲应变能

由文献[1]可知，考虑桥面系侧向位移：

$$H=T\frac{u-u_D}{f-y}=qa\frac{u-u_D}{f-y}$$

由此非保向力势能：

$$U_H=\frac{1}{2}\int_{-L}^{L}H(u-u_D)\frac{dz}{a}=\frac{q}{b}\int_{-1}^{1}\frac{(u-u_D)^2}{1-\xi^2}d\xi$$

桥面系横向挠曲应变能：

$$U_D=\frac{1}{2}E_D I_D\int_{-L}^{L}u''_D dz$$

1.7　能量法求临界荷载

结构在侧倾时的总势能为：

$$U=U_{BV}+U_{BW}+U_u+U_v+U_w+U_a+U_H+U_D$$

令 $q=\lambda\frac{EI_v}{(2L)^3}$，$\lambda$ 为侧倾临界荷载系数，将各式代入可得：

$$U=\pi\cdot\frac{EI_v}{(2L)^3}$$

由能量法，利用势能驻值原理，可得关于 λ 的三次方程，解得该三次方程的最小正根即为所求的侧倾临界荷载。

2 参数分析

按照上述方法，利用MATLAB编制计算程序，分析拱脚分别在固结和铰结的情况下各个参数对于侧倾临界荷载系数的影响，可以得到以下几条结论：

(1) 拱脚支撑条件对于系杆拱桥的侧倾稳定系数有较大影响。在拱脚固结支撑情况下的稳定系数均高于铰结支撑情况，两者比值约为1.1～2.0；无论在固结还是铰结的情况下，侧倾稳定系数随各参数的变化趋势都是一致的。

(2)拱肋面内刚度与侧向抗弯刚度的比值 H_1 和立式横撑的径向抗弯刚度与拱肋侧向抗弯刚度的比值 H_2 对系杆拱桥的侧倾稳定系数基本没有影响；而随着拱肋抗扭刚度与侧向抗弯刚度的比值 H_2 的增大，稳定系数虽然有所提高，但增加很少，当 $H_2>1.2$ 时，侧倾稳定系数对 H_2 几乎已不具有敏感性。

(3)平式横撑的切向抗弯刚度和拱肋侧向抗弯刚度的比值 H_3 对拱桥的侧倾稳定系数影响最大，随着 H_3 的增加，侧倾稳定系数有很大提高，这是由于系杆拱桥在切向平面内的局部抗变性能力在侧倾中起主要作用，因而平式横撑的切向抗弯刚度对系杆拱桥的横向稳定贡献较大；随着横撑数目的增多，侧倾稳定系数也有较大提高，但提高的幅度越来越小，当 $n>7$ 时，对侧倾稳定系数的影响可以忽略不计。

(4)在考虑非保向力作用的情况下，桥面刚度在桥面刚度和拱肋侧向刚度的比值 $E_D<50\sim100$ 时对稳定系数具有较大影响，当 $E_D>100$ 时，其影响可忽略不计。

(5)系杆拱桥的矢跨比和跨宽比对稳定系数影响较大。随着矢跨比的增大，侧倾稳定系数先增加，当矢跨比超过0.2～0.25时，开始逐渐下降；随着宽跨比的增大，侧倾稳定系数不断减小，逐渐趋于平缓。

(6)考虑非保向力作用后，侧倾稳定系数有明显提高，是没考虑非保向力作用时的1.4～4倍。

3 结束语

本文以弹性分析为基础建立了系杆拱桥的侧向稳定分析模型，分析表明：

(1) 在有横撑的情况下，平式横撑的切向抗弯刚度对稳定系数影响较大，立式横撑的径向抗弯刚度影响则很小，而随着横撑根数的增加，侧向稳定系数的提高也趋于平缓，因此为了施工的方便以及系杆拱桥整体的美观性，不能单纯依靠增加横撑的数目来保证双肋拱的横向稳定性，比较合理的办法是在拱顶或拱顶附近的区段设置关键性的几根立式横撑，以约束扭转角和拱顶位移，而其余区段则布置平式横撑，并且加大平式横撑的切向抗弯刚度。

(2) 在桥面系刚度较小($E_D<50\sim100$)时，桥面系的侧移对侧向稳定系数的影响不容忽视，而当桥面系刚度较大($E_D>100$) 时，其影响趋于稳定；在考虑"非保向力效应"后，侧向稳定系数有明显的提高，因此在进行系杆拱桥的侧向稳定计算时，必须考虑"非保向力效应"的影响。

(3) 矢跨比和宽跨比对系杆拱桥的侧向稳定系数都有较大影响。在有横撑的情况下，系杆拱桥的最优矢跨比在0.25～0.3左右，而宽跨比则不宜超过0.3。

参考文献

[1] 李国豪等. 桥梁结构稳定与振动(修订版). 北京：中国铁道出版社，1996.

[2] 刘钊. 系杆拱桥的结构优化设计及抗震性能研究. 南京：东南大学博士论文. 2001.9.

[3] 拱桥的稳定性研究. 长安大学硕士论文. 2001.9.

[4] 金伟良，顾淑兴，赵国藩. 无横撑肋拱桥横向稳定性的研究[J]. 中国公路学报. 1989(2):42-48.

[5] 杨永清，蒲黔辉，何广汉. 抛物线单肋拱横向稳定性实用计算[J]. 工程力学增刊. 1999:866-879.

[6] 杨永清，蒲黔辉. 抛物线双肋拱在非保向力作用下的横向稳定性[J]. 西南交通大学学报. 2003.6：309-313.

13. 基于能量法的桥墩稳定性分析

刘　进

（广州市公路勘察设计有限公司）

摘　要　考虑地基弹性变形影响，用能量法对桥墩的稳定性作了详细的分析。并通过算例，得出了一些结论。

关键词　稳定分析　弹性地基　能量法

随着西部大开发的发展，我国在西部高原地区修建的桥梁日益增多。由于这些地区原高、沟深、坡陡，因而修建的桥梁墩都比较高。近年来，更是出现了桥墩高达100m的铁路公路桥，如南昆铁路上的清水河大桥，贵阳小关特大桥，最大墩高都达到100m。为确保整座桥梁的施工及运营阶段的安全，作为主要承受压力的构件，桥墩的稳定性分析不可缺少。文献虽然对桥墩在施工阶段和使用阶段的稳定性作了研究，并提出了使用的简单适用公式，但分析时视桥墩为固结在地基上的悬臂梁，其方法仅适用于刚性地基桥墩，而对于黄土地区常见的桩基桥墩，则不适用。本文以能量法为理论工具，将弹性地基变位影响等效为弹性弹簧，对桥墩自体稳定性作了详细的研究，总结出了公式，并与不考虑弹性地基变形影响情况下桥墩的稳定性作了对比，得出了一些结论。

1　计算模型的选取

选取计算模型如图1所示。桥墩高设为H，墩顶作用一竖向力以及墩身自重为g，为简化起见，不考虑风的影响。基础变位影响用平动弹簧、转动弹簧模拟，平动和转动的耦合项用平转耦合弹簧模拟，不考虑竖向变位对墩的影响。

这样，结构的总势能可以表示为：

$$\begin{aligned}\Pi = &\frac{1}{2}\int_0^H EI(y'')^2\mathrm{d}x + \frac{1}{2}\{y(0)\,y'(0)\}\cdot\begin{bmatrix}k_{11}k_{12}\\k_{21}k_{22}\end{bmatrix}\begin{bmatrix}y(0)\\y'(0)\end{bmatrix}\\&-\frac{1}{2}\int_0^H g\left(\int_0^x (y')^2\mathrm{d}\xi\right)\mathrm{d}x - \frac{1}{2}\int_0^H P(y')^2 dx\end{aligned} \tag{1}$$

式中：k_{11}——基础平动弹簧常数；

k_{22}——基础转动弹簧常数；

k_{21}、k_{12}——基础平转耦合弹簧常数，可根据公路桥涵地基与基础设计规范用m法算得。

2　试解函数的构造

桥墩屈曲时，墩身的屈曲曲线可由三部分组成，即：墩自身产生的弹性变形、由基础弹性转动产生的变形、由基础平移产生的变形，如图1b)、c)、d)所示。因此，桥墩的屈曲曲线也由三部分组成，在不影响精度的情况下，为积分方便起见，采取的试解函数分别如下：

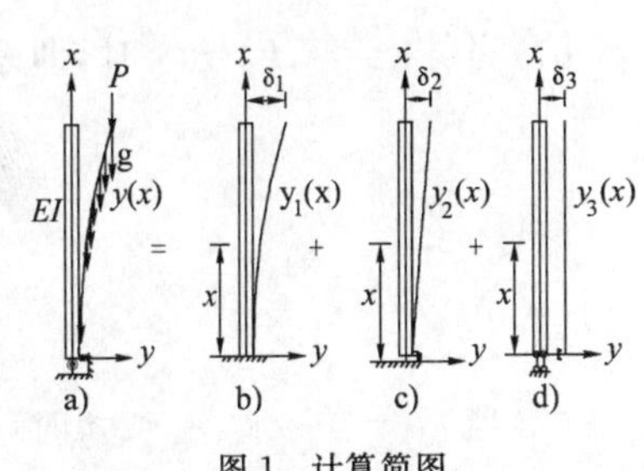

图1　计算简图

(1)墩本身的试解函数为：

$$y_1(x) = \frac{\delta_1 x^2}{2H^3}(3H - x) = a_1 x^2(3H - x) \tag{2}$$

(2)基础转动位移试解函数为：

$$y_2(x)=\frac{\delta_2 x}{H}=a_2 x \tag{3}$$

(3)基础平动位移试解函数为：

$$y_3(x)=\delta_3=a_3 \tag{4}$$

所以墩身的试解函数为：

$$y(x)=a_1 x^2(3H-x)+a_2 x+a_3 \tag{5}$$

其导数为：

$$y'=a_1(6Hx-3x^2)+a_2,y''=a_1(6H-6x) \tag{6}$$

并且：

$$y(0)=a_3,\quad y'(0)=a_2 \tag{7}$$

3 临界轴力的求解

将(6)、(7)代入到总势能公式并整理后得到：

$$\begin{aligned}\Pi &= 6H^3EIa_1^2+\frac{1}{2}(k_{11}a_3^2+2k_{12}a_2a_3+k_{22}a_2^2)-P\left(\frac{12}{5}H^5a_2^1+2H^3a_1a_2+\frac{a_2^2}{2}H\right)\\&\quad -g\left(\frac{3}{4}H^6a_1^2+\frac{3}{4}H^4a_1a_2+\frac{1}{4}H^2a_2^2\right)\\&=\left(6H^3EI-\frac{12}{5}PH^5-\frac{3}{4}gH^6\right)a_1^2-\left(2PH^3+\frac{3}{4}gH^4\right)a_1a_2\\&\quad +k_{12}a_2a_3+\left(\frac{1}{2}k_{22}-\frac{1}{2}PH-\frac{g}{4}H^2\right)a_2^2+\frac{k_{11}}{2}a_3^2\end{aligned} \tag{8}$$

运用势能驻值条件$\frac{\partial \Pi}{\partial a_i}=0$,得：

$$2\left(6H^3EI-\frac{12}{5}PH^5-\frac{3}{4}gH^6\right)a_1-\left(2PH^3+\frac{3}{4}gH^4\right)a_2=0 \tag{9}$$

$$-\left(2PH^3+\frac{3}{4}gH^4\right)a_1+k_{12}a_3+\left(k_{22}-PH-\frac{g}{2}H^2\right)a_2=0 \tag{10}$$

$$k_{12}a_2+k_{11}a_3=0 \tag{11}$$

由于 a_1,a_2,a_3 不全为0,所以：

$$\begin{vmatrix} 12H^3EI-\frac{24}{5}PH^5-\frac{3}{2}gH^6 & \text{对称} & \\ -2PH^3-\frac{3}{4}gH^4 & k_{22}-PH-\frac{g}{2}H^2 & \\ 0 & k_{21} & k_{11}\end{vmatrix}=0 \tag{12}$$

4 讨论

(1)当 $k_{11}=\infty,k_{22}=\infty$时,即地基为刚性,有：

$$12H^3EI-\frac{24}{5}PH^5-\frac{3}{2}gH^6=0 \tag{13}$$

所以：

$$P+0.3125gH=\frac{\pi^2EI}{(1.987H)^2} \tag{14}$$

(2)当 $k_{11}=\infty,0<k_{22}<\infty$时,即为只考虑地基转动位移影响,有：

$$\begin{vmatrix} 12H^3EI-\frac{24}{5}PH^5-\frac{3}{2}gH^6 & -2PH^3-\frac{3}{4}gH^4 \\ -2PH^3-\frac{3}{4}gH^4 & \mathrm{k}_{22}-PH-\frac{g}{2}H^2\end{vmatrix}=0 \tag{15}$$

(3) 当 $0<k_{11}<\infty$,$0<k_{22}<\infty$时,即为同时考虑地基转动以及平动变形影响,公式如式(12)。

为了计算方便,编制了计算机小程序,以便比较在(1)、(2)、(3)三种情况下桥墩的临界轴力。

5 算例

某双柱式桥墩,墩高 35m,墩柱直径为 1.8m,混凝土强度等级为 C25 ,$E=2.85\times10^4$MPa,$\gamma=25$kN/m^3,桥梁承台总刚度为 $k_{11}=1.8264\times10^6$ kN/m,$k_{12}=k_{21}=-3.1296\times10^6$ kN/rad ,$k_{22}=3.19233\times10^7$ kN/rad,$EI=1.4686\times10^7$kN.m^2,g=63.62 kN/m。

当墩高不同时,计算出的墩顶临界轴力见表 1。

墩顶临界轴力计算表 表 1

墩高(m)	墩顶临界轴力(kN)				
	(1)	(2)	(3)	(4)	(5)
	视地基为刚性	考虑地基弹性转动	考虑地基弹性转、平动	$\frac{(1)-(2)}{(1)}\times100$	$\frac{(1)-(3)}{(1)}\times100$
15	165 088.00	147 803.29	141 926.15	10.47	14.03
20	92 632.12	84 267.44	82 109.11	9.03	11.36
25	59 042.01	54 513.49	53 350.36	7.67	9.64
30	40 750.12	37 881.31	37 180.41	7.04	8.76
35	29 681.22	27 360.15	26 908.99	7.82	9.34
40	22 462.19	20 344.00	19 602.75	9.43	12.73
45	17 481.59	15 263.18	14 520.21	12.69	16.94
50	13 890.70	11 315.36	10 850.02	18.54	21.89

将不考虑地基弹性变形、只考虑地基转动变形以及同时考虑地基转动与平动变形时墩的临界轴力列于表一。计算结果表明,在只考虑地基弹性转动变形影响时,墩顶临界轴力结果偏差为 7.8%;同时考虑地基弹性转动和平动变形影响时,墩顶临界轴力结果偏差为 9.3%;可见地基弹性变形对墩顶的临界轴力有很大的影响,不能忽视,必须加以考虑。

为了进一步分析地基变形对墩顶轴力的影响,本文对不同墩高情况下墩顶的临界轴力进行了计算,结果同样列于表一,墩顶临界轴力与墩高的关系曲线见图 2,桥墩顶临界轴力相对误差与墩高的关系曲线见图 3。

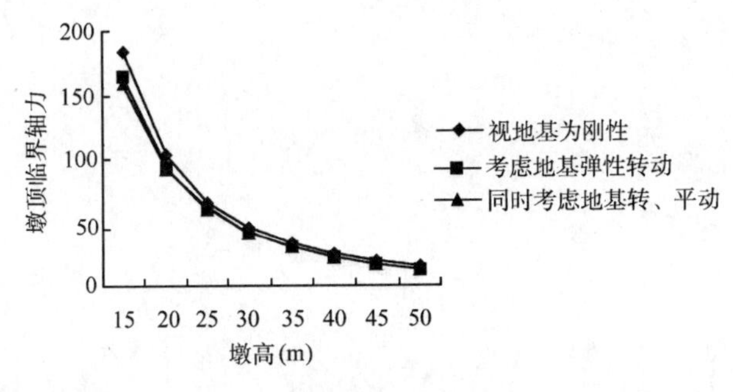

图 2 墩顶临界轴力与墩高关系

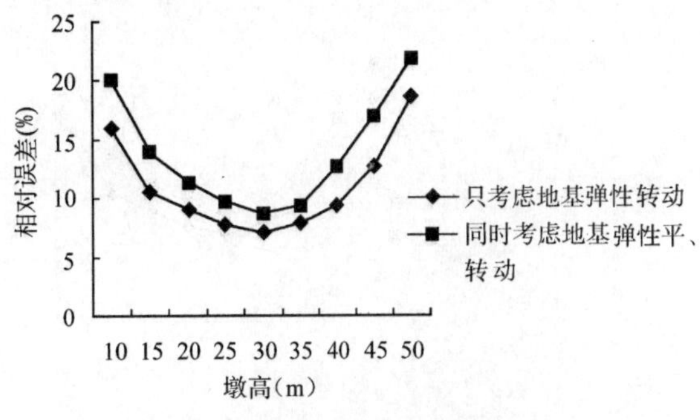

图 3 墩顶临界轴力相对误差与墩高关系

表 1 和图 2 可知,当高度较小时($H<35$m),地基弹性变形对墩顶临界轴力的影响随高度增加呈下降趋势;但当墩高超过 35m 时,由于长细比过大,地基弹性变形对桥墩顶临界轴力的影响增长得很快。因此,当桥墩高大于 35 m 时,在增大柱截面的同时适当设置横撑,以减小桥墩的计算长度,增大墩的极限承载能力。

6 结束语

(1)本文用能量法解决了弹性地基高墩稳定性问题。假设桥墩的试解函数为桥墩身自身变形以及弹性地基转动与平动变形之和,在此基础上,讨论了桥墩墩顶临界轴力的数值计算公式。

(2)算例表明,弹性地基对桥墩的临界轴力有不可忽视的影响,特别是弹性地基转动影响更大。

(3)当桥墩较高(大于 35m)时,除增大墩身截面尺寸外,宜在适当位置设置横撑,减小墩的计算长度。

参考文献

[1] 周竞欧,朱伯钦,许哲明. 结构力学(下)[M]. 上海:同济大学出版社,2000.

[2] 郭梅. 高墩大跨连续刚构桥稳定性分析[J]. 西安公路交通大学学报,1999(3):31-35.

[3] 李国豪. 桥梁结构稳定与振动[J]. 北京:中国铁道出版社,2002.

[4] 李存权. 结构稳定与稳定内力[M]. 北京:人民交通出版社,2000.

[5] 刘进. 高墩大跨刚构桥桥墩静力非线性与稳定性研究.[湖南大学硕士学位论文]. 长沙:湖南大学土木工程学院,2004.

14. PHC 高强预应力管桩在桥梁设计中的应用

史建锋　张文龙
（广州市公路勘察设计院）

摘　要　本文以 PHC 桩在几座桥的设计及应用为例，简单介绍 PHC 桩在桥梁基础中的应用。

关键词　PHC（高强预应力管桩）贯入度　PHC 桩设计　PHC 桩施工

1　PHC 管桩概述

高强预应力混凝土管桩（简称 PHC 桩），是 20 世纪 80 年代年我国引进日本、美国等发达国家的先进生产技术而研究开发的一种新型预制桩。该产品按照国标 GB 13476—92《先张法予应力混凝土管桩》设计制造，是采用预应力工艺、经离心成型、常压-高压蒸汽养护工艺在工厂标准化、规模化生产制造的预应力中空圆筒体细长混凝土预制件，运往施工现场后，可采用钻孔插桩、中掘法、半中掘法等不同沉桩工艺或通过锤击、静压的方法沉入地下作为建（构）筑物的基础。管桩外径为 Φ40～60cm，主要由圆筒形桩身、端头板合钢套箍等组成。按预应力施加方法可分为先张法预应力管桩和后张法预应力管桩。PHC 管桩混凝土强度等级不低于 C80。

经过近十几年的实践发展，PHC 管桩作为高强混凝土水泥制品在我国生产制造已经非常成熟，其产品工艺技术与机械设备装备水平先进，设计、施工与检测方法也日臻完善。PHC 桩以其桩身混凝土强度高，耐冲击性能好，贯穿能力强，对不同地质条件适应性广；具有单桩承载力高，抗弯抗裂性能好，产品工厂流水线生产，质量稳定可靠，耐久性好；运输吊装轻便，施工速度快，工期短，施工现场简洁文明以及成桩质量监测方便等一系列优点，而被广泛应用于各种建筑物和构筑物的基础。如工业和民用建筑、高层建筑、高速公路和桥梁、铁路、机场、港口码头等基础工程。现在国内研制生产的预应力管桩 70% 以上都是 PHC 管桩，广东地区几乎 100% 都是 PHC 管桩，目前国内已有生产厂近百家，年产量超过一千万米，在国家建设中发挥了愈来愈大的作用。

2　PHC 管桩优点

（1）单桩承载力高

由于采用精心设计的混凝土配合比并使用超塑化剂，加之应用了高速离心成型工艺和二次湿热养护工艺，PHC 桩混凝土抗压强度大于 C80，因此单桩容许承载力高（见表 1），单位承载力造价低。

（2）抗弯、抗拉性能好

由于管桩桩身混凝土强度高，加上使用了高强度、低松驰率的预应力专用钢筋，使桩身具有较高的有效预压力（3～8MPa），因此 PHC 管桩具有相当大的抗弯和抗拉能力（见表 1）。

（3）耐久性好

由于采用了高速离心成型工艺（离心加速度高达 30～35g，g 为重力加速度）和高温高压（压力 1MPa；温度 180℃）蒸汽养护，因此桩身混凝土密实性好（混凝土容重为 26kN/m^3 左右）。其抗渗性、抗硫酸盐腐蚀性、耐碳化性均优于普通混凝土。

（4）对不同地质条件和不同沉桩施工工艺的适用性好

PHC 桩可采用钻孔插桩、中掘法、半中掘法等不同沉桩工艺或通过锤击、静压的方法施工，可根据设计要求和试桩情况选用不同长度和规格的单节灵活配桩，现场焊接，最大限度地减少截桩量。PHC

桩配有十字形、锥形、开口形等桩尖可供选用，适合不同地层贯入作用。若使用开口桩尖，沉桩过程中内腔可进土约 2/5 桩长，大大减小挤土效应，减轻对周围建筑物的挤压作用。

PHC 管桩力学性能

表 1

外径(mm)	形式	壁厚(mm)	混凝土有效预压应力(MPa)	轴心受压极限值(kN)	抗裂弯矩(kN·m)	极限弯矩(kN·m)
400	薄壁	55	4.15	2325	41	63
	A	95	4.14	3566	59	81
	B	95	7.43	3486	80	145
500	薄壁	60	3.41	3250	68	91
	A	100	4.32	4919	109	151
	B	100	8.27	4788	156	292
600	薄壁	70	3.04	4588	111	137
	A	110	3.82	6647	172	223
	B	130	7.43	7350	260	471

(5)质量稳定可靠

由于采用工厂预制的生产方式，能利用先进的工艺和设备，质量容易控制，产品质量容易保证。

(6)应用范围广

工厂生产、商品供应，可以有不同的规格，长度供选择，使设计选用范围广，容易布桩，对桩端持力层起伏变化大的地质条件适应性强。

(7)施工速度快，工期短

PHC 桩在工厂商品化生产，能按施工要求及时供桩，施工前期准备时间短，一般能缩短工期 1～2 月。

(8)施工现场文明

施工现场无砂石、水泥，无泥浆污染，对施工现场狭窄的工程特别有利。

PHC 桩符合建设部制定的《建筑基础工程技术政策》中关于“积极发展高强预应力混凝土管桩的制作和沉桩技术”规范要求。经过调查发现，PHC 管桩在抗震方面具有明显优势，因此，目前日本桩基础以使用 PHC 管桩为主。PHC 桩为中空圆筒体细长混凝土预制件，桩身耗材较低、单桩造价低。

3 工程实例

3.1 工程介绍

在几年来桥梁设计、施工实践中，有几座人行天桥及广州市东二环辅道上四座中桥基础均采用 PHC 管桩，下面仅以东二环辅道上四座中桥为例介绍 PHC 管桩在桥梁基础上的应用。其中一座桥型图见图 1，设计荷载：公路 I 级；桥宽：7.5m；上部结构采用 16mC40 先张预应力混凝土空心板；下部结构设计时，进行了钻孔灌注桩与 PHC 桩的方案比较，最后决定采用 B 型管径 Φ50cmPHC 管桩。

3.2 工程地质分析

本项目所在位置地势平缓，主要是耕植地。地质情况大致为地面下 0～18.1m 为软土层(淤泥、淤泥质土层)，地面下 23～33.8m 为全风化至强风化混合岩，地面下 33.8～41.30m 为弱风化至微风化混合岩。

3.3 PHC 管桩与钻孔灌注桩比较

根据地质情况，桩基均按摩擦桩设计。本项目桥梁基础钻孔灌注桩与 PHC 桩优缺点及经济比较，详见表 2、表 3，从表中可知，PHC 桩要比钻孔灌注桩经济，节约造价约 20%左右，经济效益要好，施工文明、速度快，无噪声污染，质量易保证等优点，所以本项目采用 PHC 管桩基础。

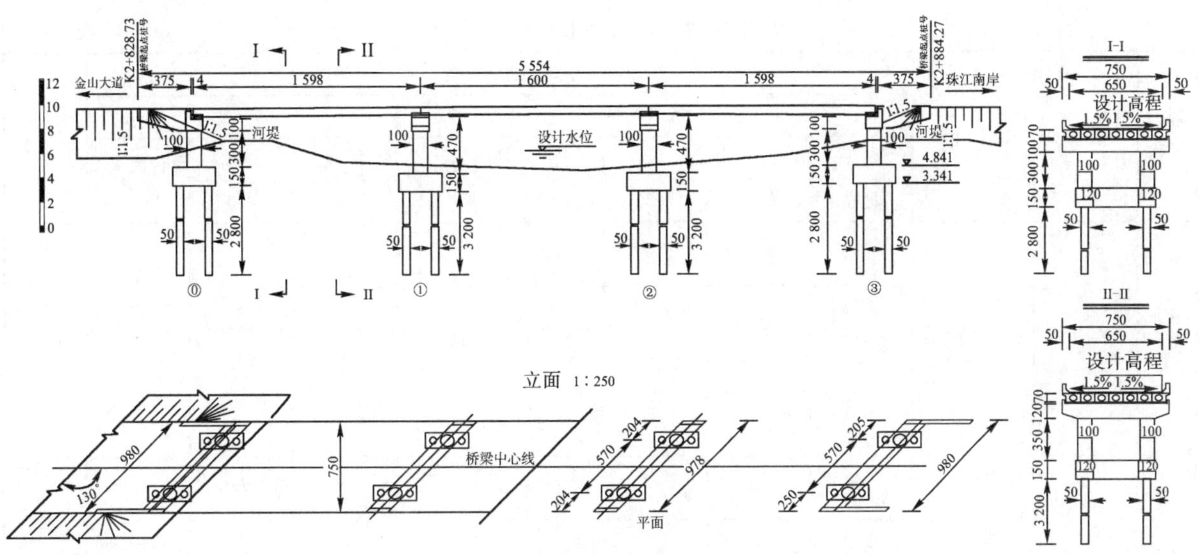

图1 桥型布置图(尺寸单位:cm)

PHC管桩与钻孔灌注桩比较表 表2

项 目	PHC管桩	钻孔灌注桩
①工期	无前期准备,工期可缩短1～2个月	成桩后需保养1个月
②施工现场	不需预制场地,现场无砂石料、废水、废浆及噪音污染	场地污染严重,有噪音,施工工艺要求较高
③工程质量	成品桩出厂前已检测,可靠保证	现场施工,隐蔽工程,较难保证
④成桩监测	方便直观可靠	不易观察,费用较大
⑤破损率	极小	不易观察
⑥单桩承载力价格	低	高
⑦混凝土方量和钢材耗用量	混凝土方量比钻孔灌注桩少40%～50%,耗钢量少50%～60%	混凝土方量大,钢筋用量多

3.4 PHC管桩设计

PHC管桩一般不易贯穿坚硬岩石,不易按嵌入坚硬岩石的端承桩设计,易以摩擦桩或摩擦端承桩进行设计验算。本项目PHC管桩均按摩擦桩进行桩基计算。单桩轴向受压容许承载力[P]计算公式如下:

$$[P]=1/2(U\sum\alpha_i L_i\tau_i+\alpha A\sigma_R)$$

式中:U——桩的周长(m);

A——桩底横截面面积(m^2),用设计直径计算;

L_i——承台底面或局部冲刷线以下各土层厚度(m);

τ_i——与L_i相应的各土层与桩壁的极限摩阻力(kPa);

σ_R——桩尖处土的极限承载力(kPa);

α_i、α——分别为震动沉桩对各土层桩周摩擦力和桩底承压力的影响系数,对于锤击沉桩其值均为1.0。

本项目其中一座桥(跨径组合:3×16m)每个桥墩采用4根B型,外径Φ50cmPHC管桩,每根桩长33m(3节8m和1节9m预制PHC管节连接而成),单桩容许承载力为1400kN。每个桥台采用4根B型,外径Φ50cmPHC管桩,每根桩长29m(2节9m和1节11m预制PHC管节连接而成),单桩容许承载力为1000kN。桥墩、台承台尺寸均为300(长)×120(宽)×150(高)cm,桩顶嵌入承台100cm,桩间距200cm。

PHC管桩与钻孔灌注桩经济比较表 表3

桥梁名称	中心桩号	跨径组合	基础类型								合计(万元)
			钻孔灌注桩					管桩			
			名称	桥台		桥墩	合计(万元)	桥台	桥墩	承台混凝土(m³)	
			桩径	φ100	φ120	φ150		φ50	φ50		
第一座	K1+349	13+16+13m	单桩长(m)		14	22	13.6	18	24	49	10.64
			根数		4	2		8	8		
			总桩长(m)		56	44		144	192		
			造价(万元)		7	6.6		2.88	3.84	3.92	
第二座	K2+110	13+16+13m	单桩长(m)	18		23	14.1	18	22	49	10.32
			根数	4		2		8	8		
			总桩长(m)	72		46		144	176		
			造价(万元)	7.2		6.9		2.88	3.52	3.92	
第三座	K2+856.5	13+16+13m	单桩长(m)	26		28	18.8	24	30	49	12.56
			根数	4		2		8	8		
			总桩长(m)	104		56		192	240		
			造价(万元)	10.4		8.4		3.84	4.8	3.92	
第四座	K3+330	16+16+16m	单桩长(m)	25		28	18.4	32	35	69	17.64
			根数	4		2		8	10		
			总桩长(m)	100		56		256	350		
			造价(万元)	10		8.4		5.12	7	5.52	
总计(万元)			64.9					51.16			

3.5 PHC桩与承台的连接

(1)桩顶直接埋入承台连接:PHC桩外径为Φ40～60cm,埋入承台长不应小于2倍桩径。本项目外径Φ50cmPHC管桩埋入承台长度1m。

(2)桩顶200～300cm高度范围内插入8Φ25mm钢筋,并用C30细石混凝土填实与承台连接,钢筋伸入承台长度不小于50d(d钢筋直径),承受拉力的管桩,其与承台的连接和主筋伸入长度应符合受力要求。本项目此次设计没采用这种连接方法。

(3)方式(1)、(2)组合与承台连接,桩顶埋入承台长不小于2倍桩径,并在桩顶200～300cm高度范围内插入钢筋用C30细石混凝土填实。本项目外径Φ50cmPHC管桩埋入承台长度1m,桩顶200cm高度范围内插入6Φ25钢筋,并用C30细石混凝土填实与承台连接。

4 PHC桩施工

PHC管桩主要施工方法、步骤及质量控制详见有关规范及文献,本文主要介绍PHC管桩施工中与设计有关注意事项。

(1)桩机施工终止条件:对纯摩擦桩,终止条件宜以设计桩长为主要控制条件。实际施工中,当桩长已达设计要求，而贯入度仍较大时，应继续锤击，使贯入度接近控制贯入度。当贯入度已达控制贯入度，而桩长未达到设计要求时，应继续锤击 100mm 左右（或锤击 30～50 击），如无异常变化时，即可停锤，或桩进入持力层且最后三次贯入阻力达 1.8～2.0 倍单桩设计承载力而累积下沉≤10mm 时为停压控制标准；对长度大于 21m 的端承摩擦桩，宜以设计桩长控制为主，终压力值作对照；对长 14～21m 静压桩，应以终压力达满载值为控制条件，开挖后采用截桩处理，当压力值未能达到设计要求，但桩底高程已达到设计高程，宜继续送桩（1m 范围内），直至压力值达到设计要求，施工结束后及时与设计单位联系，出具处理方案。

（2）尽量减少接桩，预制管桩接头不宜超过 3 个，接桩宜在桩尖进入硬土层后进行。接桩时上、下段桩的中心线偏差不宜大于 2mm，节点弯曲矢高不得大于桩段的 0.1%，同一承台下不同桩不宜在同一截面进行接长。

（3）合理布置桩位，桩与桩的中心距不宜小于 3 倍桩径。

（4）施工过程中要严格控制好桩身垂直度，重点应放在第一节桩上，控制倾斜度在 1%之内，垂直度偏差不得超过桩长的 0.5%。

（5）制定桩基合理施工顺序，使地基应力扩散均匀，减轻桩挤土效应及对邻近地基基础的影响。

5　结束语

经过近十几年的实践发展，PHC 管桩设计、施工与检测方法也日臻完善，PHC 桩以其特有的技术性能好，综合经济指标佳，施工文明、便捷、速度快等优点，在国内工业与民用建筑、港口码头等工程基础建设中得到了迅猛发展与应用，受到越来越多的设计人员和建设单位的欢迎。相信在未来几年内，在桥梁基础工程建设中将会更为广泛得到应用和推广，特别是在中、小桥、人行天桥及城市立交桥、高架桥基础中的应用前景广阔，值得推荐。

参考文献

[1]《公路桥涵地基与基础设计规范》JTG 024—85.

[2]《建筑地基基础设计规范》GB 50007—2002.

[3]《公路桥涵施工技术规范》JTG 041—2000.

15. 大跨径钢箱梁空间组合系杆拱桥受力分析

周月明
(广州市公路勘察设计有限公司)

摘　要　本文简要的介绍了大跨径钢箱梁空间组合系杆拱桥的桥形设计及结构受力特点,并详细介绍了大跨径钢箱梁空间组合系杆拱桥的平面结构分析、空间结构分析的思路与方法。

关键词　钢箱梁　系杆拱桥　空间组合　平面结构分析　空间结构分析　结构静力计算

1　桥梁概况

1.1　工程概况

本文介绍的是广东省内的一座组合式拱桥,该桥东岸为拟实施的大型花园住宅小区,西岸为公园。河道顺直,河面宽近80m。桥址地处东江三角洲平原、地势开阔低平,河床稳定,并且已建成景观堤岸。该桥按规划要求为双向六车道设计,另设人行道。本桥为空间拱梁组合拱桥,全国第一座钢箱梁空间组合系杆拱桥,该桥在国内率先采用自平衡钢结构设计的提篮式拱桥。桥形曲线优美,新颖、协调,两侧边拱微微向内斜置,给人以很强的空间感,远望,犹如一道彩虹横跨岐江,为城市增添了一道靓丽的风景线。采用的改性沥青铺装层,有效减低噪声;引桥采用连续梁结构,行车舒适。并采用独特的照明,勾勒出大桥新颖的结构,充分体现该桥的特色。不过桥形属于空间结构体系,受力复杂,计算繁琐,然现在的结构计算软件功能日趋强大,成熟,对这种桥形的计算是可行的。

1.2　主要技术指标

(1)道路等级:按城市主干道A级设计,全桥设计行车速度为50km/h。

(2)设计荷载:汽车 城-A级,人群 城A-级。

(3)主桥断面为:5.0m(人行道)+1.3m(吊杆保护带)+0.45m(护栏)+11.75m(行车道)+0.45m(护栏)+1.5m(吊栏保护带)+0.45m(护栏)+11.75m(行车道)+0.45m(护栏)+1.3m(吊杆保护带)+0.45m(护栏)+5.0m(人行道)=39.4m 。11.75m的机动车道横断面布置为:0.5m+3.75m+3.5m+3.5m+0.5m=11.75m。

(4)通航净空:该桥被跨河道属国家Ⅳ级航道,通航孔净高不小于8.5m,净宽不小于80m,上底宽不小于66m,侧高不小于3.5m。

(5)设计洪水频率:主桥1/100。

(6)设计通航水位频率:1/20。

(7)抗震设防:Ⅶ度抗震设防。

2　结构构造分析

2.1　总体桥型布置

本桥型主体原设计方案为边榀拱、中拱肋支于两端座拱上。中拱肋座拱由中拱系杆拉住成一稳定结构。座拱藉边跨钢箱梁与侧拱桥面下拱肋构成一空间V撑。侧拱、中拱均为系杆拱,桥面为飘浮体系,按事先方案设计粗算时,出现了结构局部应力过大,部分结构尺寸拟定不合理等情况,为确保结构稳

注:本文所述的拱桥,在纵向由三片拱肋组成,中拱系中拱肋片,边拱为边拱肋片。——编辑

定、明确骨架结构受力，设计过程中对结构体系进行了多次改善，最后结构体系与尺寸拟定为（如图1、2、3）。中拱肋采用下承式拱，其纵向加劲钢箱梁长160m，拱跨120m，中拱的拱肋竖向垂直，相应断面尺寸为高2.4m、宽1.4m；边拱肋采用中承式拱，其纵向加劲钢箱梁长160m，拱跨100m，两侧拱的拱肋向桥中心线稍微的内倾，相应断面尺寸为高1.8m、宽1.2m；在中拱两端下面设横向外倾的座拱，采用上承式拱，其拱跨为32.74m，拱肋的相应断面尺寸为高1.5m、宽1.5m。在三片主肋的顶部采用横向撑杆连接，以增加拱的横向稳定。中拱、边拱分别与其纵向加劲钢箱梁刚接，拱肋下每隔5m设一道吊杆，吊杆下端锚固于纵向加劲钢箱梁上，同时每一吊杆位置处横向设一道横梁。横梁支于纵向加劲钢箱梁上并与加劲钢箱梁焊接，横梁用焊接工字钢加工成形，横梁及加劲钢箱梁形成方格形式的框架结构，在上面铺设25cm厚预制整体混凝土空心板行车道板，行车道板上再铺8cm厚沥青层。在两边拱的拱肋与桥面板两交汇点横向间距之间，横向设有一强大的边拱横梁，以利于两边拱的平面外稳定，并由两侧边拱拱肋、纵向加劲钢箱梁、边拱横梁、中拱拱座横梁构成一稳定的主结构骨架Ⅰ（如图4），当然由两侧边拱、中间中拱、中拱两端的座拱三者共同构成了本桥的核心受力框架。其中边拱按拱梁组合体系考虑（刚性拱、刚性纵向加劲钢箱梁）。

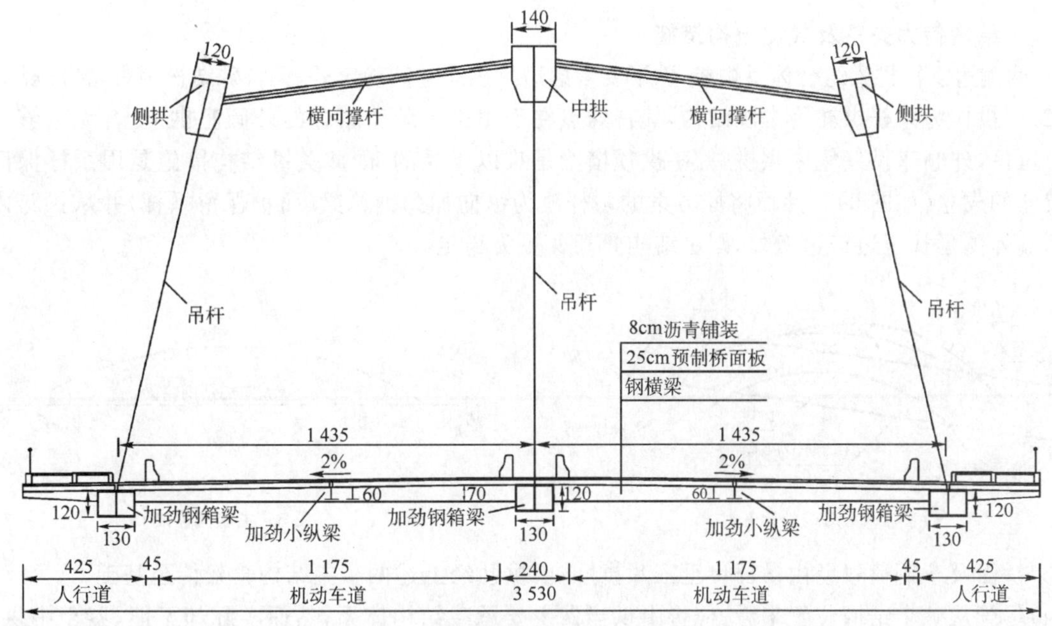

图1　主桥横断面布置图（尺寸单位：cm）

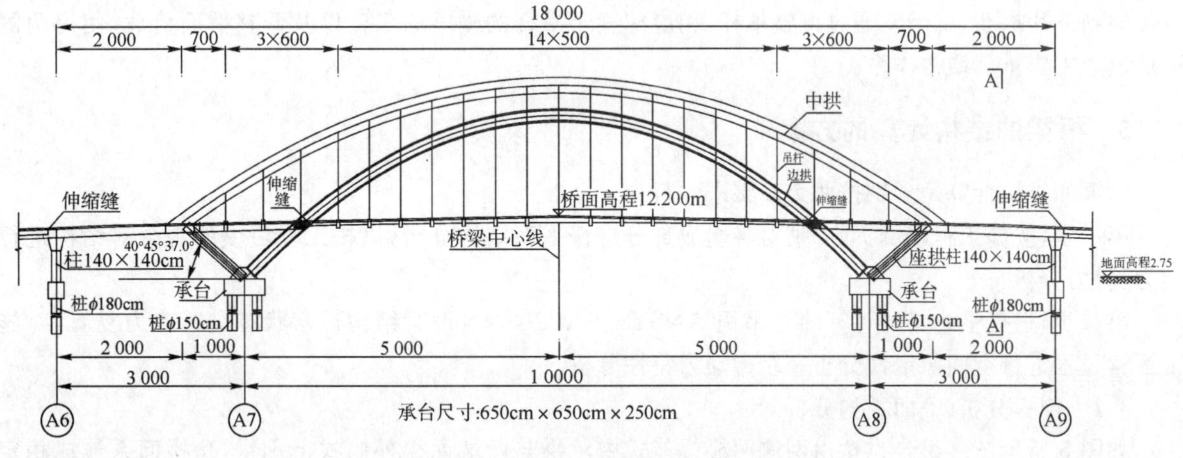

图2　主桥立面图（尺寸单位：cm）

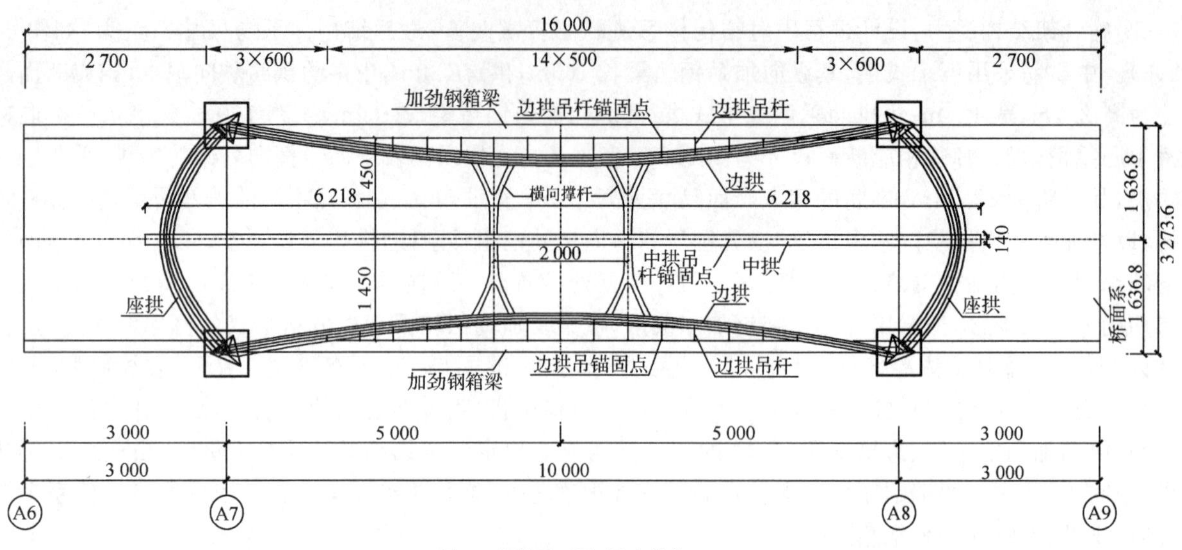

图3　主桥平面图(尺寸单位:cm)

2.2　结构传力关系及关键结构措施

(1)两侧边拱按拱梁组合体系构成,除了要考虑边拱拱肋空间稳定外,无特殊结构困难,属常规结构。

(2)中拱作为系杆拱亦为常规结构,其特殊点在于中拱支承于斜置的外倾座拱上,若无足够大的纵向拉力拉住,外倾座拱仅凭中拱拱脚、座拱顶横梁是难以承受的,因此关键结构措施是用系杆保证主结构骨架Ⅱ的成立(如图5)。然而将原方案的系杆改为纵向加劲钢箱梁(而仍保留系杆)并从拱跨内部向拱跨两端外侧延长至边跨边墩处,则主结构骨架Ⅱ更为稳定。

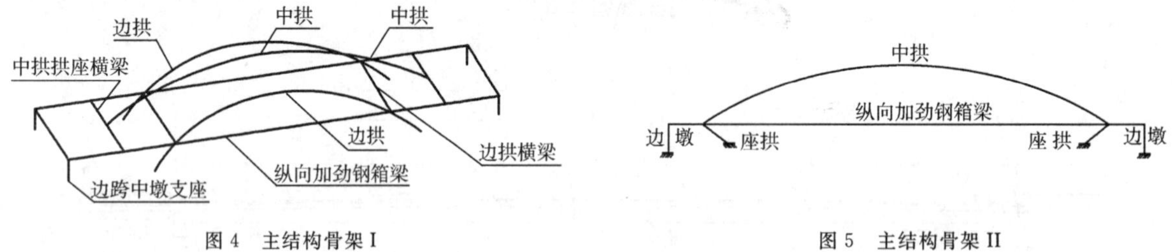

图4　主结构骨架Ⅰ

图5　主结构骨架Ⅱ

(3)桥面及车辆荷载经由吊杆传至三片拱肋,由拱肋经上述两个主结构骨架传至基础。

(4)尽管从整个结构位置来看,应将中拱当做主要承载结构体系,然而实际却不能,鉴于中拱、座拱结构体系是整体柔性体系,而边拱的拱梁组合体系(刚性拱、刚性梁)在承载能力上是有一定的优越性,如果减轻中拱的载荷,也就能减轻座拱的承载力,这是有利于整个结构受力的。桥面系经由吊杆吊支,再传递到三片拱肋,就需要通过调整吊杆、相应配置于吊杆的横梁的刚度以及调整桥面荷载,使得两侧边拱成为主要承载结构体系。

3　桥梁的结构计算的方案

桥梁的结构计算是分别按两个步骤来进行:

第一步,按施工程序倒拆,分别对各组成部分进行平面结构分析,以按工程习惯的观念对结构进行内力、应力分析。

第二步,根据上一步的计算结果采用ANSYS、SAP2000对桥梁结构运营状态进行应力复算,对施工运营过程进行空间稳定性分析和结构动力特性分析。

3.1　倒拆分析(平面结构分析)

如图5所示三维组合拱桥由两侧两榀提篮式中承拱与两端两榀外倾式上承拱,藉桥面系连成稳定的空间支承系统,支承中间一榀下承式系杆拱构成。其结构可按其组成顺序倒拆为三个平面拱进行平面拱桥的计算分析，以资为三维组合拱桥各构件内力、断面设计及应力分析的基础，确定各组成部分几何结构尺寸，为空间结构计算提供数据参数，具体计算步骤(如图 6)。

3.2 空间结构分析

按已确定的结构几何参数用 SAP2000、Ansys 等有限元程序进行静力、稳定及动力分析。分析过程中，拱肋采用空间梁单元模拟，系杆、拉杆及撑杆等采用空间杆单元模拟，桥面系按平面网桥梁进行分析，计算步骤(如图 7)。

图 6　　　　图 7

4 平面结构计算分析

4.1 横梁计算

本桥结构的平面杆系分析计算是采用《公路桥梁结构设计系统》(GQJS8.0)进行算分析的。工字钢吊杆横梁按三支座的连续梁来计算，计算模型(图 8，图 9)，各支座的反力 R 是由吊杆调整，验算横梁时各吊杆提供的支反力各按 1/3 桥面荷载及桥面荷载(包括二期恒载及活载)，具体计算限于篇幅就不详例。

4.2 中拱肋、座拱计算

计算时中拱肋的纵向加劲钢箱梁延伸至边跨桥墩，应按简化成双倍拱截面的杆系，中拱按等截面拱计算，截面几何尺寸(如图 10、图 11)，壁厚 18～22mm。中拱的拱脚、加劲钢箱梁和座拱顶按三者固结考虑，中拱肋的系杆采用 50ϕ5mm 平行钢丝束，两端锚固在中拱的两拱脚与加劲梁固结处。计算时的单元离散图(图 12)。从计算结果图中可以看出桥面系的最大拉应力 1771.15kg/cm^2，非桥面系中最大拉应力为 1197.4kg/cm^2，最大压应力为 1641.87kg/cm^2，以上应力值都在规范规定的范围之内。

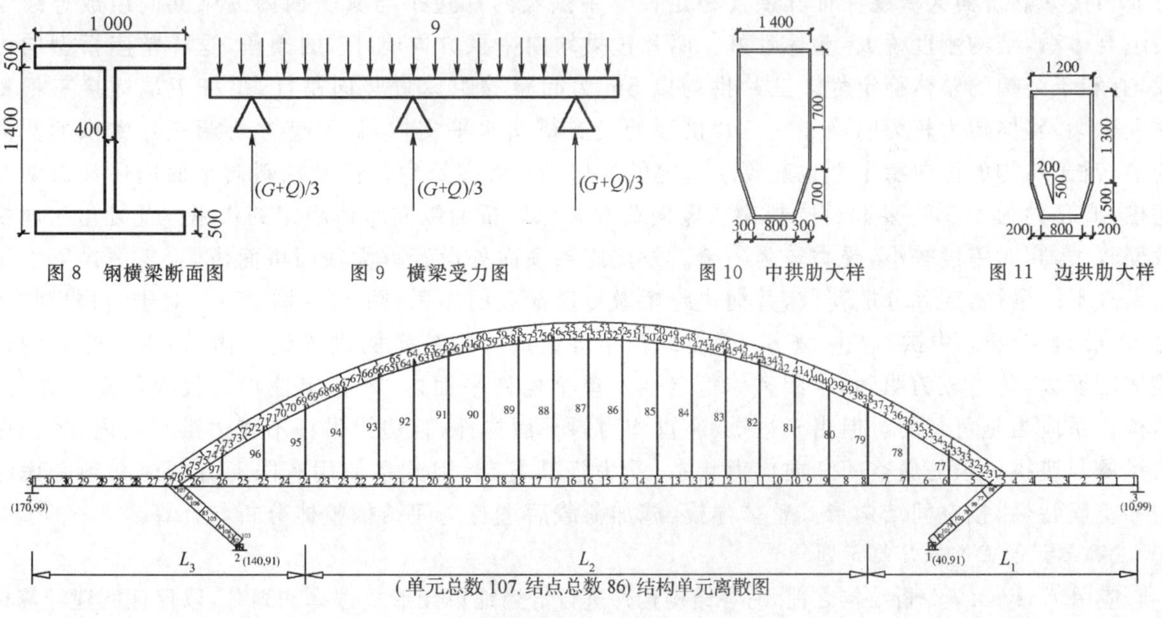

图 8　钢横梁断面图　　图 9　横梁受力图　　图 10　中拱肋大样　　图 11　边拱肋大样

图 12　中拱离散图

4.3 边拱肋计算

边拱肋和加劲钢箱梁组成拱梁组合体系，边拱肋加劲钢箱梁同样也延伸至边跨桥墩，与桥墩构成简支连接。边拱肋的截面形式如图11，加劲钢箱梁以下部分的壁厚22mm，加劲钢箱梁以上部分壁厚18mm，计算时的单元离散图(见图13)。同中拱肋计算过程类似，其计算应力值也都在规范规定的范围之内，计算结果及应力图限于篇幅就不再详例。

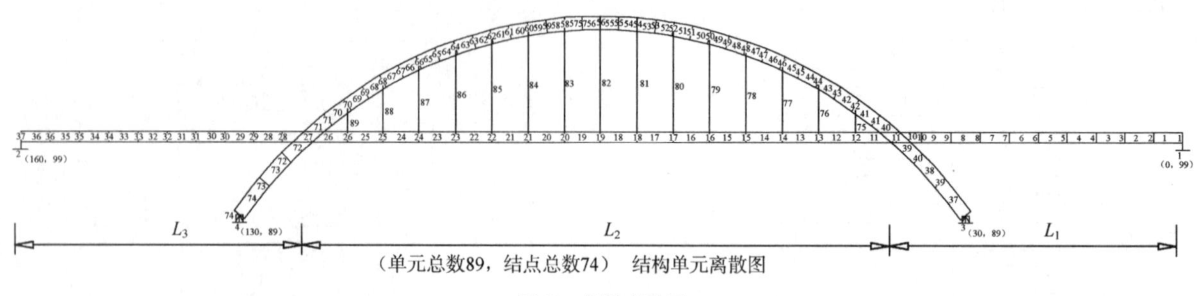

图13 侧拱离散图

5 空间结构静力分析

5.1 Ansys5.7空间结构静力分析

(1)在原初步设计中，结构分析模型中横梁为桥面主梁，横梁通过系杆吊在三片拱肋上，纵梁仅为起到一定纵向刚度作用的构造梁

但原方案对于承受主拱肋拱脚处水平方向的巨大推力上无可靠保证。因此，在设计中，将桥面梁格体系改为纵梁为主要受力构件，整个桥面重量主要由连接在纵向加劲钢箱梁上的吊杆传递到三片拱肋上，除主拱肋拱脚处和边拱肋与桥面相交处设置中拱肋拱座横梁、边拱横梁等四片大横梁外，其余桥面横梁均为支撑在三根纵向加劲钢箱梁上的次梁。计算模型选定的依据即建立在此基础上。空间计算模型选定为提篮式系杆拱桥形式。主桥结构跨度为30m＋100m＋30m(以边拱拱肋跨度为准)，即计算时考虑将30m边跨部分纳入主桥计算中。中拱跨度120m，两端支撑在桥面中拱拱座横梁和座拱拱顶上，并由纵向加劲钢箱梁保证其水平推力的卸荷。两片边拱跨度100m，两端拱脚设置刚性基础，为整座桥梁主要支撑点，边拱在桥面以上部分水平跨度为80m，与桥面相接处靠桥面大横梁保证其横向稳定性。中拱及两片边拱与其平面内纵梁共同组成连续梁拱组合体系，结构刚度桥大，整体性好。两片边拱均向中拱方向有15°的倾角，这样整座桥型向内收，有利于结构的整体稳定性。三片拱均以5m为间距等距设置竖向吊杆，吊杆下端连接三根桥面大纵梁，整体传力较为明确。在三片拱顶处设有横向水平支撑，以调整并协调三片主拱的侧向变形，对于结构的侧向稳定性也起到了一定的的作用，拱脚处到边拱基础斜向平面内还设有两片座拱，倾角约为42°，主要起到支撑中拱竖向荷载并保证桥面纵向整体稳定的作用。此处由于座拱截面较大，相对跨度较小，受力较为复杂。故此座拱顶面处设置较大截面桥面横梁，与中拱下大纵梁组成平面梁格，起到分散荷载，并向边跨桥墩传递荷载的作用(图14～图17)。对于结构模型的总体概念性分析，中拱、边拱、座拱、桥面纵横梁等组成一超静定的拱梁组合体系，主要受力构件整体刚度大，传力较为明确，空间整体稳定性及单个构件平面内、外稳定性均有较为可靠的保证，结构体系应当是可行的。但由于边拱、座拱均为斜平面构件，且边拱吊杆不在边拱平面内，另外中拱拱脚与座拱拱顶处属空间三向应力状态，受力极其复杂，因此在使用有限元分析时必须考虑结构的空间特性，按空间结构形式整体建模，施加荷载后进行空间结构整体分析与计算。

(2)单元形式选择及单元划分

应用Ansys5.7分析结构之前，对各结构构件进行恰当地单元形式选择和划分，以保证所建计算模型的准确性和可操作性。根据本项目的结构特点并结合类似工程计算实例，结构体系单元选取上以空

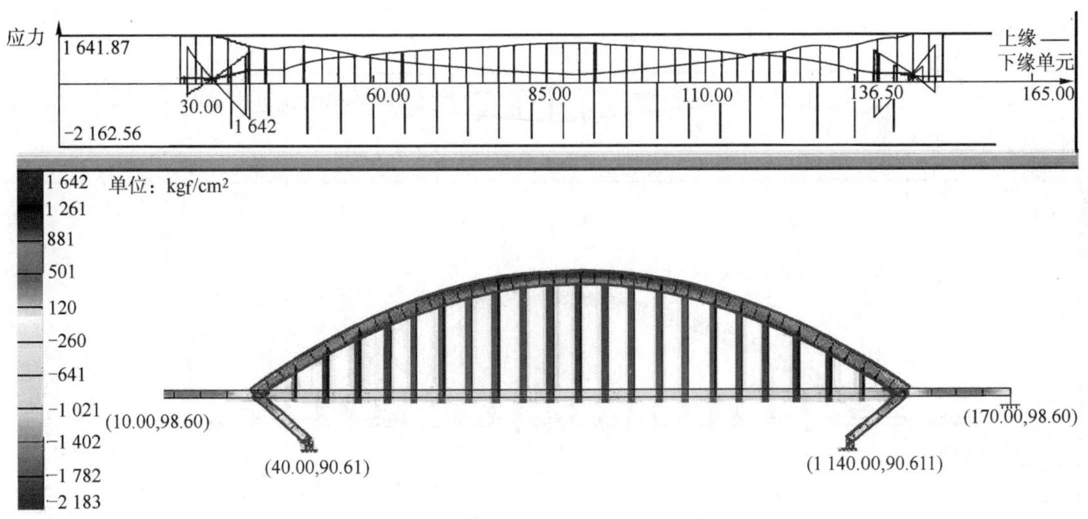

图 14　非桥面系正应力图

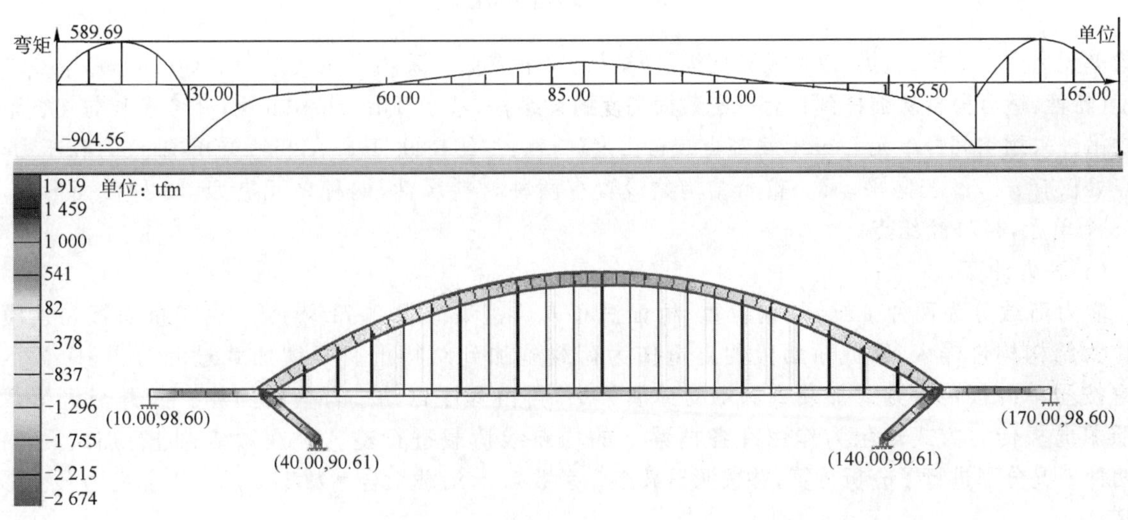

图 15　桥面系正弯矩图

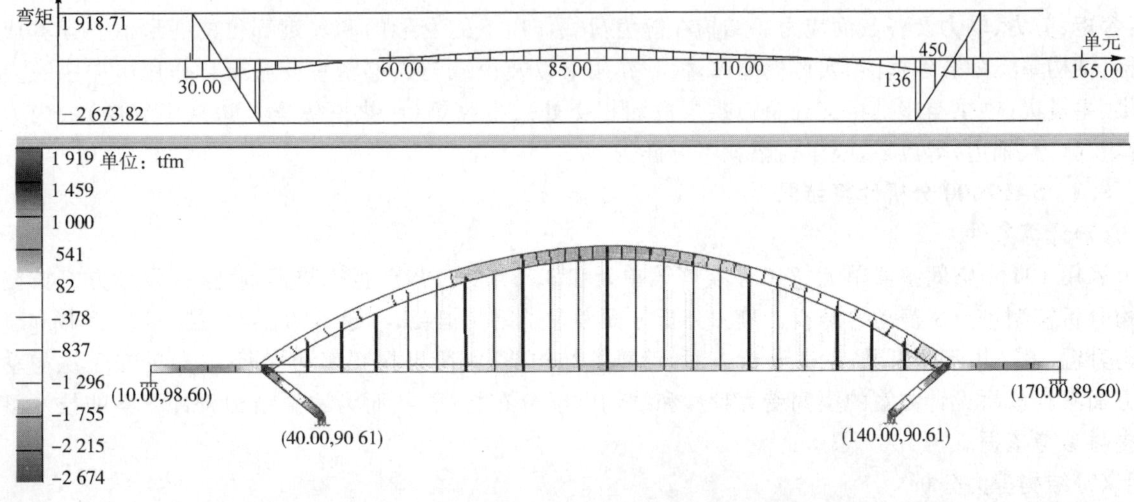

图 16　非桥面系正弯矩图

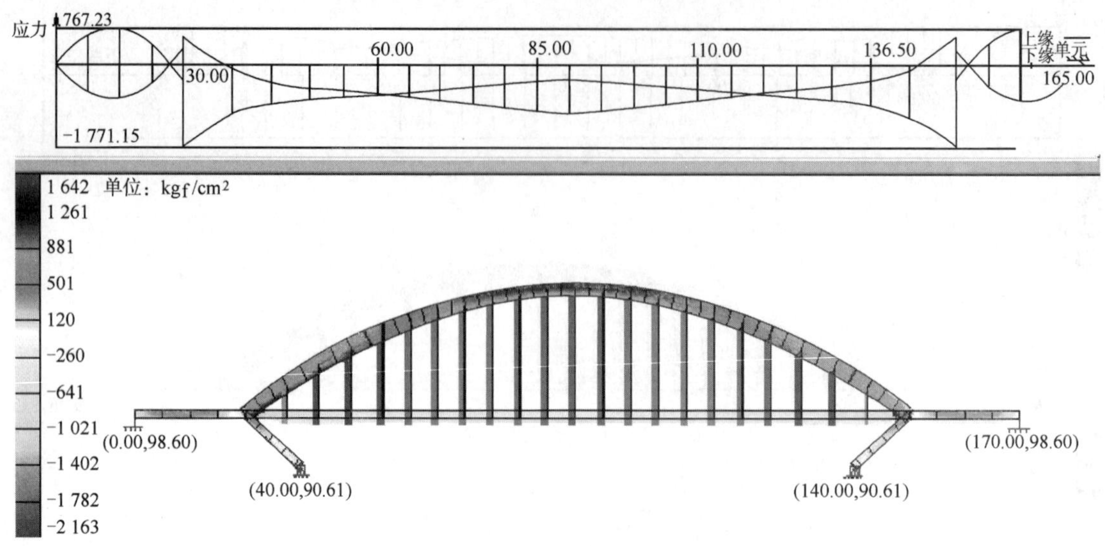

图 17　桥面系正应力图

间梁单元为主。中拱、边拱、座拱及桥面纵、横梁格、水平支撑均采用空间梁单元 Beam189，每节点 6 自由度(特性：适合分析从细杆到具有一定截面高度的梁结构，基于 Timoshenko 梁，并考虑其剪切变形)。主拱吊杆采用空间杆单元 Link8，每节点 3 自由度(特性：三维空间杆单元，可承受单 轴拉力和压力，每结点处仅有 x、y、z 三向平动)。整个结构共设置有两种材料属性，两种单元类型，13 种截面形式，共 1293 个单元，3474 个结点。

(3)静力计算

静力荷载分为两种工况：结构自重、桥面满布人群密集荷载 2.7kN/m^2。由于桥面板在建模时未作为结构构件输入，因此桥面板的自重作为荷载施加到结构上。具体加载过程为：桥面板自重考虑按照单向板传力方式加载到两端支撑横梁上，再由程序自动进行荷载倒算。人群密集荷载也按照单向板传力方式转化为作用在各横梁上的均布线荷载进行输入。在对结构进行加载后，对以上两种工况分别进行了分析计算，并按照恒载组合系数 1.2，活载组合系数 1.4 进行组合内力及变形的计算。

(4)计算成果

结构空间静力分析与计算部分完成后，得到拱桥在静力荷载作用下的各结构单元各个截面处的内力：弯矩、剪力、轴力及各截面应力。结构在静力荷载作用下的变形图和关键部位的变形值。计算成果包括：结构单元划分线框图、实体模型图；恒载作用下以及恒载与人群密集荷载组合作用下中拱、边拱、座拱、主横梁(中拱与座拱相交处及边拱与桥面相交处)、主纵梁(中拱下纵梁及边拱下纵梁)的内力图(弯矩、剪力、轴力)等成果，限于篇幅就不再详例。

5.2　SAP2000 分析计算结果

(1)计算条件

采用 104 个空间拉索单元、246 个空间梁单元和 3 787 个四节点板壳单元，将该桥设计方案按空间结构分析模型进行了静动力分析。静力分析方面考虑了结构恒载、汽超—20 活载、挂—120 活载和全桥均匀升温 20℃共四种工况；动力分析方面，计算了结构前 20 阶自振频率和周期，其目的在于从静动力两方面考察该桥设计方案的空间受力特性和结构刚度分布特征，从而为论证结构设计方案的技术可行性提供参考依据。

(2)结构静力分析

①计算模型(图 18)

②结构变形图

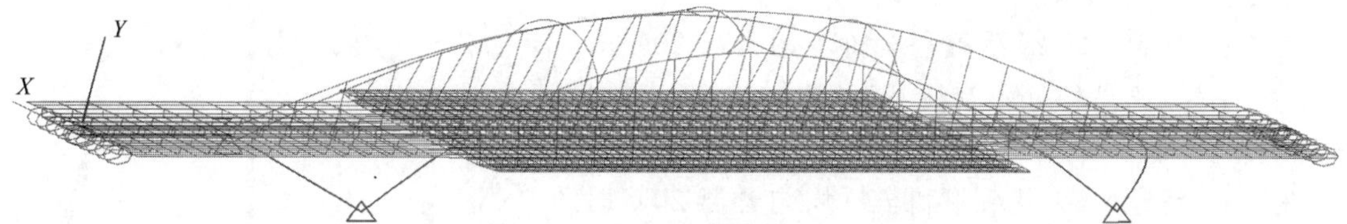

图 18　是采用的空间结构静力分析模型示意图

图 19 是在恒载、汽超—20 级活载和全桥均匀升温 20℃时,结构体系变形示意图。

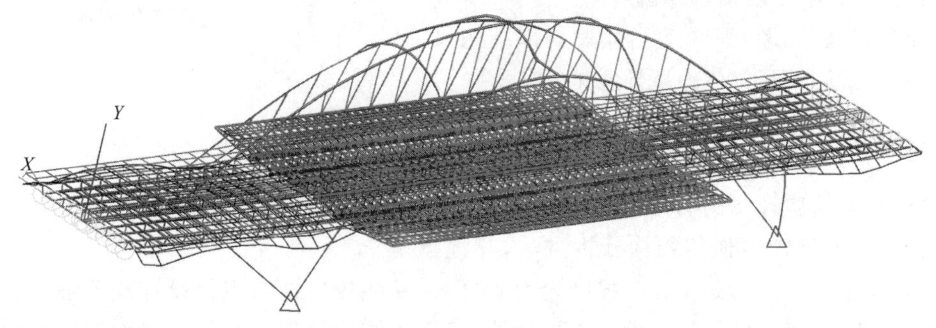

图 19　结构体系变形示意图

③拱结构受力图(图 20)

图 20～图 23 是在恒载、汽超—20 级活载和全桥均匀升温 20℃时,拱结构应力图,单位是 kPa。

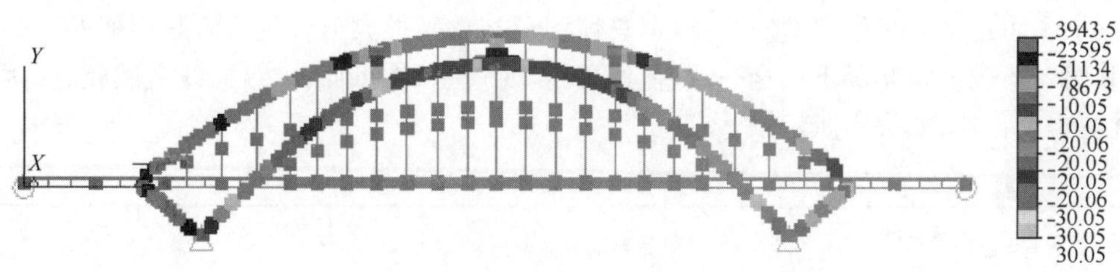

图 20　拱结构应力图(一)

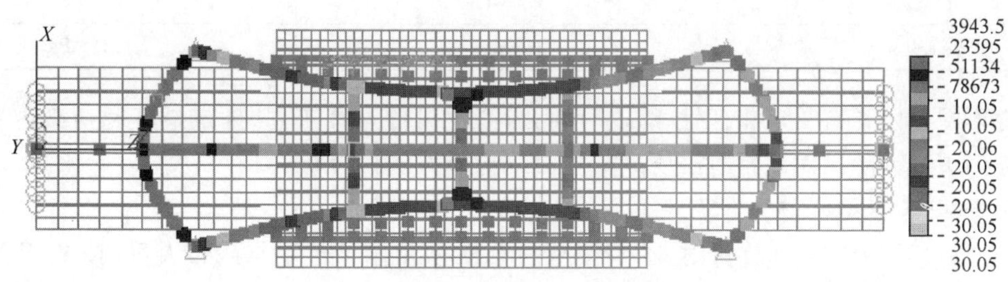

图 21　拱结构应力图(二)

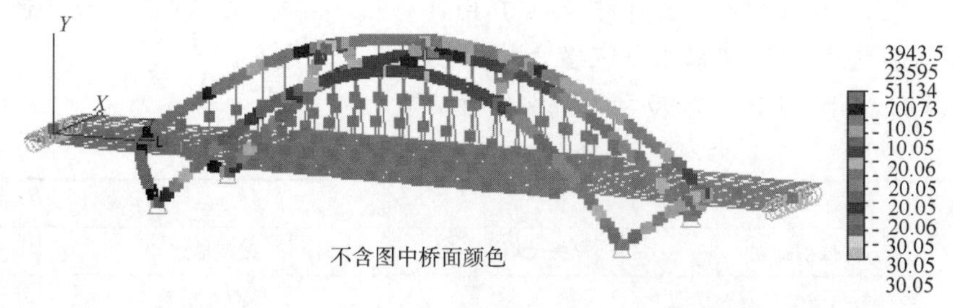

图 22　拱结构应力图(三)

④静力分析主要结论

a. 在恒载、汽超—20 级活载和全桥均匀升温 20℃时，吊杆、边拱、中拱、座拱均处于受压状态；边拱拱脚、座拱拱脚、座拱拱顶、中拱拱脚最大压应力均大于 200MPa；

b. 在恒载、汽超—20 级活载和全桥均匀升温 20℃时，主桥桥面板顶、底面主压应力、主拉应力较大(模型简化时对桥面板厚度考虑过小有关)，边拱与主桥面连接处属于高应力区(桥面受力图，限于篇幅未详例)。

(3)计算结果为施工图设计，适当加大局部结构尺寸，加强局部结构钢度，提供了具体的指导意见。

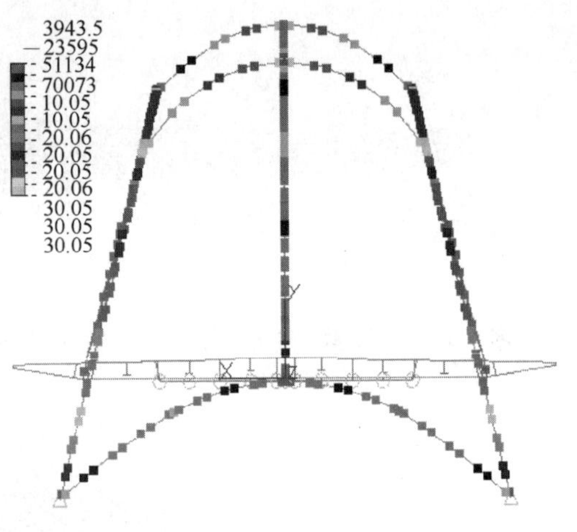

图 23 拱结构应力图(四)

6 计算成果分析

6.1 关于平面结构计算倒拆分析

这是一种工程人员较习惯的结构分析方法，其优点是结构概念清晰，便于最不利荷载位置与控制内力的寻求，并能较好地与现行设计规范强度、刚度控制相配合。但用于该桥，因实际结构除桥面系与中拱外，其余主结构骨架均在竖向斜面或横向斜面上，倘将各主结构骨架划分成若干平面结构分析，其近似性是不言而喻的。为说明这一习用结构分析方法的近似程度，我们将其部分计算成果与 ANSYS 计算成果作了对比，发现以下若干异同：

(1) 拱肋弯矩图形相似：无论中拱、边拱，两者拱肋弯矩图形相似，因 ANSYS 计算中考虑了拱顶附近的支撑，故拱顶附近出现了局部弯矩峰点，但总体图形与弯矩最大值位置两者是相似的。

(2)尽管两者荷载组合状况不完全一致，但经分析，对边拱、中拱而言，纵向线荷载相近，因此两者设计应力值有一定可比性，如表 1 所示。

结 构 倒 拆 分 析 表 1

应力 / 部位	结构倒拆平面计算	ANSYS
中拱拱脚	164.2MPa	121MPa
中拱加劲梁	177MPa	165MPa
边拱加劲梁	238MPa	121MPa

(3)由变形图知两者有一定相似性，综上可知，为简化设计计算工作，确定最不利荷载位置、最不利荷载组合，施工图设计阶段对该桥有必要进行平面结构计算倒拆分析。

6.2 关于 ANSYS 结构静力计算

(1)用 ANSYS 作结构空间计算时，本桥按空间梁格单元作了自重与满布人群(按 2.7kN/m)的静力分析，2.7kN/m^2 满布人群折合每拱拱肋线荷载约为 36kN/m，而按城——A 级荷载，每条拱肋线荷载约为 2.64～3.95t/m，两者在同一数量级上应该视按 2.7kN/m^2 满布人群计算可以控制设计。

(2)报告专门列出了中拱拱座处各杆件竖向力，由计算知，中拱荷载主要藉横梁传递给座拱，而座拱则借中拱加劲梁维持稳定，座拱外倾水平位移最大可控制在 2cm 左右。

(3)表 2 列出了 ANSYS、SAP2000 动力特性分析结果。

动力特性分析对照表 表 2

振型序号	ANSYS		SAP	
	振型描述	振动周期(s)	振型描述	振动周期(s)
第一振型	桥面系在平面内对称摆动	1.232 0	拱面外摆动	1.967 73
第二振型	拱与桥面系对称水平摆动	0.924 21	桥面竖向摆动	1.209 254

续上表

振型序号	ANSYS		SAP	
	振型描述	振动周期(s)	振型描述	振动周期(s)
第三振型	桥面系在平面内不对称摆动	0.573 32	拱在竖平面弯曲桥面竖向摆动	1.028 635
第四振型	拱与桥面系在竖向弯曲	0.523 83	桥面竖向振动	1.021 516 51
第五振型	桥面系竖向弯曲	0.492 74	桥面竖向弯扭	0.922 288

由表2可知：

①拱梁组合体系刚度远较系杆拱桥面漂浮体系大；

②拱梁组合体系整体受力远较系杆拱方案好；

③适当加大加劲梁刚度将更有利于加大结构整体刚度；

④该桥梁的设计结构整体刚度类似于一般斜拉桥。

通过大量的试验和理论计算，在各方面都证明了该桥的结构设计是合理且安全。该项目的顺利实施，亦建成了颇具观赏性的一座现代化桥梁，为当地城市增添了一道靓丽的风景线，成为了该地一标志性人文景观，同时为改善交通状况，优化投资环境，促进地方经济发展都具有非常重要的意义。现在桥梁建设，尤其是城市桥梁建设，已不再是仅仅局限于满足人民日常的通行要求，而是更加注重结构轮廓的优美，轻颖，与景观相协调等要求，当然这些因素加大了结构的复杂性，也加重了结构的计算难度。该桥的顺利实施，充分发辉了桥梁设计师们的睿智，在桥梁设计史上深深得刻下了浓墨一笔，为同类型桥梁设计者也提供了先进的借鉴经验。

参考文献

[1] 公路钢筋混凝土及预应力混凝土桥涵设计规范.JTG D62—2004.北京：人民交通出版社，2004.

[2] 程翔云.桥梁理论与计算[M].北京：人民交通出版社，1990.

16. 紫坭大桥加固技术设计

姜海波[1]　关其华[2]
(1. 广东工业大学;2. 广州市公路勘察设计院)

摘　要　根据桥梁的病害及其结构特性,介绍T构箱梁和T形桥梁加固技术的方法,为今后类似桥梁提供参考。

关键词　体外预应力　增大截面　桥梁　加固

紫坭大桥位于广州市番禺区沙湾镇,始建于1986年,全长420m,跨径组合为7×20m+40m+60m+40m+7×20m,主桥为预应力混凝土T形刚构,引桥为20m普通钢筋混凝土T梁桥。设计荷载等级汽-20、挂-100。紫坭大桥主桥的总体布置图如图1所示。

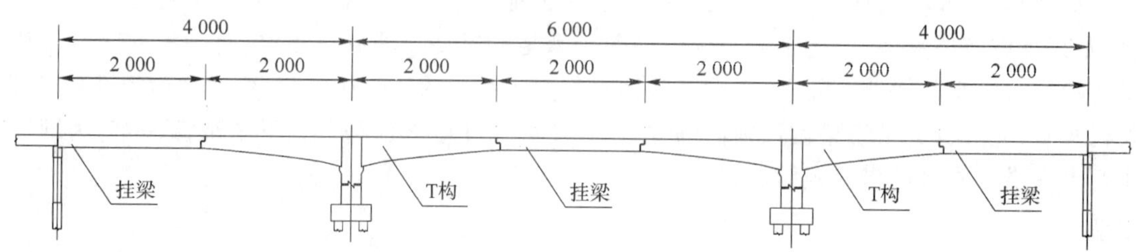

图1　紫坭大桥主桥总体布置图(尺寸单位:cm)

根据2001年11月广东省公路工程质量监测站提供的桥梁检测报告发现,紫坭大桥桥面系严重破损,引桥部分T梁出现裂缝。由于船只撞击,主桥中跨牛腿附近有竖向贯通裂缝,8号墩身有多处水平裂缝。根据建设单位要求,为配合道路改造对原桥进行加固补强。

体外预应力加固体系是将预应力钢束置于混凝土结构的外面,通过转向结构、锚固结构将力施加于结构,达到调节原有结构内部应力,恢复或提高承载力,改善结构使用性能的目的。体外预应力加固体系主要有预应力钢束、转向结构、锚固结构,如图2所示。

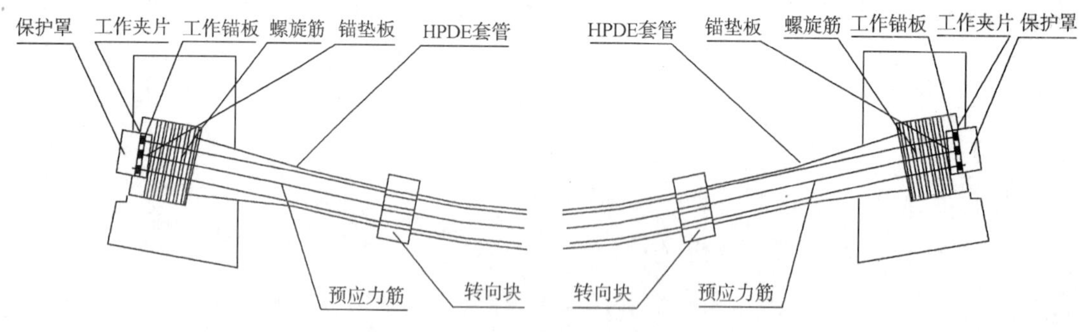

图2　体外预应力加固体系

1　体外预应力加固设计

1.1　预应力钢束布置

为恢复紫坭大桥主桥的承载力,将预应力钢束锚固于T构牛腿,预应力束布置见图3。

在结构计算分析基础上,采用折线型体外预应力束布置,一次性将预应力钢束锚固于T构牛腿。

主要的设计内容如下：

(1)预应力钢束采用6根直径15.24mm的7Φ5mm高强低松弛预应力钢绞线。锚具采用OVM15-6锚具。每个T构横向布置12束预应力钢束。

(2)采用加长杆的抽芯机在牛腿钻抽1.5m长水平芯孔，以便穿过预应力束且将其锚固于牛腿。

(3)为避免钻斜孔和使T构受力合理，如图3所示设置预应力转向横隔墙。

(4)T构端部由于施加体外预应力会使原结构牛腿附近受到负弯矩作用，因此在T构端部箱梁上缘粘贴3块350×40cm的钢板，对结构局部加强。见图4。

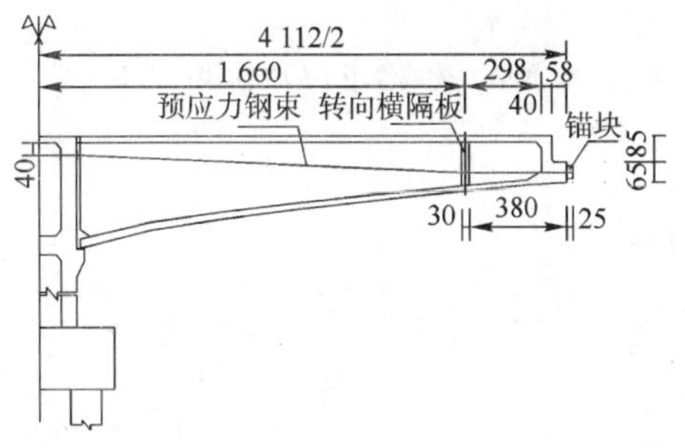

图3 体外预应力加固紫坭大桥主桥钢束布置图(尺寸单位：cm)

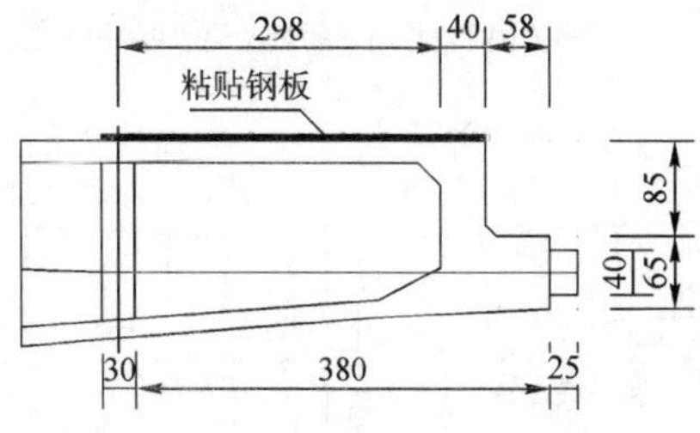

图4 牛腿负弯矩区局部加强(尺寸单位：cm)

(5)张拉控制采用张拉力与张拉伸长量双控。并设置现场监测系统，边张拉边监测，出现异常随时停止张拉。

1.2 体外预应力束张拉力的确定

体外预应力加固T构桥目前并没规范可查，钢束布置类似于矮塔斜拉桥，综合考虑钢束置于体外，疲劳问题可能更加突出，取安全系数2.5，由于OVM系列锚具要求张拉控制应力不低于$0.4R_y^b$，两者结合取张拉控制应力为$\sigma_k=0.4R_y^b=744\text{MPa}$。

1.3 锚固设计

牛腿是钢束最佳的锚固位置，可以提供可靠的锚固点。通过对照原设计图与原有钢束不冲突，在设计位置钻孔时，仅会遇到牛腿上的分布构造筋。钢束对牛腿压力，可以改善牛腿的局部受力。故将锚固点置于牛腿。如图4所示。

1.4 转向设计

为使结构受力合理，牛腿钢束张拉段采用水平形式，这样牛腿受水平力，转向通过转向横隔墙完成，位置见图4所示。凿除横隔板与箱梁结合部位混凝土，以利新旧混凝土的结合。在钢束通过位置预埋钢箱梁以缓解较大的局部应力。图5中N12为钢管，N10、N11为钢板，三者通过焊接形成转向钢箱。

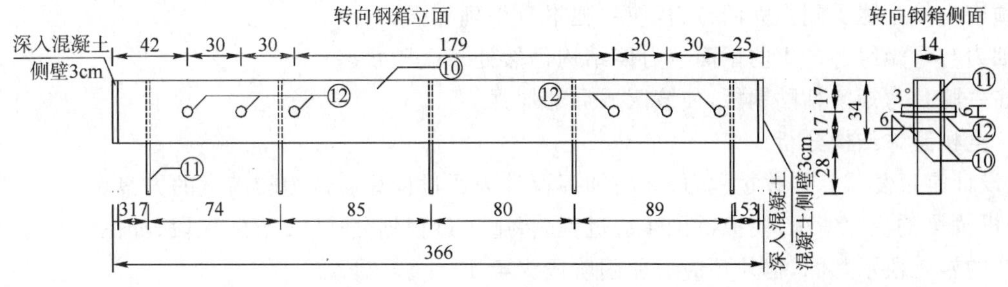

图5 转向钢箱梁构造图

2 体外预应力加固结构分析

2.1 体外预应力束单独作用下的结构分析

T构桥(带挂孔)为静定结构，结构分析较简单。为考查体外束加固的作用。计算体外预应力束单独作用下结构内力及应力的增量，见图6。位移增量见图7。

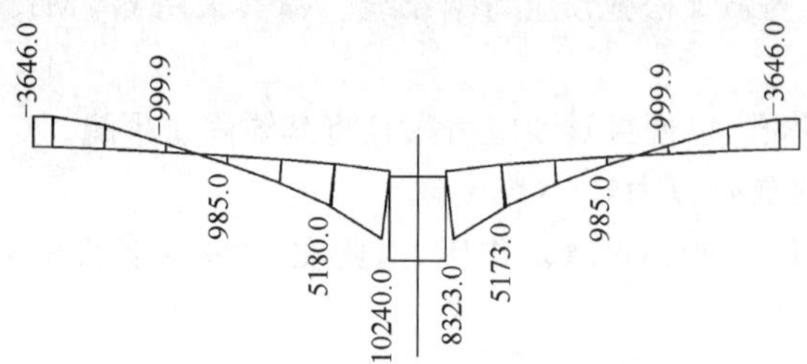

预应力荷载作用下的末阶段弯矩图(kN · m)

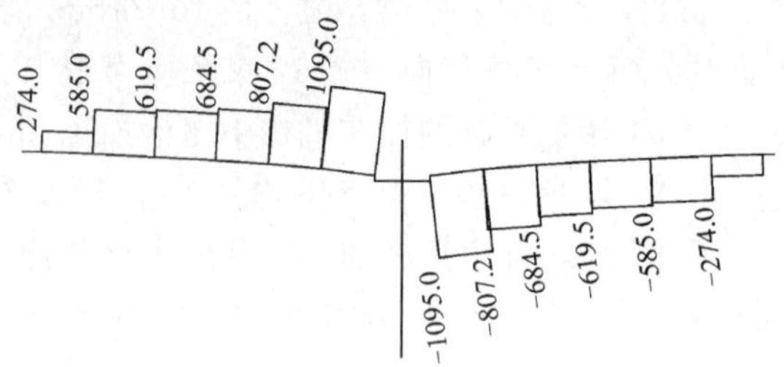

预应力荷载作用下的末阶段剪力图(kN)

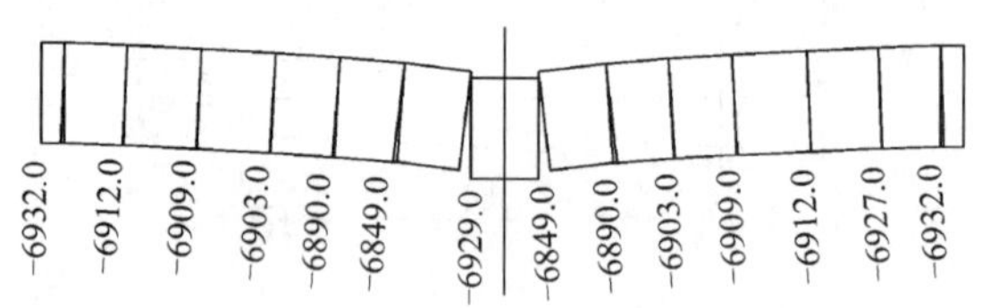

预应力荷载作用下的末阶段轴力图(kN)

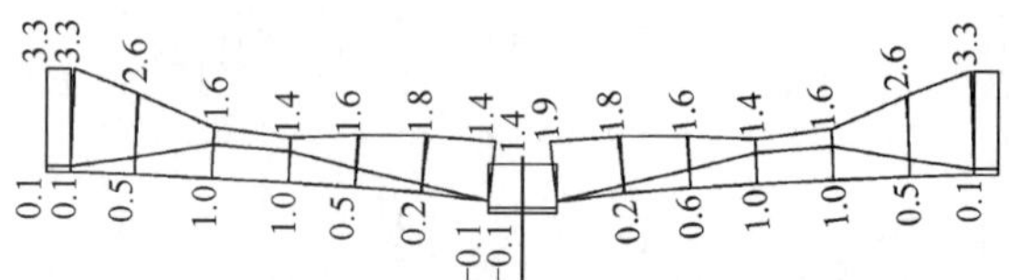

阶段3：结构各截面最大最小正应力图(MPa)

图6　预应力荷载单独作用下内力及应力图

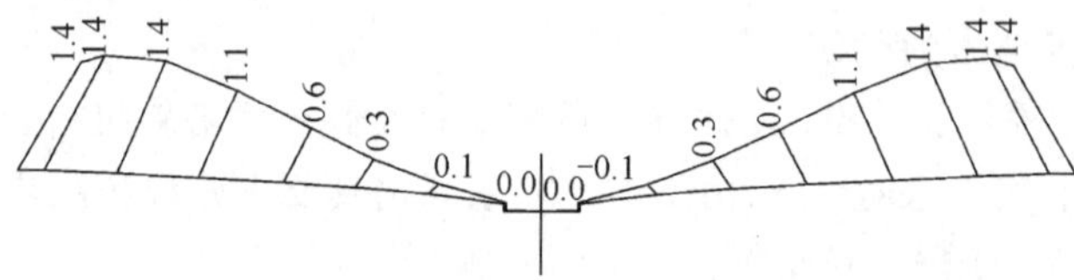

图7　预应力荷载单独作用下结构位移图(单位 mm)

分析计算可知，在体外束作用下，在牛腿附近由于钢束锚固于中性轴下方，局部受负弯矩。钢束提供一定的抗剪能力，根部最大达1 000kN。由于轴力、弯矩共同作用于在结构截面上产生的几乎全部是压应力。根部最大压应力约1.9MPa。牛腿处下侧受压，最大约3.3MPa。在预应力荷载单独作用下，结构位移很小，最大约1.4mm。由此可知如T构下挠太大，体外预应力束变形调节能力是有限。

本设计较难处理的问题就是在牛腿附近，钢束的布置产生负弯矩，这种布置不太理想，最终还是采用该方案，主要基于如下几点考虑：

(1)有效锚固是体外预应力加固成败的关键，在没有规范与借鉴的情况，设计出合适的锚固构造难度较大；

(2)预应力使牛腿受到强大回拉力，使牛腿本身得到加强；

(3)轴力与弯矩组合产生的截面应力使结构仍然处于受压状态；

(4)在牛腿负弯矩区粘贴钢板，使该区域局部加强。

2.2　全桥整体结构分析

加固设计是反复试算修改过程，最终的加固设计为通过检算后认为较满意的方案。

为分析桥梁的应力情况，模拟桥梁建造过程，将施工过程划分成12个施工段，如图8所示为阶段3至阶段12的施工段示意图，体外预应力加固阶段为第13个施工段。

采用设计荷载汽-20、挂-100对结构进行加载，以确定加固后在设计荷载作用下T构安全性。计算结果见图9。

由图9可知：在设计荷载作用下箱梁最大压应力为8.3MPa，最小压应力1.5MPa。全截面处于受压状态。

假定主梁为C30混凝土(原箱梁为C40混凝土，从现场看情况较差，按C30混凝土计算)，则 $R_a^b=$

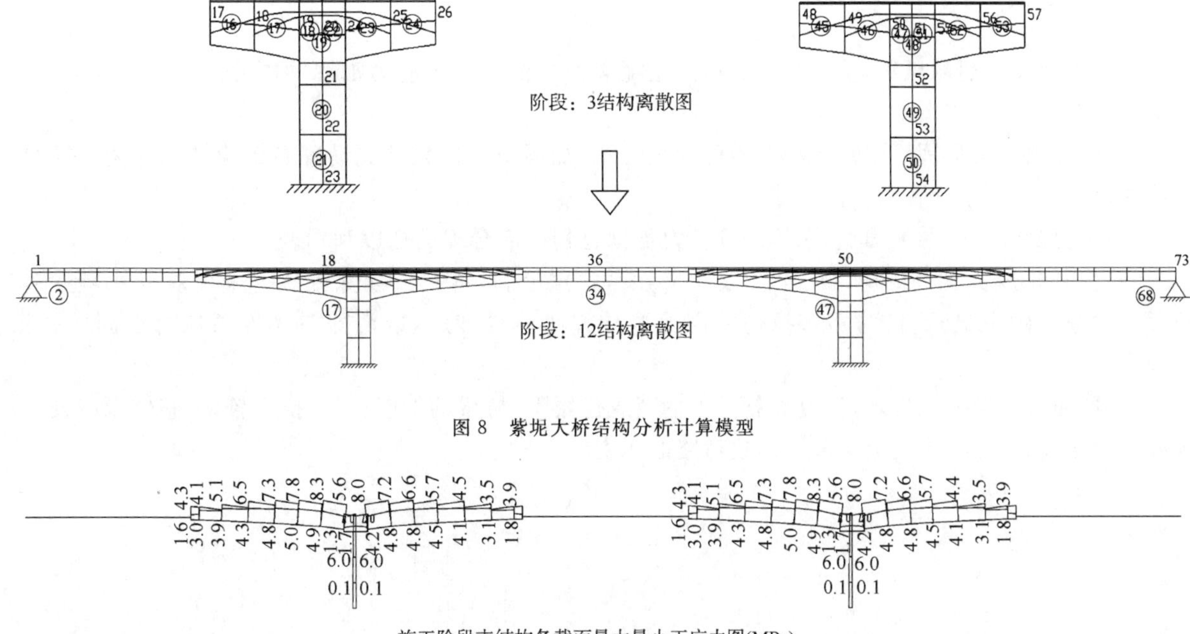

图 8 紫坭大桥结构分析计算模型

施工阶段末结构各截面最大最小正应力图(MPa)

设计荷载作用下结构各截面正应力包络图(MPa)

图 9 紫坭大桥设计荷载作用下应力图

21.0MPa，则最大压应力 $\sigma_{amax} \leqslant 0.75R_a^b = 0.75 \times 21.0 = 15.75$MPa。

运营使用阶段(汽-20，挂-100)最大压应力为 $\sigma_{amax} = 8.5$MPa，根据规范要求，则 $\sigma_{amax} = 8.5\text{MPa} \leqslant 0.5R_a^b = 10.05$MPa。则体外预应力加固从施工阶段到运营使用阶段正应力都能满足要求。

3 T 构主桥的其他加固措施

为使加固能够达到恢复承载力目的，对 T 构主墩进行了加固，凿除原桥铺装层，重做铺装层。

T 构主墩加固采用加大截面法，在原主墩外包一层 15cm 厚的钢筋混凝土，外包箍筋为闭合钢筋，围拢整个主墩。

新做铺装层厚度为 15～20cm，内布设双层钢筋网，钢筋直径为纵向 ϕ16mm，横向 ϕ14mm。铺装层通过抗剪钢筋与桥梁结构层连接在一起，按 60cm×60cm 间距布置。

4 静动载试验的主要结论

紫坭大桥于 2003 年 11 月加固施工完成开放通车。经广东省公路质监站的动静载试验表明，主桥加固效果良好。主要结论如下：

(1)在荷载试验效率系数为 96.07％的情况下，T 构悬臂端部最大为 16.93mm，为理论计算值的 105％，T 构根部最大拉应变为 63.15$\mu\varepsilon$，小于理论计算值。卸载后残余变形为 8.5％。

(2)动载试验实测振动基频 2.050Hz，理论计算值为 1.984Hz，新桥竣工实验时测得的基频为 1.7Hz。

动静载试验结果表明，T 构箱梁加固后，结构整体性能良好。

5 结束语

该桥重新投入运营已年,情况良好。通过紫坭大桥主桥体外预应力加固的研究。主要有以下几点结论与体会。

(1)体外预应力加固桥梁是一种有效的加固方法,加固效率比较高。动静载试验结果表明,主桥加固效果良好。

(2)牛腿是较可靠的锚固点,在体外预应力加固过程中应合理的加以利用。

(3)体外预应力加固的应用一个主要障碍就是张拉控制,本次设计除张拉时采用双控外,还在现场桥梁的整体情况进行监控,边张拉边控制。这种方法值得推广,以消除对体外预应力加固的畏惧心理。

(4)加固后桥梁外观美观,修复如新。车辆荷载作用下,桥梁的性能良好,挠度较少、整体刚度较大。该桥的加固投入使用,极大地缓解了周边道路的压力。

17. 浅析压力注浆处治桥头搭板脱空技术

胡源泉
(广州市公路管理局南城分局)

摘 要 本文主要通过对高等级公路桥头搭板脱空的原因分析,从压力注浆技术处治桥头搭板脱空现象的探讨,解决桥头搭板脱空的问题。本文介绍了压力注浆技术处治的方法,供大家参考。

关键词 公路 桥头跳车 注浆

随着经济发展,公路建设取得了突飞猛进成绩。近十多年来,公路建设作推动国民经济发展的基础建设,得到了各级政府的大力支持,建设步伐尤为迅速,每年以3000多公里的速度在递增,其总里程已达到了世界第二。随着经济的发展及公路网的不断完善,投入营运高等级公路越来越多,社会对工程质量及工程造价的要求都在不断的提高,高等级公路等基础设施的建设正处在"质"与"量"并重的重要发展阶段。目前,已投入使用的高等级公路(包括高速公路)中,普遍存在一个问题:路面在台背回填处出现不同程度的沉降断裂(沉降值一般为10～30 cm,有的甚至超过60 cm),尤其在一些软土地基地方更为严重,使车辆通过时产生跳跃和冲击,从而对桥涵和路面造成附加的冲击荷载,使司机和乘客感到颠簸不适,甚至造成车辆大幅度减速,严重的可导致交通事故(特别是车辆机械事故)。因此,如何解决正在运营中的高等级公路桥头跳车问题,要从理论与施工上进行摸索和探讨,提出切实可行的方法。本文在简要分析引起桥头搭板脱空原因的基础上,介绍压力注浆处治桥头搭板脱空的技术。

1 桥头搭板脱空的原因分析

现在很多公路桥梁两侧引道采用了桥头搭板的过渡型方式,随着通车年限的增长,桥头引道段由于地基土质不良造成的沉降、台背填料压缩引起路基的沉降、刚柔突变引起的沉陷等因素,造成搭板与基层之间存在不同程度的脱空现象。在长时间车辆荷载的不断作用下搭板渐渐变得松动,搭板尾部沥青混凝土表面产生横裂,加之雨水的渗入,产生了啃边、唧浆甚至破损,形成跳车这一常见的病害。

2 现场交通管制

在公路上进行养护作业,既要能确定自身的施工安全和施工质量,同时也要保证车辆的正常通行,所以交通管制方案十分重要。理论上,早强砂浆终凝时间较长,终凝之前它的抗扰动性较差,要想保证注浆的质量,应当采用借道行驶的交通管制办法,但这会给施工管理和车辆通行带来不便。在实际施工中,将要处治的车道封闭,拉长作业警戒长度,尽可能把车辆引向管制行驶的车道,最大限度地减小行驶车辆对注浆搭板部位的扰动。

3 施工工艺

3.1 注浆原理

由于搭板的松动,其尾部沥青混凝土面层的损坏找不到一次性根治修复的措施,刚修复不久又很快拉开,周而复始。针对旧路桥台搭板尾端、涵台两侧约5m范围内出现的不同程度的不均匀沉陷问题,采用注浆加固措施处理,即利用液压、气压将水泥浆注入路基,在黏性土路基内发生径向劈裂,浆液沿裂隙流入土体,并将土体切割成不规则的块体,在块体之间形成互相穿插的胶状水泥结石,黏性土又受到充填浆液时的压缩,形成一种复合型岩土,防止或减弱路基再下沉;在用碎石土、砂砾土填筑的路基内,浆液以渗流或紊流的方式渗入路基土孔隙，从而提高了路基强度和刚度，填实搭板脱空部分，让搭板不再松动。压力注浆形成的土能使路面搭板上抬，使桥头路面回升，是用浓浆置换和挤密土体的过程。通过注浆形成的水泥柱柱体也可作为半刚性基层的桩基础，有效地支承路面结构层，起到双重作用。

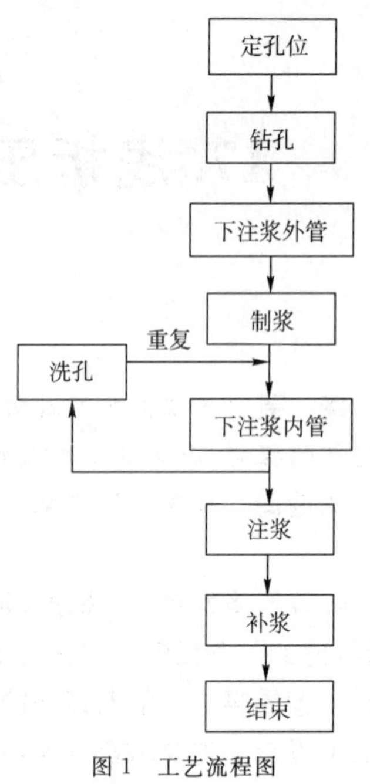

图1 工艺流程图

3.2 工艺流程图(见图1)

3.3 施工设备的配套

板底脱空压浆时，备好下列设备：90kW可移动式发电机组；钻芯取样机；强制式砂浆拌和机；砂浆压浆机；水车、卡车；钻孔机；高压软管；控制压力和容积的带阀门歧管；强制断流器；带保护装置的压力计；用于砂浆喷射后密封喷射孔的灌浆栓塞或木质插塞；在压浆前冲刷喷射孔的工具；钻孔用铜钎和凿子等。

3.4 灌浆孔布设

(1)灌浆孔布设基本要求见图2。

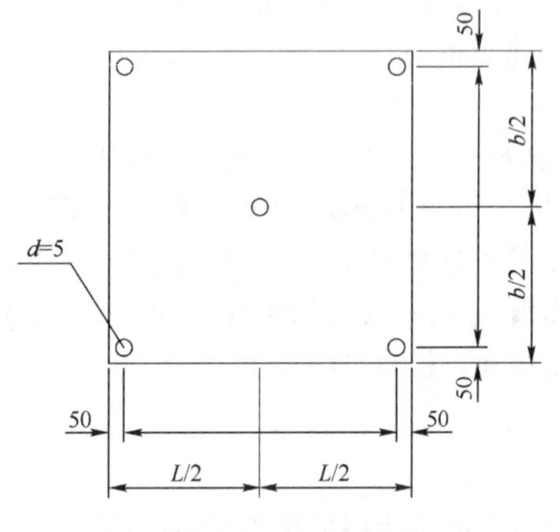

图2 灌浆孔布置图(尺寸单位：cm)
d-灌浆孔孔直径；L-板长；b-板宽

(2)灌浆孔面布设根据路面板的尺寸、下沉量大小、裂缝状况以及灌浆机械确定。

(3)用钻孔机在路面上打孔，孔的大小和灌注嘴的大小一致，一般为50mm左右。

(4)灌浆孔与面板边的距离不小于0.5m。在一块板上，灌浆孔的数量一般为5个，也可根据情况确定。

(5)孔位偏差值不得大于50mm，垂直偏斜率小于1%。施工时尽量避免距桥台前墙、侧墙太近的部位，以免对桥头造成破坏。

3.5 钻孔

(1)地质先导孔、触探孔的布设。为了更清楚摸清搭板下土层地质情况，可以在桥头搭板存在跳车病害的路段采用探地雷达车对桥头搭板做一次数据采集，以便确定脱空部位及程度。也可以利用钻芯试验确定脱空规律，从现场钻芯后测得。我们采用钻芯试验的方法确定脱空规律，在布设注浆前需设置一个地质先导孔和一个触探孔。单向行车方向上每座桥有2块搭板，每块搭板设1个地质孔，1个触探孔。孔深按4m考虑。触探孔布置在主车道中心处，而地质先导孔布置在离触探孔正下方1m处。地质先导孔全孔取芯。要求取芯率超过90%。所取岩芯必须编号保存，进行地质编录。地质先导孔、触探孔这两种类型的钻孔不注浆，按回填细骨料配方，回填密实封孔。按钻探记录表的格式做好记录。

(2)注浆孔成孔。尽量保持钻孔的垂直度，钻进到预定深度后，进行彻底洗孔，以孔内流出清水为止。钻孔洗好后，立即安放袖阀管，以防塌孔。当钻孔有塌方时可将袖阀管打入穿过塌孔部位达到设计深度。

3.6 制浆

(1)材料的选用

注浆材料的选择主要从三个方面考虑：一是适应快速修补的需要，应做到当天注浆当天就要开放交通，早期强度要来得快；其次是要满足压力注浆设备的需要，操作简捷，有较好的流动性；三是从经济指标分析，应具有可推广价值。注浆材料可选用树脂胶和早强砂浆，从试验结果看，几种材料似乎均可选择为注浆材料；但树脂胶成本太高，没有太大的推广价值。添加超早强剂的砂浆基本能满足上述三点考虑，选用超早强砂浆进行施工。

①水泥采用正规厂家生产普通硅酸盐水泥，必须提供出厂合格证明。为便于尽快开放交通，要求水泥浆具有较高的早期强度，12h 的抗压强度达到 3.5MPa。施工中除掺入早强剂外，水泥宜选用 42.5 或 52.5 级普通硅酸盐水泥。

②搅拌用水宜选用洁净的河水、地表水或饮用水。当就地取用洁净的河水或地表水时，取样进行检验，以保证其品质满足固料材料对水体运载作用和化合作用。

③砂宜选用粒径小于 3mm 的优质河砂，砂的含泥量应小于 2%。

④外掺剂宜选用具有减水、早强、微膨功能的混凝土快速修补剂。

(2)配合比

根据桥头路基填料的性状以及搭板脱空的实际情况采用相应的灌注材料，并通过注浆试验确定适宜的配合比；另外也可根据自身的经验和路基填料的性状确定适合的配合比。

(3)制浆

制浆材料必须称量，称量误差小于 5%。水泥等材料采用重量称量法。浆液必须搅拌均匀并测量浆液密度。纯水泥浆液的搅拌时间，使用普通搅拌机时，不少于 3min；使用高速搅拌机时，不少于 30s。浆液在使用前过筛，自制备至用完的时间少于 3h。浆液温度保持在 5～40℃，超过此标准视为废浆。

3.7 注浆

将拌好的砂浆通过压浆机从密封的固定注浆口压入砂浆，砂浆在压力作用下会很快流向各出气口部位，待某个出气口溢出砂浆时即行用预先准备好的木塞塞紧出气口，所有出气口都溢出砂浆后注浆工作即告完成。压实注浆在保证封闭砂浆凝固后方可进行，充填微收缩的部分，使搭板和已注浆部分没有空隙。

(1)注浆顺序：以先边排后中排，先外围孔后内部孔，即先注路基两侧及桥台远端的土体，与桥台台身一起形成一个封闭圈，再注圈内土体。同一排注浆孔间隔跳跃式的原则进行。

(2)注浆压力：注浆压力由小到大依次施加，避免一开始就采用大注浆压力。宜控制在 0.8～1.2MPa 之间，靠路肩选用较低注浆压力。必须在注浆管顶部安装注浆压力表，以准确显示和控制实际注浆压力。尽量不要引起下部性而产生劈裂注浆。

(3)吸浆量：根据试验段的情况，每个孔的吸浆量不少于 3.0m^3(特殊情况除外)。当出现冒浆串浆时，及时进行处理，必要时采用间歇注浆或待凝处理。对于不吸浆则在被灌孔附近重新造孔压浆，决不能轻易移至下一个孔。注浆完成后，将露在路面的袖阀管敲掉打正并采用 C25 强度的小级配、细石混凝土及时进行回填密实处理。

(4)在补强注浆之前必须对搭板与路基之间的空洞进行堵塞处理：利用高压水枪灌砂填注空洞中直至填满，然后再用纯净水泥浆注浆(或用水泥浆注浆)。

3.8 注浆结束标准的确定

(1)当吸浆量不变，压力突然上升很快时结束注浆。

(2)当随着注浆量的增加，压力同步增大，当注浆压力达到 1.2MPa，并稳压 10min 后结束注浆。

(3)当剩余浆液比重越来越大时结束注浆。

注浆路段注浆孔完成后，进行效果检查和评定，不合格者补充钻孔注浆。

3.9 桥头搭板注浆处理质量验收标准

(1)检查时间、检查孔数

检查工作在施工孔结束 14d 后进行，按施工孔数的 10%布设检查孔数。

(2)检查孔布设

在适当位置检查孔。尽量避免桥台前墙、侧墙太近的部位，以免对桥台造成破坏。基本上大致均匀的在每个工作面上布设，不集中在一个或某些地段。还要布设在注浆异常地带，如注浆中冒浆串浆特别严重的地段以及吃浆量特别大或耗浆量特别小的地段。

(3)重点检查对象

结合本工程特点，检查孔抽芯检查注浆效果，其抽芯深度为注浆深度加 0.1m，检查被注体充填状况、密度和透水性等。

(4)检查方法

取芯检查：做岩芯强度、承载能力等的试验，质量检验标准符合相关规范的要求，抗压强度达到 3.0MPa 左右。不合格率控制在 10%内。

(5)取芯数量、抽芯深度和位置

桥台抽芯按每行车方向一处；其抽芯深度为所抽搭板脱空检测深度加深 0.1m。位置选择：横向位于主车道外车轮行驶处，纵向距搭板(桥头方向)1.2～2m。

(6)视工程的具体情况，必要时，每个搭板做一个重型触探试验：检查时可在灌注前进行过触探的部位附近进行 N63.5 触探，以对比注浆效果。

3.10 开放交通

注浆后要严格实行交通管制，待砂浆抗压强度达到 3.0MPa(面板顶升强度要达到 6.0MPa)时，用水泥砂浆堵孔，即可开放交通。

3.11 几点需要注意的事项

准备要充分，应有施工组织设计及技术措施。材料要事先过筛再运到现场；各种设备的性能保证完好；注浆必须早开工，注浆结束后保证有足够的时间让砂浆成型，天黑之前开放交通，把行车扰动减少到最小程度。施工时间选择在夏季高温季节，考虑光照时间长，砂浆强度来得快。压力注浆主要是要能形成压力，所以注浆口必须密封，这样砂浆才能充实每一处空隙。注浆前需认真检查搭板四周有没有空洞或缝隙，特别是台帽下的锥坡，在注浆过程中有专人负责检查是否存在跑浆及漏浆现象，这类问题必须先行封堵。混合料需要有一定的和易性，以方便施工。严格控制配比，以保证注浆的混合料结硬后不能有多余水分。保证混合料有一定的膨胀性。注浆压力若控制不当，容易产生鼓包破坏原有路面。

4 经济指标分析

根据处理每一整座桥梁的机械台班和材料用量，正常处理每处搭板约需 3 万元左右。

5 结束语

用超早强砂浆进行压力注浆处理桥头搭板脱空现象，实践证明此技术是可行的，从成本分析经济指标看，具有一定的推广价值。注浆工程应用范围较广，还可以用于处理高填方路基沉陷，水泥混凝土面板底部脱空等工程。相信经过建设者的不断改进，压浆技术必将会发展得更加完善。

参考文献

[1] 公路施工手册.桥涵.北京：人民交通出版社.

[2] 公路水泥混凝土路面养护技术规范.JTJ 073.1—2001.北京：人民交通出版社.

18. 桥梁结构碳纤维加固技术施工工艺

刘峰增

（广州市番禺区番路工程有限公司）

摘 要 结合大石大桥桥跨结构维修加固的方法，介绍结构碳纤维加固技术的工艺原理、材料与工艺特点、施工流程、操作与质量要求，认为该方法简单、经济、实用。

关键词 桥梁 碳纤维加固技术 施工工艺

碳纤维布加固修补结构技术是一种新型的结构加固技术，它是利用树脂类黏结材料将碳纤维布粘贴于混凝土表面，以达到对结构及构件加固补强的目的。近几年来，越来越多地适用于桥梁的裂缝或破损的修补，以及抗弯、抗剪受力结构的加固补强，下面结合广州市番禺区大石大桥加固维修的实例讲述桥梁碳纤维加固技术的施工工艺。

1 工程概述

1.1 工程概况

广州市番禺区大石大桥位于国道G105线大石镇路段，横跨三枝香水道，1988年建成通车，长期处于超负荷运营状态，全长455m，主跨为2×50m预应力钢筋混凝土“T”形刚构，横截面为单室箱形梁形式，引桥为12跨25m预应力钢筋混凝土简支“T”形梁，设计荷载为汽-20、挂-100。

1.2 桥梁现状

经广州市公路工程质量检测中心检测，该桥出现较多的破损，其中桥跨部分，T构箱形梁腹板与横隔板出现11条竖向、斜向裂缝，缝宽0.1～2mm，长度0.5～2.6m，引桥T形梁(其中的4片边梁)梁底面出现部分竖向裂缝，缝宽0.1～1mm，长度0.1～0.37m。

1.3 桥跨加固补强方法

(1)箱形梁加固

检测报告表明，全部裂缝属正常裂缝，但会影响梁体结构中钢筋混凝土的耐久性，故对裂缝进行封闭修补处理，直接于裂缝上粘贴碳纤维布进行加固，防止裂缝进一步扩展(图1)。

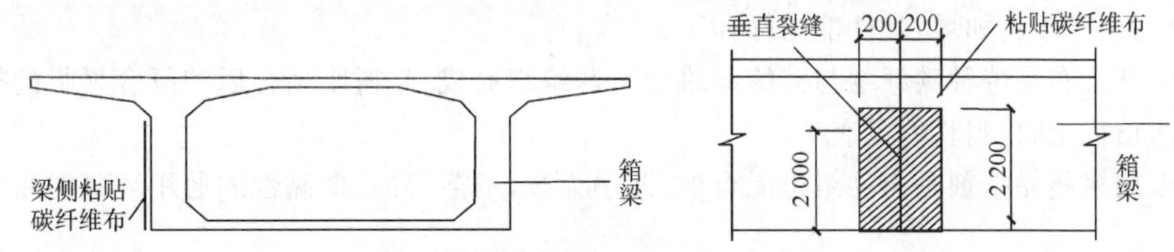

图1 箱形梁加固图示(尺寸单位：mm)

(2)“T”形梁加固

部分裂缝属于弯拉应力拉裂梁底保护层混凝土造成，但情况普通，设计于梁底面粘贴二层碳纤维布，进行裂缝修补，并提高抗弯承载力，离梁端1.5m区域及横系梁处两侧粘贴U形碳纤维布，进行抗剪加固，U形箍两端外贴20cm宽压条锚固(图2)。

2 工艺原理

维修加固机理是将碳纤维布采用高性能的环氧类黏结剂黏结于混凝土构件的表面，形成新的复合结构，利用碳纤维材料良好的抗拉强度，防止裂缝扩展，并增强构件承载能力及刚度，粘贴量由设计计算

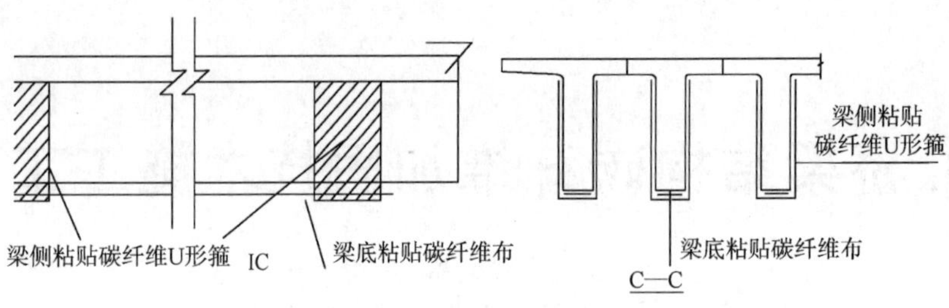

图2　T形梁加固图示

确定。下面是"T"形梁梁底粘贴碳纤维布进行维修加固后的受力图(图3)。

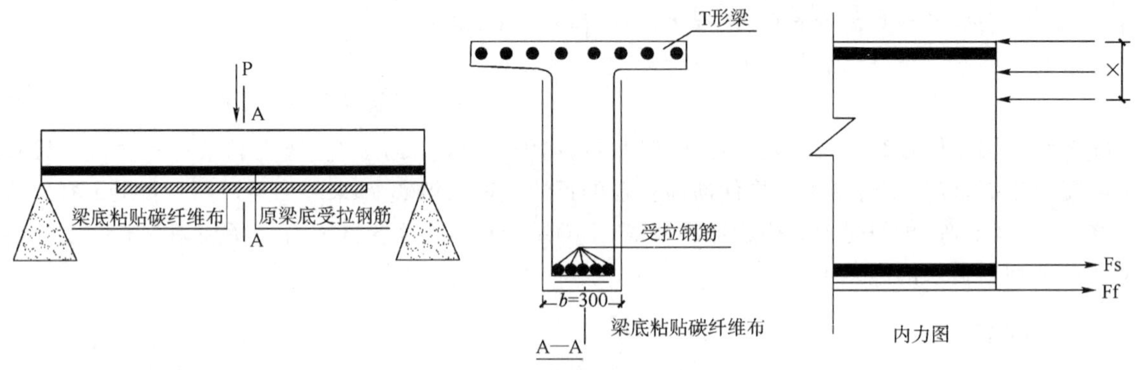

图3　T形梁梁底粘贴碳纤维布

3　工艺特点

(1)高强高效,适用面广,质量易保证。

(2)施工便捷,工效高,没有湿作业,不需现场固定设施,施工占用场地少。

(3)耐腐蚀及耐久性能极佳,具有耐高温与抗低温特性。

(4)加固修补后,基本不增加原结构自重及原构件尺寸,提高原结构的抗弯、抗剪承载力,受力后能与混凝土结构变形协调。

(5)工期短,在桥梁加固时,对交通影响小。

4　材料性能

碳纤维材料维修加固混凝土结构所用材料主要为碳纤维布织物与专用树脂黏结剂,大石大桥使用的加固材料均出产于新加坡,其性能指标如下:

4.1　碳纤维布是特种碳纤维与芳纶纤维经特殊编织而成,与树脂粘合后的复合材料的抗拉强度为A3钢板的两倍以上,材料性能见表1。

4.2　专用树脂黏结剂是两种组份混合的、几乎无味、可溶解的、低黏性的通用环氧树脂。其技术指标见表2。

碳纤维布材料性能表　　表1

序号	指　　标	测　试　值
1	主纤维方向抗拉强度	3 500MPa
2	纤维布层厚	1.3mm
3	主向截面弹性模量	2.25×10^{6}MPa
4	横向抗压强度	170MPa
5	热膨胀系数	7.8×10^{-6}/℃
6	与C30混凝土黏结力(或破坏于混凝土层)	4.5MPa
7	耐火性能	阻燃,在260℃前强度无损失

专用树脂技术指标(常温48h后性能)　　表2

序号	特　　征	测　试　值
1	抗拉强度	73.9MPa
2	拉伸模量	3 180MPa
3	正拉黏结强度	8.1MPa
4	拉伸剪切强度	13.5MPa
5	延伸率	0.05
6	弯曲强度	125MPa
7	弯曲模量	3 120MPa

5 工艺流程及操作要求

工艺流程为:施工准备→基底处理→涂底胶→找平→粘贴→养护。

5.1 施工准备

(1)搭设脚手架,按有关建筑规范要求,确保安全。

(2)减少交通与施工的交叉影响,如果条件合适,进行碳纤维布粘贴施工时,采取定时封闭交通,或将施工安排至深夜交通稀少时。

5.2 基底处理

(1)混凝土表层出现剥落、空鼓、蜂窝、腐蚀等劣化现象的部位应予以凿除,对于较大面积的劣质层在凿除后应用环氧砂浆进行修复,包括梁底侧有空洞或受损处也应用相同方法修复。

(2)裂缝部位应首先用环氧砂浆进行封闭处理,大于 0.2mm 宽的裂缝还需用环氧树脂浆液进行灌浆。

(3)用混凝土角磨机、砂纸等机具除去混凝土表面的浮浆、油污等杂质,构件基面的混凝土要打磨平整,尤其是表面的凸起部位要磨平,转角粘贴处要进行倒角处理并打磨成圆弧状($R\geqslant 20$mm)。

(4)用吹风机将混凝土表面清理干净,并保持干燥。

5.3 涂底胶(专用树脂黏结剂)

(1)按主剂:固化剂=1∶1 的比例将主剂与固化剂先后置于容器中,电动搅拌器均匀搅拌,搅拌时间约 5min,根据现场实际气温决定用量并严格控制使用时间,一般情况下 2h 内用完。施工温度需 5℃以上,高于 32℃时需小心过早硬化。

(2)用滚筒刷将混合好的底胶均匀涂刷于待加固的混凝土表面,待胶固化后(固化时间视现场气温而定,以指触干燥为准)再进行下一工序施工。一般固化时间为 2~3h。

5.4 找平

(1)混凝土表面凹陷部位应用专用胶填平,模板接头等出现高度差的部位应用专用胶填补,尽量减小高度差。

(2)转角处也应用专用胶修补成光滑的圆弧,半径不小于 20mm。

5.5 粘贴

(1)按设计要求的尺寸及层数裁剪碳纤维布。

(2)将混合好的专用树脂黏结剂涂抹于待粘贴的碳纤维布,须均匀湿透。

(3)粘贴碳纤维布,将湿透的碳纤维布象贴墙纸一样平整贴在混凝土表面,确认所粘贴部位无误后,用特制滚子反复沿纤维方向滚压,去除气泡。多层粘贴应重复上述步骤,待碳纤维布表面指触干燥方可进行下一层的粘贴。

(4)碳纤维布沿纤维方向的搭接长度不得小于 150mm,碳纤维端部固定用横向碳纤维或粘钢固定。

5.6 养护

在自然条件下进行养护,粘贴后的碳纤维布 24h 后即可达到设计强度的 80%,48h 后完全硬化。

6 机具设备

施工机具为混凝土角磨机,吹风机,剪刀,滚子,錾子,灌浆设备等。具体数量可视施工工期及施工面积确定。

7 安全规定

粘贴碳纤维布的安全规定如下:

(1)裁剪及使用碳纤维布时应尽量远离电源,尤其是高压电线及输电线路。

(2)碳纤维布的配套用胶要远离火源,避免阳光直接照射。

(3)现场施工人员应穿工作服,同时还须佩戴口罩和手套,施工人员严禁在现场吸烟。

(4)配制及使用胶的场所必须保持良好的通风。

(5)与施工配套的脚手架要有足够的安全性,高空作业须佩戴安全带。

8 质量要求

(1)必须有碳纤维布及其配套专用树脂黏结剂的生产厂家所提供的材料检验证明。

(2)每一道工序均按工艺要求进行检查,包括待加固基层表面处理情况,树脂黏结剂的配合比,按图纸剪裁的碳纤维布尺寸与主纤维方向,树脂黏结剂的涂浸情况,工后养护等。并做好相关的验收记录,如出现质量问题,应立即返工。

(3)施工结束后的现场验收以评定碳纤维布与混凝土之间的黏结质量为主,用小锤等工具轻轻敲击碳纤维布表面,以回音判断黏结效果。每平方米纤维布空鼓数量不得超过10个,空隙率不超过5%,及空鼓最大直径小于20mm,如出现空鼓等粘贴不密实的现象,应采用针管注胶的方法进行补救。黏结面积若少于90%则判定黏结无效,需重新施工。

9 结束语

大石大桥桥跨结构使用上述技术进行维修加固,每天安排在夜晚进行封闭交通施工,工期共7天,维修完毕后至今已超过1年,经广州市工路工程质监站检测,维修加固质量与效果良好。这种技术方法,也适合于桥梁的其他结构维修加固,如墩、台、柱甚至水下基础等,还可应用于钢结构桥的维修加固。

对比其他的桥梁维修加固方法,如包裹钢筋混凝土、包夹钢板、外加预应力钢束等,碳纤维加固技术具有施工简单、适用面广、效果好、经济性强等优点,随着这方面相关加固材料性能的不断改善提高,工艺的不断进步成熟,这种技术方法必将更广泛应用于桥梁或其他结构物的维修加固工程。

参考文献

[1] 吴淑梅.结构碳纤维加固技术[J].建筑技术.31:6.

[2] 戴竞,彭宝华,李扬海.公路预应力混凝土梁桥裂缝成因分析及处理对策[A].中国土木工程学会第九届年会论文集[C].

[3] JTJ 041—2000.公路桥涵施工技术规范[S].

19. 对桥墩施工技术的浅析

林树芳
（广州市番禺区番路工程有限公司）

摘 要 在公路桥梁的建设中有一种新技术，它具有施工速度快，无施工接缝，工程质量高，施工安全，劳动强低，材料消耗小，总体投资少等优点，实践证明它比常规施工有很大的优点，那就是桥墩一模到顶的施工工法，本法是根据某特大桥建设中桥墩一模到顶施工设计与施工实践被证明。本文也是作者对这一新工艺阐述自己的一些看法和观点。

关键词 桥墩 一模到顶 施工工艺

1 一模到顶工法特点

(1)墩身及托盘顶帽混凝土整体性好，无施工接缝，质量容易得到保证。

(2)结构简单，拆装方便，施工机械化程度高，施工速度快，将拼装模板的高空作业改为平地操作，施工安全性高。

(3)利用基顶预埋件控制模板位置，简单方便。

(4)模板就位准确、操作简便，偏差较小。

2 适用范围

本法适用于铁路与公路的圆形、圆端形及矩形桥墩施工，墩高在20m以内。

3 施工工艺——即工艺原理

3.1 工艺原理

桥墩一模到顶，一次成形施工技术关键在于模板的设计方案和混凝土灌注后整体模板的拆除措施。为便于吊装，模板仍分节制造，每节高度控制在4.0m左右。圆形墩按两个半圆设计模板，模板竖向及水平接头均采用槽钢或扁钢加强对接，托盘顶帽模板应根据设计要求分为四部分或六部分，模板缝用钢板胶粘接，并打磨平整，整套模板除托盘外无对拉筋。模板拆除可采用“顺拆法”或“倒拆法”，无论采取哪种方法，设计模板时均需将墩身模板高度减短3～5cm。立模时用木块对称垫起，木块之间缝隙用黏土填塞(该部分属于基础与墩身交界处，不影响外观)，拆模时需先将垫块拆除，然后移动模板连接螺栓，模板自重下滑，其余按常规拆模即可。

3.2 工艺流程图(图1)

3.3 施工工艺

(1)施工准备

为了充分保证施工的连续性，体现施工速度快的特点，在施工前应做好充分的准备。

①劳动力组织

施工前对施工中劳动力进行技术培训，安全教育，并对其进行优化组合，保证施工进度(表1)。

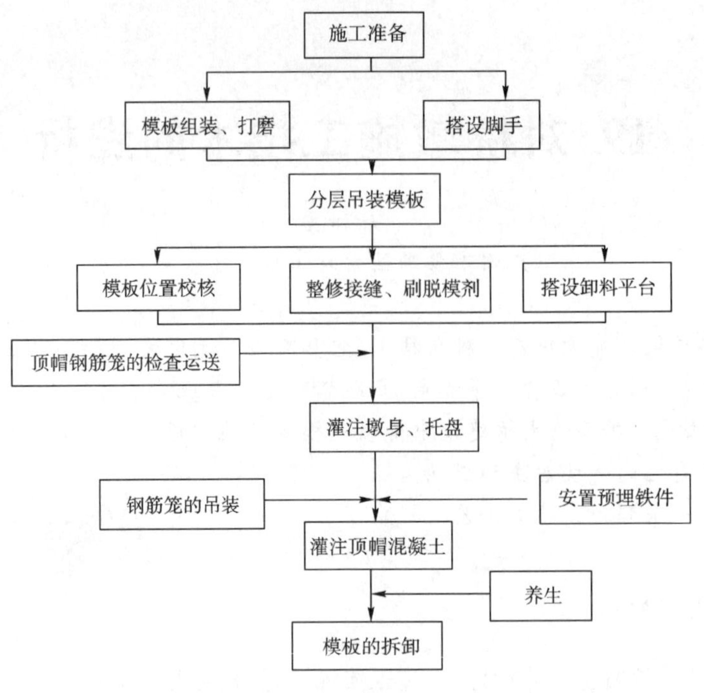

图1　工艺流程

墩上作业工班劳动力组织　　表1

序　号	工 作 名 称	人　数（个）	备　注
1	混凝土灌注与捣固	8	
2	绑扎钢筋	2	
3	木工	1	
4	电焊工	1	
5	抹面养生	2	
6	电工	1	
7	技术人员	1	全程控制
8	安全员	1	
9	工班长	1	
10	起重指挥	1	
11	合计	19	

②机具及材料

a.按照图纸对模板进行调整，并将其调整到位。

b.模板的连接构件调集到位，所有搭设脚手架的钢材调集到位。

c.钢筋绑扎及制作，预埋构件进行检查并调集到位。

d.运输设备、拌和机具、起重设备、振捣设备准备齐全。

e.对墩台进行放线，绘出其截面构件位置、垫块高度进行技术交底。

(2)模板吊装

①墩身模板拼装前应打磨，使其接缝隙处于平整光滑，模板内表面无锈。

②在地面上把模板分层连接，接缝处应用钢板胶粘接、打磨。

③在高空连接模板时，应使模板缝搭接良好，连接好后对内表面进行整体性修整打磨。

④托盘与顶帽、牛腿应在地面上拼装好后整体吊装。

⑤牛腿处应搭设脚手架进行支撑加强，以防牛腿处应力集中而变形。

⑥搭设卸料平台，并根据墩身高度决定下料桶长度。

(3)灌注混凝土

①严格按照施工配料单，控制混凝土的配合比、坍落度(宜控制在1cm)及各种外加剂。

②捣固时，应分层均匀捣固，捣固要密实，不要漏捣、重捣或捣固过深，且捣固时不得靠近模板。

③混凝土应对准串筒灌入墩身，以防洒落外边伤及工作人员。

④灌注混凝土的过程中，应经常检查模板，以防模板加固不牢固而变形，或漏浆。

⑤对预埋件的数量、位置进行检查，并检查钢筋的安装情况。

⑥做好试块，并注意对资料的收集。

(4)拆卸模板

①拆模时应先将模板整体放松，拆除墩身模板垫块，然后从模板顶帽托盘开始拆卸。

②拆除模板时应专人指挥，以防模板碰撞桥墩，影响桥墩质量。

③牛腿模板的拆除应比较晚，以确保牛腿处混凝土有充分的强度，不影响桥墩质量。

4 机具设备(表2)

一模到顶施工机具表 表2

名　称	规　格	数　量	备　注
钢模板		2套	30t
吊车	16t	1台	
翻斗车	0.5t	3辆	
钢筋弧焊机	300A	2台	
插入式震捣器	50mm	4台	
搅拌机	800L	1台	
发电机	90kW	1台	备用

5 质量控制

5.1 质量标准(表3)

一模到顶施工质量标准 表3

序　号	项　目	允许偏差(mm)	备　注
1	模板平整度	2.0	2m靠尺检查
2	相邻模板接缝中缝隙	1.0	湿润时闭合
3	模板轴线偏差	±3.0	测量检查
4	预埋铁件、预留孔洞位	5.0	两向尺检查
5	垫石高差	0,−15	测量检查
6	同一墩上两块垫石高差	2.0	测量检查

5.2 质量控制

(1)模板搭接缝平整光滑。

(2)模板支撑尺寸误差±3.0mm，模板中心误差±10mm，截面尺寸准确无误。

(3)模板刷脱模剂分层刷，对震捣时渐致模板上混凝土应先除去后方可进行灌注。

(4)严格把握混凝土的配合比，控制混凝土坍落度。

(5)为防止模板变形或漏浆，应在模板接缝处进行搭焊，以牢固模板。

(6)在灌注混凝土时,应有专职技术人员进行现场指挥作业,保证墩身质量。

(7)应认真检查预留孔、预埋件的位置,出现问题及时处理。

(8)成立QC攻关小组,对施工中出现的重点,难点问题进行攻克,确保工程质量,工程进度,并注意收集资料。

5.3 质量检测手段

(1)桥墩中心位置采用光电测距仪检查。

(2)模板表面平整度采用2.0m靠尺检测。

(3)预埋件及钢筋位置采用5.0m卷尺及两向尺检测。

(4)垫块高程采用水准仪抄平检测。

(5)混凝土灌注采用目测,以其插入式震捣不冒气泡为限,且每次移动距离40～50cm。

6 施工安全注意事项

(1)对高空作业人员进行岗前培训,强化安全意识。

(2)高空作业人员应佩戴安全带、安全帽,严禁从高空扔物体。

(3)经常检查线路,以防电线漏电。

(4)起重设备,上料斗应经常检查,钢绳应注意检查保修,各种扣件应经常加固保修。

(5)高挂危险标志,警示牌按规章作业。派专项安全员进行随时检查,排除安全隐患。

(6)专人负责起重设备指挥,加强通讯联络。

(7)加强岗位责任,奖惩分明。

7 效益分析

本法的效益主要表现在以下几个方面:

(1)工序安排合理、紧凑缩短工期30%。

(2)节约了材料15万元、劳动力20%,为企业、社会创造了良好效益。

(3)模板的购置费用较低,比滑模、爬模低50%,且周转次数较多。

8 结束语

该特大桥的建设中采用一模到顶的施工工法,得到很好的成效,21个墩身,平均高在10m左右,采用2套模板循环施工,仅用60d就完成,所有桥墩质量优良,无任何安全事故,整座大桥被建设单位评为“优质工程”,并节省了大量的钢材和劳动力,为企业创造了良好的效益。(已发表于《广东科技》2006年6月增刊总第155期)

20. 岩溶地区桥梁桩基施工技术探讨

陈杨柳
（广州市公路管理局东城分局）

摘 要 通过对广州市北二环高速公路一标、二标等多个标段岩溶地区桥梁桩基施工处理的探索，总结出岩溶地区桩基施工的技术处理方案和保证质量的控制措施。

关键词 桥梁 桩基 岩溶地区 施工技术

广州市北二环高速公路全长38.4km，全线共有桥梁29座，互通立交9座。其中一标CD匝道桥和IJ匝道桥的桥长分别为266m和331.4m，二标聚龙特大桥的桥长为1 131.3m，四标水沥大桥的桥长为417m，十三标米龙大桥的桥长为478.96m，除IJ匝道桥和水沥大桥的上部结构为钢筋混凝土连续箱梁外，其他桥梁的上部结构均为预应力混凝土连续箱梁；下部结构基础均为桩基础，直径分别为1.0m、1.2m、1.5m和1.8m四种类型。该五座桥梁分别座落于茅山一级阶地、聚龙二级阶地、水沥二级阶地和太和山前平原区等平原区亚区，大部分亚区地层由冲积相或海积相的黏土、亚黏土、砂层、泥质土层或残积砂质黏土等组成，下伏基岩主要为石灰岩、泥岩、泥质粉砂岩和泥灰岩等，区内灰岩溶洞发育，洞高一般由0.5～7.0m不等，少有填充物或只半填充，小部分的地下水发育。一标茅山一级阶地的砂层普遍较厚，厚度在2～7m不等。桩基施工存在一定的难度。

1 主要施工技术难点的处理

在桩基施工初期，由于对大体积溶洞、溶洞相互贯通及砂层和溶洞并存的施工影响认识不够，一标、二标、十三标的桩基均出现了不同程度的坍孔现象，部分桩基施工一度陷入停顿。如一标CD匝道桥2-1号桩、4-2号桩和十三标米龙大桥13-1L桩在桩基础施工过程中就先后出现严重坍孔和一台钻机深陷现象，桩位地表坍塌约深达2～5m，且CD匝道桥2-1号桩、4-2号桩坍孔时，其邻近桩基的钻孔孔内均突然涌出大量泥浆水。多次回填土至原地面并待坍塌稳定后才重新开钻。根据地质资料和坍孔的情况，判定坍孔的主要原因是：桩位处的溶洞体积较大，部分溶洞甚至贯通，且地下水均发育，当钻孔至溶洞处，由于孔内泥浆急剧跌流入溶洞内，出现孔内水位骤然下降，导致泥浆护壁失稳，砂层或软弱土层溜坍，最终造成孔口坍陷。钻孔遇到溶洞，如果能够在短时间内稳定水位并使水位上升，就不至于坍孔；如果遇到那些不能在短时间内稳定水位并使水位上升的溶洞，或遇到溶洞时采取措施不当，使护筒下软弱地层或砂层在长时间内无泥浆固壁，而容易造成坍孔。因此，关键是要探明桩位的地质情况，做好相应厚砂层的钻孔处理和大溶洞的处理。为此，施工钻孔之前必须实施一桩一孔的地质超前钻探，注意最小超钻深度应不少于6m，必要时增加钻位，以查明桩底以上的岩溶发育情况和桩底以下的地质情况，确定合理安全的桩底高程。针对超前钻所得的地质不同情况和溶洞不同类型，经多方研究，最后决定采用钢护筒支护法、片石黏土抛填护壁法、套内护筒跟进法等技术措施来处理砂层和溶洞的钻孔施工，并都取得了预期的效果，介绍如下。

1.1 砂层的钻孔处理

对砂层或软弱地层，采用钢护筒支护法进行施工处理。钢护筒应比钻孔桩设计桩径大20～40cm，壁厚8～10mm，随钻孔渐次下至砂层，并穿过砂层至少1.5m以上，有溶洞的桩位，钢护筒沉至风化岩层顶面上。通过钢护筒的支护作用，从而避免因溶洞漏浆、孔内水位骤跌造成砂层溜坍。钢护筒的沉入施工可利用钻机进行，在钻机的钻杆上附加压架，利用钻机的钻进压力和钻杆、钻头的重量，使钢护筒随钻头的钻进而下沉。

1.2 无地下水流溶洞的钻孔处理

在钻孔进入溶洞区时，可从孔内泥浆的变化来判断溶洞是否存在地下水流。如孔内泥浆突然下沉，反复加浆能保持孔内泥浆和水位稳定，说明此处溶洞没有地下水流。如孔内泥浆无法灌满，且泥浆稠度不断变化，说明此处溶洞有地下水流。对无地下水流的溶洞，采用抛填片石法进行施工处理。当钻至离溶洞顶部附近时，冲击钻由高冲程施工转向低冲程施工，逐渐将洞顶击穿。一旦发现泥浆面下降，应迅速补水，然后根据溶洞的大小按 1∶1 的比例回填黏土和片石，仍采用小冲程轻砸，让黏土和片石充分挤入溶洞内壁。这样反复抛填片石冲挤，使片石往桩孔四周的溶洞区内排挤，直至桩孔外溶洞区内挤满片石。遇到较大的溶洞，抛填片石时可适当掺入适量的碎石土，以增强溶洞区内桩孔四周挤填片石的密实度，同时控制好泥浆的比重，使抛填片石孔壁四周形成泥浆护壁膜，利于水下混凝土的灌注施工。

1.3 有地下水流溶洞的施工处理

有地下水流的溶洞施工处理，如出现的溶洞体积较小，地下水流较缓，孔内水位比较稳定，则仍可采用抛填片石进行施工，且抛填时可掺入适量的碎石土及絮状物，仍至整袋水泥，以增强溶洞区内桩孔四周挤填片石的密实度和强度，减小地下水流速度，阻隔地下水流。

遇到体积较大、有地下水流的溶洞，如地下水流较急，孔内水位不稳定，则采用在溶洞区内下沉内层钢护筒的方法进行施工。当冲击穿过溶洞顶部后，用钢丝绳活扣绑住内护筒，用吊机(或冲机自吊)把内护筒放入外护筒内至孔底。注意在沉入内护筒前，应采用检孔器检查钻孔的大小及倾斜度，保证内护筒能顺利沉入溶洞区内。内护筒长度一般宜比超前钻所确定的溶洞高度值长 3m。在内护筒底部 100cm 范围内导管灌填小碎石素水泥混凝土，待固结后即可重新冲孔至终孔高程。

终孔后，经成孔检查和清孔验收合格，吊装钢筋笼，采用导管法灌注水下混凝土。

2 其他施工技术问题的处理

在岩溶地区进行桩基施工可能会遇到的其他一些技术问题包括：

(1)穿透岩溶顶板比较困难；

(2)溶沟、溶槽内施工时易卡钻，溶洞施工易掉钻，同时冲孔易沿溶沟、溶槽的基岩面倾斜；

(3)岩溶内护壁困难，易造成混凝土流失，导致断桩或短桩。

对此，可采取以下相应的处理措施：

(1)岩溶上的地层可采用钻孔钻，但钻至岩面时，改用冲孔法成孔。

(2)在溶洞、溶槽、溶沟中钻孔施工时，采用边抛片石、碎石夹黏土，边冲击，保证冲击作业基面强度均匀，以防孔斜和卡钻。在接近溶洞地段，宜采取小冲程冲击，以防掉钻。卡钻后不宜强提，可用小锥冲击或用冲、吸的方法将钻锥周围的钻渣松动后再提起。

(3)对水下混凝土灌注流失及成桩质量问题，措施一是加大混凝土生产和运输能力，采用混凝土集中拌和站，确保灌注过程的连续；二是要加大首盘混凝土初存量，防止首盘混凝土数量不够造成导管埋深不足而断桩；三是要在灌注过程中适当加大导管埋深，灌注时要勤于测量混凝土面高程，对灌注过程中出现的缓慢下降要有准确的判断，防止混凝土面突然下降造成导管悬空而断桩；四是在灌注时应适当加大混凝土灌注高度，一般考虑要超过设计高程 1.5～2.0m，避免在灌注完成后混凝土面下降造成短桩。

3 成桩质量检测

成品桩的常规质量检测方法包括小应变动测法、预埋声测管超声波检测法和抽芯检测法等，通常同一根桩只采用动测法或声检法进行检测，抽芯检测只作为桩基随机抽检或对有质量缺陷怀疑桩作抽芯复验。鉴于岩溶地质的复杂性，对嵌岩桩，不管桩基是否已采用声测法检测，仍建议炭溶地区的嵌岩桩应全部进行小应变检测，理由是动测法不仅可以检测桩身的质量和完整性，同时也可在一定程度上反映出桩底持力层的完整情况，更好地保证桩基质量的可靠性。

北二环高速公路岩溶地区的桩基经检测，其Ⅰ、Ⅱ类桩共512根，占总桩数的97.0%，无缺陷桩或不合格桩，表明成桩质量良好。

4　结束语

综上所述，在岩溶地区进行桩基施工必须充分了解各种复杂地质条件对施工的影响，根据地质的不同情况和溶洞的不同类型，合理地选择钢护筒支护法、抛填片石法、套内护筒法等施工处理方法，能基本上顺利地解决岩溶地区桩基的施工技术难题。

参考文献

[1] JTJ 041—2000，公路桥涵施工技术规范[S].

21. 浅谈桩基础溶洞处理施工方法

杜　瑞

（广州市公路工程公司）

摘　要　本文结合广州市永泰跨线桥工程的施工实践，论述了桩基础溶洞根据溶洞深度、层次和填充物的类型采取不同的溶洞处理施工方法，并提出了钻进方法的选择和防止漏浆、塌孔、卡钻、斜钻等技术措施，施工效果检验良好。

关键词　桩基础　溶洞处理　技术措施

1　概况

广州市永泰跨线桥工程施工场地位于同泰路和新广从路交叉位置，该段施工位于灰岩地带，岩溶极为发育。地质勘探资料表明，本工程岩溶极为发达，溶洞主要发育于石碳系中上统壶天勤灰岩中，发育深度为14.5～47.20m不等，溶洞大小不一，洞高0.3～6.8m不等，溶洞处于冲填、半冲填状态，部分为空溶洞，冲填物多为软塑状黏土，地下水活动较为强烈，溶洞顶板薄，规模大。对桩基础施工影响十分大，溶洞分布如表1所示。

溶　洞　分　布　表　　表1

序　号	里程、位置	溶洞层数	溶　洞　高	填充物情况
1	K0+216～K9+350	1～2	4～6m	处于冲填、半冲填状态，部分为空溶洞，冲填物多为软塑状黏土，地下水活动较为强烈，溶洞顶板薄，规模大
2	K9+350～K9+430	2～4	1～3m	
3	K0+450～K0+530	>3	0.5～2.5m	
4	K0+540～K0+690	2～4	0.3～4.5m	

岩溶处理是本工程施工的重点和难点之一，也是影响本工程施工工期的关键。施工过程中，将根据溶洞深度、层次和填充物的类型采取不同的溶洞处理方法。结合具体情况，对溶洞地区桩基础施工容易出现的问题（塌孔、卡钻、斜钻）进行针对性处理，保证桩基础施工的质量及桩基础施工的安全。

2　溶洞处理原则

（1）每根桩必须用地质钻机钻探，详细记录地质状况、溶洞深度、高度、填充物类型，画图列表，为制定相应施工方案提供详实依据。

（2）对填充物进行土工试验，分析其物理力学特性，检测容重、含水量、孔隙率等，为注浆参数计算提供依据。

（3）根据地质钻探资料和填充物情况，对每根桩设计出相应的溶洞处理方案、成孔方法及施工措施。

（4）对每种处理方案，都要进行仔细的计算，施工前在桥位外进行溶洞注浆及钻孔试桩试验，取得经验数据，完善施工方案，指导施工。

（5）遇到大溶洞时，必须请监理工程师和设计单位核查，明确处理方案，并报监理批准后实施。

3　溶洞处理方法

根据溶洞的高度、洞内冲填物情况，对溶洞采用不同的处理方法，主要的处理方法有：抛填、注浆固结、灌注混凝土填筑、套放大小钢护筒等。

3.1　溶洞范围小，溶洞高度小于1m，没有冲填物或洞内注满水的，采用抛填片石、黏土等，使溶洞范围形成护壁后，再继续施工。在溶洞范围桩的钢筋笼在溶洞上下各1m的范围内的定位钢筋上焊接厚 4mm 的钢板圆筒，保证成桩混凝土的质量(图 1)。

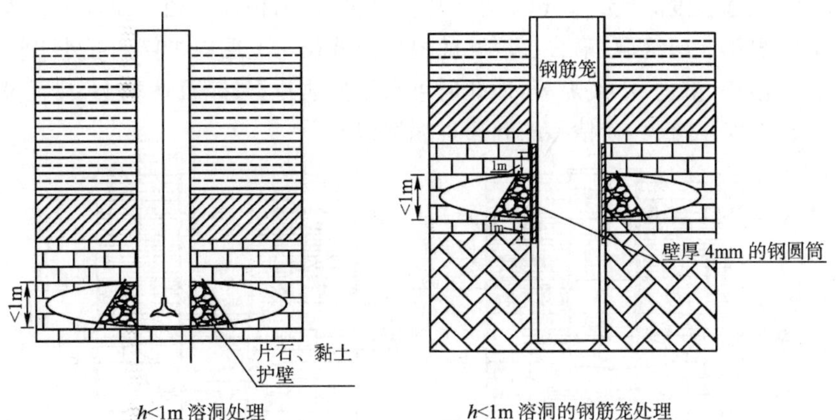

图 1　溶洞处理方法(一)

3.2　对于溶洞的高度在 1～3m，且洞内为填充或半填充状态的溶洞，则采取先填充碎石、砂混合物和注水泥浆，然后用小冲程冲击片石挤压到溶洞边形成水泥浆碎石外护壁，水泥浆将片石空隙初步堵塞后，停止冲击，24h 后，待水泥的强度达到 2.5MPa 后再继续冲击，穿过溶洞(图 2)。

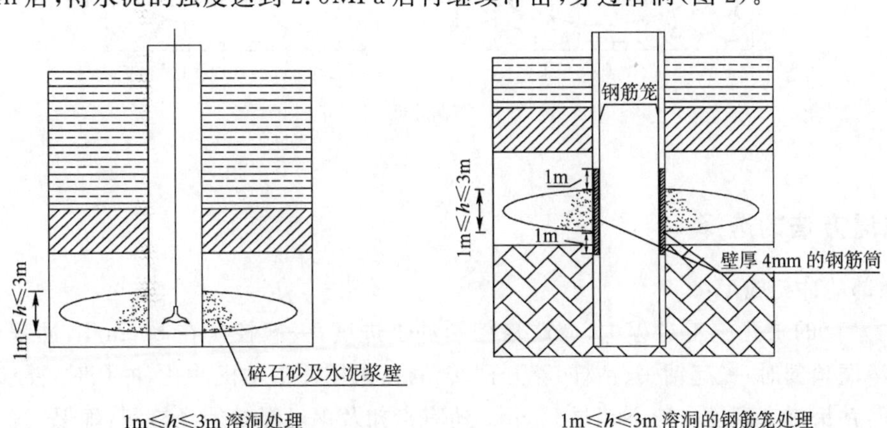

图 2　溶洞处理方法(二)

3.3　对于溶洞的高度在 1～3m，且洞溶洞内无填充物或填充物较少，则需向洞内填充混凝土干料填满溶洞，待固结体达到 2.5MPa 后即可进行冲孔施工。混凝土干料采用 42.5 级普通硅酸盐水泥拌制，如溶洞空间容积大，导水性强，即可在混凝土干料中添加一定量的水玻璃(图 3)。

3.4　溶洞高在 3～5m 的多层溶洞，而多层溶洞间的间距较小的，可采用钢护筒穿越处理。先用冲击锤进行冲孔、扩孔，然后采用振锤把钢护筒振沉至溶洞底部。如图 4 所示。

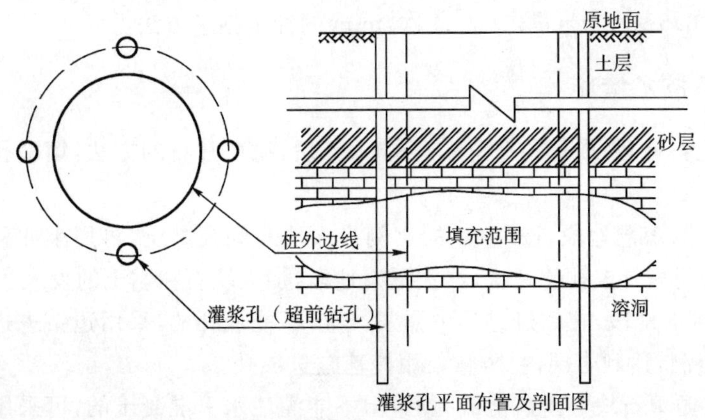

图 3　溶洞处理方法(三)

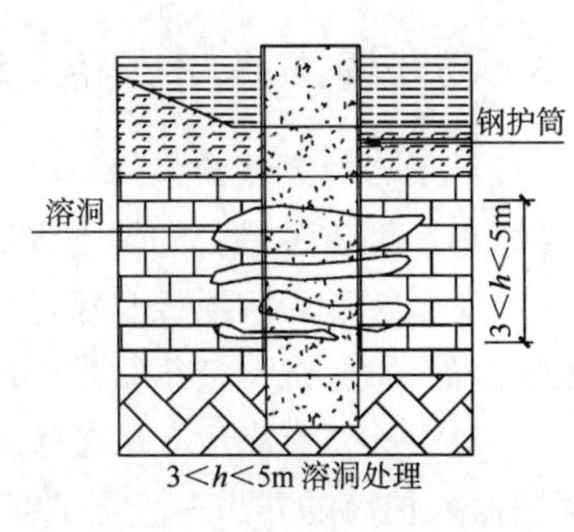

图 4　溶洞处理方法(四)

3.5 溶洞高度大于5m的多层溶洞，且溶洞间距较大时，采用套内护筒法施工，即用内护筒穿过溶洞的方法进行施工，互通长度$L=h+2$m(h为多层溶洞高)。内护筒内径比设计桩径大20cm，外径小于外护筒内径5cm，如遇第二层溶洞，第二层溶洞的内护筒外径比上层内护筒内径小3～5cm，如图5。

3.6 对于一些溶槽、溶沟、小裂隙等，冲孔时可采取投放片石、碎石夹黏土，甚至投入整袋水泥堵塞起到护壁作用，保证泥浆不流失，使钻孔顺利通过岩溶区。

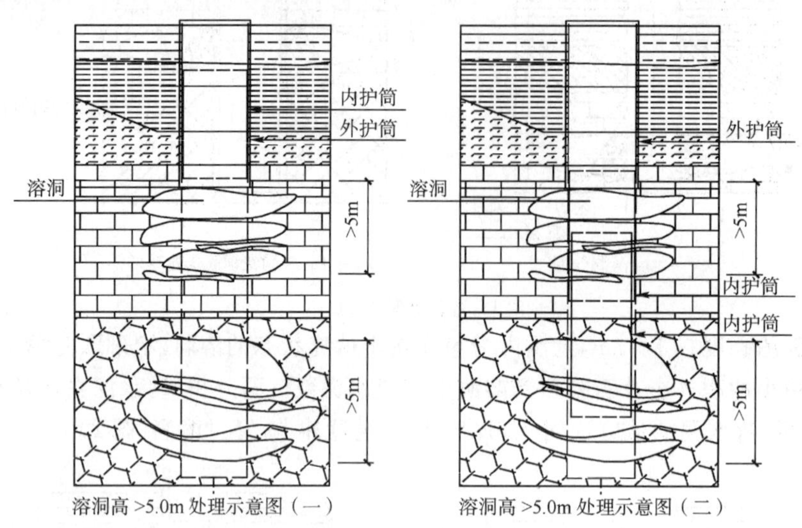

图5 溶洞处理方法(五)

4 钻进方法的选择

溶洞顶部的冲孔施工：

在溶洞发育的桩孔施工过程中，应严格控制冲进进度，一般控制在80cm/h，冲程控制在50cm左右，当接近溶洞顶部时，提起钻头、钻杆，移开回转钻机，采用冲击钻机冲孔，冲孔时，要求轻锤慢打，使孔壁圆滑坚固，钻头提升高度一般不超过50cm。所有卡扣及钢丝绳必须经检测，确保安全。

根据岩层的软、硬和岩溶的发育程度，采取相应的施钻方法：

(1)对于软硬塑状黏土和软硬相间的石灰岩地段，为防止成孔过快，采用慢速钻进或低冲程($h=1$～2m)，轻锤(2.5～2.7t)慢击(3～4次/min)的冲击钻进方法。

(2)对于完整而坚硬的石灰岩，为达到有效破碎岩石，加快成孔速度，主要采用高冲程($h=3$m)，重锤(3.5～3.7t)慢击(6～7次/min)的冲击钻进方法。

(3)对于岩溶发达地段，为有效破碎岩石，又要防止成孔过快和斜孔，并且要防止塌孔、卡钻等事故发生，故采用中低冲程($h=1$～2m)，重锤(3.5～3.7t)，慢击(3～4次/min)的冲击钻进方法。

5 防止漏浆、塌孔、卡钻、斜钻等技术措施

(1)对于岩面高差较大的地段，为防止斜钻，采取每孔钻进0.2～0.3m后，抛填片石的方法，填平孔底，再用小冲程重锤慢击的钻进方法。

(2)对于接近岩溶顶板和穿过漏浆裂隙、溶洞地段，按4∶1的比例投入块石和硬黏土，再用小冲程重锤慢击的钻进方法，且每钻进1m左右，测量复核孔位一次，严重漏浆地段，加大块石和黏土的投入。

(3)对于孔位有高于3m或有多层溶洞的地段，在钻进过程中漏浆严重，不能成孔的，采用边钻进边用振锤振入护筒的办法。直至护筒穿过溶洞，达到岩层内，再重新用慢速钻进成孔。

(4)对于孔位有高于3m的溶洞，但在抛填石块黏土后能成孔的，但不能灌注水下混凝土的，可采用在溶洞位置的钢筋笼上焊接护筒，然后随钢筋笼一起放入，再浇筑水下混凝土。

(5)钻进过程出现卡钻时可采用如下方法处理:一是水下割护筒底口挡住钻头部分,二是将钢护筒上拔或顶起一定高度,腾出空间,将钻头拉起。

(6)纠正斜孔、弯孔的方法:一是回填片石、黏土重钻,反复数次;二是浇筑水下素混凝土至弯曲部分以上的一定高度,待强度合格后重新施钻。

6 施工效果

广州市永泰跨线桥工程桩基础施工累计有34根桩基处于岩溶地质,采取溶洞处理方案后,经桩基检测全部合格,均达到Ⅰ类桩标准,受到业主的一致好评。

7 结束语

本人根据工程施工经验,简单地阐述了桩基础溶洞处理的施工方法,解决岩溶不良地基的桩基础施工难题,保证桩基础的施工质量,为今后类似工程的施工提供借鉴。

参考文献

[1] 交通部第一公路工程总公司.桥涵.北京:人民交通出版社,2000.

[2] JTJ 041—2000.公路桥涵施工技术规范.北京:人民交通出版社.

22. 嵌岩深基坑支护结构施工阶段内力监测与反分析研究

谢 军[1] 孙 旻[2] 徐 伟[2] 张太科[1]

(1. 广州珠江黄埔大桥建设有限公司;2. 同济大学建筑工程系)

摘 要 基于工程实例,介绍了嵌岩地连墙在深基坑工程的应用,针对其在基岩位置应力集中的特点,在开挖施工中采用了多种监测手段并利用数值方法进行反分析。在合理选择材料本构、破坏准则以及裂缝模型的基础上,建立了支护结构的有限元模型,利用现场实测位移数据反演地连墙和内衬在开挖过程中的应力水平。计算结果与现场实测值吻合较好,为支护结构安全性评价提供了理论依据。

关键词 有限元 反分析 支护结构

1 研究背景

近年来,随着我国桥梁事业的快速发展,在悬索桥建设过程中出现了一些超深基坑工程。广州黄埔大桥南北锚碇基础圆形基坑,直径73m,采用壁厚1.2m的混凝土圆形地下连续墙进行支护,墙深32~42m。在施工过程中,地连墙的受力必须得到严格控制,目前工程上常用的方法是在地连墙的钢筋笼上预先安装钢筋应力计以监控其受力。然而钢筋应力计的数量不可能很多且数据通常很离散,难以真实反映墙体各部分应力。对于锚碇基坑这样的重大工程,必须及时提供地下连续墙的应力状况,为开挖现场提供决策依据。考虑到现场实测的墙体变形数据比较翔实,本文利用有限元方法,利用墙体变形反演了其受力特征,并在施工过程中得到了验证和应用。

2 工程特点

广州黄埔珠江大桥南汊悬索桥为双塔悬索桥,主跨1 108m,为华南地区第一长的公路悬索大桥,该桥在国道干线公路网和广东省、广州市区域公路网中占有重要位置,建成后也将为广州市总体发展战略规划“东进”、“南拓”发挥重要作用。

本文的研究主要依据开挖深度为35m的北锚碇展开:北锚碇基础工程位于珠江波萝庙船厂段的江中的大濠沙岛上,围护结构为直径71.80m,壁厚1.2m的圆形地下连续墙,内设2.0~2.5m钢筋混凝土内衬。顶、底板厚5m,中间为填芯混凝土。在强风化岩层厚度大于6m时,地下连续墙进入弱风化岩层深度不小于0.5m,强风化岩厚度3~6m时,嵌入弱风化岩深度不小于1.5m,强风化岩小于3m时嵌入弱风化岩不小于2.5m,开挖深度为30m,深度为34.0~43.19m。为提高基底应力分布的均匀性,在基础前半部设置33个空隔仓。锚体尾部悬出地连墙部分地基需进行处理,设计采用Φ50cm粉喷桩进行加固处理,并在表面浇30cm厚混凝土垫层。

根据北锚碇地质情况及防洪要求,经方案比较研究,决定采用排水明挖施工方法。地下连续墙施工完成后,采用逆做法,分层开挖土体,分层施工内衬。各层施工工期由土体开挖控制,内衬及土体分层厚度为3m。采用岛式开挖法进行土体开挖。土体力学参数列于表1。

3 地连墙监测

地连墙监测包括:地下连续墙深层侧向变形监测(测斜)、墙体钢筋应力监测、墙体温度监测。在地下连续墙内埋设带导槽 PVC 塑料管，以跟踪围护结构侧向位移。针对本工程系圆形基坑的特点，均匀布设 8 孔，即 P1～P8，其深度同墙深，PVC 塑料管外径 Φ70mm。如图 1 所示。

地层力学参数　　表 1

土层	容重(kN/m³)	粘聚力(kPa)	内摩擦角	层厚(m)
淤泥土	17.7	8	5	3
粉细砂	19	1	15	2
全风化岩	18.5	13	22	8
强风化岩	22.0	20	25	5.0
亚砂土	18.5	1	20	6
中粗砂	19.5	1	30	3
残积亚黏土	18.0	10	20	7
弱风化岩	24.5	3 000	30	2.5
微风化岩	26.0	8 000	40	—

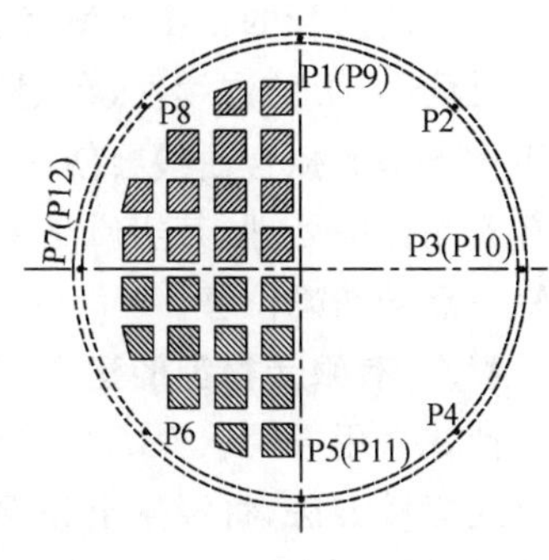

图 1　测斜孔布置

在连续墙内布设钢筋应力测孔，在平行与垂直大桥轴线的二个方向上布设 4 个监测孔，在 45°角位置上另布设 4 个监测孔，每个监测孔中分二个剖面埋设，分别为迎土、迎坑面(即 G01-A、G01-B～G08-A、G08-B)。根据本工程的特点，每个监测孔埋设 18 只应力计，其中第 1 组应力计布设在墙顶向下 6m 处，以后布设深度依次分别为 10、14、18、22、24、26、28、30m。每个剖面的同一横截面内布设两只呈对称布置应力计，因此共布设 144 只应力计。应力计直径与钢筋主筋相同，在埋设位置截断主筋用钢筋应力计置换。应力计导线在钢筋笼内用软绳统一固定在主筋上，引出地面，在连续墙顶部用钢套管保护，接入接线盒内保护，不受施工破坏(图 2)。

考虑到全文篇幅，本文只取 P5 孔的变形监测结果以及开挖结束后的钢筋应力监测结果。

图 3 给出了施工阶段地连墙的变形，图 4 和图 5 给出了开挖结束后地连墙纵向钢筋的应力，可见钢筋的应力水平都很低，在大部分部位拉应力和压应力都不超过 5MPa，最大拉应力不超过 20MPa，说明拱效应有效地减少了地下连续墙的竖向受力。测点在嵌岩位置应力明显增大，这与该处地下连续墙的受力与变形相协调的。即基岩的顶面地连墙有的应力集中现象。

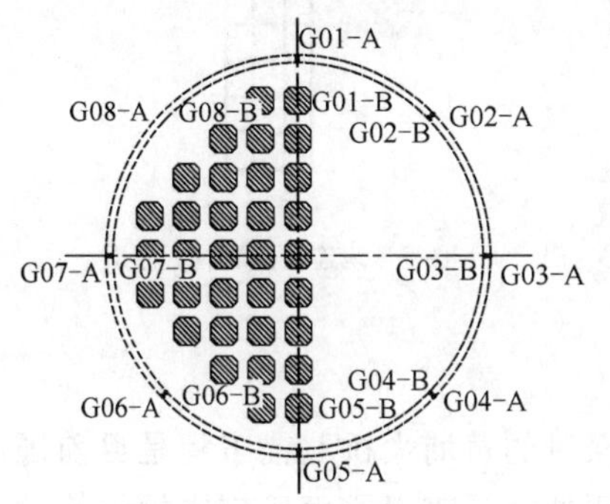

图 2　钢筋应力监测孔布置

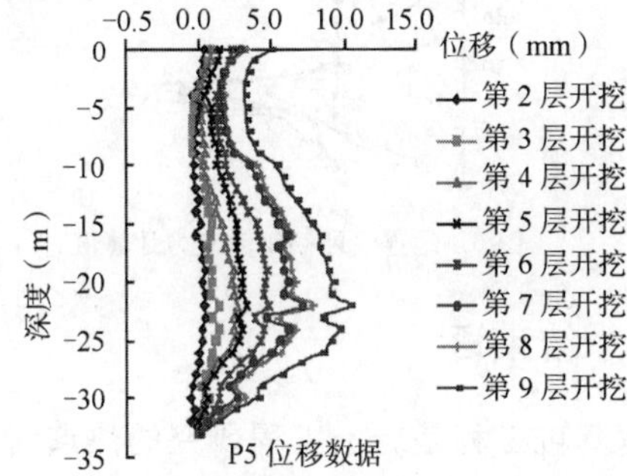

图 3　地连墙实测变形

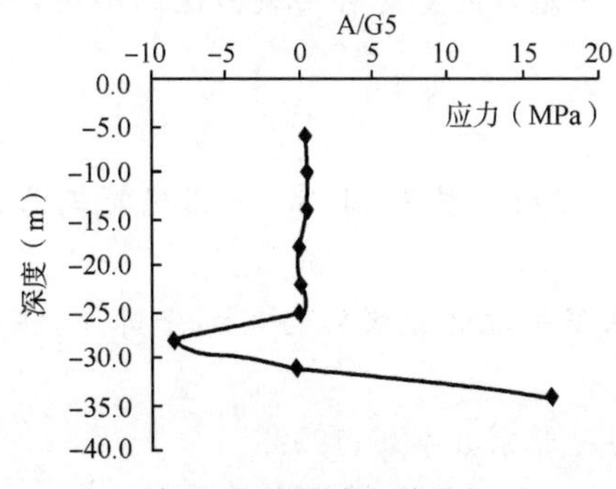

图 4　地连墙外侧钢筋应力

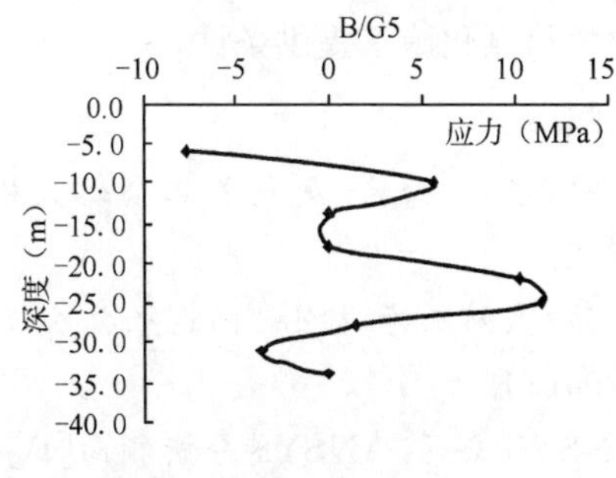

图 5　地连墙内侧钢筋应力

4 地连墙应力反分析

4.1 支护结构位移数据拟合

由于测斜管的工作环境、温度变化、测量仪器精度等诸多因素的影响，实测得到的位移数据离散很大，考虑到变形的连续性，在用于内力分析前应该对其进行拟合处理。由于测量数据有一定误差，如果采用样条函数拟合曲线会使得曲线中继续保留测量误差，因而本文采用基于最小二乘法的多项式函数进行实测数据处理，其实质是离散情况下的最佳平方逼进，当然这种拟合强调的是数据变化的趋势而不是每一点的精确位移。

4.2 有限元模型的建立

计算采用通用软件 ANSYS，计算模型选取 P5 测斜孔位置处一幅地连墙，取半结构进行计算，采用分离式建模方法，将混凝土和钢筋分别划分单元。钢筋采用 Link8 杆单元；混凝土采用能够考虑开裂作用的 Solid65 实体单元；土体和岩石采用 Solid45 单元。钢筋和地连墙通过共用节点连接，不考虑二者之间的黏结滑移。混凝土本构关系采用 Saenz 公式，破坏准则采用 Willam & Warnke 五参数准则；土体材料采用 D-P 模型。

4.3 计算结果

图 6 给出了各工况下地连墙外侧钢筋的应力水平，图 7 给出了开挖结束后地连墙的裂缝分布。可见计算的钢筋应变值与实测值较为吻合；混凝土的裂缝基本集中在嵌岩位置处，这与支护结构的变形特征和应力特征是吻合的，同时在基坑开挖过程时未发现地连墙有严重的渗漏现象，说明支护结构有足够的安全储备。

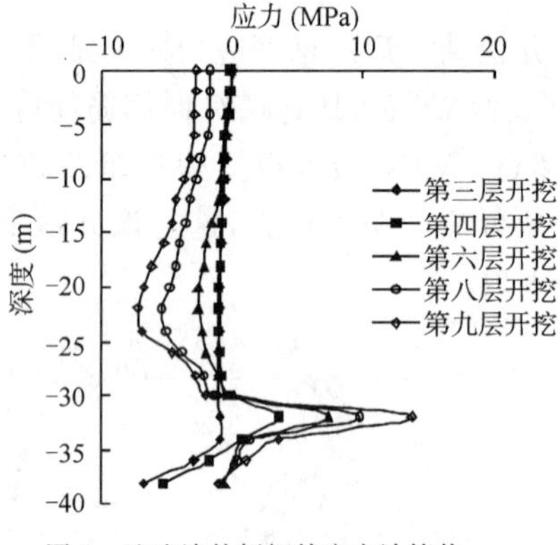

图 6 地连墙外侧钢筋应力计算值

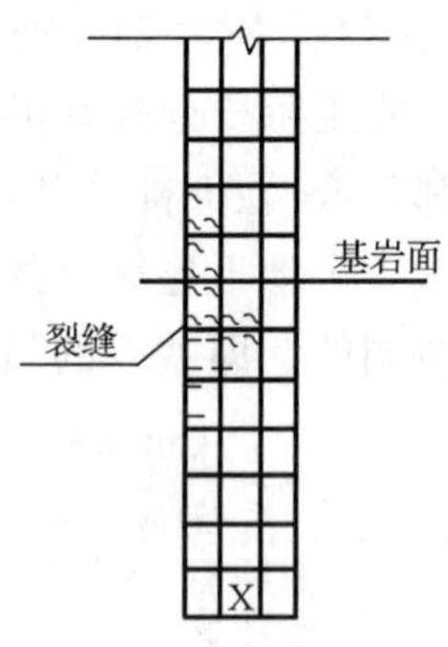

图 7 地连墙嵌岩位置裂缝

5 结束语

深基坑工程是岩土工程研究的热点问题之一，本文所探讨的黄埔大桥北锚工程是目前国内罕见的特大基坑，在施工过程中仅仅通过实测钢筋应力和肉眼观测裂缝是难以全面反应支护结构的受力特征的。基于实测位移对支护结构内力进行反演的方法可以在一定程度上弥补传统方法的不足，从而为基坑开挖的信息化施工提供条件。

参考文献

[1] 林鸣，张鸿，徐伟. 润扬长江公路大桥北索塔北锚碇工程施工技术. 北京：中国建筑工业出版社，2003.

[2] 郭慧光，刘玉涛，徐伟. 阳逻长江公路大桥南锚碇基础深基坑开挖模拟与实测分析[J]桥梁建设，2004(3).

[3] ANSYS 公司. ANSYS 分析指南[R]. 北京：ANSYS 公司北京办事处，1999.

[4] 吕西林，金国芳，吴晓涵. 钢筋混凝土结构非线性有限元理论与应用，同济大学出版社，1996.

23. C50 高掺混凝土回弹法检测专用测强曲线研究

程 晔[1] 谢 军[1] 许彦峰[2] 申小龙[2]
(1. 广州珠江黄埔大桥建设有限公司,2. 西安方舟工程咨询有限公司)

摘 要 结合广州珠江黄埔大桥北引桥混凝土箱梁施工实践,按照国家行业标准《回弹法检测混凝土抗压强度技术规程》规定,对广州珠江黄埔大桥北引桥 C50 高掺混凝土回弹法检测方法进行研究,通过 3 组共 36 个试件的回弹与试压测试,得到了 C50 强度等级的专用测强曲线,相关参数均满足规程要求。并通过 1 组 12 个试件的验证,所得专用测强曲线换算出混凝土强度与试压强度无明显一致性偏差,而根据行业规程统一测强曲线换算强度比试件试压强度显著偏低。

关键词 高掺 混凝土 回弹检测 专用测强曲线

回弹法检测混凝土抗压强度是根据混凝土表面硬度来推算混凝土强度,国外在 20 世纪 70 年代得到了工程界的认可。引入我国后经过国内学者和工程人员的大量基础性研究,因其操作简便,检测范围广,能直接表征结构某具体部位强度等特点而备受工程检测人员的青睐,得到了更广泛的推广应用,是我国目前工程检测中应用最为广泛的检测方法之一。目前随着外掺剂、外掺料等技术的不断发展,现代混凝土技术发展日新月异,各种特种混凝土层出不穷,性质各异,直接套用国家行业标准中制定的统一测强曲线显然已难以达到应有效果。

国家行业标准《回弹法检测混凝土抗压强度技术规程》总则明确指出,“本规程适用于工程结构普通混凝土抗压强度的检测”,而《回弹法检测混凝土抗压强度技术规程 · 条文说明》总则 1.01 说明“本条所指的普通混凝土系指现行国家标准《混凝土结构工程施工剂验收规范》中底 4.1.1 规定的由水泥、普通碎(卵)石、砂和水配置的质量密度为 1 950～2 500kg/m^3 的普通混凝土。对于一些高掺外掺料和减水剂的混凝土,已不属于普通混凝土范畴,此类混凝土的回弹检测直接套用统一测强曲线显然不合适,因此研究建立一些特殊性质混凝土专用测强曲线既可为实际工程混凝土强度回弹检测提供直接依据,也可为混凝土回弹检测的理论研究工作奠定基础。故本文结合广州珠江黄埔大桥北引桥预应力混凝土箱梁工程实践,按照国家行业标准的规定研究 C50 高掺混凝土回弹法检测专用测强曲线的建立,为国家行业标准进一步制定各种专用测强曲线提供参考。

1 工程概况

广州珠江黄埔大桥北引桥 S07 标为适应地质条件,设计成两联连续梁体系和两联连续刚构体系。按上下行分离布置,每幅桥宽 16.70m,首跨由 45m 过渡到 62.5m,其余跨均为 62.5m,主梁采用 C50 混凝土,箱梁采用双向预应力体系,采用移动模架法施工。为保证移动模架施工工艺,对混凝土性质要求非常严格,要求混凝土:

(1)能够缓凝 24h;

(2)3 天强度达到 45MPa 以保证预应力束早张拉;

(3)适合混凝土泵输送,输送高度需达 60m。

各协作单位经过试验研究,根据最佳配合比原则,C50 箱梁混凝土泵送配合比经过 37 次试配确定如下质量比例:

水泥：碎石：砂：水：外掺剂：外掺料为419：672：1 097：148：4.93：74，其中水泥采用珠江水泥厂“越秀”牌PII42.5水泥；矿粉采用东莞华润水泥厂“东润”牌S95级矿渣粉；碎石采用增城5～25mm碎石；砂采用西江砂；外掺剂采用深圳奥维邦AWB-1高效聚羧酸减水剂。水胶比为0.30，砂率为38%。其试配3d强度为48.0MPa，28d强度为66.7MPa。塌落度2h损失为1cm。标准养护环境下初凝时间为28h40min。对此配合比第一总监办中心实验室进行了平行试验，其结果满足设计要求。配合比确定后在搅拌站进行多次试拌，均能满足箱梁设计要求。

2 C50高掺混凝土回弹法检测专用测强曲线的建立

按照国家行业标准《回弹法检测混凝土抗压强度技术规程》附录E的规定进行专用测强曲线的制定。须按最佳配合比设计5个强度等级，每一强度等级每一龄期制作6个150mm立方体试件。目前为配合现场施工检测要求，先进行箱梁C50混凝土这一组试件的试验，并且龄期按照28d考虑。

2.1 试件制作和养护

所测试的试压试件与每跨箱梁的标准试件同时现场取样制作，振捣方式采用与现场相同的方式进行（插入式振捣棒），每跨箱梁取四组试压试件，常温下静置1.5日后拆模，采用完全与箱梁养护环境相同的条件养护。

2.2 回弹检测相关仪器

为准备此次试验，对回弹仪、塌落度仪、压力试验机和试件试模均进行检查和检验，试验时回弹仪处于有效检定期内回弹，率定值在80±2范围内。压力试验机检定证书处于有效期内，压力能稳定在30～80kN内。试件试模规格为150mm×150mm×150mm钢试模，处于有效检定周期内，符合《混凝土试模》(JG 3019)有关要求。

2.3 试件试验与记录

试压试件28d龄期后，对试件先进行回弹测试，具体测定方法根据《回弹法检测混凝土抗压强度技术规程》附录E进行，严格按照下述步骤进行。

(1)到达龄期的试件表面擦拭干净，以浇注侧面的两个相对面置于压力机的上下承压板之间，加压50kN。

(2)在试件保持50kN的压力下，用前面所检测标定过的回弹仪按照标准测试方法，在试件的另外两个侧面上分别选择均匀分布的8个点按规程进行弹击。

(3)从每一试件的16个回弹值分别剔除其中3个最大值和最小值，然后取10个平均值。得到该试件的平均回弹值。

(4)将试件加压至破坏，然后计算试件的抗压强度值。

相关试验数据见表1，表2，表3。

第24～25跨箱梁混凝土试件抗压强度与回弹值对应表　　表1

试件编号	试件回弹值 N																	试件抗压强度(MPa)
	1	2	3	4	5	6	7	8	9	10	11	12	13	14	15	16	R_m	
1	47	48	44	40	44	43	45	42	46	46	47	44	43	47	47	40	44.9	66.4
2	45	40	46	43	47	44	41	44	44	44	46	46	43	44	43	47	44.3	62.5
3	40	42	46	43	47	44	41	40	44	46	47	45	42	43	46	45	43.8	62.5
4	50	59	48	50	50	50	48	49	47	46	47	49	46	50	52	43	48.8	68.1
5	44	49	48	46	47	51	47	46	48	46	46	50	46	47	45	47	46.8	68.8
6	43	47	46	43	42	47	49	44	48	46	50	46	45	46	54	50	46.4	71.5
7	43	42	45	47	48	47	44	46	45	45	49	48	45	47	47	46	46.0	57.6
8	45	45	42	43	46	43	46	46	44	46	46	45	47	49	44	45	45.2	63.1
9	45	46	48	48	48	49	48	46	43	43	50	49	49	48	47	44	47.3	65.7
10	45	45	44	46	53	42	40	40	42	42	42	44	53	41	42	44	43.2	61.8
11	42	41	43	42	43	42	45	42	44	41	40	41	44	45	40	41	42.1	60.1
12	47	42	42	44	42	44	41	41	43	42	41	41	43	42	42	43	42.2	58.8

第 25～26 跨箱梁混凝土试件抗压强度与回弹值对应表　　表 2

试件编号	试件回弹值 N																	试件抗压强度(MPa)
	1	2	3	4	5	6	7	8	9	10	11	12	13	14	15	16	R_m	
1	48	46	48	45	48	48	52	50	50	47	46	46	43	46	47	46	47.0	70.0
2	43	47	47	48	46	48	48	46	47	46	43	46	47	46	47	43	46.5	71.6
3	49	47	45	46	46	45	45	51	49	44	45	46	44	50	46	48	46.3	69.8
4	48	44	47	46	49	49	49	41	50	52	50	50	48	49	48	45	48.3	65.4
5	48	50	48	46	51	47	47	49	51	52	50	50	49	49	46	51	49.1	66.7
6	47	49	48	48	44	47	49	48	50	50	47	45	47	47	49	50	47.9	67.1
7	45	48	47	47	50	44	47	49	51	47	50	49	49	50	50	48	48.4	65.3
8	48	45	44	52	48	45	44	47	47	46	50	50	50	47	49	53	47.7	71.3
9	48	46	50	49	48	44	46	50	49	46	47	47	47	47	48	46	47.3	71.5
10	46	45	48	49	49	47	49	48	48	50	49	51	50	48	49	49	48.6	65.0
11	49	48	46	48	48	48	47	47	49	50	46	51	47	48	49	48	48.0	64.7
12	46	44	48	46	47	47	44	47	47	49	46	49	49	48	49	51	47.4	66.8

第 26～27 跨箱梁混凝土试件抗压强度与回弹值对应表　　表 3

试件编号	试件回弹值 N																	试件抗压强度(MPa)
	1	2	3	4	5	6	7	8	9	10	11	12	13	14	15	16	R_m	
1	51	45	48	43	45	50	46	48	44	42	40	42	48	44	40	41	44.7	65.0
2	48	50	49	48	46	46	45	52	51	48	48	47	46	40	47	44	47.3	64.7
3	50	51	42	51	47	50	47	49	46	48	45	49	49	48	47	47	48.1	68.4
4	47	46	45	49	47	45	51	44	51	46	47	49	46	51	48	47	47.2	79.0
5	51	51	51	46	47	49	48	48	53	51	48	48	48	45	49	51	49.1	75.9
6	51	45	50	52	51	51	50	52	53	52	55	53	54	55	50	52	51.7	72.1
7	50	41	46	45	40	46	46	43	43	50	40	42	40	42	42	42	43.2	64.6
8	48	50	44	43	50	49	43	48	42	42	41	46	43	46	41	42	44.5	68.0
9	43	48	48	46	53	49	44	51	42	55	43	46	45	43	50	46	46.2	65.0
10	48	45	46	44	41	44	47	44	45	41	49	45	41	45	45	42	44.5	56.0
11	46	42	40	41	43	40	42	42	49	48	41	43	42	45	46	48	43.2	64.3
12	42	43	46	46	48	46	49	44	47	48	49	48	45	48	47	47	46.8	54.1

按每一试件求得的 R_m 和 f_{cu}(MPa)数据，采用最小二乘法原理按回归方程(1)进行计算：

$$f_{cu}^{c}=AR_{m}^{B} \tag{1}$$

采用 MATLAB 软件计算得到回归方程为：

$$f_{cu}^{c}=2.4454R_{m}^{0.85865} \tag{2}$$

其中：

$$\delta=\pm\frac{1}{n}\sum_{i=1}^{n}\left|\frac{f_{cu,i}}{f_{cu,i}^{c}}-1\right|\times100=5.2\% \tag{3}$$

$$e_r=\sqrt{\frac{1}{n-1}\sum_{i=1}^{n}\left(\frac{f_{cu,i}}{f_{cu,i}^{c}}-1\right)^2}\times100=6.2\% \tag{4}$$

根据国家行业标准《回弹法检测混凝土抗压强度技术规程》6.3.1 规定，专用测强曲线平均相对误差不应大于±12.0%，相对标准差不应大于14.0%，显然本文所建立的回归方程的平均相对误差和相对标准差均满足规程要求。

3 国家行业标准的统一测强曲线与该专用测强曲线的比较

上述研究所建立的回归方程是C50掺矿粉的特种混凝土的回弹曲线，本次研究还专门做了一组试验对此方程进行检验。回弹检测和试件试压结果如表4所示。

箱梁混凝土试件抗压强度与回弹值对应表 表4

编号	试件回弹值 N																	试件破坏强度	统一回弹曲线换算	偏差率	本研究专用曲线换算	偏差率
	1	2	3	4	5	6	7	8	9	10	11	12	13	14	15	16	R_m					
1	45	41	42	50	40	46	46	43	43	50	40	46	40	42	42	42	43.2	64.6	48.5	−24.9	62.0	−4.0
2	42	50	44	43	50	49	43	48	42	48	41	42	43	46	41	46	44.5	68.0	51.5	−24.3	63.6	−6.5
3	50	48	46	46	53	49	44	51	42	45	43	46	55	43	43	48	46.2	65.0	55.5	−14.6	65.7	+1.1
4	48	46	48	45	48	48	52	50	50	47	46	46	43	46	47	46	47.0	70.0	57.5	−17.9	66.7	−4.7
5	46	45	46	48	48	46	46	48	48	49	44	44	46	48	45	46	46.5	57.9	56.3	−2.8	66.1	+14.2
6	48	46	50	49	48	44	46	50	49	46	47	47	47	47	48	46	47.3	71.3	58.3	−18.2	67.1	−5.9
7	49	48	46	48	48	48	47	47	49	50	46	51	47	48	49	48	48.0	64.7	60.0	−7.3	67.9	+4.9
8	46	44	48	45	47	47	44	47	47	49	46	49	49	48	49	51	47.4	66.8	58.5	−12.3	67.2	+0.6
9	48	47	49	46	46	45	48	46	49	50	48	48	43	50	46	49	47.5	66.5	58.7	−11.7	67.3	+1.2
10	45	45	47	45	44	43	46	48	45	49	46	45	49	48	46	46	45.9	64.7	54.8	−15.3	64.8	+0.1
11	44	48	45	46	45	47	45	45	46	48	48	44	45	47	48	47	46.1	62.9	55.2	−12.2	65.6	+4.3
12	49	48	49	48	48	45	45	48	45	49	49	45	47	46	50	50	47.7	62.8	59.2	−5.7	67.5P	+7.5
平均值																				−13.93		−1.1

上表中还按照《回弹法检测混凝土抗压强度技术规程》中统一测强曲线计算了相应的换算强度和与试件试压破坏强度的偏差率，同时还按照本文研究得到的专用回弹曲线方程换算强度和偏差率。从上表可看出，按照统一回弹曲线换算强度比试件试压破坏强度均偏小，平均偏差率位−13.93%。而按照文本研究所得的专用回弹曲线换算强度与试件试压破坏强度相比，8个试件偏大，4个试件偏小，并无一致显著偏差，表中12组试件按专用回弹曲线换算强度比试件试压破坏强度偏小，平均偏差率为−1.1%。显然专用测强曲线较统一测强曲线明显改善了换算强度的精度。

4 结论与建议

本文按照《回弹法检测混凝土抗压强度技术规程》相关规定，对广州珠江黄埔大桥北引桥C50特种混凝土回弹检测进行研究，通过3组试件回弹和试压对比和1组试件回弹和试压试验的检验，取得了如下结论：

(1)本文研究得到了广州珠江黄埔大桥北引桥C50高掺矿粉混凝土回弹专用测强曲线，曲线的平均相对误差和相对标准差均符合规程要求。可报上级主管部门进行审定。根据另外12个试件的验证，本文研究所得回弹曲线换算强度与试件试压破坏强度无显著一致性偏差，平均偏差率为−1.1%。可用来较为准确评定混凝土强度。

(2)广州珠江黄埔大桥北引桥C50特种混凝土的回弹检测，如果根据《回弹法检测混凝土抗压强度技术规程》的统一回弹曲线评定，其换算强度显著偏低，根据12个试件的检测，平均偏差率达到

－13.93％，因此对广州珠江黄埔大桥北引桥 C50 特种混凝土采用统一回弹曲线评定混凝土强度不适合。建议采用本文研究所得回弹曲线进行换算。

(3)本研究目前只完成了 C50 这一强度等级的回弹曲线，如要制定完整的回弹曲线，可按照本研究方法继续开展，相关工作也在进行之中。

参考文献

[1] Malhostra V M. Testing hardened concrete：nondestructive methods [J]. America Concrete Inst，1976(9)：180-188.

[2] 国家建筑工程质量监督检测中心. 混凝土无损检测技术[M]. 北京：中国建材工业出版社，1996，8.

[3] 陕西省建筑科学研究设计院. 中华人民共和国行业标准·回弹法检测混凝土抗压强度技术规程[S]. 北京：中国建筑工业出版社，2001，8.

[4] 张荣成，邱平. 高强混凝土回弹法及超声回弹综合法的测强技术研究[J]. 施工技术，1998，27(11)：12.

[5] 普通回弹仪在高强混凝土强度检测中的应用[J]. 东北大学学报(自然科学版)2002，5，23(5)：474-476.

[6] 冯乃谦，刑锋. 高性能混凝土技术[M]. 北京：原子能出版社，2000，10-19.

24. 广州珠江黄埔大桥 MSS62.5m 上行式移动模架关键技术研究

景　强[1]　王殿学[2]　黄成造[1]

(1. 广州珠江黄浦大桥建设有限公司；2. 山东伯瑞路桥技术有限公司)

摘　要　广州珠江黄埔大桥南、北引桥现浇箱梁施工所采用的 MSS62.5m 移动模架为目前世界上最大跨径的移动模架，该模架在设计及应用过程中有很多特点和创新，其中很多的关键技术可为国内移动模架的施工提供很好的参考和借鉴，本文主要就南引桥所使用的 MSS62.5m 移动模架关键技术作简要论述。

关键词　珠江黄埔大桥　MSS62.5m　移动模架

广州珠江黄埔大桥是国道主干线广州绕城公路东段的控制性工程，全长7 016.5m，由北引桥、北汊主桥、中引桥、南汊主桥、南引桥五部分组成。北汊主桥为主跨 383m 的独塔斜拉桥；南汊主桥为主跨1 108m的悬索桥；南、北引桥为跨径 62.5m、45m、30m 等截面连续刚构、连续梁桥，全部采用移动模架法施工。其中的南、北引桥采用的 MSS62.5m 移动模架为目前世界上最大跨径的移动模架，该模架在设计、制造及使用过程中都具有很多特点和工艺上的创新，其中的很多关键技术可为国内移动模架的施工提供很好的参考和借鉴，本文主要就南引桥所使用的 MSS62.5m 移动模架关键技术作简要论述，图 1 为 MSS62.5m 移动模架现场施工情况。

图 1　MSS62.5m 移动模架现场施工图片

1　62.5m 跨径的确定

设计阶段，在综合考虑了跨越构造物、征地拆迁、珠江主航道通航要求及全桥协调美观等因素，经过对不同方案的对比论证后最终确定了珠江黄埔大桥引桥的跨径组合及结构形式；在施工方案的确定上，结合本工程引桥跨越构造物复杂(跨域 107 国道及多处海关监管区)、征地拆迁困难、地基承载力低(流塑状淤泥)等实际特点，通过对移动模架、挂篮施工、节段悬拼及整体预制等多种施工方案从技术难度、安全风险、场地要求、工期及经济性等指标的对比分析，以及对目前国内现有移动模架法施工桥梁的调研，最终决定采用 MSS62.5m 移动模架的施工方案。

2　MSS62.5m 移动模架的特点

珠江黄埔大桥南引桥采用的 MSS62.5m 移动模架为目前国内外跨度最大、吊装高度最高、一次起吊重量最大的造桥设备。由主梁、鼻梁、上横梁、下横梁、模板，小车垫梁及行走机构等组成。主桁为双导梁式结构。主梁上部设有 300t.m 回转吊车，在主梁上的轨道上运行，横梁共有 21 对液压缸，用于模板开合工作。设备总重约1 600t，总长度 143.4m，承重主梁高 6.05m。该模架在设计上主要有以下几方面的特点：

(1)上行式的结构形式

与国内大部分下行式移动模架的结构形式不同，MSS62.5m 移动模架采用上行式，两种结构形式对比见图 2、图 3：

从两图的对比可以看到:两种结构形式的主要区别是模架的承重主梁与现浇箱梁间的位置关系。MSS62.5m 移动模架的承重主梁、行走系统位于现浇箱梁上方,与下行式移动模架相比,其主要特点是:承重主梁的移动不受下部墩身及已浇梁段的影响,通过独立的墩顶支撑系统可在箱梁顶面方便的纵横移,而且墩顶支撑系统,在下部墩身较高时,可避免在墩身结构上的开孔,提高成桥后的耐久性;但同时也存在结构重心较高,不利于整体稳定,设备拼装提升难度大,墩顶支撑系统及模架系统的行走较复杂,操作难度大,箱梁施工作业面受限等方面的缺点。

珠江黄埔大桥引桥为双幅单箱单室箱梁桥,因此模架在需在完成右幅浇筑箱梁施工后,换幅制左边继续施工左幅箱梁,如前所述 MSS62.5m 移动模架主梁高,整机及构件重量大,拼装、下放、提升、拆运难度都极大,且耗时较多,因此为了节省工期、方便施工设计上采用了上行式。

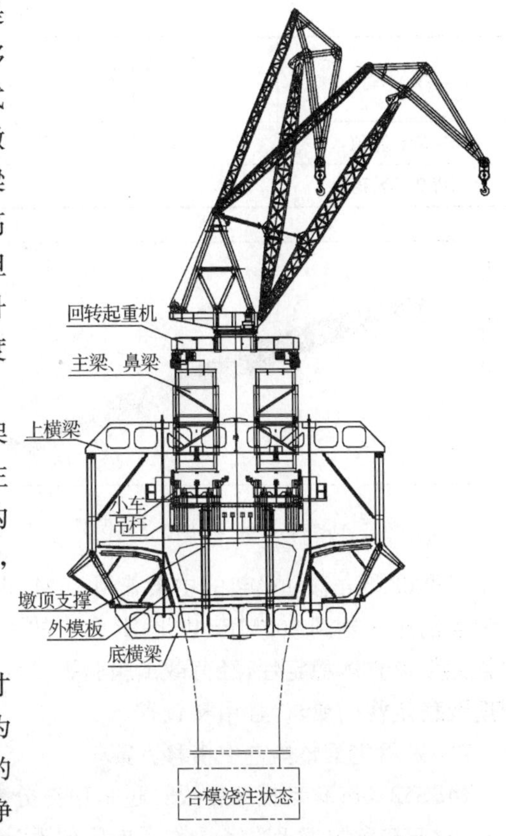

图 2 MSS62.5m 移动模架组装示意图

(2)主梁结构采用空腹箱梁受力明确、用料经济

MSS62.5m 移动模架主梁为一对空腹钢箱梁。截面尺寸为 2 650mm×6 050mm,上、下翼缘板厚为 40mm,腹板厚为 16mm,结构刚度为控制设计的主要指标,为了浇筑箱梁线型的平顺,承重主梁的最大挠度≤1/700 施工跨径控制,即最大净挠度控制在 89mm 以内。主梁长度为 78.6m,分为六节,节间用高强螺栓连接。考虑到公路运输,主梁断面分为上下两 II 型结构分体制造,两 II 体运到施工现场后用高强螺栓连接,拼装为整体,单节主梁结构见图 4。

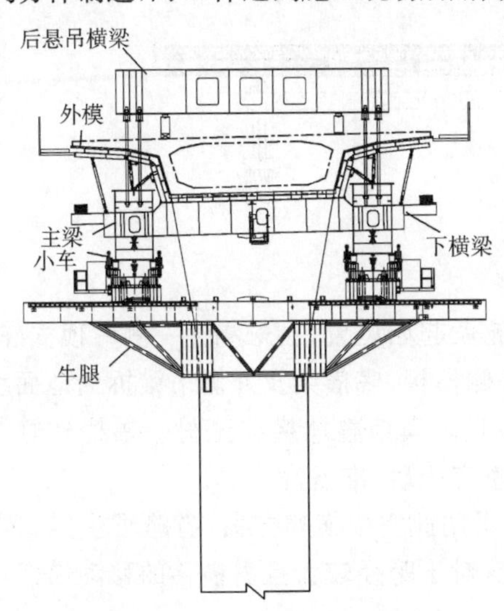

图 3 MSS45m 移动模架组装示意图

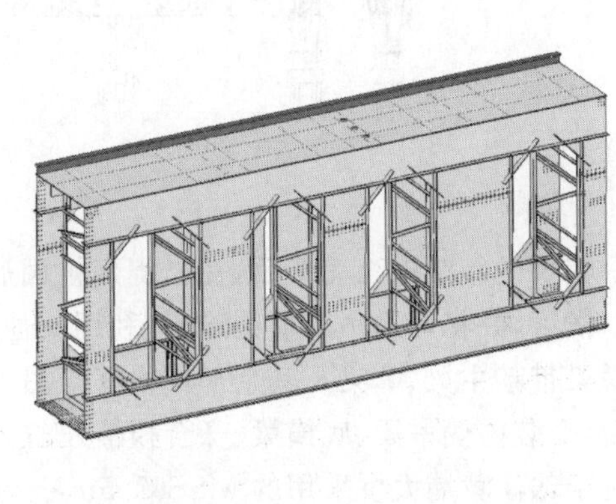
图 4 单节主梁结构简图

关于主梁的强度、刚度及稳定性,设计上采用大型有限元分析软件对结构进行有限元仿真分析,其中主梁用板壳元来模拟,将鼻梁、主梁间横向联接均采用空间梁单元来模拟,共划分板壳元 48 668 个,梁单元 4 312 个,节点 153 056 个,整个结构模型见图 5。

计算工况为浇注首跨时的工况,浇注混凝土全长为 72.5m,详细计算结果见表 1,应力云图见图 6,模架拼装就位后进行了荷载试验,采用沙袋及水袋堆载的方法逐级加载的方式,直至加至与混凝土1.05 的荷载,堆载时尽量保证移动模架系统的受力与实际浇注混凝土时一致,荷载试验结果见表 1。

主梁有限元计算结果　　表1

项　目	最大总挠度(mm)	最大净挠度(mm)	最大主应力(MPa)	主梁稳定安全系数
理论计算值	123.3	92.3	206	3.381
荷载试验值		98.3	214.4	

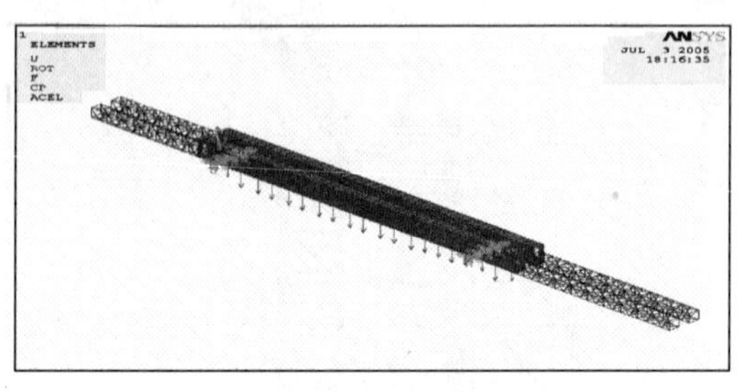

图5　模架上部结构有限元计算模型

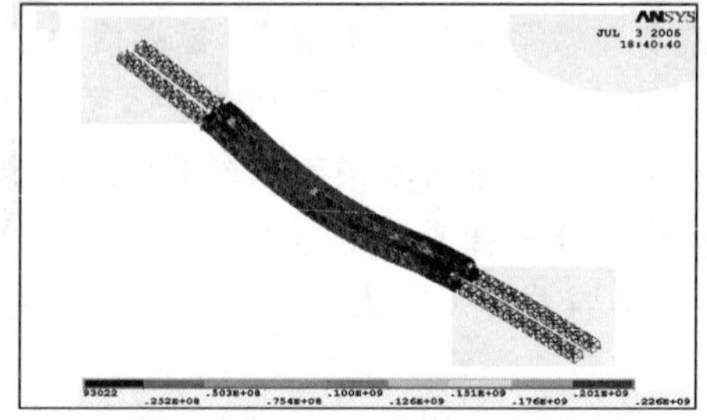

图6　模架上部结构应力云图

MSS62.5m移动模架的主梁采用16Mn板材焊接而成，从计算结果及应力云图看，主梁除个别应力集中点的应力达到200MPa以上，其余点的平均应力水平较低(130～140MPa)，控制设计的主要因素是主梁挠度及整体稳定性，经荷载试验验证设计与实际比较相符，主梁采用的构造尺寸及材料可满足实际刚度及稳定性的要求，且用料较省。

(3)采用主梁整体空中横移方案

MSS62.5m移动模架在设计过程中充分考虑施工过程中横移换幅的施工难度，采用上行式的结构形式，对于横移方案及设备也作了专门的设计，总体横移方案见图7。

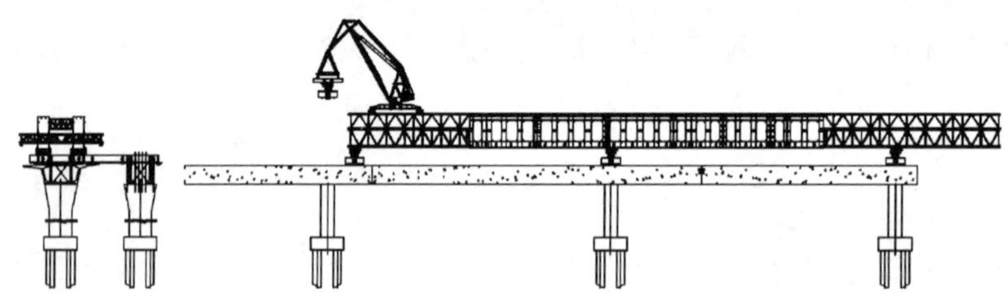

图7　模架整体横移方案

一幅桥的箱梁施工完毕后，在已浇好桥面后移至另一幅箱梁起始位置，在未浇注一侧墩顶支好支腿及小车横梁，并将两侧小车横梁连接，利用其他起吊设备将外侧模板、底横梁及外侧吊梁拆到地面上，小车沿横梁带动主梁、鼻梁及其余部件横移至另一幅桥，内侧模板随模架整体横移至另一幅桥外侧，横移就位后，安装内侧吊梁、底横梁、开合模液压缸、外侧模板，调整完毕后，准备浇注。

对于珠江黄埔大桥采用的MSS62.5m上行式移动模架，采用此空中横移方案，省略了主梁、鼻梁及模板上横梁等构件的拆装、转运及提升等过程，既经济又快捷，对于跨径较大且需横移的移动模架，该横移方案具有较好的经济性。

(4)采用整体开合的模板系统

MSS62.5m移动模架的外模板系统由上横梁、吊梁、转梁、下横梁、外模板、吊杆及开合模油缸组成，如图8所示，开合方式如图9所示。

该外模系统采用整体开合模设计，通过设置在转梁和吊梁间的开合模油缸实现外模的开合，与目前使用较多的平开模系统相比，开、合模更容易，且对于上行式移动模架而言，采用整体开合模设计，可减小开模过程中偏心距，增大模板的整体刚度，可有效避免出现开模过程中发生模板系统下挠过大的情况。

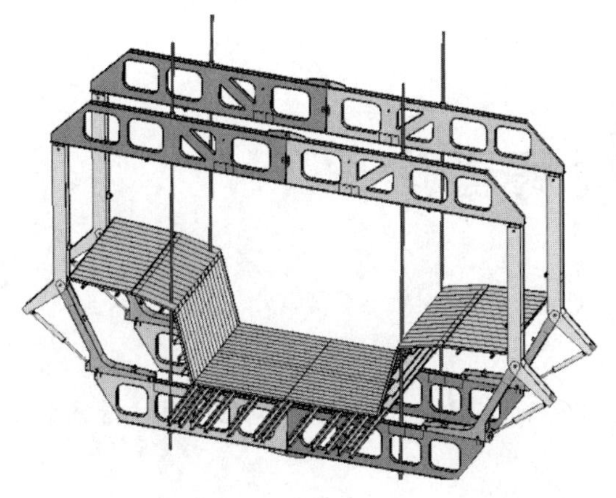

图 8　MSS62.5m 移动模架的外模板系统组图

图 9　MSS62.5m 移动模架模板整体开模

3　结束语

目前广州珠江黄埔大桥南引桥 MSS62.5m 上行式移动模架施工一跨 62.5m 箱梁的时间在 18 天左右，且箱梁施工的内在质量、外观及线性都十分理想。从施工使用状况看，该模架的设计充分考虑模架横移换幅的施工难度及桥梁线型对模架刚度的要求，采用空腹承重箱梁上行于现浇箱梁的设计，既节省钢材又可满足主梁刚度及稳定性的要求，降低了模架横移换幅的施工难度，充分发挥了模架的效能，其中的一些设计特点可为今后大跨度移动模架的设计提供有益的参考和借鉴。

参考文献

[1] 谢发祥，等.南京长江第三大桥北引桥移动模架施工.世界桥梁，2005.

[2] 刘晓佳，等.MSS 移动模架施工技术.中外公路，2004.

[3] 西安筑路机械测试中心.MSS62.5 移动模架检测报告.

[4] 山东伯瑞路桥技术有限公司.MSS62.5 移动模架设计图纸.

[5] 钢结构设计规范.GB 50017—2003.

[6] 起重机设计规范.GB 3811—83.

25. 现浇箱梁裂缝病害治理

刘瑞盛
（广州市公路工程公司）

摘　要　本文介绍了现浇箱梁的裂缝产生原因，结合工程的实践提出了处理方法和预防措施。

关键词　现浇　箱梁　裂缝　治理

随着我国高速公路建设的发展，普通钢筋混凝土箱梁桥型也常被采用，但随之而来的箱梁裂缝却一直是施工单位头痛的问题，不管哪座现浇连续箱梁都有不同程度的裂缝问题，因此裂缝问题不容忽视。

1　裂缝产生的原因分析

影响裂缝产生的原因很多，主要有混凝土收缩、温差、材料质量和施工质量等原因，当然也有设计、地基等原因。

1.1　混凝土收缩裂缝

混凝土是由气、液、固三相组成的假固体(指浇注过程到保养)，其中尚有未水化的水泥颗粒，还要吸收周围的水份。液固相间的胶凝体，因水份散失，体积会缩小，引起收缩裂缝：

(1)箱梁的体积与表面积比值小，混凝土收缩大，易产生裂缝。

(2)箱梁混凝土浇筑均采用泵送混凝土，由于泵送混凝土施工工艺要求坍落度大，混凝土用水量和水泥用量较大，湿润养护如不及时，混凝土中的水泥水化物因部分失水而干缩，导致水泥混凝土表面的干缩裂缝。

(3)由于温差作用，混凝土顶部温度较高、底部温度较低，顶部混凝土收缩受到下部混凝土的约束产生裂缝；由于泵送混凝土时，温度较高，同时内部水化热进一步升温，而外部环境温度较低时，形成了较大的内外温差，从而使混凝土表面开裂。

1.2　施工管理不善产生裂缝

(1)拌制混凝土时不按配合比计量，任意加水，浇筑的质量不均匀，收缩不统一产生裂缝。

(2)混凝土从搅拌到浇筑的时间过长，致使大量网状不规则的裂缝产生。

(3)混凝土养护差，混凝土在高温和大风的影响下，常产生早期裂缝，裂缝常发生在梁的薄弱处。

(4)有的施工处理不当，没有按规定处理就浇筑新混凝土，造成施工缝处新老结合处夹渣和裂缝。

(5)箱梁混凝土过早受力产生裂缝，由浇筑方法本身不够严密或者提早拆模或过早落架使梁过早受力，这种情况经常发生。

(6)野蛮施工，用重物撞击等造成裂缝。

1.3　材料差异造成的裂缝

(1)使用不合格水泥出现早期不规则的短缝。

(2)砂、石的含泥量超过规定，不仅降低混凝土的强度和抗渗性，还会使混凝土干燥时产生不规则的网状裂缝。

(3)砂、石的级配差，有的砂粒过细，用这种材料拌制的混凝土常造成梁侧面裂缝。

1.4　化学反应导致裂缝

(1)使用反应骨料或风化岩石引起裂缝。骨料中含有泥性硅物质与碱性物质相遇，则水、硅、碱反应生成膨胀的胶质，吸收水后造成局部膨胀和拉应力，则构件产生爆裂状裂缝，在潮湿的地方较为多见。

(2)酸、盐类腐蚀。混凝土中含氯量超过规定后，一段时间后沿钢筋方向产生裂缝。

(3)碳化收缩裂缝。空气中的 CO_2 与水泥石中 $Ca(OH)_2$ 等分子相互作用生成碳酸钙($CaCO_3$)，同时放出结合水，使混凝土体积缩小，引发细丝裂纹网。

1.5　其他原因

(1)设计原因

①构件结构面积不足时，在扭曲或局部应力作用下，会导致在构件较弱的部位产生裂缝。

②钢筋含筋量过大或保护层太小，会引起沿钢筋纵向方向的裂缝。

(2)地基基础沉降差异产生的裂缝

①因地基持力层或桩壁土层的变化，容许承载力的差异导致早期或晚期裂缝。

②由于基础本身施工时处理不当，处理不均匀，致使箱梁浇筑后基础在外荷载作用下发生不均匀沉降导致早期或晚期裂缝。

(3)支架系统变形产生的裂缝

①由于支撑立杆(或立柱)不均匀分布，各部分刚度分布不一致，使其杆件的弹性变形不均匀，导致早期裂缝。

②支架的地基不均匀沉降引起现浇箱梁的早期裂缝。

2　预防措施

2.1　施工管理不善产生的裂缝和混凝土收缩

(1)搅拌混凝土要先做配合比，施工时严格按照配合比计量，控制用水量，确保混凝土强度及坍落度一致。

(2)采用高效减水剂，在满足混凝土坍落度的前提下降低水泥用量及含水量。

(3)浇筑混凝土时，前、后方配合好，设专人负责，随拌随用。

(4)混凝土浇筑好后要进行二次抹平压实，以消除沉缩裂缝。

(5)浇筑好的混凝土箱梁在12h内加以覆盖和洒水，以保持混凝土的湿润状态，一般不小于7d，必要时采用养护液喷洒或用塑料膜覆盖封闭，防止水分蒸发，以利于混凝土的养护。

(6)严格按照《钢筋混凝土施工及验收规范》预留和处理施工缝，并尽量缩短施工缝上下两部分混凝土的施工时间差，以减少由于两部分不同量收缩而产生的相互作用力。已浇筑混凝土的抗压强度大于1.2MPa后清除混凝土表面的水泥薄膜和松动石子及弱混凝土层，用水冲洗干净，且不积水，浇筑前，宜先铺一层水泥浆，将混凝土捣实，使新、老混凝土紧密结合。

(7)混凝土浇筑程序要充分论证，避免已初凝的混凝土过早受力造成裂缝。

(8)在暑期昼夜温差较大，混凝土浇筑安排尽量避开高温阶段。

(9)在暑期使用砂、石料尽量遮阳、洒水等措施降低拌和时的温度。

(10)严格控制拆模和落架时间，避免使梁过早受力。并严禁在拆除底模的梁上堆放重物。

2.2　地基沉降和支架原因产生的裂缝

(1)支架的地基要处理均匀，并对下卧层的不良土层进行处理。

(2)支架设计时应尽量分布均匀，其杆件的刚度应尽量保持一致。并进行预压，设计合理的预拱度。

2.3　材料质量差异引起的裂缝

(1)水泥进场必须有出厂合格证，并对其抽样试验，以满足其抗压、抗折强度及安定性要求。应使用水化热较低的硅酸盐水泥，不应使用水化热较高的水泥。

(2)砂必须选用材质坚硬、干净的中粗砂；粗骨料的最大粒径、级配、强度均要满足规范要求，并要严格控制含泥量。

2.4　化学反应导致的裂缝

(1)尽量不用碱集料反应性骨料。

(2)冬季施工时严格控制混凝土中的含氯量。

(3)提高外露部分混凝土的强度等级,加强混凝土表面的压实抹光工序。

2.5 裂缝的处理

本文介绍两种裂缝处理方法,一般来讲对混凝土收缩裂缝等这些对梁体结构本身受力影响并不大,为了防止钢筋生锈而进行的裂缝处理,或者裂缝较小,像这类裂缝一般采用压注环氧树脂进行黏合封闭;另一种则是因箱梁过早受力和部分设计原因等引起的裂缝,这种裂缝一般采用环氧砂浆进行封堵。

3 工程实践

3.1 工程简介

某高速公路立交主线桥,桥梁总长度758.654m,共28跨,上部结构横断面为单箱二~四室预应力混凝土箱型现浇连续梁,箱梁顶宽16.63~28.13m,底宽11.63~23.13m,翼板悬臂长度为2.5m。箱梁高1.3m,两侧腹板采用相同的高度,桥面横坡由箱梁整体旋转形成。腹板厚度为40~60cm,截面顶板厚度25cm、底板厚度20或22cm,再支点上设横隔梁。桥跨布置为:

左半幅:

(3×30m+24m)+2×(5×26m)+(21.327m+4×25m+21.327m)+(2×38m+29m)+(5×26m);

右半幅:

(24m+3×30m)+2×(5×26m)+(21.327m+4×25m+21.327m)+(29m+2×38m)+(5×26m);

全桥上部箱梁混凝土均采用现浇施工。

3.2 施工材料的性能指标

现浇箱梁混凝土黏结的裂缝情况很大长度取决于混凝土黏结的材料性能,本桥的混凝土黏结的材料经过监理工程师的审核,主要指标见表1~表3。

水泥物理力学性能汇总表 表1

标　号 (品牌)	抗折强度 (MPa)	抗压强度 (MPa)	标准稠度用水量 (%)	初凝时间	终凝时间
P. II42.5R(越秀)	5.7	28.8	24.4	1h31min	2h29min

粗集料(碎石)试验结果汇总表 表2

规　格 (mm)	压碎值 (%)	含泥量 (%)	针片状颗粒含量 (%)	级配情况
5~31.5	8.8	0.5	4.7	连续级配

细集料(中粗砂)试验结果汇总表 表3

名　称	细度模数	含泥量(%)	属　性
河砂	2.91	1.0	中砂

3.3 施工方案

本桥采用满堂支架的施工方案,模板采用全新、定型钢模板,施工方案的要点主要是控制好地基的稳定及整体性,防止产生不均匀沉降而造成裂缝。

地基处理:桩基础施工的时候,泥浆池均设置在旁边,为了保证地基处理的稳定性,首先将泥浆池清理干净,泥浆池范围抛填1m的片石并碾压,上面再填土。泥浆池处理完毕后,使用石渣进行填筑至比原地面高30cm,再使用15cm的4%的水泥稳定进行调平。

3.4 施工主要措施

(1)支架预压。这是一步比较重要的施工工序,不得省略。预压可以减少支架的弹性变形,确保混凝土不开裂。

(2)严格控制施工时的温度及温差。施工阶段的日间最高温度在 37℃,夜间最低温度在 26℃以上,每段施工的混凝土约 150m^3,施工安排的时间在当天 18：00 至下一天的 8：30 之间。尽量减少混凝土的收缩裂缝。

(3)养生。混凝土的开裂主要内外的温差不一致而导致的,因此,混凝土的养生工作显得尤为重要。养生采用土工布加洒水进行养生,专人负责,保证随时土工布都是湿润的。

3.5　施工效果

施工完成后,对箱梁混凝土进行了比较详细的检查,箱梁中下部没有任何裂缝,顶部有 0.2mm 的微小裂缝出现,但不贯穿顶板(深度约为 1.5mm)。

4　结束语

为了最大可能减少混凝土黏结施工过程中各种裂缝的发生,在现在混凝土黏结施工过程中,我们尽管在其原材料的选用、施工工艺方面都进行了不断的研究和改进,然而并不能完全得到避免,施工过程中都不同程度的发现有各种裂缝的产生。混凝土黏结中产生的各种裂缝,不仅对其结构产生了不良的影响,还可能对整个建筑物产生直接的危害,因此,实际施工中,应尽量从源头上减少裂缝的产生,确保工程的质量。

参考文献

交通部发布.JTJ 041—2000.公路桥涵施工技术规范.北京:人民交通出版社.2000.

26. 桥梁健康动态检测与评估管理系统设计

赵文秀[1]　谭冬莲[2]

(1. 广州市公路管理局工程研究所;2. 长安大学)

摘　要　本文针对桥梁管理需要,在国内外现有桥梁管理系统的研究基础上,根据目前的技术条件及经济条件,对桥梁管理的动态监测系统进行了研究,明确地阐述了桥梁安全性动态监测与分析系统的概念,进行了该系统的结构设计。该系统的使用可以使桥梁管理者及时了解桥梁结构的工作性能状况,正确作出桥梁维修决策,及时消除结构安全隐患。

关键词　桥梁工程　动态监测　系统设计　安全性评估　结构性能

近年来,随着我国经济的飞速发展,交通运输日渐繁忙,作为公路交通咽喉的桥梁的地位日益突出。桥梁结构的安全性无疑成为桥梁管理者最为关心的问题。

1　传统的检测系统存在的问题

传统的结构局部检测技术可以对桥梁的外观以及某些结构特性进行检测,检测的结果一般也能部分地反映结构的当前状态,但局部检测技术的应用效果却受到以下五个方面的限制:

(1)结构被检测区域必须是检测人员能够触及的。对于大型的桥梁,有些腾空于宽阔的水面,有些跨越高深的大峡谷桥梁结构待检区域往往是人所不能及的,或者即使能够到达,检测人员的作业环境也是极其恶劣和危险的。

(2)局部无损探伤结果难以全面反映结构整体健康状况,尤其是难以对桥梁的安全储备以及退化的途径作出系统的评估。

(3)局部损伤检测结果严重依赖于检测人员的经验和判断。

(4)采用局部检测技术对大型复杂桥梁结构进行检测效率低,检测一次周期长。

(5)关闭交通造成的损失和检测的仪器与人工费用巨大。而且,现今的管理方式与信息时代不相适应,桥梁管理部门迫切需要现代化的管理思想和先进的信息处理手段,结合桥梁结构的特点,研究出一种能快速、实时地评价结构当前工作状态的安全性的动态监测分析系统。

2　桥梁健康动态检测概念

顾名思义,"桥梁健康动态监测"是对是一种基于实时监测数据对桥梁结构进行动态评估的桥梁管理系统的具体形式。桥梁安全性动态监测系统是根据动态监测的数据,对桥梁结构的整体行为进行实时监测和智能评估,为管理决策提供依据,对确保桥梁的安全运营、延长使用寿命起着重要作用。因此,由于桥梁安全动态监测系统的应用,使得桥梁结构具有自监测、自行评估的类似生命体的智能功能。结构的安全监测是由结构的状态监测与性能评估两个过程构成,两者既有密切联系又互相区别。状态监测是指通过某种方法对结构的特征参数,例如振动、应力、变形等进行测量。性能评估是系统的最终目标,由测量值来反演作用于结构上的荷载模式,进而判别结构处于何种工作状态集,由此评估结构当前的安全性。

具体而言,该系统应具有以下功能:

(1)桥梁监测数据自动采集功能

桥梁数据监测采集的过程是指从传感器接受信息开始到将处理后的数据存入桥梁信息数据库的过程,桥梁监测数据采集体系包括传感器、放大器系统,数据采集传输系统、数据处理存储系统三个部分。

(2)监测数据的智能化加工处理功能

监测数据的智能化加工处理即是指将采集的信息变成以某种特征表达的参数形式,以便用于后来的运算中。

(3)在线分析评估功能

利用监测传感系统所得到的信息,进行全面实时分析评估,全面及时的了解结构的工作性能状况。

3 系统设计

总结国内外桥梁管理系统的发展和使用情况,一个完备实用的桥梁安全监测与分析系统是由监测数据采集系统、数据库管理系统和安全性评估系统等构成的有机整体。各子系统相互连接渗透,共同协作完成桥梁管理体系的运作全过程。系统结构如图 1 所示。

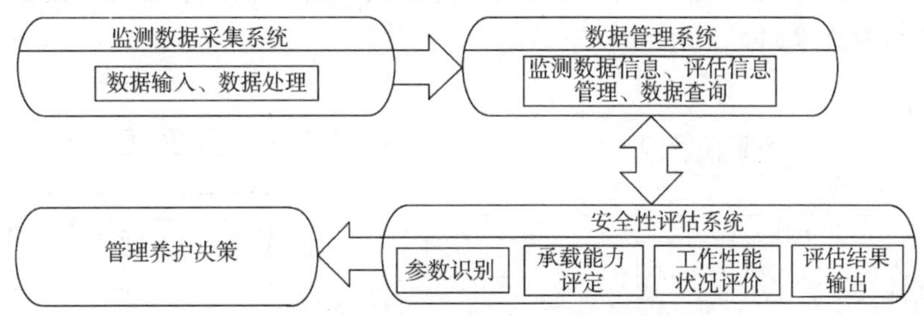

图 1 桥梁动态监测与分析系统结构图

4 结构评估系统

桥梁评估就是利用特定信息,评估既有桥梁的安全性,对既有桥梁结构系统基本性能的评定和对未来的安全性的预测。以往较多按经验方法分等级或近似估算,或采取荷载试验的方法评估,经验方法主观性较大,很难较准确地反映出桥梁结构的实际结构性能变化,荷载试验方法往往是费用大、时间长,要求封闭交通影响交通的正常畅通,且对结构造成损坏,具有一定的风险而且以往的评估方法均是建立在定期检测的基础上而不是实时监测,不能进行动态评估。因此,采用非荷载试验方法对桥梁结构状态作出实时的、恰当的评估是桥梁评估的探索方向。充分利用监测系统长期的监测数据,通过某些方法对结构的特征参数,例如应力、变形等进行测试,由反应测定值反演作用于结构上的荷载进而与结构正常工作状态进行比较,以判别结构的工作状态是否正常。

4.1 对象的选取

按照测试内容,将监测对象分为三类:桥梁整体性能监测、桥梁工作环境监测及控制断面应力(应变)监测。

(1)桥梁工作环境监测

由于桥梁所处的气候环境恶劣,应加强对环境的监测,包括:对桥梁的工作环境进行详细的监测,温度的监测、湿度的监测、风力/风向的监测等多种参数的监测。

另外车辆荷载、风荷载以及温度等对结构各类参数的影响非常大,只有将测试得到的其他参数与相应的荷载对应起来才能保证结果分析的准确性。

(2)桥梁整体性能监测

重点考虑桥梁基础沉降变形监测、挠度变形监测及振动在线监测。

桥梁结构变位监测的位置为桥梁变位较大的部位,挠度测点的布置可根据优化算法计算后得到,评估方法主要有基于桥梁挠度以及桥墩沉降的“养护管理评估法”、“原始指纹比较法”、“趋势分析法”等。

桥梁动力特性参数(频率、振型和阻尼等)和振动水平(振动强度和幅值)是桥梁整体安全的标志,桥梁质量的退化会引起结构振动特性的改变,例如桥梁结构刚度的降低会引起桥梁自振频率的降低,桥梁局部振型的改变可能预示着结构局部损坏。因此对桥梁动力特性及振动水平的监测能够起到整体上对桥梁结构健康状态监测的目的;桥梁结构振动的评估方法主要有基于桥梁挠度以及桥墩沉降的“原始指纹比较法”、“趋势分析法”、“静动结合法”等。

(3)控制断面应力(应变)的监测

主梁直接承担着车辆荷载,受荷载的影响最为直接,极易因异常荷载而引起损伤。同时主梁的损伤对桥梁的使用性能的影响也最为直接,因此,对主梁有代表性断面的应力进行监测,可以了解作为主要承力构件箱梁的受力状态,及时诊断桥梁的病害,控制车辆荷载和对桥梁结构进行疲劳分析十分必要。

结构健康与安全监控预警系统包括多参数的监测及研究,需要根据自身特点来考虑系统测试的项目及测点的布置。另外还要考虑桥梁施工中的具体情况、测试技术发展水平、损伤识别方法的发展水平等多种因素,只有这样才能建成一个具有实用性、先进性的健康与安全监控预警系统。

4.2 系统框架流程

梁结构评估的目的主要是评定结构在现时的运行荷载作用下的工作性能状况,为桥梁养护决策提供科学的依据,其监测流程如图2所示。

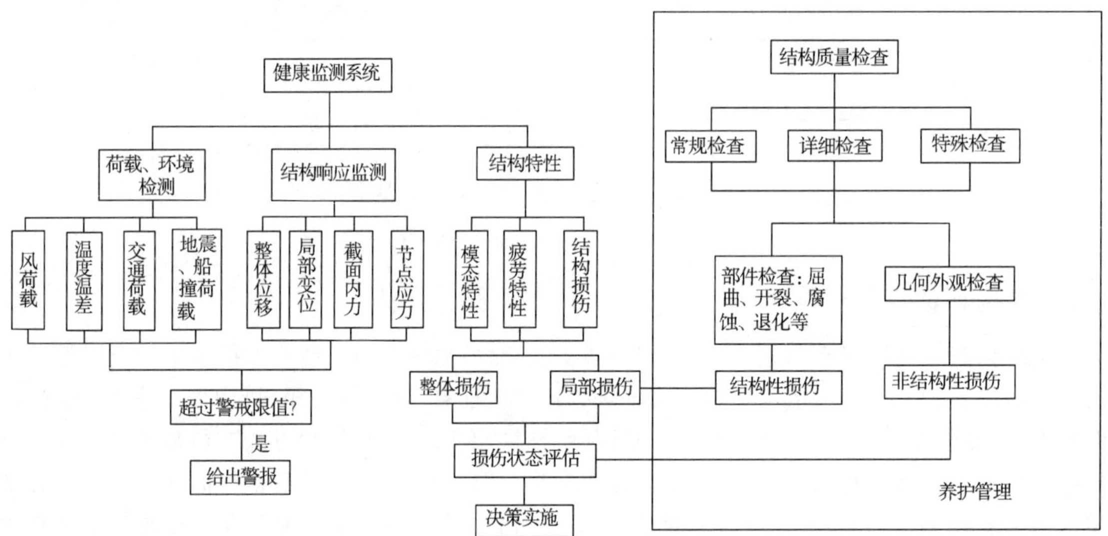

图2 桥梁动态监测系统实施流程图

5 结束语

随着我国公路交通网和西部开发计划的进一步实施,我国在未来几十年将建设一大批大中型桥梁,同时大量既有桥梁进入服役中后期。为保障桥梁结构在建设和使用过程中的安全,发展先进高效、稳定的桥梁结构健康动态监测系统具有十分重大的意义。

参考文献

[1] 淡丹辉,何广汉.智能土木结构理论初探.四川建筑科学研究,2001,27(4):7-12.

[2] Robert J. Lark “Condition Monitoring and the Assessment of Bridge Structures at the Serviceability Limit State” First International Conference on Bridge Mainntenance, Safety and Management, July,2002.

[3] 庄勇,朱利明.智能桥梁系统IBS.桥梁建设,2003(3).

[4] 崔飞.桥梁参数识别与承载能力评估.同济大学博士论文,2000.

[5] Jung S. Kong and Dan M. Frangopol “System Approach to Bridge Management: Reliability and Sensitivity” First International Conference on Bridge Mainntenance, Safety and Management, July,2002.

[6] Livia Pardi, Finn Thogersen “Smart Structures: a European Funded Project” First International Conference on Bridge Mainntenance, Safety and Management, July,2002.

[7] 淡丹辉,何广汉.基于静力的智能桥梁结构智能计算方案的研究.桥梁建设,2003(2),8-11.

27. 北二环北村特大桥引桥 50m T 梁施工工艺

梁 明
（广州市公路管理局）

摘 要 北二环北村特大桥两岸引桥各有四孔 50mT 梁，本文以北二环北村特大桥为背景，对 50m 大跨径 T 梁的施工工艺进行系统的介绍，以供类似工程参考借鉴。

关键词 T 梁 施工工艺

广州市北二环高速公路即国道主干线广州绕城公路茅山至火村段，1998 年开工建设，2001 年建成通车。北二环在公路建设方面积累了大量经验可供参考，现就大桥 50mT 梁引桥的施工工艺作简单介绍，以期对桥梁建设起到一定的参考作用。

1 概述

北二环北村特大桥荷塘岸两岸引桥各有四孔 50m 大跨径 T 梁，T 梁采用预制吊装方法进行施工，预制场设在相邻的 16m 跨径的 T 梁桥面上，每片 T 梁布置四个底座。在预制场装备最大起重能力为 10t 的龙门吊一台，起重能力为 5t 的轻型单轨龙门吊一台，以配合各项工作。

50m 大跨径 T 梁的施工工艺要求严格，本文以北二环北村特大桥引桥为工程背景，简要介绍了大跨径 T 梁的施工工艺流程，并重点对施工中的质量及安全控制要点做了较为详细的说明，以供相似工程参考借鉴。

2 大跨径 T 梁预制场工艺流程

(1)北二环北村特大桥引桥 50m 跨径 T 梁的预制场工艺主要流程如下：

(2)清扫底板，安装活动底板，并涂脱模剂；

(3)安装骨架钢筋、焊接骨架接头，设置钢筋保护层垫石；

(4)安装锚头，穿抽拔管，按坐标固定抽拔管；

(5)骨架钢筋、抽拔管定位质量检查；

(6)骨架钢筋、抽拔管定位质量检查后，安装模板及面板钢筋；

(7)上述工序质检合格后，浇筑混凝土，制作混凝土试件；

(8)拔取抽拔管(浇筑混凝土后达到 100 温度小时或者强度达到 0.4～0.8MPa)；

(9)养护，拆模；

(10)锚具安装及钢绞线制作，清洗预应力孔道，穿预应力钢绞线；

(11)检查张拉设备；

(12)张拉预应力(混凝土试件强度达到设计强度的 85%时)；

(13)封预应力张拉锚头；

(14)清洗预应力孔道，孔道压浆，封梁头；

(15)横移 T 梁至纵轨；

(16)纵轨拖梁至架桥机；

(17)吊装。

3 预制工艺控制重点

50m 大跨径 T 梁对预制工艺要求严格，在工艺流程中，尤为重要并需要重点控制的要点如下：

3.1 钢筋加工安装及质量控制

钢筋工作应严格按设计图纸，采用分段加工定型，然后分段吊放安装。其质量控制要点如下：

(1)严格按照设计图纸施工；

(2)肋板骨架及主受力钢筋在安装过程中应错开接头，并要求采用焊接，焊接长度不小于 10D，焊缝宽度也应符合技术规范要求，肋板各钢筋的搭接长度必须严格符合技术规范要求；

(3)各种预埋钢筋在预埋过程中位置要准确；

(4)锈蚀严重的钢筋要作好除锈工作，以防止混凝土黏结与钢筋黏结不良；

(5)钢筋保护层厚度应满足设计要求及技术规范要求。

3.2 模板的安装及质量控制

T 形梁侧模及顶模用 4mm 普通钢板及 10 号槽钢骨架加工成型，底模(即底板)采用 2 条 20 号槽钢及一条 10 号槽钢和钢板(面板)橡胶皮拼装而成。钢模刚度大，加工精度较高，易于吊运及安装。其质量控制要点如下：

(1)经常检查模板结构尺寸，对不合格的模板及时进行清理维修，清除模板表面污物，模板安装前要涂机油，拆模后应及时检查维修。

(2)模板安装要满足构件尺寸的设计要求。

(3)模板接头处要用海绵或胶皮填塞，防止漏浆。

(4)模板要满足稳定性要求，对拉螺丝及对顶要满足其技术规范要求，防止模板失稳及模板炸裂。

(5)模板要保证构件线条棱角清显，表面光滑。

3.3 预应力孔道埋设

北二环北村特大桥 50mT 梁引桥的每根预应力孔道是通过用两段 26.5mϕ80mm 橡胶抽拔管，根据设计图纸，按照坐标系来设置的。两条抽拔管对接接头处用一节 30～40cm 长的波纹管(ϕ85mm)连接，为确保接头紧密牢固，在波纹管的接头处用胶布密封。在抽拔管内穿旧的钢丝，增加抽拔管的刚度，确保预应力孔道的顺畅及位置的准确。安装抽拔管时，用 U 形定位钢筋加以固定，定位钢筋间距为 50cm，定位钢筋应与钢筋骨架绑扎紧，确保定位牢靠。抽拔管拔出时应匀速而缓慢，严防拉断抽拔管；时间应适宜，宜在混凝土初凝后终凝前进行，此时混凝土抗压强度约为 0.4～0.8MPa，或者浇完混凝土后达到 100 温度小时时进行。拔抽拔管的顺序宜先上后下。压浆孔，排气孔一般留设在孔道最高位置，排气孔直径为 8～10mm，压浆孔直径不小于 20mm。

3.4 T 梁混凝土的浇筑

混凝土用料及配合比应符合钢筋混凝土一般规定，可掺入适量的外加剂，但不得掺入氯化钙，氯化钠等氯盐及引气剂，亦不宜掺用引气型减水剂。

混凝土的水泥用量每 m^3 为 500kg，混凝土采用泵机输送。浇筑混凝土时，采用附着式振动器及插入式振动器进行振捣，混凝土骨料全部采用 1～2cm 的石子。采用分层浇法，先浇筑马蹄及肋板，约高 1.5m，原则上以完全覆盖抽拔管为宜，后浇筑剩余的肋板及面板。混凝土浇筑完成并终凝后即开始养护。

3.5 预应力钢绞线的张拉及质量控制

T 形梁采用两端对称张拉，采用张拉吨位与引伸量双向控制，以引伸量为主。设计引伸量与实际引伸量之间误差应在－5％～10％以内，在测定引伸量时应扣除因弹性变形引起的全部引伸量值。

测定引伸量计算见式(1)：

$$\Delta = \frac{p}{p - p_0}\Delta_0 - 2\sigma$$

式中：Δ——设计引伸量；

p——设计张拉吨位；

p_0——初始张拉吨位；

p_0——由 $p-p_0$ 的实测引伸量；

σ——夹片回缩值，由实测决定。

50mT 形梁预制场采用的张拉机具主要为两台 YCW150-250 千斤顶及两台 ZB2×2-500 油泵。张拉程序为：

$$0\rightarrow 初应力\rightarrow\sigma_k\xrightarrow{持荷5min}\sigma_k\ 锚固$$

张拉到初应力时，划线作测伸长值的标记。T 梁预应力采用两端同时张拉，两端千斤顶的升降压，划线，测伸长值的测量等工作应同步进行。

预应力张拉的质量控制要点如下：

(1)张拉时梁体混凝土必须达到 85%设计强度。穿好预应力钢绞线，即可施加预应力(检验混凝土强度应注意试件的取样及养生条件，应与主梁现场预制和浇筑的混凝土相符合)；

(2)钢绞线在使用前要对其强度、引伸量、弹性模量、外型尺寸及初始应力进行严格检查，也要对锚具及夹片硬度进行检查；

(3)穿束前应检查锚垫板和孔道，锚垫板位置要正确，孔道要畅通，无水分和杂物；

(4)张拉机具应与锚具配套使用，应在进场时进行检查、校验。千斤顶与压力表应配套校验，以便确定张拉力与压力表读数之间的关系曲线；

(5)校验时，千斤顶活塞的运行方向应与实际张拉工作状态一致，当采用试验机校验时，宜以千斤顶试验机的读数为准；

(6)张拉机具使用时的校验期限应视千斤顶工作情况而定，一般使用超过 6 个月或 200 次，以及在千斤顶使用过程中出现不正常现象时应重新校验；张拉时，千斤顶张拉力作用线应与钢绞线的轴线重合；

(7)钢绞线在张拉控制应力达到稳定后，方可锚固。

张拉作业时，张拉同一截面的断丝率不得大于 1%，在任何情况下，不允许整根拉断。

3.6 孔道压浆制

为了避免预应力钢绞线被锈蚀，并与混凝土结成整体，当张拉作业完成后，应尽快进行孔道压浆。

孔道压浆宜采用袋装水泥浆，其强度不应小于 40MPa，其水灰比不宜大于 0.4，不允许掺氯盐，可掺适量的减水剂，可掺入 0.000 1 水泥用量铝粉或 0.02 水泥用量的膨胀剂。

水泥浆自调制至灌入孔道的延续时间不得超过 30～45min。水泥浆在使用前和压注过程中应经常搅动。

压浆前须将孔道冲洗洁净，湿润，并使之无积水。压浆应缓慢均匀地进行，比较集中和邻近的孔道，宜尽先压注完成，以免串孔。

采用纯水泥浆时，一般每一孔道宜于两端先后各压浆一次，两次的时间间隔以先压注的水泥浆既充分泌水又未初凝为度，一般未 30～40min。

对曲线孔道，应由最低点的压浆孔压浆，由最高点的排气孔排出气体和泌水。当构件两端的排气孔，排出空气→水→稀浆→浓浆时，用木塞塞住，并稍加大压力，稍停一些时间，再从压浆孔拔出喷嘴，立即用木塞塞住。

压浆后应立即检查压浆的密实情况，如有不实，应及时处理，压浆中途发生故障，不能连续一次压满时，应立即用压力水冲洗干净，故障处理后再压浆。

压浆时，每一工作班应留不少于 3 组 7.07×7.07×7.07cm 立方体试件。

当环境温度高于 35℃时，应在夜间进行压浆。

3.7 封锚

对预埋在构件中的锚具，压浆后应先将其周围冲洗干净并凿毛，然后设置钢筋网和浇筑封锚混凝土。封锚混凝土标号不应低于T梁混凝土标号的80%，亦不宜低于C40。

3.8 移梁运梁

当封锚混凝土达到设计强度的70%以上，使用四台50t千斤顶将梁顶放在两部跑车上，将梁横移或纵移。

4 安全技术及注意事项

(1)T形梁高2.6m，分两层浇筑，第一层浇筑1.5m，第二层浇筑1.1m。

(2)浇筑混凝土前应对钢筋、模板安装质量进行全面检查，模板接缝必须密实，防止漏浆。

(3)捣以附着式振捣器为主，插入式器为辅。

(4)梁外翼板一次浇筑，为避免在张拉预应力时产生横向弯曲，外翼板与内翼板对称位置每隔5m断开一个2cm宽槽口。

(5)T形梁起顶时，单头两侧应同步起顶，且由二人吊线控制T梁倾斜度。

(6)T梁拆模后，即用四根三角木或斜撑支顶T梁，防止T梁倾覆。

(7)边梁起吊前，应加配重，使其不出现横向弯矩。

(8)T梁吊装就位时，在前后吊点未完全松弛情况下，T梁两端加垫三角木或斜撑防止T梁倾覆。

(9)架桥机在使用前，应进行试吊，试吊重125～130t，并进行挠度观测。

(10)T梁吊装就位后，T梁的斜度不能超过1.2%，支座及梁轴线不能超过5mm。

(11)T梁拆模时，应边拆边加支撑，防止T梁倾覆。

(12)T梁在张拉时，应及时尖紧斜撑及三角木，防止梁体失稳。

(13)鉴于桥下是乡村交通小道，所以桥面工作人员在工作过程中，禁止往下抛杂物，以免伤及行人及交通工具，同时也要谨慎，以防止从桥面坠落摔伤。

(14)单轨龙门吊为轻型吊机，一般控制在4t以下的起吊重量，严禁超重起吊，(不能超过5t)。

(15)操作高压油泵人员应戴护目镜，以防止油管破裂或接头不密时喷油伤眼。

(16)浇筑混凝土时，前后场都要有管理人员负责，主要是指挥振捣及材料的过磅计量等。

5 结束语

北二环北村特大桥引桥50mT梁的施工进度快，工程质量符合设计和施工规范的要求，安装准确。它的顺利完工为全桥的按期建成通车作了准备。本文通过对北二环北村特大桥引桥50mT梁成功施工经验的总结、归纳，希望能给类似以参考。

参考文献

[1] JTJ 041—2000.公路桥涵施工技术规范.北京：人民交通出版社.

28. 洛溪大桥主桥 2 号墩承台病害的维修加固

蔡良东
（广州市公路管理局）

摘　要　洛溪大桥是105国道跨越珠江上的一座特大桥，于1988年8月建成通车。运营17年后，经检测发现桥墩、承台均有不同程度的病害，影响到桥梁的安全使用。本文主要介绍大桥主桥2号墩承台病害的修复设计和施工的经验。

关键词　桥梁　工程　维修

1　概况

洛溪大桥横跨珠江水道，连接广州市海珠、番禺两区，是通往广州南部的交通要道，大桥于1988年8月建成通车。主桥为(65＋125＋180＋110)m不对称的四孔连续刚构，主桥箱梁采用单箱单室断面，箱梁顶板宽15.14 m，底板宽8m，主跨根部梁高10m，跨中梁高3m。主桥下部结构采用薄壁墩身，钻孔灌注桩基础，为防止船舶偶然撞击，两主墩采用双层钢壳围堰(内填混凝土)构成防撞安全岛。

自1993年以来，桥梁一直处于超负荷运营状态，日交通量居高不下。桥梁终止收费后车流量骤增，加剧了桥梁结构部件的损伤和局部破坏。经检测单位联合检查，发现桥墩、承台均有不同程度的裂缝，尤其主桥2号墩承台在承台底与封底混凝土交接处，四周已有多处空洞、蜂窝及麻面，严重的还有钢筋外露、锈蚀严重、个别钢筋折断、钢筋骨架局部损坏等病害。

2　主桥验算和2号墩承台修补方案

2.1　主桥目前结构可靠度分析

主桥修复设计时因为主桥检测及荷载试验检测报告内容暂缺，主要是通过近五年桥梁线性观测结果及基于设计模型的计算分析来进行初步评价。设计验算情况如表1：

箱梁截面正应力(单位：MPa)　　表1

截面(节点)编号	体系完成阶段		使用阶段			
	$\sigma_{上缘}$	$\sigma_{下缘}$	$\sigma_{上缘}$		$\sigma_{下缘}$	
			max	min	max	min
65m合龙段截面	6.2	3.9	7.8	5.6	4.8	1.3
1号墩顶截面	8.3	3.6	8.7	6.4	6.3	3.1
125m合龙段截面	5.4	6.3	7.0	4.9	6.9	3.9
2号墩顶截面	7.5	10.4	7.6	5.5	12.2	10.2
180m合龙段截面	7.0	10.1	8.1	6.9	10.2	8.6
3号墩顶截面	7.3	10.4	7.3	6.8	10.8	10.4
110m合龙段截面	3.7	7.6	4.7	3.6	7.7	5.9

从表1可看出该桥在原设计荷载作用下是安全的。

同时图1表明：考虑停车场效应，按最不利考虑，结构在目前限载情况下是安全的。

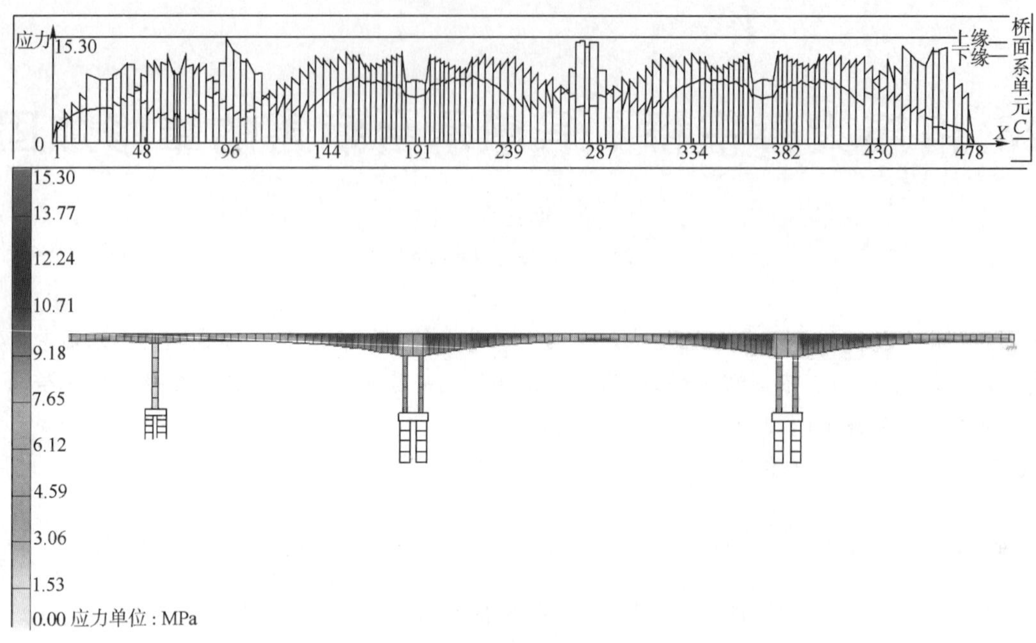

图1　最不利情况下桥梁荷载应力分布

2.2　主桥2号墩承台目前结构可靠度分析

根据检测及验算的情况，主桥2号墩承台还处于安全状况，承台主体结构没有受到大的影响。但承台目前冲蚀比较严重，环带空洞最深处已深入到墩身传力扩散角以内，致使边桩顶部混凝土局部脱空。若不予以修复，长久下去，会严重影响承台承载力，故应尽早安排维修，以策安全。

2.3　主桥2号墩承台修补方案

经过详细对比钢板桩围堰、钢套箱围堰和直接在水下浇注混凝土进行承台修补等三个施工方案在经济性、施工难易程度、维修效果等方面的优劣，以及考虑到2号墩承台所处位置水不深、地质情况适于施打钢板桩等因素，最后采用钢板桩围堰施工方案。

承台修补方案为：采用钢板桩围堰做施工平台，抽水后重新检查承台及桩基，确认桩基无破损后，在围堰外侧抛石笼至承台底以防冲刷，在内侧抛砂和片石混合料至承台原封底，在无水状态下对承台缺损、断裂和锈蚀严重的钢筋进行修补和补充浇注混凝土，并进行防腐处理。加固处理完毕后，保留钢板桩围堰，作为承台防冲蚀装置，且方便今后的检查维修。钢板桩围堰需涂装防腐油漆。

3　承台病害修复施工

3.1　修复工艺的要求

修补前凿除原松散混凝土，保证新旧混凝土接触面的混凝土强度≥30MPa，用高压水清洗干净已松脱的混凝土碎块，凿毛新旧混凝土连接处成荔枝皮状，露出混凝土新鲜面，然后对破损、断裂和锈蚀严重的钢筋进行除锈(并视钢筋的锈蚀程度，确定是否需要焊接同样直径的钢筋补强)，涂RS超渗补剂；在承台表面植入10cm深的ϕ12钢筋(间距15cm×15cm)，再视承台表面破损大小及深度布置一到几层15cm×15cm的ϕ12mm钢筋网(层间距离15cm)，并进行钢筋的防锈处理；在新旧混凝土结合处涂E200界面胶，然后灌注特快硬混凝土(UEA)修补；在承台垂直面涂刷混凝土专用双组分改性环氧树脂防腐油漆。

3.2　修复施工的注意事项

(1)尽量在夜间交通量最小时进行施工。

(2)整个施工期内，对大桥进行必要的监测，以防意外情况。

(3)承台的结合面凿毛处理标准，以露出新鲜石粒为准，然后用高压水枪进行冲洗。

(4)新旧混凝土结合面涂刷界面剂以增强其结合能力,保证新旧混凝土共同工作。E200界面胶用量为1.5kg/m^2,涂界面胶后0.5~2h内必须浇注混凝土。

(5)承台植筋时,钢筋植入深度确保满足设计要求,不伤及承台内的原有钢筋。采用的施工工艺及材料,须满足破坏时植入的受力钢筋能达到屈服强度。化学粘着植筋胶的选择满足如下要求:①化学粘着锚栓的药剂不宜采用环氧类化学黏结剂并满足焊接要求;②必须通过长期性能测试,能满足长期使用要求(以国内外权威测试机构提供的报告为准);③满足冲击振动,抗疲劳性能测试(以国内外权威测试机构提供的报告为准);④施工前应进行现场抗拉破坏试验,每种直径钢筋试样数量不少于6个。

(6)在修补过程中要采取必要措施保证围堰下部不涌水、不涌砂,以免影响修补效果。

(7)采用特快硬混凝土的坍落度≤5cm,缓凝时间为1h,5h后必须达到C30混凝土的强度以上。为减少桥上车辆行走产生的振动影响新旧混凝土结合,在夜间车辆比较少的时候利用硫铝酸盐快硬水泥对承台破损部分进行修补。

(8)承台垂直面涂刷双组分改性环氧树脂防腐油漆,要求承台表面无油污且保证清洁干燥无积水。

4 承台修复后的检验结果

对承台修补混凝土的水平抽芯芯样显示,采用E200界面胶处理新旧混凝土结合面衔接紧密、可靠,无间隙、杂物和气泡等缺陷,新灌注混凝土回弹检测强度值达到设计要求。承台经维修后,所有的空洞、蜂窝和露筋病害确保修补完整,新旧混凝土衔接牢固,新混凝土表面无出现蜂窝、麻面,且强度不低于老混凝土,具有一定的强度与耐久性,恢复了承台原设计强度及受力模式,延长其耐久性。

5 结束语

桥梁结构部件的损伤和局部破坏会缩短构件的寿命,从而影响桥梁的运行安全和使用年限。对运营期间出现的桥梁病害情况应及时进行检测并验算,即使暂时不影响受力,也应该及时进行处理。

参考文献

[1] JTG D60—2004.公路桥涵设计通用设计规范.[S].北京:人民交通出版社,2004.

[2] JTG D62—2004.公路钢筋混凝土及预应力混凝土桥涵设计规范.[S].北京:人民交通出版社,2004.

[3] 广州市公路工程质量检测中心.洛溪大桥2号墩承台病害检查工程质量检测报告[R].2005.

[4] 广州市公路工程质量检测中心.洛溪大桥2号墩承台混凝土破损处清理后的检查工程质量检测报告[R].2005.

29. 微型桩在路桥工程中的应用

杨继强
(广州市公路勘察设计院)

摘　要　本文阐述了微型桩的构造、施工方法及其在建筑行业广泛应用的概况，并通过杨河大桥基础加固实例，对微型桩加固桩基的的设计和施工的作了详细的介绍；认为微型桩在路桥建设及基础加固中的应用具有广泛的前景。

关键词　微型桩　杨河大桥　基础加固　设计与施工

1　微型桩概论

1.1　概述

微型桩(Micropile或Minipile)是一种较小口径的钻孔灌注桩。微型桩的直径一般在10～30cm之间，桩体由压力灌注的水泥砂浆或小石子混凝土与加劲材料所组成。根椐不同的用途，用于微型桩的加劲材料可以是钢筋、钢管或其他型钢。微型桩可以是垂直布置，也可以倾斜布置；可以成排配置，也可交叉成网状配置形如树根。因此微型桩又称树根桩(Root Pile)。

早在上世纪30年代，微型桩就在欧洲开始应用，距今超过60年历史；我国于上世纪80年代开始研究，并于上海首先使用。最初的微型桩主要用于老旧建筑的基础补强和托换等。由于微型桩的技术较为简单，施工方便，近年来讯速发展，已广泛运用于各种土木建筑工程，尤其用于楼房基础的托换，深开挖基坑支护、地下连续墙壁沟的稳定及滑坡的防治等方面取得了很大的成功。

1.2　微型桩施工方法和特点

微型桩的施工工序一般为：成孔→清孔→植入加劲钢筋骨→灌浆成桩。

这与普通钻孔灌注桩相似，所不同的是，由于微型桩口径较小，须用不同的钻孔机具成孔，而且，微型桩须采用压力灌浆。与普通钻孔灌注桩相比，微型桩更为灵活方便，可根据使用的目的不同而灵活布置。

(1)微型桩施工方法

微型桩的施工方法一般为：

①成孔

一般可采用地质钻机进行钻孔，根据不同的工程地质情况，可以采用干成孔或循环泥浆护壁成孔。

②清孔

如采用循环泥浆成孔，则钻至所需深度后，用冲水清孔；如采用干成孔时，则须反复提钻取土清孔。

③植入加劲钢材及注浆管

清孔完成后，须立即植入加劲钢材和注浆导管，其中加劲钢材，可以根据设计使用的目的不同而采用钢筋笼(孔径较大时)、单根钢筋(孔径较小时)、钢管或其他型钢。

④压力灌浆

可以先向孔内投入粒径为1～3cm的碎石，然后，向孔内灌注纯水泥浆或水泥砂浆；也可以不投入碎石而直接向孔内用压力灌注水泥砂浆。若采用套管灌浆时，在拔除套管的同時施加压力将浆液压入土层中，直到满溢为止。注浆的压力一般可采用0.3～0.5MPa，视具体的工程地质作适当的调整。

(2)微型桩特点

微型桩的主要特点是：

①施工迅速安全，施工机具小，用普通的地质钻机甚至是手摇钻就能成孔。

②所需施工场地较小，在平面尺寸 1.1m×2.5m 和净空高度 2.5m 即可施工；且桩孔距构造物边缘最近距离可达 35cm。

③布置灵活方便，可根据需要或垂直或斜布，也可成排布置或交叉成网状布置。

④网状布置的微型桩群桩体系具有较好的承载能力，群桩中的单桩可以承受拉应力、压应力、剪力和弯曲应力。

⑤竖直承载力高，根有关文献的研究结果，一根直径为 14cm 长度为 4.7m，桩端进入密实中砂层的微型桩的极限承载力为 835kN；完全埋入土中的微型桩，能提供 910kN 的安全工作荷载。当微型桩支承在岩层中时，能够承受的安全工作荷载可高达 2 720kN。

⑥竖直受荷沉降量小，根据有关方面的单桩静载试验结果，一根桩端进入硬塑黏性土长为 7m 的微型桩，当荷载加至 314kN 时，桩顶沉降仅为 3.8mm；而一根桩端进入砂状强风化岩长度为 11m 的微型桩，当荷载加至 648kN 时桩顶沉降仅为 2.2mm。

⑦桩孔孔径小，因而对基础和地基土产生的附加应力甚微，施工时对原有基础影响小；不干扰构造物的正常使用。

⑧能穿透各种障碍物，适用于各种不同的土质条件。

⑨渗透性压力灌浆对桩周土壤产生固结效果，且立竿见影。

综上所述，微型桩的主要特点是：工作场地要求低，承载力高，沉降量小，施工时对构造物的正常使用影响较小，是建筑物基础加固的好方法。多年来，微型桩在土建工程应用的成功实例不胜枚举。但是，微型桩用于桥梁加固的案例尚不多见。本文试图通过杨河大桥基础的加固实例，说明微型桩不仅在土建工程能发挥效用，在路桥工程中也大有作为。

2　工程实例

2.1　杨河大桥概述

杨河大桥是省道 118 线太平场路段的一座大桥，桥宽为：22m＋(2×0.5)m，上部构造为 9m×16m 等跨钢筋混凝土 T 形梁桥，总长为 148.04m；下部构造为 3 柱式墩、台，钻孔灌注桩基础。设计荷载为：汽车－20 级，挂车－100。该桥建于 20 世纪 90 年代初，建成后，由于该桥上下游河床长期人工取砂，经多年的水流冲刷，河床下降严重。

据实地调查，除 1、8 号墩位于河岸上，未见严重冲刷外。该桥 2～7 号桥墩均有不同程度的冲刷现象，尤其 6、7 号墩冲刷最为严重，与原施工图比较，河床位置下降将近 4m。该桥原设计的桥墩桩基横系梁是埋于河床下的，现横系梁已普遍露出河床 2～4m。被冲刷后外露的桩基，部分表面混凝土剥落，钢筋外露锈蚀。较早前，经有关部门检测，该桥上构及总体承载尚可。但是，由于该桥河床下 4～5m 为易于冲刷的砂砾层，若河床进一步冲刷，桩基钢筋进一步氧化锈蚀，势必严重削弱桥梁的承载能力，进而影响桥梁的整体稳定。为保证桥梁的正常使用和永久性，必须对该桥 2～7 号桥墩进行加固。

2.2　大桥加固方案

杨河大桥地处花都新北兴与从化大平镇的交界处，是花都与从化之间往来的重要通道，交通量较大，进行该桥加固维修时不便中断交通；该桥的病害主要是由于河床降低造成桩基外露和钢筋锈蚀，导致隐性的承载能力降低。也就是说，该桥的加固目的是要提高桩基的承载能力并防止水流对桩周的冲刷，保持桩基的稳定，但是，必须在不中断交通的情况下，在仅有 6m 净空的桥下进行桩基加固作业。

在这种情况下，若采用浅基础加固方案，则难以遏止河床继续冲刷后的掏空破坏；而深基础中的普通钻孔灌注桩、打入桩等加固方案，就算忽略在已有桥墩旁钻掘出过大的孔洞或打桩时过大的震动对原结构造成不良的影响，也无法在高度有限的桥下进行施工作业。经过分析比较，“工作净空要求仅 2.5m，平面尺寸仅需 1.1m×2.5m，孔位距原桥墩的最小距离可达 35cm”的微形桩加固方案就成了必然的选择。

微型桩加固方案，不但可以在不中断交通的情况下施工，而且可以使加固施工对地基及原桥墩产生的不利影响降至最小的前提下，达到加固桥墩，提高承载能力，防止桩周继续被冲刷的目的。具体措施是：桥墩每个桩采用4根ϕ30cm微型桩对2～7号桥墩进行加固。大桥加固的总体布置见图1。

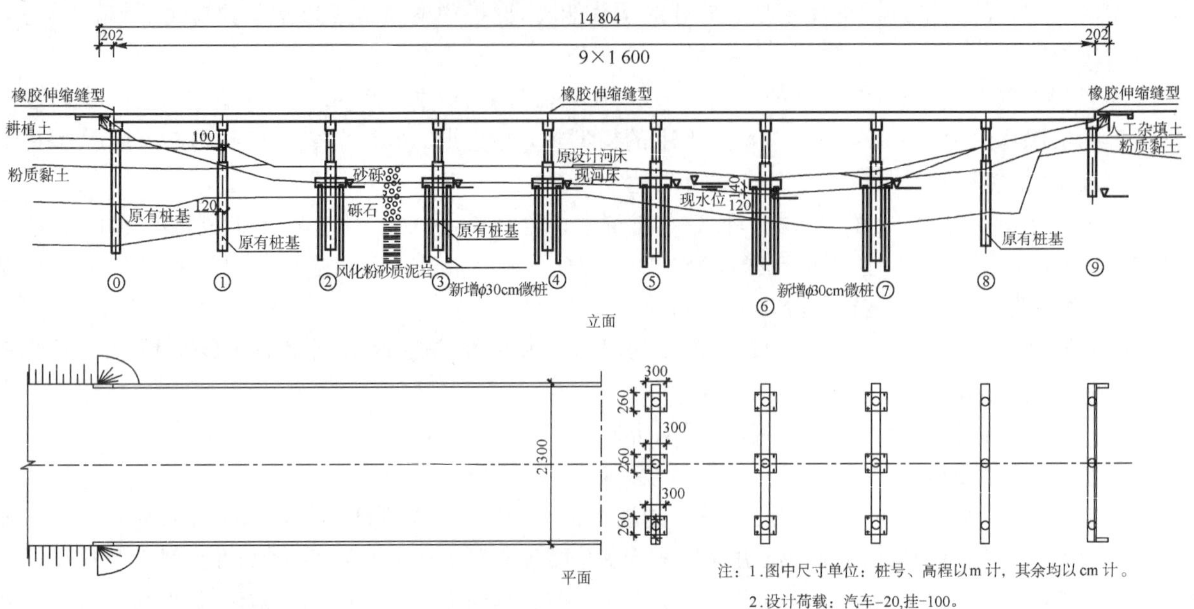

图1 杨河大桥微型桩加固总体布置图

2.3 大桥加固设计

杨河大桥桥墩原设计的桩基为3桩式单排钻孔灌注桩，单桩直径为1.2m，桩身穿过2～4m的粉质黏土层和4～5m砂砾层，桩尖支承于风化泥岩之中。桩基平均长度为14m，每个桥墩均设置了横系梁。

(1)原桥墩受力分析

单跨T形梁恒载为289.3tf，二期恒载为99.9tf，控制设计的活载反力为210.5tf，盖梁恒载84.5tf，系梁恒载为48.2tf，单根ϕ1.0m的立柱恒载为8tf。则原桥墩平均每根ϕ1.2m的桩应承受的竖向外力为：

$$P_P=(289.3+99.9+210.5+84.5+48.2)/3+8=252.1\text{tf}=2\,521\text{kN}$$

考虑到桥墩的偏载，单桩须承受的最大竖直荷载为：

$$P_{max}=352.9\text{tf}=3\,529\text{kN}$$

(2)现桥墩单桩竖向容许承载力分析：

按河床冲刷较为严重的7号桥墩考虑，原设计桩长为14.4m，已被冲刷4m，按继续冲刷3m计算，现有桩基入土长度$L=14.4-7=7.4$m，按《公路桥涵地基与基础设计规范》(以下简称“桥基规”)的摩擦桩公式计算，则：

$$[P]_{桩}=0.5(U\cdot L\cdot\tau_P+A\cdot\sigma_R)$$

式中：U——桩周长度；

τ_P——桩侧土平均极限摩阻力；

L——桩的有效入土长度；

根据桥位地质情况按“桥基规”的规定取值并计算得

$$U=3.77\text{m}$$

$$A=1.13\text{m}^2$$

$$\sigma_R=662.48\text{kPa}$$

$$\tau_P = 100.54\text{kPa}$$

则：

$$[P]_{桩} = 0.5\times(3.77\times7.4\times100.54+1.13\times662.48)1776\text{kN}\approx178\text{tf}$$

(3)微型桩设计

考虑用微型桩补充原桥墩桩基的不足，并使原桩基与微型桩共同承受桥墩竖向外力。按桥墩单桩最大外力和最不利冲刷情况考虑，原桥墩每根桩设置 4 根微型桩，若平均每根微型桩要承担的外荷载为 P'，则有：

$$P' = (P_{max} - [P]_{桩})/4 = (352.9-178)/4 = 43.72\text{tf} = 437.2\text{kN}$$

考虑偏载后

$$P'_{max} = 61.2\text{tf} = 612\text{kN}。$$

微型桩的桩径采用 ϕ30cm，考虑到微型桩的口径较小，忽略桩尖承载力不计，按摩擦桩计算，若每根微型桩的有效入土深度为 L'，则有：

$$L' = 2P'_{max}/U.\tau_P$$

考虑到微型桩施工是采用压力注浆，尤其对于砂砾土及风化岩而言，实际注浆量与理论注浆量之比约可达 2.1～3.5，这意味着微型桩注浆后，多余的浆液将在桩周形成“桩瘤”，或进入桩周土层，起固结作用，使桩周土的极限摩擦力增大。根据河床工程地质情况按桥梁基础设计规范关于摩擦桩的有关规定，并取大值计算得 $\tau_P = 168.8\text{kPa}$，$U = 0.942\text{m}$，则可算得微型的有效长度：

$$L' = (2\times612.0)/(168.8\times0.942) = 7.7\text{m}，取 8\text{m}$$

考虑 3m 的冲刷深度，则微型桩的实际施工长度为 12m。采用 ϕ20cm 的钢管作微型桩的加劲骨架

(4)承台及传力锚设计

承台平面尺寸为 2.6m×3.0m，厚度为 1.4m，承台顶面基本与河床平。微型桩伸入承台 20cm，微型桩 ϕ20cm 的钢管骨架伸入承台 50cm。承台构造见图 2。

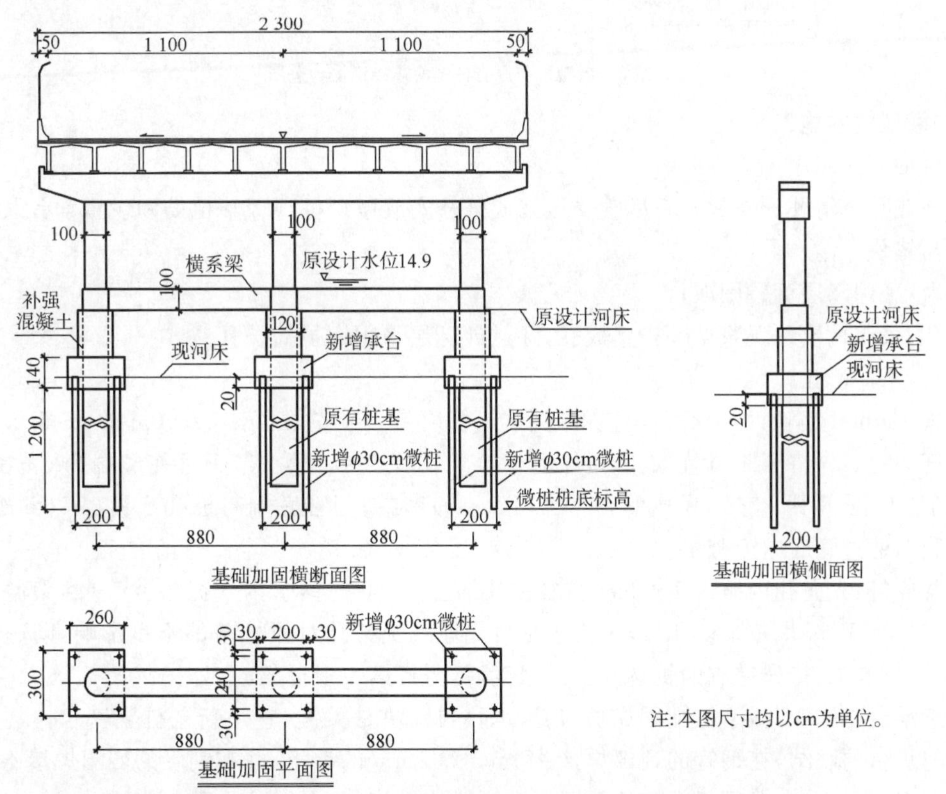

图 2 微型桩基础加固构造图

考虑微型桩通过承台与旧桩一起共同承担桥墩荷载，为使微桩与旧桩基能够紧密合作，承台与旧桩相接处，旧桩四周植入钢筋，并与承台底、面层钢筋焊接。此外，承台至原桩基横系梁之间的高度段，将ϕ1.2m的旧桩扩大截面至ϕ1.6m，并在桩周按普通钻孔灌注桩配置钢筋，纵向钢筋伸入承台内，在原桩的四周植入钢筋并与新设的纵向钢筋相接。使新增纵筋、旧桩植筋和承台钢筋一起，形成锚块骨架。新增截面混凝土与承台浇筑成整体形成锚块。锚块构造见图3。

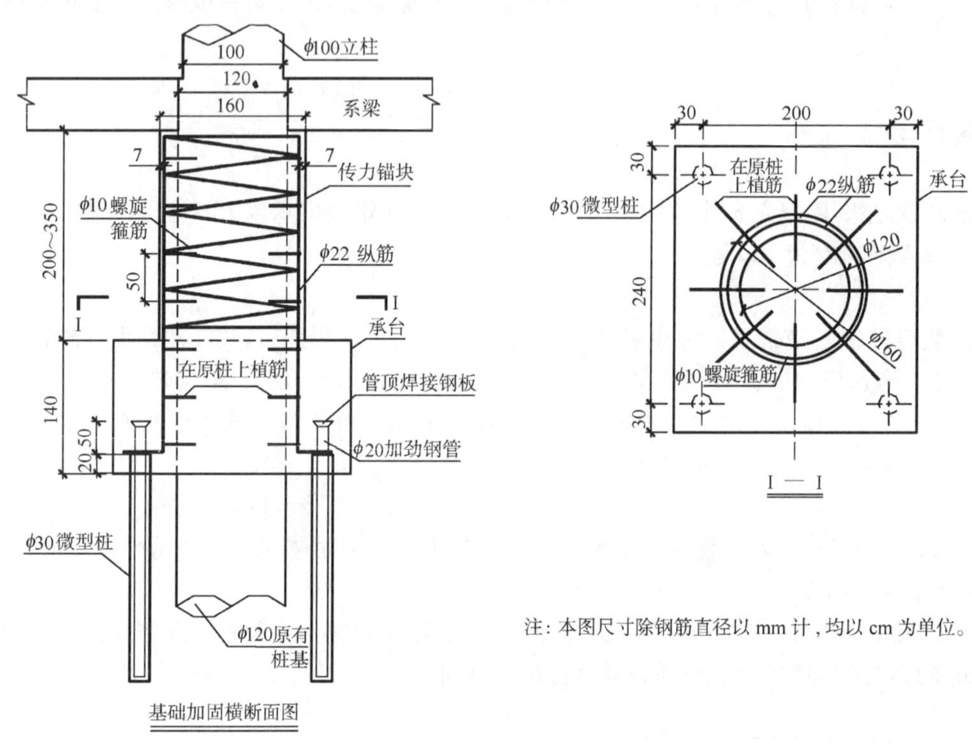

图3 微型桩与原有桩基的连接锚块构造图

2.4 微型桩的施工

微型桩的施工工序：

围堰→成孔→清孔→安放ϕ20钢管→压浆成桩→安放微型桩顶板→植筋和设置承台及锚块钢筋→浇筑承台与锚块。

①围堰：采用双层草袋围堰；

②成孔：采用地质钻泥浆循环护壁成孔，穿过砂砾层采用钢护筒护孔；

③清孔：水冲清孔；

④安放ϕ20mm钢管：由于桥下净空的限制，钢管须分3节安放：第1、2节长4.5～5m，第3节视各桩实际长度而定。先将第1节放入孔内，然后与第2节焊接…。第一节钢管在底端2m范围内，四周钻出ϕ2cm的压浆孔，间距30cm，用气囊密封器(Pacher)密封；钢管底端与桩孔底留出5cm的间隙，以保证浆液顺利地通过管底向上翻出。

⑤压浆成桩：先向孔内抛入1～3cm粒径的小石子，然后向钢管内水泥砂浆，直到满溢为止。注浆压力不小于0.3MPa，水灰比采用1.7。为了尽可能地减少钻孔对原桩基的不良影响，同一桩基的四根微型桩，应逐根施工，待先完成的桩达到一定强度后，再行第二根桩的施工。

⑥浇筑承台与锚块：微型桩加固成功与否，承台与锚块是关键，它是新老桩紧密合作的保证。为了加强微桩与承台的联结，在钢管的顶部焊接ϕ40mm厚3mm的钢板，并在钢管的四周焊接4块耳板以加强钢板的刚度。另外，在布设承台钢筋的同时布设锚块钢筋，并在旧桩外露部分植入钢筋；使植筋、承台钢筋及锚块钢筋联成整体骨架。在浇筑混凝土时，须将旧混凝土接触面去除炭化表层，露出新鲜骨料；

对有钢筋锈蚀现象的桩基,须凿除保护层,对钢筋除锈后,在接触面涂上一层 E200 界面胶,才可浇注混凝土。

3 结束语

(1)杨河大桥基础加固,正在准备施工阶段,尚未取得实验数据。但是,由于微型桩采用压力灌浆,浆液被压迫渗透桩周土层,使地基承载力提高,同时,压力浆液会在桩周形成“桩瘤”,这些都会大大提高桩与土的极限摩阻力。而采用《公路桥涵地基与基础设计规范》的摩擦桩公式计算单桩承载力,是偏于安全的。

(2)微型桩的应用历史攸久,在土建工程中积蓄了不少的经验,不管是在基础托换或基坑支护,还是边坡的防治方面,均有不少的成功实践可以借鉴。由于微型桩的施工工艺并不复杂,造价也不高,在公路桥梁工程中,特别是在旧桥基础加固,高填、深挖路基边坡的滑坡防治,路基挡土墙地基处理及旧墙基础加固方面,均可大有作为,值得大力推广应用。

(3)微型桩采用压力灌浆,使桩与土体的关系变得更为复杂,到目前为止,微型桩的设计计算尚未形成系统的理论,其配置桩径、桩长等,仍然依赖于实践和经验。微型桩用途广泛,单桩乃至多排桩、网状桩群的承载能力问题值得研究。

参考文献

[1] 孙剑平著. 微型桩竖向承载力的估算.

[2] 公路桥涵地基与基础设计规范. 北京:人民交通出版社,1985.

30. 预应力混凝土连续刚构桥施工过程应力监测研究

陈 嘉
（广州市公路勘察设计有限公司）

摘 要 混凝土实测应变除弹性应变外还包含混凝土的自由变形、徐变和温度应变等非应力应变，介绍了预应力混凝土连续刚构桥中应力间接测量的方法和步骤。在混凝土实测应变与应力的转换中，采用无应力计去除非应力应变，利用预埋在主梁中性轴的应变计进行混凝土徐变系数识别，并采用叠加法对徐变应变进行分离。混凝土内部应力测量关键在于应力应变转换，而应力应变转换关键在于徐变系数的识别。在观音沙特大桥施工监控期间，先采用中性轴应力来识别徐变系数，再进行徐变应变分离的方法，应力实测值与弹性理论计算值比较接近。

关键词 应力应变转换 徐变系数识别 应力监测

近年来我国大跨度桥梁建设不断发展，桥梁结构的安全性、可靠性已成为当今社会所关注的重要问题。桥梁施工阶段的应力监测，可为桥梁施工的各个阶段提供准确可靠的测试数据，以保证工程施工质量和施工安全，并可为桥梁建成以后的长期健康监测和状态评估提供基础性的科学数据。

1 概述

京珠北段观音沙特大桥是北京至珠海高速公路广州北段上的一座特大型桥梁。主桥桥面宽 35m，分两幅，每幅桥箱梁采用单箱单室断面，箱梁顶板宽 17.00m，底板宽 9.00m，箱梁顶面设 4%单向全超高横坡。墩顶 0 号梁段长 9.0m，三个“T 构”的悬臂梁各分 15 对梁段，其梁段数及梁段长度从根部至跨中各为：3×3.0m，5×3.5m，7×4.0m，累计悬臂总长 54.5m，悬臂浇筑梁段最大控制重量约为1 620kN，跨中合龙段的边跨合龙段均为 2.00m 长，两个边跨现浇梁段各长 4.00m。墩顶处箱梁梁高为 6.5m，各跨跨中以及现浇梁段梁高均为 2.5m，箱梁高度按二次抛物线变化；观音沙特大桥主桥单幅共有梁段 99 个，其中采用落地支架现浇的梁段有 5 个，合龙梁段 4 个，挂篮式平衡悬臂现浇施工的梁段有 90 个。因此，主梁施工的主要工法为挂篮式平衡悬臂现浇。与其他工法相比，挂篮式平衡悬臂现浇工法须对施工过程中各梁段的高程和内力进行严格控制，才能使合龙精度、成桥后的主梁线型和内力满足设计要求。观音沙特大桥主桥立面见图 1。

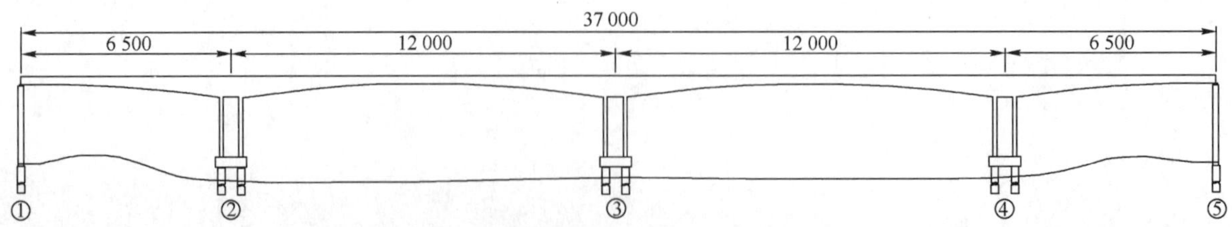

图 1 观音沙大桥立面图（尺寸单位：mm）

2 应力测量方案

2.1 测量方法的确定

目前混凝土应力测量有直接法和间接法两种。直接法是指利用应力传感器直接感知混凝土内部应力的一种测量方法；间接法是指首先利用各种应变传感器测量出混凝土的内部应变，再通过一定的换算方法转换为混凝土应力的一种测量方法。由于目前能直接测量混凝土内部应力的传感器非常少，不便于应用，而应变传感器则种类繁多，各有不同的特点，能较好地适应大规模测量。因此对观音沙特大桥的应力测量选择了间接法测量，并与温度测量一并进行。

2.2　测量截面以及布点的确定

(1)截面位置的确定选取测量截面的原则是：通过模拟施工计算，得到全桥各类构件施工全过程中的应力包络线，从而获取各类构件的最不利位置，进而选取截面位置。截面的选择力求对称，以增加结果的可比性，便于分析。截面的选取应注意避开圣维南区，因为该区应力分布较为复杂，如果不进行局部分析，很难预测出它的应力，这样不利于实测应力的对比分析。根据以上原则，观音沙大桥全桥应力断面布置图如图 2 所示。

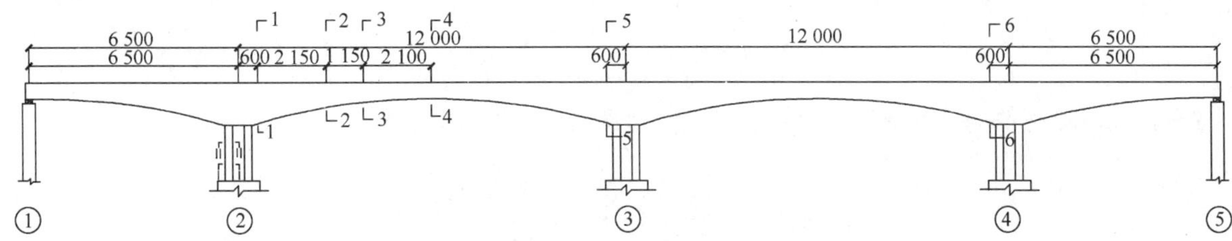

图 2　观音沙大桥应力监测断面位置图(尺寸单位：mm)

(2)各测量截面的传感器布点位置各测试断面应变传感器布设如图 3 所示。其中，9 号和 10 号测点传感器仅在墩顶断面中性轴位置布设。

2.3　应变测量时机的确定

由于一天中结构的温度是随着时间变化的，应变测量时要避免是由于结构局部温差引起的温度应变造成的误差。经过温度测试表明，在清晨太阳出来前结构受到温度的影响最小，因此宜选择清晨作为应变测量的时间。

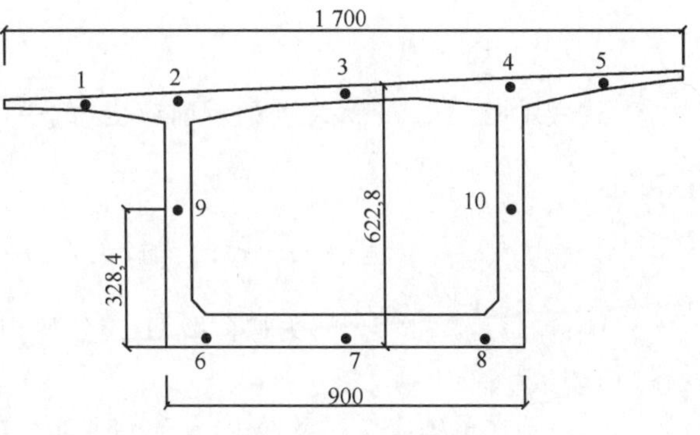

图 3　断面测点布置图(尺寸单位：mm)

3　测试数据分析

3.1　应变转换为应力的计算方法

实际上，混凝土的实测应变中包含有：荷载引起的弹性应变、徐变引起的应变、收缩引起的应变、体系温度变化引起的应变、温度场温差引起的应变、湿度引起的应变等六项。上述六项应变中除第一项是直接应变外，其他每一项都含有自由应变及产生应力的约束应变。而实际需要的是第一项及后五项中的约束应变，五项中的自由应变需要排除。观音沙特大桥的监控采用叠加法来计算混凝土得实际应力。

如图 4 所示，将单轴应变过程线划分成许多时段，根据徐变的概念，每一时段的应力增量都将引起该时段为加载龄期的瞬时弹性变形和徐变变形，二者之和为总变形，对以后各时段的应变值都产生影响，计算各个时段的应力增量时都应加以考虑。

现在结合图 4 说明，将单轴应变过程线分为 n 个时段，时段可以是等间距的，也可以是不等间距的，早期每一时段的应力增量较大，时段划分要短，后期应力变化不大，可将时段分得长一些。

根据徐变试验资料计算出每一时段的τ_0，τ_1，……，τ_{n-1}为加荷龄期的总变形过程线(总变形是徐变变形和瞬时弹性变形之和)，或制成相应于应力增量作用龄期之后各时段中点龄期的有效弹模和总变形的表供进一步计算使用。

由前述徐变概念可以得知某一时刻的实测应变，不仅有该时刻弹性应力增量引起的弹性应变，而且包含在此以前所有应力引起的总变形。图 4 上τ_{i-1}～τ_i时段的应力增量$\Delta\sigma_i$引起的总变形，将包含在

$\tau_{n-1}\sim\tau_n$时段的应变ε_n中，因此计算这一时段的应变增量时应加以扣除。

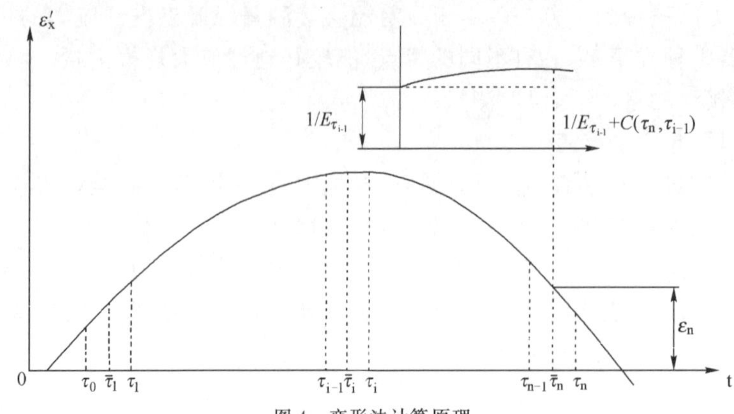

图4　变形法计算原理

Fig　Sketch of saperpos ition method

在计算时段之前的总变形影响值，我们称之为“承前应变”，用ε_h表示：

$$\varepsilon_h=\int_{\tau_0}^{t}\frac{d\sigma_x(\tau)}{d\tau}\left[\frac{1}{E(\tau)}+\delta(t,\tau)\right]d\tau \tag{1}$$

这是计算承前应变的数学式，实际上用下面的近似式计算：

$$\varepsilon_h=\sum_{i=0}^{t}\Delta\sigma_i\left[\frac{1}{E(\tau_i)}+c(\bar{\tau}_n,\tau_i)\right] \tag{2}$$

上式表示时段$\tau_{n-1}\sim\tau_n$之前的承前应变，式中$\bar{\tau}_n=\dfrac{\tau_n+\tau_{n+1}}{2}$是时段中点的龄期。在龄期$\bar{\tau}_n$的应力增量应为：

$$\Delta\sigma_n=E_s(\bar{\tau}_n,\tau_{n-1})\left\{\varepsilon'_n(\bar{\tau}_n)-\sum_{i=0}^{n}\Delta\sigma_i\times\left[\frac{1}{E(\tau_i)}+c(\tau_n,\tau_i)\right]\right\} \tag{3}$$

式中：$E_s(\bar{\tau}_n,\tau_{n-1})$是$\tau_{n-1}$为加荷龄期，单位应力持续作用到$\bar{\tau}_n$的总变形的倒数，即$\bar{\tau}_n$时刻的有效弹性模量；

$\varepsilon'_n(\bar{\tau}_n)$是在单轴应变过程线上，$t_1=\bar{\tau}_n$时刻的单轴应变值。在$\bar{\tau}_n$时刻的混凝土实际应力是：

$$\sigma_n=\sum_{i=0}^{n-1}\Delta\sigma_i+\Delta\sigma_n=\sum_{i=0}^{n}\Delta\sigma_i \tag{4}$$

式(3)就是混凝土实测应变转化成应力的计算公式。值得注意的是式(3)的应变是实测应变扣除无应力计测试的应变和温度影响后的应变，即只包含弹性应变和徐变应变。

3.2　徐变系数的识别

虽然混凝土徐变的精确计算是很难的，但由于其在混凝土应力分离中的重要性，合理估算收缩徐变的影响是非常重要的。因此必须寻求和试验较为吻合的徐变理论和徐变计算方法，从而达到应变分离的目的。

实际上，可利用部分现场徐变试验资料对徐变理论计算公式进行修正的方法，可以较合理地估算出收缩徐变的影响。这其中，徐变系数的识别又是估算徐变影响的重要环节。

试验测量中，徐变系数的识别采用在主梁中性轴处埋设应变计，利用主梁中性轴应力只与预应力有关，中性轴的应力可以利用预应力张拉前后的应变直接测量，而与主梁重量无关的特点来对徐变系数进行识别，具体流程如图5所示。

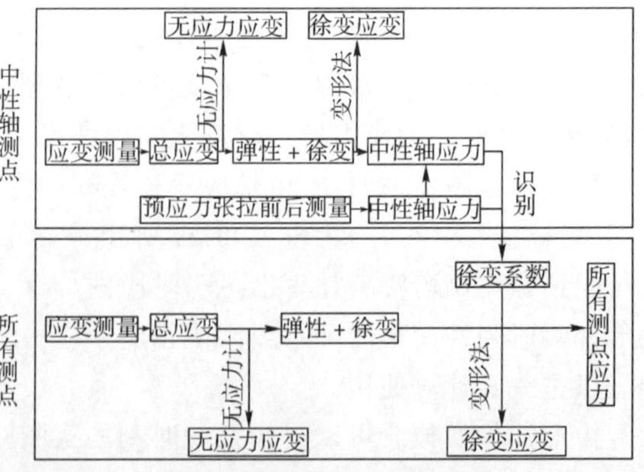

图5　应变一应力转换图

4 应力监测结果

根据上述数据处理的方法，由现场实测的应变值可求得结构内部的实际应力值。表1分别为1—1截面施工阶段各工况底板和顶板上的实测应力值和理论计算值，其中压为负，拉为正。

1-1 断面实测—计算值比较 表1

应力 / 工况	上缘		下缘	
	实测值（MPa）	理论值（MPa）	实测值（MPa）	理论值（MPa）
2号块张拉前	−0.87	−0.82	−0.21	−0.3
3号块张拉前	−1.55	−1.78	−0.56	−0.49
4号块张拉前	−2.55	−2.72	−0.65	−0.78
5号块张拉前	−2.93	−3.58	−1.13	−1.17
6号块张拉前	−3.74	−4.37	−1.41	−1.62
7号块张拉前	−4.37	−5.1	−1.88	−2.14
8号块张拉前	−5.07	−5.77	−2.44	−2.72
9号块张拉前	−5.75	−6.27	−3.27	−3.46
10号块张拉前	−6.24	−6.71	−4.11	−4.24
11号块张拉前	−6.81	−7.09	−4.8	−5.09
12号块张拉前	−7.12	−7.39	−4.87	−6.02
13号块张拉前	−7.3	−7.61	−5.62	−6.55
14号块张拉前	−7.47	−7.72	−6.48	−8.17
15号块张拉前	−7.66	−7.76	−7.53	−9.39
边跨合龙	−8.14	−9.35	−8.08	−8.82

从表1可以看出，实测值与理论 计算值都比较接近，说明本文提出的应变转换为应力的计算方法是行之有效的。

5 结束语

混凝土内部应力测量关键在于应力应变转换，而应力应变转换关键在于徐变系数的识别。本文通过先采用中性轴应力来识别徐变系数，再进行徐变应变分离的方法，应力实测值与弹性理论计算值比较接近。事实上，测量工作有两大重点，一是取得原始数据，二是分析数据。为了能最终得到精确的测量结果，必须精心制定测量方案，获取数据后同时还必须进行科学的分析，两者是相辅相成的。

应力监测是预应力混凝土连续梁桥施工控制的一种有效手段，它能弥补设计计算中参数选择不合理或某些因素无法考虑的不足，使桥梁的施工和运行更加安全。然而，正确分析和处理现场实测数据，是获得准确可靠的应力监测结果的重要保证。

参考文献

[1] 储海宁. 混凝土坝内部观测技术[M]. 北京：水利电力出版社，1989，25～36.

[2] 向木生等. 预应力混凝土梁桥应力测试技术[J]. 武汉理工大学学报，2001，25(3)：266～269.

[3] 叶方谦，余利华. 大跨度预应力混凝土桥施工应力监测[J]. 交通科技，2004，205(4)：1～4.

[4] 陈树礼，苏木标，张文学. 混凝土连续梁桥施工阶段应力监测研究[J]. 石家庄铁道学院学报，2004，17(3)：39～42.

31. 浅谈混凝土箱梁桥的裂缝成因及日常养护防治

胡　硕
（广州西二环高速公路有限公司）

摘　要　混凝土箱梁经常会出现大小不等的开裂现象。为了加强对混凝土箱桥梁裂缝的认识，综合国内许多关于混凝土箱梁的裂缝资料，分析混凝土箱梁的裂缝成因，提出了预防混凝土箱梁裂缝及日常养护的措施。

关键词　裂缝　预防　日常养护

1　混凝土箱梁裂缝的成因

1.1　混凝土箱梁设计理论不完善

对于复合材料特别是钢筋混凝土箱形梁、预应力混凝土箱形梁(多向预应力)，钢—预应力混凝土箱形梁的材料非线性特性、受力性能，如截面强度计算，特别是其设计理论还显得极为不足；另外由于箱形梁有其较大的抗扭刚度和良好的整体结构性能而广泛用于城市高架桥直线与曲线部分，对于钢筋混凝土曲线桥梁的设计理论与其特性研究更显不足。现代箱形梁随着施工技术的进步及高强材料应用的发展，多采用薄壁倒梯形，宽悬臂板多向预应力的单箱单室或多箱单室发展，现行钢筋混凝土箱形梁的设计沿用了对矩形梁和T形梁长期使用的线弹性理论分析其内力和应力，然后按极限状态法确定其承载力的抗裂性的方法。

1.2　因荷载而引起的裂缝

所谓的荷载裂缝分直接应力裂缝和次应力裂缝两种。

(1)直接应力裂缝

直接应力裂缝产生的原因有：

一是设计计算阶段，结构计算时不计算或部分漏算；计算模型不合理；结构受力假设与实际受力不符；荷载少算或漏算；内力与配筋计算错误；结构安全系数不够。结构设计时不考虑施工的可能性；设计断面不足；钢筋设置偏少或布置错误；结构刚度不足；构造处理不当；设计图纸交代不清等。

二是施工阶段，不加限制地堆放施工机具、材料；不了解预制结构受力特点，随意翻身、起吊、运输、安装；不按设计图纸施工，擅自更改结构施工顺序，改变结构受力模式；不对结构做机器振动下的疲劳强度验算等。

三是使用阶段，超出设计载荷的重型车辆过桥；受车辆、船舶的接触、撞击；发生大风、大雪、地震、爆炸等。实际工程中，次应力裂缝是产生荷载裂缝的最常见原因。

(2)次应力裂缝

次应力裂缝多属张拉、劈裂、剪切性质，它产生的原因有：

一是在设计外荷载作用下，由于结构物的实际工作状态同常规计算有出入或计算不考虑，从而在某些部位引起次应力导致结构开裂。

二是桥梁结构中经常需要凿槽、开洞、设置牛腿等，在常规计算中难以用准确的图式进行模拟计算，一般根据经验设置受力钢筋，若处理不当，在这些结构的转角处或构件形状突变处、受力钢筋截断处容易出现裂缝。荷载裂缝特征依荷载不同而呈现不同的特点。这类裂缝多出现在受拉区、受剪区或振动严重部位。

根据结构不同受力方式，产生的裂缝特征如下：

①中心受拉：裂缝贯穿构件横截面，间距大体相等，且垂直于受力方向。采用螺纹钢筋时，裂缝之间出现位于钢筋附近的次裂缝；

②中心受压：沿构件出现平行于受力方向的短而密的平行裂缝；

③受弯：弯矩最大截面附近从受拉区边沿开始出现与受拉方向垂直的裂缝，并逐渐向中和轴方向发展。采用螺纹钢筋时，裂缝间可见较短的次裂缝。当结构配筋较少时，裂缝少而宽，结构可能发生脆性破坏；

④大偏心受压：大偏心受压和受拉区配筋较少的小偏心受压构件，类似于受弯构件；

⑤小偏心受压：小偏心受压和受拉区配筋较多的大偏心受压构件，类似于中心受压构件；

⑥受剪：当箍筋太密时发生斜压破坏，沿梁端腹部出现大于45°方向的斜裂缝；当箍筋适当时发生剪压破坏，沿梁端中下部出现约45°方向相互平行的斜裂缝；

⑦受扭：构件一侧腹部先出现多条约45°方向斜裂缝，并向相邻面以螺旋方向展开；

⑧受冲切：沿柱头板内四侧发生约45°方向斜面拉裂，形成冲切面；

⑨局部受压：在局部受压区出现与压力方向大致平行的多条短裂缝。清楚了荷载裂缝产生的原因及特点后我们具体来看看混凝土箱梁荷载裂缝的特点。箱梁截面在荷载的作用下会产生四种典型的变形类型，即纵向弯曲、横向弯曲、扭转和扭转变形（畸变），对应的在箱梁的顶板、底板、腹板以及横隔板分别产生应力，这些因素往往是导致混凝土箱梁裂缝发生的主要因素。

根据实际情况来看，裂缝一般分为如下几种（如图1）：

①独柱墩箱梁顶板支点负弯矩区出现呈45°角的斜裂缝；

②双柱墩箱梁顶板支点负弯矩区出现较多的横桥向裂缝，分布较广；

③箱梁底板正弯矩区的横向裂缝；

④腹板裂缝较小，一般呈竖向并向底板开展。

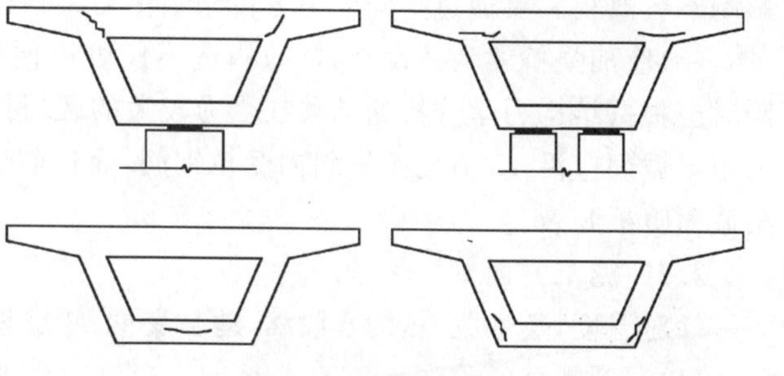

图1　混凝土箱梁裂缝

1.3　温度变化引起的裂缝

因其有热胀冷缩性质，当外部环境或结构内部温度发生变化，混凝土将发生变形，从而产生温度裂缝。温度裂缝区别其他裂缝最主要特征是将随温度变化而扩张或合龙。引起温度变化的主要因素有年温差、日照、骤然降温、水化热、蒸汽养护或冬季施工时施工措施不当等。

1.4　收缩引起的裂缝

事实上，塑性收缩和缩水收缩（干缩）是发生混凝土体积变形的主要原因，另外还有自生收缩和炭化收缩。当混凝土浇筑后4～5h时，水泥水化反应激烈，分子链逐渐形成，出现泌水和水分急剧蒸发，混凝土失水收缩，同时骨料因自重下沉，因此时混凝土尚未硬化，称为塑性收缩。塑性收缩所产生量级很大，可达1%左右。在骨料下沉过程中若受到钢筋阻挡，便形成沿钢筋方向的裂缝。在构件竖向变截面处如箱梁腹板与顶底板交接处，因硬化前沉实不均匀将发生表面的顺腹板方向裂缝。混凝土结硬以后，随着表层水分逐步蒸发，湿度逐步降低，混凝土体积减小，称为缩水收缩（干缩）。因混凝土表层水分损失快，内部损失慢，因此产生表面收缩大、内部收缩小的不均匀收缩，表面收缩变形受到内部混凝土的约束，致使表面混凝土承受拉力，当表面混凝土承受拉力超过其抗拉强度时，便产生收缩裂缝。混凝土硬化后收缩主要就是缩水收缩。如配筋率较大的构件（超过3%），钢筋对混凝土收缩的约束比较明显，混凝土表面容易出现龟裂裂纹。自生收缩是混凝土在硬化过程中，水泥与水发生水化反应，这种收缩与外界湿度无关。炭化收缩是大气中的二氧化碳与水泥的水化物发生化学反应引起的收缩变形，一般不做计算。

1.5　地基础变形引起的裂缝

因结构地基土质不匀、松软，或回填土不实或浸水而造成不均匀沉降所致；或者因模板刚度不足，模板支撑间距过大或支撑底部松动等所致，特别是在冬季，模板支撑在冻土上，冻土化冻后产生不均匀沉降，致使混凝土结构产生裂缝。此类裂缝多为深进或贯穿性裂缝，其走向与沉陷情况有关，一般沿与地面垂直或呈 30°～45°角方向发展，较大的沉陷裂缝，往往有一定的错位，裂缝宽度往往与沉降量成正比关系。裂缝宽度受温度变化的影响较小。地基变形稳定之后，沉陷裂缝也基本趋于稳定。

1.6 钢筋锈蚀引起的裂缝

由于混凝土质量较差或保护层厚度不足，混凝土保护层受二氧化碳侵蚀炭化至钢筋表面，使钢筋周围混凝土碱度降低，或由于氯化物介入，钢筋周围氯离子含量较高，导致保护层混凝土开裂、剥离，沿钢筋纵向产生裂缝，并有锈迹渗到混凝土表面。

1.7 化学反应引起的裂缝

混凝土拌和后会产生一些碱性离子，这些离子与某些活性骨料产生化学反应并吸收周围环境中的水而体积增大，造成混凝土酥松、膨胀开裂。

2 混凝土箱梁裂缝预防技术

2.1 设计方面

要在设计方面进行预防，就必须注意以下方面：

(1)选择合适的桥型和合理的桥跨布置，尽量使结构在横载作用下受力比较均匀，力线传递明确。

(2)进行空间结构分析是非常重要的，混凝土箱型梁桥属于空间受力体系，其截面翘曲和剪力滞的影响不容忽视。要通过空间受力分析来确保箱梁顶板、底板、腹板以及横隔板的受力满足要求。

(3)应加强桥梁构造设计，好的构造不仅可以便于施工，而且对结构的力线传递具有很好的效果。同时应根据结构力学分析的结果在受力较大的区域按主拉应力方向一致的原则配置受拉钢筋。如受扭的箱梁截面应沿 45°方向配置斜向受拉钢筋，而目前许多设计并没有这样做，导致了许多承受扭矩的箱梁截面腹板开裂。

2.2 施工方面

针对温度，塑性收缩，缩水收缩，地基变形，钢筋锈蚀，化学反应引起的裂缝的预防。

(1)温度裂缝的预防

一是尽量选用低热或中热水泥，如矿渣水泥、粉煤灰水泥等。

二是减少水泥用量，将水泥用量尽量控制在 450kg/m^3 以下。

三是降低水灰比，一般混凝土的水灰比控制在 0.26 以下。

四是改善骨料级配，掺加粉煤灰或高效减水剂等来减少水泥用量，降低水化热。

五是改善混凝土的搅拌加工工艺，在传统的“三冷技术”的基础上采用“二次风冷”新工艺，降低混凝土的浇筑温度。

六是在混凝土中掺加一定量的具有减水、增塑、缓凝等作用的外加剂，改善混凝土拌和物的流动性、保水性，降低水化热，推迟热峰的出现时间。

七是加强混凝土温度的监控，及时采取冷却、保护措施。

八是加强混凝土养护，混凝土浇筑后，及时用湿润的草帘、麻片等覆盖，并注意洒水养护，适当延长养护时间，保证混凝土表面缓慢冷却。

(2)塑性收缩裂缝的预防

一是选用干缩值较小早期强度较高的硅酸盐或普通硅酸盐水泥。

二是严格控制水灰比，掺入高效减水剂来增加混凝土的坍落度和和易性，减少水泥及水的用量。

三是浇筑混凝土之前，将基层和模板浇水均匀湿透，振捣中要密实，竖向变截面处宜分层浇筑。

四是及时覆盖塑料薄膜或者潮湿的草垫、麻片等，保持混凝土终凝前表面湿润，或者在混凝土表面喷洒养护剂等进行养护。

五是在高温和大风天气要设置遮阳和挡风设施，及时养护。

(3)干缩裂缝的预防

一是选用收缩量较小的水泥,一般采用中低热水泥和粉煤灰水泥,降低水泥的用量。

二是混凝土的干缩受水灰比的影响较大,水灰比越大干缩越大,因此在混凝土配合比设计中应尽量控制好水灰比,同时掺加合适的减水剂。

三是严格控制混凝土搅拌和施工中的配合比,混凝土的用水量绝对不能大于配合比设计所给定的用水量。

四是加强混凝土的早期养护,并适当延长混凝土的养护时间。冬季施工时要适当延长混凝土保温覆盖时间,并涂刷养护剂养护。五是在混凝土结构中设置合适的收缩缝。

(4)地基变形裂缝的预防

一是对松软土、填土地基在上部结构施工前应进行必要的夯实和加固。

二是保证模板有足够的强度和刚度,且支撑牢固,并使地基受力均匀。

三是防止混凝土浇筑过程中地基被水浸泡。

四是模板拆除的时间不能太早,且要注意拆模的先后次序。

五是在冻土上搭设模板时要注意采取一定的预防措施。

(5)钢筋锈蚀裂缝的预防

要防止钢筋锈蚀,设计时应根据规范要求控制裂缝宽度、采用足够的保护层厚度;施工时应控制混凝土的水灰比,加强振捣,保证混凝土的密实性,防止氧气侵入,同时严格控制含氯盐的外加剂用量,沿海地区或其他存在腐蚀性强的空气、地下水地区尤其应慎重。

(6)化学反应裂缝的预防

一是选用碱活性小的砂石骨料。

二是选用低碱水泥和低碱或无碱的外加剂。

三是选用合适的掺和料抑制碱骨料反应。

3 箱梁裂缝日常检查养护应注意的事项

对于混凝土箱梁裂缝的检查,一般应检查裂缝的发生位置,形态,发展长度,宽度几数量,检查时要注意做到:

(1)裂缝的起点和终点,用红铅笔或油漆与裂缝相垂直划细线,以标明裂缝长度及形态。

(2)在标明裂缝上,选择目测裂缝宽度较大位置作为放置读数显微镜测量裂缝宽度的固定位置,量出裂缝宽度。

(3)两出主要裂缝宽度后,将它与测量的裂缝位置走向长度,分布情况及特征用坐标法绘制裂缝展示图并记录下来。

(4)对裂缝宽度发展作定期观察,将选择好的裂缝宽度位置处混凝土表面凿毛.洗净,然后用1∶2水泥沙浆或石膏在裂缝上抹成10～15mm的方块或圆形块。在灰浆抹面附近标注日期。以便日后定期观察有无开裂。

(5)裂缝检查重点部分,我们所说的重点部分就是指跨中,四分点和支点处。

4 结束语

大量的工程实践和理论分析表明,箱梁桥的裂缝是非常普遍的,通过其成因及预防措施的分析,我们可以使箱梁裂缝得到进一步的有效控制,尽量避免裂缝在使用荷载或外界物理、化学因素的作用下,引起混凝土碳化、保护层剥落、钢筋腐蚀,使混凝土的强度和刚度受到削弱,耐久性降低从而发生危害结构的正常使用的事故。

参考文献

[1] 王铁梦.工程结构裂缝控制的综合方法[J].施工技术,2000(5)5-91.

[2] 钟新谷,曾庆元.箱形梁的研究.湘潭矿业学院学报[J]Vol116No13,2001,68-731.

[3] 陈玉芳.混凝土箱梁裂缝处理技术.2006(4).

32. 基于VB程序的桥梁动载监测设备的时频分析

郑　权
(广州市公路管理局材料供应站)

摘　要　现阶段,我国交通运输行业中车辆载重量、运行速度以及通行量都不断增多,公路桥梁的负荷日趋沉重,部分桥梁不堪重负,破坏性事故时有发生。为此,对桥梁的动载性能进行实时监测成为桥梁维护工作的重要任务之一。及时、快捷地掌握桥梁动载性能,对判断桥梁的综合状况、辨识桥梁故障的有无、保证公路安全畅通有着重要意义。利用加速度传感器采集桥梁震动信号,并利用VB编程对采集的信号进行时域和频域的分析,可以为桥梁的实时监测提供重要依据。

关键词　动载监测　时频分析　FFT

1　引言

一般桥梁设计使用期长达几十年甚至上百年,期间,受个中因素的影响,例如环境的侵蚀、材料老化、荷载的长期效应和疲劳效应、灾害因素和突变效应等共同作用,将不可避免地导致结构系统的损伤积累和抗力衰减,致使极端情况下可能引发灾难性的突发事故。为此,应采用有效的手段来监测和评估桥梁的损伤程度和安全状态。目前,国内外都开始在一些已建和在建的大型桥梁中设置结构和健康监测系统,对桥梁结构的损伤和安全状态进行监测和评估。

桥梁结构出现损伤和破坏主要由于以下原因:①结构先天不足,在设计和施工中结构本身存在缺陷,在后期的运营和使用中,结构受力不合理而出现损伤和破坏;②桥梁设计荷载标准偏低,使得在后期使用中实际荷载大于设计荷载,并超龄服役,使得结构发生损伤和破坏;③突发性事故造成结构损伤或瞬间破坏,主要包括外力撞击、严重超载等情况。

以前对桥梁挠度的日常检测,一般采用吊自制刻度的重物或经纬仪进行观测,检测数据受自然环境和人员操作水平等不确定因素的影响很大,准确性和可靠性受到很大的制约,且不能与通过车辆的速度和载重量关联。而梁体和桥墩的横向振幅、自振频率等技术数据由于在日常检测中没有相应的仪器,只能靠专业桥梁检测机构进行。由于专业仪器有一定的使用条件,检测时对正常的运输秩序有一定影响,使用起来造成一定困难。

基于VB程序的桥梁动载监测设备,通过利用加速度传感器采集桥梁震动信号,并利用VB编程对采集的信号进行时域和频域的分析,可在车辆按正常速度通过时进行桥梁动载性能监测,从而为桥梁的状态分析提供重要依据,且对行车和设备不增加任何限制条件。

2　桥梁动载监测设备时频分析程序的VB编制

桥梁动载监测设备是通过VB编制程序对利用加速度传感器采集的信号进行时域、频域的分析。

若采样时间 T 为 $333\mu s$,记录时间总长 t 为 5.45s,则采样点数 N 为16 366个。令采得数据为 $x(n)(n=1,2,\cdots,N)$。取坐标

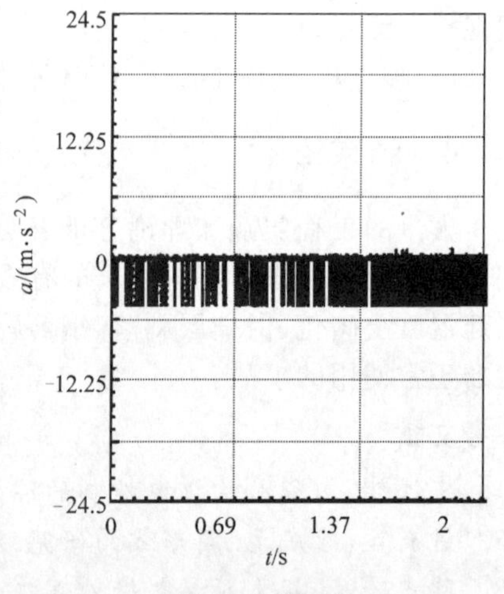

图1　时域图形

横轴为时间轴，单位为 s；取坐标纵轴为加速度轴，单位为 m/s^2。用 VB 编程实现的时域图形见图 1。

要对桥梁的固有特性进行分析，就要了解其频域特征，也即需要将信号的时域波形转换为频域波形，进行频谱分析。将时域信号通过傅立叶变换并经过编程就能得到频域信号，从而画出所需的频域图形。下面将对 FFT 的原理及编程作简单介绍。

2.1 FFT 算法原理

在数字信号处理过程中，离散傅立叶变换(Discrete Fourier Transform，简称 DFT)提供了利用数字计算机作傅立叶变换运算的一种数学方法。DFT 的计算式为：

$$X(k)=\sum_{n=0}^{N-1}x(n)W_N^{nk}\qquad k=0,1,\cdots,N-1$$

$$x(n)=\frac{1}{N}\sum_{k=0}^{N-1}X(k)W_N^{-nk}\qquad n=0,1,\cdots,N-1$$

其中，$W=e^{-j\frac{2\pi}{N}}$，称为傅立叶因子；$x(n)$为时域信号；$X(k)$为频域信号。

但是，DFT 的计算工作量很大，对于采样点数 N，DFT 算法需进行复数乘法 N^2 次、复数加法 $N(N-1)$次。因此在 N 较大时，由于要求对信号进行实时处理，DFT 算法所需的运算时间就难以实现。快速傅立叶变换(Fast Fourier Transform，简称 FFT)算法是在 DFT 基础上发展的一种减少 DFT 计算时间的算法，它大大地提高了运算效率。当 $N=2^M$(M 为正整数)时，FFT 算法的工作量为复数乘法 $MN/2$次、复数加法 MN 次。N 值越大，FFT 算法与 DFT 算法的工作量差别越大，当 $N=1\,024$ 时，DFT 算法的乘法次数是 FFT 算法的 204.8 倍。因此，FFT 算法提供了一种快速频谱分析方法，它可直接用来处理离散信号数据，也可用于对连续时间信号分析的逼近。

我们采用 FFT 的典型形式，即库力-图基算法，它是基－2FFT 算法，该算法取 N 为 2 的幂，即 $N=2^M$(M 为正整数)，算法的出发点是把 N 点 DFT 运算分解为两组 $N/2$ 点的 DFT 运算，计算式为：

$$X(k)=\sum_{r=0}^{\frac{N}{2}-1}x(2r)W_{N/2}^{rk}+W_N^k\sum_{r=0}^{\frac{N}{2}-1}x(2r+1)W_{N/2}^{rk}\qquad K=1,2,\cdots,N-1$$

其中，$2r$ 表示偶数，$2r+1$ 表示奇数。

2.2 FFT 编程实现

知道 FFT 原理后，就可以将其编程实现了，下面给出其流程图。

(1)FFT 整序的方法有很多，我们这里采用雷道(Rader)算法。基－2 是按时间抽取的 FFT 算法，要求输入数据成反序。因此在计算之前必须把输入数据变为反序后存放在内存中。令 A(I)表示按自然顺序存放输入数据的内存单元，A(J)表示按反序存放数据的内存单元，I＝1，2，…，N；J＝1，2，…，N。当 I＝J 时不用换位；I＜J 时，已换位了；I＞J 时，进行换位。雷道法就是根据这个道理设计的。图 2 为 FFT 的整序过程，图 2 中上面的三框为置初值，接下去的两框进行比较换位。后面各框是为产生一个顺序码 I 和一个反序码 J 而设计的，并且每产生一个顺序码和一个反序码就返回到换位的输入端进行判断，决定是否换位。其中，R 为中间变量，用于将数组 A 中的元素变换位置，Q、E、K 为中间变量。

(2)FFT 递推运算见图 3。如图 3 所示，整个递推过程由三个嵌套循环构成，外层的一个循环控制 $M(M=\log_2 N)$级的顺次运算过程；内层的两个循环一起控制同一级中各个蝶形运算，它们再进行分工，最内层的一个控制同一种类型的蝶形运算，另一个则保证对对各种类型的蝶形运算进行计算，P、I 是构成蝶算的两个节点。

用 L 表示运算的级数($L=1,2,\cdots,M$)，每级各个系数对应的蝶形有 2^{M-L}个，它们依次相距 $S=2^L$ 点。同一类蝶形中参加运算的两点相距 $D=2^{L-1}$点。图 3 中，U、W、T 为存放复数单元。运算时，对 A、M 赋值。

通过以上算法，我们就可以将时域图形转换为频域图形。

在进行 FFT 运算时，基－2 算法要求序列长度 $N=2^M$，若不相等，一般将 $x(n)$用补零的方法使 N 增长到最相邻的 2^M。

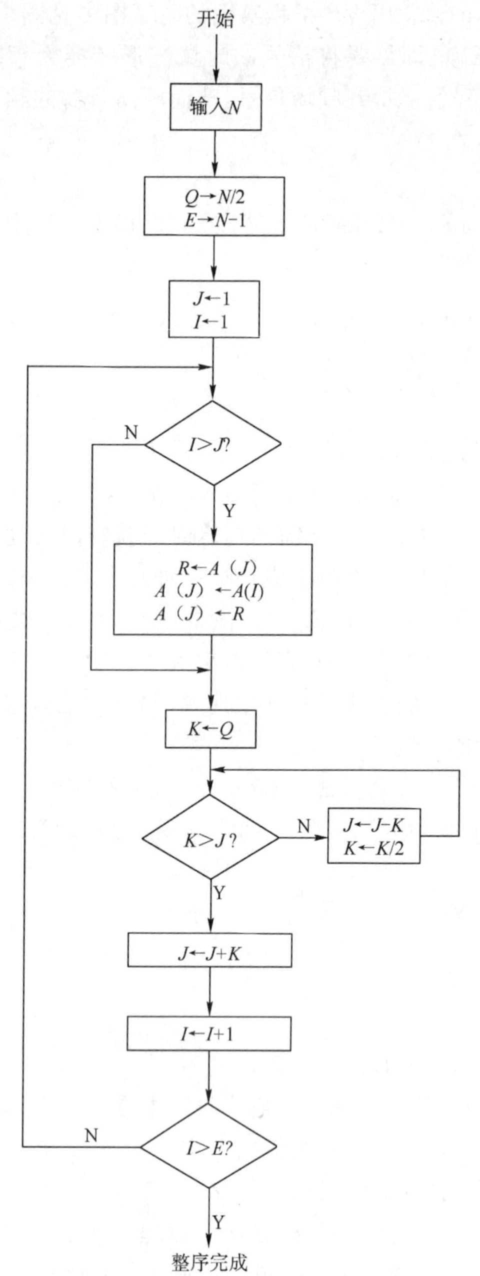

图2　FFT 整序过程

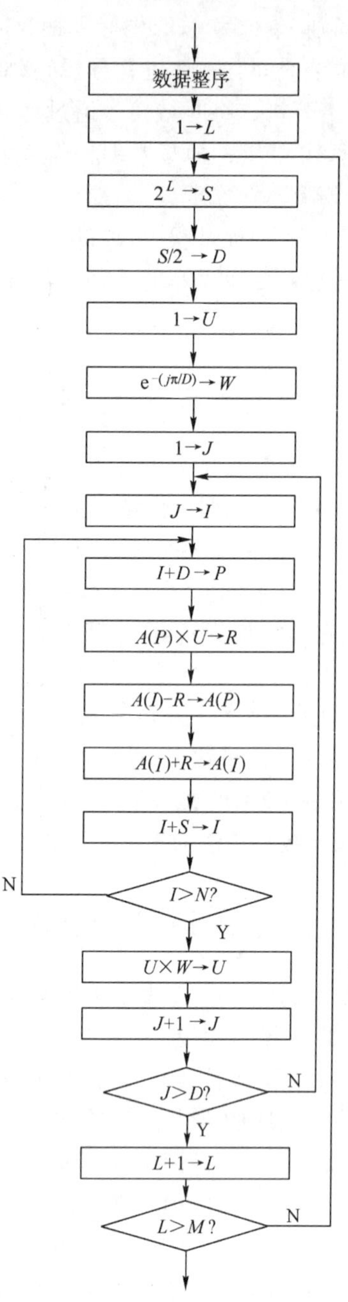

图3　按时间抽取的 FFT 运算

由传感器采得的数据 $x(n)$，利用上述编制的 FFT，将其转变为频域数据 $X(k)(k=1,2,\cdots,N)$。由于 $X(k)$为复数，令 $X(k)=S(k)+U(k)j$。则其幅值为 $M(k)=\sqrt{S(k)^2+U(k)^2}$。然后以频率 f 为横坐标，幅值 $M(k)(k=1,2,\cdots N/2)$为纵坐标，将 $M(k)$分布在横坐标为 $f(i)=i/(\mathrm{TN})$的频率上，其中 T 为采样时间，$i=0,1,\cdots,(N/2-1)$，画出频域图形如图4所示。

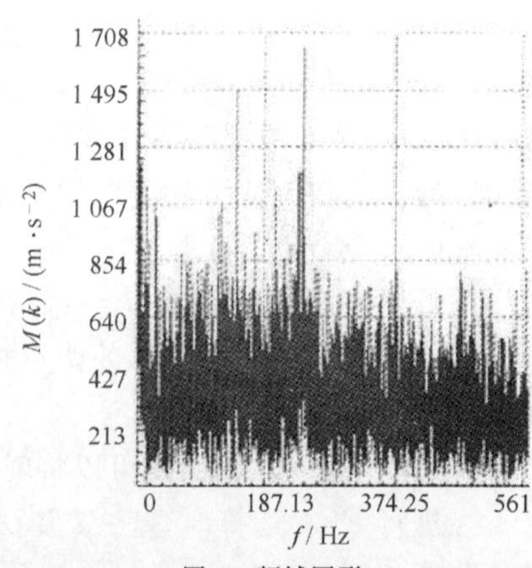

图4　频域图形

根据图形，我们就可以对桥梁的特性进行分析，这为后续工作奠定了基础。

3　结束语

本文通过 VB 编程实现了传感器采集数据的时域显示，可以通过此时域图形(如图 1 所示)看出震动随时间的变化规律,通过此图形我们可以采用曲线拟合手段出它的近似曲线方程,这样有利于建立近似的震动系统模型,并利用 FFT 将时域图形转换为频域图形(如图 4 所示)从而可以对桥梁的频率特性进行研究,找出它的固有频率,在设计时可以使工作频率避开固有频率,确保桥梁的安全性。根据显示的频域特性和数据,我们就可以进一步了解和分析被测桥梁的相关特性以及桥梁在不同工况下的各异特征。

参考文献

[1] 郭健,孙炳楠.桥梁健康监测中的关键性问题和损伤识别方法[J].公路,2006(4):108-116.

[2] 陈慧,周继惠,郭春亮等.基于 VB 的 FFT 算法的设计和实现[J].华东交通大学学报,2003,20(1):94-96.

[3] 王世一.数字信号处理[M].北京理工大学出版社,1997.

[4] 布赖姆 EO.快速傅立叶变换[M].柳群译.上海:上海科学技术出版社,1979.

33. 钻孔灌注桩常见施工质量病害及防治措施

郑景龙
（广州诚信公路建设监理咨询有限公司）

摘　要　根据钻孔灌注桩施工的工艺流程，分别对各关键工序中容易出现的质量病害和应对措施进行了分析，以便更好地指导施工。

关键词　钻孔灌注桩　质量问题　应对措施

随着我国交通基础设施建设的快速发展，钻孔灌注桩作为一种基础形式以其适应性强、成本适中、施工简便等特点仍将被广泛地应用于公路桥梁及其他工程领域。灌注桩属于隐蔽工程，由于影响灌注桩施工质量的因素很多，对其施工过程每一环节都必须严格要求，对各种影响因素都必须有详细的考虑，如地质因素、钻孔工艺、泥浆护壁、钢筋笼的上浮、混凝土的配制、水下灌注等。若稍有不慎或措施不严，就可能在钻孔和灌注过程中产生质量事故，小到偏孔、缩孔，大到断桩报废，给国家财产造成重大损失，直至影响工期并对整个工程质量产生不利影响。所以，必须高度重视并严格控制钻孔灌注桩的施工质量，尽量避免发生事故及减少事故造成的损失，以利于工程的顺利进展。

1　钻孔过程中出现的施工质量问题及防治措施

1.1　偏孔

造成原因：埋设护筒周围的土不密实，护筒水位差太大，护筒内径过小或钻头起落时碰撞。钻机安装就位不稳定，作业时钻杆弯曲，地面软弱或软硬不均匀，土层呈斜分布或土层中夹有大的孤石或其他硬物等情形。

防治措施：在埋设护筒之前，须先根据桩径的大小选择护筒，护筒内径宜比桩径大200～400mm。埋设护筒时，坑地与四周应选用最佳含水量的黏土分层夯实。护筒高度宜高出地面0.3m或水面1.0～2.0m，当处于潮水影响地区时，应高于最高施工水位1.5～2.0m。在护筒的适当高度开孔，使护筒内保持1.0～1.5m的水头高度，并应采用稳定护筒内水头的措施。钻头起落时，应防止碰撞护筒。在钻孔过程中若发现护筒周围冒水，应立即停止钻孔，用黏土在护筒四周填实加固，若护筒严重下沉或移位时，则应重新安装护筒。

钻机安装前先将场地夯实平整，垫机用的枕木宜均匀、方正；安装钻机时要求转盘中心与钻架上起吊滑轮在同一轴线。在不均匀地层中钻孔时，宜采用自重大、钻杆刚度大的钻机。进入不均匀地层、斜状岩层或碰到孤石时，钻速要调慢挡，可提起钻头，上下反复扫钻几次，以便削去硬土，如纠正无效，应于孔中局部回填黏土或片石至偏孔处0.5m以上，重新钻进。

1.2　塌孔

造成原因：土质松散，泥浆护壁不好，护筒周围未用黏土，待灌时间过长和灌注时间过长也会引起孔壁坍陷。

防治措施：在松散易坍的土层中，适当埋深护筒（一般土质护筒埋置深度为2～4m），用黏土密实填封护筒四周，使用优质的泥浆，提高泥浆的比重和黏度，保持护筒内泥浆水位高于地下水位。搬运和吊装钢筋笼时，应防止变形，安放要对准孔位，避免碰撞孔壁，钢筋笼接长时要加快焊接时间，尽可能缩短沉放时间。成孔后，待灌时间一般不宜大于3h，并严格控制混凝土灌注的连续性及灌注时间，在保证施工质量的情况下，尽量缩短灌注时间。

1.3 缩孔

造成原因:塑性土膨胀。

防治措施:采用优质泥浆,降低失水量。采用泥浆可参考表1。

泥浆性能参考指标表　　表1

钻孔方法	地层情况	泥浆性能指标							
		相对密度	黏度(Pa·s)	含砂率(%)	胶体率(%)	失水率(ml/30min)	泥皮厚(mm/30min)	静切力(Pa)	酸碱度(pH)
正循环	一般地层	1.05～1.20	16～22	8～4	≥96	≤25	≤2	1.0～2.5	8～10
	易坍地层	1.20～1.45	19～28	8～4	≥96	≤15	≤2	3～5	8～10
反循环	一般地层	1.02～1.06	16～20	≤4	≥95	≤20	≤3	1～2.5	8～10
	易坍地层	1.06～1.10	18～28	≤4	≥95	≤20	≤3	1～2.5	8～10
	卵石土	1.10～1.15	20～35	≤4	≥95	≤20	≤3	1～2.5	8～10
推钻冲抓	一般地层	1.10～1.20	18～24	≤4	≥95	≤20	≤3	1～2.5	8～11
冲击	易坍地层	1.20～1.40	22～30	≤4	≥95	≤20	≤3	3～5	8～11

成孔时,应加大泥浆泵量,加快成孔速度,在成孔一段时间内,孔壁形成泥皮护壁,则孔壁不会渗水,亦不会引起膨胀。在导正器(或测孔器)外侧焊接一定数量的合金刀片,在钻进或起钻时间到扫孔作用。如出现缩颈,采用上下反复扫孔的办法,以扩大孔径。

1.4 桩底沉渣量过多

造成原因:清孔不干净或未进行二次清孔;泥浆比重过小或泥浆注入量不足而难以将沉渣浮起;钢筋笼吊放过程中,未对准孔位而碰撞孔壁使泥土坍落桩底;清孔后,待灌时间过长,致使泥浆沉积。

防治措施:成孔后,钻头提高于孔底10～20cm,保持慢速空转,维持循环清孔时间不少于30min。采用性能较好的泥浆,控制泥浆的比重和黏度,不要用清水进行置换。钢筋笼吊放时,使钢筋笼的中心与桩中心保持一致,避免碰撞孔壁。可采用钢筋笼冷压接头工艺加快对接钢筋笼速度,减少空孔时间,从而减少沉渣。下完钢筋笼后,检查沉渣量,如沉渣量超过规范要求,则应利用导管进行二次清孔,直至孔口返浆比重及沉渣厚度均符合规范要求。开始灌注混凝土时,导管底部至孔底的距离宜为300～400mm,首批混凝土应有足够的储备量,应能满足填充导管底部和导管首次埋置深度(≥1.0m)的需要。(混凝土数量可参考公式1计算):

$$V \geqslant \frac{\pi D^2}{4}(H_1 + H_2) + \frac{\pi d^2}{4}h_1 \tag{1}$$

式中:V——灌注首批混凝土所需数量,m^3;

D——桩孔直径,m;

H_1——桩孔底至导管底端间间距,一般为0.4m;

H_2——导管初次埋置深度,m;

d——导管内径,m;

h_1——桩孔内混凝土达到埋置深度H_2时,导管内混凝土柱平衡导管外(或泥浆)压力所需的高度,m。

同时,也能利用混凝土的巨大冲击力溅除孔底沉渣,达到清除孔底沉渣的目的。

2 水下混凝土灌注过程中出现的施工质量问题及防治措施

2.1 卡管

造成原因:初灌时,隔水栓堵管;混凝土和易性、流动性差造成离析;混凝土中粗骨料粒径过大;各种机械故障引起混凝土灌注不连续,混凝土在导管中停留时间过长而卡管;导管进水造成混凝土离析等。

防治措施：使用的隔水栓直径应与导管内径相配，保证隔水性能、保证导管内的水顺利排出。同时应加强对混凝土搅拌时间和混凝土坍落度的控制。水下混凝土必须具备良好的和易性和流动性，配合比应通过实验室确定，坍落度宜为18～22cm。粗集料宜优先选用卵石，如采用碎石宜适当增加混凝土配合比的含砂率。集料的最大粒径不应大于导管内径的1/6～1/8和钢筋最小净距的1/4，同时不应大于40mm。

为改善混凝土的和易性和缓凝，水下混凝土宜掺外加剂。水下混凝土一般用钢导管灌注，导管内径为250～350mm，视桩径大小而定。导管使用前应进行水密承压和接头抗拉试验，严禁用压气试压。进行水密试验的水压不应小于孔内水深1.3倍的压力，也不应小于导管壁和焊缝可能承受灌注混凝土时最大内压力 P 的1.3倍（P 可根据公式2计算）。

$$P = r_c h_c - r_w H_W \tag{2}$$

式中：P——导管可能受到的最大内压力，kPa；

r_c——混凝土拌和物的重度，取24kN/m^3；

h_c——导管内混凝土柱最大高度，m，以导管全长或预计的最大高度计；

r_w——井孔内水或泥浆的重度，kN/m^3；

H_W——井孔内水或泥浆的深度，m。

在混凝土灌注过程中，混凝土应缓缓倒入漏斗的导管，避免在导管内形成高压气塞。在施工过程中，应时刻监控机械设备，确保机械运转正常，避免机械事故的发生。

2.2 钢筋笼上浮

造成原因：钢筋笼放置初始位置过高，混凝土流动性过小，导管在混凝土中埋置深度过大，钢筋笼被混凝土推顶上升；当混凝土灌至钢筋笼下，若此时提升导管，导管底端离钢筋笼仅有1m左右时，由于灌注的混凝土自导管流出后冲击力较大，推动了钢筋笼的上浮；由于混凝土灌注过程导管埋深较大时，其上层混凝土因灌注时间较长，已接近初凝，表面形成硬壳，混凝土与钢筋笼有一定的握裹力，如此时导管底端未及时接到钢筋笼底部以上，混凝土在导管流出后将以一定的速度向上顶升，同时也带动钢筋笼上升。

防治措施：钢筋笼初始位置应定位准确，并与孔口固定牢固。加快混凝土灌注速度，缩短灌注时间，或掺外加剂，防止混凝土顶层进入钢筋笼时流动性变小，混凝土接近笼时，控制导管埋深1.5～2.0m。灌注混凝土过程中，应随时掌握混凝土灌注的高程及导管埋深，当混凝土埋过钢筋笼底端2～3m时，应及时将导管提至钢筋笼底以上。导管混凝土面的埋置深度一般宜保持在2～6m，严禁把导管提出混凝土面。当发生钢筋笼上浮时，应立即停止灌注混凝土，并准确计算导管埋深和已浇混凝土面的高程，提升导管后再进行灌注，上浮现象即可消失。

2.3 断桩

造成原因：由于导管底端距孔底过远，混凝土被清孔泥浆稀释，使水灰比增大，造成混凝土不凝固，形成混凝土柱身与基岩之间被不凝固的混凝土填充；受地下水活动影响或导管密封不良，清孔泥浆浸入混凝土使水灰比增大，形成桩中段出现混凝土不凝体；由于在灌注混凝土过程中，导管提升和起拔过多，露出混凝土面，或因停电、待料等原因造成夹渣，出现桩身中岩渣沉积成层，将混凝土桩上下分开的现象；灌注混凝土时，没有从导管内灌入，而采用从孔口直接倒入的办法灌注混凝土，产生混凝土离析造成凝固后不密实坚硬，个别孔段出现疏松、空洞的现象。

防治措施：成孔后，必须认真清孔，一般是采取换浆清孔，清孔时间应根据孔内沉渣厚度情况而定，清孔后要及时灌注混凝土，避免孔底沉渣超过规范要求。灌注混凝土前认真进行孔径及孔深检查，准确算出全孔及首次混凝土灌注量。混凝土灌注过程中，应随时控制混凝土面的高程和导管的埋深，导管的提升及拆管必须设专人现场指挥，保证导管提升准确可靠，并严格遵守操作规程。严格确定混凝土的配合比，混凝土应有良好的和易性和流动性，坍落度损失应满足灌注的要求。在地下水活动较大的地段，事先要用套管或水泥进行处理，止水成功后方可灌注混凝土。灌注混凝土应从导管内灌入，要求灌注过程连续、快速，准备灌注的混凝土要足量，在灌注混凝土过程中应避免停电、停水。绑扎水泥隔水栓的铁丝，应根据首次混凝土灌入量的多少而定，严防断裂。确保导管的密封性，导管的拆卸长度应根据导管内外混凝土的上升高度而定，切勿起拔过多。

3 结束语

钻孔灌注桩是近年来桥梁建设中常采用的基础之一，如何控制钻孔过程及灌注过程中常见的病害也是难题之一。总之，采用正确的施工方法和防治措施防止质量病害的发生是保证成桩的关键，本文针对钻孔及灌注过程中常见的质量病害提出了有效的防治措施，对指导施工具有一定的参考意义。

参考文献

[1] JTJ 041—2000. 公路桥涵施工技术规范.
[2] 凌志平，易经武. 基础工程. 北京：人民交通出版社，2002.7.

34. 用模糊物元对水泥混凝土路面性能综合评估的研究

董秀文　杨　刚
（广州市公路管理局工程研究所）

摘　要　本文通过模糊物元的方法对广州市G105线广从段水泥混凝土路面的综合性能进行评估研究，提出了水泥混凝土路面综合评估方法，对水泥混凝土路面作出科学的评估，为合理的养护决策提供依据。

关键词　混凝土路面　检测　养护方案　综合评估

水泥混凝土路面结构形式在我国公路网中占有较大比例，部分水泥混凝土路面已接近设计使用年限。由于交通量增加、汽车超载严重、自然环境因素等原因，全国很多公路出现水泥混凝土路面破损、脱空、使用质量下降的情况，严重影响了道路的使用性能。目前水泥混凝土路面破碎板每年都在增加，问题尤其突出，维修养护的费用也在逐年增加，而路况的改善却难以达到预期的效果。

1　概述

如果能够及时准确地掌握水泥混凝土路面在使用过程中的工作状态，在路面出现大面积断板前进行针对性的修复，有效地实行板角脱空处治等预防性养护，在最合适的时候采取最恰当的措施，则可以起到事半功倍的效果。因此现阶段迫切需要对重交通水泥路面的性能变化规律进行调查分析，掌握水泥混凝土路面的综合性能，对水泥混凝土路面作出科学的评估，为合理的养护决策提供依据。

规范对路面的检测给出了较多指标，但每一个指标只能对路面的一种形态进行评价，并不能对路面的综合性能进行评估，影响路面运营的因素很多，造成路面破损及产生病害的原因也是综合因素作用的结果，因此，为了对路面进行综合评估，就应综合考虑各种因素，对路面做出较全面的分析及评估。

目前，对水泥混凝土路面综合性能评价方法有加权评分法、层次分析法、模糊评价法、灰色评价法、可拓评价法等。随着研究的不断深入，新的评价方法也在不断地出现，如神经网络方法、遗传算法、数据包络分析法 DEA (Data Envelope Analysis)等；另一个重要的发展方向是利用不同方法的优点，将现有评价方法综合应用，如灰色数据包络分析法 DEA (Data Envelope Analysis)、模糊物元分析法等。

本文以广州市G105线广从段K2538+000～K2546+000左幅路段为例，采用模糊物元评价的方法进行路面综合评估。即通过路面破损PCI检测、抗滑性能TD检测、平整度IRI检测、断板率DBL检测、路面基层承载能力检测、板底脱空检测等情况，采用路面性能模糊物元评价的方法，对路面进行综合评估。

2　路面检测结果

路面各项指标检测结果见表1。

路面评价因素实测值　　表1

里程桩号	路幅	C_1:路面破损状况 PCI	C_2:路面行驶质量 RQI	C_3:路面抗滑能力 TD	C_4:断板率 DBL	C_5:基层承载能力 DI	C_6:板底脱空率 T
K2538+000～K2546+000	左幅	57	8.68	0.35	0.21	80	5.67

3 模糊物元评价方法及过程

3.1 确定路面性能的复合模糊物元

根据规范中各评价指标标准及分级范围根据公式 1 计算各评价因素 p、q。

$$p=\frac{a+b}{2} \qquad \exp\left[-\left(\frac{a-b}{2q}\right)^2\right]=0.5 \qquad q=\frac{|a-b|}{1.665} \tag{1}$$

将检测实测值及 p、q 值代入公式 2 可得到模糊复合物元中评价量值 M 对应的评价因素 C 的相应量值的隶属度 $\mu(X_{ji})$。

$$\mu(x)=\exp\left[-\left(\frac{x-p}{q}\right)^2\right] \tag{2}$$

由于路面性能各评价因素经典域与节域重合，因此关联函数和隶属度函数二者等价，可以互换。根据式：

$$k_{ji}=\mu_{ji}=\mu(x_{ji}),(j=1,2,3,\cdots,m;i=1,2,3,\cdots,n)$$

有：

$$k_{ji}=\mu(x_{ji}) \tag{3}$$

则根据各评价因素隶属度及公式 3，可确定模糊复合物元 $R_{6\times5}$：

$$R_{6\times5}=\begin{bmatrix} & M_1 & M_2 & M_3 & M_4 & M_5 \\ PCI & 0.000 & 0.003 & 0.702 & 0.243 & 0.006 \\ RQI & 0.670 & 0.256 & 0.014 & 0.000 & 0.000 \\ TD & 0.000 & 0.000 & 0.062 & 0.062 & 0.013 \\ DBL & 0.792 & 0.036 & 0.000 & 0.000 & 0.001 \\ DI & 0.895 & 0.035 & 0.001 & 0.000 & 0.000 \\ T & 0.005 & 0.144 & 0.689 & 0.089 & 0.016 \end{bmatrix} \tag{4}$$

本文通过 AHP 法与熵值法相结合为熵权，综合确定路面性能各指针因素权重。

3.2 确定权重

本文通过 AHP 法与熵值法相结合为熵权，综合确定路面性能各指针因素权重。

(1)AHP 法

路面性能层次结构如图 1 所示。

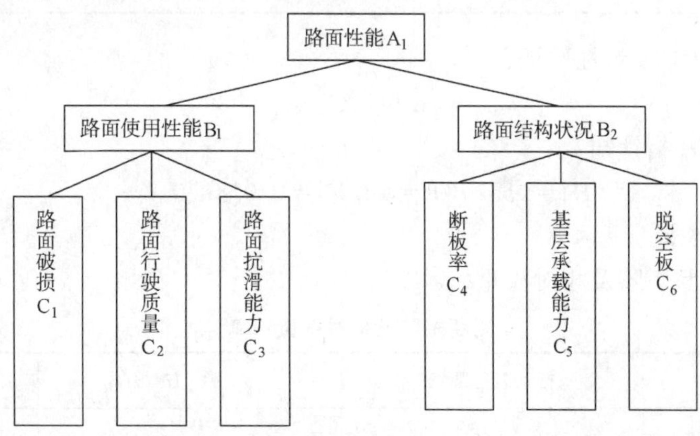

图 1 路面性能层次结构图

根据图 1，以及相对重要性的比例标度，计算各层要素对上一层单一准则的权重。

①路面使用性能准则判断矩阵及相对权重(表 2)

判断矩阵及相对权重计算 表2

判断矩阵				行元素及乘积	M次方根	相对权重
B_1	C_1	C_2	C_3	$M_i = \prod_{i=1}^{m} b_{ij}$	$\overline{W}_i = \sqrt[m]{M_i}$	$W_i = \overline{W}_i / \sum_{i=1}^{m} \overline{W}_i$
C_1	1	3	1/2	3/2	$\sqrt[3]{3/2}=1.145$	0.379
C_2	1/3	1	2	2/3	$\sqrt[3]{2/3}=0.874$	0.289
C_3	2	1/2	1	1	$\sqrt[3]{1}=1.0$	0.331

根据公式：

$$A\omega = \lambda_{\max} W$$

$$\rightarrow \lambda_{\max} = \sum_{i=1}^{m} \frac{(AW)_i}{mW_i}$$

$$CI = \frac{\lambda_{\max} - m}{m-1} \tag{5}$$

$$E = k\ln\left[\frac{(n_1+n_2)!}{n_1!n_2!}\right]$$

$$= k(n_1+n_2)\ln(n_1+n_2) - k(n_1\ln n_1 + n_2\ln n_2)$$

$$= -k\left[n_1\ln\frac{n_1}{n_1+n_2} + n_2\ln\frac{n_2}{n_1+n_2}\right] \tag{6}$$

一致性验证：

$$\lambda_{\max} = 2.862, CI = -0.087$$

根据平均随机一致性指标得：

$$RI=0.52, CR=CI/RI=-0.168<0.10$$

认为:满足一致性要求。

②路面结构状况准则判断矩阵及相对权重(表3)

判断矩阵及相对权重计算 表3

判断矩阵				行元素及乘积	M次方根	相对权重
B_1	C_4	C_5	C_6	$M_i = \prod_{i=1}^{m} b_{ij}$	$\overline{W}_i = \sqrt[m]{M_i}$	$W_i = \overline{W}_i / \sum_{i=1}^{m} \overline{W}_i$
C_4	1	1/3	1/3	1/9	0.479	0.135
C_5	3	1	3	9	2.080	0.584
C_6	3	1/3	1	1	1.000	0.281

根据公式(5)、公式(6)一致性验证：

$$\lambda_{\max} = 3.117, CI = 0.039$$

根据平均随机一致性指针知：

$$RI=0.52, CR=CI/RI=0.013<0.10$$

认为:满足一致性要求。

③路面性能目标判断矩阵及相对权重(表4)

判断矩阵及相对权重计算 表4

判断矩阵			行元素连乘积	M次方根	相对权重
A	B_1	B_2	$M_i = \prod_{i=1}^{m} b_{ij}$	$\overline{W}_i = \sqrt[m]{M_i}$	$W_i = \overline{W}_i / \sum_{i=1}^{m} \overline{W}_i$
B_1	1	3	3	1.732	0.750
B_2	1/3	1	1/3	0.577	0.250

④确定组合权重

根据表 2～表 4，计算各评价因素组合权重，计算结果见表 5。

组 合 权 重　　表 5

评 价 因 素	B_1：路面使用性能	B_2：路面结构状况	组 合 权 重
	0.750	0.250	$W_i=\sum_{j=1}^{m}B_j\cdot C_{nj}$
C_1：路面破损状况 *PCI*	0.163	—	0.122 25
C_2：路面行驶质量 *RQI*	0.540	—	0.405
C_3：路面抗滑能力 *TD*	0.297	—	0.222 75
C_4：断板率 *DBL*	—	0.135	0.033 75
C_5：基层承载能力 *DI*	—	0.584	0.146
C_6：板底脱空率 *T*	—	0.281	0.070 25

由 AHP 法确定的各评价因素最终权重为上表的“组合权重”栏所示。

(2)熵值法

根据表 2 确定的各评价因素隶属度 $\mu(x_{ij})$，采用式 $y_{ij}=\frac{x_{ij}}{\sum_{i=1}^{m}x_{ij}}0\leqslant y_{ij}\leqslant 1$ 对 $\mu(x_{ij})$ 做标准化处理，得到 Y_{ij}，计算结果如表 6 所示。

各 评 价 因 素 Y_{ij}　　表 6

评价因素 *C*	优	良	中	次	差
C_1：路面破损状况 *PCI*	0.000	0.004	0.735	0.255	0.007
C_2：路面行驶质量 *RQI*	0.712	0.273	0.015	0.000	0.000
C_3：路面抗滑能力 *TD*	0.000	0.000	0.453	0.453	0.095
C_4：断板率 *DBL*	0.955	0.043	0.000	0.000	0.001
C_5：基层承载能力 *DI*	0.489	0.489	0.022	0.000	0.000
C_6：板底脱空率 *T*	0.005	0.153	0.730	0.094	0.017

因为评价量值 *M* 分为 5 级，由式：

$$e=-k\sum_{i=1}^{m}\frac{1}{m}\ln\frac{1}{m}=k\sum_{i=1}^{m}\frac{1}{m}\ln m=k\ln m=1$$

$$\Rightarrow k=\frac{1}{\ln m}0\leqslant e\leqslant 1$$

算得：

$$k=\frac{1}{\ln m}=0.621\,33$$

将 *k* 值和表 4-9 中计算结果代入式：

$$e_j=-k\sum_{i=1}^{m}y_{ij}\ln y_{ij}\qquad h_j=1-e_j$$

得到 C_1～C_8 的信息熵值及差值 *h*，最后计算各评价因素的权重 W_i，见表 7。

各评价因素权重 表7

评价因素	信息熵值：$e_i = -k\sum_{i=1}^{m} y_{ij}\ln y_{ij}$	$h_i = 1 - e_i$	$W_i = \frac{h_i}{\sum_{i=1}^{n} h_i}$
C_1：	0.391	0.609	0.175
C_2：	0.409	0.591	0.169
C_3：	0.585	0.415	0.119
C_4：	0.118	0.882	0.253
C_5：	0.488	0.512	0.147
C_6：	0.519	0.481	0.138

(3)熵权确定

根据AHP法熵值法各自确定的权重，按式 $\theta_i = \frac{W_i W'_i}{\sum_{i=1}^{m} W_i W'_i}$ 确定熵权 θ_i，如表8所示。

各评价因素熵权 表8

评价因素	AHP 法	熵值法	熵权：$\theta_i = \frac{W_i \cdot W'_i}{\sum_{i=1}^{n} W_i \cdot W'_i}$
C_1：路面破损状况 *PCI*	0.284 4	0.175	0.319
C_2：路面行驶质量 *RQI*	0.217 1	0.169	0.236
C_3：路面抗滑能力 *TD*	0.248 4	0.119	0.190
C_4：断板率 *DBL*	0.033 8	0.253	0.055
C_5：基层承载能力 *DI*	0.146 0	0.147	0.138
C_6：板底脱空率 *T*	0.070 3	0.138	0.062

4 模糊物元评价结果

由AHP法和熵值法综合得到的熵权 θ_i 构成熵权复合物元：

$$R_\theta = \begin{bmatrix} & PCI & RQI & F(50) & DBL & DI & T \\ \theta & 0.319 & 0.236 & 0.190 & 0.055 & 0.138 & 0.062 \end{bmatrix} \tag{7}$$

将公式4确定的模糊复合物元 $R_{6\times5}$ 及熵权复合物元 R_θ，按照 M(·，+)运算，即先乘后加，得到关联度复合物元 R：

$$R = \begin{bmatrix} & M_1 & M_2 & M_3 & M_4 & M_5 \\ K & 0.271 & 0.141 & 0.285 & 0.095 & 0.006 \end{bmatrix} \tag{8}$$

式中：R 为 K2538+000～K2546+000 左幅路段的路面性能对应评价量值的关联度。

由于公式8中 M_1, M_2, M_3, M_4, M_5 分别对应的分级分别为优、良、中、次、差，而 K2538+000～K2546+000 左幅路段的路面性能对应 M_3（中）的关联度最大：0.285。因此，根据最大关联度原则，K2538+000～K2546+000 左幅路段路面性能属于“中”级。

5 结束语

本文通过模糊物元的方法把影响路面运营的六种因素进行综合考虑、评估，该方法较真实的反映了路面的综合运营情况，为科学的养护决策提供依据。

参考文献

[1] 王福林.高速公路路面自动化测试评价方法的研究.浙江:浙江大学,2004,3-4.

[2] 姚祖康.路面管理系统.第1版.北京:人民交通出版社,1993.

[3] 公路水泥混凝土路面养护技术规范(JTJ 073),北京:人民交通出版社,2001.

[4] Burroughs C. B., E. L. Dugan. Measurement and Analysis of Blank Tire Tread Vibration Radiated Noise. SQDH, 2003,(3).

[5] 曾胜.路面性能评价与分析方法研究.2003,73-75.

[6] 陈守煌.工程模糊集理论与应用.第1版.北京:国防工业出版社,1998.

[7] 蔡文.物元模型及其应用.第1版.北京:科学技术文献出版社,1994.

[8] 肖芳淳.模糊物元分析及其应用研究.强度与环境,1999.

35. 沥青薄层罩面应力吸收夹层结构有限元分析*

杨　刚[1]　苏镇洪[2]
（1. 广州市公路管理局工程研究所；2. 广州市公路管理局）

摘　要　本文采用三维有限元的分析方法对水泥混凝土路面加铺沥青罩面层结构的应力吸收夹层进行了有效分析，对该层结构的内部应力、应变分布进行了分析，对于指导薄层沥青罩面结构的设计和施工具有关键性和指导性的作用。

关键词　应力　夹层　有限元

1　有限元模型

1.1　加铺层典型结构及参数的选取

加铺层结构选取得是否恰当参数选取的是否合理直接将直接影响到计算结果正确与否。综合相关设计规范及以往研究资料，并结合S116线沥青薄层罩面试验路段的实际路况，将旧水泥路面沥青加铺层模型可以简化为三层结构，各层材料参数汇总于表1中。应力吸收夹层设置在旧水泥路面与沥青面层之间，其参数如表1。

结构层材料参数　　表1

参数＼层位	沥青面层	应力吸收夹层	旧水泥路面	土　基
厚度(cm)	4	2.5	28	—
模量(MPa)	1 200	800	30 000	80
泊松比	0.25	0.25	0.15	0.35

1.2　假设条件

目前阶段，关于沥青路面的研究一般是基于以下基本前提假设条件：

(1)沥青加铺层、应力/应变吸收层、带接缝/裂缝的旧水泥路面以及土基等都是均质、连续、各向同性的弹性体；

(2)各结构层间是完全接触的；

(3)接缝间没有传荷能力；

(4)地基底面Z方向、水平方向位移为零，沥青加铺层、带接缝/裂缝的旧水泥路面两端横截面水平位移为零，加铺层表面自由作用行车荷载；

(5)旧水泥路面的接缝/裂缝是贯通裂缝，接缝/裂缝尖端已到达应力吸收层底部；

(6)路面中没有水分的存在；

(7)旧路经过了稳定处理，所有的脱空板和传荷能力差的板都被修复或者换板了。

1.3　模型建立

模型建立首先需要定义模型尺寸，尺寸定义的合理与否对模拟的精确程度有很大的影响，模型尺寸足够大，模拟结构受力的真实效果越好；但尺寸过大又会影响计算速度，所以需要综合考虑计算精度和计算量。因此，初步确定取2.1m×3.0m×3.3m作为计算模型，并假设横向裂缝宽度为0.5cm，贯穿整

* 广州市2006年科技计划攻关项目“应用薄层沥青罩面改善水泥路面功能的综合技术研究”。

个旧水泥路面。模型选用三维 8 节点 SOLID185 单元。如图 1 所示。

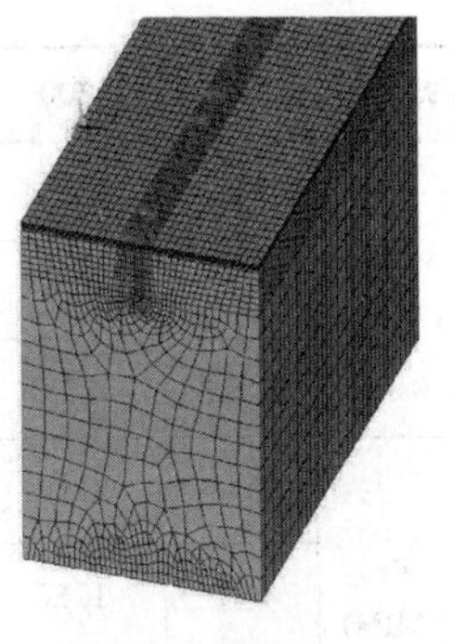

图 1 计算模型

2 最不利荷载

2.1 临界荷位的基本概念

车辆荷载作用在沥青路面加铺结构的不同位置时，沥青加铺层中会产生不同的应力响应。在设计中为了简化计算工作，通常选取使面层内产生最大应力或最大疲劳损伤的一个荷载位置作为计算时的临界荷位。有关研究分析结果认为偏荷载作用下的剪切效应对罩面层的危害要远远大于正荷载的弯拉效应，且板角偏荷载对罩面层的损伤要大于版中偏荷载对罩面的损伤。最不利载荷位置如图 2 所示。

2.2 临界荷位的荷载对比分析

模型荷载采用 JN-100 标准车型，轴重 100kN，轮压 0.7MPa，双轮中心距为 32cm，轮距为 182cm。为了便于有限元分析，轮胎与路面的接触面理想化为 18.9cm×18.9cm 的正方形，接触面积为 357.21cm^2(图 3)。

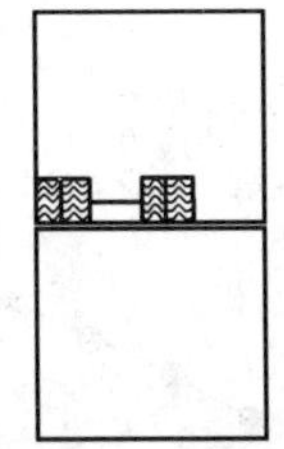

图 2 加铺层中最不利荷载位置

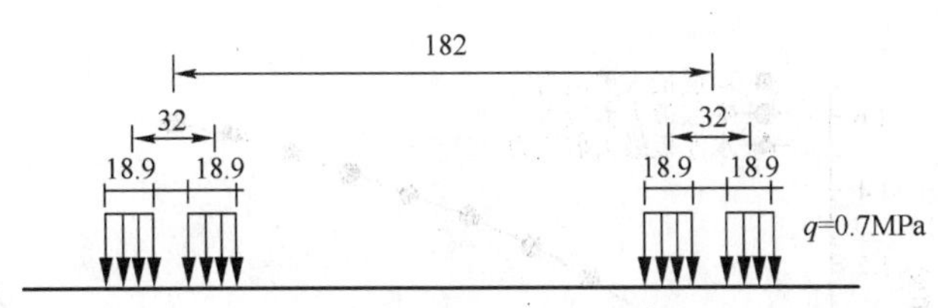

图 3 JN-100 标准车型(尺寸单位：cm)

利用建立的三维有限元程序分别对不同双轮荷载和单轮荷载作用下，沥青加铺层和夹层进行应力、应变分析。

3 静载作用下沥青加铺层结构应力分析

影响沥青加铺层结构应力分布的因素有很多，如行车荷载、环境等外部因素；沥青加铺层、夹层、水泥板、基层和土基的厚度、模量、泊松比等内部因素。加铺层结构参数见表 1，改变不同的参数分析加铺层结构的应力分布状况。

3.1 材料强度理论与选用考察指标

材料的强度破坏分为脆性断裂和塑性流动两种形式。一些基本的强度理论只适用于某一形式的强度破坏。鉴于沥青混凝土的是随着温度变化的粘弹塑性物体，发生的破坏的情况比较复杂，因此选用第一主应力 σ_1，最大剪应力 τ_{max} 和等效应力 σ_s 作为考察指标。

3.2 夹层模量变化对加铺层结构应力的影响

加铺层结构基本参数如表 2，对夹层模量分别为 200～1 200MPa，模量增加步长为 100MPa 的加铺层结构进行应力分析。应力吸收夹层模量变化对结构内各层内应力影响的计算结果见表 3，各层应力随面夹层模量变化关系曲线如图 4 至图 6 所示。

加铺层结构基本参数 表 2

参数 \ 层位	沥青面层	应力吸收夹层	旧水泥路面	土 基
模量(MPa)	1 200	200-1 200/100	30 000	80
厚度(cm)	6	2.5	28	—
泊松比	0.25	0.30	0.15	0.35

夹层模量变化对结构内各层内应力影响　　表3

夹层模量(MPa)		200	300	400	600	700	800	900	1 000	1 100	1 200
τ_{max} (MPa)	面层	0.304	0.304	0.317	0.328	0.33	0.331	0.331	0.329	0.327	0.325
	夹层	0.748	0.921	1.05	1.25	1.33	1.39	1.45	1.5	1.55	1.59
	水泥板	0.362	0.434	0.488	0.568	0.598	0.626	0.65	0.672	0.692	0.709
σ_1 (MPa)	面层	0.819	0.756	0.745	0.746	0.746	0.745	0.746	0.745	0.744	0.743
	夹层	1.35	1.63	1.84	2.17	2.3	2.42	2.52	2.61	2.69	2.77
	水泥板	1.46	1.43	1.41	1.38	1.37	1.36	1.35	1.35	1.38	1.42
σ_s (MPa)	面层	0.746	0.676	0.636	0.592	0.594	0.594	0.593	0.589	0.586	0.581
	夹层	1.39	1.7	1.95	2.31	2.46	2.59	2.7	2.8	2.89	2.97
	水泥板	1.54	1.63	1.75	1.94	2.02	2.09	2.15	2.21	2.27	2.32

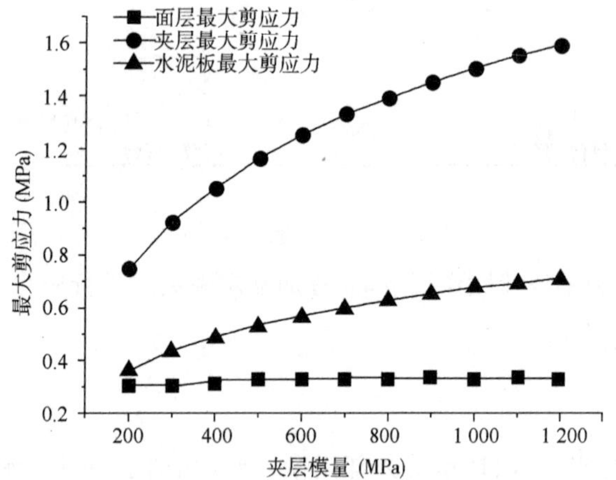

图4　夹层模量变化最大剪应力变化曲线

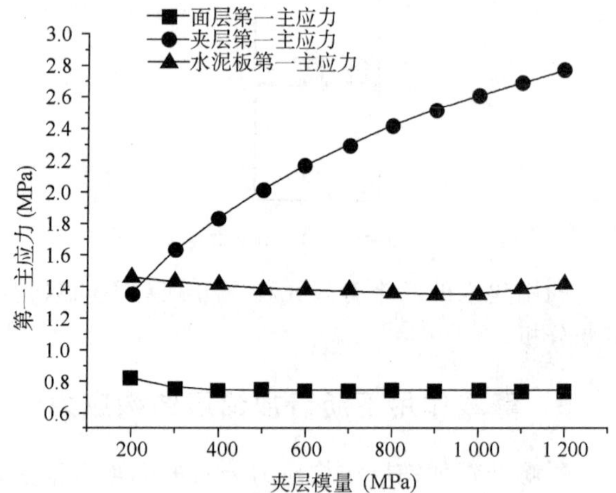

图5　夹层模量变化第一主应力变化曲线图

从图4至图6可以看出夹层模量的变化对加铺层结构应力影响较大：

(1)夹层模量为200MPa时面层和旧水泥板的最大剪应力都为最小值，夹层模量增大面层和旧水泥板的最大剪应力也逐渐增大，当夹层的模量等于面层的模量1 200MPa时，旧水泥板的最大剪应力达到最大值。可见加铺层结构加设低模量的夹层有助于改善面层和旧水泥板的受力状况。

(2)随着夹层模量的增加面层的第一主应力和等效应力呈减小趋势，即低模量的夹层结构造成了面层第一主应力和等效应力的增加。

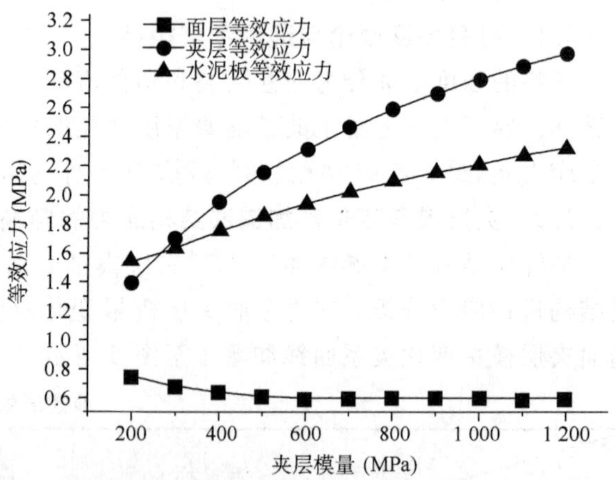

图6　夹层模量变化等效应力变化曲线

4　结束语

(1)在薄层沥青罩面结构中，应力吸收夹层的应力最大，旧水泥板的应力位于夹层和面层之间，因此对夹层材料应进行特殊的设计。

(2)夹层模量为 200MPa 时面层和旧水泥板的最大剪应力都为最小值，夹层模量增大面层和旧水泥板的最大剪应力也逐渐增大，当夹层的模量等于面层的模量 1 200MPa 时，旧水泥板的最大剪应力达到最大值。因此，加铺层结构加设低模量的夹层有助于改善面层和旧水泥板的受力状况。

参考文献

[1] 张肖宁. 沥青与沥青混合料的粘弹力学原理及应用. 北京：人民出版社，2006.

[2] 姚祖康. 对国外沥青路面设计指标的评述[J]. 公路，2003，3：18-27.

[3] 周富杰. 防治反射裂缝的措施及其分析[D]. 同济大学：博士论文，1998.

36. 沥青路面裂缝产生的原因与预防

刘虎祥
(广州市公路管理局南城分局)

摘　要　沥青路面裂缝问题是公路工程质量通病之一。本文分析了沥青路面裂缝产生的原因并有针对性的提出了预防措施。

关键词　沥青路面　裂缝　预防

近来来，随着经济的飞速发展，交通量日益增大并出现大量的超载车辆，使公路路面破坏的越来越严重，很多高等级公路沥青路面建成通车不久，由于不适应交通高速发展的需要，发生了较为严重的早期破坏现象。路面的破坏对交通安全、燃油消耗、行车舒适性、行车速度等造成非常大的影响。

1　沥青路面病害

沥青路面的各种病害的成因比较复杂，由于环境、地理气候条件的不同，主要有裂缝、拥包、松散、泛油、坑槽、沉降等，这些病害的产生，如不及时处理及维修，经过车辆的不断作用，破坏现象会逐渐加剧，从而严重危害交通安全，严重缩短路面的使用寿命。浪费国家的经济财产。

沥青路面在使用期开裂是世界各国普遍存在的问题，且不论其基层是柔性是还是半刚性的。路面裂缝的危害在于从裂缝中不断进入水分，使基层甚至路基软化，导致路面承载力下降，产生唧泥、台阶、网裂等病害，从而加速路面的破坏。在沥青路面中，裂缝已成为导致路面破坏的主要原因之一。因此，分析沥青路面裂缝的原因，并采取相应的措施，防止裂缝的产生是非常有意义的。

2　沥青路面开裂的原因

沥青路面开裂的主要原因可分为两大类：一类是由于行车荷载的作用而产生的结构性破坏裂缝，一般称为荷载型裂缝。另一类是由于沥青面层温度变化而产生的温度裂缝，包括低温收缩裂缝和疲劳裂缝，一般称为非荷载型裂缝。由于我国现行沥青路面设计规范中规定或推荐沥青路面采用半刚性基层。所以还存在着因为半刚性基层的温缩裂缝或干缩裂缝引起沥青面层产生的反射裂缝或对应裂缝。此类裂缝主要是非荷载的，在某些情况下也可能是由于温度和荷载共同完成的。

2.1　设计原因

(1)路面结构设计不合理或厚度不足，路面强度无法满足行车要求或者对路面设计年限内交通量年均增长率估计偏小，致使路面强度不足，满足不了交通量的迅速增长和汽车载重明显增大的需要，以致沥青路面产生裂缝。

(2)地下管道设计深度不够，导致基层压实不平引起沥青路面的横向裂缝。

2.2　材料因素

(1)沥青混合材料过细，其结合料过少(油石比过低)；炒制过火。

(2)沥青混合料中集料级配不佳，石料偏少。沥青材料配合比不正确。

(3)沥青原材料低温延性差或沥青混合料黏结力低，造成路面早期裂缝。

2.3　气候因素

冬季气温下降，沥青面层或半刚性基层低温收缩易产生收缩或干缩裂缝，这种裂缝在路面重复荷载作用使沥青路面表面形成横向反射裂缝。

2.4 施工原因

(1)路基或基层结构强度不足,路基局部下沉路面掰裂;施工填土未压实,路基产生不均匀沉陷,接缝处压实未达到要求,在行车作用下形成纵向裂缝。

(2)半刚性基层在铺建时随着混合料水分的减少产生干缩应力,形成干缩裂缝;基层混合料的离析或碾压不密实及机械组合不合理,造成基层上部细粒料上浮,形成强度较弱的薄层,在行车荷载作用下,易产生龟状裂缝;半刚性基层养生不当直接影响干缩裂缝的产生。半刚性基层养生结束后,如果不及时洒铺封层或透层油,随着暴晒时间的增长产生干缩裂缝。

(3)沥青混合料摊铺时间过长,其表面温度低,内部较热,用重型压路机碾压易引起路面表层切断;沥青混合料分幅压实或纵向接茬时,由于接茬处理不当造成接茬开裂。

(4)施工接缝处理不当、碾压方式不正确产生横向裂缝;压力机械加速或减速过猛,尤其是转向时易产生路面横纹。

2.5 超载因素

(1)由于超载车辆引起累计轴次的增大,从而引起设计弯沉值减小。

(2)由于超载造成正常设计的路面基层或底基层抗拉强度不足,使其提前在层底产生拉裂。

(3)由于超载,加之车辆的振动冲击作用,可将路面压坏,即一次性作用。

(4)由于超载,车辆在上下坡、刹车时将加速沥青路面层的剪切破坏。

3 沥青路面裂缝应力分析

3.1 结构性破坏裂缝

沥青路面的结构性破坏裂缝主要是由于行车荷载引起的。在车轮荷载作用下,大于半刚性基层材料的抗拉强度时,半刚性基层的底部就会很快开裂。在荷载的反复作用下,底部的裂缝会逐渐扩展到上部,并使沥青面层也产生开裂破坏。

3.2 温度裂缝

沥青面层上的非荷载型裂缝主要是温度裂缝。温度裂缝有两种,一种是低温收缩裂缝,另一种是温度疲劳裂缝。

(1)低温裂缝

沥青材料在较高温度条件下,具有良好的应力松弛性能,温度升降产生的变形不至于产生过大的温度应力,但当气温大幅度下降时,沥青材料逐渐发硬并开始收缩。此时半刚性基层的底部将产生拉应力,当拉应力沥青混合料的应力松弛赶不上温度应力增长,混合料劲度急剧增大。由于沥青面层在路面中是受到约束的,面层中产生的收缩拉应力或拉应变一旦超过沥青混合料的抗拉强度,沥青面层就会开裂。这种情况在沥青面层与基层的附着力不够好、允许有一定的自由收缩时,裂缝就更容易发生。由于沥青路面宽度有限,收缩受路面结构的相互约束小,所以低温裂缝主要是呈横向的。

(2)温度疲劳裂缝

这种裂缝主要发生在日温差较大的地区。由于温度反复升降导致沥青面层温度应力疲劳,使沥清混合料的极限拉伸应变变小,加上沥青的老化使沥青劲度增高,应力松弛性能降低,最终达到极限抗拉强度使路面产生裂缝。

3.3 半刚性路面的反射裂缝及对应裂缝

(1)由半刚性基层温缩开裂引起的反射裂缝:通常假设导致反射裂缝的机理是处于沥青面层下的半刚性基层已经开裂,并且允许有垂直位移和水平位移。冬季或在寒冷地区,在结合得好的沥青面层下,开裂的半刚性基层的水平位移使得直接在裂缝上的面层内产生大的拉应力或拉应变,由于在较低温度下沥青面层通常较硬,它只能承受小的拉应力或应变,因此容易被拉裂,并且裂缝的扩展途径是由下至上的。沥青面层的厚度越薄,反射裂缝形成的越早和越多。

(2)由半刚性基层干缩开裂引起的反射裂缝或对应裂缝:对于新铺的半刚性基层,随着混合料中水分的减少，要产生干缩和干缩应力；水分减少得越多越快，产生的干缩应力和干缩应变就越大。在已经产生干缩裂缝的半刚性基层上铺筑沥青面层，在较薄沥青面层的情况下，半刚性基层的裂缝会由于温度应力而使面层底部先开裂，并较快形成反射裂缝。一旦行车产生的拉应力与温度应力相结合，反射裂缝会形成得更快。在较厚沥青面层的情况下，由于温度应力在表面最大，基层的裂缝将促使面层先从表面开裂，然后逐渐向下传播形成对应裂缝。

4 沥青路面裂缝的预防措施

预防沥青路面的裂缝产生，应从设计阶段、选择沥青材料、提高路面施工质量、加强对路面的养护等方面进行综合性的考虑，采取相应的预防措施。

4.1 设计阶段的考虑

在设计阶段，应注意收集该地区的地质情况、交通量情况、水文、气候等，通盘考虑哪些因素影响沥青路面的使用寿命；设置合适的路面结构及厚度，从根本上提高路面的承载能力。

(1)提高路基工作区的强度和稳定性

路基是路面的基础，路基工作区是路基承受荷载影响较大的深度区域，该区域具有足够的强度和整体稳定性极为重在，否则将产生不均匀沉降导致发生路面开裂。

路基工作区深度：
$$Z_a = (KnP/\gamma)^{1/3} \tag{1}$$

式中：Z_a——路基工作区深度，m；

P——车轮荷载，kN；

K——系数，取 $K=0.5$；

γ——土的重度，kN/m^3；

n——系数，$n=1/10\sim1/5$；

由式1可知，当车轮荷载越重，路基工作区深度就越在。而在路基路面设计时，车辆荷载是按标准的额定轴(Bzz—100)考虑的，当公路建成后，路基工作区的深度已经是固定了。公路交付使用后，当公路上车辆超载行驶时，路基工作区的深度必将随之加大，超出了预设的深度，超出的部分路基强度、稳定性、刚度明显不足，路基路面就会产生裂缝、沉陷、车辙等病害。因此，面对当前公路超载现象十分普遍的情况下，应当在施工时加大路基工作区的深度。

(2)基层应有合理厚度：当基层厚度增加时，其承载能力也迅速增加；试验证明，当半刚性基层厚度由10cm增至25cm时，其承载能力提高为原来的3倍。

(3)修筑防裂路面：研究表明，面层反射裂缝明显受沥青路面厚度的影响，厚度超过15cm的面层可以有效的防止受拉疲劳所产生的裂缝，还可降低车辆荷载引起的剪应力。

总之，设计阶段是路面质量保证的第一道关卡，有了全面的设计考虑，才能保证路面的质量。

4.2 沥青材料的选择

矿料质量的好坏，对保证沥青面层的使用品质和性能至关重要。应严格遵照现行的沥青路面施工及验收规范中对矿料质量技术指标的要求。应尽可能提高矿料与沥青的黏附性要求，以改善沥青混凝土的水稳性。

现行沥青路面设计及施工技术规范中，明确规定了在沥青面层中应有至少1层的密实式沥青混凝土。其特点是料径颗粒级配连续，相互之间嵌挤密实，在压实后空隙率小，一般在5%以下。这种混合料对路面的强度、防水性能提升起了显著的作用，建议在沥青面层使用。另外，为改善路面的抗滑和抗辙槽等性能，我国成功应用的抗滑表层和多碎石沥青面层，像沥青玛蹄脂碎石混合料(SMA)表面层，作为一种理想的面层结构，空隙率仅为2%～4%，不仅抗滑、抗辙槽，而且具有密水性能好、减少开裂的优点。

4.3 路面施工质量的控制

施工是影响沥青路面质量的重要控制关口，应采取强有力的技术保证措施。从基层准备、材料使用、配合比设计、混凝土拌制、运输、摊铺，直至最终碾压成型，沥青混凝土的各个施工阶段和环节，都应严格实行标准化、规范化和程序化管理，采取强而有力、切实有效的技术保证措施。尤其要做好沥青混凝土的拌制、运输、摊铺、碾压及接缝处理等现场施工质量控制工作，保证级配组成和沥青含量，克服离析现象，并注意处理好每一道接缝。特别是最后一道工序——压实，碾压工作是沥青路面施工的最后关键工序，碾压不充分，面层的强度达不到要求，使沥青路面面层的剩余空隙率偏大，雨水易进入，造成半刚性基层的破坏。因此，进行沥青路面施工时，应加强对压实的控制措施，如机械的选用、压实次数的控制，压实指标的检测等。

4.4 养护方面的保证

通常，沥青路面裂缝不会是一下子就发展起来的，一般是从小裂缝开始，逐步发展到严重的路面裂缝病害。因此，养护工作是控制裂缝发展、延长路面使用寿命的关键。

在日常的养护工作中，要善于沥青路面病害的发现，因为有了发现，才可能对它进行处理，才能保证把早期的病害消除在萌芽状态中。

沥青路面的养护应贯彻“预护为主，防治结合”的方针，根据日常调查的路况资料及交通量、气候情况，进行分析，预作防范，加强预防性养护工作，特别是做好雨季、冬季的预防工作。

在养护过程中，应建立一整套的路面巡查制度，保证周期性的对沥青路面的平整度、破损情况、路面强度、抗滑性能等进行巡查、检查；善于根据路面颜色的变化、路面轻微病害、路面的突变异起等推断、分析病害发生的原因，掌握病害的程度，并采取相应的处理措施，确保路面经常处于完好状态。

沥青路面的养护必须加强计划及施工管理工作，根据计划做好进度安排、人员组织、物资设备供应，确保养护工作按照计划实施。

5 结束语

沥青路面裂缝产生的原因复杂多样，在裂缝发生前采取裂缝预防措施和处理技术可大大减少沥青路面裂缝的出现。裂缝的预防强调从道路的设计、施工乃至养护均要建立“预防为主”的思想，通过道路结构的选择、施工技术的应用、材料的选用等，减少裂缝的出现或使得原有的、不可避免的裂缝活性大大降低。

参考文献

[1] 郝陪文. 沥青路面施工与维修技术. 北京：人民交通出版社，2001.5.

[2] 沙庆林. 高速公路沥青路面早期破坏现象及预防. 北京：人民交通出版社，2001.2.

[3] 郭贵平. 高等级公路养护技术与养护机械. 北京：人民交通出版社，2001.7.

37. 水泥混凝土板下灌浆在路面养护中的应用

黄文有
（广州市公路管理局南城分局）

摘　要　结合G105线钟村段路面大修工程介绍了水泥混凝土路面脱空板块的调查判断方法和灌浆工艺流程，同时对板下灌浆的效果作了简单分析。

关键词　水泥混凝土　路面　灌浆

水泥混凝土路面是一种刚度大、扩散荷载能力强、稳定性好的路面结构。但是，随着市场经济的发展，交通量大幅度增长，交通荷载日益重型化，路面损坏越来越快，水泥混凝土路面的养护管理工作日益繁重，如何提高公路的养护技术水平，降低养护成本将是一项比较有挑战性的任务。与沥青路面相比，由于水泥混凝土路面的强度高刚度大，导致维修难度大。为了提高养护水平和改善养护质量，广州市公路管理局委托长沙交通学院科研组就水泥混凝土板的养护和病害处治进行了专项研究。目前所采用过的方法包括沥青混凝土罩面或沥青混凝土中土工合成材料加筋罩面或加铺水泥混凝土等，但从各种方法的实际处治效果来看，关键在于原水泥混凝土路面结构的处治，特别是接裂缝部位以及水泥混凝土板底脱空的处理。本文将结合G105线钟村段路面大修工程进行水泥混凝土板底脱空的处理研究。

1　工程概况

G105线钟村段于1989年建成通车，当时的设计标准是双向双车道水泥路面，经过十几年的使用，随着番禺地区经济的迅猛发展，交通量随之大幅度增长，加上其他各种因素的影响，已有相当部分的路面出现比较严重的破坏现象，如板底唧泥和淘空、板面开裂、断板、沉陷、错台等。

对旧水泥混凝土板开挖发现路面结构从上往下依次为：24cm水泥混凝土板＋15cm水泥稳定石屑＋10cm砾石土＋土基，路面每条行车道宽4.5m。

2　板块调查和检测

为了确定合理的维修方案，先按照《公路水泥混凝土路面养护技术规范》(JTJ 073.1—2001)的标准对该路段水泥混凝土路面开展了认真细致的路况调查和测试，做出相应的评价。

首先将该路段的所有路面板进行编号，并用数码相机拍照存档；同时进行裂缝类型和破坏程度调查，以及错台、沉陷、破碎类型和破坏程度等的调查。这些类型的病害可以通过目测或简单的测试完成；对于脱空，一般情况下会出现如下表观现象：

(1)板间错台严重；

(2)重型车经过时路面板的相对垂直位移明显；

(3)雨天重型车通过接裂缝时有唧泥，同时还通过贝克曼梁弯沉测试方法测试接裂缝两侧弯沉，计算平均弯沉、弯沉差和传荷系数等，再根据这些指标来判断是否存在弯沉。经过调查和检测得到的病害统计如表1所示。

病 害 统 计 表 表1

路幅	轻微交叉裂缝	中等交叉裂缝	严重交叉裂缝	中等角隅断裂	严重角隅断裂	轻微纵向裂缝	中等纵向裂缝	严重纵向裂缝	轻微错台
左幅	7	59	24	0	0	33	54	11	0
右幅	8	27	28	2	3	74	66	9	5
合计	15	86	52	2	3	107	120	20	5
路幅	脱空	严重接缝料损坏	轻微起皮网裂	严重起皮网裂	轻微修补损坏	中等修补损坏	严重修补损坏	轻微露骨磨损	严重露骨磨损
左幅	31	2	35	2	4	5	1	84	37
右幅	6	0	30	1	4	7	0	117	21
合计	37	2	65	3	8	12	1	201	58

然后对上述调查进行分析，同样按照《公路水泥混凝土路面养护技术规范》(JTJ 073.1—2001)的方法对这段道路进行了评价，所得路面状况指数 PCI＝50.5，评价为次；断板率 DBL＝39.6％，评价为差。并提出了相应的处治方案，总的方案是进行沥青罩面(加铺)，但在罩面(加铺)之前要求先对原有病害加以处理，对于出现严重交叉裂缝的断裂板，采取整板替换的修补方法；对于出现严重纵、横、斜向裂缝和严重角隅断裂的板块，采取局部换板的修补方法，即换掉断块几何尺寸相对较小的部分(裂缝将板分为两块)；对于出现轻微和中等交叉裂缝以及轻微和中等纵、横、斜向裂缝、错台板块、脱空的板块，采取灌浆的方法进行处理，灌浆完毕后应清理残浆，待板底浆液硬化到规定的强度后再对其中的裂缝用沥青进行填封；对于出现严重接缝料损坏、修补损坏及轻微和中等角隅断裂的板块，采取沥青填封裂缝(接缝)及破损的修补方法。这里主要介绍板底灌浆的施工情况。

3 板下灌浆

板下灌浆的原理就是利用灌浆设备将水泥砂浆混合料灌注到水泥板底或者路面基层中，填充板下的空隙与孔洞，使之与板下基层粗粒料结合成一个坚硬块体，起到稳固水泥板，增强水泥板承载能力和封堵路面渗透水对路面基础的破坏，延长路面板的使用寿命。

3.1 板下灌浆的材料

采用 525 号普通硅酸盐水泥、中细砂混合料，并掺外加剂。天然河砂经过筛分后的颗粒级配和球形形状使混合料具有填充细小空隙所需要的易流动性。

外加剂要求具有早强、补偿混合料收缩变形的功能，一般采用减水剂、早强剂、膨胀剂等。

每块水泥板的灌浆量随板下空隙大小而变，一般为 0.03～0.09m^3。

3.2 机械设备

板下灌浆需要的设备为：钻机 1 台、压浆机 1 台、水车 1 台、35kW 发电机 1 台、小型农用车 1～2 台。

3.3 施工人员

一个工作班需要人员共 13 人：其中班长 1 人，水车 1 人，钻孔 2 人，搬运材料 3 人，灌浆 4 人，封孔与维护交通 2 人。

3.4 钻孔

钻孔位置应根据板形和破损形式的不同而作相应的调整。一般选择孔的位置距板边或缝边 50cm 为宜。钻孔应保持垂直和圆，其深度要穿透板块并稍经过稳定的基层。

3.5 板下灌浆的施工方法

(1)砂浆制备

将水泥、砂、水按比例放入搅拌筒内，搅拌 15s，然后加入所需的外加剂，搅拌 15s 后，将混合料送入搅拌器内，用泵送出。

(2)板下灌浆

将灌浆栓塞放入孔中，并拧紧螺丝使栓塞与孔壁接触固定和紧密；然后软管出料口套在栓塞上并固定好，打开压缩机控制阀，开始连续向泵内送砂浆，直至观察到砂浆从一个孔流入从另一个孔喷出或者从其他比较薄弱的地方流出；或者观察到由于板下灌浆，水泥板抬升而使裂缝新增或扩大；或者发现压力计的压力突然迅速升高时，应停止泵送砂浆。

板下灌浆时最好分两个流程加压泵送砂浆：当砂浆泵压力迅速升高达6.0MPa时停止泵送，保持约2min，压力值降低之后，打开卸荷开关，压力回零；再次泵送，使压力升高到6.0MPa后又停止泵送，待压力稳定在某值约2min后卸荷，压力回零。在压浆过程中应注意观察周围水泥板、路肩、边坡等的变化情况。这样才能较好地保证灌浆量的饱满。

一个孔灌完浆后，应拔出灌浆栓塞并立即插入木塞，以便有足够的时间使砂浆充分凝固。当相邻板灌浆完毕后，确信在回复压力的作用下不会将砂浆从孔中挤出时，方可将临时用的木塞取出，并用快凝水泥砂浆将孔永久性地密封，抹平与路面等高。灌浆后应避免车辆通过该区域，并在3d的养生期后，再次通过弯沉检测，看水泥板的弯沉值是否已达到要求，否则，还须钻孔补灌砂浆。

4 板下灌浆的效果

2003年1月12日我们对灌浆后的路面板进行贝克曼梁弯沉测试，测试点位与灌浆前相同，以对比灌浆效果，结果如表2，从表中可以看出，与压浆前相比，灌浆后横缝中部弯沉、接缝两侧平均弯沉和弯沉差以及接缝传荷系数都有显著改善。

板底压浆处治效果　　表2

项目＼测试点			c411 h_2	c388 h_2	c387 h_2	c341 h_2	c272 h_2	c266 h_2	c174 h_2	c171 h_2	b252 h_1	b261 h_1	b264 h_1	b267 h_1	c269 h_1	b273 h_1	b285 h_1	b300 h_1
压浆前	加载板	加载	857	898	260	521	498	512	761	687	353	655	582	639	551	828	548	484
		卸载	754	709	76	252	190	101	639	379	13	388	306	401	15	644	342	260
		弯沉	206	378	368	538	616	822	244	616	680	534	552	476	1 072	368	412	448
	从板	加载	724	752	604	544	411	510	488	484	387	610	322	774	274	843	598	428
		卸载	665	698	511	544	375	449	415	468	295	596	296	748	223	761	553	334
		弯沉	118	108	186	0	72	122	146	32	184	28	52	52	102	164	90	188
	弯沉差		88	270	182	538	544	700	98	584	496	506	500	424	970	204	322	260
	平均弯沉		162	243	277	269	344	472	195	324	432	281	302	264	587	266	251	318
	传荷系数(%)		57	29	51	0.0	12	15	60	5.2	27	5.2	9.4	11	9.5	45	22	42
压浆后	加载板	加载	809	666	631	3 614	3 244	8 630	3 060	6 855	678	670	614	660	743	710	759	791
		卸载	760	548	487	3 448	3 088	8 440	2 980	6 552	420	410	346	470	486	555	699	606
		弯沉	98	236	288	332	312	380	160	606	516	520	536	380	514	310	120	370
	从板	加载	705	475	789	2 115	3 383	3 230	2 734	7 200	543	816	526	838	642	494	233	549
		卸载	672	372	705	2 050	3 325	3 165	2 660	7 090	468	748	403	780	600	372	173	448
		弯沉	66	206	168	130	116	130	148	220	150	136	246	116	84	244	120	202
	弯沉差		32	30	120	202	196	250	12	386	366	384	290	264	430	66	0	168
	平均弯沉		82	221	228	231	214	255	154	413	333	328	391	248	299	277	120	286
	传荷系数(%)		67	87	58	39	37	34	93	36	29	26	46	31	16	79	100	55
加载板弯沉改善(%)			52.4	37.6	21.7	38.3	49.4	53.8	34.4	1.6	24.1	2.6	2.9	20.2	52.1	15.8	70.9	17.4
平均弯沉改善(%)			60.2	41.5	38.0	57.1	65.3	69.0	36.9	33.0	51.0	38.6	29.2	47.9	72.1	24.7	70.9	36.2
传荷系数改善(%)			18	206	15	100	218	131	55	599	7	399	387	179	72	77	358	30
弯沉差改善(%)			63.6	88.9	34.1	62.5	64.0	64.3	87.8	33.9	26.2	24.1	42.0	37.7	55.7	67.6	100	35.4

5 结束语

板下灌浆作为水泥混凝土唧泥以及板底脱空的病害的处理措施,可以有效改善板的弯沉,提高接缝传荷能力,增加板的结构整体性和稳定性,同时可以封堵地面水通过接裂缝向路面结构内的渗透,减缓板块破损,延长使用寿命。目前板下灌浆的施工设备和施工技术已经比较成熟,而且与替换水泥板比较,有工期较短、安全性较高、成本较低等优点,是一项值得大力推广的水泥混凝土路面维修技术。

参考文献

[1] JTJ 073.1-2001 公路水泥混凝土路面养护技术规范.[M],北京:人民交通出版社,2001.9.
[2] JTJ 032-94 公路沥青路面施工技术规范.[M],北京:人民交通出版社,2000.2.

38. 浅谈高等级公路沥青路面的养护维修

何志刚
（广州市公路管理局东城分局）

摘　要　高等级公路是连接政治、经济中心或港口、机场等重要区域的通道，与普通公路相比，具有快速、安全、舒适和经济的特点，吸引越来越多的交通流量，在国民经济发展中占有显著的地位。随着沥青路面相关理论、技术的成熟以及沥青路面本身的诸多优点（如行车舒适，后期养护费用较水泥混凝土路面少等），近年来沥青路面在我国得到了长足的发展，如何做好沥青路面养护工作，保持路面处于良好的使用状态，是安全行车、舒适行车的重要保障。

关键词　高等级公路　沥青路面　养护注意事项

高等级公路是连接政治、经济中心或港口、机场等重要区域的通道，与普通公路相比，具有快速、安全、舒适和经济的特点，吸引越来越多的交通流量，在国民经济发展中占有显著的地位。随着沥青路面相关理论、技术的成熟以及沥青路面本身的诸多优点（如行车舒适，后期养护费用较水泥混凝土路面少等），近年来沥青路面在我国得到了长足的发展，如何做好沥青路面养护工作，保持路面处于良好的使用状态，是安全行车、舒适行车的重要保障。

1　道路养护维修的时效性

沥青路面经过若干年的营运，在行车荷载的反复作用和自然环境因素的影响下，随着时间的推移，材料逐渐老化，路面不可避免地出现一些病害，而且病害呈逐渐发展趋势。我国的法律、法规对于道路的服务功能作了明确规定：道路出现坍塌、坑槽、水毁和隆起等损毁情形，道路养护部门或者管理部门应当设置警示标志，并采取防护措施，及时修复。否则，致使通行的人员、车辆及其他财产遭受损失的，负有相关职责的单位应依法承担赔偿责任。因此，经营管理公司一旦发现路面本身存在潜在缺陷，可能会给过往的司乘人员造成危害时，就应及时处理，这不仅可节省养护维修成本，更重要的是履行法律、法规所规定的职责，避免引起不必要的法律纠纷。

2　沥青路面日常养护工作内容

做好路面日常养护，必须坚持3次/天的正常巡视，及时清除路面障碍物；疏通急流槽、边沟，保持路面排水顺畅；及早发现路面裂缝、坑槽或桥头跳车等病害情况，利用路面管理系统科学评价路面技术状况，及时制定并落实养护对策。这样才能保持路面处于良好的使用状态，保障道路完好、安全和畅通。

3　开展路面病害状况调查

路面养护的一项重要工作是交通流量观测和预测路面病害状况的发展，这是编制年度养护计划的基础。根据交通流量的繁忙程度，一般在沥青路面使用8年后，还应开展路面病害状况专项调查，内容包括路面破损状况、平整度、抗滑能力和结构强度4个方面。对破损和平整度每年进行1次专项调查，对抗滑能力和结构强度每两年进行1次专项调查。

3.1　路面破损状况指数（*PCI*）

路面破损状况指数 $PCI=100-15DR^{0.412}$，它综合反映了路面损坏状况。采用现场察看、钻芯取样的方式测定路面破损状况。正确区分病害类型，在破损处挖出方形坑槽，裂缝、车辙宽度分别取0.2m

和 0.4m。测量损坏面积，并根据其严重程度的换算系数，折合成实际破损面积。实际破损面积与路段总面积之比，即为路面综合破损率 *DR*。

3.2 行驶质量指数(*RQI*)

行驶质量指数 $RQI=11.5-0.75IRI$，它反映了路面平整状况，是满足车辆快速、舒适行驶的质量指标。采用车载式颠簸累积仪或平整度仪进行测定。车辆以规定速度 80km/h 行驶，测量在一段距离内路表面产生的累积竖向位移量，即国际平整度指数 *IRI*(m/km)。

3.3 路面抗滑系数(如 *SFC*)

以抗滑系数(如横向力系数 $SFC=P/SF$)来表征路面的抗滑能力。可以采用偏转轮拖车法进行测定。将 2 只标准实验轮胎安装在汽车上，并与车身偏转成 20°角，汽车在潮湿路段上以规定速度 64.4km/h行驶，测定标准轮胎所受到的侧向摩阻力(*P*)与竖向荷载(*SF*)，两者之比，即为横向力系数 *SFC*。

3.4 路面强度系数(*SSI*)

路面强度系数 *SSI*＝路面设计弯沉值/路段代表弯沉值，它反映路面结构的整体强度。采用贝克曼弯沉梁或自动弯沉仪进行测定。路面结构受到行车荷载的作用，其破坏形式可能是由于过量的竖向变形所造成，也可能是由于某一结构层所产生的拉应力超过其材料的疲劳强度而断裂。因此，可以用最大弯沉值或路表弯沉盆的曲率半径来衡量路面结构的承载能力。

以上 4 项检测指标，客观、科学地反映出路面病害的整体状况。当某项评价指标处于中等以下时，应迅速进行处治，如刨除面层、重新罩面或从路基到路面进行翻修等。如果延迟修复，在未来较短时期内，道路的使用质量将会急剧衰减，需要付出更高甚至 4～5 倍的修复费用。

4 路面病害维修处治

根据路况调查结果，分类处治病害。一般来说，对于结构性破坏，要翻修至结构层甚至基层；对于功能性损坏，可进行平整修复。

4.1 热沥青灌缝修补工艺

该工艺适用于路基和路面基层强度足够、数量少的面层裂缝，如温度应力裂缝。分两种情形：

(1)当缝宽≤0.5cm 时，用吹风机或空气压缩机清理缝隙杂质；将改性沥青加热至 185℃，用尖嘴壶把热沥青灌满缝隙内；待沥青冷却至 60℃仍处于可塑状态时，将顶面修刮成宽约 5cm、高约 0.3cm 的梯形，加以封堵。

(2)当缝宽≥0.5cm 时，宜先剔除松动的颗粒，用空气压缩机清出杂物；接着灌入约 1/4 缝高的沥青，填充、捣实细粒式热拌沥青混凝土；薄层封面并撒上石粉，冷却 1h 即可开放交通。

4.2 乳化沥青稀浆封层工艺

该工艺适用于路基和路面基层强度足够、数量较多的面层裂缝。应注意对病害面层的修整、合理配制稀浆封层混合料和析水固化成型等关键工序。

4.3 局部挖凿填筑工艺

该工艺适用于路基和路面基层强度足够、仅出现小面积的面层龟裂、坑槽和沉陷的情况。其操作流程如下：

(1)划定维修范围

按照“圆坑方补”的原则，先沿损坏四周扩大约 10cm，与路面中心线平行或垂直画出作业轮廓线。

(2)切割清除病害

沿作业轮廓线垂直切割至坚实稳定的底面，深度大于 3cm，挖除、修整坑槽。

(3)坑内涂刷黏层油

在干净的槽底、四周槽壁上涂刷黏层油。

(4)分层填筑、夯实

从四周向中心人工摊铺热拌沥青混合料，每层厚度小于6cm，松铺系数取1.3～1.4；用小型平板振动夯实机械或铁夯夯压，要求压实度达95%以上，且与原路面齐平。如因条件限制而采用冷铺砂粒式沥青混合料，则松铺系数宜取1.5。这主要是考虑到冷补坑槽难以一次夯实成型，加大松铺系数，使初步夯压成型比原路面高出约0.5cm，留作日后车辆行驶进一步压实的凹陷量。如有路面修补王设备，提前4h加热冷储沥青成品，则现场修补一个坑槽仅需0.5h左右，工作效率高且热补效果好。

4.4 机械铣刨摊铺工艺

适用于路基和路面基层强度足够，出现大面积的面层龟裂、坑槽、沉陷、严重车辙以及桥头跳车。其操作流程如下：

(1)定维修范围

为了提高处理质量，必须进行调坡设计。纵断面以超车道与行车道的分道线作为高程测量断面和拉坡设计，根据技术标准和保证最小修补结构层厚度3cm的要求，考虑纵、横坡的接顺，合理确定维修长度。一般来说，路面龟裂、坑槽和沉陷最小的维修长度为30m，桥头跳车为从桥台背后算起20m，车辙维修长度按实际情况确定。

(2)铣刨、切边修整

用铣刨机除去整体面层，刨深一般应为3～4cm，保证满足路面面层最少结构厚度。但如果铣刨后发现底面松软，应加深刨至坚实稳定层为止；横向边缘以切割机辅助修整，清除松动的碎粒或凿毛，局部低洼处用混合料填补夯实。

(3)洒布黏层油

用沥青洒布车按0.3～0.6kg/m^2的用量喷洒黏层油。

(4)摊铺、碾压

根据修补范围估算材料用量，按规范规定拌制热沥青混合料。施工现场打钢钎(间距约5m)，并按松铺系数1.15～1.30(粗粒式取下限，细粒式取上限)进行挂线，层厚超过10cm时应分层施工；用小型摊铺机以3～5m/min的速度均匀摊铺混合料，平整度控制在5mm之内，摊铺温度控制在120～140℃。再用压路机按先边缘后中心、先横向后纵向的顺序碾压6～8遍，使新、旧路面结合良好、高程齐平。

(5)恢复标线。

4.5 路基或基层稳固处理措施

对于因路基、基层结构遭到损坏或强度不足而引起的裂缝、坑槽、车辙或沉陷等病害，应先处理土基和基层，如采用压注水泥浆固结路基，重做水泥碎石基层，用沥青碎石或细粒式沥青混凝土填补等措施。达到原有的设计强度后，再分层填筑路面结构层。

5 养护维修作业交通管制

5.1 生产作业人员持证上路

施工养护单位的生产人员经安全培训，持有《生产人员上路作业许可证》，方准上路。安全培训内容应包括：

(1)树立危机意识。因上路作业危险性高，车辆行驶速度要低，大约33m/s。

(2)穿着反光衣，不得随便走出安全区域。

(3)收、放反光锥和标牌时，朝向应正对来车方向。

5.2 养护维修作业控制区

养护维修作业控制区内交通导向标志的设置必须合理、前后协调，起到引导车流平稳变化的作用。养护维修作业控制区包括6个交通管理区域，分别是警告区、上游过渡区、缓冲区、工作区、下游过渡区和终止区。

(1)警告区

警告区是从最前面的施工预告牌开始到工作区的第一个渠化装置为止，其最小长度为1 600m。警告区内设置的交通导向标志，对车辆行驶起到距离预告、降低速度和诱导的作用。因此，必须至少设置3种标志，即施工标志、限速标志和左(或右)变窄标志。

(2)上游过渡区和下游过渡区

上游过渡区是由正常车道逐渐向窄车道过渡的区域，下游过渡区与此相反，目的是防止车辆在改变车道时发生突变。上、下游过渡区的最小长度分别是90m和30m。从上游过渡区起点至下游过渡区终点，必须每隔12～15m设置锥形交通路标。

(3)缓冲区

缓冲区是从上游过渡区终点到工作区第一个渠化装置之间的区域，是车辆调整行车状态的地段，避免发生事故。其最小长度为50m。

(4)工作区

工作区是堆放建筑材料、停放施工设备和维修作业的工作场所。其长度是从缓冲区终点至下游过渡区起点。鉴于上游过渡区和缓冲区容易发生碰撞事故，若车辆操纵不当，甚至会撞入施工场所。因此，应进一步采取安全防护措施：

①在缓冲区与工作区交界处布设施工路栏；

②在过渡区与缓冲区加设防冲撞装置。

(5)终止区

终止区是给车辆提供恢复正常行车状态的路段，最小长度为30m。

6 结束语

(1)无论出现哪种裂缝，都应当迅速处理，避免扩展成坑槽，加速路面破损，直接危及行驶安全。

(2)应充分运用养护管理系统，及时掌握路面技术状况，以便适时制定养护改造对策。

(3)加强施工现场监督，保证车辆安全通行。一经发现问题，口头警告，当场予以纠正；如果存在较大的安全隐患，则发出"整改通知书"，并按照合同条款进行处理。

参考文献

[1] JTJ 073.2-2001.公路沥青路面养护技术规范[S].

[2] JTG H30-2004.公路养护安全作业规程[S].

[3] 高建立.高速公路沥青路面养护关键技术与工程实例.北京:人民交通出版社,2006.

[4] 郭忠印，李立寒.沥青路面施工与养护技术.北京:人民交通出版社,2003.

[5] 徐培华.高等级公路路基路面养护技术.北京:人民交通出版社,2003.

39. 浅谈灌砂法压实度的检测方法及影响路基压实度的因素

黄丙栋
(广州市公路管理局东郊分局)

摘 要 通过室内标定与现场检测相结合，分析了灌砂法在工程实践中影响路基压实度检测的各项因素；分析了各种控制方法以求提高压实度质量。

关键词 灌砂法 压实度 检测

在高等级公路施工中，路基压实度质量的控制至关重要。压实度不达标是造成路面破损，使用状况差，通行能力差，交通事故多的主要原因。虽然造成路面破损的原因很多，如：软土地基处理不当，路面结构层设计不合理，施工质量差等，但其中一条重要的原因就是路基施工中压实度指标达不到要求。所以，只有对路基结构层充分压实，才能保证路基强度、刚度及平整度，保证及延长路基、路面的使用寿命。

在公路施工中，影响路基压实度的因素有填土的好坏、地基处理、含水量控制、松铺厚度以及施工机械设备的配套情况等，现分析研究路基压实度的影响因素及质量控制。

1 检测方法及影响检测的因素

1.1 灌砂法基本原理

灌砂法(标准方法，但不适用于填石路堤等有大孔洞或大孔隙材料的压实度检测)基本原理是利用粒径0.30～0.60mm或0.25～0.50mm清洁干净的均匀砂，从一定高度自由下落到试洞内，按其单位重不变的原理来测量试洞的容积(即用标准砂来置换试洞中的集料)，并根据集料的含水量来推算出试样的实测干密度。

1.2 灌砂筒的选用及室内标定

(1)根据集料的最大粒径选用灌砂筒

①当试样的最大粒径小于15mm、测定层的厚度不超过150mm时，宜采用ϕ100mm的小型灌砂筒测试。

②当试样的最大粒径等于或大于15mm，但不大于40mm，测定层的厚度不超过150mm，但不超过200mm时，应用ϕ150mm的大型灌砂筒测试。

③如集料的最大粒径达到40～60mm或超过60mm时，灌砂筒和现场试洞的直径以200mm为宜。

工地上普遍应用ϕ150mm的灌砂筒，它的测深为150mm，其所测压实度仅为这150mm的压实度。但是现场压实层厚度往往在200mm左右，而且一般压实度在压实表层都比较高，往下就难以保证，因此在山区现场含碎石较多的集料应采用ϕ200mm的大灌砂筒检测为宜。

(2)室内量砂标定的准确与否对压实度的影响

①储砂筒中砂面高度、砂的总重对量砂密度的影响

《公路土工试验规程》(JTJ 051-93)中对筒内砂的高度和质量都做了明确规定。筒内砂的高度与筒顶的距离不超过15mm，原因是不同砂面高度的砂，其下落速度不同，因而灌进标定罐内砂的密实程度也不同，这就直接影响了量砂的密度。因此，储砂筒中砂面高度必须严格控制；另外，筒内砂的质量准确至1g。每次标定及以后的试验都维持这个质量不变。因为标定时，只要砂总重相同，即砂的自重一样，

显然其下落速度也能保持一致,从而提高量砂使用的准确性。实践证明,现场测试时,储砂筒中砂面高度和质量与室内标定时保持一致,大大提高了检测数据的准确性。

②标定罐深度对量砂密度的影响

通过试验结果发现标定罐深度每减 1cm,砂密度大约降低 1.2%。可见其深度不同对砂密度影响较大。因此,现场试洞深度应尽量与室内标定罐深度一致。

③砂的颗粒级配组成对量砂密度的影响

不同颗粒粒径组成的砂,其级配不同,密度也明显不同,故每次检测使用时量砂必须采用标准砂(0.30~0.60mm 或 0.25~0.50mm),而且要保持砂的洁净干燥。

由上述可见,储砂筒砂面高度、砂的总重、标定罐深度、砂的颗粒组成等均在一定程度上影响量砂的密度。量砂密度标定准确与否,也将影响路基压实度的检测精度。所以,在进行路基压实度检测之前,标定工作不容忽视,必须引起足够的重视。

1.3 压实度检测的影响因素

压实度 $K=\rho_{d实}/\rho_{dmax}$,其中 ρ_{dmax} 为最大干密度,是通过室内标准击实试验取得的。若试验结果与实际情况偏差太大,必将影响压实度检测结果的准确性与可靠性。作标准试验时,施工单位与监理单位应共同取样,并应尽量取有代表性的集料,作对比试验。另外,针对山区高速公路的地质情况,对集料最大干密度的获得除标准击实试验外也可考虑使用表面振动压实仪法。对于测定无黏性自由排水粗粒土和巨粒土的最大干密度表面振动压实仪法更接近于现场振动碾压的实际状况。通过多种方法的验证、对比才能保证试验结果的可靠性,以免造成不必要的损失。

1.4 现场检测注意事项

(1)现场测试时,储砂筒中砂面高度和质量与室内标定时保持一致。

(2)尽量使用基板,确保试验精度。

(3)尽量使检测表面光滑平整,只要表面凸出一点(即使 1mm),使整个表面高出一薄层,其体积也算到试坑中去了,会影响试验结果。因此本方法一般宜采用放上基板先测定一次粗糙表面消耗的量砂。现场测试完后,要检查灌砂筒底板、基板与地面之间是否有砂子漏出,如有要将其单独清出,称其质量,计算密度时应扣除这部分质量。

(4)使用进行回收的量砂,下次使用前必须过筛洗净、烘干,并放置足够的时间,使其与标定时的洁净、干潮状况一致。

(5)现场含水量检测,通过烘干法与酒精法(淹没集料出现自由液面,燃烧三次)对比,其结果不超过 1%,证明是可行的。但要注意的是所用酒精纯度必须要达到 95%,劣质酒精不但不能充分燃烧反而会变成水分,影响检测结果。

(6)试坑深度应尽量等于标定时深度,坑壁笔直,上下口直径相等,避免上大下小或上小下大。

(7)灌砂时检测厚度应为整个碾压层厚,不能只取上部或者取到下一个碾压层中。

2 路基压实度的影响因素及控制方法

2.1 施工季节的选择

气候因素影响着路基施工的质量,不同地区应根据本地气候特点选择合理的施工季节。例如广东省夏季多雨,路基填土含水量难以控制,故不是理想的施工季节。其他时间降水稍少,气温适度,便于路基填土含水量及路基压实度的控制。

2.2 路基填土的选择

在路基施工中,如果土质不良,即使松铺厚度适中,碾压合乎规范,仍然很难达到压实度标准。所以,一切路基填土都必须经过试验。在杭宁高速公路的施工中,路基填土普遍采用粗粒土,这种土的级配良好,加之本身的性质,一般只要机械碾压合理、松铺厚度适中,比较容易达到规范的要求。

2.3 土的含水量控制

土的含水量、土的最佳含水量是由土的击实试验确定的。含水量的大小直接影响着土的压实度，含水量越大，干密度越小。在施工中，将含水量控制在与最佳含水量相差正负2%的范围内，压实效果比较理想。土的含水量过大，压实度必然小，会造成路基稳定性降低，有时甚至出现弹簧土。含水量过小，难以碾压，压实度也难以达到规范要求。

2.4 松铺厚度的确定

松铺厚度为保证路基的强度和稳定性，使路面有一个必要的稳固土基，在填筑土质路堤时，应将填土分层压实。在松散的黄土地区或其他松散土的挖方路段，也应进行压实。《公路路基施工技术规范》中明确要求必须根据道路的设计断面分层填筑、分层压实。采用机械压实时，分层的最大松铺厚度，高速公路和一级公路不应超过30cm。其他公路按土质类别、压实机具功能、碾压遍数等，经过试验确定，其最大松铺厚度不宜超过50cm。在路基施工中，填土的松铺厚度往往不被施工单位重视，过厚碾压的现象普通存在。由于超厚填土，造成虽然路基填土上层符合要求，但开挖后下层仍比较松散，这就为以后路基的稳定埋下隐患。2003～2004年度X296线一级公路改造工程填筑路基的材料为中粒土，施工时严格控制填土厚度。采用灌砂法求得干密度，在作压实度检测时，要求取样深度与实验室内试验深度一致，这样就避免了上述情况的发生。另外，路基填土也不宜过薄，填土厚度不应小于15cm。

2.5 碾压过程的控制

由于高等级公路路基压实度高于一般公路，所以对碾压过程的控制就更加严格。一般在碾压过程中采用先轻后重、先静后动、先外侧后中间的碾压方法。碾压速度控制在1.5～2.5km/h，碾压遍数控制在4～6遍。例如X296线一级公路改造工程的碾压机械组合为：BW18t振动压路机静压二遍，1挡，1.5～1.7km/h。BW18t振动压路机振压2遍，2挡，2.0～2.5km/h，再用BW18t振动压路机静压一遍。碾压完毕后经随机检查15个点，压实度最高为98%，最低为91.5%，平均压实度为93.7%>90%，符合要求。

通过以上的分析，可以看出，为确保路基压实度达到要求，应从以下几个方面入手。

①根据本地气候特点选择合理的施工季节；

②因地制宜，在不增加工程投资的情况下采用级配好的填料；

③通过对选择的路基填料进行试验，选用最佳含水量；

④填料松铺厚度应严格控制；

⑤碾压机械、顺序及速度的选择应合理得当。

3 结束语

灌砂法检测路基压实度是施工中最常用的试验方法之一，此方法看起来简单，但实际操作时常常不好把握，会引起较大误差，也是施工单位与监理关注的重点。同时压实度是路基及路面基层的重要检测项目，只有全面地分析影响其压实度大小的各个因素，才能保证路基的稳定及质量。

参考文献

[1] 公路工程试验工程师手册.北京：人民交通出版社，2002.

[2] JTG F10-2006 公路路基施工技术规范.北京：人民交通出版社，2006.

[3] JTJ 051-93 公路土工试验规程.北京：人民交通出版社，2000.

40. 灌浆技术处治旧水泥混凝土路面应用探讨

陈 超

（广州市公路管理局东城分局）

摘 要 通过对公路混凝土路面断板、唧泥、脱空、破碎及桥头跳车、路基沉降等主要病害的分析，提出采用灌浆技术来解决此类病害。并对灌浆加固机理与具体实施方案等进行了探讨和分析。从实用性和经济性的角度评价了灌浆技术在公路上的可行性。

关键词 公路 混凝土路面 灌浆处治

1 引言

由于水泥混凝土路面具有强度高、刚度大、受温度影响小、使用寿命长等优点，在我局管养的国省道中占有较大的比重。而我局所管养的道路均位于广州市郊，处于亚热带气候，雨水较多，交通比较繁重且超载严重，而水泥混凝土路面存在接缝较多，对超载较为敏感等缺点，导致易发生脱空、唧泥、裂缝等先期病害，桥头出现跳车现象多、路面下沉等导致路面的破损。根据实地观察和有关资料调查表明，当路面下沉达 1.0cm 时，会对车速产生明显的影响，下沉量每增加 1cm，速度就会降低 3km/h 左右；而当下沉量高达 5cm 时，车辆行驶显著减速，其减速幅度平均可达 9～13 km/h，对行车安全产生严重影响易造成追尾等严重的交通事故。如何治理与预防混凝土路面板脱空、唧泥及桥头填土不密实出现的空洞等病害，对搞好高等级公路的路面养护，延长其使用寿命，改善其通行能力，都具有十分重要的意义。笔者实际参与我分局近年对各条国、省道水泥混凝土路面处治工程的施工，并结合自已微薄的专业知识及过往的施工经验，运用灌浆技术处治原水泥混凝土路面脱空板和桥头跳车，在室内外对灌浆液的配合比进行了对比实验，认为该技术在我分局管养的公路上已取得了良好的应用效果。

2 病害形成原因

唧泥和脱空、下沉等病害的产生有其内在因素和外界因素：内在因素是基层、路基本身的质量、组成以及混凝土面板接缝状况；外界因素则是汽车荷载和气候变化。我局管养的公路路面基（垫）层材料一般都选用稳定类集料，其模量远小于混凝土面层的模量。水泥混凝土路面在重车荷载的反复作用下，板下基（垫）层将产生累积塑性变形，使混凝土板的局部范围不再与基层保持连续接触，于是水泥混凝土路面板底与基（垫）层之间将出现微小的空隙，即出现了板下局部脱空，或称为原始脱空区。同时温度、湿度的变化，以及板内温度的非线形分布，引起板向上或向下的翘曲，加速了板与基础之间的分离，形成板底脱空。脱空的出现又为水的浸入创造了条件，当路面接缝或裂缝养护不及时，雨水从破损处浸入基层，渗入的水将在板下形成积水（自由水）。积水与基层材料中的细料形成泥浆，并沿面板接缝缝隙处喷溅出来，形成唧泥。唧泥的出现进一步加剧了板底的脱空。这样周而复始，恶性循环，最终导致路面的损坏，有部分路面没有破坏，但形成局部路面下沉，由于局部的下沉使行车方向的相邻板承受了较大的行车荷载的冲击力从而使相邻板局部下沉（这其中也有以上已提过的唧泥、温度应力等的影响），进而路面形成连锁反应，使部分路面形成“阶梯路”，严重影响行车安全。另一方面是由于路基填筑质量不佳，压实度不达标，而导致路基下沉，进而使路面下沉（桥头搭板的下沉就是此类的代表，在此就不详细论述）。

3 灌浆加固原理

灌浆加固按路面破坏的成因分为板下灌浆及路基加固灌浆。两种加固方法主要区别在于灌浆钻孔深度。

现有混凝土路面设计理论中,我们把混凝土板看作是小挠度弹性薄板,其假定条件是面板与地基间完全接触(不脱空)。同时混凝土板是一种准脆性材料,抗压强度高、抗弯拉性能差。在正常情况下,面板均匀支承时,无论荷载作用位置,应力都较小。而一旦脱空,板角处由于基础支撑的丧失处于悬臂状态,板内将产生过大的应力、剪力,混凝土板很快达到极限寿命。水泥混凝土面板灌浆是通过注浆管,施加一定压力将浆液均匀注入板底空隙、板下基(垫)层中,以充填、渗透、挤密等方式,赶走板底、基层裂隙中的积水、空气后占据其位置,经人工控制一段时间后,浆液将原来的松散颗粒或裂隙胶结为整体,形成一个良好的"结石体"。灌浆改善了板底原有受力状态,恢复板体与地基的连续性。达到加固基础,治理病害的目的。

采用注浆路基加固措施处理,即利用液压、气压将水泥浆注入路基,在黏性土路基内发生径向劈裂,浆液沿裂隙流入土体,并将土体切割成不规则的块体,在块体之间形成互相穿插的胶状水泥结石,黏性土又受到充填浆液时的压缩,形成一种复合型岩土,防止或减弱路基再下沉;在用碎石土、砂砾土填筑的路基内,浆液以渗流或紊流的方式渗入路基土孔隙,从而提高了路基强度和刚度,填实路面板脱空部分。压密注浆形成的土能使路面上抬回升,是用浓浆置换和挤密土体的过程。通过注浆形成的水泥柱柱体也可作为半刚性基层的桩基础,有效地支承路面结构层,起到双重作用。

4 注浆材料的选择及配比

注浆材料的选择主要从三个方面考虑:一是适应快速修补的需要,应做到当天注浆次日就要开放交通,早期强度要来得快;其次是要满足压力注浆设备的需要,操作简捷,有较好的流动性;三是从经济指标分析,应具有可推广价值。压浆材料的选用非常关键,原来一般选用水泥浆液加添加剂,但是经过我们多次实验发现存在凝固时间不易控制、流动性与体积干缩性极难调和,一般流动度越高,可灌性就越好但其干缩性也就越大。添加早强剂的砂浆基本能满足上述三点考虑,最终我们确定用早强砂浆进行施工。我们采用的浆液配比为:水泥∶砂∶水∶早强剂=1.00∶1.00∶0.60∶0.06。将浆体制成7.07cm×7.07cm×7.07cm 立方体试件,标准养护1d,抗压强度应达到13MPa以上。浆体应具有良好的可泵性、和易性、保水性,浆体过稠不能均匀布满板底空隙,浆体过稀,干缩性大。在施工中,笔者认为为防止浆体的干缩,浆液中宜掺加一定量膨胀剂或采用有膨胀 及减水作用的早强剂。流动度是影响可灌性的主要因素,一般流动度越高,可灌性就越好。由于在现行规范中未对此做明确规定,参照预制梁板压浆施工经验,采用水泥浆稠度试验漏斗(体积 1 725ml±5ml),以浆体自由全部流完的时间作为流动度来控制(详见《公路桥涵施工技术规范》JTJ 041—2000 附录 G-11)。其中,在室温条件下,纯水的流出时间为8s(室内试验结果)。在施工中,笔者认为浆体流动度不宜过小,控制在20~30s之间较好。否则会产生泌水现象。采用现场搅拌,材料凝结时间可以调控,材料混合后,凝结时间可控制在10~60min,早期强度高,2h可达到3MPa以上,混合料也可以和周围土颗粒发生反应,形成强度,混合料凝固过程及凝固以后不收缩。

5 现场交通管制

在国省道公路上进行养护作业,既要能确定自身的施工安全和施工质量,同时也要保证车辆的正常通行,不能造成堵车,所以砂浆终凝时间十分重要,现我们采用一天的早强剂,经实验24h内强度达到13~18MPa。较好的解决了施工质量与交通通行的矛盾。

6 压力注浆的现场实施

施工设备的配套:35kW 可移动式发电机组、强制式砂浆拌和机、砂浆压浆机、水车1台、2.5t 平板车1台、钻孔机2至3台。

施工步骤：

(1)注浆口的设置

注浆口孔位布设一般为3～5孔/板，注浆口距板边距离及两孔间距不宜小于1m，具体应根据混凝土面板尺寸、下沉的情况、加固的方式、裂缝状况以及灌浆机械等确定。对于板底灌浆一般是从唧泥、沉降量大的地方开始，由远到近，由大到小；对于路基加固则应分布在四角及中心位置；对于桥头搭板的注浆口宜设置在搭板横向居中位置，纵向上距离台背1～2m处。

(2)孔深

对于混凝土板底应深至路基底面，我局管养的混凝土路面结构层多为25cm混凝土路面加20cm稳定基层，所以对于板底加固孔深多为46cm；对于路基加固(其中包括桥头搭板下沉加固)根据实际一般孔深2m。

(3)砂浆拌和

在注浆前应进行室内配比试验和现场注浆试验。严格按照配合比将一定数量的水泥、砂、早强减水剂加入强制式砂浆拌和机内先行干拌后，再加入一定数量的水，泥浆水灰比可取0.5～0.8，拌和时间不少于3min。

(4)注浆

将拌好的砂浆通过压浆机从密封的固定注浆口压砂浆，砂浆在压力作用下会很快流向各未注浆口，待某个未注浆口溢出砂浆时即行用预先准备好的木塞塞紧，所有未注浆口都溢出砂浆后注浆工作即告完成。灌浆压力的控制应视混凝土板的损坏及脱空情况具体确定。压力一般控制在1～4MPa之间，并停留3～5min，效果较好。注浆压力由小到大依次施加，避免一开始就采用大注浆压力。注浆路段注浆孔完成后，进行效果检查和评定，不合格者补充钻孔注浆。注浆结果评定标准：对注浆过程中的各种记录资料综合分析，注浆压力和注浆量变化是否合理，是否达到设计要求。注浆顺序应由外往内进行，即先注四周使其形成一个封闭圈，再注圈内土体。最后以混凝土路面的平面高程和冒浆情况为检测手段。要详细记录压实注浆过程中的冒浆情况，判断混凝土板层或土体的挤密效果。

(5)路面修补及清洗

注浆结束后要及时对钻孔部位的混凝土路面进行修补性恢复，以确保行车安全，并用水对路面进行清洗，保持路容路貌。

(6)几点需要注意的事项

①压力注浆主要是要能形成压力，所以注浆口必须密封，这样砂浆才能充实每一处空隙。注浆前需认真检查搭板四周有没有空洞或缝隙。要在注浆过程中有专人负责检查是否存在跑浆及漏浆现象(特别是高边坡或有过沟或下水道的道路)，这类问题必须先行封堵。

②混合料需要有一定的和易性，以方便施工。严格控制配比，以保证注浆的混合料结硬后不能有多余水分。保证混合料有一定的膨胀性。注浆压力若控制不当，容易产生鼓包破坏原有路面。

7 经济效益评估

灌浆处治旧水泥混凝土路面早中期破坏与“换板”相比最大的优点就是利用原路面板。其直接成本随脱空情况及处治目的不同而不同，一般为15～30元/m^2。“换板”翻修混凝土路面每平方米成本一般需150～180元。与后者相比，前者的直接成本明显低。灌浆作为一种治理混凝土路面病害、及时可行的科学养护技术，具有成本低，见效快，操作简便，对车辆行驶影响小，受自然因素影响小等优点。在公路施工和养护工程中，具有可观的经济效益和社会效益。

8 结束语

灌浆技术作为一种新型的加固技术，可广泛地使用到公路施工其他方面，如高速公路桥头跳车、软土地基处理、机场路加固等。而且由于其处治质量主要控制指标——弯沉与旧板加铺沥青混凝土面层的设计指标相吻合,具有一定科学性,所以也适用于旧板加罩沥青面层的加固处治。

大多数破损板本身的质量良好,病害原因主要是由于下承层造成的。有关资料建议灌浆钻孔深度一般为混凝土板底3～5cm,根据施工经验,钻孔深度应穿透基层达到垫层中。传统的"换板"处治,在破碎时由于操作人员的失误或连接杆的传递影响,可能造成相临混凝土板块不同程度的松动或破损,处治一处病害又出现多处新的病害,且只能改善板本身状态,正是所谓的"治标不治本",而混凝土板下灌浆通过灌浆压力可把浆液渗透到相邻混凝土板下,起到灌浆一块板加固几块板的作用。

参考文献

[1] 田波.水泥混凝土路面脱空的检测及对策.华东公路,2004,134.

[2] 黄彭.现有水泥混凝土路面板整治、补强措施实施要点.路苑,2003,29.

[3] 刘冬生.灌浆技术处治旧混凝土路面应用探讨.交通论文,2003,95.

41. 早强混凝土的路用性能试验研究

魏映华[1]　王进勇[2]
（1. 广州市番禺区地方公路管理总站；2. 重庆交通科研设计院）

摘　要　早强混凝土的推广应用，解决了维修工程中混凝土路面养护周期过长的问题，项目组通过大量的室内试验，对优选出的 D1 组早强剂的强度、收缩、耐磨等路用性能进行了研究，得出了早强混凝土的路用性能略优于普通混凝土的结论，但也提出了外加剂掺量过大将影响混凝土的耐磨性能的问题，用于指导工程施工将具有积极的意义。

关键词　早强混凝土　路用性能

在混凝土路面的维修工程中，早强剂得到了大量的应用，这对快速施工、快速通车具有积极的意义，但在提高早强强度的同时，其路用性能能否得到保证，也是值得我们关注的问题。本研究将结合混凝土路面维修工程的特点对早强混凝土的路用性能进行试验研究，用于指导路面维修工程的施工。

1　试验用原材料

1.1　外加剂

用于混凝土路面工程的外加剂应不含氯盐，对钢筋无锈蚀作用，并能达到 1～3d 通车的目的，经对比优选，项目组选用了编号为 D1 的早强减水剂，该早强剂主要成分是萘系减水剂与硫酸盐。主要性能指标见表 1。

D1 组早强减水剂检测结果　　表 1

序　号	检 测 项 目		检 测 结 果
1	减水率（%）		11.0
2	泌水率比（%）		84.0
3	凝结时间差	初凝	−30
		终凝	−54
4	抗压强度比（%）	1d	240
		3d	170
		7d	138
		28d	118
		90d	112

从检测结果看，该早强剂达到了国标优等品的指标要求。

1.2　水泥

采用重庆产的 P. 032. 5R 水泥，其试验结果见表 2。

重庆 P. 032. 5R 水泥性能试验结果　　表 2

筛余（0.080mm）（%）	标准稠度用水量（%）（p）	凝结时间		强度（MPa）				三氧化硫（%）	烧失量（%）	安定性
		初凝 时分	终凝 时分	抗折		抗压				
				3d	28d	3d	28d			
3.2	27.6	3:30	4:40	4.6	7.6	21.3	39.0	<3.5	<5.0	沸煮合格

1.3 集料

试验研究用砂为广东番禺地区的天然中砂，细度模数2.91，碎石采用广东番禺地区的花岗岩碎石，粒径5～31.5mm。各项技术指标均符合《公路水泥混凝土路面施工技术规范》(JTG F30—2003)的要求。

2 正交试验设计

本试验研究的目的是通过不同的水泥用量、用水量、砂率及外加剂的变化，用较少的试验次数达到优选配合比这四个参数的目的。

试验考察四个因素，三个水平及选用L9(3^4)正交表见表3。

考察指标为：工作度即坍落度，28d抗折、抗压强度。

混凝土配合比正交试验的因素水平表 表3

因素 / 水平	A	B	C	D
	水泥用量(kg/m^3)	用水量(kg/m^3)	砂率	外加剂
1	340	145	34	C型(掺量3.0%)
2	365	155	36	D2(掺量2.0%)
3	390	165	38	D1(掺量1.6%)

通过试验表明，影响早强混凝土工作度(坍落度)和3d抗折、抗压强度的主要因素为早强减水剂，影响早强混凝土工作度(坍落度)的其次因素是单位用水量，影响早强混凝土3d抗折、抗压强度的其次因素单位水泥用量，其他因素不够显著。因此，在早强混凝土的配合比设计中选择经济合理的早强减水剂尤其重要，其次是对单位水泥用量的确定。

通过对早强混凝土的配合比正交试验，得出了影响早强混凝土的抗折、抗压强度的主次因素，由此选定的试验配合比见表4。

早强混凝土设计配合比 表4

水泥(P.032.5级)	中砂	花岗岩碎石	水	早强减水剂
365	690	1 228	155	D1(1.6%)

3 混凝土路用性能试验研究

3.1 早强混凝土的强度

早强混凝土首先应满足早期强度的要求，其次是应具有稳定的后期强度。

从图1可知，在常温下，选用经济合理的配合比，掺用D1早强外加剂，其混凝土的三天强度均达到要求，即均可达到配合比设计强度等级的70%，路面可开放交通。90d龄期、180d龄期后，早强混凝土的强度均有提高，一般90d龄期提高5%～10%，180d龄期提高10%～20%，后期强度是稳定的。

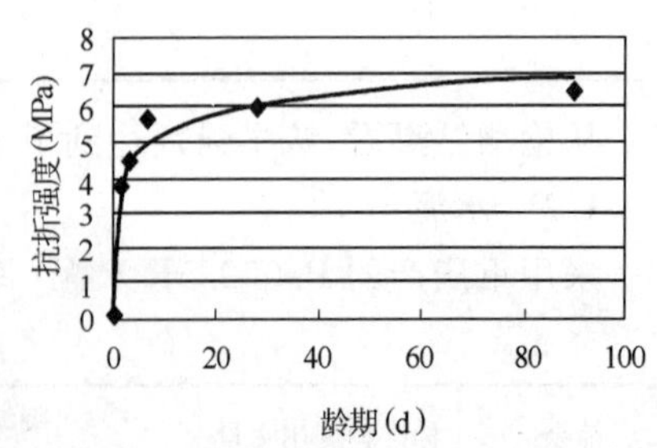

图1 早强混凝土龄期-强度关系

3.2 早强混凝土的收缩性能

路面混凝土属大体积混凝土，高的收缩量将使路面产生不规则的开裂，影响混凝土收缩的因素很多，诸如水灰比、石料性质、粗集料的体积率、外加剂的品种及掺量、养护条件等，本研究采用对比试验的方法，对比早强混凝土与普通混凝土的收缩性能。

从图2可以看出，混凝土是否掺加外加剂，其收缩值均随着龄期的增加而增加，但28d龄期后，增长速率明显降低,收缩曲线趋于平缓。早强混凝土初期的收缩值较大,3d时是普通混凝土的两倍,7d时比普通混凝土增加28.7%,但到28d时收缩值略小于普通混凝土。从总的来看,掺早强外加剂的混凝土28d内的收缩值略高于普通混凝土,但28d以后收缩值比普通混凝土低,增长幅度也比普通混凝土低,180d时收缩值仅为普通混凝土的89%。因此,可以得出早强混凝土的长期收缩性能优于普通混凝土的结论。

3.3 早强混凝土的耐磨性能

为了全面考察早强外加剂对混凝土的磨耗的影响,项目组分别做了外加剂掺量为0、1.0%、1.6%、3.0%四种情况龄期分别是3d、7d、28d的磨耗试验。试验环境温度为常温,其测试结果见图3。

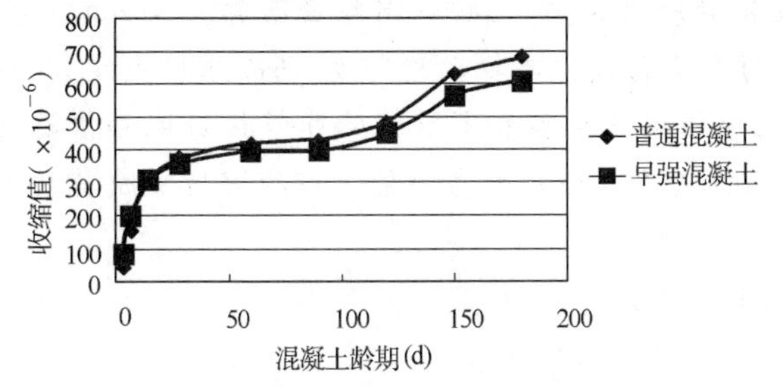

图2 普通混凝土与早强混凝土各龄期的收缩对比试验

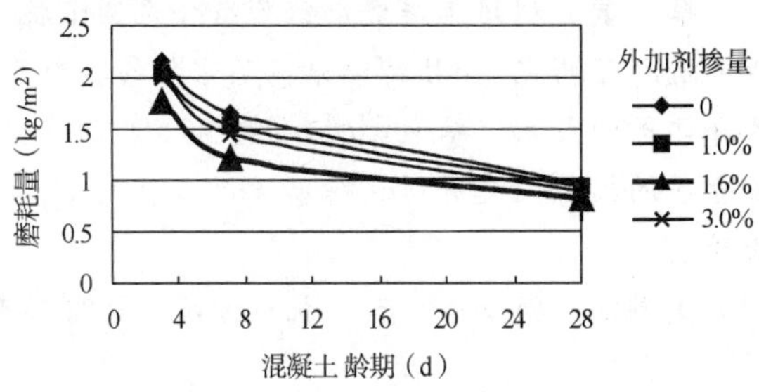

图3 不同外加剂掺量对不同龄期混凝土磨耗的影响

从磨耗试验可以得出如下结论:

(1)随着龄期的增加,不论混凝土是否掺外加剂,其磨耗量均随龄期的增加而降低。

(2)掺早强外加剂的混凝土各龄期的耐磨性好于不掺早强外加剂的混凝土。

(3)随着外加剂掺量的增加,混凝土的耐磨性有所增加,但当外加剂掺量大于2%时,混凝土的耐磨性开始减低,如继续增大外加剂掺量,则混凝土的耐磨性急剧下降,因此外加剂的掺量不易过大。

4 结束语

早强混凝土用于路面维修工程,可以达到快速通车的目的,性能优良的外加剂可以达到1～3d通车的目的,具有显著的社会和经济效益。通过本试验研究,可以得出以下结论:

(1)优选的早强剂可以达到快速通车的目的,适合于混凝土路面维修工程的施工。

(2)优化的配合比设计可以使早强混凝土后期强度稳定,满足混凝土耐久性的要求。

(3)优质的早强混凝土的收缩、耐磨性能均优于普通混凝土。但应注意,随着外加剂掺量的增加,混凝土的耐磨性能将降低,因此外加剂掺量不宜过大,一般以不超过水泥用量的3%为宜。

参考文献

[1] 冯浩,朱清江.混凝土外加剂工程应用手册.北京:中国建筑工业出版社,1999.

[2] JTJ 073.1—2001 公路水泥混凝土路面养护技术规范.

42. 沥青混合料抗剪性能研究

刘细军
（广州珠江黄埔大桥建设有限公司）

摘　要　利用直接剪切试验结合无侧限抗压试验和劈裂试验，对几种不同粒径沥青混合料的抗剪性能进行了研究，并且对比分析了它们的抗剪强度、抗剪参数与高温车辙动稳定度、马歇尔稳定度、孔隙率等之间的关系。结果表明，利用直接剪切试验结合无侧限抗压试验和劈裂试验能够很好地评价沥青混合料的抗剪强度并所获得沥青混合料的 C 和 ϕ 值，而沥青混合料的抗剪性能可以很好地反映其抗车辙性能。

关键词　沥青混合料　抗剪强度　抗剪参数　车辙

1　引言

随着我国高速公路里程与日俱增，由于交通量、重载、超载的增加以及交通的渠化，许多高速公路在通车1～2年甚至通车仅几个月就发生了严重的车辙现象，不得不进行养护维修。

车辙可以看作是剪应力作用下沥青混合料塑性流动的结果。在轮载作用下，其非均布荷载将在路面面层内产生较大的剪应力，而沥青混合料在设计过程中并未考虑其抗剪性能，这是路面出现车辙的根本原因所在，所以对沥青混合料的抗剪性能进行研究具有非常重要的意义。

直接剪切试验能够实现近似的纯剪切应力状态，比较符合路面的实际应力状态，特别适用于考察沥青混合料的剪切流动变形。本文利用直接剪切试验结合无侧限抗压试验和劈裂试验对沥青混合料的抗剪性能进行研究。本文选取直接剪切试验结合无侧限抗压试验和劈裂试验对沥青混合料的抗剪特性进行研究，并把结果与马歇尔稳定度、车辙动稳定度等进行了对比分析。

2　直接剪切仪器及抗剪参数 C、ϕ 值的计算方法

本研究采用了笔者开发的一种原理简单的直接剪切仪器（图1），其实验参数可以改变，该设备可以在MTS上进行操作。MTS可以灵活的以控制应变或控制应力的模式加载，并能调整荷载的大小或加载速率以及试验温度，试验数据由软件自动采集和报告等特点，这为试验数据的精确性提供了可靠的保障。

利用单轴压缩试验和劈裂试验的结果来计算沥青混合料的黏聚力 C 和内摩擦角 ϕ 值，试验数据的处理是十分重要的。本研究把单轴压缩试验和直接拉伸试验看成是侧向力为零的三轴试验，根据这两个试验的结果画出莫尔圆，通过莫尔圆理论求解出沥青混合料的 C 和 ϕ 值。由于试件的直接拉伸试验比较难以实现，在此采用间接拉伸试验——劈裂试验来代替直接拉伸试验。根据图2所示的莫尔圆受力图示，利用简单的几何关系，可以推导出基于无侧限抗压试验强度和抗拉强度的沥青混合料抗剪参数 C 和 ϕ 值的计算公式(1)和公式(2)。

$$\begin{cases} C = \dfrac{\sigma_u + \sigma_l}{4}\cos\phi & (1) \\ \phi = \arcsin\left(\dfrac{\sigma_u - \sigma_l}{\sigma_u + \sigma_l}\right) & (2) \end{cases}$$

式中：C——沥青混合料中的黏聚力；

σ_u——沥青混合料的抗压强度，可以通过无侧限抗压试验获得其值；

σ_l——沥青混合料的抗拉强度，可以通过劈裂试验获得；

ϕ——沥青混合料的内摩擦角。

图 1 直接剪切仪

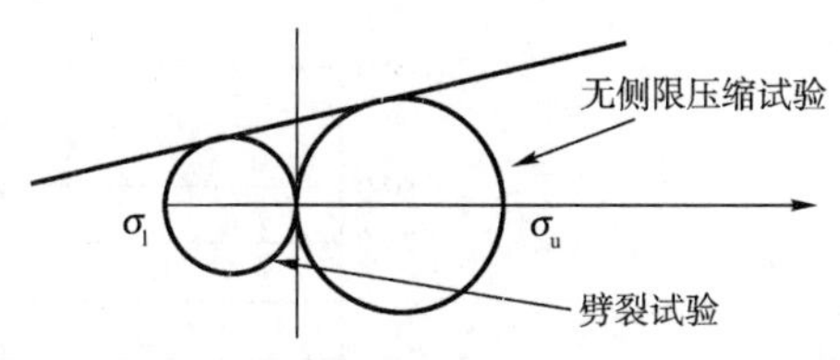

图 2 莫尔圆受力分析图示

3 原材料技术性能

3.1 集料

粗细集料均采用了河北鹿泉市石灰岩，矿粉为石灰岩磨制而成。经测定集料的各项性能指标均符合规范《公路工程集料试验规程》(JTJ 058—2000)要求。各种规格集料密度见表 1，其他性能指标见表 2。

集料密度测定结果 表 1

筛孔尺寸(mm)	37.5	31.5	26.5	19.0	16.0
视密度(g/cm³)	2.728	2.725	2.730	2.695	2.726
筛孔尺寸(mm)	13.2	9.5	4.75	2.36	1.18
视密度(g/cm³)	2.725	2.726	2.730	2.714	2.711
筛孔尺寸(mm)	0.6	0.3	0.15	矿粉	
视密度(g/cm³)	2.715	2.711	2.687	2.856	

粗集料性能指标 表 2

指 标	单 位	结 果
石料压碎值	%	16.5
与沥青粘附性（水煮法）	级	5

3.2 沥青

沥青采用了埃索-70，按《公路工程沥青及沥青混合料试验规程》(JTJ 052—2000)进行常规指标测试，各项指标结果见表 3。

埃索-70 沥青性质指标 表 3

试验项目		结 果
密度(15℃)(g/cm³)		1.034 7
针入度(25℃,5s,100g)(1/10mm)		67
延度(15℃,5cm/min)(cm)		>100
软化点(环与球)(℃)		48.2
溶解度(三氯乙烯)(%)		99.88
闪点(COC)(℃)		305
薄膜加热试验(163℃,5h)	质量损失(%)	0.05
	针入度比(%)	77.6
	延度 (25℃,5cm/min)(cm)	>100
	延度 (15℃,5cm/min)(cm)	90.3
含蜡量(%)(蒸馏法)		2.5

3.3 级配

中粒式沥青混合料采用 AC-16F 和 BL-16，级配曲线见图 3。为确定中粒式沥青混合料的最佳沥青用量，进行了马歇尔试验，通过分析确定出 AC-16F 和 BL-16 沥青混合料的最佳油石比分别为 4.5%和 5.0%。

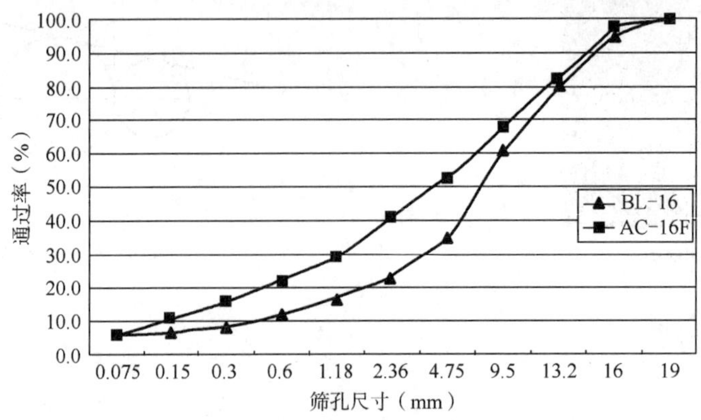

图 3 中粒式沥青混合料级配曲线

本研究还分别用体积设计法（TJ）和 Superpave 设计法针对最大公称粒径为 31.5mm 的级配进行了设计，体积设计法中粗集料级配设计应用了均匀设计法。Superpave 设计时打破了禁区的界限，级配从禁区中央穿过。同时还用贝雷（BL）法对最大公称粒径分别为 37.5mm、31.5mm 和 26.5mm 的混合料进行了设计。所有设计级配如图 4 所示。对各 LSAM 级配进行了大型马歇尔实验设计，确定了各级配的最佳油石比。

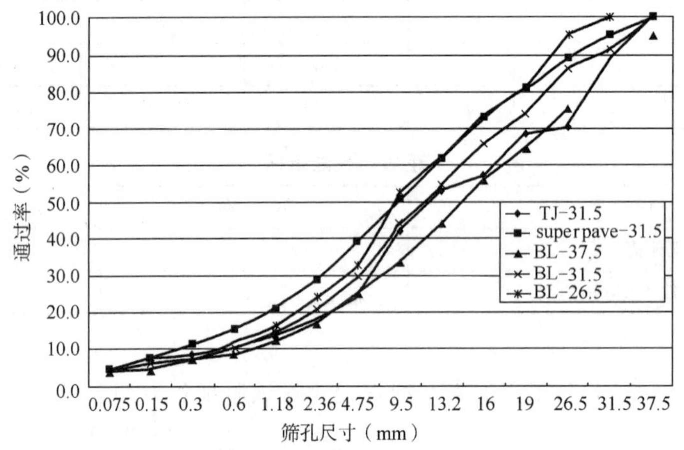

图 4 大粒径沥青混合（LSAM）料级配曲线

4 沥青混合料抗剪性能分析

4.1 中粒式沥青混合料抗剪性能

分别在最佳油石比下成型马歇尔试件，然后在 MTS 上测定其抗剪性能、无侧限抗压强度和劈裂强度，通过公式（1）、（2）计算得出混合料的 C、ϕ 值。中粒式沥青混合料的试验结果见表 4 和表 5。

25℃下中粒式沥青混合料强度试验结果 表 4

级 配	AC-16F	BL-16
剪切强度（MPa）	2.655 1	3.110 1
C（MPa）	0.686 0	0.432 5
ϕ（°）	45.472 4	48.457 5

60℃下中粒式沥青混合料强度试验结果 表 5

级 配	AC-16F	BL-16
60℃下马歇尔稳定度（kN）	11.2	8.30
60℃下车辙动稳定度（次/mm）	4 220	5 136
剪切强度（MPa）	0.431 2	0.442 4
C（MPa）	0.091 8	0.070 5
ϕ（°）	45.243 0	47.183 8

两种中粒式沥青混合料的抗剪性能、高温稳定性能对比图见图 5～图 12。

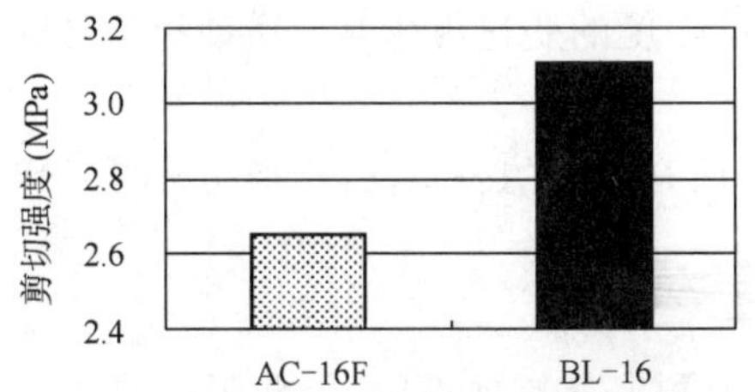

图 5　两种级配 25℃抗剪强度比较图

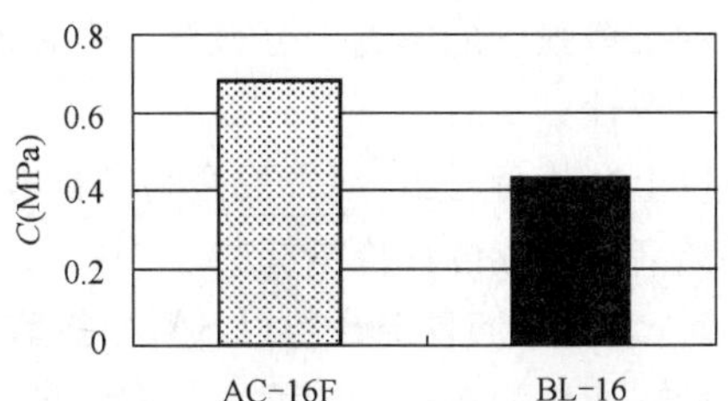

图 6　两种级配 25℃黏聚力 C 比较图

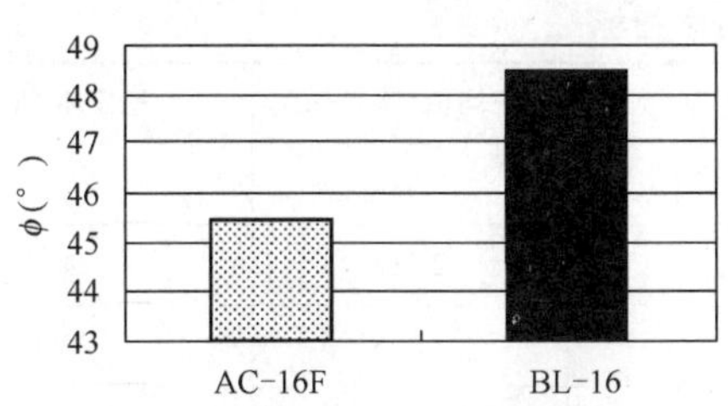

图 7　两种级配 25℃φ 比较图

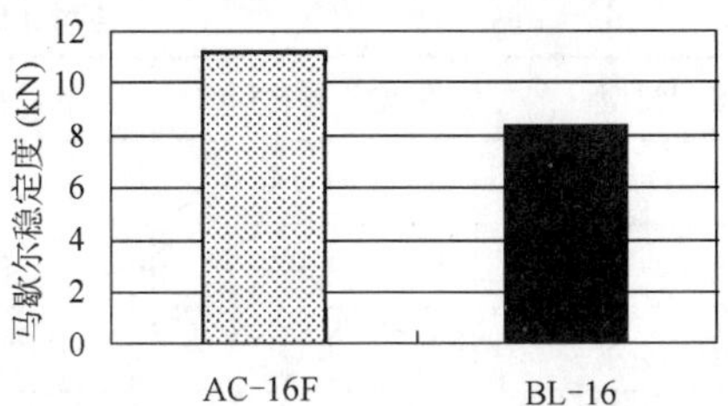

图 8　两种级配 60℃马歇尔稳定度比较图

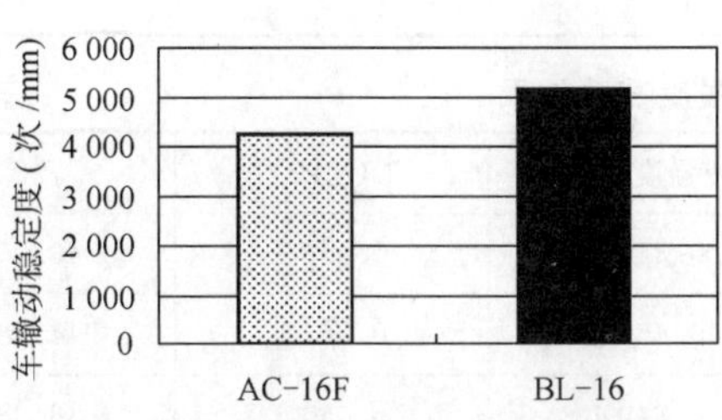

图 9　两种级配 60℃动稳定度比较图

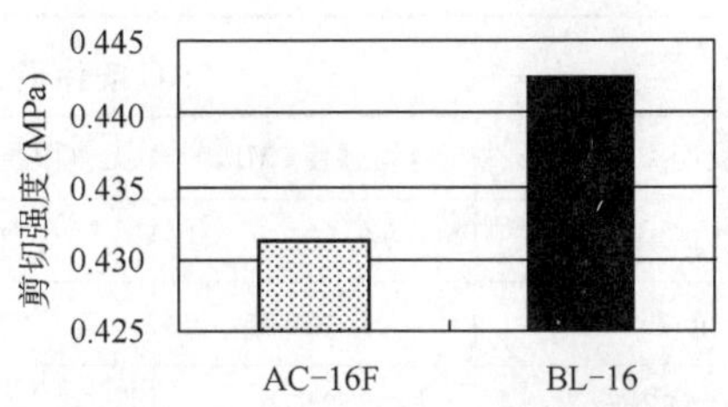

图 10　两种级配 60℃抗剪强度比较图

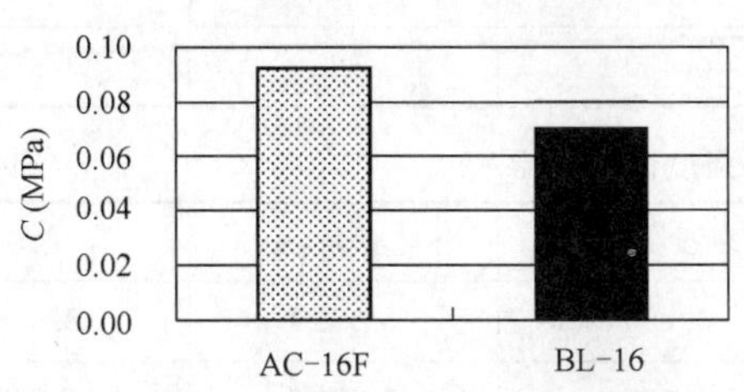

图 11　两种级配 60℃黏聚力 C 比较图

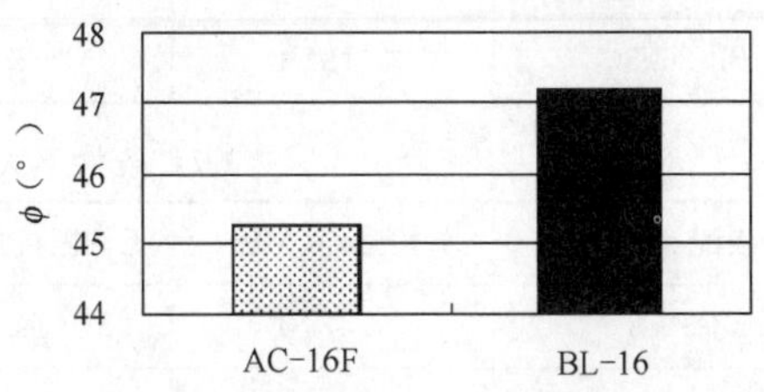

图 12　两种级配 60℃φ 比较图

从图 5～图 12 可以看出：

(1)对于 BL-16 和 AC-16F 两种级配的沥青混合料，马歇尔试验在力学指标上无法准确地反映它们高温性能的优劣。

(2)两种沥青混合料在抗剪强度方面的规律与高温车辙动稳定度的规律相同，其中 BL-16 沥青混合料的抗剪性能明显好于 AC-16F 沥青混合料。

(3)在 25℃和 60℃条件下 BL-16 沥青混合料的黏聚力 C 均小于 AC-16F 型混合料。黏聚力 C 通常受沥青类型、沥青用量、粉油比、细集料用量等因素的影响，且温度越低、沥青黏度越大时混合料的黏聚力越大。AC-16F 级配的细集料含量比 BL-16 多，因而其黏聚力 C 大于 BL-16 级配。两种级配沥青混合料的黏聚力 C 均占其抗剪强度的 20％左右。

(4)在 25℃和 60℃条件下，BL-16 沥青混合料的内摩阻角均要大于 AC-16F 沥青混合料。随着温度的升高，两种混合料的 ϕ 值均略有减小。集料棱角特性、级配类型和设计方法决定了沥青混合料的内摩擦角 ϕ 的大小，从这里可以看出贝雷法要明显优于传统的级配设计方法。内摩擦角 ϕ 占抗剪强度的 80％左右，两种沥青混合料的内摩擦角 ϕ 的变化规律与车辙动稳定度的变化规律具有显著的一致性。

(5)在抗剪强度方面BL-16要优于AC-16F。在60℃时，τ_{BL-16}与τ_{AC-16F}结果均很小，可见温度对沥青混合料的抗剪强度的影响十分显著。两种沥青混合料的抗剪强度的变化规律与车辙动稳定度的变化规律具有一致性。

由以上分析可看出，沥青混合料的抗剪性能与抗车辙方面有显著的一致性，抗剪指标可以作为沥青混合料的高温性能的评价指标。

4.2 大粒径沥青混合料(LSAM)抗剪性能

分别在最佳油石比下成型大马歇尔试件，然后在MTS上测定其抗剪性能、无侧限抗压强度和劈裂强度，通过公式(1)、(2)计算沥青混合料的C、ϕ值。大粒径沥青混合料的试验结果见表6～表8。

各种LSAM级配的物理、力学指标 表6

级配类型	最佳油石比(%)	孔隙率(%)	矿料间隙率(%)	DS均值(次/mm)	稳定度(kN)
TJ-31.5	3.7	4.1	12.3	3 535	20.3
Sup-31.5	4.0	3.5	12.5	2 383	24.7
BL-37.5	3.8	4.8	13.3	3 583	20.0
BL-31.5	3.8	5.1	13.5	2 737	20.5
BL-26.5	3.9	4.7	13.2	2 989	21.8

25℃条件下大粒径沥青混合料强度试验结果 表7

级配类型	剪切强度(MPa)	无侧限抗压强度(MPa)	劈裂强度(MPa)	C(MPa)	φ(°)
TJ-31.5	2.235 3	2.446 1	0.340 7	0.456 5	49.068 5
Sup-31.5	2.100 1	2.709 3	0.469 7	0.564 1	44.788 1
BL-37.5	2.215 3	2.365 6	0.343 4	0.450 6	48.289 1
BL-31.5	2.059 3	2.146 6	0.409 8	0.468 9	42.797 2
BL-26.5	2.182 1	2.371 8	0.430 1	0.505 0	43.865 8

60℃条件下大粒径沥青混合料强度试验结果 表8

级配类型	剪切强度(MPa)	无侧限抗压强度(MPa)	劈裂强度(MPa)	C(MPa)	φ(°)
TJ-31.5	0.374 4	0.385 0	0.056 5	0.073 7	48.096 8
Sup-31.5	0.351 0	0.387 7	0.067 2	0.080 7	44.789 8
BL-37.5	0.365 0	0.327 7	0.049 1	0.063 5	47.673 0
BL-31.5	0.342 0	0.309 6	0.060 5	0.068 4	42.280 8
BL-26.5	0.353 4	0.348 7	0.065 1	0.075 4	43.248 2

五种级配、不同温度的抗剪强度、黏聚力、内摩擦角、孔隙率性能对比，如图13～图21所示。

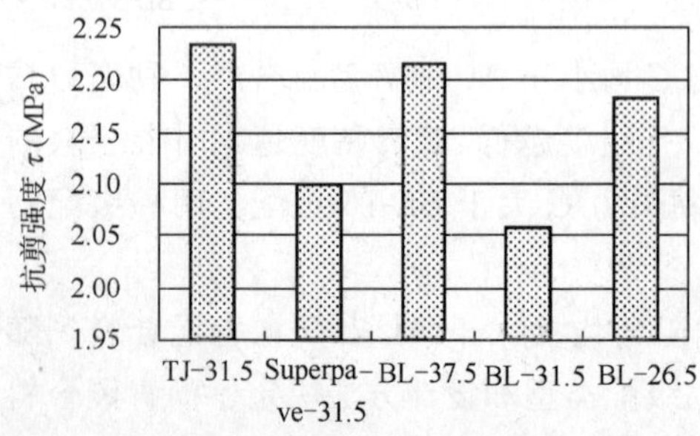

图13 五种级配25℃抗剪强度比较

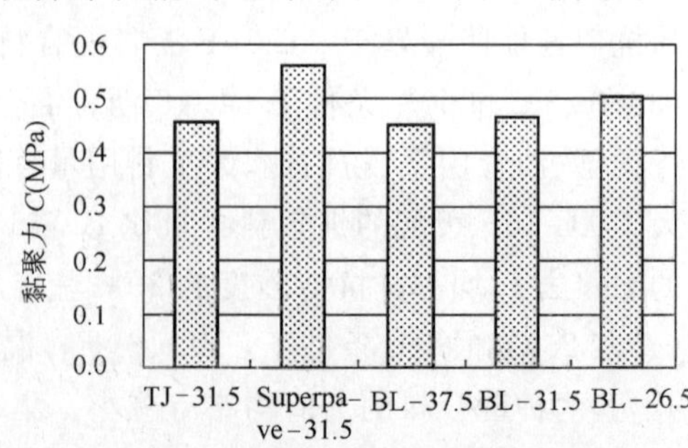

图14 五种级配25℃黏聚力值比较

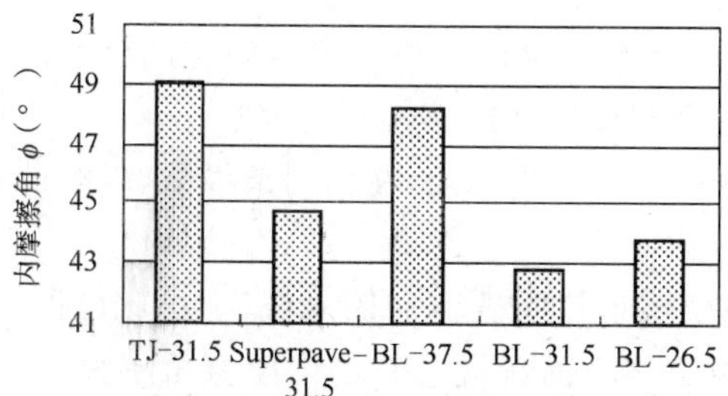

图 15 五种级配 25℃内摩擦角比较

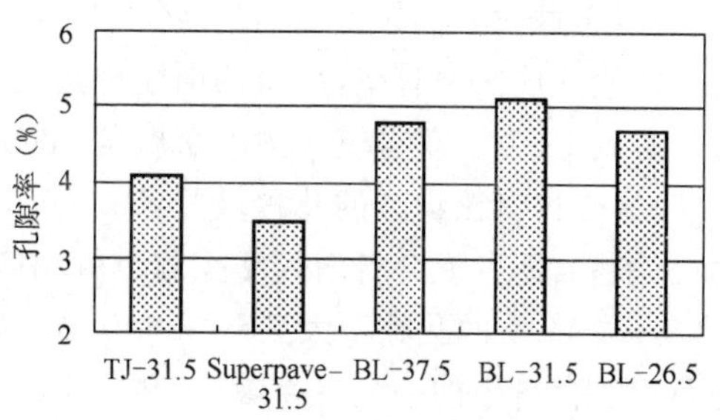

图 16 五种级配孔隙率比较

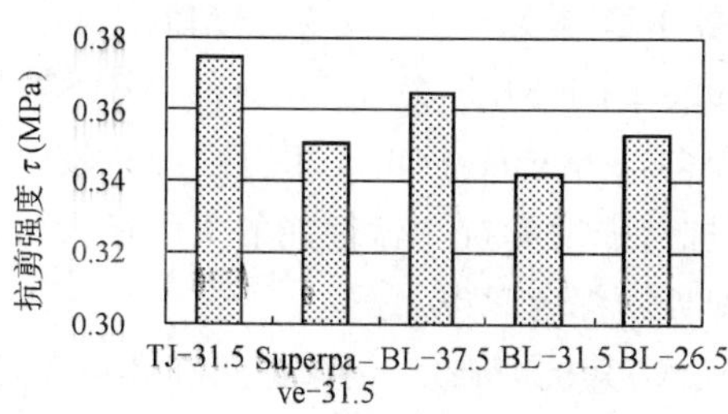

图 17 五种级配 60℃抗剪强度比较

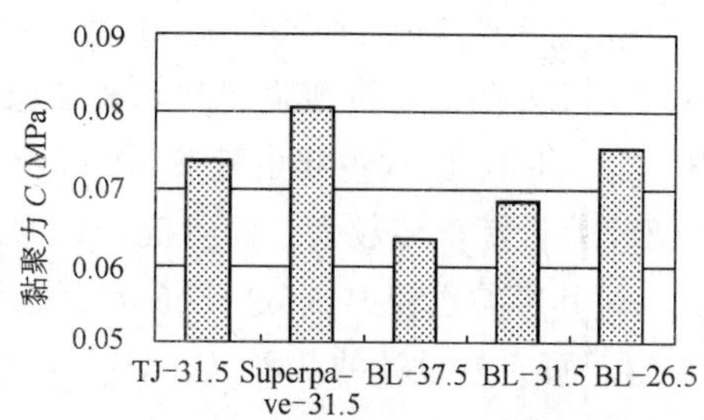

图 18 五种级配 60℃黏聚力值比较

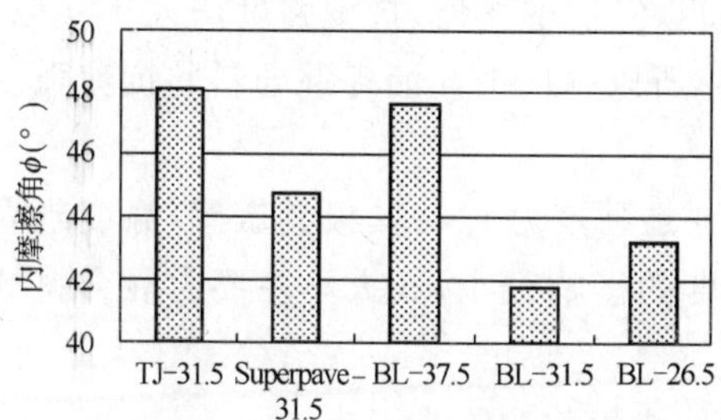

图 19 五种级配 60℃内摩擦角比较

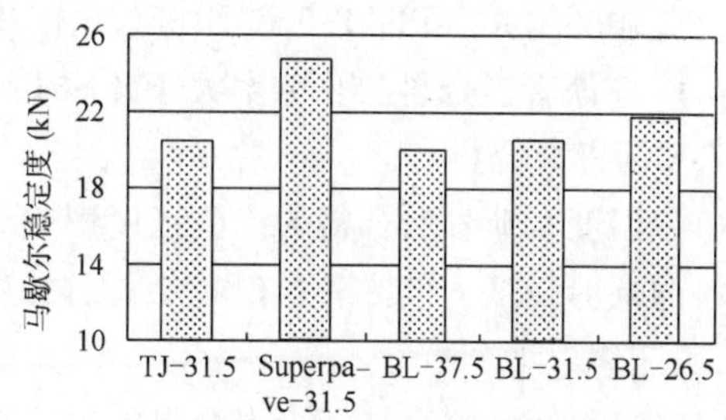

图 20 五种级配 60℃马氏稳定度比较

由图13～图 21 可以看出：

(1)不同的 LSAM 均采用的是埃索-70 沥青，且沥青用量大致相同，因此它们在相同温度下的 C 值相差不大。Superpave-31.5 级配最细，细集料的含量最大，其黏聚力也相应最大；对于级配曲线近似成平行状的 BL-37.5、BL-31.5、BL-26.5 级配，黏聚力 C 依次减小，但总体相差不大。黏聚力 C 主要受着沥青材料、粉油比、沥青用量和温度的影响。

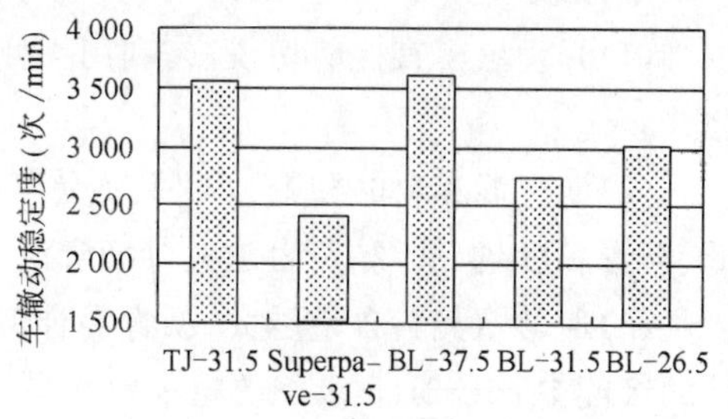

图 21 五种级配车辙动稳定度比较

(2)TJ-31.5 沥青混合料的车辙动稳定度要大于 Superpave-31.5 沥青混合料，通常粗集料含量越多，动稳定度相应的越大，即高温稳定性越好。贝雷法设计的级配中，BL-31.5 级配的粗集料含量大于 BL-26.5 级配，而 BL-31.5 沥青混合料的车辙动稳定度却小于 BL-26.5 沥青混合料，这是由于前者的孔隙率大于后者，沥青混合料的车辙动稳定度还受混合料孔隙率的影响。

(3)对于内摩擦角 ϕ，可以发现其变化规律与沥青混合料的高温车辙动稳定度和抗剪强度的变化规律极其相似，内摩擦角越大，沥青混合料的抗剪性能和抗车辙性能越好。由此可见，沥青混合料的内摩擦角是沥青混合料的十分重要的强度参数，它是沥青混合料的高温稳定性能的决定性因素。

(4)对于最大公称粒径相同的级配，$\phi_{TJ-31.5}>\phi_{Superpave-31.5}>\phi_{BL-31.5}$，使用体积法设计的级配中各级集料能很好地形成嵌挤骨架，所得的内摩擦角也相应比较大。级配的设计方法决定着沥青混合料的内摩擦角ϕ的大小，为了获得较大的内摩擦角，必须采取合适的级配设计方法。

(5)对于贝雷法设计的几种级配，BL-37.5的内摩擦角最大。由此可知，在相同条件下，级配的公称最大粒径越大沥青混合料的内摩擦角也就相应越大。

(6)BL-31.5的孔隙率大于BL-26.5，而BL-31.5的内摩擦角却明显小于BL-26.5。由此可见，孔隙率是沥青混合料中的一个重要参数，在一定的条件下，孔隙率越小沥青混合料的内摩擦角越大，沥青混合料的抗剪强度和高温抗车辙性能越好。孔隙率对沥青混合料的强度有较大影响，在施工和设计时必须严格控制混合料的孔隙率。

(7)抗剪强度与沥青混合料的高温性能关系密切，而马歇尔稳定度却不能反应此规律。

(8)TJ-31.5的高温抗剪强度和车辙动稳定度都大于Superpave-31.5，然而Superpave-31.5的黏聚力C却大于TJ-31.5，这主要由于TJ-31.5粗料含量相对较多，Superpave-31.5相对含细料较多，所以前者ϕ值较大后者C值较大。沥青混合料的内摩擦角ϕ对抗剪强度和抗车辙性能的贡献最大，但是黏聚力C也对其影响也较大，在进行混合料设计的时要从这两方面综合考虑。

(9)对于贝雷法设计的几种级配，BL-37.5的公称粒径最大，其抗剪强度、内摩擦角和高温车辙动稳定度也最大。

(10)五种大粒径级配的黏聚力C相差不大，它们的抗剪性能主要由其内摩阻角ϕ的大小决定，ϕ值越大抗剪强度越大。TJ-31.5和BL-37.5较其他三种级配粗，它们的ϕ值、抗剪强度均大于其他三种，而BL-37.5沥青混合料的孔隙率大于TJ-31.5沥青混合料，所以TJ-31.5沥青混合料的抗剪强度大于BL-37.5沥青混合料。

(11)温度对沥青混合料的抗剪强度影响十分显著，特别是黏聚力C对其极其敏感，温度越高沥青混合料的抗剪强度τ和黏聚力C越小；而内摩擦角ϕ受温度的影响很小，其大小主要由混合料的级配决定。

(12)矿料间孔隙率与沥青混合料的抗剪性能和抗车辙性能相关性较差。

利用直接剪切试验结合无侧限抗压试验和劈裂试验可以区分出沥青混合料在抗剪和抗车辙方面的优劣，抗剪指标是反映沥青混合料高温性能的重要指标。

5 结束语

(1)开发出了直接剪切仪器，利用无侧限抗压强度和劈裂强度推导出了沥青混合料的C、ϕ值求解公式。

(2)沥青混和料的黏聚力C主要受着沥青用量、粉油比、细集料用量、温度等因素的影响，且温度越低、沥青黏度越大时黏聚力越大。沥青混合料的黏聚力C占其抗剪强度的20%左右。

(3)通常粗集料含量越大，沥青混合料的抗剪强度、车辙动稳定度越大，高温稳定性越好。贝雷法设计的级配中，BL-31.5级配的粗集料含量大于BL-26.5级配，而BL-31.5沥青混合料的车辙动稳定度却小于BL-26.5沥青混合料，这是由于前者的孔隙率大于后者，沥青混合料的车辙动稳定度还受混合料孔隙率的影响。

(4)沥青混合料内摩擦角ϕ的变化规律与车辙动稳定度和抗剪强度的变化规律具有显著的一致性，内摩擦角ϕ越大，沥青混合料的高温车辙动稳定度和抗剪强度越大。内摩擦角ϕ受集料的棱角特性、级配的最大公称粒径、级配类型和设计方法等因素的影响，内摩擦角ϕ对沥青混合料抗剪强度的贡献占80%左右。

(5)通常孔隙率越小沥青混合料的内摩擦角越大，沥青混合料的抗剪强度和高温抗车辙性能越好。孔隙率对沥青混合料的强度有较大影响，在施工和设计时必须严格控制混合料的孔隙率。

(6)温度对沥青混合料的抗剪强度影响十分显著，特别是黏聚力 C 对其极其敏感，温度越高沥青混合料的抗剪强度 τ 和黏聚力 C 越小；而内摩擦角 ϕ 受温度的影响很小，其大小主要由混合料的级配决定。

(7)矿料间隙率与沥青混合料的抗剪性能和抗车辙性能相关性较差。

(8)利用直接剪切试验结合无侧限抗压试验和劈裂试验可以区分出沥青混合料在抗剪和抗车辙方面地优劣，而马歇尔稳定度却不能准确反应此规律。

参考文献

[1] 严家伋.道路建筑材料(第三版)[M].北京:人民交通出版社,1995.
[2] 高卓.大粒径沥青混合料配合比设计方法研究.长安大学硕士学位论文.2005.

43. G106线梯面高填土路段交通工程设施的分析与整治

陈瑞婷
（广州市花都区公路管理局）

摘　要　文章通过对G106线高填土(K2436＋889～K2440＋425)段的路况和交通事故情况进行分析，对该路段进行彻底调查，在进行路面改善设计后相对应地进行交通工程设施分析与整治，大幅降低该路段交通事故的发生频率。

关键词　高填土路段　交通工程设施　分析与整治

G106线高填土段全长3.536km，位于广州市花都区梯面镇，是南北走向的主要通道(北京—广州)、是通往花都区王子山森林公园的主要旅游公路。本路段建于1999年，路面宽9m，途经的超限载车辆较多，5t车装到35t以上，12t装到80t以上(仅特大型货车夜间行驶超过1 000车次/日)，而且该路段弯多路窄、坡陡坡长，曾多次出现交通事故，在2005年底就发生了四死二伤的重大交通事故，是交通事故黑点。

按照广州市预防道路交通事故联席会议办公室的文件要求，对G106线高填土路段进行道路交通安全设施整治，按照“谁管养、谁治理”的原则，必须进行扩宽改造，2006年底，我局与广州市公路勘察设计有限公司联合对该路段进行彻底调查，明确了设计思路，在进行路面改善设计后相对应地进行交通工程设施分析与整治(图1)。

1　道路设计概况及线形环境调查

1.1　道路设计概况

本路段为二级公路在地貌上属风化剥蚀残低丘及微丘地带，由原来9m宽路面扩宽至18.6m，行车道由原来的2个车道增加到四个车道，道路中央设置防撞墙(图2)。

图1　改善前路况差，超载车多

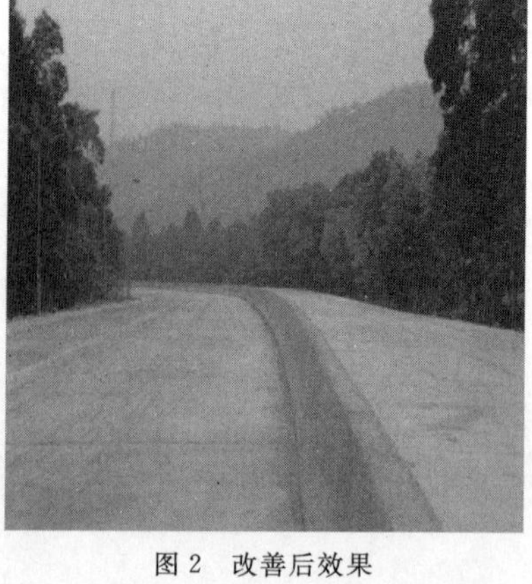

图2　改善后效果

1.2　道路线形环境调查

平面设计：路线平面线沿G106线原有线位进行布设，保持原有路基不变，平面线形技术标准采用现有标准。根据地形图测量的资料，共设11个交点，除K2437＋173.93～K2437＋600段(JD2)为改善线形(原有弯道曲线半径仅为 80m)进行了线位调整,将半径调至 160.37m 及 JD11 处为改善行车视线进行了微小的调整,其余路段均根据现状对路中线进行拟合。平曲线要素如表 1 所示。

平曲线要素(单位:m)　　表 1

NO.	交点桩号	R	Lh	T	L	E
JD1	K2437+254.75	1 000	60	80.82	161.54	1.44
JD2	K2437+482.08	160.37	60	146.6	260.8	38.69
JD3	K2437+776.32	260	80	101.33	200.06	8.14
JD4	K2437+949.76	1 500	0	50.94	101.84	0.86
JD5	K2438+237.34	292	70	220.22	399.51	54.39
JD6	K2438+499.12	957.91	60	72.4	144.72	1.09
JD7	K2439+712.04	260	70	140.59	270.09	21.36
JD8	K2438+963.19	0	0	0	0	0
JD9	K2439+591.16	0	0	0	0	0
JD10	K2439+950.58	450	80	109.35	217.46	5.9
JD11	K2440+307.39	350	80	103.24	204.9	6.42

2 原有的交通设施

于 1999 年改建,由于受地形地势及建设资金的影响,建成后的公路,弯多路陡,路侧险要的路段只埋设示警桩及简单的标志、标牌,这些设施效果差,只能起到一定的警示作用,严重影响道路运行的安全(图 1、图 3)。

3 整治措施

真正意义上能起到防护作用的只有波形钢护栏和钢筋混凝土防护栏。根据要求及道路改善后的运行环境,按设计速度为 60km/h 进行设计整治。

3.1 交通标志(图 4)

图 3 改善前弯位处设置的交通设施

图 4 改善后弯位处设置的交通设施

(1)在距交叉路口约 50m 处设置主标志,前方 300m 左右设置预告标志,在车辆分流方向道路侧适当位置设置重复标志;在次要交叉口设置主标志。

(2)在村庄路口设置地名标志。

(3)在人行道处,设置人行横道标志(包括指示和警告标志)。

(4)在有车辆出入的小路口(前 30m 处)的主线上设置交叉路口警告标志。

(5)在进入主线的支路路口设减速让行标志。

(6)在禁止调头的交叉路口设禁止掉头标志。

(7)在进入本路段的起点处设限制速度标志。

(8)在该路段的起点和终点处适当位置设特殊指示标志。由于起点段线形较差，在K2437+375～K2437+475、K2437+510～K2437+590段弯道外侧设置线形诱导标志。

3.2 路面标线

(1)行车道边缘线：设于行车道边缘，线宽为15cm的白色实线。

(2)行车道分界线：用于分隔同向行驶的车辆，设置于同向车道的分界处，线宽为15cm，长6m，间距60cm的白色虚线。

(3)人行横道线：设置于准许行人横穿车行道处，线宽为40cm，长6m，间距9m的白色虚线。

(4)道路平交口标线：道路平交口，当准许行人横穿行车道时，要设人行横道线、停止线、行车道中心线、车道分界线及导向箭头。路口导向车道线的长度$L=40$m。导向箭头按30m间隔设置三排。

(5)突起路标：设在中央防撞栏的两侧，设置间距为10m。

3.3 道口标注

设于防撞栏开口处、两侧岔路口处。

3.4 路侧护栏(图5、图6)

图5　改善前的护栏

图6　改善后的波形钢护栏及中间防撞栏

高填土路段受地形条件限制，路侧边坡较大(达1∶1)，必须设置路侧护栏，起到主动防护及视线诱导作用，防止车辆撞向山下；高填土路肩的压实度难以满足设计要求，设置50cm×50cm×50cm的C25混凝土基础，进行立柱加固。

4 整治前后的对比

5 结束语

G106线高填土路段路面改善及交通设施工程完工到现目前，没有发生一起交通事故，该路段的各种设施发挥的作用越来越大，交通事故率有明显的降低，群死群伤的重大恶性交通事故基本杜绝；整治二级公路是减少交通事故的关键所在，综合分析主要可从以下三方面着手：

(1)尽量提高路线线型技术标准；

(2)修建波形钢护栏和钢筋混凝土防撞栏，可靠的护栏是车辆和乘车人的保护神；

(3)提高路基宽度和陡坡限制标准。

参考文献

[1] 公路交通科技应用技术版.2007.01.

[2] 谭小兵.省道S114线连接K324+000～500路段交通事故黑点的分析与整治.

[3] 公路交通安全设施标准汇编.北京：人民交通出版社，1999.

44. 对非饱和路基压实黏土在剪切过程中 c、φ、w 的变化的探讨

李海翔[1] 王 敏[2]
(1. 广州市公路工程公司;2. 陕西省发展和改革委员会干部培训中心)

摘 要 本文通过对非饱和路基压实黏土在剪切过程中 c, φ, w 的变化规律,来修正压实过程中的最佳含水量,特别是在潮湿多雨地区。

关键词 非饱和黏土 最佳含水量

非饱和土的抗剪强度研究已有40多年的历史,其中最具代表性的是 A. W. Bishop 和 D. G. Fredlund. 分别在1960年和1978年所提出的强度理论。随着后勤工程学院陈正汉研制的第一台非饱和土直剪仪(图1),我国的非饱和土研究也进入了快速发展的时期。但都是以黄土的研究为主,黏土的研究很少。因为黏土的颗粒不均匀,黏粒的含量不同,导致的吸力远比黄土的大的多,给研究带来一定的复杂性。其中,压实路堤在压实过程中的最佳含水量,在填土高度以及施工时间长短上的不同其会有一定的变化,特别是在潮湿多雨地区这种现象更为明显。本文通过对湖南地区非饱和红黏土进行试验,得到了一定的规律。

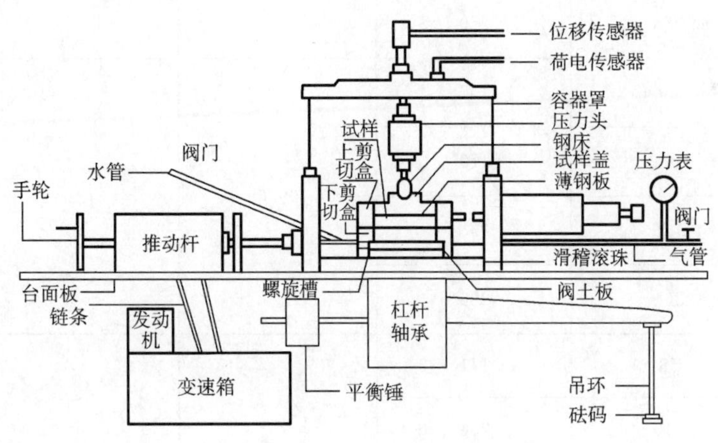

图1 非饱和土直剪仪示意图

1 土样的物理性质和试样制备

试验用土为湖南地区红黏土,土样的物理性质指标如表1。土样在室内风干然后磨碎过筛,配土,闷土3天,环刀制样。

土的物理性质指标 表1

比重 (g/cm³)	液限 w_L (%)	塑限 w_P (%)	塑指 I_P (%)	颗粒组成(%)			
				>2(mm)	2−0.074(mm)	0.074−0.002 (mm)	<0.002 (mm)
2.76	44.71	24.11	20.6	0	16	45.7	38.3

2 试验方法简况

整个试验在后勤工程学院完成。试样在非饱和土直剪仪上进行试验，先固结然后剪切。固结时间6h。为了适应非饱和土孔隙水压和孔隙气压的消散、均匀比较慢的特点，并参照以有经验，采用慢剪法，剪切速率为0.003 2mm/min，大约历时24h。垂直压力分别为50kPa，100kPa，200kPa，300kPa，通过轴平移技术控制吸力分别为50kPa，100kPa，200kPa，300kPa。为了研究吸力对非饱和黏土的影响和贡献，试样的初始饱和度控制在73%，89%，92%附近。取三个含水量，即压实曲线的最佳含水量18.7%，以及同一干密度下压实曲线的两侧，干侧17%和湿侧21%，共48个试样。

3 直剪试验结果分析

最佳含水量为18.7%，干密度为1.746 g/cm³ 的直剪试验结果如表2所示。

直剪试验结果(一) 表2

基质吸力 s (kPa)	净竖向应力 σ (kPa)	破坏剪应力 τ (kPa)	总黏聚力 c (kPa)	内摩擦角 ϕ (°)	剪切后平均含水量 (%)
50	55	134	106.02	27.7	20.06
	100	158			20.03
	215	229			19.05
	288	250			19.03
100	50	137	109.66	31.1	19.8
	102	170			19.65
	196	236			19.3
	301	286			19.9
200	58	171	145.31	32	19.53
	110	236			19.29
	213	262			19.44
	323	353			19.25
300	67	208	179.08	30.1	19.06
	123	260			19.35
	215	309			19.46
	317	357			19.5

湿侧含水量为21%，干密度为1.693g/cm³ 的直剪试验结果如表3所示。

直剪试验结果(二) 表 3

基质吸力 s (kPa)	净竖向应力 σ (kPa)	破坏剪应力 τ (kPa)	总黏聚力 c (kPa)	内摩擦角 ϕ (°)	剪切后平均含水率 (%)
50	63	108	67.26	31.2	21.59
	118	138			21.65
	213	190			21.5
	308	257			21.82
100	61	123	86.68	33.5	20.935
	122	173			20.98
	213	227			21.3
	306	288			21.1
200	60	158	115.2	35.4	20.63
	108	190			20.32
	214	271			20.33
	301	327			20.22
300	51	157	136.01	36.9	20.42
	104	230			20.36
	206	303			20.24
	308	357			19.9

干侧含水量为17%,干密度为1.685g/cm^3 的直剪试验结果如表4所示。

直剪试验结果(三) 表 4

基质吸力 s (kPa)	净竖向应力 σ (kPa)	破坏剪应力 τ (kPa)	总黏聚力 c (kPa)	内摩擦角 ϕ (°)	剪切后平均含水量 W (%)
50	57	153	108.18	34.2	19.31
	119	179			20.21
	218	260			19.46
	302	313			19.22
100	58	150	114.2	32.5	19.565
	107	182			18.615
	206	248			19.3
	307	308			18.88
200	90	189	129.47	34	19.6
	112	213			18.815
	210	258			18.61
	310	345			18.905
300	50	180	142.68	35.95	18.88
	116	221			18.13
	226	319			18.27
	325	372			18.01

图2，图3，图4分别为三个含水量，在控制吸力50，100，200，300kPa以及净竖向应力50，100，200，300kPa下的抗剪强度规律图。

对图2，图3，图4进行线性拟合如图5，图6，图7所示。

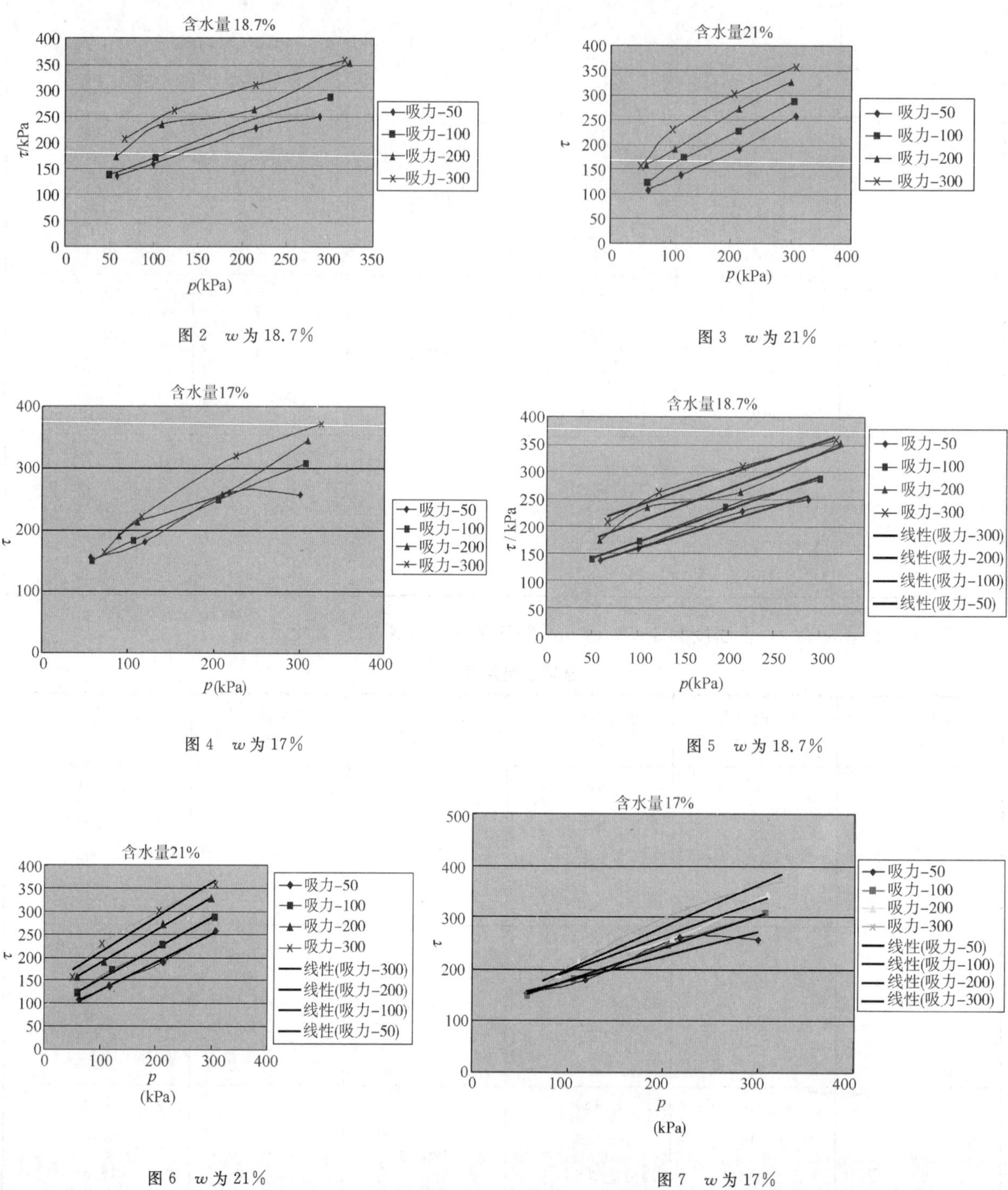

图2　w为18.7%

图3　w为21%

图4　w为17%

图5　w为18.7%

图6　w为21%

图7　w为17%

图8，图9，图10和图11，图12，图13分别为三个含水量下不同饱和度时吸力与黏聚力的关系以及吸力与内摩擦角的关系。

由图5，图6，图7可以看出，非饱和黏土仍然服从库仑定律。在恒定的竖向应力作用下，且在试验所做的吸力范围内抗剪强度随基质吸力的增加而增加，拟合的直线近似相互平行，线性相关度达90%以上，有的可达99.9%。内摩擦角φ只有微小的变化，几乎不变，如图11，图12，图13所示。黏聚力c

随基质吸力的变增加由显著线性的增加，如图 8，图 9，图 10 所示。

由表 2，表 3，表 4 可以看出，含水量由不同程度的变化，加吸力低含水量上升的幅度大，反之亦然。初始含水量为 18.7%的土样剪切后含水量上升 1%～2%，初始含水量为 17%的土样剪切后含水量上升 1%～3%，初始含水量为 21%的土样剪切后含水量基本不变。通过分析含水量的变化其主要原因是基质吸力引起的。由压力板测出的土—水特征曲线，含水量在 19%附近的吸力在 1 100kPa左右。

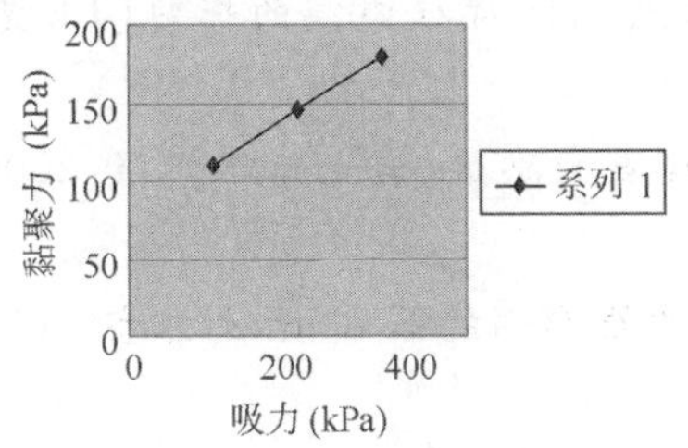

图 8 w 为 18.7%，饱和度为 88.99%

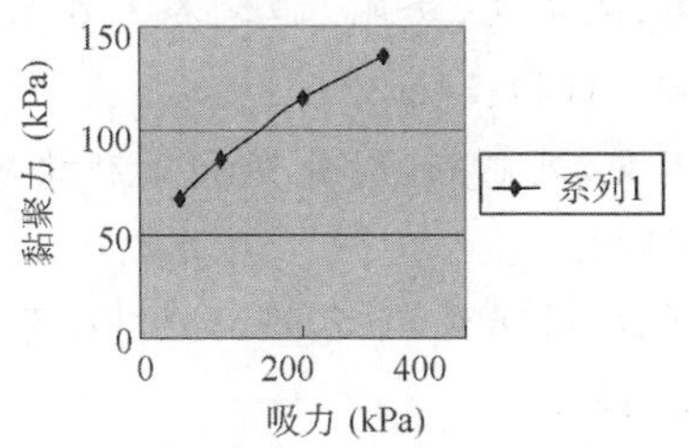

图 9 w 为 21%，饱和度为 92%

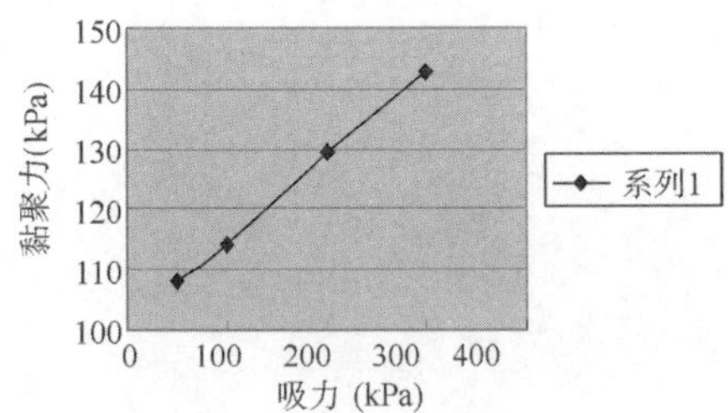

图 10 w 为 17%，饱和度为 73.5%

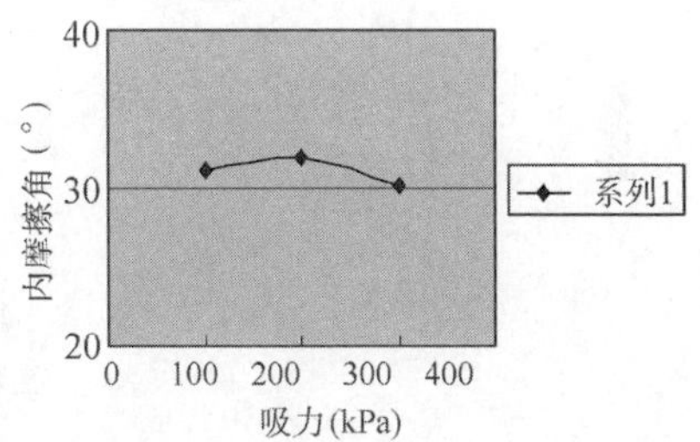

图 11 w 为 18.7%，吸力与内摩擦角的关系

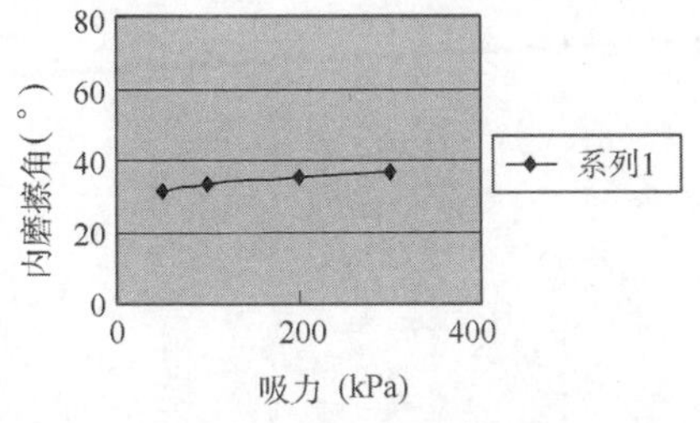

图 12 w 为 21%，吸力与内摩擦角的关系

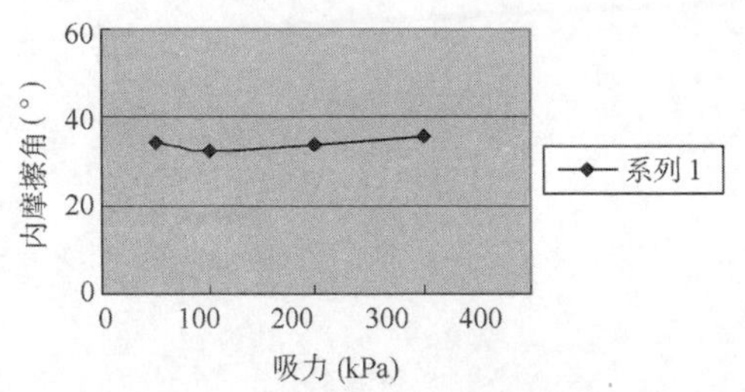

图 13 w 为 17%，吸力与内摩擦角的关系

了解非饱和黏性土在剪切过程中含水量的变化，显然对在潮湿多雨地区，为赶工期，加快施工进程，提高效率有很好的指导意义。

4 结束语

①非饱和黏土仍然服从库仑定律。在恒定的竖向应力作用下，且在试验所做的吸力范围内抗剪强度随基质吸力的增加而增加，拟合的直线近似相互平行。

②内摩擦角 φ 只有微小的变化，几乎不变。

③黏聚力 c 随基质吸力的变增加由显著线性的增加。

④含水量由不同程度的变化，加吸力低含水量上升的幅度大，反之亦然。初始含水量为 18.7%的土样剪切后含水量上升 1%～2%，初始含水量为 17%的土样剪切后含水量上升 1%～3%，初始含水量为 21%的土样剪切后含水量基本不变。通过分析含水量的变化其主要原因是由黏土高的基质吸力引起的。

参考文献

[1] Fredlund D G, Rahardjo H. Soil Mechanics for Unaturated Soils[M]. New York: Wiley-Interscience Publication, John Wiley&Sons, 1993.

[2] 陈正汉.重塑非饱和黄土的变形、强度、屈服和水量变化特性.岩土工程学报,1999,21(1):82-90.

[3] 陈正汉,谢定义,王永胜.非饱和土的水气运动规律及工程性质的研究[J].岩土工程学报,1993,15(3):9-20.

[4] 黄海,陈正汉,李刚.非饱和土在 p-s 平面上的屈服轨迹及土水特征曲线的探讨[J].岩土力学,2000,21(4):316-321.

[5] 谢定义,冯志焱.对非饱和土有效应力研究中若干几本观点的思辨.岩土工程学报,2006,28(2):170-173.

[6] 方祥位,陈正汉,申春妮,孙树国.剪切对非饱和土水特征曲线影响的探讨.岩土力学,2004,25(9):1451-1454.

45. 国道 G105 线番禺段软土特征及处理措施

徐利成
(广州市公路勘察设计院)

摘 要 本文介绍了国道 G105 线番禺段软土的物理力学性质、软土地基稳定及沉降简单计算，从而得出处理方案及采用的原因等。

关键词 软土特征 砂土液化 沉降稳定 处理措施

1 引言

国道 G105 线番禺段全长约 7.9km，其中路线部分软土段长约 2.0km，约占路线总长的四分之一。

2 概述

2.1 自然地理条件

国道 G105 线番禺段起于番禺钟村飘峰，终点于碧江大桥，路线位于广州市番禺区(原番禺市)西部，地貌单元属珠江三角洲冲积平原，项目地处南亚热带，属南亚热带典型的季风海洋气候，具有温暖多雨，光热充足，温差较小，夏季长，霜期短等特征。年平均气温为 21.4～21.8℃，雨量充沛，年降水量为 1 689.3～1 876.5mm，雨季(4～9 月)降水量占全年 85%左右。

2.2 地层岩性

据钻孔资料揭示，沿线分布地层主要为人工填层(Q^{ml})、冲积层(Q^{al})、残积层(Q^{el})等，基岩为侏罗系沉积岩(J)和震旦系蚀变花岗岩(Z)。

由于河流、潮汐水动力的长期作用，全线形成了较为复杂的第四系沉积层，其中以淤泥、淤泥质土为主，其次为淤泥质细砂，砂层断续以长条状或巨厚层状分布，这些沉积层成为导致路基不均匀沉降的主要因素。现将第四系地层分述如下。

(1)人工填土层(Q^{ml})

大多数钻孔揭示有人工填土层分布。由于路基较宽，为 36m，因而钻孔资料不能完全客观反映整个路线横断面范围内的地质情况，但人工填土层以下地质情况却大同小异。

人工填土层(Q^{ml})按成分差异主要划分为素填土及杂填土。素填土主要由黏性土、砂砾等组成，结构松散。杂填土以灰色为主，由碎砖、碎石、砂砾及黏性土等组成，结构松散，层厚 0.8～5.0m，平均厚约 1.9m，此层为软土层的上覆层，对上部荷载有应力分散作用，因而其分布范围、密实度及厚度对下部软土地基处理影响较大。

(2)淤泥、淤泥质土

全线除个别钻孔揭露到淤泥质细砂外，多以淤泥及淤泥质土为主。深灰色—灰黑色，饱和，软塑—流塑，天然含水量 $w=40.1\%\sim79.1\%$，平均值 $w=57.5\%$，天然孔隙比 $e=1.18\sim2.14$，平均 $e=1.59$，压缩系数 $a_{1-2}=0.70\sim2.11\text{MPa}^{-1}$，平均 $a_{1-2}=1.22\text{MPa}^{-1}$，固结系数 $C_V=6.2\text{E}-4\sim4.38\text{E}-3\text{cm}^2/\text{s}$，平均固结系数 $C_V=1.55\text{E}-3\text{cm}^2/\text{s}$；直接快剪凝聚力 $C=3.7\sim13.9\text{kPa}$，内摩擦角 $\phi=3.6°\sim12.6°$，固结快剪凝聚力 $C=5.7\sim17.4\text{kPa}$，内摩擦角 $\phi=15.0°\sim25.7°$，层厚 2.4～16.5m。埋深 0.8～5.5m。

软土分布情况详见图 1。

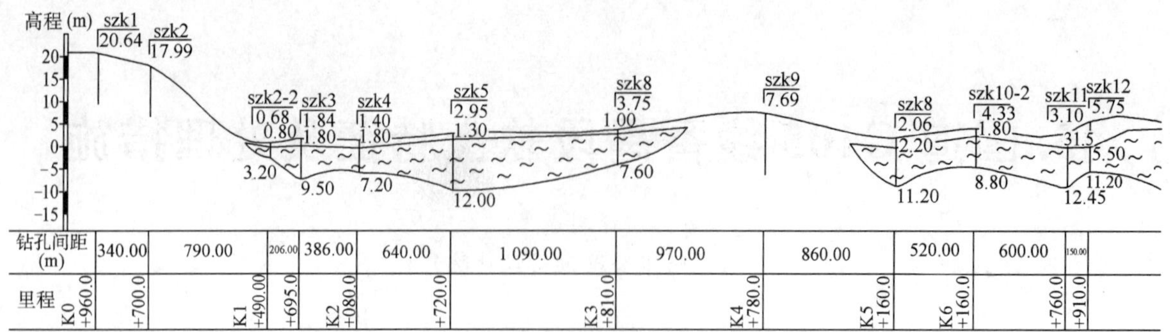

图1　软土分布情况

(3)砂层

以淤泥质细砂为主，呈灰黑色，饱和、松散，间夹薄层淤泥。层厚2.4～9.0m，平均6.15m，多为软土的下卧层，由于其具有较好的透水性，因而是较好的地下透水层，不利因素就是存在砂土液化隐患，对全线，尤其是屏山大桥东桥头即K5＋740～K5＋803.6段，由于淤泥质细砂层较厚，达9.0m，我们对其进行了砂土液化计算，具体如下：

①对实测标贯击数$N_{63.5}$进行修正，采用公式

$$N_1 = C_n \cdot N_{63.5}$$

式中：C_n——标准贯入技术修正系数，按有关规范取用。

②计算临界标贯击数N_c，采用公式

$$N_c = [11.8(1 + 13.06\sigma_0 K_h C_v / {}^{1/2} - 8.09]\xi$$

式中：σ_0、σ_e——分别为标贯点处土的总覆压力和有效压力，kPa；

K_h——水平抗震系数；

ξ——黏粒含量修正系数，$\xi = 1 - 0.17 P_c^{1/2}$；

P_c——黏粒含量百分率，%。

$$\sigma_0 = \gamma_u d_w + \gamma_d (d_s - d_w)$$

$$\sigma_e = \gamma_u d_w + (\gamma_d - 10)(d_s - d_w);$$

式中：γ_u——地下水位以上土重度，kN/m^3；

γ_d——地下水位以下土重度，kN/m^3；

d_s——标准贯入点深度，m；

d_w——地下水位深度，m。

③$N_1 < N_c$，液化；$N_1 > N_c$，非液化。

经计算、判断，本段淤泥质细砂为液化砂土，需进行处理。

(4)黏性土

分为冲积层和残积层两种。冲积层以亚黏土为主，呈灰黄色，潮湿，可塑，局部软塑状。残积层黏性土以亚黏土为主，局部亚砂土，紫红色，灰黄色，硬塑状为主，亚砂土以中密状为主。

2.3　区域构造

本路线下伏基岩主要为侏罗系紫红色泥质粉砂岩(J)和震旦系蚀变花岗岩(Z)，呈条带状分布，地质构造简单。据区域地质资料反映，起点东南角靠近钟村断裂，中间穿越推测沙湾断裂，呈西北—南东走向，本区基本地震烈度为7度。

3　软土分布及特征

由于番禺地处珠江三角洲冲积平原地带，第四纪以来，经过海进和海退作用，形成了本地区软土层较厚的特点，地质情况较差。据试验资料反映，本项目所在路段软土具有天然含水量大、孔隙比大、固结

系数小、抗剪能力低、承载能力低等特点，具体见表 1。

软土层物理力学指标统计表 表 1

土名	统计个数	取样位置	含水率 ω_0 (%)	液性指数 I_L	孔隙比 e_0	压缩系数 a_{1-2} (MPa^{-1})	直接快剪		固结快剪	
							c(kPa)	ϕ(度)	c(kPa)	ϕ(度)
淤泥质亚黏土	15	SZK3-1	44.6	1.24	1.215	0.81	13.9	11.6	11.4	19.7
		SZK3-2-2	54.2	1.08	1.456	1.20	9.8	3.6		
		SZK4-1	54.6	1.47	1.392	0.77	10.2	6.9		
		SZK5-2	55.3	2.02	1.440	0.86	5.9	8.1	8.6	17.5
		SZK8-1	38.8	1.06	1.090	0.73	3.7	4.1	5.2	8.7
		SZK10-2	42.8	1.41	1.231	0.70	5.5	9.4		
		SZK10-2-1	49.9	1.51	1.283	0.84	5.6	4.9		
		SZK11-2	41.9	1.22	1.097	0.55	13.9	11.6	17.9	20.4
		SZK11-3	38.3	1.19	1.271	0.97	10.7	6.7	16.9	20.9
		SZK12-2-1	42.0	2.44	1.102	0.47	13.9	11.6	19.4	24.6
		SZK12-2-2	45.2	1.72	1.466	1.30	5.5	6.5	14.7	27.0
		SZK12-2-3	40.4	1.92	1.193	0.64	8.3	8.9	18.5	27.4
		SZK12-2-4	49.7	2.51	1.463	1.07	4.8	16.1	14.8	24.5
		SZK12-2-5	45.1	2.25	1.403	1.81	5.8	12.4	17.3	23.3
		SZK12-2-6	35.2	2.09	1.013	0.42	11.8	20.1	19.3	27.4
	最大值		55.3	2.51	1.466	1.81	13.9	20.1	19.4	27.4
	最小值		35.2	1.06	1.013	0.42	3.7	3.6	5.2	8.7
	平均值		45.2	1.675	1.274	0.876	8.62	9.5	14.91	21.95
	变异系数	δ	0.139	0.297	0.122	0.410	0.421	0.478	0.313	0.251
	标准值	ϕ_K	42.31	1.446	1.203	0.710	6.946	7.408	12.333	18.899
淤泥	6	SZK3-2-1	59.3	1.33	1.591	1.27	7.9	3.6	15.6	19.4
		SZK3-2-3	66.3	2.51	1.8	1.69	10.1	11.4		
		SZK4-2	63.5	3.17	1.833	1.42	7.5	4.9	5.7	17.5
		SZK5-1	73.3	1.8	1.907	1.27	4.1	5.7	8.7	16
		SZK5-3	84.9	2.76	2.375	3.06	3.3	8.1	9.7	13.9
		SZK10-2-2	61.7	2.11	1.747	1.27	7.9	3.3		
	最大值		84.9	3.17	2.375	3.06	10.1	11.4	15.6	19.4
	最小值		59.3	1.33	1.591	1.27	3.3	3.3	5.7	13.9
	平均值		68.17	2.28	1.876	1.663	6.8	6.17	9.93	16.7
	变异系数	δ	0.139	0.293	0.142	0.423	0.380	0.501		
	标准值	ϕ_K	60.32	1.728	1.655	1.083	4.67	3.62		

固结系数统计个数为 15 个，由于其变异性较大，其中有 6 个达到 $n \times E$—4 级，其他为 $n \times E$—3 级，变异系数 δ 达到 1.03，因此我们就去掉差异性较大的特殊值，求得淤泥质亚黏土平均值 C_v = 2.73E—03，淤泥平均值 C_v = 1.23E—03。

3.1 天然含水量大—孔隙比大

从表中可以看出，本路线大部分路段淤泥天然含水量一般 $W > 60\%$，淤泥质亚黏土天然含水量 W

>40%,孔隙比淤泥 $e=1.591\sim2.375$,淤泥质亚黏土 $e=1.013\sim1.466$,这样的含水量和孔隙比,造就了本路线软土有较大的沉降和变形。

3.2 压缩系数大—可压缩性高

从表1不难看出,对淤泥,其压缩系数 $a_{1-2}=1.27\sim3.06\text{MPa}^{-1}$,而对淤泥质亚黏土,压缩系数 $a_{1-2}=0.42\sim1.81\text{MPa}^{-1}$,压缩性相对较高,因此,本路线路基在达一定填土高度以后,势必会有较大沉降。

3.3 固结系数相对较小

固结系数40%为 $n\times E$—4,60%为 $n\times E$—3,其中淤泥质亚黏土平均值 $C_v=2.73$E—03,淤泥平均值 $C_v=1.23$E—03,固结系数相对较小,这就决定了本路线软土地基处理的固结时间相对较长,而且在加载初期,地基中将出现较高的孔隙水压力,因而要严格控制加载节奏,如果控制不好,就会降低地基强度,可能会引起地基失稳。

3.4 天然黏聚力、内摩擦角小

从表1可看出,淤泥天然土直接快剪的黏聚力 $C=3.3\sim10.1$kPa,内摩擦角 $\phi=3.3°\sim11.4°$,淤泥质亚黏土天然土直接快剪的黏聚力 $C=3.7\sim13.9$kPa,内摩擦角 $\phi=3.6°\sim20.1°$,这么低的黏聚力和内摩擦角,在受到荷载作用以后,就很容易剪切破坏,引起地基失稳,而淤泥固结快剪黏聚力 $C=5.7\sim15.6$kPa,内摩擦角 $\phi=13.9°\sim19.44°$,淤泥质亚黏土固结快剪黏聚力 $C=5.2\sim19.4$kPa,内摩擦角 $\phi=8.7°\sim27.4°$比相对应的黏聚力和内摩擦角有所提高,要求施工时要严格控制加荷速度,以防止地基失稳,造成不必要的工程事故。

3.5 承载力相对较小

从表1可以看出,软土物理力学指标相对较为集中,离散性不大,只有个别相差较大,除去特殊值,可得淤泥、淤泥质亚黏土物理、力学指标参数,按照以上统计的物理力学指标,软土承载力一般30~50kPa。远远达不到路基土要求承载力,需做软土地基处理。

4 软土地基处理措施

从统计资料不难看出,全长7.9km的路线,软土地段约2.0km,占路线总长25.3%,各路段软土厚度相对较大,最薄处为2.4m,最厚处为16.5m,埋深0.8~5.5m,由于是旧路改造,因而大部分路段在横断面分布上是旧路部分有硬壳层,另一部分则无硬壳层。旧路部分由于经过多年的荷载压实作用,其孔隙比已经较小,因而在设计中可不予以考虑,而只考虑新路基部分,即沿线水沟、农田等部分。综合软土厚度及填土高度等各种因素,我们将8个大段分成17个小段,全长约1.55km,约占总路线的19.6%,只对这些路段进行处理,现将处理原则及方法简述如下。

4.1 处理原则

(1)安全稳定方面

在用有效固结应力法计算时,基本计算原理为:将地基土分为若干土条,按土条底部滑裂面处地基土层天然十字板抗剪强度和直接快剪指标 C、ϕ 来计算,运营期稳定安全系数 $F\geqslant1.2$ 即可。具体计算公式为:

$$F=\frac{\sum S_i+\sum(S_j+P_j)}{P_r}$$

式中分子为抗剪(滑)力之和,而分母为各土条下滑力总和。

(2)沉降方面

沉降计算采用分层总和法,它假定地基土为直线变形体,在外荷载作用下的变形只发生在有限厚度的范围内,将压缩层厚度内的地基土分层,分别求出各分层的应力,然后用土的应力应变关系求出各分层的变形量,其和即为地基的总的沉降量。设各分层的压缩变形量为:

$$\Delta S_i=\frac{e_{i1}-e_{i2}}{1+e_{i1}}h_i$$

总沉降量：

$$S=\sum_{i=1}^{n}\Delta S_i=\sum_{i=1}^{n}\frac{e_{i1}-e_{i2}}{1+e_{i1}}h_i$$

式中 e_{i1}、e_{i2}为对应于各土层平均自重应力 P_{i1}、平均自重应力和附加应力 P_{i2}作用下对应的孔隙比（可由 $e—p$ 曲线图或 $e—\log p$ 曲线查出）。

在保证路基安全稳定的前提下，保证路基在使用年限内（本项目定为 30 年）一般路段和涵洞或箱形通道 30m 内容许工后沉降满足《公路软土地基与路堤设计与施工技术规范》（JTJ 017—96），新旧路结合处及桥台附近 30～50m 范围内容许工后沉降 $S\leqslant$10cm。

(3)固结沉降期

本项目所定固结沉降期定为至少 6 个月。

(4)沉降和稳定观测

为了严格控制地基稳定及沉降，须进行沉降观测和水平位移观测，即埋置沉降板和测斜管。具体埋置办法见有关规范。在填土期间观测，如发现沉降速率≥1.0cm/d，或侧向位移≥0.5cm/d，证明土体已处于不稳定状态，应立即停止加载，必要时卸载，直到其稳定后再加载。由于现阶段我国软土地基处理尚处于探索阶段，由于各种因素的干扰或与理论值相差太大，会引起理论计算稳定安全系数或沉降量与实际情况不符，在这种情况下，按以往施工经验，如果最后 2 个月内月平均沉降量≤0.8cm/m，证明施工沉降已基本完成，可进行下一步施工程序。

4.2 处理方法

大量实践已总结出很多软土地基处理方法。针对不同的填土高度、不同的软土厚度、不同的物理力学性质指标等对应有相应的处理方法，即使对同一工程项目，为了提高工程质量，尽量减少工程造价，也可能选用几种处理方法。目前来说，常用的处理方法有：超载（真空）预压、浅层处治、袋装砂井（或塑料排水板）、CFG 桩和碎石桩等。加固土桩由于造价高，比较少用。碎石桩在市政建设等受很多限制的项目中用的较多，也取得了较为成功的经验。

(1)超载（真空）预压

对于软土厚度不大（≤4m），物理力学性质相对较好，固结系数较大的地方用得比较多。具体方法就是：在填土前先铺设 0.6～1.0m 厚的粗砂垫层以利排水，铺设砂垫层的另外一个作用就是对上部荷载起到应力分散作用。本方法的优点就是工程造价相对较低，但固结时间较长。有的路段也在砂垫层上面加一层土工布、土工格栅（抗拉强度≥50kN），也会对保证路基安全稳定有很好的作用，但工程造价相应就提高了，由于项目所在地取土及弃土较为困难，故而不采用此方案。

(2)袋装砂井

这是本路段用的最多的方法。它适用于软土厚度较大的地方，其上部也铺设 0.5m 厚的砂砾垫层和一层土工布，有的路段，比如桥头等有较大填土的路段则再增加一层土工格栅（抗拉强度≥50kN），以增强路基稳定性。袋装砂井间距 D=1.0～2.0m，砂井直径 d=0.07m，按梅花桩形式布置。塑料排水板和袋装砂井使用效果差不多，两者相比各有利弊。虽然塑料排水板具有工厂化生产、施工速度快、效率高，施工机械轻便，对软土扰动小、造价相对较低等特点，但袋装砂井在广东很多地区施工已取得了比较成功的经验，施工技术比较熟练，而且容易控制施工质量，因而本工程基本以采用本方法为主。

(3)振冲碎石桩

本方法的作用机理就是对部分软土进行置换，形成复合地基，从而提高地基承载力。对本工程而言，由于屏山大桥东桥头即 K5+740～K5+803.6 段由于淤泥质细砂层较厚，达 9.0m，为防止砂土液化和减少工后沉降，防止桥头跳车，选用碎石桩，采用振冲法施工，以期改变地基土结构，达到提高地基承载力的目的。

5 结束语

软土地基在我国刚刚起步，因而很多计算模式还不健全，加之从工程地质勘察、取样、试验到选用试验资料进行计算，其间不可避免有误差存在，因而在施工中不可避免会存在与理论计算的差异。珠江三角洲属冲积平原，其间沟渠、鱼塘纵横交错，软土分布范围十分广泛，所以软土地基处理在本地区的发展既有潜力，又有压力，只能通过大量实践，取得大量的工程试验数据，从理论到实践，再从实践到理论，再以理论指导实践。只有这样，软土地基处理才能更上一个新台阶，也才能更好地为公路建设服务。

参考文献

[1] GB 50021—94 岩土工程勘察规范.
[2] JTJ 064—98 公路工程地质勘察规范.
[3] JTJ 051—93 公路土工试验规程.
[4] JTJ 017—96 公路软土地基路堤设计与施工技术规范.
[5] JTJ 004—89 公路工程抗震设计规范.

46. AGO分析法在深厚软基处治中的应用

李新伟
（广州西二环高速公路有限公司）

摘 要 本文通过对珠江三角洲地区不均匀深厚软基的处治过程的沉降、侧向位移、孔隙水压力等现场观测数据进行分析，并利用灰色理论中的累加生成法（AGO分析法）对该段荷载—沉降速率进行分析，得出深厚软基路段的处理方案。

关键词 软基处理 AGO分析

珠江三角洲位于我国南部，属于亚热带气候，湿润多雨，年平均气温21.5～22.5℃，最高气温38℃，最低气温－2.4℃，其物源区化学风化作用较强，促使搬运的颗粒偏细，有大量的软土地基存在。这些软土具有含水量高（一般70％以上）、抗剪强度低（十字板抗剪强度8～12kPa）、压缩性高（孔隙比一般超过1.5，最大达2.6左右）、土体接近饱和、承载力低、垂直渗透性低等特点。对于丘陵地带，软土呈现零星分布状态，相邻不远的地段，软土的性质相差很大，且山间洼地，尤其是鱼塘地段都有大量的软土分布；而该类软土往往是孔隙比更大，一般为2左右，最大6左右，透水性较三角洲软土更差。

珠江三角洲的高速公路几乎均修建在软土地基上，因此采取一定的处理措施，确保地基稳定性是建设者面临的一个重要课题。该地区常用的软基处理方法有：换填法、排水固结法、复合地基法、复合地基＋排水固结法等。本文针对丘陵地带不均匀深厚软基处理所采用的处治方法，结合现场观测，利用AGO分析法，对处治技术进行了研究。

1 AGO分析法的原理及方法

AGO法是利用灰色理论中累加生成的一种数据处理方法。对原始离散位移检测序列进行累加处理（AGO处理），可以使离散时间序列中的随机成分通过AGO处理而减弱或消除，并可使原始序列中蕴涵的确定性信息通过AGO处理而加强。对荷载与沉降速率数据进行1次AGO处理后的结果有明显的物理意义，符号应力—应变关系的本质，便于采用弹塑性力学的基本概念进行稳定性分析[4]。

（1）一次累加生成的公式为：

$$X_{(i)}^{(1)}=\sum_{j=1}^{i}X_{(j)}^{(0)} \qquad 其中（X_{(j)}^{(0)}>0） \tag{1}$$

式中：$X_{(i)}^{(1)}$——一次累加生成数据；

$X_{(j)}^{(0)}$——原始数据。

（2）由于各个断面的填土高度和累加沉降速率都不同，为便于比较，可以选取各个断面中的最大填土高度和最大累计沉降速率进行归一化处理：

$$\overline{X}_{(i)}^{(1)}=\frac{X_{(i)}^{(1)}}{\max(X_{(i)}^{(1)})} \tag{2}$$

式中：$X_{(i)}^{(1)}$——一次累加生成荷载或沉降数据；

$\max(X_{(i)}^{(1)})$——$X_{(i)}^{(1)}$的最大值；

$\overline{X}_{(i)}^{(1)}$——归一化荷载或沉降数据。

2 工程地质条件及处治措施

（1）工程地质条件

某段K47+520～680段原为一较大鱼塘，三面环山，另一面为鱼塘，其地形见图1。

该段软土含水量高达120%左右。通过进行勘测，结合单桥静力触探，对该段地基进行评价，其地质分布具体情况如图2所示。

从图1和图2中可以看出：软土的分布深度随地形变化较大，在远离坡脚的左侧，软土的深度较靠近山脚处大；而且软基的分布不均匀，在路堤填筑体附加荷载作用下，可能会产生过量沉降和沉降差以及侧向塑性挤出和局部坍滑。沉降和沉降差过大，将会使路基出现不均匀下沉，严重的出现网裂、垮塌等病害；软弱路基土向路堤两侧侧向塑性挤出将造成较大危害，如路堤成型困难，路面纵向开裂、塌陷、涵洞错位等。

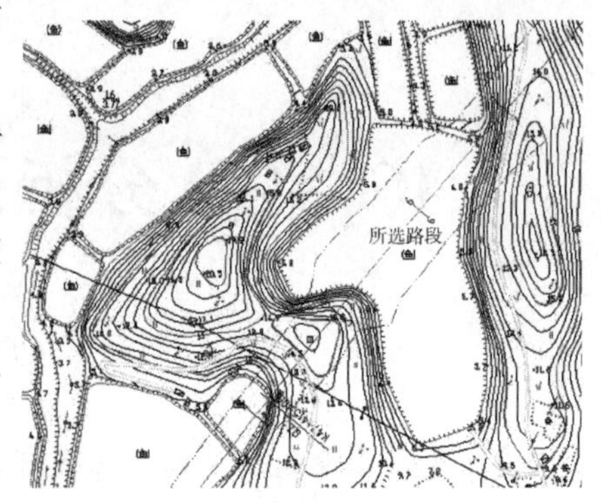

图1　K47+520～680段地形图

该段由于软基分布不均匀，而且强度很低，对于路堤荷载的施加反应比较灵敏，为确保填筑过程中的安全，在K47+570、636断面埋设了沉降板和测斜仪，同时为研究孔隙水压力的变化，在570断面还埋设了孔压计。

(2)处治措施

本路段首先采用砂桩+等载预压处治的方案，直径500mm，间距1.5m，上面铺设土工格栅+50cm砂垫层+土工格栅，见图3。

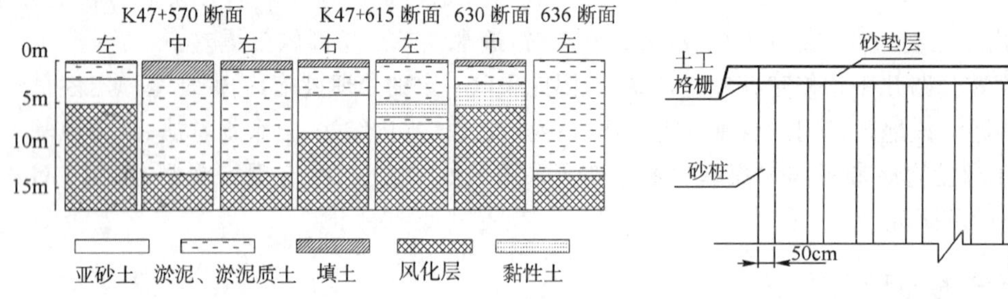

图2　地层图

图3　砂桩布置图

由于在填筑过程中，加载速度过快，导致路基出现开裂，停止施工后，裂缝继续扩展，在山坡与软基交界位置大面积出现，最大宽度达8cm，同时侧向位移急剧增大。为防止地基失稳，采取将已填筑土方卸载至裂缝消失层，然后采用直径300mm管桩，间距2.1m，结合钢塑格栅处治。

3　观测数据分析

(1)沉降数据

在软基处理的整个过程之中，K47+570、636断面进行的沉降观测曲线如图4所示。

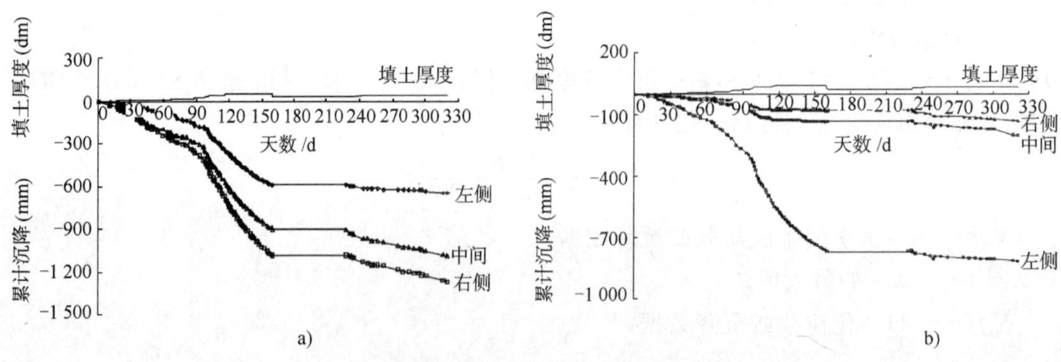

图4　时间—沉降—荷载曲线

a) K47+570断面；b)K47+636断面

两处断面累计荷载—沉降关系如图5所示。

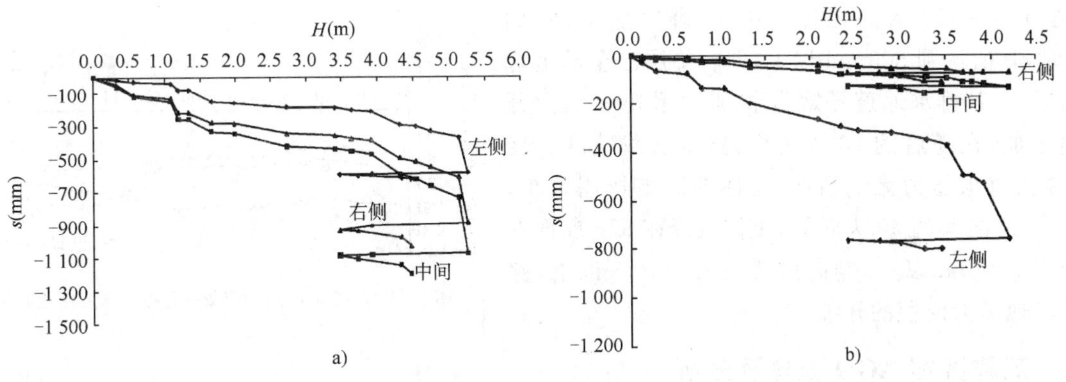

图5 累计荷载—沉降关系曲线
a)K47+570断面;b)K47+636断面

从图4、5可以看出,570断面中间沉降大于左右侧沉降,636断面左侧沉降远大于中间和右侧,这与地层分布情况、路基开裂位置及扩展方向相吻合。说明由于软基厚度的不均匀,在相同的荷载作用下,其沉降差异很大。在卸载后,沉降值变化很小;采用管桩处治后,重新加载,其累计沉降值增长幅度明显减弱,地基稳定性相对提高。

(2)深层水平位移

深层位移是在坡脚点处埋设测斜管至底部稳定土层,加载过程中用测斜仪进行量测,了解深层土侧向移动的情况,从而指导路基加载施工。观测地基各层土体水平位移量,用于进行稳定性判断和了解土体各层侧向位移的变化和附加应力增长情况。对570、636断面的侧向位移观测值如图6所示。

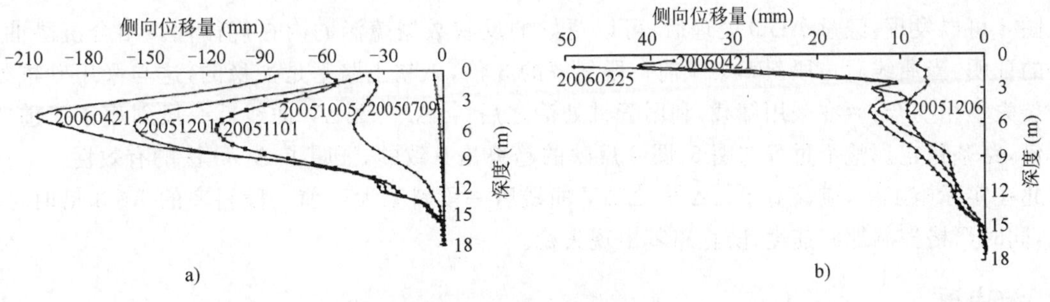

图6 深度—侧向位移曲线
a)K47+570断面;b)K47+636断面

由图6可以发现:两处断面,其侧向位移最大值均出现在地面下5~6m范围处。侧向位移随深度的增加先增大,当深度为5~6m时达到最大,然后逐渐减小。在570断面,出现侧向位移大于220mm,636断面的侧向位移最大接近20mm,在这种情况下,砂桩无法抵抗此时的剪切力,所以出现开裂、下沉,直至整体破坏。在采用管桩处治,2006年2月25日开始重新填土后,其侧向位移变化量明显小于以前采用砂桩时的变化值。最近的观测资料显示570断面侧向位移为2.0mm,水平位移速率为1.0mm/d,在控制指标范围内,说明经过采用管桩处治之后,路基的稳定性得到了保证。

(3)孔隙水压力

孔隙水压力的观测主要是监测路基加载过程中孔隙水压力消散固结动态的变化,用于判断地基的固结程度,是了解加载期间地基土体固结状态最直接、最有效的手段,也是施工期评定地基稳定性和固结度的有效方法。570断面在采用管桩处治之前其孔隙水压力随时间、荷载变化曲线如图7所示。

对比图4a)和图7,可以发现:在加载时间相对较长的初期(前120天),孔隙水压力消散速度相对较快,而在100～120天施工过程中,沉降突然增加,到120天时,其值达到500mm以上,即砂垫层已全部沉降到地面以下,其排水通道开始阻塞;此时孔隙水压力开始快速增加,在随后的20天之内,路基加载速度也变快,导致孔隙水压力无法消散,土体的固结作用很小。从120～160之间的40天时间,土体沉降在570断面右侧达到了300mm以上,侧向位移最大20mm以上,路基顶面出现了大面积的开裂。

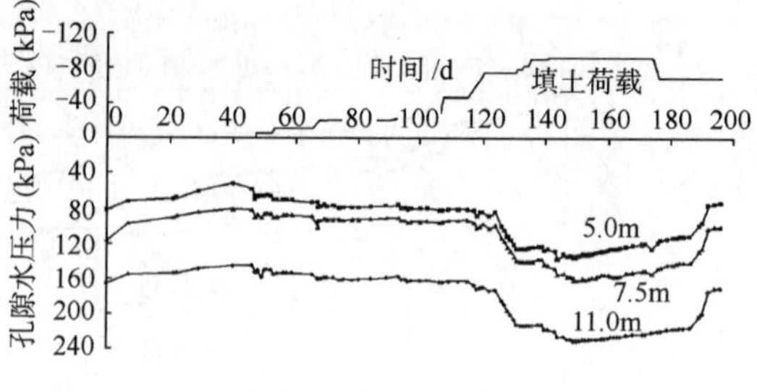

图7 K47+570时间—荷载—孔隙水压力变化曲线

4 沉降数据AGO处理及分析

根据观测数据,对570、636断面的沉降速率和荷载的关系利用AGO分析法进行处理后,得到如图8的曲线。

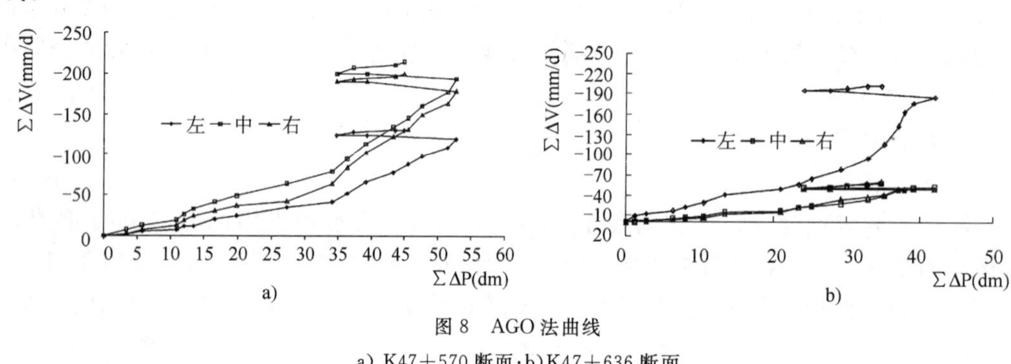

图8 AGO法曲线

a) K47+570断面;b) K47+636断面

从图8可以发现:经过AGO处理后,可以更好的反映数据蕴涵的内在规律性。结合沉降曲线,可以很好的证明:当曲线后一段斜率大于前一段斜率的3倍,该软土路基是失稳的,这与采用砂桩处理时路基开裂失稳相吻合;而在采用卸载,利用管桩处治之后,$\Sigma\Delta P-\Sigma\Delta V$曲线后一段斜率小于前一段斜率的1倍,路基稳定。整个过程与图5、图6反映的趋势是一致的,证明了AGO法的有效性。

因此在实际施工中,应该对于$\Sigma\Delta P-\Sigma\Delta V$曲线后一段斜率大于前一段斜率的1～3倍时,应该密切监视,同时严格控制加载速度,防止路基出现失稳。

5 结束语

(1)对于坡脚深厚软基的处理,采用无抗剪强度的砂桩是很难保证路基稳定性的。对于累计沉降值可能大于设计砂垫层厚度,应适当增加砂垫层厚度,以免排水通道在沉降后堵塞,使得孔隙水压力不能及时消散。

(2)对于坡脚深厚软基,可以采用桩体强度较高的高压旋喷桩、管桩进行处治,可以起到良好的效果;必要时采用钻孔灌注桩或钻孔灌注桩结合高压旋喷桩进行处治。对于下覆层坡度较大的路段,宜采用具有一定抗剪强度的处治措施,防止出现滑动破坏。

(3)在坡脚深厚软基路段,施工过程中应该严格控制加载速度,建议采用"薄层轮加法填筑技术"[3]进行路基的填筑。

(4)利用荷载—沉降速率AGO法可以较好的判断地基在外荷载作用下所处的变形阶段和稳定状态。在实际工程中,对$\Sigma\Delta P-\Sigma\Delta V$曲线后一段斜率大于前一段斜率的1～3倍的情况,应该密切监视,同时严格控制加载速度,防止路基出现失稳。

参考文献

[1] 陈晓平,黄国怡,梁志松. 珠江三角洲软土特性研究[J]. 岩土力学与工程学报,2003,22(1):

137-141.

[2] 孟庆山,王吉利,汪 稔. 采用不同加固方案处理软土地基的对比研究[J]. 岩土力学,2002,23(3):375-377,381.

[3] 王盛源,关锦荷. 珠江三角洲高含水量软土的工程特性与加固方法[A]. 高速公路地基处理理论与实践——全国高速公路地基处理学术研讨会论文集[C]. 广州:[s. n.],2005.

[4] 黄腾、吴玉刚,一种基于实测沉降资料的软土路基稳定性分析方法[A]. 高速公路地基处理理论与实践——全国高速公路地基处理学术研讨会论文集[C]. 广州:[s. n.],2005.

[5] 李新伟,王晓飞. 预应力混凝土管桩在高速公路软基处理中的应用[A]. 见:高速公路地基处理理论与实践——全国高速公路地基处理学术研讨会论文集[C]. 广州:[s. n.],2005.

[6] 冯文凯. 山区高等级公路填方段软基变形破坏预测评价[硕士学位论文][D]. 成都:成都理工大学,2002.

47. 沥青路面早期破损的原因及防治措施

王诗高
(广州市番禺区番路工程有限公司)

摘 要 通过对广东省道S257线改善工程沥青路面早期破损情况的统计和分析,提出了预防和控制沥青路面早期破坏的方法和措施。

关键词 公路 沥青路面 破损分析 防治措施

1 工程概况

广东省道S257线(市南公路)改善工程起于鱼窝头镇大同路口(桩号K18+300),接广珠(广州—珠海)东线,终于黄阁道班以北约300m处(K30+700),与南部快速干线黄榄支线交叉,路线总里程为12.4km。按二级公路兼城市主干道标准设计,行车速度80km/h。全线改建为路基宽47m、主车道路面宽32m的沥青混凝土路面,除骝岗大桥加宽后为双向6车道外,其余桥涵与路基同宽。设计荷载为汽—超20、挂—120。此工程项目在2003年8月开始实施,于2004年12月23日建成通车。

2 沥青路面破损情况

2.1 破损情况(表1)

S257线市南路路面破损情况 表1

主要病害	程度	数量	主要病害	程度	数量
纵向裂缝	轻微	2 798m	桥头填土部分已淘空		
纵向裂缝	中等	1 495m	人行道不均匀下沉,平整度差	轻微	1 334.9m^2
纵向裂缝	严重	170m	人行道不均匀下沉	严重	266.6m^2
路面局部下沉		181.5m^2	人行道大面积下沉,低于路面		182.5m^2
桥引道下沉,有跳车现象		2处	人行道边石掉失,局部塌方		134m

(1)K21+900~K25+660左侧处人行道(宽约1.7m)和部分主车道(宽0.9~1.4m)在原路基边坡和部分河道内修建。主车道加宽部分与旧水泥混凝土路面交接处局部路段有微小裂缝;第三车道的开裂较严重,开裂状况反映路基左侧有外移迹象。

(2)东丫小桥左侧0号和3号台由于河道未填,新填路基位于原桥下通道和部分河道内,两侧桥台已严重下沉,并有外移迹象。

(3)官坦小桥和石排小桥两侧桥台沉降严重,桥头跳车情况明显,路面裂缝宽度达到15cm。

(4)流岗中桥右侧5号台引道外侧为一鱼塘,设计上未作专门处理,施工时由于各种原因已塌坡2次,后采用引道路基下打入松木桩和现浇钢筋混凝土板并外侧加反压护道处理。在新旧路接缝处已严重开裂并错台,第四车道和第三车道有2条裂缝。

2.2 破损特性

(1)损坏时间早。省道S257线改善工程通车后不到2个月沥青路面就出现不同程度的破损。

(2)破损程度重。大部分的破坏不是局限在沥青面层,而是地基沉降,导致基层损坏,多处经多次修复后继续开裂,不得不进行路面重建。

3 沥青混凝土破损的原因分析

3.1 直接原因

(1)省道 S257 线改善工程沿河处的路线工程地质条件差,承载能力有限。路线所在区域上部地层由淤泥、淤泥质土、淤泥细砂及亚黏土组成,其表面覆盖一层厚 0.6～3.9m 的填表筑土。由于淤泥、淤泥质土的含水率、孔隙比和压缩性均较大,地基需作处理方可在其上填表筑路基。这种软基造成新旧地基之间,出现刀切式分离断面,在维修补强中出现宽度达 20cm、深度为 1.5～2m 的线形裂缝。

(2)施工质量未达到要求,表现在如下几个方面:

①由于工期的要求,未能作软基处理,施工完成后出现较大的下沉现象;

②高填土分层过厚且未按规定分层压实,造成桥头引道高填土部位严重跳车,高填土部分出现严重的向外滑移现象。

(3)车辆的超载及通车频率过高,造成沥青路面早期破损。随着经济的发展,交通流量大增,且由于车辆性能的提高,货运向大型、高比重方向发展,实际上各类货运车辆承载能力超过轴载能力。省道 S257 线的软基强度未达到要求,加上路面重型货车的碾压,造成沥青早期破坏。

3.2 间接原因

(1)从管理的角度而言,S257 线改善工程施工中未能严格根据地质条件进行软基处理,只是桥涵的桥头路段及个别特殊路段进行了软基处理,是个典型的追求高速度、不按自然科学规律施工的工程,造成沥青路面早期破损是预料之中的事。考虑到不均匀沉降的影响,最后一层路面磨耗层未摊铺。通车 1 年时间内出现了由于路基沉降造成的路面裂缝、桥头跳车和不均匀沉降等现象。采取的原则是"及时管养,保证畅通"经过 4 次沥青混凝土路面修复,现在沥青混凝土路面使用情况基本良好。

(2)设计深度不够,搬标准,抄项目,存在理论和实际脱节的问题。

①根据路面实际荷载进行路面结构设计和厚度计算,随着经济的发展,车辆性能的提高,车辆的设计轴载与实际不符,施工后出现裂缝也就不足为奇。

②路面结构设计与材料设计脱节,对材料供应、施工水平、自然因素考虑不足,套用标准结构。应当根据实际施工成果而不是试验成果来控制设计。目前要承认、并充分估计实际施工水平同试验成果的偏差。

③对路面的受力机理缺乏足够的认识,习惯于"强基、薄面"的设计,而对"薄基、强面"没有足够的认识。

4 解决沥青路面早期破损的对策及措施

4.1 科学决策

从目前情况来说,要做到真正意义的科学决策,还有一段相当长的路要走。各级干部,尤其是高级干部,一定要以对国家、人民、历史高度负责的精神,科学决策,尊重自然科学规律,按科学规律办事,提高决策水平,才能给建造优质、精品工程创造条件。

4.2 完善标准规范,提高设计水平

虽然我国已形成了一套较为完善的沥青混凝土路面标准、规范体系,但仍然滞后于当前大规模的工程建设和快速变化的需要,尤其是路面设计规范,值得改善的地方很多,目前急需解决的是设计理论同实际情况脱节的问题。

设计单位一定要结合目前珠江三角洲经济发展、路网情况、车辆超限和超载的实际情况,进行路面厚度计算和结构设计,要正确理解规范中指标使用的前提和条件,灵活运用,不能照抄项目设计。

建立国际交流平台,争取在短时间内实现技术领域、设计理念的跨越。先进的科学技术是人类文明

的共同成果，先进的技术标准、规范是人类在工程建设领域不断探索、研究、创新的结晶。在公路建设方面，国与国之间的技术问题、解决方法有许多共性。尤其是发达国家，具有先进的试验条件和雄厚的资金支持，基础研究扎实，较少急功近利。应加大学习、引进国外研究成果的力度，为我所用。

4.3 精心施工

作为施工单位，要不断提高施工人员的质量意识和整体素质，建立、健全自检体系。对混合料拌和、运输、摊铺、碾压等各道工序的施工责任人和自检责任人，务必层层把关，分级负责，严格按照设计要求精心施工。

4.4 加大投入，加厚路面，增加强度

目前，解决沥青路面早期破损最现实、最有效的途径是增加路面厚度。如果光考虑省钱，修了坏，坏了修，结果花了更多的钱，得不偿失。

4.5 加强对车辆超限超载的治理

车辆的超限超载是路面破坏的一个致使杀手。全国都在开展治理工作，取得了一定的成效，但还存在治标不治本的问题。相关机构应加强统筹和管理，车辆设计的承载能力要与公路的承载能力及经济发展相适应和协调，这样才能从根本和源头上治理车辆的超限超载。

48. 混凝土路面水害的防与治

刘虎祥
(广州市公路管理局南城分局)

摘 要 分析水对混凝土路面的危害,提出防护与治理措施。

关键词 混凝土路面 水 破坏 预治

1 混凝土路面早期破坏的原因

俗语说“路通财通”,说的是要想经济发展,路不能不通,运输的条件不能不充足。现在公路网络高速发展,各种高等级路面为珠三角地区的经济带来了腾飞的良好条件。但高速发展的经济为公路带来了严重的负荷,昼夜不停的重型车及自然环境的变化等因素不可避免地对公路造成严重的伤害,造成混凝土路面过早地破坏。

纵观珠三角地区的混凝土路面早期破坏,其特征是:纵、横缝处出现冒水,接着冒出泥浆,在每昼夜超过 30 000 车次车辆的频繁作用下,特别是在集装箱车、重型车的作用下,冒浆的现象日益加重,导致面层与基层出现脱空,使面板边缘部分或板底部分失去支承,很快混凝土面层出现裂缝,而出现裂缝的路面更容易让路面水渗进去,导致混凝土面板的加速破坏;而破坏处的路面起伏松动,把车辆的作用力放大转嫁到邻板上,从而扩大了病害的范围。这种恶性循环,致使大部分混凝土路面出现过早的破坏。

从混凝土路面早期破坏的特征看,不难发现,混凝土路面破坏的罪魁祸首是水害。那么,地表水何以会对混凝土路面造成如此广泛的破坏呢?

(1)从设计方面探讨原因:设计时对道路的集水量及排泄量考虑不充分,排水横坡度不足,排水系统设置不合理等;特别是珠三角地区,大雨、暴雨期较长,雨量较大,汛期雨水在路面停留的时间较长,路面水则比较容易进入缝隙中。

(2)施工方面的原因:混凝土板纵、横缝没有处理好,特别是施工缝和胀缝清缝不够彻底,填缝料不够饱满,所选用的填缝料未能满足要求,材料的黏度、延伸度不足等。这样地表水很容易渗入基层,造成水害。

(3)养护方面原因:混凝土板纵、横缝填缝料经过使用时限后老化没有及时更换,失去原有的功能,造成路面渗水严重;混凝土板出现裂缝后未有及时进行修补,造成裂缝在车辆的作用下,形成大规模的水害;边沟、泄水孔、涵洞、构造物等排水系统未有定期清理,排水速度慢,路基长期处于饱水状态,造成路基承载力下降,导致下陷,从而映射至混凝土路面,造成混凝土路面破坏。

2 对混凝土路面水害的预防

预防是保持混凝土路面其使用功能最有效的措施。我们应从道路设计到最终养护的各环节来采取措施来减轻水对混凝土路面的危害,做到“防患于未然”。

(1)应从设计上采取有效的措施防范水害,充分结合当地的实际情况,设置合理的排水措施,对有软基的地区应设置合理的软基处理措施,尽可能地提高路基的承载力;对于有中央分隔带或中央绿化带的路面,一定要设置好纵、横向的排水系统,及时把中央分隔带的地表水引出路基外;公路两侧设有路缘石时,路缘石要按规范要求在一定的长度内设置泄水口(一般长度不宜长于 30m);路基排水沟的沟底坡度、坡长等在符合标准之余,应适当考虑当地的环境条件,设置较大的坡度、减少坡长;特别是在珠三角地区，由于雨水量大、路面宽广、集水量大，更应设置较大的排水坡度，以增加排水的速度。

(2)施工时对混凝土路面的纵、横缝要做到切缝及时，深度准确，清缝彻底，填缝料饱满；严格按设计要求施工排水设施，保证排水系统的顺畅；路面横坡要按设计要求严格施工，确保路面的地表水能迅速排除。

(3)养护时应经常填充或铲除多余的填缝料，保持接缝完好，表面平顺；当气温下降接缝扩大有空隙时，宜选择在当地气温最低时灌缝填隙，当气温上升填缝料挤出缝隙外时，应将挤出的填缝料铲除；为保证填缝料的伸缩弹性，每隔2～3年应更换一次，在车辆流量较大的地区，应提前半年或一年更换填缝料，保证其密封性能。及时排除排水沟、涵洞、中央排水系统等积累的各种障碍物，以便水能迅速排出路外，确保路基、路面的干燥度。

3 对已破坏的混凝土路面进行治理修复

珠三角地处平原冲积区，公路路基多存在软基、地下水丰富等对路基路面危害较大的因素。气候属海洋性气候，比一般地区有着更多的雨水，因此，水对路基路面的危害在珠三角地区属常见现象。

对已造成破坏的混凝土路面，应尽快对其进行处理，恢复其使用功能，降低病害扩散范围。

混凝土路面破坏存在各种各样的形态，有裂缝、板角板边破损、唧泥、脱空下陷等等。在此介绍部分病害的修补方法。

3.1 裂缝修补

(1)对宽度小于3mm的轻微裂缝，可采取扩缝灌浆处理，即顺着裂缝扩宽成1.5～2.0cm的沟槽，槽深可根据裂缝深度确定，最大深度不得超过板厚的三分之二。将灌缝料灌入扩缝内，固化达到通车强度后，即可开放交通。

(2)对贯穿全厚的大于3mm小于15mm的中等裂缝，宜采用条带罩面处理，即将整个裂缝线两侧各扩宽合适的槽沟，在新开的槽面上钻孔放置钯钉，再浇注新的混凝土，达到强度后开放交通(如图1所示)。

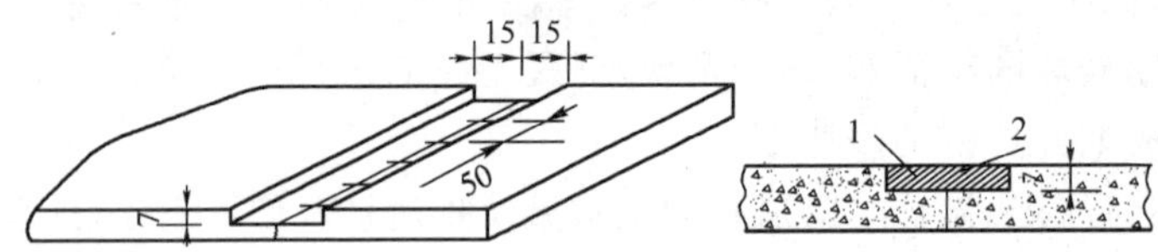

图1 条带补缝(单位:cm)

1-钯钉;2-新浇混凝土

(3)对宽度大于15mm的严重裂缝可采用全深度补块的方法处理，可分为三种施工方法:集料嵌锁法、刨挖法、设置传力杆法(如图2～图4所示)。

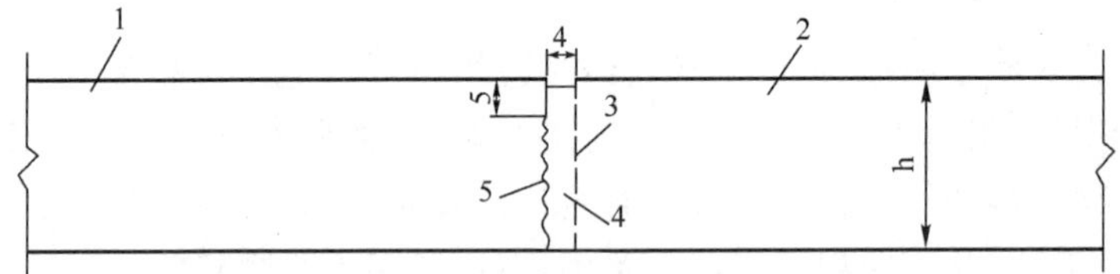

图2 集料嵌锁法(单位:cm)

1-保留板;2-全深度补块;3-全深度锯缝;4-凿除混凝土;5-缩缝交错接面

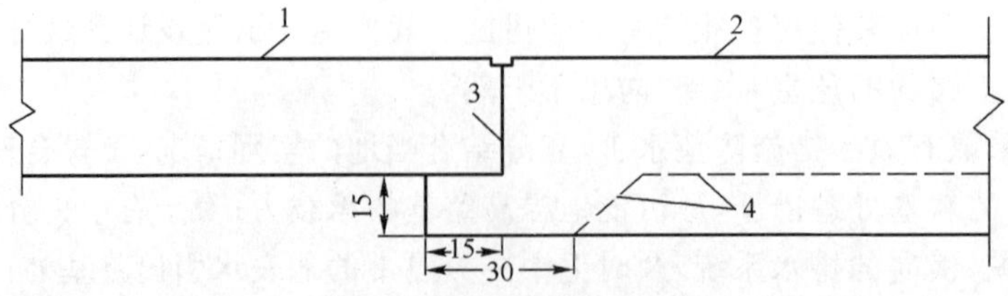

图3 刨挖法(单位:cm)

1-保留板;2-补块;3-全深度锯缝;4-垫层开挖线

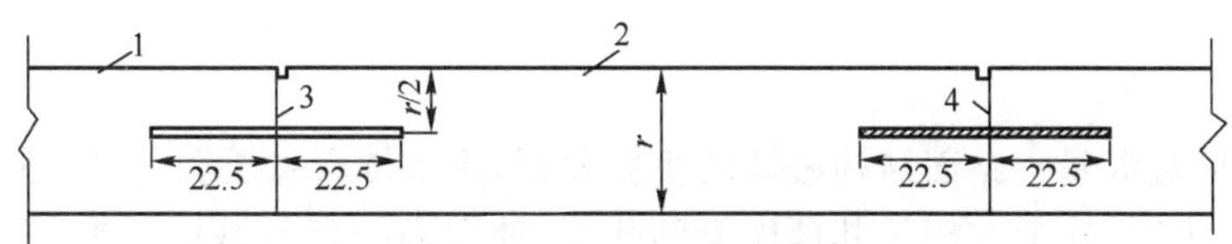

图 4　设置传力杆法(单位:cm)

1-保留板;2-全深度补块;3-缩缝;4-施工缝

3.2　板角板边破损处理

(1)按板的破裂面的大小确定切割范围并放样(如图 5 所示)。

(2)用切割机切开边缝,凿除破损部分,打成规则的垂直面;若原有钢筋时,应注意不能切断钢筋。

(3)浇注混凝土,待混凝土硬化后,用切缝机切出接缝槽,然后灌入填缝材料。

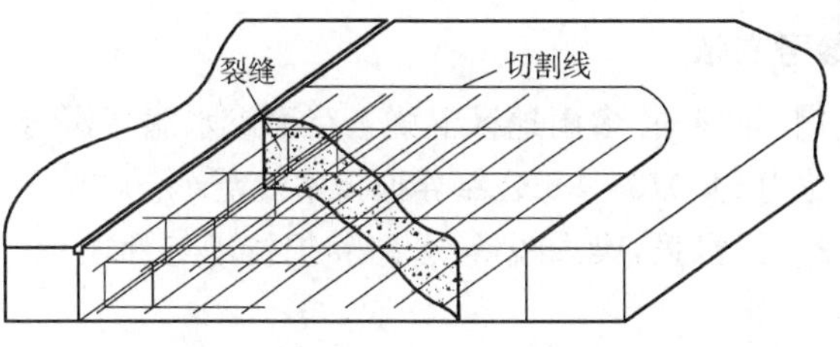

图 5　板边、板角破坏部分翻修

3.3　唧泥处理

唧泥病害可采用压水泥浆处理,对板底起浆部分进行固化,增强基底承载力,并对接缝及时灌缝,防止地表水再次渗入板底。为防止唧泥的产生,应采取措施防止水对路面基层的侵入。因此,应保持路面和路肩设计横坡,并尽可能铺设硬路肩,对路面裂缝、接缝以及路面与硬路肩接缝处进行密封,设置纵向积水管和横向出水管以及盲沟,将水尽快排出,减少水对路基的浸泡。

3.4　脱空沉陷处理

脱空的成因是由多种因素共同作用的结果,大致上可分为下面几个方面。

(1)混凝土板与基层原构成具有一定抗剪能力的整体材料,但受温度的影响,板体内的温度差异变化及板体与基层温差变化,使得整体抗剪能力降低,加上车辆荷载使得基层产生了塑性变形,从而形成了原始的脱空区。

(2)由于混凝土板与基层材料上的差异,在车辆荷载的作用下,两种材料均发生弯沉变形,混凝土板在荷载消失后即回弹至原状态,而基层材料的回弹量小于混凝土板,从而形成空隙,这样日积月累,形成了脱空。

(3)由于混凝土板受温度影响,产生极大的温度应力,通常我们采用纵、横缝来解决这一问题。当养护不及时一旦出现填缝料脱落时,水就会通过纵横缝下渗至路面基层,导致基层强度下降。这样,被水浸而强度下降的路面将会出现较其他部位更大的变形从而形成更大的脱空。

(4)基层密实度不足,尤其是高填方路段,由于路基填筑材料的不均匀性,造成工后沉降也不均匀,从而形成板底脱空,大面积的脱空将造成沉陷或破碎等路面病害。

水泥混凝土板底一旦脱空,就破坏了混凝土面板应与基层密贴的设计原理,混凝土板的受力情况由整体受力变为局部受力,在车辆荷载反复的作用下,最终导致混凝土面板的破坏。

目前许多工程实例中,都采用灌浆加固技术修补脱空沉陷路面。其步骤如下:

(1)面板顶升前,用水准仪测量下沉板的下沉量,测站距下沉处应大于 50m,并绘出纵断面,求出升起值。

(2)按混凝土面板的沉陷的实际情况布孔,孔间距一般为 1.5～2.0m,孔深应略大于板厚 2cm。

(3)灌注材料采用水泥砂浆,并加入膨胀剂、减水剂等,混合均匀后用压力泵压入,直至水泥浆冒起或孔点混凝土板上升到预定高度为止。灌注压力一般为 0.8～1MPa。

(4)灌浆作业应先从沉陷量大的地方的孔开始,逐步由大到小,由近到远,直到路面板达到预定的高度为止。

(5)灌浆完毕后,用木楔堵孔,养生 3 天以后开放交通。

4 结束语

多雨地区,水是导致混凝土路面结构破坏的主要原因,雨水渗入基层和路基,通过软化基层和路基,使路面系统整体强度下降,加上车辆等其他因素的作用,使混凝土板与基层分离,形成空隙,造成唧泥、脱空下陷、混凝土板破裂等病害,而路面破坏后渗水更加严重,形成恶性循环,从而加速路面的破坏。

因此,要达到路面的使用要求,就要从道路的设计到养护、维修各环节加强防范措施,出现病害迅速采取有效的维修方案,针对病害的特征,采取合理的处理措施,尽可能减少混凝土路面的损坏。

参考文献

[1] 龙锦松.多雨地区混凝土路面渗水病害探讨.中南公路工程,2000,第四期.

[2] JTJ 073—96 公路养护技术规范.

[3] 彭富强,梁志锐等.公路养护技术与管理.

49. 微表处施工质量控制

苏镇洪
（广州市公路管理局）

摘 要 微表处以抗滑、密水性能好、造价低和施工周期短等优点成为高等级公路的主要养护手段之一。本文着眼于其施工过程，以提高施工质量为目的，针对原路面处理、原材料生产、配合比级配、厚度控制等主要施工环节进行了分析，并结合实际工程经验给出具体的控制措施。

关键词 微表处 公路 施工质量控制

微表处是一种由聚合物改性乳化沥青、集料、填料、水和外加剂按合理配比拌和并摊铺到原路面上，达到迅速开放交通要求的薄层结构。微表处技术在20世纪70年代在欧洲出现，80年代进入美国，如今已经成为美国30多个州、加拿大及其他很多国家和地区得到应用，它以抗滑、密水性能好、造价低和施工周期短等优点成为高等级公路的主要养护手段之一。

该技术进入我国以后，已在全国多数省份的高等级公路养护工程中得到了应用，表现出了良好的使用效果。尽管微表处技术在世界范围内已有了大规模的应用，但仍存在以下的一些局限性。

(1)原路面的表面状况对微表处的使用效果及功能有很大的影响。

(2)如何获得“慢裂快凝”的微表处混合料值得深入研究。

(3)与微表处混合料相关的试验方法和评价指标体系很不完善。

本文针对以上几点局限性，结合我省高等级公路实际微表处预防性养护工程，探讨在施工过程中对微表处的质量进行控制的手段与方法。

1 对修复路面原有病害的质量控制

原路面裂缝、坑槽等病害维修是高等级公路微表处工程的重要环节。在原路面裂缝、坑槽等病害未得到彻底修复前，不能开展微表处罩面施工。

1.1 裂缝修补工艺要求

沥青路面裂缝填缝的施工工艺主要针对纵向裂缝、横向裂缝、块状裂缝以及反射裂缝等较规则的线状裂缝，对于龟裂必须采取坑槽修补的工艺方法来施工。裂缝填缝的施工工艺过程分为四大步：

(1)裂缝的开槽

对于较细的微缝和未成熟的裂缝(缝宽<5mm)，可省去“开槽”工艺，直接进入第二步“裂缝的清理和干燥”工艺，再用流动性和渗透性更好的乳化沥青或改性乳化沥青进行填封。对于较宽的成熟裂缝(缝宽≥5mm)，必须采取开槽工艺。

需要采用专用的开槽机或混凝土切割机进行开槽。开槽时应尽可能在裂缝中央，不能走偏，同时应尽可能减小对周围路面材料的破坏。开槽尺寸应以裂缝宽度和严重程度为依据，开槽宽度至少应达到将裂缝破损的松散壁面材料切削掉，直至露出坚实的部分为止，然后再确定一个恰当的开槽宽深比(槽宽/槽深)，最常取的值为1∶1(20mm×20mm方槽)。

(2)裂缝的清理和干燥

为保证填封材料与裂缝(或凹槽)壁面具有良好的黏附性，裂缝(或凹槽)壁面必须摆脱潮湿、灰尘、松散颗粒和其他残余物，其壁面应彻底清洁并完全干燥。建议采用高压空气吹扫或热空气吹扫裂缝。

(3)填封材料的准备和填装

填封材料备好后，便可对裂缝进行填装。为了确保裂缝凹槽处在最清洁和干燥的状态，这一步应紧跟着裂缝的清理和干燥工艺，尽可能缩短清缝期与填料期的时间间隔，减少裂缝再被弄脏的可能。要求填封材料填装结构型式一致、均匀，并应从底部向上填装，避免有气泡出现影响填封修补质量。裂缝填装时应连续不断，确保填封材料充满裂缝凹槽，若填封材料凹陷进裂缝中或用量不够时，应重新再填些料进去。

(4)封边修整工作

在裂缝填封完毕后，在裂缝上方应形成约3mm厚的填封带。为保护未凝固的裂缝填封材料，防止其出现轮印或溜滑问题，应立即使用干净细砂或石屑，将其均匀地撒在裂缝填封材料上，形成一个薄上覆层，吸收多余的填封材料，增加表面的抗滑能力。待填封材料冷却凝固后，可扫去多余的细砂或石屑。

1.2 坑槽修补工艺要求

坑槽修补工艺过程可分为六步：

(1)坑槽的成型

按“圆洞方补”原则，划出大致与路中心线(即行车方向)平行或垂直的开槽修补轮廓线(正方形或长方形)，每边至少应进入完好路面300mm(即挖去路面松散、破碎的旧料直至坚实部分)，并沿划好的修补轮廓线开挖坑槽，要求成型的坑槽壁面应尽可能保持与路平面垂直，坑槽底部平整、坚实，最后再将挖掉的旧料刨出坑槽，将形状不规则的局部破损开挖成与行车方向一致的正方形或长方形坑槽。

(2)坑槽的清理和干燥

清理坑槽一般采用压缩空气或热空气吹、手动工具清扫等方法。

为使坑槽完全干燥，同时使坑槽壁面和底面材料能被加热软化，应采用某种加热装置和方法。通过对坑槽的加热，可以使新旧料间的接缝不再是冷接缝，而是热接缝，并促进新旧料的相互嵌挤和融合，提高抗槽修补的耐久性。

(3)涂黏结层

在给坑槽中摊铺修补材料之前，应先向坑槽壁面和底面上均匀地喷涂一层薄黏结材料。通过喷涂的黏结层，来浸润坑槽内表面裸露出的石料，以此来提高修补材料与原有路面材料间的黏结效果。要求喷涂的黏结层材料必须与旧沥青涂料中的石料相容性好。

(4)修补材料的准备和摊铺

在摊铺料时，应缓慢、均匀、连续，尽量避免料的离析。对于铺设热拌沥青混合料来说，其料的摊铺温度应提高一些。一般修补坑槽的用料量很少，修补材料填入坑槽后，料温会下降很快，为保证下一步工艺中修补材料具有较高的压实温度，必须将摊铺的料温再提高一些，一般可将修补材料的摊铺温度设为165～170℃较合适。

(5)坑槽的压实

对坑槽进行压实时，要首先压实坑槽边缘的修补材料，使其填入坑槽中，再压实中间的修补材料，并连续不断地向边缘移动压实，且每次应重叠压实一定宽度。

建议采用小型振动平板夯、小型振动压路机或手扶式振动碾。

(6)封边修整工作

坑槽修补的封边材料与裂缝填封类似，可以是热沥青、热改性沥青，也可以是乳化沥青和改性乳化沥青，并通过专用的喷洒杆将封边材料均匀、连续地喷洒在新旧料接缝上。为防止封边材料出现轮印或引起溜滑问题，可以在其上均匀地覆盖一层薄砂或石屑，对其加以保护。

2 对原材料质量的控制

2.1 对集料的要求

用于微表处工程的集料应采用颚式破碎机—圆锥式破碎机—反击式破碎机三级破碎设备生产，筛分设备应满足碎石生产的规格要求，应在反击破碎和振动筛中设置除尘设备进行除尘。

微表处填充车辙用集料应包含两档料：0～5mm、5～9.5mm。微表处罩面用集料应包含三档料：0～3mm、3～5mm 和 5～8mm。当条件受限时，也可以采用两档料：0～5mm、5～8mm。

所采用的集料必须完全满足表 1 和表 2 中所规定的规格要求。

填充车辙用规格料技术要求 表 1

筛孔尺寸(mm)	通过百分率(%)		筛孔尺寸(mm)	通过百分率(%)	
	0～5mm	5～9.5mm		0～5mm	5～9.5mm
9.5	100	100	0.6	20～55	—
4.75	90～100	0～15	0.3	7～40	—
2.36	60～90	0～5	0.15	2～20	—
1.18	40～75	—	0.075	0～10	<1

罩面用规格料技术要求 表 2

筛孔尺寸(mm)	通过百分率(%)			筛孔尺寸(mm)	通过百分率(%)		
	0～3mm	3～5mm	5～8mm		0～3mm	3～5mm	5～8mm
9.5	100	100	100	0.6	25～60	—	—
4.75	100	90～100	0～15	0.3	8～45	—	—
2.36	80～100	0～15	0～5	0.15	0～25	—	—
1.18	50～80	0～3	—	0.075	0～15	<1	<1

所采用的集料的各种技术指标需满足《微表处和稀浆封层技术指南》(2006)中的要求。

2.2 对改性乳化沥青的要求

改性乳化沥青的技术指标应满足《微表处和稀浆封层技术指南》(2006)中规定。其中改性乳化沥青必须满足"慢裂快凝"的要求，必须保证稀浆混合料有足够的可拌和时间，还要满足尽快成型、开放交通的要求。同时还需要足够的储存稳定性，以满足周期性较长的施工的要求。

3 对稀浆混合料稠度的控制

微表处混合料的摊铺质量受多方面因素影响，抛开外界因素及施工水平和工艺因素而言，原材料质量、混合料配合比、用水量和稀浆混合料的稠度对微表处混合料性能影响较大。在原材料质量稳定、目标配合比确定的条件下，若能保证施工配合比满足设计要求，混合料的稠度满足摊铺及成型要求，即能保证稀浆混合料的成型状态及路用性能。

稀浆混合料的稠度主要受用水量、搅拌速度、气温等因素的影响。固定搅拌时间和搅拌速度的条件下，在不同的气温下采用不同的用水量进行稠度试验，即可得到不同气温下的最佳稠度值和最佳用水量值。

图 1 至图 3 分别显示了稀浆混合料稠度适中、过干和过稀时的状态。

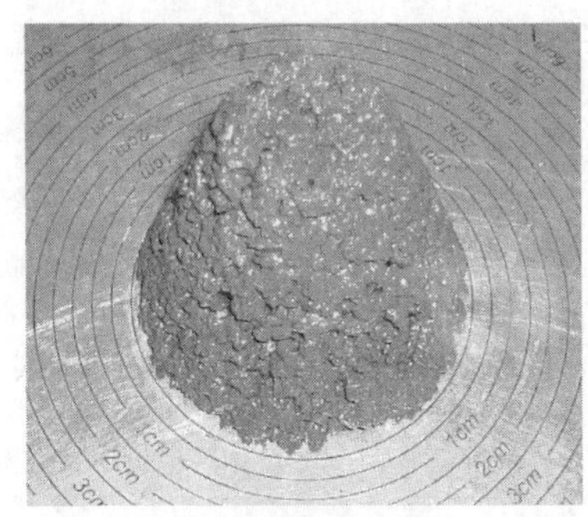

图 1 稠度适中

图 2 稠度过干

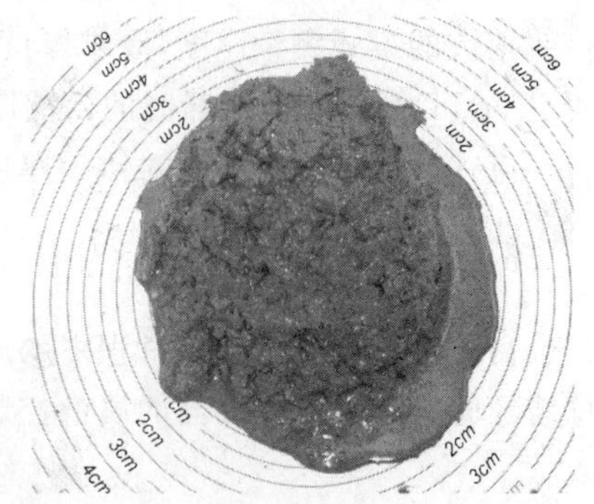

图 3 稠度过稀

4 对级配稳定性的控制

经设计确定的标准配合比在施工过程中不得随意变更。生产过程中，如遇进场材料发生变化并经检测微表处混合料的矿料级配、稀浆混合料技术指标不符合要求时，应及时调整配合比，使稀浆混合料质量符合要求并保持相对稳定，必要时重新进行配合比设计。

施工配合比的油石比不应超出设计油石比(－0.3％～＋0.2％)的范围；以矿料设计级配为基准，施工配合比的矿料级配中各筛孔通过率不应超过表3规定的允许波动范围。施工配合比的油石比或者矿料级配的调整幅度超出规定时，必须尽快找出原因，进行整改。若经整改后仍超出所要求范围，必须停工，重新进行混合料设计。

矿 料 级 配 组 成　　表3

筛孔尺寸(mm)	9.5	4.75	2.36	1.18	0.6	0.3	0.15	0.075
允许波动范围	—	±5％	±5％	±5％	±5％	±4％	±3％	±1％

承包人应对稀浆混合料进行抽样检测，抽检项目、频率、允许误差及方法见表4所示。承包人应对每次检测结果做好记录，以供监理工程师随时检查。

微表处施工过程稀浆混合料检验要求　　表4

项　　目	要　　求	检 验 频 率	检 验 方 法
稠度	适中	1次/100m	本手册规定方法
油石比	设计油石比±0.2％	1次/日	三控检验法
矿料级配	满足设计要求	2次/日	摊铺过程中从骨料输送带末端接出集料筛分
浸水1h	不大于540g/m^2	1次/7个工作日	湿轮磨耗试验

5 对摊铺厚度的控制

5.1 冠状隆起测量方法

微表处填充车辙带时需形成厚约3～5mm的冠状隆起，在考虑横坡坡度的情况下，根据施工的实际情况，采用1.5m直尺和10cm钢尺参照《公路路基路面现场测试规程》(JTJ 059—95)中T0973方法进行冠状隆起测量。具体的测量方法如图4所示。

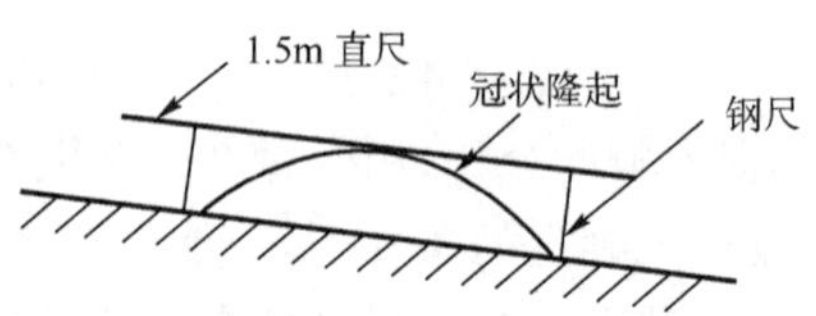

图4　车辙填充带冠状隆起测量方法

5.2 对摊铺厚度的控制

《微表处和稀浆封层技术指南》(2006)中对摊铺厚度的要求是在开放交通一个月至两个月后采用钻孔或挖坑的方式测量厚度，要求厚度值的偏差不得大于－10％。根据实际情况，若要求交工验收时厚度大于9mm，则微表处摊铺时的松铺厚度需大于1.1cm。

应在摊铺过程中随时对摊铺厚度进行测量，测量工具宜采用深度尺。

6 结束语

目前对于微表处施工过程中的质量控制手段和控制标准研究较少，还需在大量的实际工程中继续总结经验，探索合理、恰当的质量控制手段。

50. 半刚性基层沥青路面基层参数力学分析

吕明敏
（广州广明高速公路有限公司）

摘　要　在较薄沥青面层的情况下，半刚性基层沥青路面结构设计受控于基层底部的疲劳开裂。半刚性基层材料由于其较沥青混凝土面层为高的应力比使得其有可能先于面层达到疲劳寿命，且半刚性基层材料强度、模量等力学指标在使用过程中会因为重复荷载和环境因素影响下逐渐衰减，更由于超载以及施工质量等因素作用下使得基层材料较早的达到设计疲劳寿命而产生结构性破坏。

关键词　参数模量　力学分析

1　基层性能要求

半刚性基层沥青路面具有强度高、造价低、整体性强、水稳性好等优点。但它的不足之处也同样明显：脆性大、适应变形能力差。半刚性材料对周围环境温度和湿度变化比较敏感，加之其刚度大，在强度形成过程中以及营运期间会产生干缩裂缝和低温收缩裂缝。当裂缝反射到路面时，会加剧路面的破坏，缩短路面的使用寿命。材料应与结构相适应。不同的结构对材料的要求也不同。我国路面结构设计中，基层是直接位于面层下的结构层次，主要起承重、扩散荷载应力和改善路基水温状况的作用。同时，基层作为整个路面结构的最主要的层次，其耐久性直接关系到路面整体的耐久性。为此需要对基层在强度、刚度、水稳定性、耐久性等方面提出更高的要求。当然不同的路面结构型式，对基层的指标要求不尽相同。通常对半刚性基层材料有以下几个方面的要求：适宜的强度和刚度、良好的水稳定性、足够的抗冲刷能力、比较小的收缩量、高的耐久性。

2　半刚性基层各设计参数之间的关系研究

本文主要研究各设计参数的组合对各层层底拉应力和基层疲劳寿命的关系。

2.1　研究方案

(1)方案安排

为了方便起见，拟采用已有研究成果推介典型路面结构，参数的确定参考《公路沥青路面设计规范》，主要考虑如下3个主要影响因素：基层厚度、基层模量和土基模量。

为简化计算起见，对面层进行了等效（弯沉）处理，见表1。

简化后典型路面结构及参数　　表1

面层	沥青混凝土(15cm)　E=1 000MPa　σ_S=1.03MPa　μ=0.25MPa	底基层	水泥稳定碎石(20cm)　E=800MPa　σ_S=0.4MPa　μ=0.25MPa
基层	水泥稳定碎石(__cm)　E=__MPa　σ_S=0.5MPa　μ=0.25MPa	土基	E=__(MPa)　μ=0.40MPa

(2)因素水平确定

考虑到基层设计参数的变化幅度较大，因素的水平数必须具有代表性。各种基层材料模量的变化范围为350～1 700MPa，确定基层模量为800～1 700MPa，土基回弹模量为30～90MPa。由于路面结构当中，基层和底基层的厚度均为一到两层，因此确定基层的厚度范围为25～45cm，综合以上考虑各因素和水平详见表2。

(3)评价指标选择

考虑用路表弯沉、底基层底面的拉应力、基层层底拉应力这三个因素来作为评价路面结构优劣的依据。

(4)计算模型

计算荷载采用我国规范规定的典型模型。荷载图式采用双圆荷载,其半径为10.65 cm,两荷载圆中心间距为31.95cm,荷载应力为0.7MPa。

因素水平表　　表2

水平因素	基层模量(MPa)	基层厚度(cm)	土基模量(MPa)
1	800	30	30
2	1 100	35	50
3	1 400	40	70
4	1 700	45	90

(5)计算结果

①为考察基层厚度对面层层底拉应力、基层层底拉应力、底基层层底拉应力的影响,只变化基层厚度,固定其他指标不变。计算结果见图1、图2。

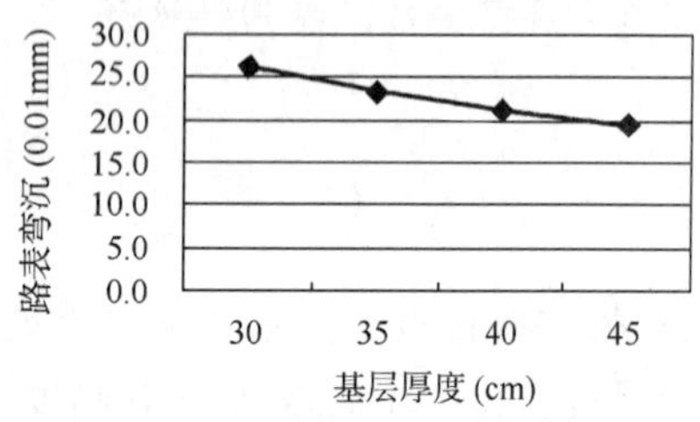

图1　基层厚度与路表弯沉关系

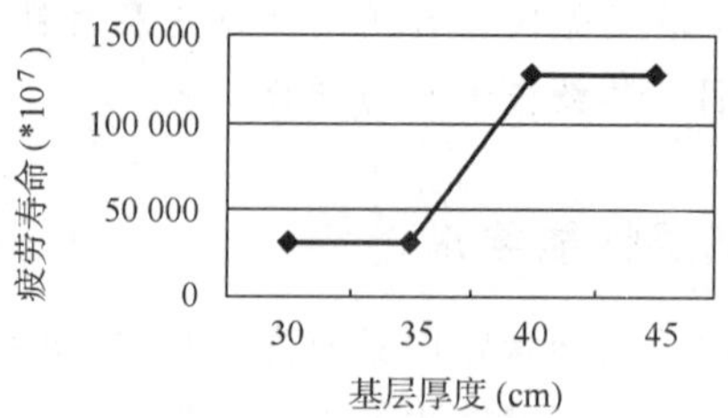

图2　基层厚度与基层疲劳寿命关系

随着基层厚度的提高,路表弯沉变化较为平稳,基层厚度变化10cm,路表弯沉降低了6.8(0.01mm),可见提高基层厚度对改善路表弯沉作用还是比较明显的。

通过计算,基层厚度的提高可使其应力比降至13.33%,寿命达到万亿次以上。

②为考察基层模量变化对路面结构的影响,只变化基层模量,固定其他参数不变,计算结果见图3、图4。

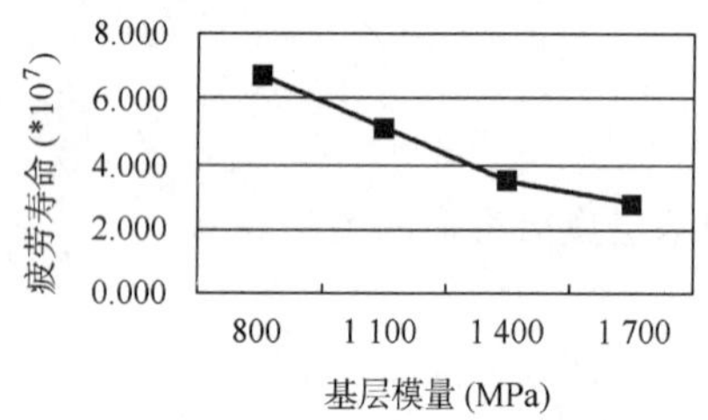

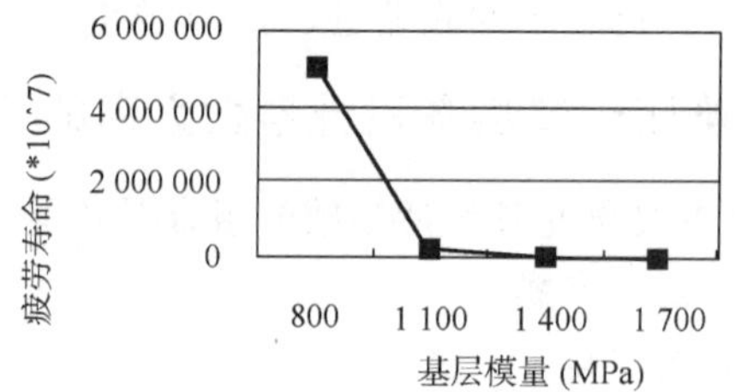

图3　基层模量与基层疲劳寿命关系

由图3可以看出,当基层模量在950～1 300MPa之间时,曲线存在一个拐点,大于此拐点基层疲劳寿命随着模量增大而迅速增加,超过此拐点,则对基层疲劳寿命提高的效果显著下降。

当基层厚度维持30cm不变,模量由800～1 700MPa时,基层疲劳寿命由5 066 577次下降至514次,降低了约10 000倍。疲劳寿命和路表弯沉对基层模量变化的敏感性更强。由图4可以看出,基层模量在1 100～1 400MPa之间,曲线存在一个拐点,超过此拐点,则提高路表弯沉的效果下降。而在此拐点之前,提高模量可使得路表弯沉得到明显改善。

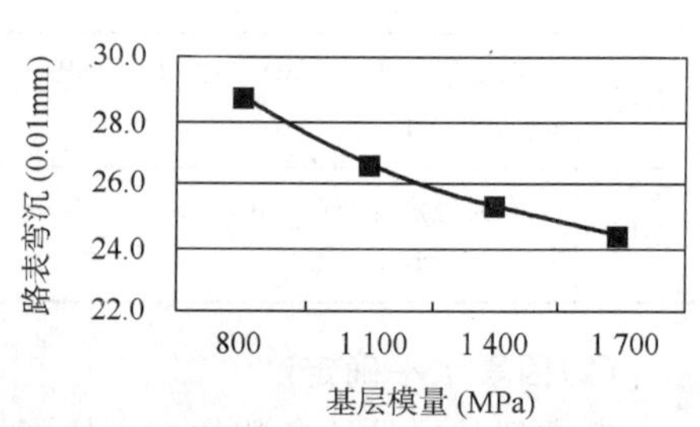

图4　基层模量与路表弯沉关系

③为考察土基模量变化对路面结构的影响,只变化土基模量,固定其他参数不变,计算结果见图5、图6。

随着土基模量的提高,基层疲劳寿命逐渐增大,当土基模量大于70 MPa后,基层疲劳寿命的增长速度明显加快。

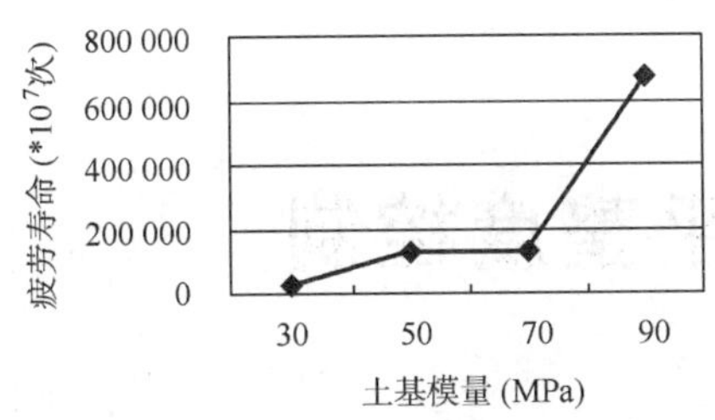

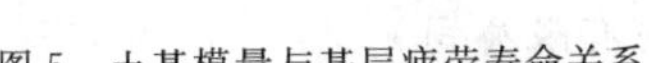

图5 土基模量与基层疲劳寿命关系

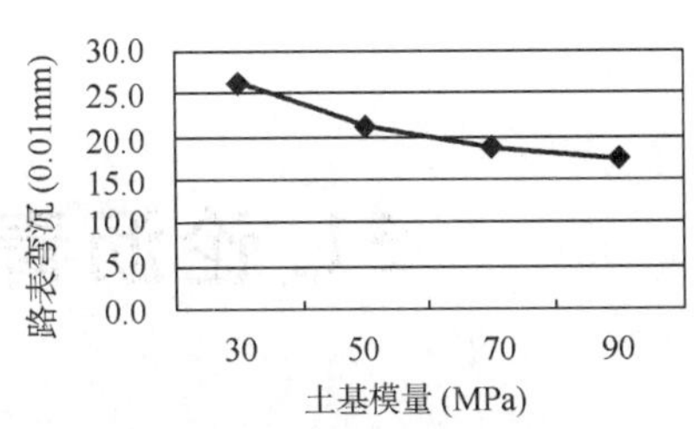

图6 土基模量与路表弯沉关系

随着土基模量的提高,路表弯沉逐渐减小,土基模量由30MPa提高至90MPa,弯沉降低了8.90(0.01mm),效果还是比较明显的。当土基模量大于90MPa后,路表弯沉的减小速度减缓,继续提高土基强度对改善弯沉的效果逐渐下降。

2.2 计算结果分析

根据计算结果,得出如下结论。

(1)对于基层疲劳寿命而言,当基层模量小于950~1 300MPa之间的某个点时,基层疲劳寿命随着模量增大而迅速增加;超过此特定点,则对基层疲劳寿命提高的效果显著下降。

(2)对于路表弯沉而言,当基层模量大于1 100~1 400MPa之间的某个点时,继续提高模量对提高路表弯沉的效果下降。而小于此特定点,提高模量可使得路表弯沉得到明显改善。

(3)基于以上分析,当基层模量在1 100~1 300MPa之间时,对改善基层疲劳寿命和路表弯沉效果的是显著的。

(4)对于基层疲劳寿命而言,随着土基模量的提高,基层疲劳寿命逐渐增大,当土基模量大于70MPa后,基层疲劳寿命的增长速度明显加快。

(5)对于路表弯沉而言,随着土基模量的提高,路表弯沉逐渐减小,土基模量由30MPa提高至90MPa,弯沉降低了8.90(0.01mm)。当土基模量大于90MPa后,路表弯沉的减小速度减缓,继续提高土基强度对改善弯沉的效果逐渐下降。

(6)基于以上分析,当土基模量大于90MPa时,对改善基层疲劳寿命和路表弯沉效果是显著的。

(7)基层厚度的提高对基层疲劳寿命、底基层层底拉应力和路表弯沉都是有益的,且随着基层厚度的增加,疲劳寿命呈几何级数增长。基层厚度应在经济许可的范围内取较大值。

3 小结

通过力学分析计算,得出结论如下:当基层模量在1 100~1 300MPa之间时,对改善基层疲劳寿命和路表弯沉效果的是显著的,推介基层模量为1 200MPa。

参考文献

[1] JTG D50—2006 公路沥青路面设计规范.
[2] 邓学均主编.路基路面工程.人民交通出版社,2000.
[3] 沙庆林主编.高等级公路半刚性基层沥青路面.人民交通出版社,1998.
[4] 陈魁.试验设计与分析.清华大学出版社,1996.

51. 论沥青路面平整度控制

胡向前
（广州诚信公路工程监理咨询有限公司）

摘 要 本文通过广州西二环高速公路沥青路面的施工，从路基、基层和路面的施工工艺到施工机械、施工机械的、纵横缝及构造物台背的处理等进行了阐述，提出影响沥青路面平整度的原因及控制方法。

关键词 沥青路面 平整度 控制

由于沥青路面具有表面平整、行车舒适、耐磨抗滑、低噪声、施工周期短、维修简便等特点，而被广泛应用。沥青路面的平整度是评定路面质量和使用性能的主要指标之一，公路等级越高，对路面平整度的要求也越高。路面平整度，不但直接关系到行车的安全、舒适，还会影响车辆的燃料消耗、轮胎磨损、运输时效及其他经济指标。而且路面不平整会导致车辆对路面冲击、振动，反过来加速路面的损坏，对沥青路面的使用寿命和维护都会产生显著影响。沥青路面平整度是一个综合指标，影响的因素很多，任何一个环节没有控制好，都会导致平整度指标降低。本文结合广州西二环高速公路沥青路面的施工，就沥青路面平整度控制进行了多方综合分析，并提出相应的解决方法。

1 路基不均匀沉降的影响

路基是道路的主体和路面的基础，它为路面提供一个平整层，并承受传递下来的荷载，应具有足够的强度和整体稳定性。有些公路通车时间不长，路面就出现大幅度的凹凸不平，平整度极差，究其原因，均为路基不均匀沉降引起所致。

特殊路基处理不当、填料不合格、压实不足、半填半挖处理不当及排水设施不完善等，都能造成路基不均匀沉降。这些不均匀沉降造成的影响是多方面的，影响路面平整度是其中最直观的表现。但不管有哪种影响，在路基施工过程中，须重视特殊路基的处理、严格控制路基填料的各项指标和每压实层的压实度、按要求处理好半挖半填路段和完善排水设施。

广州西二环高速公路，线路经过的地方多处为渔塘和软基。参建各方十分重视对这些特殊路段的处理，包括清淤换填、深层搅拌桩、袋装砂井、塑料排水板、CFG 桩、超载预压等软基处理方法都用在该工程上，一些特别路段更是复合型处理方法。通车至今，在经历一个雨季和旱季的近一年时间里，还未出现大的不均匀沉降的路段，路基现已基本趋于稳定。各方的重视有效地控制了不均匀沉降带给路面的影响。

2 基层施工质量的影响

基层是路面结构层次中的中间层，它的上面即是沥青面层。以往“基层高程宁低勿高”、“基层不平整面层调，下层不平整上层找”的老思想，对平整度要求很高的高速公路来说是根本行不通的。如规范允许基层顶面偏差＋5mm、－10mm，当用沥青混合料将 10mm 低洼处填平时，尽管表面是铺平了，但该处多出的 10mm 松铺厚度经压实后仍会出现低洼现象，其深度为 10－(10/1.2)＝1.7mm(1.2 为沥青混合料松铺系数)。误差愈大则不平整度愈大，由此可见基层顶面的平整度对沥青面层的平整度影响非常大。

2.1　集中厂拌混合料、摊铺机铺筑

水泥稳定碎石半刚性基层的施工，过去习惯采用平地机作业，它的缺点是高程、厚度难以控制，且反复找平表面容易离析，同时混合料浪费也多。

广州西二环高速公路业主按新规范标准，提出了水稳混合料集中厂拌、摊铺机铺筑的要求，之所以强调用摊铺机，主要原因是它能保证所铺水稳混合料均匀、表面平整，高程、纵横坡、厚度等指标能满足设计要求。实践证明摊铺机铺筑效果最佳，而平地机施工出现水稳混合料摊铺不均匀，表面离析严重且呈波浪状等现象。

对设计厚度超过 30cm 者可分二层铺筑，摊铺宽度控制在 6～8m 时平整度效果较好。广州西二环高速公路基层设计厚度为 36cm，施工过程中分两层进行摊铺施工，每层厚度为 18cm，两台摊铺机呈梯队作业。分层施工不仅保证了基层的压实质量，更是很好地控制了平整度。

2.2　控制混合料的最大粒径及含水量

为提高基层平整度及方便摊铺机铺筑，基层混合料集料最大粒径宜适当减小。因为集料粒径越大，混合料越易产生离析，且对搅拌、摊铺设备的磨损也大。因此，适当减小集料最大粒径，有利于摊铺机作业和基层顶面平整度的提高。

另外，混合料施工含水量的控制亦十分重要，含水量过小影响结构的板体形成，含水量过大碾压成型困难，且易形成路面大波浪，致使基层平整度降低，甚至导致结构层收缩开裂。

实践表明，提高沥青路面平整度必须从基层抓起，而提高基层施工质量的关键在于采用精良的施工机械，如好的稳定粒料厂拌设备与性能优良的摊铺机。

3　沥青路面施工机械作业的影响

3.1　摊铺机

(1)基准钢丝和基准梁

在广州西二环沥青路面施工过程中，采用下面层走“基准钢丝”，中、上面层走“基准梁”的基准控制方法，对平整度控制收到了很好的效果。

下面层施工前，先设好各桩(直线段桩距 10m，匝道等小半径曲线段 5m)，然后对基准钢丝进行张拉(ϕ2～3 钢丝绳)，根据测量的挂线高确定各桩位钢丝的高度。应精心测量、认真调整，并检查钢丝拉紧力不得小于 1 000N。否则，由于张力不够钢丝下挠，通过架设在钢丝上的仪表反映到摊铺路段上，造成路面波浪状起伏，影响平整度。

在沥青中面层施工中承包人采用了移动式基准梁，该装置消除了下面层表面的部分不平整，摊铺出来的中面层表面平整度均方差约为 0.84。上面层施工中，同样采用了移动式基准梁，又消除下承层局部的不平整，将原有路面纵坡(通过前基准梁获得)和新铺层(通过后基准梁获得)的平均高程结合在一起，由于采用了“基准钢丝”及“基准梁”，摊铺精度明显提高，从而提高了路面平整度。

(2)摊铺机仪表性能及微调器的正确使用

摊铺机作业过程中，路面高程、横坡等指标均是靠仪表来实现的。摊铺机自带的全自动调平装置，能够根据自动找平仪的指令达到设计高程，这样铺筑的路面平整度好。如果仪表反映迟缓，加上微调器使用不当升降太快均会反映到新铺路面上，影响平整度。

(3)摊铺机熨平板加热及调整

在广州西二环高速公路沥青路面施工过程中，沥青摊铺使用的是德国产 ABG422 型、ABG423 型摊铺机。这两种摊铺机的熨平板加热装置属于液化气加热。摊铺前，如果熨平板加热温度不够或加热不均匀，摊铺时会造成温度较高的混合料与温度较低的熨平板黏结，使得摊铺层面出现拉毛、小坑洞、深槽等不规则的凹凸不平。因此，必须对摊铺机熨平板进行加热，温度不得小于 100℃。

另外，摊铺前认真仔细检查熨平板的平直度，若有正拱或反拱现象，则必须调整撑拉熨平板的拉杆长度，使熨平板下表面同属一坡度，以确保路面横向平整度。

(4)摊铺作业速度的影响

沥青路面施工技术规范要求:"摊铺过程中不得随意变换速度或中途停顿"。在施工过程中我们感到这是提高路面平整度的一个关键环节。

摊铺速度过快,易造成摊铺层表面的粗颗粒在熨平板下沿摊铺方向滑动,使表面粗颗粒后方出现小坑小空洞,从而影响面层平整度和预压密实度;但亦不能太慢,否则会影响生产效率。摊铺速度经实践比较后认为:上面层应控制在2～3.5m/min,中、下面层应控制在2～4m/min为好。

摊铺过程中一般不宜随便改变速度,因为速度变化必然导致摊铺层面预压密实度起变化,从而最终压实度有差异,影响路面平整度。

(5)摊铺机振捣器、夯锤对路面平整度的影响

振捣器、夯锤的频率与摊铺速度、混合料级配、温度和厚度等有很大的关系,应按使用说明书规定认真选定合适的频率。如果摊铺较薄的上面层,振捣器、夯锤频率过大会造成熨平板共振,使摊铺机找平装置处于不稳定状态而影响平整度。同时,应经常检查振捣器、夯锤皮带,皮带过于松弛会使振捣频率、夯实次数快慢不一,形成路面"搓板"。

(6)校正行驶方向引起路面不平整

摊铺机行驶方向发生偏斜时,必须及时校正。此时,摊铺机履带一边前进,另一边缓慢前进,快的一边熨平板前方会有一个向前抬高的小台阶,慢的一边熨平板后端会有一个向后推挤的小台阶,影响路面平整度,应在碾压时采取措施予以消除。此类校正行驶方向出现的小台阶,在曲线半径较小(如匝道)的路段容易产生。

3.2 压路机

沥青路面平整度好坏的关键在摊铺机,但也与压路机的碾压有着不可分割的关系。合理的碾压工艺与正确的碾压操作是保证路面平整度的重要手段。

(1)碾压方式及碾压速度的控制

压路机工作时须遵循八字原则:"紧跟慢压,高频低幅"。碾压沥青混合料应采用组合碾压的方式,初压时首先采用较小吨位双钢轮压路机,碾压2遍,速度为1.5～2km/h;复压紧接在初压后进行,应采用重型轮胎压路机,碾压4～5遍,速度为3.5～4.5km/h;终压采用双钢轮压路机,碾压2遍,速度为2.5～3.5km/h。

碾压前,应注意检查各个轮胎的新旧程度和轮胎气压,须做到新旧一致、压力相等。否则轮胎软硬不一,在碾压过程中形成轮迹,使沥青面层横向平整度超标。钢轮压路机应装雾状喷水装置以防混合料粘轮,轮胎压路机应有专人负责用1∶3的油水混合液喷洒轮胎表面,防止碾压时将沥青混合料粘起形成路面不平整。

碾压时驱动轮在前,从动轮在后,可以避免热料被挤压隆起,后退时沿前进碾压的轮迹行驶。由外侧向内侧,由低处向高处碾压,先静压后振动碾压。碾压过程中起步,换向、倒退等方法不当都会引起路面出现推移、拥包、凹坑、轮迹。因此,碾压过程中尽量不要打方向、制动,碾压必须梯形重叠,防止超压或漏压,在用振动压路机复压或终压时,倒车应先停止振动,向前压时,先起步再开振动,以避免拥包或出现凹槽,压路机不得在未碾压成型并冷却的路面上转向、调头或停车等候。振动压路机在已成型的路面上行驶时应关闭振动。当天碾压成型但尚未冷却的沥青混凝土路面上不应停放任何施工或其他设备及材料,以防产生变形。

(2)碾压温度的控制

沥青混合料的温度控制是沥青路面施工过程中的关键,现场应有专人负责对来料车、摊铺后、碾压前、碾压中及碾压终了的温度进行测试。碾压应在混合料较高温度下进行最为有利,一般初压不低于120℃,复压不低于90℃,终压完成时不低于70℃。温度越高越容易提高路面的平整度与压实度,温度偏低导致沥青混合料颗粒间摩擦阻力加大,使沥青面层压实度不均匀,且容易形成局部松散和发裂,影响路面平整度。

4 施工机械的配合

4.1 沥青拌和站的生产能力应与摊铺能力相匹配

实践证明,当沥青拌和站的生产能力与摊铺机的摊铺能力相匹配时,摊铺机能连续、均匀、不间断作业,此时路面平整度就好。但在低温季节施工,如供料不及时,摊铺机待料时间过长,虽然ABG型摊铺机装有防爬锁,但因混合料温度下降会引起局部不平整,而且自动找平系统在每次启动后,需行驶3～8m后才能恢复正常。在开放交通后,当车辆行使过停机位置时,明显能感觉到该处有小波浪。因此摊铺机必须匀速前进,切忌经常停机。只有加强拌和站管理,保证连续供料,运用中途不停机加油,操作手轮换休息等办法,做到每天早晨开机,晚上收工关机,中途力争不停机,以确保路面摊铺作业连续不间断。

4.2 运料车辆与摊铺机的配合

摊铺作业时,常因运料车辆操作不熟练而与摊铺机配合不协调,使混合料洒落在摊铺机行走履带前,如不及时清除会使摊铺机左右晃动,造成自动调平系统工作仰角发生变化,影响路面平整度。因此,必须专人负责指挥倒车,严禁运料车撞击摊铺机。

5 施工缝的处理

沥青路面施工缝处理的好坏对平整度有一定的影响,往往连续摊铺路段平整度较好,而接缝处的一个点数据较差。因此,接缝水平是制约平整度的重要因素之一。处理好接缝的关键是要舍得切除接头,用3m直尺检查端部平整度,以摊铺层面直尺脱离点为界限,以切割机切缝挖除。新铺接缝处采用斜向碾压法,适当结合人工找平,可消除接缝处的不平整,使前后两路段平顺衔接。

6 桥头处理

平整度好的路面,必须与减少和消除桥头跳车相结合,才能解决好高速公路的行车舒适问题。广州西二环高速公路高度重视桥头跳车问题,如采用工程性质良好的材料填筑桥头路堤,再采取强夯机对台背位置进行强夯,用手扶震动压路机处理边角以减少桥头路堤日后的沉降,收到了很好的效果。

7 路面结构类型与平整度的关系

施工中发现,采用相同的摊铺机和相同的碾压工艺,摊铺不同类型的路面结构层,其各自的平整度不同。相同的厚度,半开级配料由于其混合料松铺系数较密级配大,所以平整度不如密级配。在同一级配条件下,厚度小的结构层比厚度大的平整度好。

参考文献

[1] 道路工程师手册.北京:人民交通出版社, 2003.
[2] 沥青路面机械化施工与质量控制.北京:人民交通出版社,2004.

52. 公路绿化对交通安全的作用及其设计

李　山
（广州市公路勘察设计院）

摘　要　本文分析了人是影响交通安全的基本因素，阐述了公路绿化对驾驶员的心理、生理调节作用，从而达到提高交通安全的目的，同时分析了如何进行公路绿化以达到交通安全的目的。

关键词　公路　绿化　交通安全　驾驶员

高速公路的绿化范围是指高速公路非行车道路的一切用地，除必要的建筑以外，都是绿化范围。高速公路的绿化与美化具有保障道路和行车安全，舒适旅程，美化景观，防止水土流失，降低噪音和粉尘污染等作用，本文从保障道路和行车安全的功能角度来论述绿化对交通安全的作用及其如何设计高速公路的绿化。

1　交通事故产生的人为原因

大量的事故统计资料表明，人的失误，特别是车辆驾驶员的失误是导致交通事故的最主要原因。中国各地的事故资料表明，驾驶员责任事故约占60％～80％。为此，研究人的因素，研究与交通有关人的心理和生理特点，分析人产生失误的原因，寻找解决办法，达到预防交通事故发生的目的有重大的现实意义。

1.1　人的视觉特性

视觉是人体最重要的感觉。驾驶员在行车中，约有80％～90％的外部信息是依靠视觉获得的。人的视觉的以下特性与交通安全密切相关。

(1)视力

人体在行车途中，视力要比静止状态下降约0.1～0.3。驾驶员在速度逐步增加的情况下，头部转动的可能性变小，注意力被吸引在车道上，视线集中在较小的范围内，注视点也逐渐固定起来，形成所谓的隧道视，且车速越高，驾驶员清除辨认前方的距离越小。

(2)视力与光线强弱的关系

人眼的视力受光线明暗的影响很大。在通常的光线条件下，人眼基本上与照度成直线关系。

(3)人眼的明暗适应性

当光线明暗突然发生变化时，人眼会出现短时间的视觉适应过程。当光线由明转暗时的适应过程称“暗适应性”，反之称“明适应性”。“明适应性”过程较快，对交通安全影响较小。“暗适应性”过程较慢，一般在10分钟后恢复65％，所以“暗适应性”对交通安全影响较大。当白天行车时，突然驶入光线暗的公路隧道后，驾驶员便会因眼睛的“暗适应性”过程而感到视觉障碍，容易造成交通事故。

(4)眩目

当外界有强烈光线直射入眼时，会引起暂时性视觉障碍，称为眩目现象。特别是夜间会车时，对方车辆前照灯光使驾驶员眩目时，极易引起事故。

1.2　人的反应时间

反应时间是是从人受到某种刺激做出相应的反应动作所经过的时间。人的反应时间与交通事故有密切关系。根据刺激数目的不同，可将人的反应时间分为单纯反应时间和选择反应时间。

(1)单纯反应时间

人对单一刺激信号做出单一反应动作所需要的反应时间称为“单纯反应时间”。一般人的单纯反应时间为0.2s左右,是人体的一种固有属性。

(2)选择反应时间

对随机出现的若干种不同的刺激信号分别做出不同的反应动作时,所需要的反应时间为选择反应时间。由于在选择反应时有认识和判断过程,所以选择反应时间大于单纯反应时间,并且会出现“误反应”的情况。在汽车实际行驶过程中,有许多外界情况需要驾驶员做出判断和相应的反应动作,因此,驾驶员的选择反应时间对于交通事故更有意义。

1.3 驾驶员的疲劳

汽车驾驶员在行车过程中,必须不断地观察交通情况变化,迅速地做出判断,及时采取相应的操纵动作。因为驾驶员的感觉器官及神经系统一直处于高度紧张状态,经过一段时间后,脑氧气缺少,中枢神经发生疲劳,感觉迟钝,肌肉收缩调节机能也会衰退。由此导致驾驶员意识水平下降,动作协调性下降,最终会导致行车中打瞌睡,此时继续驾驶容易造成重大交通事故。

2 公路绿化对交通安全起的积极效果

2.1 丰富路景,消除疲劳

绿色植物能增强公路的建筑艺术效果丰富公路景观,使驾驶员处在一个优美舒适的环境中,从而会使他们心情舒畅、陶冶情操,增添生活的乐趣。这样不仅消除了旅途疲劳,而且人体各个系统器官,特别是中枢神经系统、血液循环系统和内分泌系统的功能活动,全部处于稳定平衡的状态之中,减少疾病的发生,保证安全驾驶。

2.2 诱导交通,有利安全

人的视野有水平的宽度和空间的深度,汽车行驶时人的视野是按照道路前方情况而变化的,画面的形状、内容、宽度及深度经常在不断地变化,形成“车行景异”的动态景观。公路的绿化,是视野所及的重要参照物,成片的、成丛的、成行的树木花草,可成为人的视觉器官的屏障,给人以舒适、安全的享受,起到诱导交通的作用。

2.3 标志作用

有些连接省、市、县的干线公路以树种或种植方式的变化表达所辖界限的更换,作为醒目的标志,给人以自然的情趣,或在高速公路出入口处栽植标志植物以提醒驾驶员。

2.4 安全示警作用

行道树树干在1.1m以下涂白,除了整洁、美观、防治病虫害以外,对夜间行车安全有示警的作用,或在平交道口栽植示警树。

2.5 防眩作用

中央隔离带种植绿篱,快、慢车道分隔带种植树木在夜间可以遮断来自对面或辅路上汽车灯的光线,避免驾驶员的眩目现象。

2.6 缓解明暗变化

在隧道出入处栽植高大乔木,使侧方光线形成明暗参差的阴影可以缓解驾驶员因眼睛的“暗适应性”过程而感到的视觉障碍,减少交通事故。

3 高速公路绿化设计

高速公路从驾驶员的角度防止交通事故发生的绿化设计主要是指绿化形式要适应行驶心理和生理的特定。

3.1 视线引导栽植

这是一种用于汽车行驶过程中，预告道路线形变化，引导驾驶员视线的栽植。道路的线形，就是道路中心线形状，它适应地形的变化，把直线和曲线立体地组合起来，以使驾驶者看到拐弯的地方、隆起的地方或洼陷的地方。如在凸形竖曲线的部位，安排孤植、丛植树木，起到预示路线变化的作用。在线形成为谷形的地方，植树最好避开谷形底部，在谷形区间排列种植树木，使视野变窄，更加突出谷形，起到视线诱导作用。

3.2 防眩栽植

夜间强烈的眩光会引起视觉不舒服和视觉功能下降，从而导致交通事故。中央分隔带防眩栽植的主要目的是为了夜间防眩遮光，隔断来自对面车的眩光。中央分隔带绿篱栽植既有防眩作用又有在有雾和降雪天气引导驾驶员视线。经研究表明，中央分隔带防眩树高度应在 1.3～1.8m，分枝高度应在 50cm 以内。

3.3 明暗过渡栽植

明暗过渡栽植是缓解明暗变化给驾驶员带来不适的栽植。当我们骤然间从黑暗的地方走到光亮的地方以后，会觉得眼睛在一瞬间看不见东西，这就是人眼睛的“明适应性”。为了防止这种现象的发生，最好逐渐变换亮度，给眼睛一个逐渐适应的时间，明暗过渡栽植就是这个道理。栽植的方法有两种：一种是在隧道口外栽植树木，使亮度逐渐变化；一种是分阶段变更明暗缩短适应时间。

3.4 封闭栽植

高速公路是专供汽车分道、高速行驶、并全部控制出入的干线公路，为了禁止人及动物穿越公路，严禁其他车辆进入，必须设置封闭设施。目前，中国高速公路的封闭设施多采用水泥桩刺铁丝构件，虽然刺铁丝封闭施工简便，建成后能立即形成禁入功能，但刺铁丝容易生锈，5～6 年就需更换。针对这种情况，采用封闭栽植不仅具有良好的阻隔能力，而且对保护道路生态环境有较大作用。绿化材料应选择分枝密、易整形、耐修剪、枝上刺密度大、坚硬锐利、根系发达、耐贫瘠的种类。广西高速公路选择以马甲子为基本骨架，火把果、小果蔷薇、云实等常绿、有花、净化功能好的搭配树种相结合的绿化封闭栽植模式，取得了较好的效果。

3.5 标志栽植

标志栽植是为高速公路通行者明确指示的栽植。通过这种栽植，可知道行驶的位置、公路进出口的位置等。日本的高速公路在进出口的前方和后方一定区间的中央分隔带上种植花木，这是标志式栽植的新方法。陕西省机场二级汽车专用公路在港湾式停车带外侧栽植栾树和石楠也是一种很好的标志栽植。

3.6 改善景观栽植

高速公路是建筑构造物，它本身需要绿色植物的平衡和调节。绿色植物能增强高速公路的建筑艺术效果，丰富公路景观，使驾驶员行驶在优美、舒适的环境之中。这样不仅消除了旅途疲劳，而且人体各个系统器官容易处于稳定平衡的状态中，减少疾病的发生，保证行车安全。八达岭高速公路全线绿化以八达岭旅游金秋银春的特点，以侧柏、元宝枫为基调树种，在花色选择上，春天以粉红色的榆叶梅、碧桃和黄色的连翘为主，秋天以元宝枫为主，营造出春夏繁花似锦、秋季红叶浓烈的特色景观，将高速公路置身于自然的优美环境中。

3.7 强调栽植

强调栽植是为了改变单调的公路景观进行的栽植。如直线路段的方向性明确有力，在设计和进行植树绿化时，基本上是在公路两旁对称地按一定间距种植同种类的路树，这样有续的排列，会表现出整齐的美感。但是如果路段太长，它的效果就会单调乏味，单调会使驾驶者反映迟钝，从而削弱对安全行驶十分重要的警觉性，这是交通安全的大敌。这种情况下加上一个标记，或加上一个有意的强调，就会立刻引起一种满足和安定的愉快情绪。国外许多公路修建都考虑到这一心理因素，每隔一段路程（一般直线公路不超过2 400m）就在道路环境上有所变化，通过树种，树形或高低的变化进行强调性栽植，目的就是刺激驾驶员的视觉，提高他们在紧急情况下的反应速度。或者改变成行栽植的形式，成片、成块的栽植，可消除景观单调带来的瞌睡和疲劳。

参考文献

[1] JGB赫金斯.交通运输与环境.北京：科学出版社，1983.
[2] 赵宏生.怎样绿化公路.北京：人民交通出版社，1989.

53. 钢纤维在混凝土路面工程中的应用

杨立权
（广州市公路勘察设计院）

摘　要　本文通过实际工程，介绍了钢纤维混凝土材料在混凝土路面工程中的应用，证实钢纤维混凝土作为一种性能优良的新型复合材料与普通混凝土相比，它不仅可改善路面的使用性能，延长路面使用寿命，而且还可节省工程造价，缩短施工工期。

关键词　钢纤维混凝土　普通混凝土　应用

随着国民经济建设和公路交通事业的飞速发展，城市道路和国道干线公路上的车辆荷载及密度越来越大，行驶速度越来越快，致使路面的损坏也日趋严重起来。特别是对损坏的水泥混凝土路面而言，它不仅翻修投资大，且施工周期较长，严重影响交通畅通及行车安全。如用普通水泥混凝土修复路面虽有强度高、板块性好、有一定的抗磨性及承受气象作用的耐久性好等特点，但它的最大缺陷是脆性大、易开裂、抗温性差，路面板块容易受弯折而产生断裂，所以就要求路面面板应有足够的抗弯、抗拉强度和厚度。用钢纤维混凝土修筑路面，就是将钢纤维均匀地分散于基体混凝土中（与混凝土一起搅拌），并通过分散的钢纤维，减小因荷载在基体混凝土引起的细裂缝端部的应力集中，从而控制混凝土裂缝的扩展，提高整个复合材料的抗裂性。同时由于混凝土与钢纤维接触界面之间有很大的界面黏结力，因而可将外力传到抗拉强度大、延伸率高的纤维上面，使钢纤维混凝土作为一个均匀的整体抵抗外力的作用，显著提高了混凝土原有的抗拉、抗弯强度和断裂延伸率。特别是提高了混凝土的韧性和抗冲击性。

1　基本要求

1.1　钢纤维混凝土材料

钢纤维混凝土就是在一般普通混凝土中掺配一定数量的短而细的钢纤维所组成的一种新型高强复合材料。由于钢纤维阻滞基体混凝土裂缝的产生，不但具有普通混凝土的优良性能，而且具有良好的抗折、抗冲击、抗疲劳以及收缩率小、韧性好、耐磨耗能力强等特性。可使路面厚度减薄50％以上，缩缝间距可增至15～30m，不用设胀缝纵缝。钢纤维混凝土用钢纤维类型有圆直型、熔抽型和剪切型钢纤维。其长度分为各种不同规格，最佳长径比为40～70，截面直径在0.4～0.7mm范围内，抗拉强度不低于380MPa。在施工时钢纤维在混凝土中的掺入量为1.0％～2.0％（体积比），但最大掺量不宜超过2.0％。水泥采用425～525号普通硅酸盐水泥，以保证混合料具有较高的强度和耐磨性能。钢纤维混凝土用的粗骨料最大粒径为钢纤维长度的2/3，不宜大于20mm。细集料采用中粗砂，平均粒径0.35～0.45mm，松散密度1.37g/cm^3。砂率采用45％～50％。

1.2　钢纤维混凝土配合比

钢纤维混凝土混合料配合比的要求首先应使路面厚度减薄，其次是保证钢纤维混凝土有较高的抗弯强度，以满足结构设计对强度等级的要求即抗压强度与抗折强度，以及施工的和易性。钢纤维混凝土配合比设计基本按以下步骤进行。

（1）根据强度设计值以及施工配制强度提高系数，确定试配抗压强度与抗折强度；钢纤维混凝土抗折强度设计值的确定：

$$f' = f(1 + a \cdot P_f L_f / d_f)$$

式中 f'——钢纤维混凝土抗折强度设计值；

f——与钢纤维混凝土具有相同的配合材料、水灰比和相近稠度的素混凝土的抗折强度设计值；

a——钢纤维对抗折强度的影响系数(试验确定)；

P_f——钢纤维体积率，%；

L_f/d_f——钢纤维长径比。

(2)根据试配抗压强度计算水灰比。

(3)根据试配抗压强度,确定钢纤维体积率,一般浇筑成型的结构范围在0.5%～2.0%之间。

(4)按照施工要求的稠度确定单位体积用水量。

(5)计算混合材料用量,确定试配配合比。

(6)按照试配配合比进行拌和物性能试验,调整单位体积用水量和砂率,确定强度试验用基准配合比。

1.3 钢纤维混凝土拌和

为防止钢纤维混凝土在搅拌时纤维结团,在施工时每拌一次的搅拌量不宜大于搅拌机额定搅拌量的80%。采用滚动式搅拌机拌和,在搅拌混凝土过程中必须保证钢纤维均匀分布。为保证混凝土混合料的搅拌质量,采用先干后湿的拌和工艺。投料顺序及搅拌时间为:粗集料→钢纤维(干拌1min)→细集料→水泥(干拌1min),其中钢纤维在拌和时分三次加入拌和机中,边拌边加入钢纤维,再倒入黄砂、水泥,待全部料投入后重拌2～3min,最后加足水湿拌1min。总搅拌时间不超过6min,超搅拌会引起湿纤维结团。按此程序拌出的混合料均匀。尚若在拌和中,先加水泥和粗、细集料,后加钢纤维则容易结成团。而且纤维团越滚越紧,难以分开,一旦发现有纤维结团,就必须剔除掉,以防止因此而影响混凝土的质量。

1.4 钢纤维混凝土浇捣

钢纤维混凝土浇捣与普通混凝土一样,浇筑和振捣是施工中的重要环节,直接影响钢纤维混凝土的整体性和致密性。不同之处就是其流动性较差,在边角处容易产生蜂窝,因此,边角部分可先用捣棒捣实。板角采用插入式振动器振捣,然后用夯梁板来回整平。在混凝土面层抹平过程中,因钢纤维直径较粗而易冒出路面,影响到行车安全,故在施工时需注意清除。

2 工程实例

广州北二环高速公路某隧道路面长124m,宽2×3.75m,修补前路面板呈破碎、断裂状,原为一般普通混凝土浇筑,部分板底基层下沉。现用钢纤维混凝土修补路面,旧混凝土路面全部凿除,拟采用25cm厚、C35钢纤维混凝土浇筑路面。

2.1 施工材料

(1)原材料

水泥:425号普通硅酸盐水泥;细集料:用中粗砂,平均粒径0.35～0.48mm,含泥量<2%;粗集料:碎石5～20mm,含泥量<1%,质地坚硬;钢纤维:选用长度30mm、当量直径0.60mm、由浙江某厂生产的低碳结构钢剪切扭曲型,型号DN30,其强度380MPa以上。该产品性能稳定,使用效果良好。

(2)配合比

钢纤维混凝土配合比设计按照抗折强度和抗压强度双控标准要求及施工的工作度采用以抗折强度为主要指标进行设计。设计抗折强度6.5MPa、抗压强度35MPa。经试验室进行几种配比方案确定:水泥∶黄砂∶碎石∶钢纤维∶水=1∶2.16∶2.34∶0.02∶0.48。

2.2 施工工艺

(1)基层处理及路面浇筑

在钢纤维混凝土浇筑前,将原基层松动部分全部清除。被清除后的基坑一律用C15贫混凝土进行处理。待混凝土半干状态时即可浇筑路面。

(2)钢纤维混凝土搅拌

钢纤维混凝土搅拌采用滚筒式搅拌机。为使钢纤维在混凝土中分散均匀,采用二次投料三次搅拌法,即先将石子和钢纤维干拌1min,加入砂子、水泥再干拌1min,最后注水湿拌1.5min左右,总搅拌时间控制在6min内,搅拌时间过长会形成湿纤维团。且每次的搅拌量宜在搅拌机公称容量的1/3以下。

(3)运输与浇筑

钢纤维混凝土采用人工摊铺,用人工将其大致摊铺整平,摊铺后用平板振动器振捣,振捣的持续时间以混凝土停止下沉,不再冒气泡并泛出水泥浆为准,且不宜过振。振捣时辅以人工找平,混凝土整平采用振动梁振捣拖平,再用钢滚筒依次滚压进一步整平,整平的表面不得裸露钢纤维。在做面时需分两次进行,即先找平抹平,待混凝土表面无泌水时,再做第二次抹平,抹平后沿模板方向拉毛,拉毛深度1～2mm。拉毛时避免带出钢纤维,如采用滚式压纹器进行处理则效果更佳。

(4)养护与切缝

钢纤维混凝土设有多种切缝。胀缝与路中心线垂直,缝壁必须垂直,缝隙宽度必须一致,缝中不得有连浆现象,缝隙内应及时浇灌填缝料,当混凝土达到强度25%～30%时,采用切缝机进行缩缝切割,切缝深度3cm。施工缝位置宜与胀缝或缩缝设计位置吻合,施工缝与路中心线垂直,不设置传力杆。对胀缝、缩缝均采用10号石油沥青,灌式填缝。混凝土做面完毕后,及时采用湿法养护,终凝后及时覆盖草袋,并每天均匀浇水,保持潮湿状态,养护10～15d。与此同时做好封闭交通,待强度测试达到规定要求后即可开放交通。

2.3 施工质量控制

钢纤维混凝土的质量除对原材料、配合比以及施工过程的主要环节进行控制外,还重点对钢纤维混凝土的搅拌、钢纤维的投入以及混凝土振捣的控制,同时按规定对每天所浇筑混凝土的28d抗折、断块抗压强度进行检验,均达到了设计要求,使平整度、坍落度、主要技术指标得到有效控制。

3 经济与社会效益

从经济和社会效益分析,钢纤维混凝土路面与普通水泥混凝土路面相比,其特点:

①面层厚度可减薄至1/2以上,使施工工期缩短,因此节约原材料及减少工程量后所带来的一切费用;

②路面使用寿命延长因此而节省的费用;

③减少缩缝带来的材料、人工等所节省的费用;节省养护、减少时间延误及维修费用;除此以外,还有路面质量好,接缝少,延长车辆使用寿命等费用。

综合分析,对于旧混凝土路面,若采用钢纤维混凝土进行罩面修复,则一次性投资的费用比挖掉重建混凝土路面要节省许多。同样,从一次性投资、使用年限、维修费用、资金的时间价值来全面评价钢纤维混凝土路面工程的经济效益,与新铺沥青混凝土路面评价综合效益,钢纤维混凝土路面虽一次性投资较前者高,但从其维修费用、使用年限的不同考虑,以及和资金的时间效益,用年成本法计算其等值年金,结果表明钢纤维混凝土路面每年支出的费用比沥青混凝土路面要低35%。采用钢纤维混凝土修补法,不但可使钢纤维混凝土的质量及其增强效果得到保证,而且还可提前开放交通,具有显著的经济效益和社会效益。

4 结束语

钢纤维混凝土自发展以来,已在公路路面、桥面、机场跑道等工程中得到广泛应用,同时也取得了一定的经济效益和社会效益。它除了具有良好的抗弯强度外,而且还具有优异的抗冲击、抗开裂性能。在对钢纤维混凝土进行的冲击荷载等试验研究中表明:掺以体积率为1%～2%的钢纤维增强混凝土与基体比较,其抗冲击强度可提高10～20倍,弯曲韧性可提高20倍左右,抗弯强度可提高1～6倍,抗拉强度可提高2倍左右,疲劳强度提高50%,抗裂强度可提高2倍,抗压强度可提高10%～30%。由此可见,钢纤维混凝土的抗裂性与抗冲击是非常优异的。此外,用钢纤维混凝土修筑旧混凝土路面还能达到早期强度高,提前通车的目的。

参考文献

[1] 卢亦焱. 钢纤维混凝土材料及其在路面工程中的应用. 公路,1999.4.

[2] 中国工程建设标准化协会标准. 钢纤维混凝土结构设计与施工规程. 北京:中国建筑工业出版社,1992.6.

[3] 中国工程建设标准化协会标准. 钢纤维混凝土试验方法. 北京:中国建筑工业出版社,1989.12.

[4] 蒙云. 钢纤维混凝土新型路面设计与施工. 重庆:重庆大学出版社,1995.7.

[5] 李启棣,吴淑华. 钢纤维混凝土的特性及其应用. 铁道建筑,1989.1.

54. 公路线形与景观环境协调设计分析

徐俊德
（广州市公路勘察设计有限公司）

摘　要　该文从公路线形与景观环境协调的角度探讨了公路景观的设计内容和设计方法，主要从公路线形自身的协调及线形与景观环境的协调两个方面进行阐述，重点分析了线形与景观环境的协调问题。

关键词　公路线形　景观环境　协调

公路景观设计开始于20世纪30～40年代的德国，其代表人物为汉斯·洛伦茨。随后日本、法国、瑞士、美国等国家在这方面进行了大量的理论研究与工程实践，并取得了较大的成就。1965年，美国国会通过了《道路美化条例》。1980年，联邦德国制订的道路设计规范增加了《道路景观设计规范》。我国由于高速公路建设起步较晚，在高速公路景观的规划、设计和评价等方面起步较晚，尚无成熟的理论体系和技术手段。

随着社会的进步、文明程度的提高和环境意识的加强，人们对公路使用功能的观念也发生了变化，不再只是从工程技术的角度看待交通设施，不仅要求高等级公路便捷安全，还要求提供舒适的乘坐条件和优美的道路景观。公路景观设计越来越受到重视。我国交通部于1983年制定颁发了《公路标准化美化标准》，要求道路畅通、整洁、绿化、美化，公路景物交叉协调，构成流畅、安全、舒适、优美的道路环境。随着高速公路和高等级公路建设的发展，又提出了要创建公路绿化精品工程，设计、施工要高标准、高质量，注重植物的多样性和优化配置，加强公路景观的建设。

1　公路线形与景观设计的基本理念

高等级公路景观规划设计就是关于高等级公路环境协调（或环境美学）的问题，它不同于一般城市道路的景观设计。高等级公路景观的特点是强调公路不破坏自然，点缀自然，使公路成为自然环境整体的一部分，并与自然融为一体。

高等级公路景观要求的特征大致可归纳为：

(1)路线要有优美的三维空间外观，要求线形流畅，具有韵律，并且具有连续性。

(2)路线要和地形融为一体。

(3)充分利用风景资源，视野要多样性。

(4)充分利用现有环境，减少施工对环境的破坏，施工痕迹要注意修饰，并适当恢复其自然外观。

公路景观关系如图1所示：

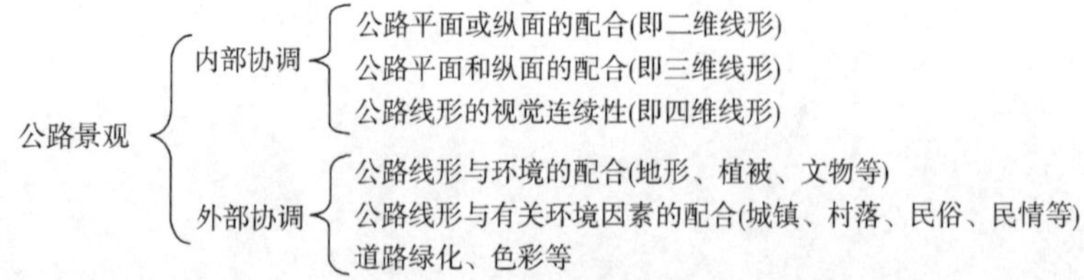

图1　公路景观关系

由上述关系，可以看出公路线形与景观环境设计分为两个方面：线形自身的协调和线形与外部环境的协调。线形自身的协调主要是指公路路线本身具有良好的平面、纵面设计和平、纵线形组合设计，使其具有视觉的连续性和立体的协调性;线形与外部环境的协调是指公路同沿线环境、景观的协调与配合,少破坏自然景观,并提供视野的多样性,使公路与周围环境自然地融为一体。

2 公路线形自身的协调

线形设计的好坏往往是公路总体设计及效果的主要评价标准,特别是高等级公路。所以在进行线形设计时,如何根据地形等条件合理地选用各种线形要素,并巧妙组合,是公路线形设计需要研究解决的问题,从而设计出既经济又安全舒适的公路。线形设计时需要注意以下问题:

(1)线形设计除从行驶力学上应满足汽车行驶安全、舒适及运营经济合理外,还应考虑驾驶员在视觉和心理方面的要求,理想的线形设计应能使驾驶员在行驶中视线连续,自然诱导视线,并能预知前方的变化。

(2)公路线形设计要处理好平、纵、横三个方面的最佳配合,使线形舒顺、流畅,并与原地协调,优美的路线不仅是道路安全的需要,还会使驾驶员及乘客都觉得旅途舒适,风景优美,赏心悦目。

(3)线形应以曲线为主,因为曲线比直线更具灵活性,其几何形态易适应地形的变化,可组成顺适圆滑的线形,此外,曲线可以让驾驶员和乘客始终感到前方景观在不断改变,不仅丰富了视觉效果,也能减轻旅途造成的疲劳,甚至可以减少驾驶员因注意力不集中引起的交通事故。如在广州至河源高速公路工程 SJ-1 合同段中,两个同向弯中采用了卵形曲线相接,避免了中间插入短直线,最终平曲线路线总长达到了 96.73%。

(4)各种线形要素之间及与其他设施之间相互平衡、协调,直线、圆曲线、回旋线之间应协调;平曲线与竖曲线之间应组合得当;平面线形与纵断面线形之间应组合协调;路线与构筑物及沿线设施间应协调。

(5)采用线形参数应平均,避免公路线形的突变,特别是长直线尽头应避免设置小半径平曲线及平曲线大小半径之间曲率过渡的突变,遇到上述情况应采取过渡措施,或在选线时考虑别的方案。

3 公路线形与周围环境的协调

公路线形按技术标准要求,并遵照一般的平纵组合规律设计后,应通过透视图的判别与检查加以分析,同时要注意与周围的环境景观协调,建立新的、完整的、具有一定建筑风格的公路景观体系,以取得优美的视觉与心理反应。

公路景观设计,要求公路与周围环境协调,并要创造沿线的美观及保护文化古迹与动植物的生态平衡。此时,可按下述基本要求综合考虑,并以绘制透视图等手段加以检验。

(1)通视。保持足够的行车视距,使公路各组成部分的空间位置协调、充分利用景观特色,使司机感到线形优美、流畅连续,行驶安全舒适。尤其是高等级公路上跨线桥、立交桥等构造物比较多,应注意与路线、自然环境等的协调。

(2)导向。利用湖泊、山体等自然物,建立合适的视觉诱导系统,使司机能预见公路方向及路况变化,并采取安全的行驶措施。

(3)协调。公路与自然景观协调,与周围环境融为一体,适应地形,尽量减少施工痕迹,消除公路景观上的不良障碍,展现地区美的景色。

(4)绿化。利用绿化、公路设施及装饰,补充、改善沿线景观,与周围环境有正确和谐的比例,并在不同路段形成各具特色的建筑风格。

3.1 公路线形与自然环境的协调

公路与自然环境相协调,有两方面的含义:一是公路建成后不破坏周围环境的自然美;二是公路布线注意合理利用和改造环境,使行车有较好的景观。

从美学的观点出发,为使公路与自然环境相协调,应注意以下几个问题:

(1)公路选线时应尽可能地利用经过地区的多样性,自然风景如孤山、湖泊、大树,人工建筑物如水坝、桥梁、农舍,可在路旁设置一些设施等,尽可能地利用最佳的风景特征引人入胜,以避免公路景观的单调感。

(2)道路线形要与原有地形充分融合,应尽可能少破坏公路周围的地形、地貌、天然树木、建筑物等,布线应尽量避开大型建筑物、现有城镇、民居、高山、深谷等,避免高填深挖,设计出与地形及环境相适应的优美线形。

(3)靠近水域的公路,应注意保留沿岸的绿化,使其与水域有适当的空间,并通过细节处理水域景观。公路傍弯曲溪流时,应注意景观图象效果,可借助曲线来适应景观,同时应注意保持现有植物的生长情况。

(4)公路应尽量避免直穿大片林区,必须穿过时,应优先布设成曲线,以保持自然景观的连续。公路高程应接近地面,尽量避免高路堤或深堑,将林区的损失减少到最低程度。

(5)公路应尽量与周围风景自然地融为一体,不露施工痕迹,无法避免时应迅速予以恢复,或通过整修和适当种植以形成新的自然外观。

(6)通过名胜、风景、古迹地区的道路,应注意保护原有自然状态,人工构造物应与周围环境、景观相协调,做到既方便交通,又不破坏原有的风景景观。

3.2 公路景观绿化设计

公路绿化设计,不同于一般的园林设计、城市或小区的景观设计,具有独特性。公路绿化设计的目的,是通过绿化设计来缓解因公路施工、营运给沿线地区带来的各种影响,从而达到保护环境、改善环境、提高公路交通安全及舒适度的目的。

高速公路绿化的设计内容按其不同的特点可以分为以下几个部分:

(1)互通立交区内的景观绿化设计。

(2)服务设施场地的景观绿化设计:包括服务区、停车区、管理区、养护工区、加油站、收费站等的绿化设计。

(3)中央分隔带的绿化设计。

(4)边坡的绿化设计,包括高填、深挖、岩石路段边坡防护绿化设计等。

(5)路线两侧带状地域的绿化设计:包括土路肩、护坡道、隔离栅、隔离栅内侧绿化带等。

(6)取弃土场的绿化设计。

(7)特殊路段的绿化防护设计带:包括污染气体超标护林带、防噪降噪防护林带、戈壁沙漠公路防护林带等。

公路绿化在注重自身线形优美的同时,结合所经地区的自然特征和风格,充分利用周围环境的风景资源来实施沿线绿化,将使司乘人员在行车过程中增加情趣,减少疲劳。公路通过种植花草树木形成绿色走廊,能更好地使人工构造物融合于自然环境中,达到视觉上的和谐、舒适、优美。树木是道路上主要的垂直要素,对视觉有明显影响,因此,公路两侧的绿化植栽要与路线的平、纵线形及横断面状况保持一致,这不仅诱导了视线,充分展现了公路线形曲直、起伏的动态特征,也强调了公路与空间的延伸,增强了路线流畅的美感。同时,在树木选择,植被高低层次、间距、色调搭配以及修剪形态上作精心设计、使公路绿化体现韵律美和色彩美,为公路使用者提供畅、洁、绿、美的交通环境。

4 结束语

公路景观设计是一个复杂的、综合性的课题,涉及公路工程、环境学、生态学、美学、心理学、经济学等学科。设计中单纯要满足公路技术规范的技术指标的要求并不难,但是使公路与周围环境很好地协调却并不容易。公路景观设计目前在我国是一个较新的课题,既无固定模式,又无具体内容,需要在实际工作中不断探索和研究。

参考文献

[1] 朱唯等.高等级公路建设与公路景观[J].西安公路交通大学学报.1999,2.
[2] 张梅钗.高速公路线形设计原则及方法[J].河北建筑工程学院学报,2002.2.
[3] 黄宁,符锌砂.公路线形与景观设计的配合[J].湖南交通科技,2006.1.
[4] 周其祥.工程建设中公路线形设计与景观环境协调设计的探索[J].电力标准化与技术经济,2006.3.
[5] 赵斌.高速公路绿化的艺术性设计[J].中外公路,2006.2.

55. 公路沥青路面维修养护浅谈

谭梓刚

（广州市公路管理局东城分局）

摘　要　结合省道S117广长线沥青路面的病害及路面维修养护，针对沥青路面的常见病害特征提出的处理措施。

关键词　沥青路面　病害　维修　养护

1　路面病害

公路沥青路面破坏的现象有：泛油、波浪、壅包、滑溜、裂缝、坑槽、局部沉陷、松散、车辙等。这些病害极具普遍性和严重性，为公路工程质量通病之一。现结合省道S117广长线的具体养护情况对公路沥青路面维修养护进行介绍。

该公路段由广州长安至萝岗，全长16.51km，是广州公路网重要组成部分，是广州市的南北向干线公路和主干公路网络的重要组成部分，经多次整修改建，公路质量及车速较过去有较大提高，现该公路路基宽60～80m，路面宽23～31m，双向6车道，K0＋000至K4＋610长4.61km为水泥混凝土路面，K4＋610至K16＋510长11.9km为沥青混凝土路面，设计时速为60km。现该公路路面损坏主要有以下几个方面：

(1)车辙、波浪、壅包，路面的塑性变形大多数是由于车辆超载造成的。包括挤浆和搓板现象及路面推挤。

(2)裂缝、破裂，路面裂缝是由许多因素产生的，其中有许多是路面结构上的设计原因。疲劳裂缝是由于路面刚度丧失和交通车辆的反复碾压引起的；纵裂缝、网裂缝和温缩裂缝是由于材料和设计因素引起的，既有路面的原因，也有材料老化和环境方面的原因；反射裂缝是由于已存在的裂缝损坏或在水泥混凝土路面中连接起来引起的；道路面层逐渐老化、沥青的老化，这些老化将导致路面断裂、面层结构丧失；网状裂缝的产生主要是由于路面整体强度不足而引起的，路面结构设计不合理，路基压实度不足等都造成网状裂缝的产生。

(3)坑槽，坑槽是由于混合料中细料的丧失或路面粒料较小及路面下沉造成的。

(4)剥离，水分侵蚀，由于沥青对水的敏感性，特别是在车辆和孔隙水压力的作用下，引起沥青的黏附性丧失和路面坍陷。

2　维修养护

针对该路段的实际公路养护情况，分别采用以下几种养护方法：

2.1　填封裂缝

针对微小的裂缝(1～5mm)，首先将病害部位清除干净，用清缝机或空压机配合人工清扫；然后用灌缝机配合人工刷，将乳化沥青均匀顺缝涂抹，直到将缝完全封闭为止，然后再将细沙均匀地撒在上面，待乳化沥青完全破乳后即可通车。

对于裂缝较大的路面，可采用先将旧缝挖除，开挖出V字形条槽，清理干净，再进行修补工作。

2.2　坑槽修补

该养护工艺只需要15min左右即可开放交通，主要应用于应急性修补或临时性修补，在保障通车畅顺的同时对路面进行修补养护。该养护工艺通常先要对坑槽开槽成型，把松散的物料、粉尘、淤泥清除干净，然后均匀地扫上粘层油，再倒入冷料，摊铺均匀后用夯锤或小型压路机压实，保证平整。这种养护用快速补路的冷修补材料一般采用主要集料为5～10mm。

2.3 挖除重修

对沥青混凝土路面壅包、网状破裂等病害，均需采用铣刨或挖除重新摊铺。

(1)铣刨或挖除

对原路表进行铣刨或挖除原路面处理，保证路面结构层厚度并增加结构层摩擦力，增加沥青路面厚度一定程度上减缓了反射裂缝的产生，但需要注意路面造价的增加。铣刨或挖除后用清水清洗，再用吹风机吹干净路面粉尘。

(2)洒粘层油

在清除旧水泥混凝土路面浮尘、杂物后，洒布未稀释的乳化沥青，洒布量为0.8kg/m^2。

(3)铺设应力吸收层薄膜或玻纤格栅

采用设应力吸收层可以对减缓反射裂缝的产生与扩展有明显的作用；用玻纤格栅加筋沥青路面的主要功能是控制车辙反、射裂缝和疲劳裂缝。

在应力吸收层施工完成洒布量为0.2 kg/m^2。

铺玻纤格栅时，要确保玻纤格栅与基层面之间的完全干净与干爽，相临两块玻纤格栅之间的搭接为3cm，并且在搭接处洒上乳化沥青。待乳化沥青破乳之后再进行下一步工序。

(4)加铺沥青混凝土面层

大面积采用机施工时，施工前对原路面观察，原路面纵向比较顺直，高程起伏较小的，宜采用6m铝合金尺，按原路面高程控制的原则来处理，路面的平整度是与原路面相对应的；如出现旧路面指标(如纵坡、横坡、平整度等)差异较大，应尽量采用测高程挂线施工。小面积采用人工施工时，要求计算好正确的松坡系数，以避免新铺路面高凸或低凹情况的出现。

3 结束语

沥青路面的日常养护最为重要，把病害杜绝于初始阶段是工作的重中之重，这就要求我们养护单位要科学管养，讲究养护方法；及时养护维修，特别是微小裂缝一定要及时处理，及时排路面水和周边排水系统；保证沥青路面的清洁。希望通过结合省道S117广长线沥青路面的病害及路面维修养护，针对病害特征提出的处理措施能对沥青路面的养护和维修有长远意义。

参考文献

[1] 孔维芬.沥青混凝土路面常见病害及施工质量控制.交通世界，2007.9

[2] 齐国才.沥青路面裂缝产生的原因及处治措施.交通世界，2007.8

[3] 张守民.沥青路面日常养护中坑槽修补技术的探讨.交通世界，2007.10

[4] 冼淑冰，邓艳兰.浅谈沥青路面早期病害与防治.广东建材，2007.9

[5] 王玉恒.公路沥青路面裂缝的预防和处理参考文献.交通世界，2007.10

56. 水泥混凝土路面断板分析及防治技术

刘海星
(广州市公路管理局东城分局)

摘　要　水泥混凝土路面裂缝是混凝土路面主要病害之一。文中主要分析了裂缝产生的原因,据此提出了裂缝预防措施,对水泥混凝土路面施工与养护具有一定的参考价值。

关键词　水泥混凝土路面　横向裂缝　纵向裂缝　原因分析　防治

根据交通部《2006年公路水路交通行业发展统计公报》统计数据显示,截至2006年底,全国公路总里程达345.70万km。全国等级公路里程228.29万km,占公路总里程的66.0%。按公路技术等级分组,各等级公路里程分别为:高速公路4.53万km,一级公路4.53万km,二级公路26.27万km,三级公路35.47万km,四级公路157.48万km,等外公路117.41万km。按公路路面类型分组,各类型路面里程分别为:有铺装路面99.65万km,其中沥青混凝土路面35.01万km,水泥混凝土路面64.64万km;简易铺装路面52.86万km;未铺装路面193.19万km。我国高等级公路路面主要类型分水泥混凝土路面和沥青混凝土路面。

水泥混凝土路面俗称白色路面,通常是以水泥与水拌和成的水泥浆为结合料,以碎(砾)石、砂为集料,再添加合适的外加剂,有时掺加掺和料拌制成的混凝土铺筑面层的路面。由于具有强度高、刚度大、使用耐久及养护工作量小等优点,水泥混凝土路面广泛用于我国各级的铺面。我国水泥混凝土路面始建于20世纪60年代中期,80年代以来,水泥混凝土路面在全国迅猛发展。水泥混凝土路面可分为普通混凝土、钢筋混凝土、碾压混凝土、钢纤维混凝土及连续配筋混凝土等。

水泥混凝土路面具有以下特点:①强度高,刚度大,板体性好。②稳定性好。③耐久性好。④抗侵蚀能力强。⑤抗滑性能好。⑥接缝多。⑦对超载敏感,易产生断板。⑧不能立即开放交通,有一定的养护期。⑨正常的养护费用少,但出现损坏后的修复比较困难。⑩噪声大。

1　水泥混凝土路面断板的原因剖析:

纵观水泥混凝土路面出现的断板不外乎以下几个主要方面的原因。

1.1　设计理论模型上的不足

传统的设计采用的模型中假设面层与基层为光滑接触,且主要依据路面混凝土的抗折强度和抗疲劳强度作为控制裂纹出现的指标,当路面出现可观察到的裂纹时,则说明路面已经破坏。然而,在水泥混凝土路面的施工中,水泥混凝土直接现浇于基层表面,由于基层表面的凹凸不平,水泥砂浆将部分渗入基层。因此,混凝土与基层之间必然存在一种相对薄弱的过渡层,与理想的混凝土面层跟基层光滑接触存在差异。按照传统的强度理论,结构的破坏与否主要看结构中的应力是否超过相应材料的允许应力,而断裂力学理论认为,一旦结构中出现裂纹,则裂纹间断间将出现巨大的应力集中即应力的奇异性,其中裂纹的扩展受裂纹间端的应力强度因子控制,一旦应力强度因子K超过材料的强度因子的临界值K_c,则裂纹将扩展从而导致结构破坏。因此,带裂缝的结构强度将远远低于相应无裂缝工作的结构强度。而在我们的设计中,认为过渡层的影响很小,同时还未考虑过渡层的开裂对混凝土板疲劳强度的降低(实际混凝土板的疲劳强度远远低于其设计强度),这正是混凝土路面在面板底层控制拉应力在1.3至1.7MPa(设计抗拉强度为5MPa)的情况下仍有大量破坏的重要原因。

1.2 基层的设计、施工缺陷

水泥混凝土基层必须稳定、密实、平整，且具有足够的厚度，以便使水泥混凝土板始终处于稳定状态。对于基层，若存在以下缺陷，一般会导致断板破坏。

(1)基层厚度不足存在两种情况，一是设计厚度本身的不足或设计失误；二是路面竣工后实际交通荷载大于设计荷载，在这种情况下，路面将很快发生断板等破坏。

(2)基层施工中，未能较好地控制高程，导致路面厚度不一致，在厚薄路面交界处易形成断板。

(3)基层的平整度不符合要求，导致薄弱过渡层的形成。

(4)基层材料因素：若基层早期强度和整体强度较低，不能满足强度要求或基层材料水稳性不好，抗冲刷能力差，将会导致断板的出现。如在我国前期公路建设中，有些高等级公路采用石灰土做基层，出现了诸如断板等病害，现规范规定，不允许采用石灰土做高等级公路的基层。

1.3 路基的设计、施工因素

路基的设计、施工不当将导致路基产生不均匀沉降，进而导致断板的出现，主要体现在以下几方面。

(1)高填方路基整体性稳定设计不满足要求。

(2)桥头、半填半挖路基结合处处理不当。

(3)特殊地基如软基，湿陷性黄土处理不当。

(4)路基整体压实度不均匀。

(5)路基排水设计不完善，导致路基强度、稳定性降低。

1.4 路面材料、路面施工及养护因素

(1)水泥本身的强度不足、安定性不合格、水化热过大或收缩大。

(2)集料的含泥量及有机质超标。

(3)混凝土配合比设计不当，如：水灰比偏大，单位水泥用量过大，施工中计量不准，现场拌和时未根据集料的含水量及时调整用水量，使用在日光下曝晒过久、过干的集料。

(4)施工工艺不当。如拌和时间不足，振捣时间不足，搅拌时水泥和集料温度过高，混凝土浇注有间断，切缝不及时，切缝深度不足，传力杆安置不当。

(5)养护不及时，养护方法不正确。

1.5 交通荷载因素

(1)在混凝土强度未完全形成的情况下，过早地开放交通导致路面破坏。

(2)超载的影响。目前由于国内货运市场不很规范，公路管理部门至今未能有效地控制超载车上路。国内大货车超载现象十分普遍，而按照轴载等效换算系数可知，超载车作用一次对路面产生的影响远大于一般车辆作用一次的影响，这也是导致我国混凝土路面在使用期内过早开裂断板的重要原因。

1.6 路面排水设计不当

路面结构接缝破坏导致水进入基层而形成唧泥，进而掏空基层，导致混凝土路面出现断板。

2 水泥混凝土路面断板防治技术

2.1 基层与面层之间形成的薄弱过渡层

可在尽量找平基层表面的基础上设置隔离层，然后再浇筑混凝土面层。隔离层可用塑料薄膜、专用的有纺或无纺织物、沥青或其他聚合物分离层，其目的是使面层与基层之间尽量光滑接触，使实际建成后的路面结构尽量与理论模型一致。

2.2 基层

(1)应正确进行路面结构设计，使基层有足够的厚度承担和扩散路面面层传来的荷载。

(2)严把施工质量关，严格控制基层的高程及压实度。

(3)做好基层的养生工作，在强度未达到一定要求前不得进行下一道工序。

(4)严禁采用石灰土做高等级公路基层。

2.3 路基

做好路基的稳定性设计，保证路基的压实度，尤其对于半填半挖、软基等特殊路段应做好路基的特殊处理，防止路基的不均匀沉降；同时做好路基的综合排水设计，使路基处于干燥或半湿状态。

2.4 路面材料、路面施工与养护

(1)应加强水泥质量管理，严禁不合格水泥进场；要妥善保管好进场水泥，同时还严禁混合使用两种不同的水泥。

(2)控制好集料的含泥量、含有机质量，严禁使用不合格集料。

(3)妥善拌和运输混凝土，严格控制集料拌和温度及各种添加剂的质量。

(4)采用先进摊铺工艺。如滑模法摊铺。

(5)及时正确养护，及时切缝。

2.5 交通荷载

(1)严禁过早地开放交通。

(2)依法治路，严禁超载车辆上路。

2.6 路面排水

严格控制填缝材料质量，并及时更换填料。

总之，对于水泥混凝土路面的断板问题，不应单从某一方面考虑，而应从设计理论、材料、施工、养护、交通荷载等各方面保证路面质量，防止断板的发生。

参考文献

[1] 申爱琴. 水泥与水泥混凝土. 北京：人民交通出版社.

[2] 易志坚. 基于断裂力学原理的水泥混凝土路面破坏过程分析及路面设计新构想. 重庆交通学院学报刊，2001.1.

[3] 吴国雄. 水泥混凝土路面开裂过程研究. 公路，2001.9.

[4] 宋焕宇. 水泥混凝土路面断板的原因与处治研究. 公路，2001.10.

[5] 李宏志. 河南省部分水泥混凝土路面损坏原因分析. 公路，2000.8.

[6] 交通部公路司. 公路工程质量通病防治指南. 北京：人民交通出版社.

57. 浅谈广州地区道路(公路)绿化种植和要求

郑伯江
(广州市公路管理局东城分局)

摘　要　道路(公路)绿化是绿化国土的重要组成部分，是道路(公路)建设中的一项内容。根据广州地区的自然条件、社会经济条件的特点，提出道路(公路)绿化的目的、范围、应遵循的原则，绿化植物种类选择，绿化植物种植和管理要求措施。

关键词　广州地区　道路(公路)绿化　绿化植物种类　绿化植物种植和管理

1　道路(公路)绿化目的、范围、原则

1.1　道路(公路)绿化目的

道路绿化是绿化国土的重要组成部分，是道路建设中一项内容。绿化目的是稳固路基、保护路面、美化路容、改善环境、减少噪音、舒适旅行、诱导汽车行驶，也是防风、防水害的重要措施之一。

1.2　道路(公路)绿化的范围

在道路两侧边坡、分隔带及沿线空地等一切可绿化的公路用地，利用绿化的乔木、灌木及花、草合理覆盖的工程都属公路绿化范围。

1.3　道路(公路)绿化应遵循原则

道路(公路)绿化应遵循因地制宜、因路制宜、适地适树的原则。根据道路等级和当地自然条件、社会条件、经济条件，选择绿化植物品种，做到乔木与灌木、针叶树和阔叶树、常绿植物和落叶植物、木本与草本、花卉相结合，并借助道路沿线的自然景观，规划设计各种绿化类型，以及人工雕塑、池塘、花坛、草坪等，以便更好地增加绿化、美化效果，丰富道路景观，达到防护和观赏相结合的目的。

不同类型区的道路绿化应有区别：山区类型区道路应发展具有含蓄水分，滞缓地表泾流，减轻水土流失、防冲刷、防坍固坡的防护林带、可乔灌结合、草皮护坡等。平原类型地区应以减轻风、水等对公路危害，种植单行或多行防护林带，以乔木灌木、草本和花相结合的美化。通往名胜古迹、风景疗养区及机场、重要港口、水库等地的道路(公路)应以美化为主，营造风景林带，主要种植有观赏价值的常绿乔木、灌木、花卉以及珍贵的树种和果树类。

在平面交叉、桥梁、分隔带、环岛、立体交叉的上下边坡应配置观赏的小乔木、灌木、花卉或多年生宿根植物，以美化路容。在小半径曲线外侧宜栽种成行乔木，以诱导汽车行驶，增加安全感。在隧道进出口两侧 30～50m 以内，宜种植树冠较发达的乔木遮荫，以适应驾驶员视觉对隧道内外光线变化，保障车辆安全行驶。

高等级道路因其车速高，流量大，绿化时，道路两侧土路肩、边坡以种植人工草为主，中央分隔带宜种植不同颜色的灌木、花卉和草皮，不应种植乔木。一级道路绿化应以乔木为主，配种一些灌木和花草，平原路段应以人工造景为主，采用不同高度、不同株距分段组合方式进行绿化；山区路段应以自然景观与人工造景相结合绿化，尽量采用自然景观；城区郊路段，两侧按平原路段绿化方式进行绿化，有中央分隔带或分道行驶隔离带的，可在隔离带上种植绿篱和花草，绿篱的高度以 60～120cm 为宜，在平曲线处可适当高些，以起防眩作用。二级以下道路绿化应采用乔木和灌木相结合方式进行，但要避免单一品种长距离种植形式，要充分体现当地特色。

2 广州地区道路(公路)绿化植物的选择

2.1 广州地区道路(公路)绿化植物选择要求

广州地处南亚热带,自然条件优越,气温较高,降水量充沛,但降水时间集中在5～9月,夏秋多热带风暴、台风、常出现大雨、暴雨天气,易造成公路塌方、滑坡,绿化树木被折断情况。广州是华南最大城市,随着社会、经济的发展,人民要求改善生态环境的愿望不断提高,绿化、美化、香化的安居环境的要求日益高涨。根据上述特点,广州地区道路绿化植物在选择上,要求具有热带和南亚热带景观后。四季不同颜色的,观冠型、观叶、观花的植物品种,在风景区、村镇的道路不要采用芳香花卉植物。

2.2 适宜广州地区道路绿化植物的种类

适宜广州地区道路绿化植物的种类,分别是乔木、灌木、花草,现提出下列参考品种。

乔木(包小乔木)类:尾叶桉、各种速生桉类、阴香、大叶榕、小叶榕、高山榕、长垂叶榕、大叶胭脂、秋枫(重阳木)、桃花心木、女贞子、火力楠、扁桃、芒果、麻楝、荔枝、红豆、马占相思、白兰、尖叶杜英、洋紫荆、红花羊蹄甲、宫粉羊蹄甲、黄槐、紫薇、大叶紫薇、大王椰子、假槟榔、蒲葵、金山葵、老人葵、刺葵、仁面、凤凰木、木波萝、海枣、琼棕、油棕。

灌木类:黄榕、假莲翘、断木、桂花、木樨榄、三药槟榔、小叶针葵、沙糖椰子、海桐、水石榕、芙蓉、大红花、黄木槿、福建茶、各色的夹竹桃、山指甲、九里香、变叶木、洒金榕、一品红、悬铃花、含笑花。

花卉、草本类:红桑、红背桂、绿背桂、金凤花、各色杜鹃花、黄蝉、白蝉、栀子花、斜脉爵床、五色梅、龙船花、马缨丹、红绒球、希美丽、铺地黄金、大叶油草、台湾草、沿阶草、竹节草、鸭跖草、黄花旱莲草、花叶鸭跖草鞋、吉祥草、红草、凤仙花、三色槿、紫茉莉、蚌花、石蒜、红花美人蕉、美人蕉。

3 道路绿化植物的种植和管理

3.1 道路绿化植物的种植

公路上绿化植物种植按现行《公路工程技术标准》规定栽植乔灌木、花卉、草皮的组合类型,按各路段规划设计方案进行。但种植时应注意下列要求。

(1)选择发育正常的优壮苗木,具有良好的顶芽、根系发达没有病虫害和机械损伤。

(2)用乔木和灌木绿化道路,应采用明坑种植,坑径比根深蒂固幅大10cm,坑深比根长大20cm。

(3)移植较大苗木或珍贵树种,应带土球种植。土球直径为苗木直径的10倍以上,并将土球包扎整齐不松散,以保成活。

(4)乔木栽植后,应及时扶正,视不同情况设置支撑架。在干旱季节或干燥地段,栽前应浇水洇坑,栽后要浇透水。

3.2 绿化植物成活到郁闭前的管理

绿化植物成活到郁闭前应进行下列管理:

(1)干旱季节或干燥地段,应及时进行人工浇水。

(2)春夏植物生长旺盛季节,应除草、松土。

(3)对土壤瘠薄,生长不良的绿化植物应分期施肥,促其生长。

(4)栽后枯死苗木,应及时补植。

3.3 绿化植物郁闭后的管理

绿化植物郁闭后,为了促进其生长和发育健壮,形状优美透光适度,通风良好,减少病虫害,适时开花,应及时修剪抚育。修剪时期,应在春季植物萌芽前进行。修剪时应按下列要求。

(1)应收乔木、灌木的枯枝、病枝、弯曲畸形枝,边密概以及侵入公路建筑限界、遮挡交通标志、影响视距的枝条及时剪除。修枝切口应平滑,并与树干齐平。防止损伤树杆、高叉突出和树冠大小不一。

(2)交通比较繁忙的路段和风景游览区的绿化植物或风景林带,应根据不同树种及其特性进行修剪,可剪成伞形、椭圆形、球形、塔形,在一定路段树木冠形宜相同,使其整齐美观。绿篱应修剪成长方形或梯形。

(3)根据花卉植物的生长发育规律进行修剪。

(4)草皮的修剪，随草的种类和生长环境不同而异。草高不超15cm，以免叶径过长，影响排水。

3.4 建立道路绿化档案

为了掌握道路绿化的发展变化情况，积累资料，应从绿化、美化工程竣工验收开始，进行调查登记、统计养护里程、已绿化里程及绿化植物成活率、保存率等道路绿化美化工程档案。

参考文献

[1] 李世华，张建辉主编.道路桥梁养护手册.北京：中国建筑工业出版社，2002.

[2] 广州绿化植物志.

58. 浅谈沥青混凝土路面损坏类型及养护

林德光
（广州市公路管理局东城分局）

摘　要　了解沥青混凝土路面的损坏类型，探讨如何养护好沥青混凝土路面，是摆在我们面前的一个刻不容缓的问题。

关键词　沥青混凝土路面　损坏类型　养护

沥青混凝土路面的建设，是公路建设上的一项重大变化，是公路交通发展的产物，也是经济发展的需要，它将有力地促进经济的进一步发展。与水泥混凝土路面相比，沥青混凝土路面具有表面平整、无接缝、行车舒适、耐磨性好、振动小、施工期短、养护维修简便等优点。实践表明，随着国民经济和现代化道路交通运输的需要，沥青混凝土路面必将得到更大的发展。因此了解沥青混凝土路面的损坏类型，探讨如何养护好沥青混凝土路面，是摆在我们面前的一个刻不容缓的问题。

1　沥青混凝土路面特点

沥青混凝土路面由于使用黏结力较强的沥青材料作结合料，因而大大增强了矿料间的黏结力，提高了混合料的强度和稳定性，使路面的使用质量和耐久性得到提高。沥青混凝土路面具有表面平整、不渗水、行车舒适、噪音小等优点，因而获得越来越广泛的应用。但它也经常受到天气、温度、行车以及材料等方面的影响，以及路面结构设计等方面的原因，不可避免地会出现各种各样的病害，而这些病害又对行车速度、路面使用寿命、乘客舒适性以及交通安全等带来了有害的影响。在低温时，沥青路面的抗变形能力很低，在寒冷地区为了防止土基不均匀冻胀而使沥青路面开裂，需设置防冻层。沥青面层修筑后，由于它的透水性小，从而使土基和基层内的水分难以排出，在潮湿路段易发生土基基层变软，导致路面破坏。因此，必须提高基层的水稳性，尽可能采用结合料处治有整体性基层。对交通量大的路段，为使沥青路面具有一定的抗弯拉和抗疲劳开裂的能力，宜在沥青面层下设置沥青混合料联结层。采用较薄沥青层时，特别是在旧路面上加铺面层时，要采取措施加强面层与基层之间的黏结，以防止水平力作用而引起沥青面层有剥落、推挤、拥包等破坏。

2　沥青混凝土路面损坏类型及养护

沥青混凝土路面常见的病害有网裂、纵裂、横裂、坑槽、松散、沉陷、唧浆、车辙、泛油等。早期病害在高速公路上常常表现为早期车辙和平整度的衰减、泛油和抗滑性能的下降，在普通干线公路上则表现为早期的微小裂缝，细料失落导致的露骨、磨光、沥青老化、基质损失、路面渗水等表面病害。这些病害如不能在早期处理而任其发展，则必然进一步导致表面松散，或由于渗水而导致下层剥落以及深度车辙等严重的变形类病害，继而造成坑槽等结构性损坏。其损坏总体可分为两大类，一类为结构性损坏，包括路面结构整体或其中某一部分的破坏，使路面不能支承预定的荷载；另一类为功能性损坏，它可能不伴随结构性损坏而发生，但由于平整度和抗滑性能等的下降，使其不再具有预定的功能，从而影响了行车质量。

主要的养护方法有8种。①不采取任何措施；②填封裂缝（填补表层）；③挖除破损处，然后填充；④填补坑洼；⑤冷拌（混合料）修复路面；⑥热拌（混合料）修复路面；⑦热冷混合循环法修复路面；⑧重修路面。

下面简单介绍一下日常遇到的沥青混凝土路面常见的病害及养护方法。从而必须采用修复性的方法来进行路面维修。因此，寻求一种快捷、方便、成本合理的解决沥青混凝土路面早期病害的适用技术是养护工作中亟待解决的问题。

日常养护中涉及最多的就是填封裂缝。

(1)灌油修补法：在冬末季节，将纵横裂缝处清扫干净，直接用油壶灌入加热的沥青，是一种使用多年的方法。但常出现浇灌的沥青凉后进入不到裂缝深处，与冷的旧油面黏结前就轻易被车轮带走。因此，开发出用乳化沥青进行灌缝处理，效果较理想。有的在灌油前，用液化气将缝壁至黏性状态后，再把沥青或沥青砂浆喷抹到疑缝中，最后在缝口表面撒布热砂或石屑加以保护。细小的裂缝，则要预先用盘式铣刀进行扩宽，再做处理。

(2)乳化沥青稀浆封层：用50%石屑、30%粗砂、20%细砂混合成符合级配要求的骨料，按油石比8%～12%掺入乳化沥青，2%普通水泥作填充料，形成稀浆，由专用的封层机铺在旧油路上，厚度为3～8mm。在铺筑过程中，乳化沥青将渗入裂缝中，待其破乳水分蒸发，达到修补裂缝的目的，还可使路面平整。

日常养护中经常需要进行坑槽的修补。坑槽产生的原因主要是施工时原材料及混合料离析或存在杂质，外部化学物质如机油和汽油的污染等。修补时一般采用乳化沥青、热沥青混凝土，改性沥青混凝土和冷补料针对雨天养护，保证道路的畅通。养护中应强调的是坑槽修补及时，轻微路面坑槽在发现之时起48h内修复，大面积严重路面坑槽在发现后24h内修复。坑槽修补中应保证混合料的质量，避免离析，各项试验指标要达到要求，施工中要保证足够的压实度和平整度。主要按以下七个基本步骤：①测定路面损坏部分的深度和范围，划出开槽修补的作业轮廓线。②切削或破碎坑槽。③清理坑槽。④撒布沥青黏结层。⑤坑槽填料的摊铺。⑥坑槽填料的压实。⑦密封坑槽边缘。

造成沉陷的原因有路基及路面基层两方面。一是路面沉陷，但路面层完好不存在网裂，这种情况养护上一般用稀浆封层微表处、沥青罩面的方法进行处理。如果出现车辙、沉陷的同时，路面面层出现网裂，就要分析网裂是基层的原因还是沥青面层的原因。如果是因为基层、底基层的整体性或强度引起的路面网裂，应同时处理路面结构层。如果不先行处理基层的病害，微表处养护的意义不大，一段时间的行车后还会出现相应的病害。分析路基的病害主要是路基的不均匀沉降，造成已铺筑路面出现坑凹。路基是路面的基础，路基不均匀沉陷，必然会引起路面的不平整，分析其原因，不外乎：

(1)路基填料控制不好，如路面形成高低不平，养护人员挖开路面后，发现部分路段路基是由建筑垃圾、工业垃圾填筑的，由于土质原因，采用高液限黏土填筑的路段，不同程度地出现了路基不均匀沉降。

(2)半挖半填路基的接合部处理不当、路基的压实度不足，如广汕路属于旧路改建项目，半挖半填路基较多，当路面完成后，出现了沉陷、沉陷和裂缝，是由于路基填料的含水量大，施工单位未能按规范要求挖台阶施工，造成路基于填料接缝接合部产生裂缝和沉降，路基压实机具不足，使路基土壤的密实度偏低，土体透水性增强，造成水分集聚和侵蚀路基，使路基土软化而产生不均匀沉降。

(3)特殊地基路段、路基防护排水不完善，部分路基修筑在软土地段，因软土的压缩性大，在自重的作用下产生沉降，部分路段是由于路基的防护、排水系统不完善，造成湿陷性黄土的不均匀沉陷、水流不畅，引起路基变形。对于路基病害引发的沉陷先采用重新回填压实等方法处理路基。根据现行路面基层施工技术规范，上述的基层材料一般在养生7d以后才可开放交通，不能满足现实交通中快速修补的要求。在沙太路的养护当中，我们采用了水泥砂浆加快剂的方法，实现了24d通车的良好效果。

全线路面虽在局部重载车道上出现车辙，甚至少数路段车辙深度超过容许标准，但通过日常养护，车辙的范围和浓度可以减少，有的可基本消除，有的可减少至容许范围。处理的方法主要是用平地机把面层中油石比偏大、细粒过多,经行车荷载挤到碾压带外侧的隆起部分刮除。每次刮除深度2～3mm,刮深了平地机受力太大,因此需要来回刮多次,才能达到预期的效果。刮好后先用手扶振动压路机把表面压平,然后在上面用沥青砂填补空隙,但不增加厚度,再用轮胎压路机压实。

在高速公路及主干线某些路段由于油石比偏大,气温高时,在行车反复碾压下产生泛油。对轻度泛油可用撒石屑或细砂办法处理;在泛油严重,路面发粘,摩擦系数低或路面变形严重时,可用铣刨重铺上面层的办法处理。对沥表面层产生的严重拥包,可铣刨采用铣刨机进行,可采用人工按削峰填充法,削去拥包的项部,用拌和料或层铺法补低凹处;对沥青含量较大的拥包,采用彻底控除重新筑铺沥青层的方法处理;对于不太严重的连片拥包,主要采用沥青混和料拌料进行调整。

59. 水泥混凝土路面施工应注意的问题

杨立帮
(广州市公路管理局东城分局)

摘 要 水泥混凝土路面以其诸多优势,在各级公路路面上得到广泛应用。水泥混凝土路面施工中,核心环节是混凝土的搅拌和混凝土的摊铺,本文仅对高等级公路水泥混凝土路面施工中水泥混凝土搅拌和摊铺的技术合理化运用进行探讨。

关键词 混凝土路面 施工

1 水泥混凝土摊铺

目前高等级水泥混凝土路面施工中均采用滑模式摊铺法进行摊铺，水泥混凝土路面摊铺是施工中难度较大、技术要求较高的工序，我们仅从摊铺前准备、摊铺机的合理运用、摊铺后养护等方面常被忽视的几个方面进行分析。

1.1 摊铺前的准备工作

混凝土摊铺前的准备工作很多，我们主要强调一下摊铺前的洒水和卸料工序。

(1)摊铺前洒水是一个看似简单的工序，往往不被施工人员重视，但如果洒水处理不好会严重影响路面质量。洒水量要根据基层材料、空气温度、湿度、风速等诸多因素来确定，既保证摊铺混凝土前基层湿润，而且尽可能洒布均匀，尤其在基层不平整之处禁止有存水现象。从目前施工现场来看，大多数情况下是洒水量不足，因为基层较干，铺筑后混凝土路面底部产生大量细小裂纹，有些小裂纹与混凝土本身收缩应力产生的裂纹重叠后使整个混凝土路面裂纹增多。

(2)自卸车的卸料也是常常不被重视的工序，在施工中经常发生摊铺机前堆料过多使摊铺机行走困难，有时布料过少使振捣箱内混凝土量不足，路面厚度得不到保证。摊铺机前这种混凝土忽多忽少现象会严重影响混凝土路面的平整度。在施工过程中大多数施工者死板地间隔一定距离卸一车料，而忽视了基层不平整的变化，这种变化在客观上是普遍存在的。我国目前施工水平不是很高，对路面基层高程和平整度不一致，加大了混凝土路面施工的难度。在实际施工中，我们可对基层表面与面层基准高程线隔段实测来决定混凝土的卸料量，这样会避免卸料不均的问题。

1.2 混凝土摊铺机的合理使用

(1)振捣器间隔距离的确定看似简单，但它会对混凝土的密实度产生直接影响。振捣器的间隔一般在厂家安装高度时均加以调整、确定，正是这一点使操作人员忽视了振捣器使用中的再定位，因为要达到不同混凝土的级配、和易性、坍落度以及摊铺后的密实度要求，振捣器的间隔应做适当调整，这是非常必要的，尤其是两边的振捣器距侧模板的距离更应该常做出调整，以防止坍边。

另外，液压式振捣器随着使用时间的加长，振捣能力有所下降，要根据实际情况做出调整。

(2)许多摊铺机边模板的升降是通过液压缸来调整的。在实际使用中，边模板不能与基层间距太大，以防止严重漏浆，由于这一要求，摊铺行走过程中随着基层变化，边模板会直接与基层接触，使边模板形成支承点，严重影响了成型模对混凝土的挤压成型，坍边严重。

(3)从目前国内施工单位来看，大多数单位摊铺能力远远大于搅拌的生产能力。这主要是由于一般摊铺机最大摊铺能力均大于 500m^3/h ,而混凝土生产能力只有 100～200m^3/h,有些单位生产能力更小，强调这一点主要是为了说明摊铺机的摊铺速度没有必要开得很快，单方面的速度并不能提高施工进度。在施工中如果将摊铺速度控制在1～2m/min,就会使摊铺机运行平稳，路面平整度好，连续摊铺成为可能。而如果混凝土摊铺速度过快则会造成铺铺停停，不仅使每次起动时设备磨损大大增加，而且每次停机时的停机跳点不可避免，造成路面平整度很差。

1.3 摊铺后的养护

混凝土路面摊铺后的例行养护工序，在这里不予探讨，我们仅对切缝时间加以分析，在一些施工规范中列出了切缝机开始切缝时间表。这里开始切缝时间指混凝土抹平成型后所经历的时间。不难看出，温度对切缝时间有影响，但实际施工中影响混凝土铺筑后强度的不仅是温度这一个条件，还有湿度、风速、路面厚度以及混凝土添加剂的含量等重要因素。因风速对强度形成影响很大，风速较大地区应根据实际情况来确定切缝时间，如果不考虑风速，通常是切缝时间过晚，混凝土强度较高切割速度慢，切割机及刀片损坏度高。

2 水泥混凝土搅拌

水泥混凝土搅拌质量直接影响混凝土的内在质量，混凝土的质量则影响路面的平整度。我们从影响混凝土坍落度的因素和自动砂石含水补偿装置的正确使用两方面进行分析。

2.1 影响混凝土坍落度的主要因素

(1)级配变化对混凝土坍落度的影响是很大的，由于水和水泥对等体积的大料和细料和包裹率有着很大的差别，如在同等含水量和水灰比的情况下细料混凝土坍落度远远小于粗料混凝土坍落度，因此混凝土搅拌生产过程中往骨料仓里上料时要尽可能保持各仓骨料级配相对稳定，从而确保混凝土级配的配定。

(2)含水量的变化对混凝土坍落度的影响更是显而易见的,一般搅拌站水秤中的水量变化可以直观地了解，但砂中含水率变化大时对混凝土的坍落度影响十分明显，这一点已经得到施工者足够重视。但在雨水较大地区或下雨过后，坍落度很难控制。因此，在搅拌生产过程中应先测一下骨料中的含水率，水秤中应扣除这些水量，以得到理想的效果。

(3)水泥温度对混凝土坍落度的影响往往被施工人员忽视,这种因素往往在单机生产能力较大的搅拌站中发生，因为一般水泥仓只有100～150t，大方量搅拌站用水泥量也较多，有些时候一边往水泥罐里打水泥一边生产，有时候水泥还没有冷却下来就开始搅拌，这不仅使生产出的混凝土温度较高，而且坍落度因水泥温度高，吸水较大而变小。

(4)水秤和水泥秤的称量偏差对混凝土坍落度的影响是很大的，如果水秤和水泥秤的称量偏差都是稳定的，操作人员可根据实际重量计算用量。如果这个偏差是不稳定的，尤其是用水计量采用流量计方法的搅拌站，则水量计量偏差较大且不稳定，因而坍落度不易控制。

(5)添加剂的用量也是影响混凝土坍落度的重要因素，目前因为添加剂用量较多，因而添加剂用量的多少就直接对坍落度起作用。在添加剂的使用中不要用量过大。它虽然能使水量减少，使用量过大会使混凝土的一些物理、化学性能发生较大变化。所以在具体生产的过程中，减水剂的用量应相对稳定，才会起到较好的作用。

2.2 砂石自动含水补偿装置的正确使用

在使用自动含水补偿装置时有一种错误认识，即自动测量显示仪显示的百分数就是砂石中的含水率。这种认识主要原因是缺乏对此装置原理的理解，要正确使用自动含水补偿装置，必须在每次使用前重测砂石的实际含水量并依此调节显示仪上的显示值。自动测量补偿装置能够正常工作、精确补偿后，混凝土的坍落度会得到很好的控制。

60. 绿化景观设计在公路绿色通道建设中的应用

黄林星　任东华
（广州市花都区公路管理局）

摘　要　结合公路绿色通道建设中绿化景观设计的运用，提出公路养护管理部门对公路绿化、生态防护的重视，使所管养的公路与自然更加完美地结合，形成具有地域特色的景观路、生态路、环保路。

关键词　公路　绿化　设计

近几年，我市公路建设进入了高速发展阶段，公路网络系统的不断完善，为广州市经济发展发挥了重要作用。随着人们对精神文明和生活环境要求的不断提高、机动车保有量的迅猛增加以及公路建设对自然环境造成的负面影响，已经到了较严重的地步而日益受到重视。因此，加强公路环境设施建设，营造一条环境优美的绿色通道已迫在眉睫，而公路绿色通道建设和青山绿地建设对恢复公路生态发挥重要作用。通过合理的技术手段，使公路成为自然景观的新亮点，实现公路的可持续发展。

1　概述

2005年开始，花都局实施对G106线、S114线、S118线以及县道X264线公路绿色通道建设工程，至今已建成公路绿色通道55km，在建的19km，其中S11线、S118线已通过上级主管部门的验收。上述绿化建设项目设计采用了乔、灌、花草相结合，点上深化、线上普及、面上拓宽的绿化模式，实现沿线植物乡土化、层次化、多样化，取得较好的公路绿化效果和生态防护效果。

2　建设前绿化状况

实施建设前的公路绿化，路树品种较单一，缺乏整体绿化丰富感和林荫效果，人行道基本没有乔木遮挡阳光，缺乏统一的绿化景观，能常开花的树木较少，缺乏层次感和效果。部分路段原有花朵植物和绿色树木间层次缺乏渐进作用和常开花植物，生态和景观效益较差。

3　设计理念

3.1　注重植物配置，体现层次化

层次化是充分发挥各植物生态特征的客观要求。按照公路两旁生态系统的植物分布空间设计为乔、灌木、花草三个层次。本设计利用公路用地范围内可绿化用地，采取适当的栽植密度，种植火焰木、高山榕、美丽异木棉等色彩丰富的树种，并在原有路树前种植色彩鲜艳的红花紫荆、黄槐、大叶紫微、凤凰木等乔木，花草配置有七彩大红花、美蕊花、红继木。使植物高、矮错落有致，乔、灌、花草配置有序，各占其合理空间，使视觉上更为舒适。

3.2　因路制宜体现乡土化

乡土化是公路绿化的基础。在选择植物品种和布局具有本地特色，遵循“适地适树”的原则。整条公路的绿化美化在保持整体景观统一的前提下，各路段的绿化美化形式上有所变化。选择了红花紫荆、黄槐、高山榕、凤凰木等生命力强，适合本土种植的品种。

3.3　注重生态平衡体现多样化

多样化是建设生态公路的要求。生态的意义是物种多样化，只有多样化，才能形成稳定的植物群落，实现可持续发展。设计时注重植物多样化选择，根据每条线路的地域、区域条件，分多段设计。每段

设计采用不同的乔木、灌木品种、每条线路乔、灌、花草品种有十多种之多，每段错落配置种植。增加一年四季植物的观赏性，实现公路植物的色彩、形态不断变化发展，形成一条色彩丰富的林荫大道。

4 绿化景观设计的运用

公路绿化景观设计是在公路路域范围内，利用植物及其他材料创造一个具有形态、形式因素构成的较为独立的、具有一定社会文化内涵及完美价值，并能满足公路交通功能和环境保护功能要求的景物过程。

4.1 "点"的设计

(1)平交区设计

G106线花山广场平交区设计，中心绿化注重构图的整体性，采用大手笔的乔、灌木和低矮花卉，图案美观大方，简洁有序。整个平交区绿地采用两个对称的"三角花坛"组成，种植低矮植物，其搭配色彩丰富的美蕊花、小叶紫薇和优美大气的凤凰木，简洁有序的几何造型，使人心境平和宁静，明快鲜活的色彩又不失端庄雅致。

(2)互通立交区设计

S118线机场交速立交区设计分三部分种植。第一部分为美丽异木棉与大叶紫薇、矮灌木灰莉球与黄榕球混栽，木棉的多层次枝干姿态优美，四季常青，花色呈粉红，大叶紫薇枝干舒展，搭配青色灰莉球和黄榕球，产生饱满的视觉空间和多层的美感。

4.2 "线"的设计

路侧的绿化设计以丰富公路景观、改善行车环境为主，结合车速与视点不断移动的特点，考虑视觉与心理效果，做到尽量与周围景观、自然环境相协调。根据每条线路的路域条件、区域条件、公路里程、实行多种种植形式，交替变换。以原有的路树美叶桉为背景，用七彩大红花、红继木、凤凰木、蓝色楹、黄槐、红花紫荆、宫粉紫荆，穿插于原有美叶桉间种植，同是绿色树木但枝干形态更为丰富，花色金灿夺目避免背景过于单调乏味，色彩渐进更具艺术美感，改善了单一行车环境。

4.3 过城镇路段设计

S118线经过花东墟镇路段有2km长，原路两旁各有5m宽绿化带。设计时将原有绿化带保留，在绿化带花槽内种植蓝花楹，增加路面林荫效果和色彩。

5 效果与效益分析

5.1 效果分析

G06线、S114线、S118线及X264线四条线路的绿色通道的建成，美化了大环境形成环保的绿色屏障，具有连续的韵律感，实现再造公路景观、遮阳，减噪、防尘、园林景观美化的目的和效果。

5.2 效益分析

(1)生态效益

花都局绿色通道建设设计模式，把乔、灌、花草等地被植物有机结合，体现和渗透公路绿化的生态效益，和"适地适树，以人为本"的公路绿化指导原则，把平面绿化、垂直绿化，立体绿化有机结合，"点、线、面"结合、植物的形态美和色彩美相结合，遵循了绿地植物与公路生态因素相互作用的基本规律。

(2)社会效益

花都局绿色通道向社会展示了良好的交通形象，改善了广州白云机场周边公路通行视觉环境质量。同时，路边景观效果减缓行车途中的压力，保证了行车安全。改善和美化机场周边大环境，达到"安全、舒适、环保、和谐"的目的。

6 结束语

公路绿化具有安全运输、创造景观、保护环境三大功能。在公路环境的改善以及景观创造方面，主要表现在创造安全运输环境及优美的公路环境，保护与协调公路沿线生态环境，尽力改善人类修筑公路活动带给自然景观生态环境的破坏，而公路绿化设计与绿化模式的确定和树种的选择配置是建设高标准公路绿色通道和青山绿地工程的关键所在。

61. 水泥搅拌桩处理软基施工的施工工艺及质量控制措施

何智宇
(广州市公路管理局)

摘 要 水泥搅拌桩是一种实用的软基处理方法。结合国道主干线广州绕城公路小塘至茅山段软基处理实体工程,对水泥搅拌桩的施工工艺与质量控制措施等问题进行了系统的总结和分析。室内试验检测结果表明,水泥搅拌桩的施工是成功的,确保了软基处理的效果。

关键词 搅拌桩 施工 工艺

水泥搅拌桩是用于加固饱和软黏土的一种方法,就是利用水泥、水配制成浆液等作为固化剂,用专用的搅拌钻机将固化剂等喷入软土地基中,并将软土与固化剂强制搅拌,利用固化剂与软土之间所产生的一系列物理化学反应,使软土结成具有一定强度的水泥桩体而形成复合地基的一种施工方法。美国在第二次世界战后研制开发成功一种就地搅拌桩(MIP),1953 年日本从美国引入这种方法,国内 1977 年 10 月开始进行深层搅拌桩的室内实验和施工机械的研制工作。由于水泥搅拌桩具有能有效减少总沉降量、能承受较大的加荷速率、抗侧向变形能力强、可大大缩短施工期等优点,目前在高速公路建设领域应用得较为广泛。

在以往的工程实践中,水泥搅拌桩处理软土地基施工中常存在如下一些问题:水泥用量难控制;均匀性差、强度低;沉降得不到有效减少,达不到设计要求,影响加固效果。因此,在施工过程中采取科学的施工工艺和有效的质量控制措施,确保水泥搅拌桩处理软基的加固效果,成了需要克服的难题。本文结合国道主干线广州绕城公路小塘至茅山段 C03 合同段水泥搅拌桩加固桥头软基项目,对水泥搅拌桩处理软基施工过程中的质量控制措施进行总结与分析。

1 施工概况

根据地质勘探揭示,本项目区软土主要以淤泥、淤泥质亚黏土及淤泥质黏土为主,软塑—流塑状,具有天然含水量高(最高含水量达到 122%)、高压缩性和抗剪强度低等特点,其对路基、路面以及人工构造物具有很大的破坏作用,在桥台以及小型构造物的地基处理中,采用了水泥搅拌桩的方案。

本项目中水泥搅拌桩桩径采用 50cm,间距 1.1~1.3m,桩长 11~12m,桩位在平面上按照梅花形布置。水泥搅拌桩要求桩身无侧限抗压强度 $R_{28}=0.8$MPa,$R_{90}=1.2$MPa,要求 28d 单桩允许承载力和允许复合地基(三桩)承载力分别达到 300kPa 和 130kPa,根据这个要求,结合本项目地质情况和以往施工经验,经过水泥土实验,确定水泥用量 70kg/m,水泥浆的水灰比为 1∶0.5。

2 施工工艺

2.1 施工机械

水泥搅拌桩的施工机械主要由钻机、粉浆机和空压机组成。

(1)钻机:是水泥搅拌桩的主要成桩机械,应具有动力大、操作灵活、能按不同速度均匀地正向钻进和反向提升、能前后左右自行移动的功能。

(2)喷浆设备:是定量发送浆体材料的设备,包括储灰罐、发送装置、计量控制装置等,是施工的关键设备。

(3)压缩机:为水泥搅拌桩施工提供一定压力的气源,使水泥浆液克服喷浆口土体阻力而喷入土中。

2.2 加强对施工机械设备的检验

(1)每台桩机必须配置可以控制桩身每米喷浆量的记录器,且记录器上应当准确的自动记录操作时间、深度、喷浆量、桩位编号、复搅深度、复搅次数等参数。

(2)桩机上的气压表、转速表、电流表、电子秤必须经过标定,不合格的仪表必须更换。

(3)每台桩机钻架相互垂直两面上分别设置两个0.5kg重的吊线锤,并画上垂直线。

(4)在每台桩机的钻架上画上钻进刻度线,标写醒目的深度。

(5)钻头直径的磨损量不得大于1cm。

2.3 加强对原材料的检验

(1)所用水泥必须经过试验室抽检,满足规范的要求。并尽量不采用那些产量较小、质量不稳定的小水泥厂生产的水泥。

(2)水泥的堆放应该符合防雨、防潮的要求,严禁使用过期、受潮、结块、变质的水泥。

2.4 施工前必须进行工艺试桩

不同地段具有不同的地质条件,为了克服盲目性,确保加固地基收到预期的效果,在施工前必须进行工艺试桩,试桩数量不少于5根。试桩的目的是:

(1)提供满足设计喷浆量的各种操作参数。如管道压力、灰罐压力、钻机提升速度、钻进速度、搅拌速度等。

(2)验证搅拌均匀程度及成桩直径。

(3)确定该地质条件下,水泥土配合比是否适用于现场,选择符合质量要求的合理掺灰量。

(4)确定该地质条件下,掌握下钻和提升的阻力情况,选择合理的技术措施。

(5)确定进入持力层的判别方法。

(6)检测桩身的无侧限抗压强度是否满足设计要求。

(7)检验加固剂分布的均匀性和有效加固长度能否符合设计要求。

2.5 作业流程

清理场地→施工放样→钻机定位→钻进到设计深度(预搅)→成桩→调平、送风→喷浆、搅拌、提升→离地面50cm停止喷灰→复搅(一边搅拌一边喷浆)下沉→至桩底停止搅拌、喷浆1min→搅拌提升至桩顶→关闭电源,钻机移位。

3 质量控制

3.1 工艺控制

(1)施工前一定要按设计要求将每根桩的桩位用小木桩(或小竹片)定出,施工时将钻头对准定位小木桩,使桩位偏差控制在允许范围之内。

(2)预搅时钻进速度不宜过快,要根据不同土层加以控制,最高钻进速度不超过1.0m/min。

(3)成桩过程中,钻头提升速度与喷灰量必须协调一致,使水泥掺量均匀准确。提升速度控制在0.4~0.7m/min,搅拌转数控制在30~50转/min,钻进、复搅、提升时管道压力控制在0.1~0.2MPa,喷浆时管道压力控制在0.25~0.4MPa,计量装置施工前必须标定准确,施工过程中还需经常校验。

(4)复钻搅拌是提高桩体质量的一项重要措施,必须在设计的深度范围内认真复钻搅拌,使水泥土得到充分的搅拌和压实。

(5)在钻进和提升的整个过程中都应使钻机转盘水平,机架垂直,机身平稳,以保持桩体的垂直度误差不大于允许值。

(6)水泥须经室内试验合格后才能使用,施工时送灰必须连续,不得有中途断灰现象。若遇机械故障造成断灰,需采取"复打"措施,"复打"重叠长度不得小于1m。

(7)深度和直径均不得小于设计要求。

(8)认真做好施工原始记录,施工过程中发生的情况都应在原始记录中反映,对不符合要求的粉喷桩应注明采取的措施和补救方法。

3.2 质量控制措施的重要环节

搅拌桩施工过程中,重点要控制好三个重要施工环节和日水泥用量、日进度两个指标。

(1)桩长按进入持力层控制

根据本项目水泥搅拌桩加固桥头软基试验研究成果,与塑料排水板处理方案相比,采用搅拌桩处理沉降量要减小25%~49%,沉降的分布亦有明显的改变,在桩身范围内的沉降量减小很多,而桩尖以下的软土沉降量有所增大。在桩长11m范围内的沉降量与桩尖以下沉降量的比值达1∶1.5。而且由于大部分荷载由桩体承受,所以桩周土中孔隙压力较低,而桩尖以下土体中的孔隙压力较大,而且很难消散,因此,搅拌桩宜尽量打至持力层上(一般控制为q_c=800kPa),并且进入持力层50cm左右。在施工过程中,桩底设计高程往往与持力层并不一致,施工人员容易出现桩长以设计高程控制的现象,如在桩尖下尚留几米软土,会有较大的工后沉降量,由于排水不畅,预压很长时间也很难稳定。故搅拌桩实际施工桩长应按进入持力层控制。判别是否进入持力层的方法可由钻机钻到最深时的下钻速度和电流表的读数来判定,这两个参数是在工艺试桩时由监理确定,一般是下钻速度0.5m/min,电流值是额定电流值的125%以上。

(2)浆液计量控制

粉喷桩的质量好坏与水泥掺入量的多少及均匀性有直接的关系,因此,如何来计量固化剂是控制的关键。目前,一般较为常用的是电子称重法与钻机深度相结合的计量装置,它能在记录上反映深度、相对应每延米的喷浆量、总灰量等。浆液计量控制主要应注意以下几点。

①固化剂浆液要严格预定的配合比拌制,制备好的浆液不得离析、不得停置过长(时间不得超过2h),浆液倒入时要加筛过滤,以免浆内结块,损坏泵体。

②泵送浆液前,管路应保持潮湿,以利输浆。现场拌制浆液,必须有专人负责记录固化剂、外掺剂用量,并记录泵浆开始、结束时间。要保证喷浆的均匀性,关键是掌握好钻头的提升速度。因水泥浆喷入为人工控制,必须避免出现为满足每米喷浆量的要求,施工人员根据记录器显示凑数字,从而导致的喷浆不均匀现象。

③从开始喷浆到钻头处出灰有一定时间,钻机钻至桩底后,必须预喷停留一段时间,方可提钻。停留时间由管道长度等确定。如果钻至桩底后即喷浆提钻,则桩底实际有一段空桩,反而搅动破坏了桩底原状软土,使沉降量加大。

(3)复搅控制

水泥与土搅拌均匀程度是关系到搅拌桩桩体强度的关键因素。大量的施工实践已充分证明搅拌桩复搅与不复搅的质量相差甚大。钻头喷出的浆液往往呈脉冲状,若不充分搅拌,浆液在桩中呈现层状,形成一种“夹生”,这样的桩即使水泥掺入量再多也没有强度。复搅的作用在于通过充分的搅拌使粉体与土及水得到比较完全的接触与作用,促使桩体的形成。为了确保搅拌的均匀性,施工时要严格掌握好钻机提升速度、搅拌叶旋转速度等,并应尽量采用全桩复搅以保证质量。本项目桩长较长、土体天然含水量较高、黏性重,因此采用“二喷四搅一停”的施工工艺,即:钻进—钻至桩底后慢档提升、喷灰、搅拌至停灰面—钻进、复搅复喷至桩底—提升、搅拌至停灰面—移位。防止出现“沉桩”现象。

(4)日水泥用量与日进度指标的质量控制措施

①施工过程中,应随时注意钻机的水平度和垂直度、钻进深度、喷浆深度、停浆高程、复搅深度、喷浆的管道压力、浆罐内的水泥加入量、剩余浆液量等,并做好记录。

②技术人员要及时收取记录器打印记录,并校核时间、桩号的连续性等。

③技术人员每日施工结束后对施工现场水泥用量和记录器打印记录中的水泥用量加以统计、对比。

④水泥须经室内试验合格后才能使用,施工时送灰必须连续,不得有中途断灰现象。若遇机械故障

造成断灰，需采取“复打”措施，“复打”重叠长度不得小于1m。

⑤技术人员应当核对前后左右的桩的深度和成桩时间，如果深度相差较大或相同深度的桩成桩时间相差很大，则认为存在搅拌不匀或其他原因，要具体分析，采取相应补救措施。

⑥技术人员应根据钻杆的提升速度、每台桩机的日工作数等，确定每日完成延米数和每根桩的施工时间。如果某台桩机完成的延米数超过规定值较多或某根桩记录器打印记录显示时间少于规定值较多，则认为存在搅拌不匀或其他原因，要具体分析，采取相应补救措施。

(5)事后检测阶段的质量控制措施

水泥搅拌桩施工完成后，应按规定频率进行取芯、无侧限抗压强度、单桩及复合地基承载力试验。对检测发现的问题，如未穿透软土层、部分断灰、喷灰不均匀、强度不足等，应严格进行加密、补桩等处理。

取芯时，取芯位置应取在1/2桩径处，而不应取在桩中心处，因粉喷桩桩体中心是钻杆占据的空间，成桩后中心部位强度较低，易造成桩体强度偏小的假象；钻孔取芯时要注意保持钻机平衡，避免因钻杆倾斜而造成斜孔，导致取芯失败；取芯长度应比桩长长50cm左右，以检验桩底土性状。

4 结束语

在国道主干线广州绕城公路小塘至茅山段水泥搅拌桩处理软基施工过程中，采取了有针对性的质量控制措施，实验检测证明该项目的水泥搅拌桩完全达到了设计标准，桩身无侧限抗压强度 $R_{28}=0.8$MPa，$R_{90}=1.2$MPa，28天单桩允许承载力和允许复合地基（三桩）承载力分别大于300kPa和130kPa，有力地保证了水泥搅拌桩处理软基的施工质量和处理效果，达到了预期的目的，有效地减少了桥头沉降。

参考文献

[1] 地基处理手册编写委员会. 地基处理手册. 北京：中国建筑工业出版社，2000，8.
[2] 张诚厚，袁文明，戴济群. 高速公路软基处理. 北京：中国建筑工业出版社，1998.

62. 粉喷桩处理软土地基施工工艺控制

黄少新[1] 曾 磊[2] 罗金标[3]
（1. 广州市公路管理局；2. 广州珠江黄埔大桥建设有限公司；3. 广州市公路开发公司）

摘 要 以工程实践为依据，系统地分析了粉喷桩的施工工艺及质量检测方法，并针对施工中常见问题提出了解决办法。

关键词 粉喷桩 试桩 施工工艺 质量检测

粉喷桩作为一种新型的软土加固技术，已逐渐在全国高速公路软基处理工程中得到广泛应用。然而，粉喷桩的施工质量不易控制，易出现工程事故。在广州市北二环高速公路第 25 合同段喷粉桩处理软基过程中，笔者通过试桩确定相关参数，制订严格的施工工艺控制措施，加强现场管理，确保了软基处理效果。

1 粉喷桩试桩工艺

由于该工程的粉喷桩数量多，施工范围广，为掌握相关技术参数和机械参数，为大面积施工提供依据，指导工程施工，1999 年 11 月，在该标 C 匝道进行试桩，共试桩 12 根，试桩情况如下。

1.1 施工机械及材料的选择

粉喷桩机采用国产 PH-5 型桩机，选用 1.0m^3 的固化剂罐、供料器及电子称量系统，并配有灰罐架，供料器及电子称量系统，空压机选用 XK 型，容量为 1.0m^3，固化剂选用普通硅酸盐 425 号水泥。

1.2 基本施工参数的确定

桩径为 50cm，间距为 1.3m，梅花形排列，钻进速度为 0.5～0.8m/min，提升速度为 0.5～0.8m/min，搅拌速度为 30～50r/min，喷灰压力为 0.2～0.4MPa。

1.3 掺灰量的确定

喷入量按 50kg/m、60kg/m、70kg/m 三种掺入量各试桩 4 根，分别成桩 7d，开挖桩头 1.5m 进行外观检查，28d 进行抽芯强度检查，质量检查结果如表 1 所示。

含不同水泥用量试桩的质量检查结果 表 1

桩号	桩长(m)	水泥用量(kg/m)	成桩外观	芯样描述	抗压强度(MPa)
ZK1 加 ZK1	12.20 12.30	50	桩身完整，桩头存在局部松散	水泥分布不均匀，胶结一般，芯样破碎，呈块状或短柱状	0.486 0.48
ZK2 加 ZK2	12.30 12.40	60	桩身完整，整体性较好，桩头密实，桩身有水泥护壁包裹	水泥分布较均匀，胶结较好-良好，呈可塑状，芯样呈碎块状-柱状	0.605 1.35
ZK3 加 ZK3	12.10 12.30	70	桩身完整，桩身外侧有完整的水泥护壁	水泥分布均匀，胶结良好-较好，呈可塑状，硬塑，芯样较完整，呈长柱-短柱状	0.79 1.52

从表 1 可以看出，采用 60kg/m 及 70kg/m 两种掺入量均取得良好的效果，施工后的桩身呈可塑—硬塑状。与原土中流动性—软塑状有机土及淤泥相比，加固效果较明显。根据试桩结果，选用 60kg/m 水泥的喷入量，掺入量为 19%。

1.4 施工工艺的确定

通过加强现场质量监控，明确施工工艺，确定喷粉桩复搅深度和进入持力层电流值。

2 粉喷桩施工工艺

2.1 清表

在施工范围内，清除原地面20～30cm表土，低洼处回填黏土或粗砂，并初压整平，地表过软应采取防止机械行走或施工时的沉陷或失稳的措施，测量平整后的地面高程。

2.2 施工放样

根据施工设计图按各施工段绘出布桩图，并按施工顺序对桩位进行编号。根据导线点定基轴线，按等间距平差网格放样，布置出所有桩位。

2.3 安装机具、备料

安装深层搅拌机、储料罐、供应泵等工作平台，储料罐的设置应综合考虑以下因素：①减少施工影响及搬迁次数；②防止离桩机过远，管道过长而减少喷粉的压力，一般应以50～80m的管道长度为宜。

施工选用的水泥、石灰等必须符合国家标准，具有出厂质保单及试验报告。水泥应按规定的试验频率取样试验，严禁使用过期、受潮、结块、变质的水泥，在进入贮灰罐时都应过4目/cm的筛，以防止堵管。

2.4 搅拌机就位对中

施工机械就位后，调整钻机及导向架，保证钻杆的垂直偏差≤1.5%，检查钻头直径，其磨损≤1cm，钻头对中偏差≤5cm，检查校核钻杆的长度及深度显示仪，记录储罐读数及钻杆的初始高程。

2.5 预搅下沉

启动搅拌钻机，保持0.5m/min、转速30r/min，边旋转边钻进，同时开动空压机送风，防止钻进时堵塞喷灰口。由于电流值的大小与地层地质情况、钻进速度均有关系，故应以稳定的钻速电流值为准，以确定桩底的地质情况。

2.6 提升喷粉

钻进到设计桩长或持力层50cm后，开启送灰系统，由于水泥粉送到桩底的时间因管道的长短产生一个时间差，一般滞后于提升时间，故应确保在水泥到达桩底后方能提升。提升的速度应略小于钻进的速度，保持稳定的喷入量，同时应注意压力表是否有异常变化，防止管道漏气或堵管。如喷粉过程中出现堵管或施工机械故障，应在停断处1m范围内进行重新喷粉搅拌。

当钻头提升到离地面0.5m时，改为慢速提升，停止送风；提升至地表后，停止送气。

2.7 复搅下沉

为使加固料与软土搅拌均匀，在提升喷粉后进行复搅，复搅下沉及提升的速度根据试桩确定为0.5m/min；提高桩身上部强度，适应荷载应力传递，复搅深度一般为桩长的1/3，桩长不足5m要整桩复搅。

2.8 喷粉检查

停粉工艺如前，整桩喷粉结束后，应检查计量仪。若喷粉量不足应整桩复打，若中间有喷粉量不足应检查记录，部分复打，复打长度应重叠1m。

3 施工检查及记录

施工过程中，应随时检查钻进速度、提升速度、喷粉压力、喷入量参数，重点检查搅拌深度、水泥的用量、喷入的连续性；定期检查钻头直径，校核深度显示仪，并对每根桩做详细记录。

4 质量检测

4.1 一般质量检测方法

粉喷桩软基处理质量检测应包括两方面内容：

①桩的外部质量检测，包括检测桩位、桩径、桩距等外型尺寸；

②桩的内部质量检测，包括桩身的连续性和均匀性、水泥土胶结密实程度、强度以及单位承载力等。

粉喷桩质量检测常用方法有开挖检查法、轻型动力触探法、静力触探法、钻探取芯法、静载试验法、应力波反射法和水电效应法等，对桩身的质量，搅拌的均匀性、连续性进行检测和评定。

4.2 综合质量检测

单一的检测方法较难综合评价粉喷桩软土地基处理效果和客观地反映复合地基的承载力。因此，工程中笔者采用了轻型动力触探、开挖桩头、抽芯取样、静载试验以及工后观测的联合检测方法，以评定粉喷桩地基处理的质量。

轻型动力触探可以反映成桩质量早期强度情况，对粉喷桩施工质量预先进行检测，对成桩质量进行预期评价；然后开挖检查，对成桩的外形、桩径、桩距进行检测，观测桩头水泥土搅拌均匀性及密实性；再通过 28d 及 90d 的抽芯取样，确定水泥土的强度，同时检测桩身的水泥土胶结情况及连续性，通过静载试验综合评价喷粉桩处理软基的整体效果；在施工完成后的填土过程中，埋设沉降板进行沉降观测，作为填土过程中路基稳定性及填土速率的控制指标。通过该方法的结合应用，对粉喷桩施工质量取得全面的评价。

5 施工中常见问题的处理

(1)施工中钻进困难，电机跳动，电流值偏高。其原因大都是钻进时遇到石块或土质过硬，此时应减慢钻进度和旋转速度，同时判断是否为地层变异，提前进入持力层。

(2)桩头下陷。原因是淤泥层变化大，局部呈流塑状，含水量高。原地层经搅动后出现塌陷、压缩或串孔现象。该类地层复杂，处理时先用黏土或砂土回填密实，重新搅拌后再喷粉施工。相邻桩可采用跳开间隔施工法，避免施工对邻近桩造成影响。

(3)堵管断桩。造成堵管的原因有两个：一是水泥中有结块，堵塞管道或喷嘴；二是钻头钻进时遇腐木或其他异物，缠绕堵塞喷嘴。其处理方法是提升钻头，清理喷嘴或管道。水泥入罐前应过筛，清除水泥中的结块，同时注意检查管道压力情况。

(4)喷粉量不足。当管道过长时，将使喷入压力减少，喷体发送器送灰不均匀，造成桩下部灰量小，上部灰量多；或是提升速度过快，也会造成喷入量不足，其处理方法是控制提升速度和喷粉压力，检查储灰罐，减少管道的长度及空压机的压力。

(5)桩底含灰量少。其原因是钻进到桩底提升时，在水泥尚未到达桩底的情况下提前提升。其处理方法是增加桩底空转送灰时间或是复喷桩底 1m 范围内桩身。

(6)施工中桩基的偏位及倾斜。这是由场地不平、局部软弱、机械原因以及施工中遇到异常地质所致，导致导向架倾斜。处理方法是重新调整钻机的平台及支垫钻机，保证钻机的平整及钻杆的垂直对中。

6 结束语

(1)水泥粉喷桩在广州市北二环调整公路 C25 合同段软基处理中的总体质量良好，加固效果明显，其施工操作简单，施工进度快，对周围环境影响小。

(2)粉喷桩施工过程中，通过施工前“试桩”工艺确定相关参数及工艺，加强对粉喷桩施工工艺监控，从而达到对粉喷桩施工质量的有效控制。

(3)与其他软基处理方法相比，粉喷桩强度形成快，地基沉降小，能减少预压时间，加快后续施工的进度。

(4)目前的检测方法中，存在着检测内容单一的缺点，无法对粉喷桩质量形成综合评价，应联合采用多种检测方法，全面评价软基处理效果。

参考文献

[1] JTJ 017—96 公路软土地基路堤设计与施工技术规范.

[2] 薛殿基. 粉喷桩设计与施工. 郑州：河南科学技术出版社. 1997.

63. 浅谈锚杆喷射混凝土边坡加固的施工

王明兴
（广州市公路管理局）

摘　要　城市道路拓宽改造，当征地拆迁红线刚好落在已建好的重要建筑物边，路床开挖深度大于3米，按一般边坡防护施工没有开挖位置且危及建筑物的安全时，采用锚杆喷射混凝土边坡加固可解决此问题，施工时需自上而下逐级开挖加固，按一定高度分级开挖、预留平台、加固，待混凝土达到一定强度后再开挖、加固，如此循环直至设计高程。

关键词　锚杆　喷射混凝土　边坡加固　施工

锚喷支护技术在20世纪60年代开始出现，已有近40年的施工历史。原来的锚喷支护主要应用于矿山井巷、交通隧道、水工隧道和各类洞室等地下工程。近年来，随着我国高速公路的发展，锚喷支护技术也在公路路堑边坡防护中得到广泛应用。如京沈、京福高速公路、铜黄一级公路，都采用了该技术来处理路堑边坡。土层锚杆是在岩层锚杆的基础上发展起来的，我国已在多个工程的边坡加固中采用锚杆加固挡土墙，至今使用情况良好，锚杆在土层中灌浆锚固技术已取得了较多的经验，使这项技术日趋完善。通过实践证明，该项技术先进、经济合理、安全适用、能够确保施工质量。

1　锚杆加固的机理、适用条件

土层锚杆是一种埋入土层深处的受拉杆件，它一端与工程构筑物相连，另一端锚固在土层中，通常对其施加预应力，利用预应力锚杆产生的收缩力承受由土压力所产生的拉力，用以维护构筑物的稳定，控制结构的变形。土层锚杆由于土的抗剪强度低，需要对锚固段采取另外一些必要措施，如端部扩大锚固，连续球体锚固，增大灌浆压力，二次灌浆等，以提高锚杆的极限抗拔力。近年来，锚杆技术发展迅速，在边坡支护、围岩锚定、滑坡整治、洞室加固、高程建筑基础锚固等工程中广泛应用，具有实用、安全、经济的特点。

1.1　锚杆加固土层边坡的机理

锚杆加固是利用与锚杆相连接的灌注浆体与土层之间的摩擦力来平衡墙面所承受的水平土压力。土层锚杆一般由锚头、自由段和锚固段三部分组成，其中锚固段用水泥砂浆将杆体与土体黏结在一起。其施工工艺是先进行土层开挖后，在待加固的土层边坡上钻孔，然后按照一定间距布设锚杆，同时灌注水泥砂浆，待砂浆达到一定强度后张拉预应力，用钢板和螺栓固定锚杆端部。借助锚杆的收缩力，通过与锚杆相连接的砂浆体，使砂浆体形成一个向固定端收缩的拉力，这个拉力相当于在土层上施加了一个压缩力，使土体紧密固结在一起，减少土中的孔隙，增加土体应力，从而使土体得以加固。图1为锚杆加固土层示意图。

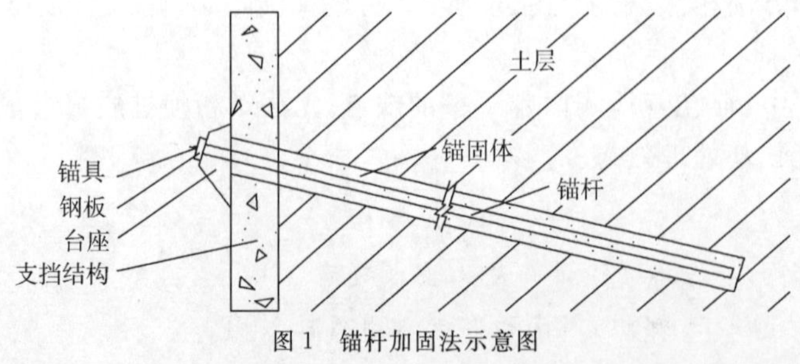

图1　锚杆加固法示意图

1.2　锚杆加固土层边坡的适用条件

锚杆挡土墙的结构形式有锚喷式、柱板式、格构式和垂直预应力锚杆等。锚喷式成本低、施工不受部位和方向的限制，整体性能好，若施工面较小或为争取建筑面积时可采用此种形式。柱板式挡土墙能争取边坡高度、减少土石方开挖和占地，节省石料，预制肋柱式锚杆挡土墙因每一级墙需一次挖成，故适用于岩层比较完整、不易坍塌的地段。格构式锚杆挡土墙由现浇网状的钢筋混凝土格架梁和灌浆锚杆组成，可用于稳定性和整体性较好的岩石或土质边坡。垂直预应力锚杆挡土墙由圬工墙身和预应力锚杆组成，它借助于锚杆预应力对墙身施加的压力，代替墙身圬工的重量，从而减小墙身的断面尺寸，有节省圬工、造价低廉和施工简便等优点，适用于墙身所受推力较大的岩石地基和挡土墙变形需要严格控制的地段。

2　土层锚杆喷射混凝土施工方案

结合广东省广州市县道X271线同和至大源段改造工程的实际情况，在K5+320～K5+460、K7+643～K7+772两段共269m采用锚杆喷射混凝土技术加固边坡。此段所经地区为剥蚀低丘缓坡地貌和丘间宽谷地貌，出露的地层主要为第四系冲积层及残坡积层，由黏性土、砂性土及淤泥质土组成；下部基岩由燕山三期花岗岩及泥盆系砂岩组成，自然露头极少，此两段边坡土质稳定性较差，其中K5+320～K5+460段路线右侧征地红线刚好落在华凌冰箱厂高台建筑楼房角边，K7+643～K7+772段右侧征地红线刚好落在南湖山庄别墅区墙角边，以上两段均为征地困难地段，且高差较大。为减少征地拆迁费用广州市勘察设计院将此两段设计为锚杆喷射混凝土加固。

2.1　防护设计

(1)锚杆：选用Φ28mm螺纹钢筋，锚杆长度根据不同高度分为7～10m，外露10cm，用于绑扎钢筋网，锚杆间距为130cm×50cm。

(2)钢筋网：钢筋网选用Φ8mm网格筋，钢筋网按间距20cm×20cm布设，钢筋网必须与锚杆绑扎连接。

(3)混凝土：选用C20混凝土，配合比为1：2.1：2.27，水灰比为0.48。

(4)灌注浆：水泥砂浆强度不低于20MPa，水灰比为0.5，灌浆压力为0.5～1.0MPa。

(5)排水孔：布设排水孔的目的是为了能够有效地排除喷射混凝土墙内侧积水而不致影响已喷混凝土的永久稳定性，排水孔孔径为50mm，深500mm，间距为2m×2m，梅花形布设，造孔方位为水平位置上仰5～10°。

2.2　施工具体顺序及方法

(1)开挖土方：边坡采用逆作法施工，按照测量放样的边线利用挖掘机逐级垂直开挖，每级为1.5m，开挖每一级需预留平台作为工作面，平台宽度应大于2m，并将坡面上的危石、杂草、树木、松土、浮渣等清理干净。加固后再垂直开挖下一级。注意设计地基容许承载力为250kPa，施工前应做好地基检测，以及时采取措施进行地基处理。

(2)第一次喷射混凝土：逐级开挖土方后各级分别喷射混凝土，厚度为50mm，在受喷区分片分段，自上而下，先凹后凸进行作业，且不得漏喷。喷前受喷面要设立控制喷射厚度的标志，喷射时一圈压一圈，应尽量避免回弹，不流不淌。

(3)钻锚杆孔：采用螺旋钻钻孔，设计锚杆孔间距为1.3m×1.3m，孔径为13cm，且各级成孔深度均不相同。施工中除满足设计尺寸要求外，还要注意成孔角度，锚杆孔向下倾斜15°。水平方向孔距误差不应大于50mm，垂直方向孔距误差不应大于100mm，锚杆孔深不应小于设计长度，也不宜大于设计长度的1%。成孔后进行清孔，用清水洗净或用高压风吹净。

(4)下锚杆：锚杆孔成孔后，帮扎好注浆管，采用人工送杆，锚杆钢筋应与灌浆管同时插入。锚杆采用Φ28mm螺纹钢筋，外露10cm，用于绑扎钢筋网。锚杆应平直、除油和除锈，采用刷防腐漆防腐后，每隔1.5～2.0m焊接一个锚杆定位器。锚杆插入要顺直，下锚杆要牢固，应防止杆体扭压、弯曲。注意锚杆稳定后，不要随意敲击，不准悬挂重物。

(5)灌注水泥砂浆：注浆管随锚杆一同放入钻孔后进行注浆，要求注浆体强度不低于20MPa，采用注浆方法，注浆压力为0.5～1.0MPa。注浆浆液应搅拌均匀，在初凝前用完，并严防石块、杂物混入浆液，注浆时若孔口无砂浆溢出应及时补浆。

(6)布设泄水孔：在坡面上按间距2m×2m梅花型布置泄水孔，泄水管采用Φ50的带孔PVC管，长500mm，并包裹土工布。造孔方位是水平位置上仰5°～10°。排水孔要通畅，防止岩体内水排不出产生膨胀，破坏混凝土。

(7)绑扎钢筋网：钢筋网选用Φ8mm网格筋，钢筋网按间距20cm×20cm布设，钢筋网布设要均匀，防止混凝土不均匀收缩。并注意与锚杆连接牢固，钢筋网必须与锚杆绑扎连接。

(8)张拉预应力：待压浆强度达85%以上，采用穿心式油压千斤顶在锚杆上施加40～50kN的预应力，锁定值为设计张拉力1.08%，再将锚杆焊死。安装300mm×300mm×20mm钢板后，用螺栓固定，螺母尺寸应符合有关规范要求，再利用加强筋固定各螺栓，连接加强筋采用焊接。

(9)第二次喷射混凝土：喷混凝土前还要做好排水孔保护，以保证喷混凝土后排水畅通。混凝土强度不低于C20，喷射厚度为100mm，喷前受喷面要设立控制喷射厚度的标志，喷射混凝土每次喷射厚度为5～7cm，喷射距离80～100cm。喷射时按直径为20～25cm的圆圈轨迹运行，一圈压一圈。

(10)养生：喷射混凝土终凝后2h即可开始养生，养生期不得小于14d，以防止开裂，并提高强度及表面光洁度。

2.3 施工图示(见图2)

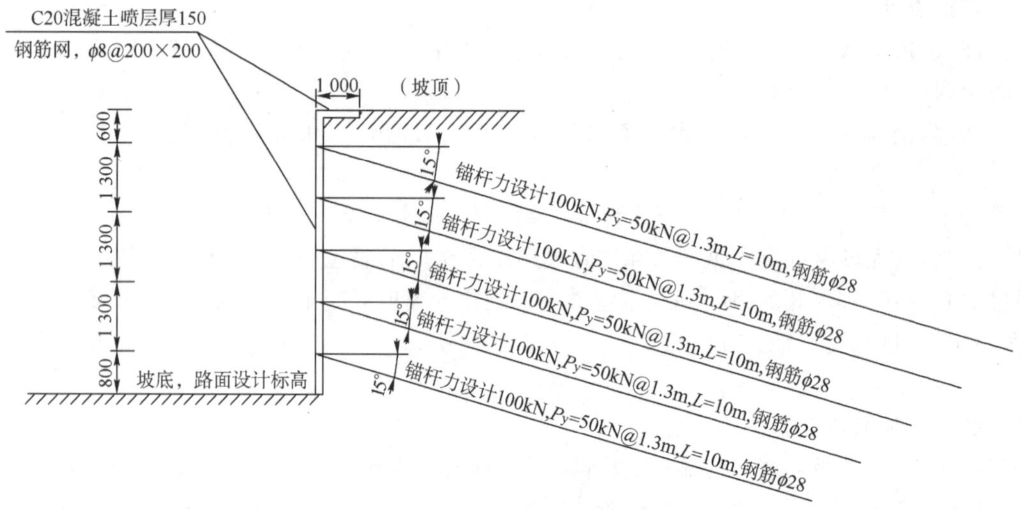

图2 锚杆加固边坡横断面图

2.4 对原材料及混合料的要求

(1)水泥强度等级不低于42.5R，其性能指标应符合现行的水泥标准，对每批水泥，应做检验。混凝土粗集料采用瓜米石，最大粒径为16mm，级配应满足下表的要求。喷射混凝土粗集料级配见表1。

喷射混凝土粗集料级配表 表1

通过各种筛孔的累计质量百分数(%)			
2.5mm	5mm	10mm	16mm
0～0.5	0.5～5	62～72	100

(2)可以使用速凝、早强、减水等外加剂，但喷射混凝土的各项性能指标不得低于设计要求。在使用速凝剂时，水泥初凝时间不得大于5min，终凝时间不得大于10min，室内还应进行速凝剂与水泥、水、石、砂的相溶性实验。符合规定或无不相溶反应时，方能配制使用。

(3)水要用澄清水，水质满足混凝土拌制用水要求，水中不应含有影响水泥正常凝结和硬化的有害物质，不得使用污水。

(4)锚杆用防腐材料应具有化学稳定性和防水性，在锚杆的使用年限内保持耐久性。

(5)C20混凝土抗拉强度为1.5MPa，抗渗强度不低于0.8MPa，密度不低于2.20×103kg/m^3，弹性模量为2.1×104MPa。

(6)各种原材料按质量计量，允许差值规定，水泥和外加剂为2%，砂、石为+5%。

(7)砂浆中砂的含泥量按质量计不得大于3%，砂中云母、有机物、硫化物及硫酸盐等有害物质的含量按质量计不得大于1%。配合比应符合下列规定：

水泥∶砂石=1∶4～1∶4.5；

砂率=45%～55%；

w/c=0.38～0.5

2.5 施工要点及应注意的问题

(1)可以使用速凝、早强、减水等外加剂。但喷射混凝土的各项性能不得低于设计要求。在使用速凝剂时，水泥初凝时间不得大于5min，终凝时间不得大于10min，室内还应进行速凝剂与水泥、水、石、砂的相溶性实验。符合规定或无不相溶反应时，方能配制使用。

(2)各种原材料按质量计量，允许差值规定，水泥和外加剂为2%，砂、石为+5%。

(3)喷射混凝土的拌制和使用应符合下列规定：

①采用含水量小于4%的干砂拌料时，速凝剂可在拌料时掺入，拌好的混和料应在20min内使用完；

②采用含水量为4%～10%的混砂拌和时，在速凝剂放入后，必须立即进行喷射；

③不掺速凝剂的混合料，停放时间不宜超过2h；

④骨料的含水量应进行抽测，并做详细记录，扣除骨料含水量的全部用水量可以从喷头或输料管中的适当位置加入。

(4)对施工机具及喷射前准备工作的要求：

①优先选用强制式搅拌机，通风条件良好的露天场地可采用自落式搅拌机。

②喷射机密封性能良好，输料连续均匀，产生能力为3～5m^3/h。

③输料管应能承受0.8MPa以上的内压力，并具有良好的耐磨性能。

④选用的空压机应满足喷射机工作风压和耗风量的要求，压风进入喷射机前，必须进行油水分离。

(5)对喷射混凝土施工的要求：

①在受喷区分片分段，自上而下，先凹后凸进行作业，且不得漏喷。

②喷射混凝土平均厚度不得小于设计厚度，最薄处不得小于设计厚度的75%。

③昼夜平均气温低于5℃时，露天喷射作业一律停止。

④喷层终凝后2h开始喷水养生，在14d之内应使喷层表面经常处于湿润状态。

⑤下雨天不宜进行喷护施工。

(6)对加挂钢筋网喷射混凝土的施工要求

①挂网所用钢筋的规格、质量、网格尺寸，必须满足设计要求。

②钢筋网与岩石距离为3～5cm，钢筋网接头搭接长度大于20cm。

③钢筋网应绑扎牢固，要求与所布置锚杆焊接或绑扎为一体。

④喷射混凝土必须填满钢筋与岩面之间的空隙，不能有“架空”现象，以保证钢筋与壁面之间的密实性，并要求与钢筋黏结良好。

(7)全长黏结性锚杆施工要求

①按照设计要求的间距布置锚杆孔位。

②锚杆孔径大于45mm，孔深应大于设计深度20cm。

③锚杆体使用前进行调直、除锈、除油处理。

④注浆时,注浆管应插至距孔底5～10cm,随砂浆的注入缓慢匀速拔出,杆体插入后,若孔口无砂浆溢出,应及时补注。

⑤插入孔内长度不应小于设计长度的95%,锚杆安装后,不得随意敲击,3d内不得悬挂重物。

3 施工试验及监测

(1)边坡的稳定性是施工安全的关键,施工过程应做好边坡检测,内容包括:坡顶水平移位、垂直位移和坡顶建筑物的变形。

(2)布设钢筋应力计或传感器,监测应力的变化。在锚杆的外端埋设锚杆测力计,测定锚杆的应力变化,若发现有明显预应力损失时,应进行补偿张拉。

(3)监测时间间隔根据施工进度确定,一般情况下每周观测一次,当有危险事故征兆时,应连续观测并做好记录。

(4)施工完成后进行长期观测,观测终止时间为边坡支护完工后一年且变形趋于稳定。

4 结束语

锚杆喷射混凝土边坡加固法是一种比较新颖的边坡加固方法,具有对边坡的扰动较小的优点,结合X271线的施工实际情况,我们对该技术方法进行几点总结:

(1)硬件方面,施工机械必须准备齐全到位,并根据不同的施工情况选择适合的机具。锚杆机械应考虑钻孔通过的岩土类型、成孔条件、锚固类型、锚杆长度、施工现场环境、地形条件、经济性和施工速度等因素进行选择。

(2)锚杆一般较长,施工前应掌握锚杆施工区其他建筑物的地基和地下管线等情况,以免对临近建筑物和地下管线造成影响,并拟定相应预防措施。

(3)钻孔应按一定顺序进行,避免在大范围内密集钻孔,钻孔后应及时安装锚杆并灌浆,锚杆张拉应考虑邻近锚杆的相互影响,以保证边坡稳定。

参考文献

[1] 公路软土地基路堤设计与施工技术规范.

[2] 土层锚杆设计与施工规范.中国工程建设标准化协会标准.1990.

64. 锚喷支护技术在土层边坡防护中的应用

吴至博
（广州市公路工程公司）

摘　要　近几年国内锚喷支护技术在土层边坡防护中的应用得到了迅猛的推广，本文以县道X271同和—大源改造工程的施工实践，从技术和管理两方面总结施工经验，以供类似的工程施工参考。

关键词　锚喷支护　边坡防护　应用

1　引言

锚喷支护技术在20世纪60年代开始出现，已有40年的施工历史。原来的锚喷支护主要应用于矿山井巷、交通隧道、水工隧道和各类洞室等地下工程。经过多年的研究、改进和工程实践，以及新材料、新工艺的不断涌现，进一步促进了锚杆技术的应用，现在锚喷支护技术在公路土层边坡防护中也得到广泛应用。土层锚杆是在岩层锚杆的基础上发展起来的。土层锚杆是一种埋入土层深处的受拉杆件，它一端与工程构筑物相连，另一端锚固在土层中，通常对其施加预应力，利用预应力锚杆产生的收缩力承受由土压力所产生的拉力，用以维护构筑物的稳定，控制结构变形。我国已在多个工程的土层边坡加固中采用锚喷加固，使得这项技术日趋完善。本文就县道X271线同大段改造工程路堑边坡采用锚喷混凝土技术施工的情况作一些简要介绍，以期在类似的工程中参考应用。

2　工程概况

县道X271线同大段改造工程为城市主干道设计，工程地点为广州市白云区同和镇，路线全长5.797km。路线所经地区为剥蚀低丘缓坡地貌和丘间宽谷地貌，出露的地层主要为第四系冲积层及残坡积层，由黏性土、砂性土及淤泥质土组成；下部基岩由燕山三期花岗岩及泥盆系砂岩组成，自然露头极少。由于K5＋320～K5＋460、K7＋643～K7＋772两段坡体较陡，路堑开挖后边坡最高达6m，且坡顶为厂房和商品房建筑，征地困难，为确保建筑物安全以及争取用地，经技术经济比较，决定采用锚喷支护方案进行防护，设计结构剖面图如图1所示。

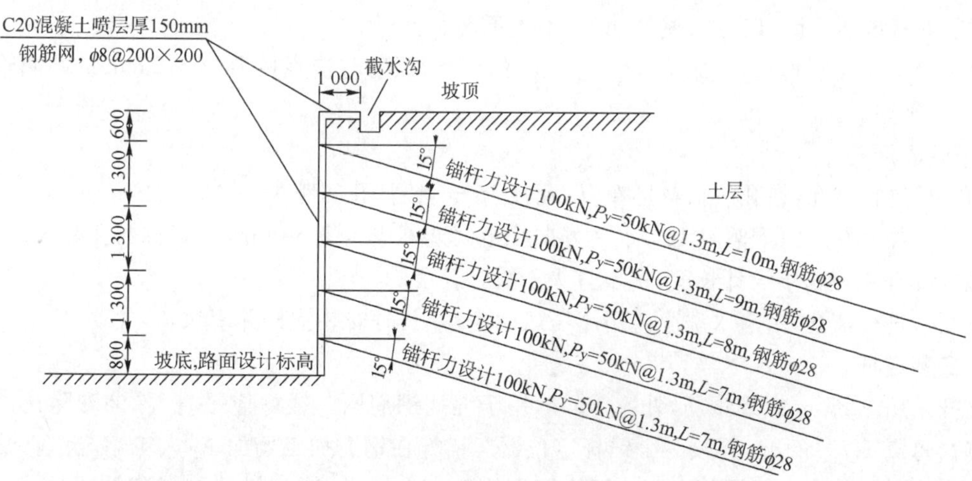

图1　锚喷支护剖面图（单位：mm）

防护设计：

(1)锚杆：选用ϕ28mm螺纹钢筋，锚杆长度根据不同高度分为7～10m，外露10cm，用于绑扎钢筋网，锚杆间距为130cm×150cm；

(2)钢筋网：钢筋网选用ϕ8mm网格筋，钢筋网按间距20cm×20cm布设，钢筋网必须与锚杆绑扎连接；

(3)混凝土：选用C20混凝土，配合比为1∶2.1∶2.27，水灰比为0.48；

(4)灌注浆：水泥砂浆强度不低于20MPa，水灰比为0.5，灌浆压力为0.5～1.0MPa；

(5)排水孔：布设排水孔的目的是为了能够有效地排除喷射混凝土墙内侧积水而不致影响已喷混凝土的永久稳定性，排水孔孔径为50mm，深500mm，间距为2m×2m，梅花形布设。造孔方位为水平位置上仰5°～10°。

3 施工程序及施工方法

锚喷支护的施工程序如图2所示。

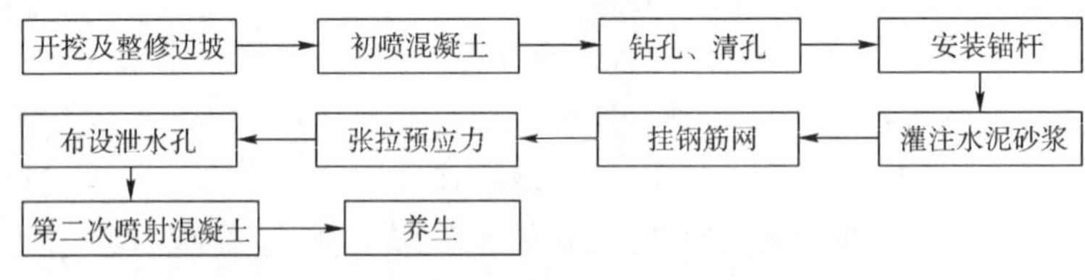

图2 喷锚支护的施工程序

3.1 开挖及整修边坡

(1)施工前应做好地基检测，以及时采取措施进行地基处理。边坡采用逆作法施工，按照测量放样的边线利用挖掘机从上向下逐层垂直开挖。为确保边坡稳定及防护质量，分二次开挖，第一次挖3m，待边坡防护完成后，再挖下层3m进行施工。开挖每一层需预留平台作为工作面，平台宽度应大于2m。

(2)开挖后将坡面上的危石、杂草、树木、松土、浮渣等清理干净，对边坡局部不稳定处进行清刷或支补加固，对较大的裂缝进行灌浆或勾缝处理，确保喷射混凝土与土层之间有足够的黏结力。坡面整修后，要及时喷射第一层混凝土硬化层，其目的是尽量减少边坡暴露时间。

3.2 初喷混凝土

(1)喷射混凝土强度不低于C20，厚度为50mm，在受喷区分片分段，自上而下，先凹后凸进行作业，且不得漏喷。

(2)埋设控制喷射混凝土厚度标志的ϕ6钢筋，以确保混凝土喷射的厚度。

(3)喷射时一圈压一圈，应尽量避免回弹，不流不淌。

(4)喷头与受喷面应垂直，宜保持0.6～1.0m的距离，喷射时按直径为20～25cm的圆圈轨迹移动，保证喷头基本平整。

3.3 钻孔、清孔

(1)初喷后进行钻孔，钻孔按梅花形布置，孔径13cm，锚杆孔间距为1.3m×1.3m。

(2)施工中锚杆孔应向下倾斜15°，水平方向孔距误差不应大于50mm，垂直方向孔距误差不应大于100mm，锚杆孔深不应小于设计长度，也不宜大于设计长度的1%。

(3)钻孔后进行清孔，用清水洗净或用高压风吹净，并及时安装锚杆并灌浆，

3.4 安装锚杆

(1)锚杆采用ϕ28mm螺纹钢筋，外露10cm，用于绑扎钢筋网。锚杆应平直、除油和除锈，采用刷防腐漆防腐后，每隔1.5～2.0m焊接一个锚杆定位器。锚杆在钢筋加工场加工，人工运至作业面。

(2)用橡皮材料将注浆管绑扎在距锚杆锚固端约5～10cm处，锚杆钢筋与灌浆管同时由人工穿入。锚杆插入要顺直，下锚杆要牢固，应防止杆体扭压、弯曲。在安装过程应注意防止空中杂物堵塞注浆管。

注意锚杆稳定后，不要随意敲击，不准悬挂重物。

3.5 灌注水泥砂浆

(1)注浆管随锚杆一同放入钻孔后进行注浆，要求注浆体强度不低于20MPa，注浆压力为0.5～1.0MPa，注浆时注浆管应随砂浆的注入缓慢匀速拔出。

(2)注浆浆液应搅拌均匀，在初凝前用完，并严防石块、杂物混入浆液，注浆时若孔口无砂浆溢出应及时补浆。

3.6 挂钢筋网

(1)按网孔20cm×20cm编制钢筋网，钢筋网选用ϕ8mm网格筋，钢筋网的交点用隔点式焊接或绑扎。钢筋网布设要均匀，防止混凝土不均匀收缩。

(2)待锚杆砂浆产生一定的强度后，进行挂网。作业过程中，不得扰动初喷混凝土。钢筋网必须紧贴混凝土表面，以保证钢筋网保护层厚度，钢筋网用U形钎钉固定好。

(3)钢筋网与锚杆交接处必须进行焊接，以保证喷射混凝土时钢筋不晃动。

3.7 张拉预应力

待压浆强度达85%以上，采用穿心式油压千斤顶在锚杆上施加40～50kN的预应力，锁定值为设计张拉力的108%，再将锚杆焊死。安装300mm×300mm×20mm钢板后，用螺栓固定，螺母尺寸应符合有关规范要求，再利用加强筋固定各螺栓，连接加强筋采用焊接。锚杆张拉应考虑邻近锚杆的相互影响，以保证边坡稳定。

3.8 布设泄水孔

(1)在坡面上按间距2m×2m布置梅花型泄水孔，泄水管采用ϕ50mm的带孔PVC管，长500mm，并包裹土工布，造孔方位是水平位置上仰5°～10°。

(2)泄水孔保持通畅，防止土体内水排不出产生膨胀，破坏混凝土。

3.9 第二次喷射混凝土

第二次喷混凝土前要做好排水孔保护，以保证喷混凝土后排水畅通。喷射厚度为100mm，喷射顺序和操作方法与第一层相同。开始喷射时应减小喷头与受喷面的距离，并调整喷射角度，以保证钢筋与第一层喷射混凝土壁面间混凝土的密实性。

3.10 养生

(1)当混凝土终凝2h后，每隔2～4h进行1次喷水养护，养护时间不得少于14d，在终凝后第1次喷水养生时，压力不宜过大，以防止冲坏喷射混凝土防护层表面。

(2)在养生过程中如果发现剥落、外鼓、裂纹、局部潮湿、色泽不均等不良现象，应分析原因、采取措施进行修补，以防后患。

4 施工要点及应注意的问题

(1)混凝土集料的含水量应进行抽测，并作详细记录，扣除集料含水量的全部用水量可以从喷头或输料管中的适当位置加入。

(2)选用的空压机应满足喷射机工作风压和耗风量的要求，压风进入喷射机前，必须进行油水分离。

(3)昼夜平均气温低于5℃时，露天喷射作业一律停止，下雨天也不宜进行喷护施工。

(4)喷射混凝土必须填满钢筋与坡面之间的空隙，不能有“架空”现象，以保证钢筋与壁面之间的密实性，并要求与钢筋黏结良好。

(5)锚杆一般较长，施工前应掌握锚杆施工区其他建筑物的地基和地下管线等情况，以免对临近建筑物和地下管线造成影响，并拟定相应预防措施。

5 监控措施

(1)建立高精度的施工控制网和监控控制网。由于本工程边坡较陡，相对高差大，采用全站仪和水准仪联合观测的方法,在坡脚、坡顶埋置足够的控制点和水准点,以便在施工中能够随时恢复各施工线和钻孔点的位置。

(2)施工全过程中要始终进行支护的量测和地表裂缝的观察,内容包括:坡顶水平移位、垂直位移和坡顶建筑物的变形。做到每一步骤都有土体变形准确数据,当确认安全后,才能进行下一道工序。

(3)布设钢筋应力计或传感器,监测应力的变化。在锚杆的外端埋设锚杆测力计,测定锚杆的应力变化,若发现有明显预应力损失时,应进行补偿张拉。

(4)施工完成后进行长期观测,观测终止时间为边坡支护完工后一年且变形趋于稳定。当发现边坡有变形和下沉趋势时,一定要分析清楚原因,采取相应的补救措施并取得可靠结果后方可进行下一道工序。

6 结束语

(1)县道X271线同大段改造工程锚喷支护工程于2005年5月完工,经全过程监控,至今运营情况良好,未发生边坡下沉和开裂现象,说明设计与施工完全满足工程需要,也说明锚喷支护技术在公路土层边坡防护中的应用是可行的。

(2)实践证明,与其他防护形式相比,锚喷支护技术成本低、适应性强、施工简便、整体性好。可以预见,该技术在公路建设中的推广应用必将带来显著的经济效益和社会效益。

(3)现代公路不仅要满足通行的需求,对环境保护亦提出了更高的要求。如果将受喷坡面进行绿化或彩喷后,将使自然与人文的结合更加和谐、优美。

参考文献

[1] 土层锚杆设计与施工规范.中国工程建设标准化协会标准.1990.

[2] GBJ 86—85 锚杆喷射混凝土支护技术规范.

[3] CECS161:2004 喷射混凝土加固技术规程.

65. 高速公路中线缓和复曲线的点位坐标

李晓东[1] 谭远德[1] 张坤宜[2]
(1. 广州市公路工程公司 2. 广东工业大学)

摘 要 本文从三个独立直角坐标系出发，分析公路缓和复曲线点位坐标完整模式，说明缓和复曲线有别于一般缓和曲线的基本关系，指出有效选用连接参数 m 值在准确计算缓和复曲线完整点位坐标，避免曲线断链的重要作用，结合实例阐述以坐标变换原理计算缓和复曲线点位坐标的公式和应用效果。

关键词 缓和复曲线 坐标模式 连接参数

1 前言

图 1 表示含有两个不同半径(R_1、R_2，$R_1>R_2$)的高速公路缓和复曲线(或称卵型曲线)，整条曲线包括旁插缓和曲线 CE(曲线长 l_{s1})、ND(曲线长 l_{s2})，圆曲线 EF(半径 R_1、弧长 l_{y1})、MN(半径 R_2、弧长 l_{s2})，中插缓和曲线 FM(曲线长 l_{s3})。

由于缓和复曲线自有的特殊性，涉及到整条缓和复曲线的关系比较复杂，这类曲线的点位坐标计算一直是公路设计的重要问题，同时也是路线测量技术中深受关注的问题。本文试图讨论这类曲线的点位坐标问题，为此图 1 设有三个独立坐标系，即以 C 为原点的 X-C-Y 坐标系，以 O 为原点的 X'-O-Y' 坐标系，以 D 为原点的 X''-D-Y'' 坐标系，同时按坐标变换原理提供缓和复曲线的统一点位坐标。

2 旁插缓和曲线的点位坐标

旁插缓和曲线有左插缓和曲线 CE 和右插缓和曲线 ND。根据一般缓和曲线理论，左插缓和曲线的点位坐标可表示为

$$x_i = l_i - \frac{l_i^5}{40R_1^2 l_{s1}^2} + \frac{l_i^9}{3\,456R_1^4 l_{s1}^4} \tag{1}$$

$$y_i = \frac{l_i^3}{6R_1 l_{s1}} - \frac{l_i^7}{336R_1^3 l_{s1}^3} + \frac{l_i^{11}}{42\,240R_1^3 l_{s1}^5} \tag{2}$$

式中：l_{s1}——左插缓和曲线 CE 的长度；

l_i——左插缓和曲线上任一点至 C 点的曲线长。

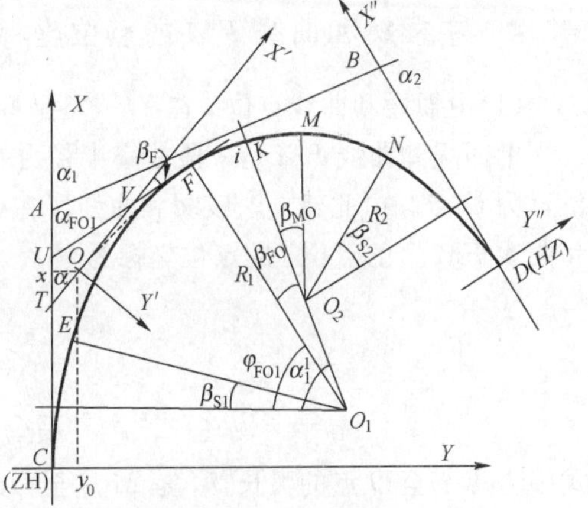

图 1 两个不同半径的高速公路缓和复曲线($R_1>R_2$)

在以 D 为原点的 X''-C-Y'' 坐标系中，右插缓和曲线的点位坐标可表示为

$$x''_i = l_i - \frac{l_i^5}{40R_2^2 l_{s2}^2} + \frac{l_i^9}{3\,456R_2^4 l_{s2}^4} \tag{3}$$

$$y''_i = -\left(\frac{l_i^3}{6R_2 l_{s2}} - \frac{l_i^7}{336R_2^3 l_{s2}^3} + \frac{l_i^{11}}{4\,2240R_1^5 l_{s2}^5}\right) \tag{4}$$

式中：l_{s2}——右插缓和曲线 DN 的长度；

l_i——左插缓和曲线上任一点至 D 点的曲线长。

按坐标变换原理，在以 C 为原点的 $X-C-Y$ 坐标系中，右插缓和曲线的点位坐标可表示为

$$\begin{pmatrix} x_i \\ y_i \end{pmatrix} = \begin{pmatrix} x_{HZ} \\ y_{HZ} \end{pmatrix} + \begin{pmatrix} -\cos(\alpha_1+\alpha_2) & \sin(\alpha_1+\alpha_2) \\ -\sin(\alpha_1+\alpha_2) & -\cos(\alpha_1+\alpha_2) \end{pmatrix} \begin{pmatrix} x''_i \\ y''_i \end{pmatrix} \tag{5}$$

式中 x_{HZ}、y_{HZ}——D 点的坐标；

α_1、α_2——测量的转角。

3 圆曲线的点位坐标

半径为 R_1、弧长 l_{y1} 的圆曲线 EF 的点位坐标可表示为

$$x_i = q_1 + R_1 \sin\varphi_i \tag{6}$$

$$y_i = p_1 + R_1 - R_1 \cos\varphi_i \tag{7}$$

$$\varphi_i = \beta_{S1} + l_i/(R_1 \pi) \times 180^\circ \tag{8}$$

式中 q_1、p_1、β_{S1}——左插缓和曲线的特征参数；

l_i——圆曲线 EF 上任一点至 E 点的曲线长。

在以 D 为原点的 X''-C-Y''坐标系中，半径为 R_2、弧长 l_{s2} 的圆曲线 MN 的点位坐标可为

$$x''_i = q_2 + R_2 \sin\varphi_i \tag{9}$$

$$y''_i = -p_2 - R_2 + R_2 \cos\varphi_i \tag{10}$$

$$\varphi_i = \beta_{S2} + l_i/(R_2 \pi) \times 180^\circ \tag{11}$$

式中：q_2、p_2、β_{S2}——右插缓和曲线的特征参数；

l_i——圆曲线 MN 上任一点至 N 点的曲线长。

把式(9)式(10)的 x''_i、y''_i 代入式(5)，得以 C 为原点的 X-C-Y 坐标系中的点位坐标。

4 中插缓和曲线 *FM* 的点位坐标

(1)中插缓和曲线点位 i 在 $X'-Y'$坐标系中的点位坐标

中插缓和曲线 FM 是一段曲率半径由 R_1 渐变为 R_2 的缓和曲线，设该段缓和曲线曲率半径为∞的位置为 O 点。由此建立一般缓和曲线所在的 X'-O-Y'坐标系。根据缓和曲线的特征数学模式，中插缓和曲线 FM 上的点位 i 的点位坐标为

$$x'_i = l_i - \frac{l_i^5}{40R_2^2 l_M^2} + \frac{l_i^9}{3\,456 R_2^4 l_M^4} \tag{12}$$

$$y'_i = \frac{l_i^3}{6R_2 l_M} - \frac{l_i^7}{336 R_2^3 l_M^3} + \frac{l_i^{11}}{42\,240 R_2^5 l_M^5} \tag{13}$$

式中 l_i 是 i 至 O 点的弧长，l_M 是 M 点至 O 点的弧长

$$l_M = \sqrt{24\Delta p \frac{R_1^3 R_2}{\Delta R^3}} \tag{14}$$

式中：$\Delta R = R_1 - R_2$，$\Delta p = p_2 - p_1$。

(2)点位 i 在 X-Y 坐标系中的点位坐标

根据坐标平移旋转原理，点位 i 在 X-Y 坐标系中的点位坐标可表示为

$$\begin{pmatrix} x_i \\ y_i \end{pmatrix} = \begin{pmatrix} x_0 \\ y_0 \end{pmatrix} + \begin{pmatrix} \cos\alpha & -\sin\alpha \\ \sin\alpha & \cos\alpha \end{pmatrix} \begin{pmatrix} x'_i \\ y'_i \end{pmatrix} \tag{15}$$

式中：x'_i、y'_i 按式(12)、式(13)计算得到。据推证，式(15)中

①α 是 X 轴与 X' 轴的夹角，$\alpha=\alpha_{FO1}-\beta_F$，$\alpha_{FO1}=\varphi_{FO1}$，$\varphi_{FO1}$ 是圆心角，即

$$\varphi_{FO1}=\beta_{s1}+\frac{l_{y1}}{R_1\pi}180 \tag{16}$$

②β_F 是 F 处切线 UF 的切线角，即

$$\beta_F=\frac{l_F^2}{R_2 l_M\pi}90 \tag{17}$$

③l_F 是 F 点至 o 点的弧长，即

$$l_F=\sqrt{24\Delta p\frac{R_1R_2^3}{\Delta R^3}} \tag{18}$$

(3)x_0、y_0 的计算

式(15)中 x_0、y_0 是 O 点在 X-Y 坐标系的坐标，是中插缓和曲线的重要参数。利用式(15)并令 $i=F$，可整理为

$$\begin{pmatrix}x_0\\y_0\end{pmatrix}=\begin{pmatrix}x_F\\y_F\end{pmatrix}+\begin{pmatrix}-\cos\alpha & \sin\alpha\\-\sin\alpha & -\cos\alpha\end{pmatrix}\begin{pmatrix}x'_F\\y'_F\end{pmatrix} \tag{19}$$

式中：x_F、y_F——F 点在 X-Y 坐标系的坐标，即

$$x_F=q_1+R_1\sin\varphi_{FO1} \tag{20}$$

$$y_F=p_1+R_1-R_1\cos\varphi_{FO1} \tag{21}$$

x'_F、y'_F——F 点在 X'-Y' 坐标系的坐标，令 $l_i=l_F$ 按式(12)、式(13)计算得到。

5 中插缓和曲线连接参数 *m* 的确定

上述式(16)的 l_{y1} 开始没有特定的确定值，因此中插缓和曲线二端点 F、M 与圆曲线的连接位置没有明确可靠的参数。这种情况下按上述数模计算的路线点位坐标易于产生断链现象，若应用于曲线隧道将有不贯通的危险。为了避免这种不利现象，路线设计上必须选定正确的连接参数 m。有连接参数 m 便可设定 FK，即

$$FK=ml_{s3} \tag{22}$$

式中 $l_{s3}=l_M-l_F$ 是确定值，故式(22)是以 K 为参考点设定 FK 长度，从而设定 F、M 的位置，此时式(16)的 l_{y1} 才有了实际确定值。经推证

$$l_{y1}=\frac{\alpha'_1-\beta_{s1}-\beta_{FO}}{180}R_1\pi=\frac{\alpha'_1}{180}R_1\pi-\frac{l_{s1}}{2}-\frac{ml_{s3}R_1}{2R_2l_M}(2l_F+ml_{s3}) \tag{23}$$

式中 $\alpha'_1=\alpha_{1-2}-270$，$\alpha_{1-2}$ 是圆心 O_1 至 O_2 坐标方位角，按圆心 O_1、O_2 坐标反算得到；m 值决定了式(16) l_{y1} 和 φ_{FO1}，因而决定了整个缓和复曲线的数学模型的有效性。

6 点位坐标计算与效果

(1)关系参数是缓和复曲线点位坐标计算的重要基础。从上述点位坐标计算模式中可见，缓和复曲线有别于一般缓和曲线的特点是关系参数多。缓和复曲线的点位坐标涉及到已知参数、旁插缓和曲线特征参数、圆心参数、中插缓和曲线特征参数和连接参数(表 1)等关系参数，体现了整个缓和复曲线各线段关系的复杂性和密切的整体性，是获取缓和复曲线点位坐标的重要基础。

(2)正确选择 m 值。式(23)表明 l_{y1} 的确定取决于连接参数 m 值的选择，同时也受制于缓和复曲线自身有关已知参数(如 R_1、R_2、l_{S1} 等)。理论与实践证明，缓和复曲线的整套点位坐标计算有效，关键在于按拟合连接方法正确选择 m 值。试验中也有拟合不佳的情况，原因是有关已知参数(或称先验参数)设计不合理，只要作适当调整即可。

(3)缓和复曲线点位坐标的计算步骤。算例(表 1)的参数是按试验交通路线缓和复曲线计算，基本步骤是：第一步连接参数 m 值的选择及线段连接拟合，第二步缓和复曲线关系参数的列出与计算，第三

步按公路建设要求列出曲线弧长和里程，第四步按中插缓和曲线模式计算点位坐标和坐标变换为$X\text{-}C\text{-}Y$坐标系的坐标，第五步按公路设计要求检验计算有效性。

算例：缓和复曲线点位坐标的计算 表1

已知参数	AB长 75.665m	α_1 40°20′
	α_2 34°42′	R_1 150.00m
	$ZH_{里程}$ 1 000m	l_O 10.000m
	l_{S1} 50.000m	l_{S2} 40.000m
	R_2 65.856m	$\triangle R$ 84.144m
	X_{HZ} 148.545m	Y_{HZ} 88.417m
旁插缓和曲线特征参数	p_1 0.694m	p_2 1.009m
	β_{s1} 9°32′57″5	T_{1h} 80.322m
	q_1 24.977m	q_2 19.937m
	β_{s2} 17°24′01″5	T_{4h} 40.829m
O_1、O_2圆心参数	x_{o1} 24.977m	y_{o1} 150.694m
	x_{o2} 78.799m	y_{o2} 86.423m
	α_{1-2} 309°56′37″4	S_{1-2} 83.831m
	α'_1 39°56′37″4	$\triangle p$ 0.31329m
中插缓和曲线特征参数	l_F 23.253m	l_M 52.963m
	l_{s3} 29.711m	β_F 4°26′27″5
连接参数	m值 0.39823	φ_{FO1} 34°16′28″8
	l_{y1} 64.731m	l_{y2} 5.471m
	x_o 89.591m	x'_F 23.239m
	y_o 14.660m	y'_F 0.601m
M点检验坐标	x_M 131.306 3m	y_M 46.673 5m

算例略图

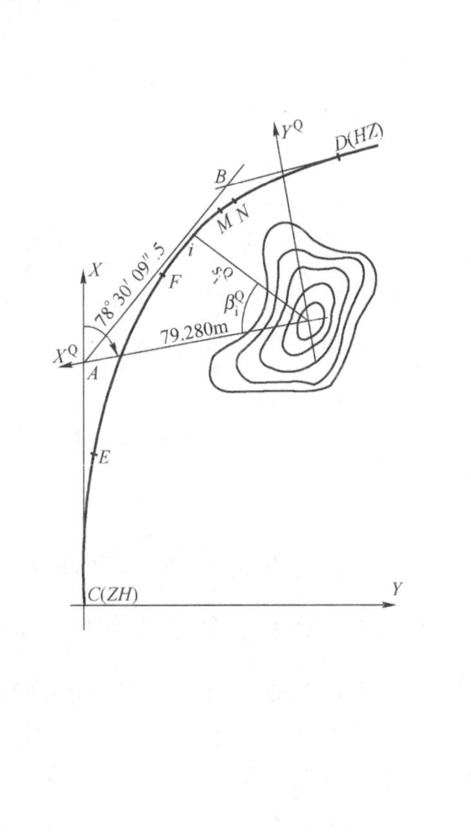

缓和复曲线详细测设参数

序号	里程(m)	弧长(m)	X(m)	Y(m)	序号	里程(m)	弧长(m)	X(m)	Y(m)
1	1000.000	0	0	0	13	1114.731	64.731	109.451	26.742
2	1010.000	10.000	10.000	0.022	14	1120.000	5.269	113.748	29.791
3	1020.000	20.000	19.989	0.178	15	1130.000	15.269	121.502	36.099
4	1030.000	30.000	29.989	0.600	16	1140.000	25.269	128.512	43.222
5	1040.000	40.000	39.955	1.421	17	1144.441	29.711	131.306	46.673
6	1050.000	50.000	49.861	2.772	18	1149.912	5.471	134.423	51.167
7	1060.000	10.000	59.660	4.759	19	1150.000	0.088	134.470	51.242
8	1070.000	20.000	69.305	7.393	20	1160.000	10.088	139.210	60.039
9	1080.000	30.000	78.753	10.665	21	1170.000	20.088	142.923	69.320
10	1090.000	40.000	87.962	14.558	22	1180.000	30.088	145.925	78.857
11	1100.000	50.000	96.891	19.056	23	1189.912	40.000	148.545	88.417
12	1110.000	60.000	105.500	24.139					

参考文献

[1] 张雨化等. 高速公路规划与设计. 北京：人民交通出版社，1998. 181.

[2] 张坤宜. 同向缓和复曲线数学模型的探讨. 北京：公路，1999. 第9期：9.

[3] 张坤宜. 公路缓和复曲线的中插连接. 长沙：中南公路工程，2001. 第3期：1.

66. 大断面公路隧道施工控制爆破技术研究

张少锦[1]　谭宗盛[2]
（1. 广州珠江黄埔大桥建设有限公司，2. 北京交通大学）

摘　要　龙头山隧道爆破施工对本隧道后续初期支护、邻近隧道初期支护及隧道东侧 80m 远处民房和隧道西侧 430m 远处油库的影响程度直接关系到工程的施工进度、质量和安全。运用信息化施工技术，优化爆破参数保证施工过程中爆破振动效应引起的振动速度小于允许振速，确保了相邻构筑物的结构安全及施工的顺利进行。

关键词　大断面　隧道　施工　爆破　控制

1　引言

爆破开挖已成为山岭隧道开挖的主要施工方法，爆破荷载对隧道后方初期支护的影响程度是控制爆破装药量的标准。为了能在施工前明确设计装药量、装药形式产生爆破荷载造成的控制范围内质点的振动速度，可以利用有限元进行爆破荷载动力分析，了解爆破荷载的影响量级。

龙头山隧道爆破施工对本隧道后方初期支护、邻近隧道初期支护及 430m 远处油库的影响程度直接关系到工程的施工质量。运用信息化施工技术，优化爆破参数，保证施工过程中爆破振动效应引起的振动速度小于允许振速，保证施工的安全进行。

2　工程概况

龙头山隧道是国内第一条双洞分离式八车道高速公路长隧道，单洞净宽 18m，净高 8.95m，左右线进口最小净距 23m，最大净距 51m，出口最小净距 20.8m。由于隧道进口东侧 80m 远处有较多民房，西侧 430m 远处有一大型油库，对爆破控制要求较高。为减少爆破对民房及油库的影响，隧道Ⅳ、Ⅴ类岩质硬岩采用微振动光面爆破技术，根据不同围岩类别采用不同的炮眼布置和不同的装药量，以最大限度保护周边岩体的完整性和地下油库的安全，控制超欠挖量，采用无轨运输出渣。

Ⅳ、Ⅴ类围岩采用台阶法开挖，掏槽眼深 3.5m，其他眼深度 3.3m，预计进尺 3.0m。钻孔孔径 43mm，周边眼采用 ϕ25mm 药卷间隔装药，采用非电毫秒雷管及 2 号岩石硝铵炸药。Ⅳ、Ⅴ类围岩爆破孔布置如图 1 所示，掏槽眼布置图如图 2 所示。掏槽眼采用连续装药结构，布设 10 个孔，平均每孔装药量 2.34kg，总装药量 23.4kg。起爆雷管段别为 1、3。

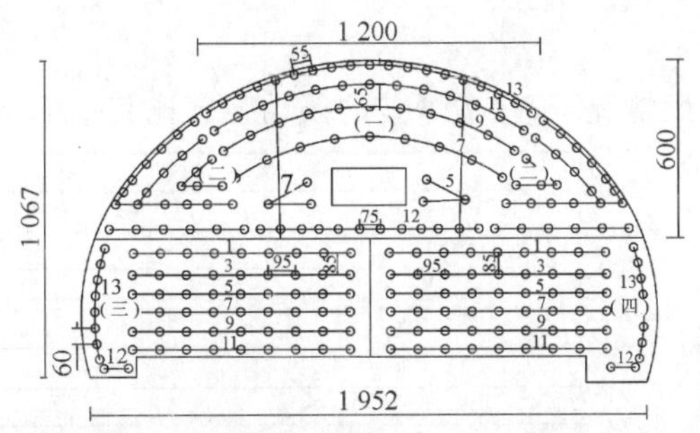

图 1　Ⅳ、Ⅴ类围岩开挖炮眼布置图（尺寸单位：cm）

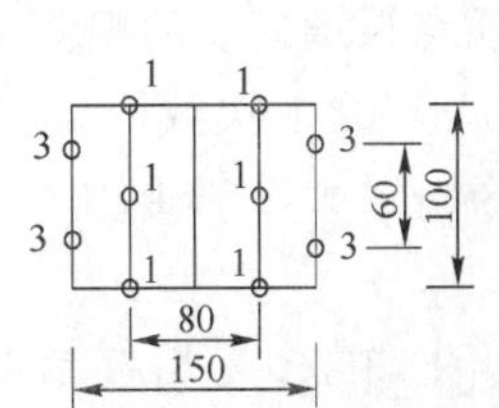

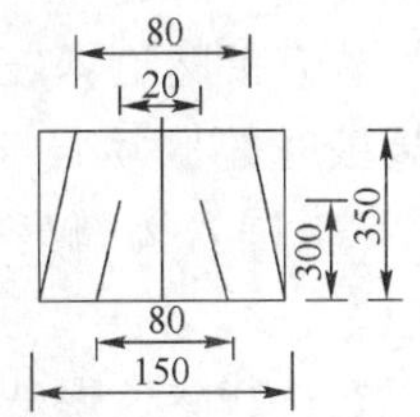

图 2　掏槽眼布置图（尺寸单位：cm）

采用 2 号岩石炸药，其爆速为 3 000m/s，密度为 $1g/cm^3$。隧道地质参数如表 1 所示。

完整岩石的力学参数 表1

围岩类别	弹模(GPa)	泊松比	内摩擦角(°)	黏聚力(kPa)	重度(kN/m³)	纵波速(m/s)
II类	1.0	0.34	24.58	21	16.3	850～1 450
III类	1.3	0.3	39	150	20	2 500～3 200
IV类	6.0	0.3	39	700	23	3 400～3 800
V类	20	0.24	50	1 500	25	3 900～4 600

3 爆破振动数值模拟

3.1 模型的建立

根据龙头山地质剖面图，截取一定范围：纵向160m，横向近500m，高度模拟一定坡度建立计算模型图。其中对已经施工完成的结构用板单元模拟，定义成弹性材料属性。围岩采用实体单元建模，并且定义材料属性为摩尔—库仑。边界采用曲面弹簧单元模拟。计算采用MIDAS—GTS有限元分析软件进行。

3.2 爆破动力分析的基本理论

爆破荷载作用下结构体系常表现出多重的非线性，当时间增量为Δt时，可将其运动方程写成矩阵表示的增量形式：

$$M\Delta \ddot{u}_t + C_t\Delta \dot{u}_t + K_t\Delta u_t = \Delta P_t$$

式中：$\Delta \ddot{u}_t$、$\Delta \dot{u}_t$、Δu_t——分别为t时刻的加速度增量、速度增量和位移增量；

M——质量矩阵并假定不随时间变化；

ΔP_t——t时刻的等效荷载增量；

C_t和K_t——分别为t时刻的增量阻尼矩阵和增量刚度矩阵。

本文采用Rayleigh阻尼确定阻尼矩阵。

在计算受短时间冲击荷载作用下复杂结构的响应时，采用增量形式的Newmark方法。

3.3 边界条件的定义

对于动力分析建立一般的边界条件会由于波的反射作用而产生很大的误差，因此采用1972年Lysmer和Wass提议的黏性边界(viscous Boundary)。

表2计算给出了II～V类围岩的压缩波阻尼常数c_p、剪切波阻尼常数c_s(kN. Sec/m)值。

阻 尼 常 数 表2

	II类围岩	III类围岩	IV类围岩	V类围岩
c_p	1 633.1	1 888.8	4 351.6	7 750.7
c_s	805.1	1 009.6	2 326.0	4 533.4

3.4 爆破荷载的输入

从有关隧道爆破开挖质点振动速度的观测中发现：一般情况下，掏槽爆破的振动强度比其他部位炮眼爆破时的振动强度都要大。故本次数值计算主要模拟IV、V类围岩掏槽集中装药量最大23.4kg时的爆破振动效应。

在进行隧道爆破掘进开挖中，多采用控制爆破即光面爆破，爆孔的布置一般分为掏槽眼、辅助眼、周边眼。

本次爆破荷载的时间历程输入如下：

计算分析IV、V类围岩输入爆破荷载的时间历程(图3)为：

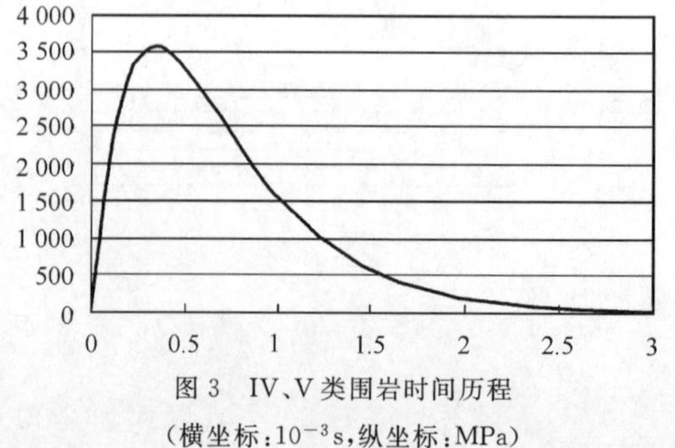

图3 IV、V类围岩时间历程
(横坐标：10^{-3}s，纵坐标：MPa)

$$P(t)=P''_{max}P_0(e^{-mwt/\sqrt{2}}-e^{-mwt/\sqrt{2}})$$
$$=-0.44\times(e^{-3\,666.667t}-e^{-2\,333.333t})\text{GPa}$$

计算分析 II、III 类围岩输入爆破荷载的时间历程为：

$$P(t)=P''_{max}P_0(e^{-mwt/\sqrt{2}}-e^{-mwt/\sqrt{2}})$$
$$=-0.44\times(e^{-1\,875.969t}-e^{-1\,193.798t})\text{GPa}$$

3.5 动态响应性状分析

计算监测距离爆源一定距离处质点的振速，分析在爆破荷载作用下，结构受爆破振动的影响程度。图 4 给出了距离爆源最近的邻近右线初期支护上迎爆面、背爆面、拱顶及隧道拱底位置处质点振动速度，图 5 给出了 300m 距离处质点振速时程曲线图(横坐标：时间 s，纵坐标：振速 cm/s)。

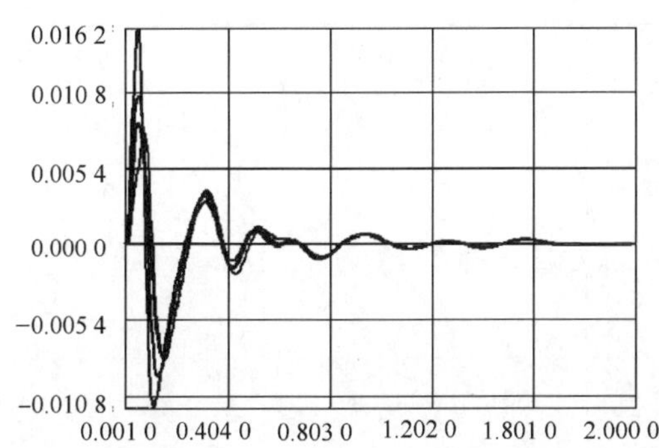

图 4　右线临时中隔壁未拆除段测点速度时程曲线图

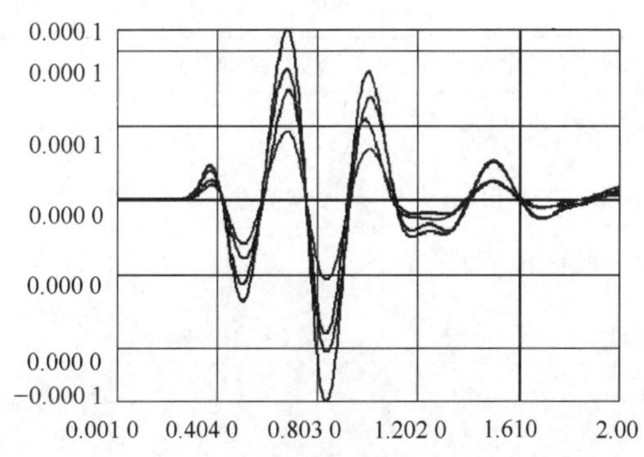

图 5　油库测点速度时程曲线图

由主要计算图表可以看出：

①右线迎爆面方向衬砌振速大于背爆面。对右线初期支护的影响振速最大，迎爆面上为0.8cm/s，背爆面上为 0.6cm/s。

②计算结果显示质点最大振速发生在药包纵向连线方向。爆破振动对左线距离爆源最近的初期支护影响最大，振动速度 3.7cm/s。

③爆破震动响应程衰减波形式向周围传播。

4 监测结果回归分析

随着隧道施工的进展，为了取得大量的原始数据，分期对爆破施工产生的振动进行了测试。其中，第一、二期(2005 年 12 月 11 日至 12 月 17 日)、第三、四期(2005 年 12 月 11 日至 12 月 17 日)的测试，主要对正洞扩挖爆破振动进行了测试，以分析地震波在花岗岩地层中传播的一般规律。

对监测得到的数据进行回归分析得到各期爆破振动条件下不同的 K、α 值，从而得到萨道夫公式，可以作为预测一定距离外质点振速的公式。对现场监测得到的数据进行回归分析得到质点振速计算公式，回归结果列于表 3 中。

实测的爆破振动速度回归方程　　表 3

爆破点位置	垂直于隧道水平振速回归方程 L	垂直于地面振速回归方程 V	平行于隧道水平振速回归方程 T
第一期 爆破点位于隧道入口 II 类围岩段	$V=73.56\left(\frac{Q^{\frac{1}{3}}}{R}\right)^{1.887}$ $r=0.95$	$V=67.87\left(\frac{Q^{\frac{1}{3}}}{R}\right)^{1.913}$ $r=0.976$	$V=180.3\left(\frac{Q^{\frac{1}{3}}}{R}\right)^{2.1}$ $r=0.92$
第二期	$V=7.387\left(\frac{Q^{\frac{1}{3}}}{R}\right)^{1.384}$ $r=0.915\,5$	$V=14.64\left(\frac{Q^{\frac{1}{3}}}{R}\right)^{1.649}$ $r=0.906$	$V=1.165\left(\frac{Q^{\frac{1}{3}}}{R}\right)^{0.841}$ $r=0.935$

续上表

爆破点位置	垂直于隧道水平振速回归方程 L	垂直于地面振速回归方程 V	平行于隧道水平振速回归方程 T
第三期	$V=6.233\left(\frac{Q^{\frac{1}{3}}}{R}\right)^{1.664}$ $r=0.4887$	$V=13.82\left(\frac{Q^{\frac{1}{3}}}{R}\right)^{1.84}$ $r=0.525$	$V=64.036\left(\frac{Q^{\frac{1}{3}}}{R}\right)^{2.202}$ $r=0.293$
第四期 爆破点位于隧道 洞身Ⅴ类围岩段	$V=26.48\left(\frac{Q^{\frac{1}{3}}}{R}\right)^{1.423}$ $r=0.892$	$V=334.21\left(\frac{Q^{\frac{1}{3}}}{R}\right)^{2.524}$ $r=0.964$	$V=17.67\left(\frac{Q^{\frac{1}{3}}}{R}\right)^{1.247}$ $r=0.628$

表4统计给出了部分监测质点振动速度的工程类比值、回归分析公式计算值和实测值，可以看出回归分析得到质点振速同实测值几乎一样，而第四期监测结果回归结果同实测值比较得到该期质点振速过大，同工程类比值比较要求修正装药量，该段爆破最大装药量要求减小到39.6kg。

爆破测点振速表 表4

爆点（药量 kg）	测点（距离 m）	工程类比（允许值）	回归分析（预测值）	实测振速（cm/s）
第一期Ⅱ、Ⅲ类围岩		$V=150\left(\frac{\sqrt[3]{Q_{max}}}{R}\right)^{1.6}$	$V=67.87\left(\frac{\sqrt[3]{Q_{max}}}{R}\right)^{1.913}$	—
YK5+905(10kg)	1号测点100m	0.32	0.044	0.036
第二期Ⅱ、Ⅲ类围岩		$V=138\left(\frac{\sqrt[3]{Q_{max}}}{R}\right)^{1.64}$	$V=15.64\left(\frac{\sqrt[3]{Q_{max}}}{R}\right)^{1.649}$	—
YK5+880(18kg)	(ZK5+863)/30.2m	2.14	0.28	0.236
第四期Ⅳ、Ⅴ类围岩		$V=160\left(\frac{\sqrt[3]{Q_{max}}}{R}\right)^{1.8}$	$V=334.21\left(\frac{\sqrt[3]{Q_{max}}}{R}\right)^{2.524}$	—
YK6+170(180kg)	(YK6+070)/100m	0.365	0.24	0.594(<39.6kg)

表5又列出关键控制点在掏槽集中装药量为23.4kg时采用不同方式得到的爆破质点振动速度。

最大集中装药量(23.4kg)时监测点振速表(cm/s) 表5

距　离　(m)		20	30	60	300
Ⅱ、Ⅲ类围岩	工程类比值	6.68	3.49	1.15	0.088
	回归分析计算值	1.6	0.7	0.2	0.01
	数值解	—	3.7	1.104	0.0125
Ⅳ、Ⅴ类围岩	工程类比值	4.83	2.33	0.67	0.037
	回归分析计算值	2.5	0.887	0.15	0.0026

结果表明该段爆破最大集中装药量合理。

5 爆破参数优化及爆破效果

表6列出了龙头山隧道Ⅳ、Ⅴ类围岩，在距离爆心一定距离远处三种质点振动控制标准下，允许最大装药量。实际施工中可以根据振速控制标准来选择合理的装药量，计算公式为：

$$V=150\left(\frac{Q^{1/3}}{R}\right)^{1.8}$$

单段最大药量与距离关系 表6

爆心距测点距离 R(m)	单段最大药量 Q(kg)		
	V=10cm/s	V=5cm/s	V=2cm/s
10	9.84	3.10	0.67
20	23.80	23.80	4.38

续上表

爆心距测点距离 R(m)	单段最大药量 Q(kg)		
	V=10cm/s	V=5cm/s	V=2cm/s
30	83.71	83.71	18.17
60	669.68	669.68	144.42
90	2 260.18	2 260.18	490.80
120	5 357.47	5 357.47	1 163.39
150	10 463.83	10 463.83	2 272.25
180	18 081.49	18 081.49	3 926.45
210	28 712.74	28 712.74	6 234.06
240	42 859.83	42 859.83	9 307.15
270	61 024.03	61 024.03	13 251.79
300	83 710.6	83 710.6	18 178.04

龙头山隧道采用信息化施工技术，通过数值计算和现场监测数据分析反馈来优化爆破参数，指导施工，取得了良好的效果。龙头山隧道硬岩段爆破施工隧道后方1倍洞径距离允许振动速度为5cm/s，允许最大装药量为23.8kg，实际施工中最大集中装药量为23.4kg，符合要求。本隧道爆破施工参数经优化后合理。

参考文献

[1] 荣耀，赵明阶，黄红元. 公路隧道爆破荷载的计算分析[J]. 公路交通技术，2005，1：91-94.

[2] 陈占军，朱传云，周小恒. 爆破荷载作用下岩石边坡动态响应的FLAC3D模拟研究[J]. 爆破(BLASTING)，2005，22(4)：8～13.

[3] 刘国华，王振宇. 爆破荷载作用下隧道的动态响应与抗爆分析[J]. 浙江大学学报，2004，38(2)：204～208.

[4] 万元林，王树仁. 关于空气不偶合装药初始冲击压力计算的分析[J]. 爆破(BLASTING)，2001，18(1)：13～15.

[5] 赵同彬，顾士坦，马志涛. 岩石爆破理论与工程综述及其展望[J]. 山东科技大学学报(Journal of Shandong University of Science and Technology (Natural Science))，2003，22(1)：108～112.

[6] 荣耀，许锡宾，黄红元，杨福基. Technology of Highway and Transport[J]. 公路技术，2005，4：142～146.

[7] 郑际汪，陈理真. 爆破荷载作用下隧道围岩稳定性分析[J]. 况山压力与顶板管理，2004，4：53～55.

[8] 高军. 不稳定岩堆体大跨隧道稳定性控制[J]. 况山压力与顶板管理，2000，2.

[9] 马天文. 城市地铁过轨区大跨隧道微震动控制爆破技术[J]. 西部探况工程(WEST-CHINA EXPLORATION ENGINEERING)，2002，5.

67. 龙头山双洞八车道高速公路隧道洞口段核心土临时支撑拆除方案研究

伍尚干[1]　严宗雪[2]
(1. 广东省公路建设公司;2. 广州珠江黄埔大桥建设有限公司)

摘　要　当前,我国现阶段的四车道大断面公路隧道建设既无成熟的经验可参考,又无规范可参照,特别是大断面隧道洞口段临时支撑的拆除,尤为重要,稍有不慎,极易引起坍塌,可能造成严重的生命及财产损失。本文以龙头山双洞八车道高速公路隧道为依托,借助数值计算方法,重点分析了隧道洞口段临时钢支撑拆除的不同长度对围岩、隧道结构的影响,并结合现场施工情况,提出了大断面隧道洞口段临时支撑适宜的拆除长度,为类似特大断面公路隧道洞口段的施工提供参考。

关键词　四车道　公路隧道　临时支撑　拆除

近年来,随着我国交通基础设施建设规模的逐步扩大,高等级公路建设的迅速发展和交通运输量的逐渐提高,大断面公路隧道工程也日益增加,但四车道特大断面公路隧道的工程实践不多,既无成熟的经验可参考,又无规范可参照;龙头山隧道Ⅴ级围岩段开挖断面宽21.6m多,高13.58m多,设计采用双侧壁导坑法施工。施工过程中临时支撑的拆除时机与方法对隧道结构的安全性与围岩的稳定性具有很大的影响。

1　工程概况

广州珠江黄埔大桥是国道主干线广州绕城公路的东段,位于广州市东部,起点为广州北二环高速公路与广深高速公路相交的火村立交,经广州经济开发区萝岗、黄埔区、番禺区,终点在番禺区化龙镇与广珠北高速公路相交,路线全长18.55km。

龙头山隧道为广州珠江黄埔大桥的关键工程之一,是目前国内最长的双洞分离式八车道高速公路隧道,隧道左线长1 010m、右线长1 002m。隧道净宽18m,净高8.95m,隧道设计时速100km/h。隧道最大开挖跨度为21.4m,最小为19.8m;隧道开挖高度介于10.5～13.6m之间。洞身左右线最大净距51m,最小净距20.8m。隧道建筑限界如图1所示。

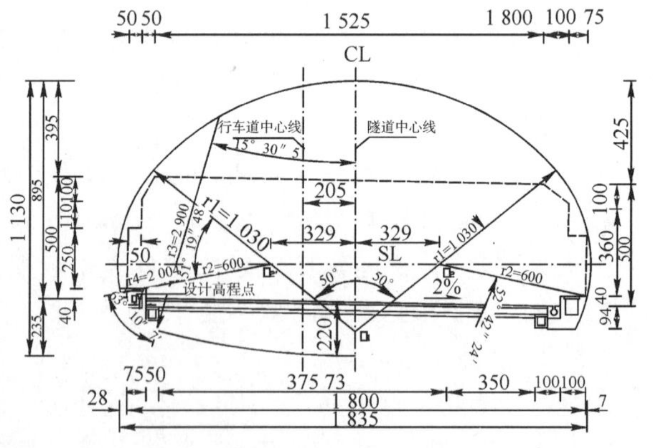

图1　隧道建筑限界图(尺寸单位:cm)

1.1　地质情况

隧道所处地貌单元属长期风化剥蚀丘陵地貌区,坡度一般为10°～30°。隧道范围内的主要地层为:坡残积土,全—强风化花岗岩,弱、微风化花岗岩,岩石风化裂隙发育一般。Ⅱ、Ⅲ类围岩占隧道总体的33%,Ⅳ、Ⅴ类围岩占隧道总体的67%。

1.2　工程重点及难点

本隧道的重点在施工中也体现为隧道施工的难点,主要体现在以下几个方面。

(1)龙头山隧道出口段洞口埋深0～20m,因隧道开挖对地表扰动,造成地表不稳定,带来安全隐患。

(2)土层较厚,松散,岩石部位节理发育,不稳定,对开挖施工工艺要求比较高。

(3)在软弱围岩中,隧道最大开挖跨径为 21.6m,开挖高度 13.58m(含仰拱)、扁平率 0.629,

(4)由于该隧道所处区域地质地貌具有一定的特殊性,洞体上部及左右两侧地表上分布有许多大大小小的孤石,在隧道施工过程中有可能滑落。

隧道仰坡地质情况如图 2 所示。

图 2 隧道仰坡地质情况

2 临时支撑拆除 FLAC 三维计算分析

2.1 计算参数及模型

为了在施工之前了解隧道施工过程中拆除临时支撑施做衬砌时所可能产生地层变位和应力的影响,明确这种影响的大小量级和范围,明确危险可能发生的部位、方式及应采取的施工对策,对隧道各段拆除临时支撑施做衬砌进行了施工过程的三维动态分析,通过比较明确最安全的拆除长度和拆除方法。

采用 FLAC 3D 进行计算分析,计算范围顶部取到地面,沿区间隧道纵向取 80m,区间隧道考虑小导管加固地层。

整个模型采用实体单元建模,土层采用摩尔库仑模型,隧道结构采用弹性体模型,共划分 37 376 个实体单元,39 930 个实体单元节点。如图 3 所示。计算模型简图如图 4 所示。II 类围岩物理参数如表 1 所示。

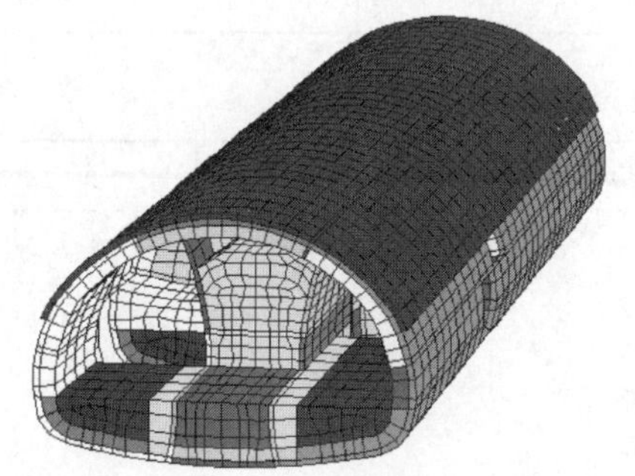

图 3 计算模型简图

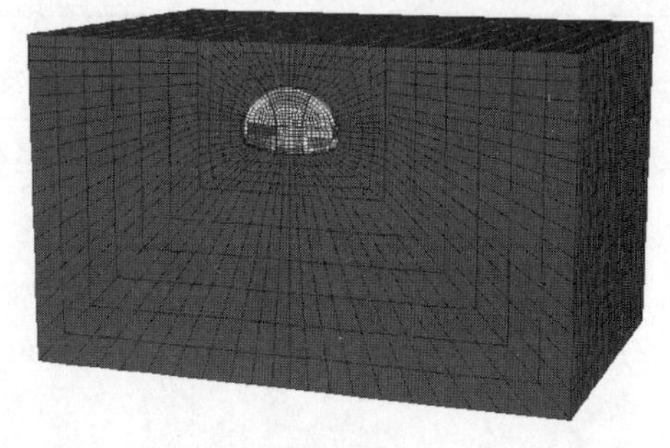

图 4 计算模型简图

物 理 参 数　　表 1

围 岩 类 别	重度(kN/m³)	计算弹性模量(kPa)	泊松比	黏聚力(kPa)	摩擦角(°)
II	16.3	40 000	0.34	21	24.58

2.2 计算结果分析

分别对 V 级围岩的洞口及洞身段进行了数值模拟,结果如表 2~表 5 所示。

洞口段临时支撑拆除计算结果　　表 2

拆除长度(m)	最大竖直位移(mm)	最大弯矩(kN·m)	最大轴力(kN)	最大主应力(MPa)	最小主应力(MPa)
0	12.4	107.2	1 030	6.3	−12.5
5	15.2	156.2	1 080	10.3	−17.1
10	18.5	166.0	1 130	10.9	−18.1
15	20.7	168.4	1 190	11.1	−18.3

中间段临时支撑拆除计算结果　表3

拆除长度(m)	最大竖直位移(mm)	最大弯矩(kN·m)	最大轴力(kN)	最大主应力(MPa)	最小主应力(MPa)
0	12.4	107.2	1 030	6.3	−12.5
5	13.2	125.2	904	8.31	−14.0
10	14.8	140.1	923	9.51	−15.3
15	15.5	146.2	936	9.96	−17.1

从以上计算结果表2、表3中可以得知:随着拆除长度的增大,临时支撑结构的受力越来越不利;拆除同样长度,在隧道中间段拆除临时支撑比在洞口段拆除偏于安全。临时支撑竖向变形最大的位置为拱顶,竖向变形变形量如表2、表3所示。弯矩与轴力的最大位置均为中间支护与没有拆除的临时支护的连接处,以上计算分析中最大主应力也是出现在此处,表明在这个位置为结构受力最不利位置,最容易发生失稳破坏。取最大弯矩与最大轴力,按设计规范进行安全系数验算,验算方法见附录,为安全系数计算依据。计算的安全系数如表4、表5所示。

洞口段临时支撑拆除安全系数计算结果　表4

拆除长度(m)	最大弯矩(kN·m)	最大轴力(kN)	截面配筋(cm^2)	偏心矩(cm)	安全系数
0	107.2	1 030	10	10.41	2.28
5	156.2	1 080	10	14.46	1.35
10	166.0	1 130	10	14.69	1.25
15	168.4	1 190	10	14.15	1.27

中间段临时支撑拆除安全系数计算结果　表5

拆除长度(m)	最大弯矩(kN·m)	最大轴力(kN)	截面配筋(cm^2)	偏心矩(cm)	安全系数
0	107.2	1 030	10	10.41	2.28
5	125.2	904	10	13.85	1.74
10	140.1	923	10	15.18	1.45
15	146.2	936	10	15.62	1.35

实际计算中,临时支撑是处于三维复杂的受力状态的,以上仅取最大弯矩与最大轴力来计算安全系数,没有考虑其他方向的受力(虽然很小),这样验算是偏于危险,因此以上计算的安全系数要偏大一些。这也说明如果选用1.0的安全系数对支护结构评价是危险的。基于以上计算和分析,选用1.3的安全系数来控制临时支护的结构安全性,可以得到如下结论:在洞口段,一次拆除长度5m左右为宜;在隧道内中间段,拆除长度可以为10~15m,拆除过程中最不利的位置为未拆除的临时支护与上部拱顶连接处,在施工中要注意对此部位的保护。

2.3 临时支撑施工方案

(1)洞口40m内临时钢支撑的拆除

根据数值分析结果,制定了在洞口40m范围内一次拆除5m侧临时钢支撑,采取间隔拆除,即:先拆除左侧5m侧临时钢支撑－观测永久结构初期支护有无异常－半小时后,如无异常再拆除右侧5m长临时钢支撑的方案。

(2)洞口40m以后临时钢支撑的拆除

在洞口40m以后,采取一次性单侧拆除5m侧临时钢支撑:观测永久结构初期支护有无异常—半小时后如无异常再拆除5m一侧临时钢支撑—1小时内观测永久结构初期支护有无异常—无异常再拆除另一侧临时钢支撑。现场临时钢支撑拆除如图5所示。

图5 现场临时钢支撑拆除

在拆除临时钢支撑的过程中，加强了对围岩、支护位移及受力的观测，拆除过程中及拆除后，位移未有大的变化，永久结构钢支撑受力有较大增长，而后很快趋于稳定。从现场情况看，拆除临时钢支撑未引起永久初期支护发生变形，拆除过程是安全的。

3 结论与建议

针对龙头山特大断面隧道洞口段双侧壁导坑施工的临时支护拆除的数值模拟分析及模拟方案在现场施工的成功运用，笔者认为超大断面公路隧道双侧臂导坑法施工的临时钢支撑拆除应把握如下几点：

(1)隧道洞口的施工安全常常是隧道顺利进洞的关键所在，因此必须从计算上及措施上充分重视双侧臂导坑法中临时钢支护的拆除。

(2)对于没有施作明洞而直接进洞的工程，临时钢支撑的拆除长度应尽量短一些，一次拆除长度最好不超过5m，错位拆除。

(3)在距洞口40m后的地段，临时钢支撑的拆除长度应控制在10～15m为宜，错位拆除。

(4)施工过程中，高度重视监控量测的重要性，拆除过程中，应加强对拱顶沉降、周边收敛及初期支护钢架应力的监测。

(5)由于在拆除过程中很难进行对拱顶沉降及周边收敛的监测，因此，建议在类似工程中，应尽量采用无尺量测。

参考文献

[1] 龙头山隧道设计图.西安：中交第一公路堪察设计研究院.2005,4.

[2] 宫成兵等.大断面单洞四车道公路隧道结构设计与施工方案探讨.公路,2004(6):177－182.

[3] 严宗雪等.龙头山特大断面公路隧道浅埋段设计与施工关键技术.现代隧道技术.2007.

[4] 谢东武等.对拉锚杆在单洞四车道公路隧道的应用.地下空间,2007.

[5] JTG 042-94 公路隧道施工技术规范[S]. 北京：人民交通出版社,1995.

68. 特大断面隧道远程自动监测方案的研究

曾 磊[1] 莫海鸿[2,3] 房营光[2,3] 陈俊生[2,3] 刘庭金[2,3]

(1. 广州珠江黄浦大桥建设有限公司;2. 华南理工大学建筑学院;

3. 亚热带建筑教育部国家重点实验室)

摘 要 本文介绍了特大断面隧道——广州龙头山隧道的远程自动监测系统。该系统由本地子系统和远程监测子系统构成。其中本地测量子系统实现了对拱顶沉降、锚杆应力、二衬钢筋应力和二衬混凝土应变四个方面的远程自动监测。无线传输子系统采用基于Web(Internet)及GSM中GPRS的无线远程数据传输方式,实现了对隧道监测数据的远程无线传输。根据7个月监测可知,龙头山使用正常,各部分结构处于安全状态。为评价特大断面隧道结构的长期安全性,还需要在今后的运营阶段做更长时间的监测时间及提供更多的数据支持。

关键词 特大断面隧道 长期 远程 自动监测系统

1 前言

对隧道变形和受力进行监测,是确保隧道施工期安全的重要保障。目前,针对隧道施工期进行的监测开展较多,而针对隧道运营期进行的监测较少。通过进行隧道运营期的长期监测,可及时掌握隧道的运营情况,为保证隧道的长期运营安全和安全保障提供基础数据。远程自动监测是掌握隧道运营期潜在安全隐患的重要手段,不仅比现场监测更安全及时可靠,而且费用相对较低,可以深入掌握隧道运营期的长期的安全状况,及时发现潜在安全隐患,为采用预防、加固和维修等措施提供依据,同时还可以为隧道耐久性评估提供依据。

远程自动监测技术已经在桥梁建设、边坡稳定监测、大坝和水电站建设、基坑监测及隧道建设中应用。而隧道方面的自动监测主要应用于塌方报警、瓦斯自动监测,尚未在文献中查到远程自动监测用于隧道变形、应力分布方面的实例。

广州龙头山隧道属双洞8车道公路隧道(图1),始建于2005年1月,于2006年5月贯通,是京珠国

图1 龙头山隧道

道主干线绕广州公路东环段的引线工程,设计正常运营车速为100km/h。隧道左线长1 010m,右线长1 006m,包含有V级~II级围岩段。隧道最大埋深98m,最大开挖宽度20.7m,最大开挖高度13.58m。为确保该隧道的安全和畅通,研究特大断面隧道在正常营运状态下的长期行为,评估其长期安全性,在国内首次建立了应用于隧道的远程自动监测系统,为龙头山隧道的长期安全状态评估提供监测数据。

本文详细介绍了该监测系统的组成和建立，并给出了初步监测结果。

2 系统设计

2.1 系统设计的依据

大跨度隧道开挖后围岩的变形规律与常规隧道不尽相同，除拱顶下沉可能引起塌方外，拱脚或起拱线也可能受到来自拱顶变形传递来的强大推力，产生塑性区而失稳。最终拱顶下沉大于水平收敛，对于软弱围岩，所有最大位移值均发生在拱顶处。拱顶下沉远大于水平收敛，特别是边墙位移较小，且部分位移为向外发生膨胀。因此，拱顶下沉应作为围岩稳定性判断的关键因素。

2.2 系统的组成

监测系统中监测项目的选择主要依据对龙头山隧道的力学性能和结构参数的分析，同时也兼顾隧道所处的环境、项目经费限制等因素。根据上述大跨度隧道的变形特点，确定了如表1所示的监测项目及智能传感器。

监测项目和传感器 表1

序 号	监 测 项 目	传感器型号	数 量	性 能 指 标
1	锚杆应力	BGK4911-22	4只	量程：210MPa；灵敏度：0.016%F.S；长期稳定度：。
2	锚杆应力	JMZX-422A	4只	量程：200MPa；灵敏度：0.1MPa；长期稳定度：。
3	二衬钢筋应力	BGK4911-22	2只	量程：210MPa；灵敏度：0.016%F.S；长期稳定度：。
4	二衬钢筋应力	JMZX-422A	2只	量程：200MPa；灵敏度：0.1MPa；长期稳定度：。
5	二衬混凝土应变	BGK4200	8只	量程：3000$\mu\varepsilon$；灵敏度：0.5～1.0$\mu\varepsilon$；长期稳定度：。
6	拱顶位移	JMDL-4610A	12只	量程：100mm；灵敏度：0.01mm；长期稳定度：。

任何远程自动监测系统均由如图2所示的各大部分组成。

现场数据自动测量系统 ⇄（数据流／控制命令） 数据传输系统 ⇄（数据流／控制命令） 远程监测、控制系统

图2 远程自动监测系统组成

龙头山隧道长期自动监测系统是一个远程多参数测量系统，具体可分为本地子系统（测量子系统、本地控制及数据处理子系统和无线发射子系统）和远程监测子系统（包括数据接收子系统及数据处理子系统）（图3）。

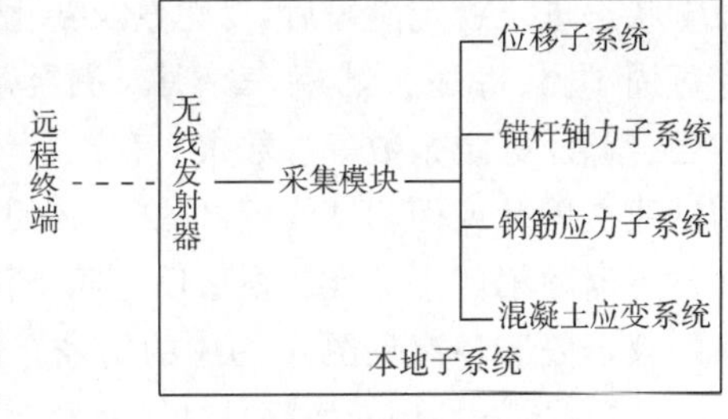

图3 龙头山隧道远程多参数测量系统

测量子系统部分包含：①位移子系统；②锚杆轴力子系统；③钢筋应力子系统；④混凝土应变子系统。本地控制及数据处理子系统由无线自动综合监测系统组成。本地无线发射子系统则有无线发射器单独组成。

3 无线传输子系统

远程传输技术主要分为如下五种方法：

(1)基于光纤通讯的有线远程传输方法；

(2)基于Web的有线远程传输方法；

(3)基于FSK或DTMF的有线远程传输方法，即利用固定电话通讯网络的传输方法；

(4)基于无线载波的远程传输方法；

(5)基于 Web 及 GSM 中 GPRS 的无线远程传输方法。各种方法的基本原理如图 4 所示。

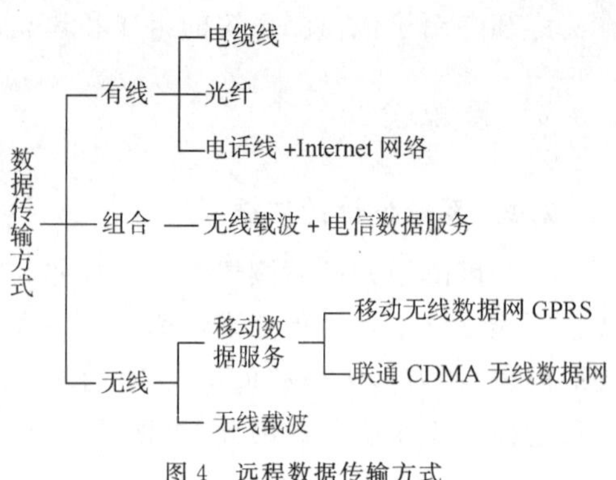

图 4 远程数据传输方式

鉴于龙头山隧道施工现场距离远程监测终端距离大约 30km,不适合采用最大传输距离为 5km 的无线载波方式作为远程数据传输方式。由于移动网络信号覆盖该隧道施工现场区域,且信号良好,因此,采用基于 Web (Internet)及 GSM 中 GPRS 的无线远程数据传输方式+智能无线自动综合监测系统(图 5),实现了对隧道的远程自动监测。

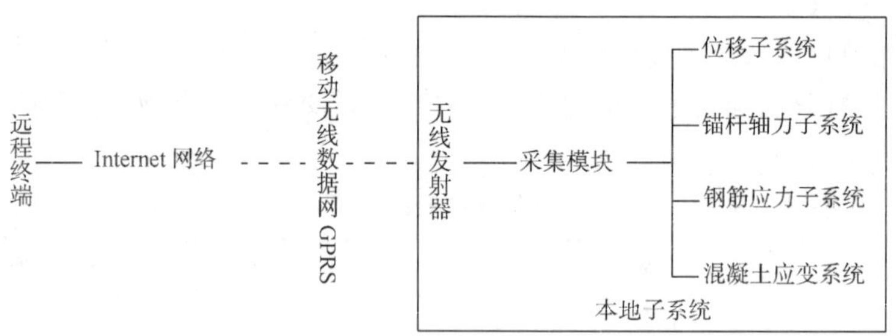

图 5 龙头山隧道远程无线监测系统

4 本地子系统

4.1 测量子系统

能实现表 1 所列的监测项目的传感器型号很多,但由于本监测项目的远程、自动和长期性,使得应用的传感器除具有一般监测仪器所必须的特点外,还必须具有适应长期监测和能提供自动化测量的功能。对于长期监测,传感器在长期使用过程中是否具有合适的长期稳定度、高灵敏度和高精度是选择传感器的第一个标准。同时,由于是隧道监测,传感器和全自动采集箱、全自动采集箱和无线发射器之间必然具有一定的距离,因此,传感器信号在长距离传输过程中是否会出现失真,是否具有相当的抗干扰能力,是选择传感器的第二个标准。由于地下结构通常受诸如地下水、地下集散电流或各种不可预见因素的影响,传感器也必须具有绝缘性能良好、防水耐用的特点,是选择传感器的第三个标准。隧道各种力学状态进入稳定阶段后,变化量及变化速度均非常小,监测间隔从施工期时的每天 2~3 测逐渐改变为每周 1 测、每月 1 测、每三个月 1 测至每半年 1 测,因此,传感器应具有智能记忆功能,并能将传感器型号、编号、标定系数等参数永久存贮在传感器中,可在测量时自动保存足够次数的测量参数,能避免因测试线被剪断或因测试线编号丢失,致使传感器无法使用的现象,保证工程监控长期顺利的实施,是选择传感器的第四个标准。根据以上四个标准,为龙头山隧道监测选择了合适的监测传感器,每个监测断面的仪器安装情况见图 6,图中的编号为传感器编号。

4.2 本地控制及数据处理子系统

与测量子系统相对应,本地控制及数据处理子系统除具有一般采集系统的特点外还必须具有适应长期监测和能提供自动化测量的功能。

(1)本地控制及数据处理子系统应能适应长期监测,具有相当的系统稳定性,而不需要经常性的维护。

(2)能实现全自动无人值守自动化测量和无线数据传输的功能。

(3)在隧道中不可能设置太多的无线自动综合监测系统,因此,监测系统必须能接入多种及多个传感器。

(4)能任意设定自动巡检间隔时间或按日程设定每天定时测量的时间。

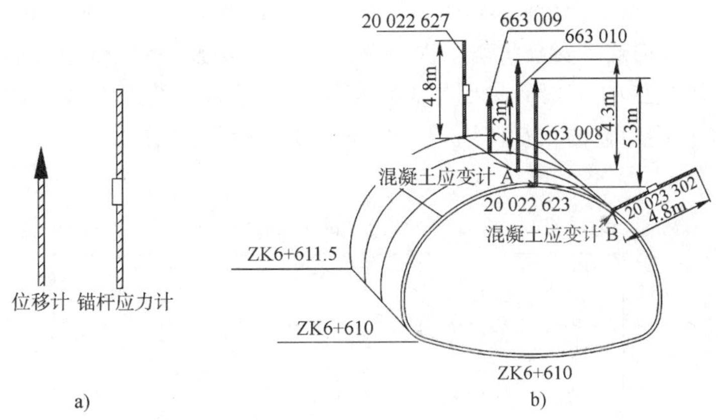

图 6 监测断面仪器安装图

a)图例;b)仪器安装示意图

(5)具有一定的内存容量,能储存若干次的监测数据。

(6)由于隧道内部影响读数准确性及数据正确传输的因素较多,因此,监测系统必须具有数字信号远距离传输不失真,抗干扰能力强,不受引线长度影响的能力,同时能实现故障的自诊断,保障系统及数据的可靠性。

4.3 无线发射子系统

对于不同地点、不同地形的隧道,附近区域 GSM 信号的强弱和受干扰情况均不尽相同,即使是移动电话与网络间的 GPRS 数据传输有时也会受各种影响而出现掉线及传输速度慢等情况。在龙头山隧道附近有一个雷达站,导致自动监测系统与发射系统之间的数据线、发射系统本身受到不定期的信号干扰。因此,无线发射子系统应接地,避免周围信号干扰,保证数据传输的稳定性。无线发射子系统如图 7 所示。

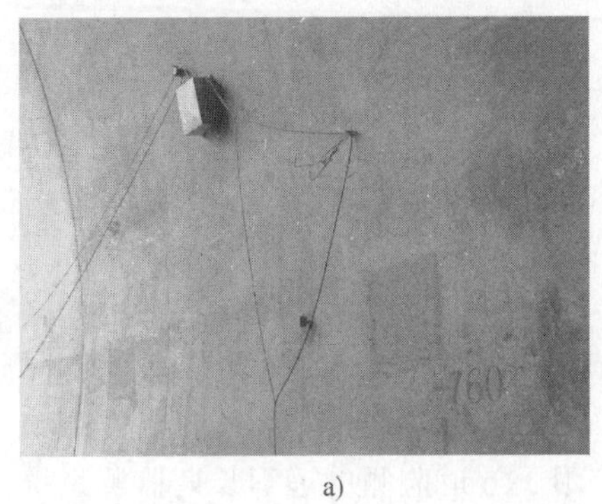

a)

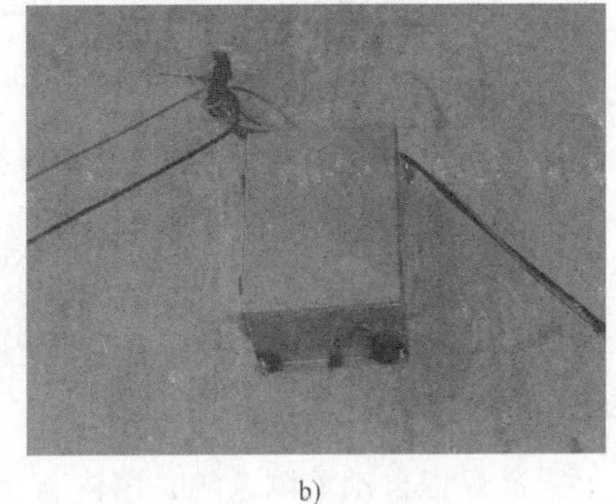

b)

图 7 无线发射子系统

5 远程监测子系统

远程监测子系统为监测指挥系统,一般由计算机和自动化监测系统软件组成。自动化监测系统软件通过数据传输方式与现场采集模块建立通讯联系,完成系统管理、数据采集等功能,同时具备进行数据处理、数据管理、可视化显示和图表输出等基本办公功能。

6 监测结果

自 2006 年中系统安装完毕至今,龙头山远程自动监测系统经历了约半年的监测时间,获取了大量监测数据。图 8 是左线 ZK6+724(V 级围岩段)的拱顶沉降和二衬混凝土应变的监测结果。

对于处在 V 级围岩段的拱顶位移(图 8a)),其最大拱顶沉降达到 84.5mm,量值较大。从 2006 年 7

月5日远程自动监测系统开始工作至2007年1月16日，拱顶沉降增量仅为1.68mm，即0.24mm/月，拱顶沉降进入稳定阶段，结构处于安全状态。拱顶二衬混凝土均处于受压状态(图8b))，且总体应变水平低，仅为混凝土极限压应变的6.2%，说明二衬混凝土以承受自身的重力为主，初衬与二衬之间由于具有一定的间隙而尚未产生明显的相互作用。二衬处于极为安全的状态。

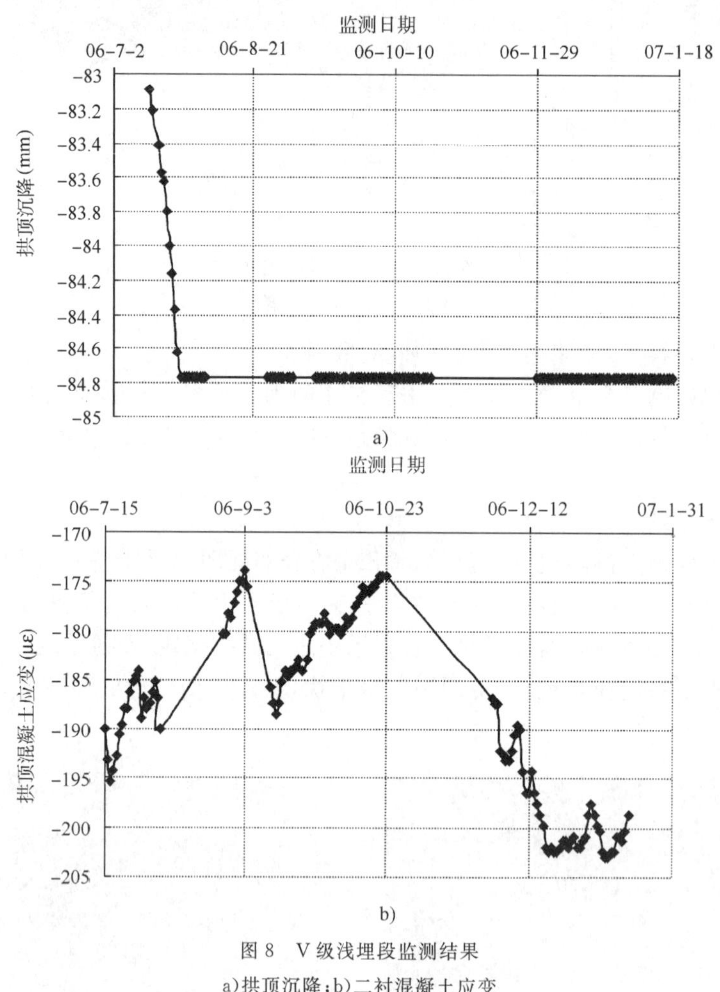

图8 V级浅埋段监测结果

a)拱顶沉降；b)二衬混凝土应变

7 结论

广州龙头山隧道远程自动监测系统是国内首次应用于隧道监测的远程长期监测系统。该系统综合监测了隧道结构多个方面的参数，从而实现了对特大断面隧道在拱顶沉降、锚杆应力、二衬钢筋应力和二衬混凝土应变四个方面的远程自动监测。系统经历了7个月的运行，收集到了大量的监测数据，除表明隧道结构使用正常，各部分结构处于安全状态外，还证明了远程自动监测使用在隧道方面的可行性和可靠性。

然而，作为一个长期远程自动监测系统，7个月的监测时间相当短暂，对于评价特大断面隧道结构的长期安全性，还需要在今后的运营阶段做更长时间的监测时间及更多的数据支持。而如何提出合理的判别指标，判断特大断面隧道在长期运营过程中的健康状况，是隧道长期监测领域的一个重要研究方向。

参考文献

[1] 符欲梅，朱永，陈伟民等．桥梁远程状态自动监测系统的研究、开发及实际应用[J]．土木工程学报，2003，36(2)：91-94.

[2] 亓跃峰,毕卫红,卢辉斌. 大型桥梁远程监测系统的研究[J]. 仪器仪表学报，2003，24(4(增刊))：281-284.

[3] 朱永,符欲梅,陈伟民等. 大佛寺长江大桥健康监测系统[J]. 土木工程学报，2005，38(10)：66-71.

[4] 胡柏学,曾威,于德介等. 洞庭湖大桥结构状态在线监测系统[J]. 公路交通科技，2006，23：73-77.

[5] 李卫民,黄志怀. 粤赣高速公路高边坡安全自动化监测试验研究[J]. 中外公路，2006，26(2)：63-66.

[6] 过静珺,李冬航,周百胜等. 四川雅安滑坡自动化远程监测系统示范工程[J]. 测绘通报，2006，4：54-57.

[7] 桑文刚,何秀凤,许斌等. 基于GPS多天线技术的远程自动化高边坡监测系统[J]. 水利水电科技进展，2006，26(1)：63-65.

[8] 陈楚龙,李添. 梅州水库土坝计算机自动监测系统的设计[J]. 广东水利水电，2000，5：19-20.

[9] 方美丽,朱志坚. 传感光纤在冶勒水电站大坝基础变形监测中的应用[J]. 葛洲坝集团科技，2006，1(24-26).

[10] 张丽,李续武,呼玮等. 水位实时监测系统的设计与实现[J]. 航空计算技术，2006，36(3)：25-28.

[11] 刘国彬,白廷辉,罗成恒. 深基坑工程自动监测系统的研究及应用[J]. 上海建设科技，2003，4：50-52.

[12] 张俊龙,刘国彬,刘浩. 隧道上方基坑开挖的施工工艺研究[J]. 施工技术，2005，增刊：272-273.

[13] 代福仲,李正前,石胜伟等. 隧道塌方自动监测报警系统[J]. 地质灾害与环境保护，2000，11(2)：176-177.

[14] 罗占夫. 瓦斯隧道施工中瓦斯自动监测系统的设备选型及应用[J]. 隧道建设，2002，22(3)：27-29.

[15] 黄伦海,刘伟,刘新荣. 单洞四车道公路隧道开挖的模型试验[J]. 地下空间，2004，24(4)：465-469.

[16] 万明富,海洪,刘剑平等. 大跨度隧道开挖围岩变形稳定监测与主动控制[J]. 重庆大学学报(自然科学版)，2006，29(7)：149-151.

69. 龙头山双洞八车道公路隧道浅埋段施工技术探讨

严宗雪[1]　张少锦[1]　谢　军[1]　谭宗盛[2]
（1. 广州珠江黄埔大桥建设有限公司；2 北京交通大学）

摘　要　随着国家经济建设的发展，对公路交通量的需求也越来越大，大断面公路隧道也层出不穷，单洞四车道隧道也开始兴建。但目前四车道公路隧道建设极少，可供参考的设计、施工经验匮乏。本文依托龙头山隧道双向分离式八车道高速公路隧道工程，详细介绍了在隧道浅埋段发生的几次坍塌的原因、处治措施，深入分析了该隧道浅埋段的特点和施工难点，得出了特大断面隧道浅埋段防坍塌的施工技术措施，以期为类似特大断面公路隧道的设计与施工提供参考。

关键词　四车道　公路隧道　浅埋　施工技术

1　引言

近年来，我国经济建设的持续发展使得交通基础设施建设规模的逐步扩大，高等级公路建设的迅速发展和交通运输量的逐渐提高，大断面公路隧道工程也日益增加，但四车道特大断面公路隧道的工程实践不多（见表1）。当前，我国现阶段的四车道以上大断面公路隧道建设既无成熟的经验可参考，又无规范可参照；从目前情况看，由于其本身具有众多复杂的因素，再加上四车道隧道的跨度大、矢夸比减小，结构受力更趋复杂，分步开挖的干扰也越多，因而特大断面隧道的结构设计、施工等方面还存在一系列问题，而隧道浅埋段的设计与施工，更是整个工程的关键。本文详细介绍了龙头山双洞八车道高速公路隧道浅埋段的设计和施工关键技术问题，通过对现场发生的典型坍塌分析、研究，得出特大断面隧道浅埋段施工应把握的关键问题，旨在为大断面公路隧道及类似工程的设计、施工提供参考。

单洞四车道隧道统计　　表1

隧道名称	贵州凯里大隔山隧道	大连韩家岭隧道	广州龙头山隧道	深圳雅宝隧道	广州地铁公纪区过渡段	重庆临江门车站隧道
长度(m)	496	521	1 010	265	22	198
跨度(m)	21.04	21.242	21.47	20.9	21.6	23
洞高(m)	11.5	15.52	13.56	13.48	14.2	19
扁平率	0.55	0.731	0.63	0.645	0.66	0.82
开挖面积(m^2)	—	230	230	220	253.7	388
隧道类型	单洞四车道	单洞四车道	双洞八车道	双洞八车道	单拱	单拱
建设时间	2000.4-2001.8	2002.8-2003.4	2005.3-在建	在建	2002	2002.4-2003.8

2　龙头山隧道概况

龙头山隧道是广州珠江黄埔大桥的关键工程，为国内第一座双向分离式八车道高速公路长隧道，单洞设计净宽18m，净高8.95m，见图1，设计行车速度100km/h，进口最小间距23m，出口最小间距20.8m，采用1∶1的削竹式洞门。隧道桩号ZK5+765～ZK6+775，YK5+765～YK6+771单洞全长2 016m。

龙头山隧道总体走向近东西，侧区内最高点海拔高程约184m，隧道通过地段最大海拔高程170m

左右，坡脚高程 28m，相对高差较大，约 158m，隧道所处地貌单元属长期风化剥蚀丘陵地貌区，坡度一般为 10°～30°。隧道上覆低矮灌木和杂草，植被茂密。隧道围岩进出口为坡残积土及全—强风化黑云二长花岗岩，结构松散，不稳定，土黄色，硬塑—半坚硬，遇水呈流塑状，含 15%～20%石英砂岩，可见原岩结构，偶含少量风化碎石块。出口段孤石密布(见图 2)，施工难道较大。

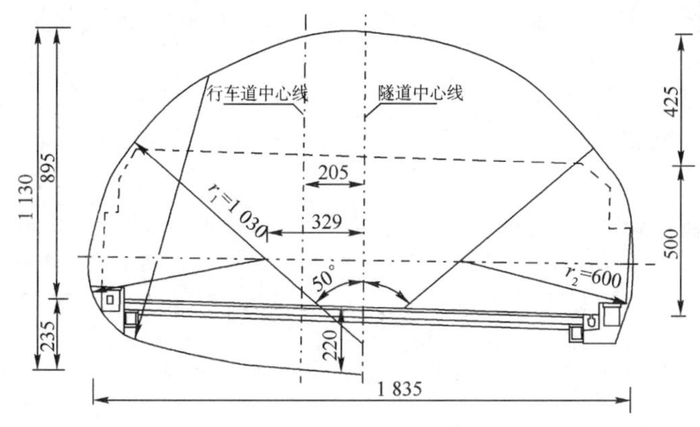

图 1　龙头山隧道内轮廓断面(单位:cm)

图 2　龙头山隧道右线出口仰坡

3　V 级浅埋段设计概况

3.1　设计支护参数

由于四车道公路隧道可供借鉴的设计较少，因此本隧道浅埋段通过工程类比、数值分析等手段进行设计：初期支护采用喷、锚、网、H 型钢拱架支护，并视地层、地质条件增加超前小导管、临时仰拱等加固措施。支护参数见表 2。

龙头山隧道浅埋段复合式衬砌支护参数　　表 2

项　　目		V 级(浅埋)
喷混凝土厚度	C25 混凝土(cm)	30
锚杆	长度(cm)，(直径(mm))	500(ϕ25)
	锚杆布置(cm)	100×75
钢架	H 型钢架(mm)	H200×200
	间距(cm)	75
二次衬砌	C30 钢筋混凝土(cm)	65
仰拱厚度	C25 喷射混凝土(cm)	30
	C30 钢筋混凝土(cm)	65
超前支护	类型(mm)	40m 长 ϕ108 大管棚(洞口段 40m)、双排 ϕ50 小导管(洞口段 40m 后)
	长度(m)，(间距(cm))	5m(40cm)

3.2　设计施工方案

主要采用双侧壁导坑法开挖，开挖、支护顺序如下：开挖左上台阶一(循环进尺不超过 200cm)，施做初期支护、锁脚锚杆(围岩变形较大时设临时仰拱)开挖左下台阶二(循环进尺不得超过 200cm)，施做初期支护，浇筑仰拱衬砌，回填片石混凝土；在左下台阶回填完 20～40m 片石混凝土后，开挖右导坑上下台阶三、四，施做初期支护，浇筑仰拱衬砌，在右下台阶回填片石混凝土 15～20m 后，开挖拱顶核心土五

(进尺不得超过 100cm 或以 1 榀钢架控制，图 3 中虚线为实际开挖线，以方便施做锚杆和架立钢架)，施做拱顶初期支护；分步开挖核心土中下台阶六、七

4 施工特点、难点

综合本隧道设计和现场地质情况，具有以下显著特点：

(1)隧道大跨扁平，受力复杂；

(2)洞口段全一强风化花岗岩遇水呈流塑状，拱顶易坍塌；

(3)右线出口仰坡较陡，地质变化显著，稳定性较差；

(4)洞内夹杂大小不一的孤石，难开挖、难支护；

(5)隧道洞口段左右线净距仅一倍洞径，左右洞施工相互影响较大；

(6)双侧壁导坑施工工序多、进度慢。

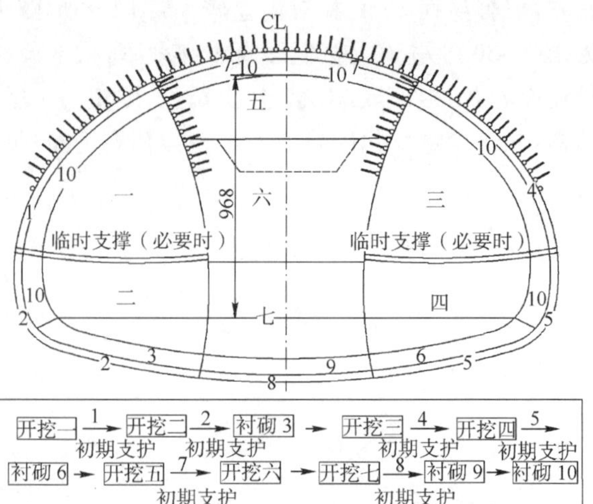

图 3 龙头山隧道施工步序图

5 现场坍塌的治理

5.1 ZK6+732.5～719.75 段右上导坑塌方

(1)塌方的发生

2005 年 9 月 30 日下午 14 时 35 分左右，隧道断面里程 ZK6+732.5～ZK6+719.75 侧壁第 30～36 榀钢架被挤出失稳，37～46 榀钢架初期支护出现裂缝，造成核心土坍塌，坍塌至核心土拱部超前大管棚，坍塌长度为 8m，高度约 5～7m，核心土钢架变形 17 榀，前后影响范围 12m。左线右上导洞点时支护被挤出情况如图 4 所示。

(2)塌方原因分析：

①该段施工时连降暴雨，土体富水、软化，注浆效果差，土体抗剪强度急剧降低；

②导坑采用台阶开挖时，过渡段拱脚悬空；

③监测资料显示，塌方前几天该里程范围衬砌拱顶下沉和收敛变形均较大，现场未能及时施做临时仰拱。

(3)塌方处理措施：

①立即临时支护拱脚回填片石，防止临时钢架进一步发生位移、架设临时刚支撑、在回填片石后继续回填沙袋，见图 5；

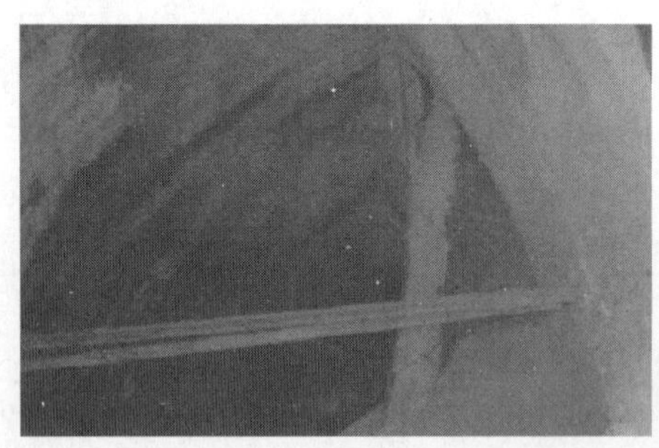

图 4 左线右上导洞临时支护被挤出

图 5 左线右上加固处理

②加固：在塌方处往洞外10m范围的核心土和永久支护周围增加$\phi 50$注浆小导管，加强围岩的抗剪强度和稳定性；

③在塌方体内尽可能堆码沙袋，并用沙袋堆码封闭塌方口，泵送混凝土回填，预埋两排注浆小导管、待混凝土达到一定强度后，注浆充填；

④通过监测数据显示塌方段稳定后，封闭下导坑，逐榀更换挤出的临时钢支撑。

5.2 右线出口仰坡病害

(1)塌方的发生

2005年12月10日10:30左右，在开挖YK6+744～YK6+750左上导坑过程中，正处理一孤石时，初期支护第1榀～8榀刚支撑瞬时整体偏出，如图6所示，仰坡出现较多裂缝，如图7所示。

图6 右线左上导洞偏邦

图7 右线隧道仰坡裂缝

(2)原因分析：

①雨水下浸土体流失，孤石无支撑，下落引发偏邦；

②仰坡相对较陡；

③由于洞内孤石较多及右导坑较早进而石方爆破，扰动较大，仰坡不稳定；

④原截水沟位置调整后，刷坡不平顺，局部土体仰角较大，自稳性差；

⑤监测数据显示自2005年11月17日暗洞开挖以来，暗洞拱顶下沉、洞内收敛较小；但仰坡沉降变形速率增大，未及时治理。

(3)监测数据分析

为进一步弄清右线出口仰坡稳定性情况，笔者对该导洞施工期间仰坡测点布置及位移变化情况进行了整理，如图8、图9所示。

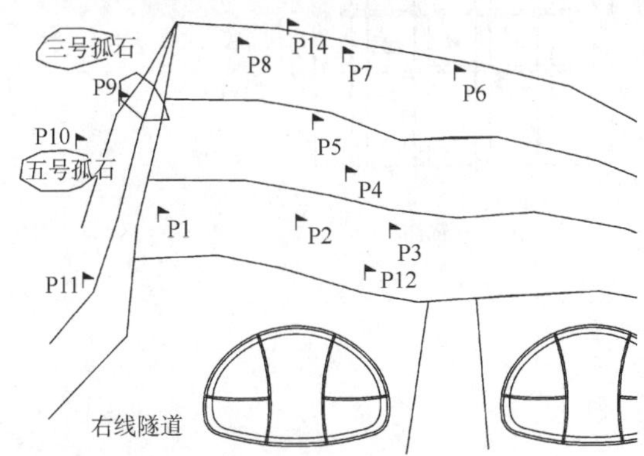

图8 右线隧道仰坡位移监测点布置

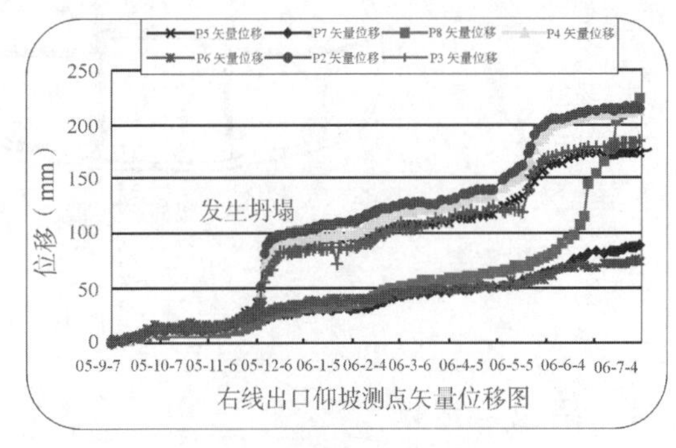

图9 右线隧道仰坡位移监测

根据图9，可以发现：

①在2005年8月～9月施做明洞过程中，边坡测点位移仍在增加；

②从2005年11月17日，开挖暗洞左右导坑以来，所有仰坡测点变形均增加，且变形速率呈增大趋

势，从而引发了左上导坑初期支护偏帮；

③自2006年5月5日～5月20日开挖核心土以来，仰坡沉降变形持续增大，根据监测情况，经各方研究决定：控制核心土开挖，循环进尺不超过1榀，及早封闭；立即施做二次衬砌，从监测数据反馈情况看：自5月21日控制开挖进尺以来，仰坡变形速率减小，特别是在6月17日暗洞二次衬砌浇筑后险情得到了控制。

综合监测数据和计算分析可以发现：由于隧道右线出口仰坡坡较陡，且受到雨水及孤石爆破振动影响，仰坡稳定性降低，需要加固处理。

(4)处理措施

①控制坍塌扩大，在右导坑偏出部位架设临时仰拱支撑并铺设20cm厚C20素混凝土；

②采用3m长ϕ50mm×3mm注浆小导管加固洞口10m核心土；

③顺着裂缝方向，打设双排5～8m长ϕ50mm×3mm注浆小导管，间距2m，注浆加固；

④为改善仰坡回填后坡比，延长明洞4m，改善回填后仰坡坡比。

5.3 施工方案优化

根据该隧道断面大、极扁平，全—强风化花岗岩富水稳定性差，注浆效果差等及广东持续多雨气候等特点，结合现场施工实际情况，业主在2005年7月召开施工方案会议并结合信息化施工研究成果，对部分支护参数及施工方案进行了优化。

(1)各洞口均先施做不少于两组明洞(18m)，并回填后，再开挖暗洞；

(2)在开挖第六步核心土后，如果监测数据稳定则先拆除临时横撑，一次拆除范围不超过10m，全断面模筑二次衬砌，再进行第七步核心土仰拱开挖和封闭；

(3)在全—强风化花岗岩段用4.5m长注浆小导管替代原设计中空注浆锚杆和核心土部分的砂浆锚杆，以改善注浆加固效果；

(4)对拉锚杆代替临时横撑。

在洞口40～50m范围内的一般地段，可在后行导洞内在核心土上每榀施做长约5～6mϕ22的对拉锚杆(见图10)代替临时横撑(一般在开挖先行导洞时核心土较为稳定，不需要施做对拉锚杆)；如监测数据超过预警值后再增设临时横撑。这样即可以有效地加固核心土，又不影响洞内车辆进出，降低了成本。

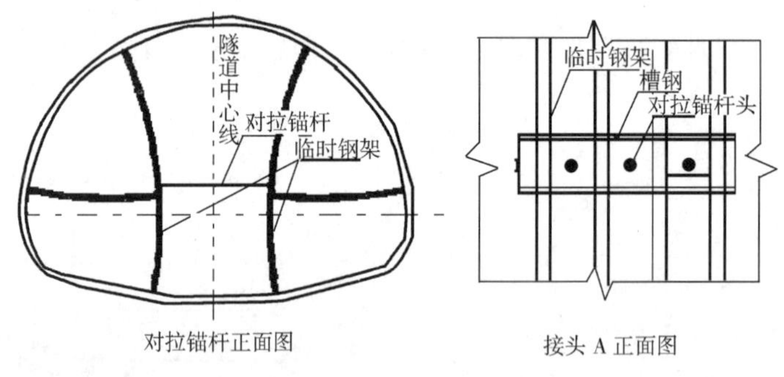

图10 对拉锚杆施做简图

6 结论与建议

针对龙头山特大断面隧道受力复杂的特点和几次坍塌的经验教训，笔者认为超大断面隧道浅埋段设计与施工关键宜把握如下几点：

(1)视地形、地貌及地质情况，如果仰坡较陡宜先施做明洞，反压回填后再进洞，埋深浅宜明开挖。

(2)做好仰坡防护及临时防排水措施。特别是在浅埋段，由于雨水下渗导致渗流加剧，土体可能发生较大的位移,影响土体稳定。因此,特别对于多雨地区的隧道施工,宜合理布设边坡防护范围,平顺刷坡,及时用混凝土或砂浆封闭仰坡面,阻止雨水下渗。

(3)狠抓超前大管棚施工质量。从几次洞口坍塌情况看,坍塌范围均至拱顶大管棚后未再扩大,由此可见洞口段大管棚作用至关重要。

(4)应坚持双侧壁开挖方法,坚持早支护、早封闭的原则。考虑车辆出渣和施工效率,合理分布导洞大小、台阶间距,从现场施工情况及监测数据反映:在开挖下导坑并支护回填后,导坑沉降和收敛变形基本稳定。

(5)在初期支护变形稳定时,可考虑先施做拱圈衬砌,再开挖核心土仰拱,以提高工效。

(6)洞口段石方爆破应严格控制进尺及装药量,减少对仰坡土体的扰动。

(7)对全—强风化花岗岩地段宜采用注浆小导管取代注浆锚杆,提高土体抗剪强度和稳定性。

(8)在收敛较小时,可考虑以对拉锚杆取代临时横撑,以便于下台阶的快速施工,提高工效。

(9)在施工过程中,高度重视监测数据的重要性,始终以监控量测数据为指导,坚持动态设计、动态施工的原则。

目前,龙头山隧道二次衬砌施工基本完成,工程进展顺利。

参考文献

[1] 黄伦海.双洞八车道公路隧道施工方案研究[J].公路,2005,9 (9):206-211.

[2] 蒋树屏,黄伦海,胡学兵.超大断面公路隧道的设计与研究[J].地下空间与工程学报,2005,1(1):54-61.

[3] 龙头山隧道设计图.西安:中交第一公路勘察设计研究院.2005.4.

[4] 宫成兵等.大断面单洞四车道公路隧道结构设计与施工方案探讨.公路,2004(6):177-182.

[5] 黄成造等.某单洞四车道公路隧道破碎围岩段塌方处理及对拉锚杆的应用.地下空间,2007.

[6] 中华人民共和国行业标准.JTG 042—94,公路隧道施工技术规范[S].北京:人民交通出版社,1995.

70. 龙头山隧道衬砌结构耐久性实验分析

招国忠[1]　谭宗盛[2]　曾　磊[1]
（1. 广州珠江黄埔大桥建设有限公司；2. 北京交通大学）

摘　要　隧道所处地质环境的复杂，导致影响其耐久性的因素众多。由于龙头山隧道处于华南地区，以及其本身结构的特殊性，对于其耐久性可行的研究部分仍然是对混凝土的研究，如何提高隧道二衬混凝土的抗裂性和抗渗性成为该隧道耐久性研究的关键因素。

关键词　隧道衬砌　钢筋混凝土结构　混凝土配合比　耐久性实验

1　工程所处环境以及结构特点

龙头山隧道所处地貌单元属长期风化剥蚀丘陵地貌区，隧道上覆低矮灌木和杂草，植被茂密。隧址区属亚热带海洋性季风气候，温暖潮湿，雨量充沛，环境平均温度21.8℃，环境相对湿度为0.78。隧道衬砌所处属于室外潮湿环境，由于地处雨水充沛的南方，因此，需要对隧道的防排水系统以及混凝土的抗渗提出更高的要求。此外，龙头山隧道属于大断面、大跨度的隧道，最大跨径约为21m，因而隧道衬砌结构无论从承载力还是裂缝扩展等方面，对结构的材料、构件及隧道的耐久性体系都提出相应的要求，成为控制结构寿命的重要因素。

2　隧道衬砌结构耐久性研究方法

隧道与周围介质联系紧密，且长期相互作用，故在研究耐久性的影响因素时应特别重视环境条件的影响。环境作用下影响混凝土结构耐久性的材料劣化现象主要是钢筋锈蚀和混凝土腐蚀。

根据周围环境与隧道发生作用的情况，将隧道分为内侧与外侧环境进行考虑，隧道内侧主要考虑衬砌结构在大气环境中的性能衰减，大气中的二氧化碳从混凝土表面向里渗透并与混凝土中的碱化物质起化学作用使混凝土碱度降低（碳化），当碳化或中性化发展到钢筋表面，破坏了钝化膜得以形成的条件，钢筋就会发生锈蚀；此外运营后汽车尾气对内侧衬砌结构耐久性有很大的影响；在外侧主要考虑周围地质环境水及水中所含的化学物质等对其耐久性的影响，周围环境中的氯离子从钢筋表面逐渐渗入到混凝土内部，当到达钢筋表面处的氯离子浓度积累到一定值（临界浓度）后也就会破坏钝化膜，氯盐引起钢筋锈蚀的发展速度很快，远比碳化锈蚀严重；还有一种常见的劣化主要源于混凝土自身，即混凝土的碱—集料反应。

与此同时，隧道衬砌长期经受围岩压力和地下水压力的作用，在这些压力的共同作用下衬砌混凝土的渗透性会有所变化，而混凝土的渗透性又与耐久性关系紧密。混凝土结构在荷载与环境的长期作用下都有可能引起材料性能的一些劣化，特别是衬砌结构受力产生裂缝，大大增加了有害物质混凝土的侵蚀，加快了混凝土劣化的过程，从而影响隧道结构的耐久性。荷载长期作用下的材料性能劣化主要表现为材料强度的降低，强度的降低通常在结构承载力（强度）设计中已经用持久强度、疲劳强度等参数予以考虑。

如上所述，对龙头山大断面隧道进行耐久性研究时，针对其内侧外侧考虑环境因素对其耐久性的影响及作用机理；对其混凝土自身的性能劣化则主要进行混凝土配合比试验，来研究影响混凝土耐久性的各因素，主要结合工地现场以及室内实验，对其混凝土材料进行耐久性性能的指标分析。

3 龙头山隧道混凝土耐久性实验

3.1 地质环境因素

影响隧道衬砌耐久性的一个主要外部因素就是隧道所处的地质水文环境，因此在隧道衬砌前，为检测其所处地质的有害成分，以及评估其对隧道的腐蚀性，委托广东交通集团检测中心对隧道内 SO5 标段出口水质进行分析，主要测试项目有：pH 值(11.49mg/l)、SO_4^{2-}(6.2 mg/l)、Cl^-(10.0 mg/l)、CO_3^{2-}(42.1 mg/l)、HCO_3^-(无)、Ca^{2+}(7.0 mg/l)、Mg^{2+}(无)、游离 CO_2(无)，侵蚀性 CO_2(无)等，各值远远小于标准值，对隧道结构具有腐蚀性的离子含量很少，说明所处的地质水文条件良好，因此对隧道衬砌的侵蚀影响较小。故对于隧道衬砌结构的耐久性研究将主要集中在混凝土自身的耐久性以及隧道的大跨受力对结构的耐久性的影响方面。

3.2 混凝土不同配合比耐久性性能比较

目前，设计和施工一般只是对衬砌结构混凝土进行强度要求，但事实上针对不同的地质气候环境和结构构造，应该对混凝土的其他对应耐久性提出相应的要求，这就与混凝土的配合比相关。

因此我们在实验室进行的混凝土试验中，比较不同配合比的耐久性性能的差异，一共做了 12 组配合比试验(GZ1 为工地采用配合比)，分别做了表面抗渗试验、氯离子渗透试验、断裂能试验，碳化试验、劈裂试验和强度试验，其中在第 2 组加入钢纤维，在第 3 组加入聚丙烯纤维，在第 4 组加入混合的钢纤维和聚丙烯纤维。下面是其主要性能方面的性能比较。

(1)强度上的比较

不同配合比混凝土折算为 150mm 试件的 28d 抗压强度如图 1 所示。

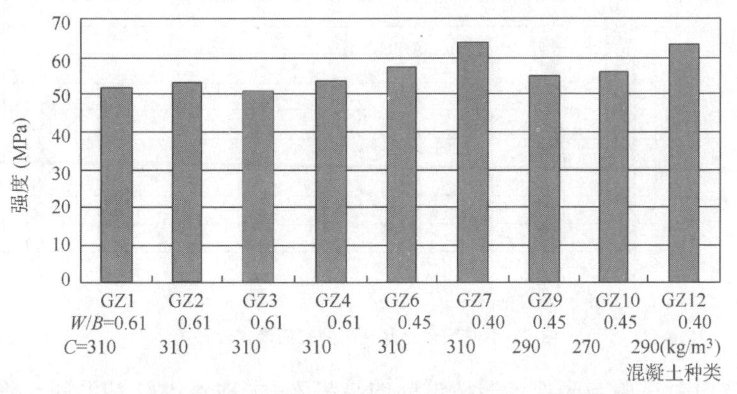

图 1 不同配合比混凝土折算为 150mm 试件的 28d 抗压强度

从试验我们可以看出，虽然同样都满足混凝土强度设计要求，但是其早期强度和 28d 强度不同的配合比依然有一些差别，如果只考虑强度方面，工地采用的 GZ1 配合比仍然有提高的空间。

(2)断裂能比较

对于龙头山大跨隧道，由于结构拱顶所受的拉力增加，而且由于混凝土抗拉能力较低，因此结构的抗裂性能是影响隧道耐久性的关键因素，通常一般也认为，混凝土的抗裂性能是大跨隧道耐久性关键因素，本试验中加入纤维也是为了比较其抗拉性能的差异，并且用断裂能的大小来比较。不同配合比混凝土 28d 龄期断裂如图 2 所示。

从图 2 的试验结果可知，优化后的混凝土 GZ2 至 GZ12 的断裂能得到了显著提高。其中以加混杂纤维与钢纤维的效果最为突出，此外不含纤维的 0.40 水胶比混凝土 GZ7 和 GZ12 的断裂能也有了显著提高。但由于施工中纤维对防水板的影响较大，因此在实际工程中仍采用原有配合比。

(3)抗渗性能的比较

对于华南地区的隧道结构，由于降雨较多，因此衬砌结构的抗渗性能也是影响龙头山隧道耐久性的主要方面，采用氯离子渗透和表面渗透进行混凝土渗透性能的比较，在氯离子渗透试验中，由于含钢纤

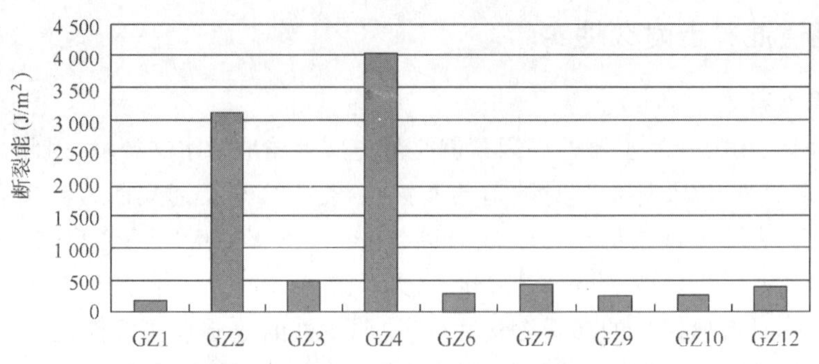

图2 不同配合比混凝土的28d龄期断裂能

维混凝土因自身导电，而无法实施氯离子渗透电量试验。故该混凝土的氯离子渗透电量数据缺，在本文中以表面渗透性试验结果作为参考数据，进行分析、讨论。

不同配合比混凝土的氯离子渗透电量试验结果如表1所示，不同配合比混凝土的表面渗透性试验如图3所示。

不同配合比混凝土的氯离子渗透电量试验结果 表1

编 号	GZ1	GZ2	GZ3	GZ4	GZ6	GZ7	GZ9	GZ10	GZ12
渗透电量 Q(C)	1 826	/ *	1 718 *	/	1 458	1 150	1 389	1 362	1 083

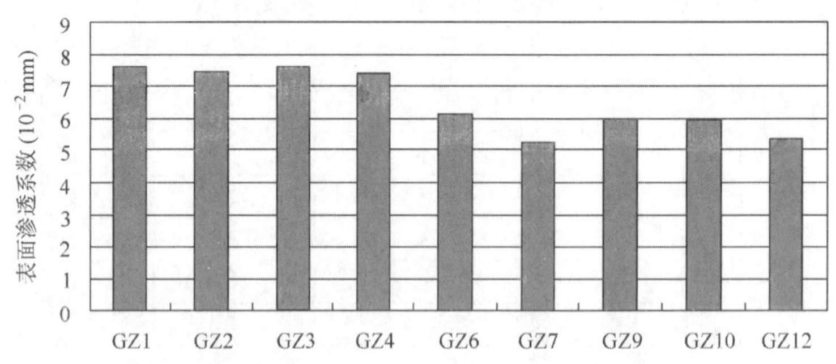

图3 不同配合比混凝土的表面渗透性试验

综合氯离子渗透电量试验与表面渗透性试验的结果看，本项目中纤维混凝土渗透性的主要影响因素是水胶比 W/B，在同一水胶比条件下的纤维种类对混凝土渗透性无显著影响。

由上述纤维混凝土的渗透性试验结果及前述的力学性能试验结果可以推知，如果要在本项目试验结果的基础上，进一步获得增韧抗裂和显著提高混凝土抗渗性(即降低渗透性)的优化效果，则应该采取的技术途径是：在水胶比 W/B 为0.45、0.40或更低 W/B 的混凝土中加入纤维；如果同时还要降低水化热、减低混凝土水化温升，则还可在水胶比 W/B 为0.45、0.40或更低 W/B 的混凝土中适当降低水泥用量，用粉煤灰等量取代水泥，且这样做的另一效果是可维持混凝土的强度等级无显著改变，使混凝土的实际强度等级与结构设计所定的设计强度维持一致。

4 从材料上提高隧道耐久性的措施

从室内试验中我们可以看到，通过调整混凝土的配合比，改变水灰比等可以有效地提高混凝土的抗压强度、针对龙头山大断面隧道，主要是提高其抗裂性能和抗渗性能，从试验中我们也可以看到目前工地所用的混凝土配比并不是最佳的选择。但是无论什么配合比，为有效提高衬砌结构耐久性能，最大限度降低衬砌结构劣化的危害，在施工材料以及施工质量上作如下要求：

(1)原材料及混凝土拌制的要求

优先选用低水化热和含碱量低的硅酸盐水泥或普通硅酸盐水泥，避免使用早强水泥，水泥宜与矿物掺和料一起使用。由于衬砌结构易遭受海水中有害离子(硫酸盐、氯盐和酸等)的侵蚀，因此，应采用较大掺量矿物掺和料的低水胶比混凝土。单掺粉煤灰的掺量不宜小于25%，且宜符合使用粉煤灰加硅灰、粉煤灰加矿渣或两种以上的矿物掺和料。

(2)水泥的细度(比表面积)要符合国家标准，不得超过$350m^2/kg$；为了保护混凝土的体积稳定性和抗裂性能，硅酸盐水泥或普通硅酸盐水泥中的C_3A不宜超过10%，游离的氧化钙含量不超过3.5%，水泥碱含量(按Na_2O当量计)不宜超过水泥质量的0.6%。

(3)对龙头山隧道，混凝土的最低强度等级不低于C30。

(4)根据设计好的混凝土配合比，在正式施工开始前的试配工作中，进行混凝土和胶凝材料抗裂性能的对比试验，从中优选抗裂性能好的混凝土原材料和配比作为最终选用的原材料和配比。

(5)混凝土集料质量要严格按标准选用，选用耐腐蚀、级配合格、粒形良好、吸水率低、空隙率小的集料。粗集料的松散堆积密度一般应大于$1500kg/m^3$；对不同细度模数的砂子，控制6.75mm 、0.6 mm和0.15mm筛的累计筛余量分别为0～5%、40%～70%、和≥95%。粗集料的压碎指标不大于7%，吸水率不大于2%，针、片状颗粒含量不宜超过5%。

(6)衬砌结构混凝土不宜采用抗渗透性较差的岩质如某些花岗岩、砂岩等作为粗、细集料。集料的最大公称直径不宜超过25mm，同时不应超过混凝土保护层厚度的2/3。

(7)拌制和养护用水应符合现行标准的有关规定。

(8)外加剂(减水剂、早强剂、缓凝剂、引气剂等)的选用应以不产生对混凝土和钢筋有害的物质、不降低混凝土耐久性为依据。不得使用氯化物类外加剂。

(9)各种外加剂应有厂家提供的推荐掺量与相应的减水率、主要成分(包括复配组分)的化学名称、含碱量以及施工中必要注意的事项如超量和欠量使用时的有害影响、掺和方法和成功的使用证明等。

(10)混合使用几种外加剂、阻锈剂及其他防腐剂时，应事先测定它们之间的相容性。

(11)各种阻锈剂的长期有效性需经过检验，不能使用亚硝酸钠类阻锈剂。

(12)混凝土应根据所用材料具体作配合比设计，使配制的混凝土产品具有适当的和易性和稠度。

5 结论

综上所述可以得出，龙头山大跨隧道耐久性除了需考虑混凝土材料的耐久性外，由于其处于华南地区以及其结构自身的特点，则主要考虑大断面受力的裂缝控制和混凝土抗渗性的要求，即在设计时要充分考虑合理的设计断面，在混凝土材料选择以及配合比等方面都需要合理选择，在施工时要符合耐久性施工的要求，此外运营期间做好隧道的通风也有利于将有害的汽车尾气排出隧道，提高隧道结构的耐久性能。因此结构物设计已经不单纯是强度设计，而是性能设计，即安全性、使用性、耐久性及美化景观四个方面的综合。

参考文献

[1] 西北师范学院地理学. 中国自然地理图集. 北京：地图出版社，1984.

[2] 珠江黄埔大桥及引线工程两阶段施工图设计. 中交第一公路勘察设计研究院. 2004，8.

[3] 关宝树. 隧道工程维修管理要点集. 北京：人民交通出版社，2004.

71. 面向工程的设备维修策略

邓汇良
(广州市番禺区公路管理局)

摘　要　本文针对现行修理制度中存在的不足,结合工程施工的实际,提出了视情修理的维修策略,为工程机械的维修探索一条新的思路。

关键词　工程机械　维修　策略

维修制度是用来规范维修活动程序、约束维修过程行为的一种规范。它包括维修等级的确定,维修类别的判断、维修间隔、频率、维修时间等一系列维修要素。维修策略是指从一定的技术、经济因素出发对设备的维修方式和维修程度的规定。它直接影响维修工作总量和维修费用的高低。维修制度受条件和环境制约,并随着维修技术的进步,维修观念的改变和维修策略的转变而变化。

1　工程机械维修中存在的不足

目前的维修方法往往从保证设备的固有可靠性的角度来考虑,即根据设备故障分布和设备工龄,为消除故障、避免故障后果来制定维修策略,对任务和任务要求考虑较少。

随着工程复杂性增加,通常单个设备无法完成工程任务,需要多个设备协同作业完成多种任务,这些不同的设备构成一个设备系统,每一个设备完成系统中的一个作业环节。同时不同的任务对设备系统的要求不同,任何一个设备的故障都有可能影响其他设备使用,从而造成连续的经济损失。对于危及安全或使用的故障隐患,最好能在故障发生前及时排除。即采用预防性维修方式以保证使用安全和减少损失。然而,也有一些设备即使发生故障,但由于故障对完成特定任务没有影响或影响不大,可暂时不需要对故障进行维修,待任务完成后再进行维修规划。

设备实际使用过程中常常出现这样的情况:设备仍可使用,短时期内也许不会发生故障,但实际状态不能满足某些特定任务的要求,所以也必须对设备进行维修。

此外,有些任务如果在执行期间设备发生故障就会造成损失,但是如果在执行任务前对能够正常使用的系统进行维修又可能造成不必要的浪费,采用何种维修策略才能使损失最小?

目前的维修决策方法在应用中可能造成如下后果:

(1)维修不足,使系统不能满足某些特殊任务的使用要求,造成重大损失。

(2)对一些可能在任务期间发生故障,但与执行任务无关的部件进行维修导致维修过剩,造成不必要的浪费。

(3)对一些已发生故障但对完成任务没有影响的部件进行维修,造成维修工时较多,影响系统的出勤率。

因此,维修决策应根据任务和任务对系统的使用要求,结合系统当前所处的状态来考虑具体维修行为。为此我们提出了面向工程的视情维修决策。

2　面向工程的维修策略

要用一个简单的标准或维修准则来规范工程机械的维修,是相当困难的。即使有这样的标准,也会很不经济。即使单个设备具有较好维修准则,也不一定取得工程最佳效益。为了使设备有效利用率高,并取得良好的经济效益,面向工程的视情维修策略是很适合的。

面向工程视情维修决策是以系统能够满足工程使用要求为决策目的和工程对设备系统的使用要求，根据系统的实际运行状态检测值并充分考虑任务条件，确定维修策略的维修方法。面向工程的视情维修策略是按照工程项目需求、设备综合管理原则、以及可靠性为中心的维修思想，根据设备的型式、性能、使用条件、复杂程度、对项目的重要程度等特点，对不同的设备或设备不同部件，有针对性地采用不同的维修方式(即状态维修、定期计划预防维修和事后维修等)或多种维修模式结合的方式，以实现设备寿命周期费用最经济、综合效益最高的目的。

因此工程机械的复合针对性维修内容主要包括：

(1)工程任务层次分析、系统功能层次分解和物理层次分解

首先，需要将任务按从整体到局部的关系进行层次分解，得到相对独立和描述清晰的子任务。其次，将每项任务所需相关功能要求进行分解，建立各功能相关的网络和约束网络，得到分层的约束网络。

在分层的约束网络上，把功能的需求对应到各设备机型。

按照各子任务对子功能的需求将主观层次的任务映射到具体设备各子功能，并对各子功能要求和对相关任务的影响程度给予不同评估。

(2)根据任务中各设备重要性不同和工程机械的复杂程度等不同特点，吸收 TPM(日本全员规范化生产)和 ABC 分类法中的设备分类、重点管理的思想，确定评价标准，进行综合评价。对设备进行整机分类和总成分级，对不同的类别、级别采用不同的维修策略。评价的主要依据:设备在生产中的地位、故障特性、维修性、备件供应、检测难易、经济性。

①设备在生产中的地位，主要由是否是唯一可用的设备，是否是主导设备来确定。

②故障特性，部件性质不同，故障特性是不相同的。

③维修性，可借助平均维修时间和维修度来衡量。

④备件供应、检测难易必须考虑，它直接影响维修策略的制定。

⑤经济性是我们追求的目标之一，力争维修费用最低。

根据设备的分类，结合工程实情，可以将工程机械维修分成 4 类：

①事后维修，适于设备简单，维修性好，不重要的设备采用，可避免不必要的拆装、检查、保养和修理，减小维修工作量、降低费用；

②选择性维修，对于使用中的易损件，不很复杂设备的关键部件，采用运行期间监测修理、保养，定期计划维修；

③预防性维修，对大型复杂设备、主导设备和直接影响工程施工的主要设备，在没有备用的情况下，应尽可能采用预防维修，避免影响工程进度；

④项修，在工期前或工期繁忙时，对可能影响施工进度和质量的重要部件可采用集中换件，待工期结束，对整机进行统一修理。

对不同的设备我们可以采用上述不同的维修方式，即使是同一个设备的不同部件，我们也可以根据重要性的不同采取不同的维修方式。这种针对性很强的多维修方式结合的复合针对性维修策略，可以保证工程机械施工中的可靠性，降低设备维修总成本。

(3)完善并形成合理的工程机械维修标准，使维修过程有据可依。

(4)逐渐完善合理的设备配置原则，逐渐完善视情维修体系。

虽然经过最近几年的研究，视情维修技术已经取得了较大的进展，但是在实践过程中，也存在许多不足，主要表现在：

①设备状态评估问题

工程设备结构越来越复杂、造价越来越高，同时由于预防性维修的应用使系统故障数据减少，这两方面的原因使获取进行视情维修所需的直接数据不足。如何综合多种外在表现信息尽可能准确表示系统运行完好状态需要进一步的研究。

②维修优化决策的目标问题

当前视情维修研究中，维修策略优化的目标大都是基于费用最优，或者是长期平均费用最优。然而当前设备功能越来越多，可以完成的任务越来越多，不同的任务对设备的要求不同，这些都要求不同的维修策略进行有效地支持和保障。

③不同任务的设备优化配置

对于工程项目来说，同一任务有不同的设备配置，不同的配置就会产生不同的维修决策。

(5)加快计算机信息化处理

维修是一门实践性很强的科学，需要处理大量的试验和运行状态统计数据，用人工完成处理过程是不可想象的。采用计算机辅助工具，可以推动视情维修技术在实践中的广泛应用。

(6)操作人员参与维护修理，发挥其聪明才智，提高操作人员的修理与维护保养能力。

根据使用单位的设备具体情况、工人素质和技术水平，制定指导操作工人、维修人员及生产辅助人员参加的设备维修管理规范，循序渐进。

①为了加快信息处理、加强设备有效管理，建议建立如下信息系统：设备前期管理系统；设备点检信息系统；设备维修方式、维修类型决策系统；设备更新、改造决策系统；设备状态评估系统。这些管理系统的出现将极大促进设备维修决策的现代化。

②不断采用新技术，及时改进维修计划。采用新技术编制维修计划，近细远粗，在一个计划终了时，根据本计划执行的结果和生产情况等条件的变化，对原计划进行必要的调整和改进，不断完善维修决策和计划编制，使其更合理。

(7)建立完善各级维修领导机构，不断提高维修管理水平。

3 结束语

长期以来，工程机械实行的维修计划不能满足其实际施工过程的需要，因此，吸收各种先进方法、经验，探索新的适合工程机械的维修管理制度是加强工程机械维修管理的一条新途径。工程机械的面向工程维修策略，为工程机械的维修提供了新的思路。

72. 地下水位变化对建筑物地基沉降影响的数值模拟

孟莉敏
（广州市公路勘察设计院）

摘 要 地下水作为一种非常宝贵的自然资源，同时给地下工程带来的负面影响不容忽视。特别是针对建筑物地基而言，地下水位的上升和下降可直接导致建筑物的变形或进一步的严重破坏。因此，紧紧结合工程实践，利用 GEO－SLOPE 岩土计算软件进行地基沉降计算模拟，可以大致量化地基在不同水位下的沉降变化。

关键词 地下水 地基沉降 数值模拟

地面以下的水统称为地下水，按埋藏条件可分为上层滞水、潜水、承压水、毛细水等。其中，潜水水量较大，对基础工程有着密切的影响。特别是沿河两岸的建筑受到地下水位升降的影响不容忽视，地下水位升降对地基基础的影响分析成为工程界最普遍关心的问题之一。

由于地层和地下水赋存条件的复杂性和多样性，在考虑地下水渗流影响以及多种不同工况作用下，借助计算机有限元分析能够快速、准确、直观的对建筑物地基沉降进行全面的估算，为地基稳定及进一步采取加固措施提供科学的参考依据。本文采用 GEO－SLOPE International Ltd. 出品的土工商用软件 GEO－SLOPE 对冷竹关水电站 GIS 楼进行水位、地震、风向等多因素变化时的基底沉降分析，最后得出基底各点的沉降量与不同水位作用下的大致关系。

1 地下水位变化对建筑物地基的危害

作为供水，地下水是一种非常宝贵的自然资源。但对于建筑物地基和一切地下工程建设，地下水则是一种灾害。

由于地下水位突然上升或下降而造成的建筑物浅基础产生不均匀沉降的实例屡见不鲜。当地下水位在建筑物基础底面以上变化时，除了稍许增加基础自重外对结构物影响不大；但如果地下水位在基础底面以下变化时，结果是非常严重的，地下水位的上升浸湿和软化地基土，造成地基承载力降低，压缩性增大；若地下水位在基础底面以下下降时，地基土的有效应力增加，产生固结沉降，基础就会产生均匀沉降。如果地基土质不均匀或地下水位不是在整个建筑物下面均匀而又缓慢的下降时，基础就会产生不均匀沉降，导致建筑物变形或倾斜，更严重的甚至导致结构物开裂以及最终破坏。设有地下室和地下结构物的地基内，由于地下水的上升，对结构物防潮、防湿、稳定均可产生不利影响。

2 工程概况

四川华能瓦斯河二期工程冷竹关电站厂区 GIS 楼位于冷竹关村冷竹关沟口左侧，老川藏公路旁，平面面积为 33.6m×11m，建基面高程为 1 377.5m。地貌单元为大渡河 I 级阶地的冲积堆积的漂卵砾石夹砂，其上为厚 15～20m 的泥（水）石流堆积物，表层有 1～4m 的人工回填孤块碎石，成分为斜长花岗岩，场地地形平坦、开阔。

GIS 楼处于大渡河右岸，地下水源丰富，因厂区地基土总体上渗透性良好，地下水水位受大渡河水位和季节控制，根据地形和附近水系发育情况，覆盖层中的潜水面平面上呈扇形，空间上呈近似锥形，锥顶位于冷竹沟沟口。据调查，场区所处的黄草坪—冷竹关村 1952～1991 年多年平均降雨量为 815.7mm，降雨较为集中(6～7 月)，建筑物地基土受地下水的影响十分显著。

GIS 楼后边坡(高程 1 384.5～2 143m)地下水类型为第四系孔隙水和基岩裂隙水。黄草坪古河道堆积物河湖相的昔格达组粉砂层、黏土层，透水性弱，具相对隔水作用，其顶板高程为 1 700～1 830m，故在其顶板出露部位常有泉水出露。

3 计算模型的建立

利用 SIGMAW 模块依次按以下步骤建立计算模型：网格剖分—输入材料参数—定义边界约束条件。计算时，通过改变模型的边界条件来反映地下水的升降情况。在本算例中，大渡河枯期水位(正常运行，11～4 月)从 1 379.16m 降到 1 378.50m，持续时间 6.5d；汛期水位：(非正常运行，5～10 月)从 1 380.78m 降到 1 375.0m，持续时间 6.5d。考虑地震和风力作用的边界条件计算采用 QUAKE/W 模块，表 1 列出了最不利条件下的 5 种工况组合。水位每降一次就用 SLOPE 计算出基底的沉降值，每次它们之间的差值就是水位变化引起的基底实际沉降量。图 1 中不同的土层由不同的颜色加以区分，黑色线条为有限元划分的单元网格。在模型左右两侧及 GIS 楼地基四周边界节点采用水平向位移约束；在模型下部(基岩)采用垂直向位移约束；由于大渡河浸漫位置受水压力作用，GIS 楼基底受上部荷载作用，故在以上各节点处应施加相应大小的集中力作为边界约束条件。为了使分析结果具有较明显的规律性，对材料参数加以简单的假设，具体见表 2。表 2 中的序号对应于图 1 中的土层编号。

计算工况条件 表 1

工况序号	工况条件	工况序号	工况条件
1	无地震和风	4	地震向后山及风向大渡河
2	地震及风向大渡河方向	5	地震向后山及风向后山
3	地震向大渡河及风向后山		

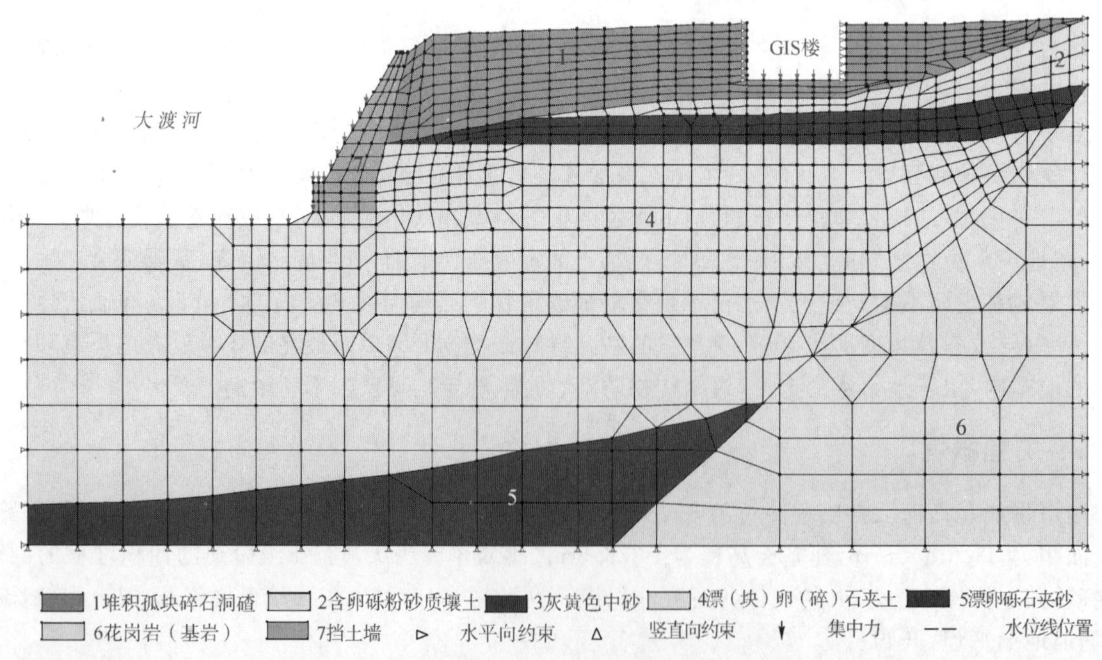

图 1 GIS 楼横轴线截面计算有限元网络

计算所需力学参数 表 2

序号	地基土名称	重度 γ (kN/m³)	变形模量 E (kPa)	泊松比 μ	内摩阻角 ϕ(°)	渗透系数 k ($\times10^{-3}$cm/s)
1	堆积孤块碎石洞碴	17.2	30 000	0.28	31	220
2	含卵砾粉砂质壤土	18	19 000	0.36	19	0.27
3	灰黄色中砂	21.5	12 000	0.3	22	0.11
4	漂(块)卵(碎)石夹土	23	55 000	0.27	29	23.55
5	漂卵砾石夹砂	22.9	45 000	0.3	27	35.06
6	花岗岩(基岩)	27.0	10 000 000	0.2	42	30
7	挡土墙	22.5	8 000 000	—	—	—

4 地下水位变化对地基稳定的影响规律

在场区地下水的影响因素较多、地下水位较高且具体情况不是十分明确的情况下，对边界条件进行了以下一些假设：假设在计算模型的右侧存在一个稳定的水位其高程为 1 378m，假设挡土墙上有许多排水孔。

根据枯、汛两期的地下水位升降量，由表 3 算出工况一时水位由 1 379.16m 降到 1 378.50m 以及从 1 380.78m 降到 1 375.0m 所对应的基底沉降量 ΔY_1 和 ΔY_2，其他各工况按类似于工况一方法计算。楼基底节点编号及约束形式如图 2 所示。图 3～图 7 分别反映了不同工况条件下的基底沉降量与水平方向距离的关系，可以看出：

工况一时的基底沉降量计算表 表 3

节点编号	距离 (m)	水位 1 379.16m 时的基底沉降 (cm)	水位 1 378.5m 时的基底沉降 (cm)	ΔY_1 (cm)	水位 1 380.78m 时的基底沉降 (cm)	水位 1 375m 时的基底沉降 (cm)	ΔY_2 (cm)
747	0.00	−0.548 9	−0.534 0	−0.014 9	−0.554 2	−0.523 8	−0.030 4
748	1.83	−0.560 2	−0.545 9	−0.014 4	−0.561 3	−0.535 8	−0.025 5
749	3.67	−0.510 9	−0.504 3	−0.006 6	−0.517 1	−0.491 3	−0.025 8
750	5.50	−0.458 0	−0.452 2	−0.005 8	−0.465 0	−0.443 1	−0.021 8
751	7.33	−0.409 5	−0.405 0	−0.004 5	−0.414 6	−0.398 0	−0.016 6
752	9.16	−0.359 9	−0.355 3	−0.004 5	−0.365 6	−0.349 1	−0.016 4
753	10.99	−0.282 9	−0.280 5	−0.002 4	−0.292 0	−0.271 2	−0.020 8

(1)由于枯期地下水位变化幅度较小仅为 0.66m，浸润线基本上变化不大，基底处浸润线升降大致在第一层堆积孤块碎石洞碴范围内，沉降主要集中在 GIS 楼左侧墙体处，最大沉降量约为 2cm。

(2)汛期地下水位变化幅度为 5.78m，基底浸润线升降大致在第一至第二土层范围内，产生的最大不均匀沉降主要发生在左侧墙体处，最大沉降量为 3cm。

(3)枯、汛两期各种工况下出现的沉降量均表明建筑物有朝大渡河方向倾斜的趋势。

①由于各土层对地下水的敏感程度存在差异性，如土层参数表明第一层土对水的敏感度要大于第二层土($E_1>E_2,\phi_1>\phi_2,k_1>k_2$)，所以在枯期即使是很小的水位变化也有可能达到最大2cm的沉降量；

②由于工况地震力和风力方向不同组合的影响。

(4)工况五时的地基沉降关系曲线表明，由于地震力及风向后山的共同作用，对挡墙产生一个抗滑力，阻止其向大渡河方向滑移，以致有限元计算出的应力等值线与采用弹性力学求得的条形荷载下地基中附加应力分布的理论解十分相似，此时地基沉降基本上是均匀的。

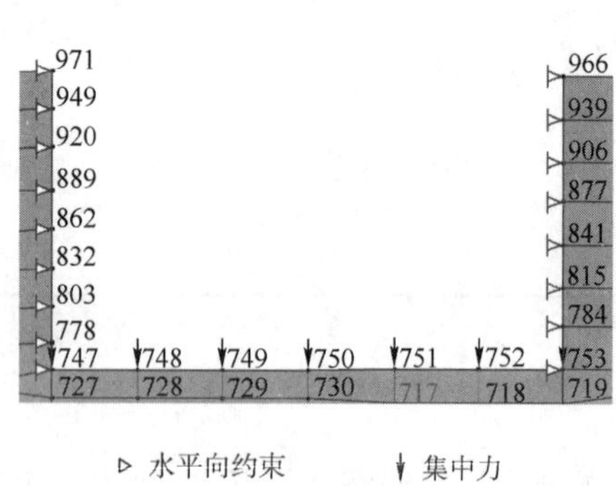

图2　GIS楼基底节点编号及约束形式

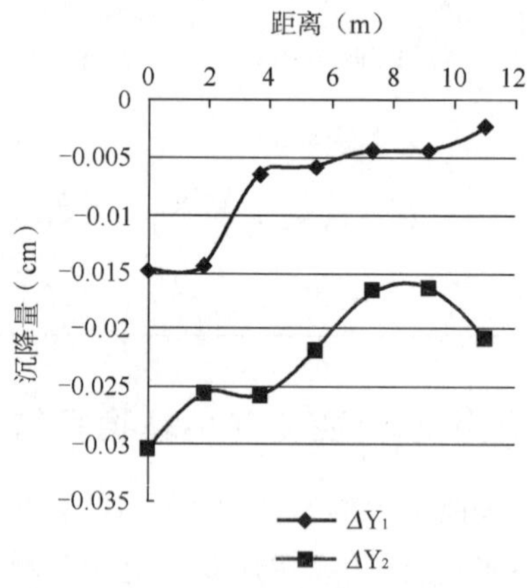

图3　工况一时的地基沉降关系曲线(无地震和风)

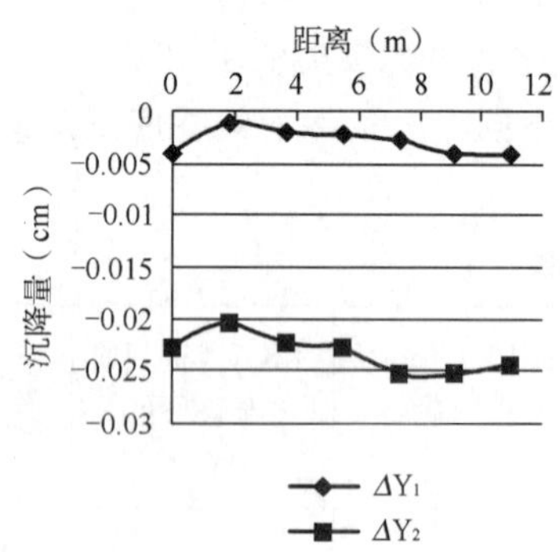

图4　工况二时的地基沉降关系曲线
(地震及风向大渡河方向)

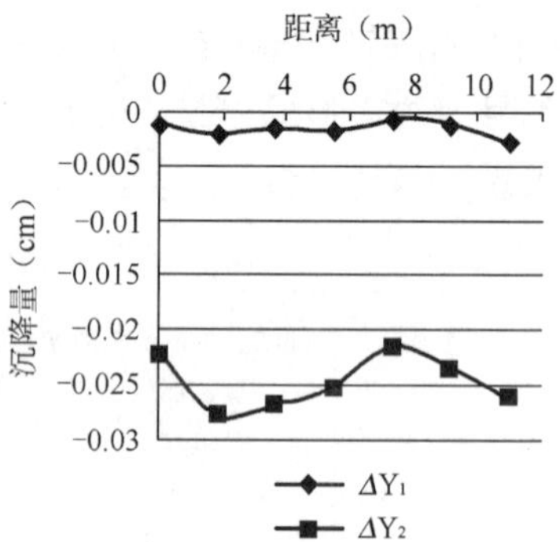

图5　工况三时的地基沉降关系曲线
(地震向大渡河及风向后山)

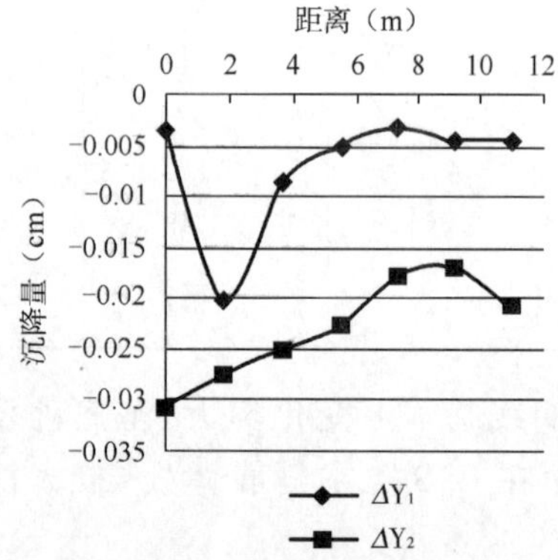

图6　工况四时的地基沉降关系曲线
(地震向后山及风向大渡河)

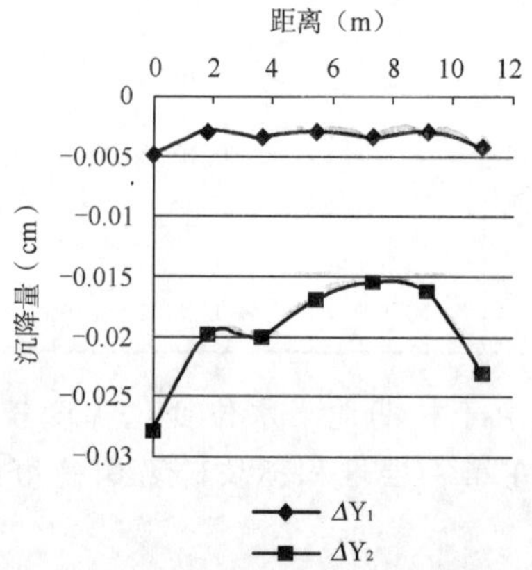

图7　工况五时的地基沉降关系曲线
(地震向后山及风向后山)

5 结束语

地下水位对地基沉降的主要影响因素有：土的性质（对水的敏感度、孔隙比、渗透率等），厚度，工况条件和时间的变化等。需要特别说明的是，同等条件下黏性土对水的敏感度要高于无黏性土，且发生渗流破坏的形式不一，黏性土由于颗粒间胶结力的下降会使地基产生更大的变形，有待对此进一步的扩展。

利用数值模拟手段来仿真地下水位升降对建筑物地基沉降的影响可以节约大量资金且模拟结果与实际观测值差别不大。但数值模拟也存在一些局限性，如模型的边界条件始终处于理想状态，岩土材料被视为均质体等等。这就要求一是要充分了解计算软件的特点及应用范围，二是要对计算结果大致进行估值，力求把误差控制在最小范围内。

参考文献

[1] 陈希哲.土力学地基基础(第四版)[M].北京：清华大学出版社，2004，30－36.

[2] 王莺歌.地下水位升降对沿岸建筑的影响[J].内江科技，2004，6：7.

[3] 刘杰.土石坝渗流控制理论基础及工程经验教训[M].北京：中国水利水电出版社，2006，46－52.

73. 具有高速公路联网技术特点的开放式公路收费系统的技术实现概述

黄耀珍
（广州市公路管理局工程研究所）

摘　要　本文介绍了按照高速公路联网收费技术特点设计的用于局属国道收费站的收费系统的总体结构，把收费系统分为三大模块，并对各个模块的实现方法进行阐述，对一些关键性的问题提出了解决方法。

关键词　收费　技术　公路

收费系统按其适用范围分为封闭式收费系统（以下简称封闭式系统）和开放式收费系统（以下简称开放式系统）。封闭式系统适用于高速公路等封闭式道路的收费，系统分为出口系统和入口系统，一般采用“管理中心—收费站—车道”的三级结构。开放式系统则适用于国道、省道等道路的收费，不分出入口，每个车道系统都可以独立完成收费。开放式系统一般采用“收费站—车道”的两级结构，对于区域邻近且同属于一个管理中心的多条开放式收费道路来说，可以增加中心级系统来方便管理。本文讨论的是“收费站—车道”的两级系统，该系统是按照高速公路联网收费技术特点设计的具有三级结构的开放系统中的一部分。系统开发平台采用 Delphi7.0。

1　站级系统

站级数据库采用的是 SQLServer2000 企业版，因此站级系统的所有数据操作都是对 SQLServer 数据库的操作。站级系统可以分为数据服务器管理系统、报表管理系统和图片稽查管理系统三大块，分别实现数据收发管理、报表处理打印、图片查询浏览的功能。

1.1　数据服务器管理系统

数据服务器管理系统分为网络操作模块部分和数据库操作模块部分。网络操作模块部分负责收费站到车道的所有数据的收发，并把接收到的信息实时地显示到界面上来。通过网络收发的数据包括：

（1）车道系统正常运行需要的各种配置数据，如收费员工号密码表、工班时间表、收费费率表等；

（2）车道上传的收费流水记录、车辆的稽查图片抓拍记录等；

（3）服务器向车道发送的各种命令信息、车道向服务器发送的各种警报信息等。

网络操作的技术实现细节放到车道网络模块部分一同讨论。

数据库操作模块部分负责数据库日常数据管理和日志管理，保证服务器数据库长期顺畅地运行。数据管理模块的功能主要是把数据操作接口提供给网络控制模块使用。数据管理在需要保证数据完整性的同时，还要保证数据的单一性，避免重复。重复的数据不但给数据库增加负担，还会加大报表处理的难度。此外，数据库管理还要定期对数据库进行备份，保证数据库发生故障时能恢复到最近状态。

1.2　报表管理系统

报表管理的主要功能有两个，一个是收费站各种配置参数的管理，如收费员账号管理、收费标准管理、工班时间管理等；另一个就是收费报表的处理和打印。报表的实现可以选用 Delphi7 自带的有

RAV 报表控件,也可以用第三方控件如水晶报表等,这里选用水晶报表。水晶报表的好处是可以嵌入到任何平台中,而且操作简单,开发速度快;缺点是限制较多,不够灵活,如数据源只能通过 ODBC 配置,报表行高不能设置过小等。在水晶报表设计平台中把需要的各种报表格式调好后分别保存起来,程序在显示报表的时候需先把报表格式读出来,然后把汇总数据填到每一栏里面,最后显示出来的就是整张报表,打印则是水晶报表自带的功能我们需要做的只是把打印机装好。

1.3 图片稽查管理系统

图片稽查管理系统主要用于随时稽查在收费站通行的各种车辆的抓拍图片,它可以根据车道号、收费时间、收费种类等条件来查询车辆的图片。因为图片是实时传输的,所以图片稽查可以查询最新的车辆图片。图片是以图片文件的形式存放在本地机的目录里。图片查询的过程就是根据查询条件把所有纪录找出来,然后根据当前选中的纪录,找出其对应的图片显示到界面上。图片浏览每次只能选中一条记录。

整个收费系统的电脑网络结构如图 1 所示。

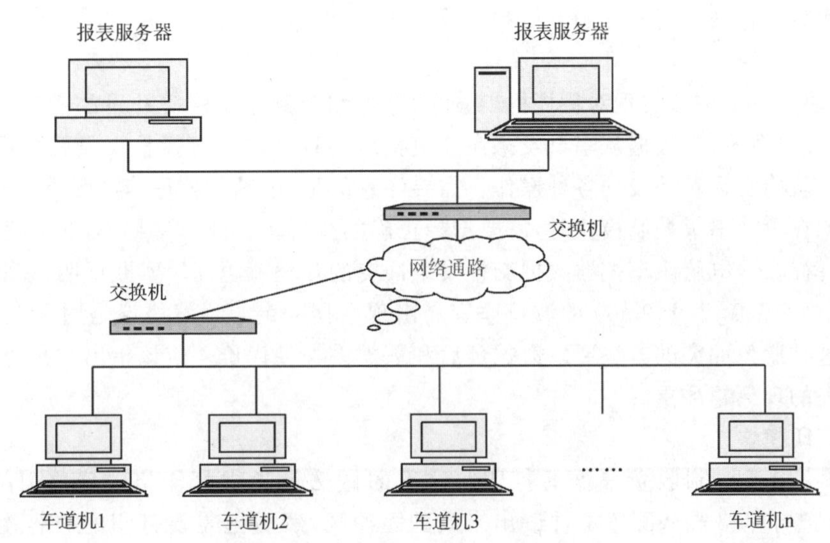

图 1 收费系统网络结构

2 车道系统

车道收费系统是完成从收费到数据上传的一系列操作的系统,系统按功能划分可分为网络操作模块、串口外设控制模块、票据打印模块、数据库操作模块、IC 卡读写验证模块和主控流程控制模块。

2.1 网络操作模块

收费站站级到车道级的网络结构属于局域网结构。而每个车道跟服务器交换的数据量相对来说是很少的,因此在设计网络模块时不用过于强调速度,UDP 和 TCP/IP 在这里都能很好地完成要求。考虑到数据完整性的要求较高,这里选择比较有保障性的 TCP/IP 来实现网络数据的传输。

TCP/IP 的好处是服务器和客户端可以长期保持连接状态。这样只要把车道端做成启动后立即连接到服务器,并在网络中断恢复后能立即自动连接。通过在服务器端判断各车道客户端的连接状态,就可以知道收费站到某一个车道的网络状态是否正常。这就是服务器端监控各个车道网络状态的最简单有效方法。

数据发送最简单的方法就是事先定义好定长的数据块结构,每次发送时都以块为单位,这样发送和接收都很简单,但效率不高,并且不灵活。有效的方法是把数据块结构定义成指针,发送时首先发送数据长度,然后发送指针指向的缓冲区。这种方法是效率最高的,因为中间没有空字节,并且很灵活,可以发送任意类型的数据。

服务器端要向指定车道发送命令时的方法。由于 TCP 是一种保持在线的连接方式,只要在服务器端在接收到某个车道连接上来时把连接套接字保存起来(一般做法是保存到队列),并根据客户端发送上来的车道编码对该套接字进行编号。待服务器需要向指定车道发送信息时,只要根据这个车道编码找出对应套接字,就可以把数据发送到指定车道了。

在保证服务器端数据完整性方面。虽然 TCP 是一种有保证的数据传输,但是当车道到服务器的网络出现中断时,客户端并不能立即检测到这种断开,一般需要等到 TCP 超时的时候才能检测到,当网络中的交换机增加时,检测到断开的时间将加长。因此在数据传输过程中,要保证数据完整性,最好的做法就是在车道把数据发往服务器后,等到收到服务器返回的成功应答才完成一次数据发送。当然,这种应答只用于像收费数据这样完整性要求高的数据的发送。普通数据,如车道的冲卡车警告信息,是没有必要做这种返回检查的,以免增加网络负担。

对于车道抓拍图片的上传,因为上传的是文件,这里采用 FTP 进行上传。对于需要把文件从服务器下载到车道的情况,也通过 FTP 来传输。为了实现 FTP 自动转输,必须把传输任务放在数据库表中,通过线程检测表内容来进行文件的上传和下载。

2.2 串口控制模块

串口控制模块通过车控器实现对栏杆机、交通信号灯和金额显示牌等外设的操作。车控器是能接收串口通信的单片机系统,它根据从串口发来命令直接对各种外设进行操作。只要根据定好的协议向车控器发送命令,就能实现对外设的各种操作。需要注意的是,电脑的处理速度跟单片机的处理速度相差是很大的,因此在设计串口控制模块时,需要选择正确的波特率。波特率越小,通信速度就越慢,数据传输需要的时间就越长,电脑跟车控器数据交换发生冲突的几率就越高。实践证明,在收费系统的应用中波特率最小应为 9 600,小于 9 600 的波特率容易出现数据冲突。当然协议是用来提高发送效率,避免冲突的,但是这种避免冲突的方法要以数据延后和数据丢失为代价。应该指出的是协议做得越全面、越复杂,信号丢失的现象越严重。

2.3 票据打印模块

票据打印模块用于控制收费票据的打印。这里的做法是先把打印格式定好,保存在配置文件里。需要打印时把打印格式从配置文件读出来放到缓冲区,然后把需要打印的内容覆盖到打印格式缓冲区的对应项里,最后把缓冲区的内容输出到打印口。这样就完成了一次打印过程。用配置文件设置打印格式的好处是当发票格式改变时,只要修改配置文件里的对应格式就行了,程序不用动,方便扩展。

2.4 数据库操作模块

车道数据库这里选用的是嵌入式的 FireBird2.1,这个数据库的好处是不用安装,数据文件可以单独存在,占用硬盘空间少,占用系统资源少,数据交换速度快(与 MySQL 比较),支持并发(这是最重要的)。数据库操作模块的功能是在程序启动后,连接好数据库,为其他模块提供数据操作接口。为了保证数据操作的完整性,为其他模块提供的数据操作结构应该提供返回值,告诉使用者本次操作是否成功。此外数据操作发生异常时,应该把异常内容记录到 LOG 文件,方便事后分析。

2.5 IC 卡读写验证模块

IC 卡读写验证模块在车道系统中的功能是把 IC 卡信息读出来,并根据不同卡类型做对应的信息验证,最后把结果显示给收费员,供收费员选择操作。IC 卡分为 CUP 卡和逻辑加密卡,这里用到的只有逻辑加密卡。逻辑加密卡在读取每一个扇区内容时都必须经过密钥验证。密钥是在对新卡进行格式化时,写到每一个扇区里去的。密钥不可读,只能验证。读写器内的 SIM 卡也有密钥,这个密钥就是通常我们所说的卡密钥,粤通卡的密钥就是只 Sim 卡的密钥。用一个有密钥的 SIM 卡写出来的 IC 卡,必须用装有相同密钥的 SIM 卡的读写器才能读取卡信息。

把读卡过程做成一个线程,在线程里不停的查找 IC 卡,找到后就把卡信息自动读出来,经过验证后把结果信息显示到用户界面,这就是自动刷卡功能。自动刷卡应该根据不同的流程控制码做不同的操作，比如已经把IC信息显示出来的时候，就不能再重复读卡；自动刷卡的每次找卡过程之后都要有一定时间间隔的休眠，否则刷卡线程将把所有的CPU资源耗光。

2.6 主控流程控制模块

主控流程控制模块是在程序运行时调度其他各个模块配合操作完成收费系统功能的模块，它是整个车道软件的管理中心。这里把程序运行过程中的每一个关键状态都用流程控制码来标记，主控流程模块根据当前的控制码来决定下一步做什么操作。整个程序在运行过程中是一个繁忙而有序的过程。

本文概括地论述了按照高速公路联网收费技术特点来设计的收费系统的技术实现细节。要完成这种功能结构还有很多实现方法，本文讲述的只是其中一种。

74. 浅谈开放式公路收费系统的设计开发

陈小彪
（广州诚泰交通机电工程有限公司）

摘　要　随着计算机技术的迅速发展，计算机作为一种实用工具，极大的提高了人们的工作效率。本文将阐述采用 FireBird，SQL SERVER2000，Delphi7.0 开发的开放式公路收费系统的设计和开发。

关键词　FireBird　SQL Server 2000　Delphi7.0　开放式公路收费系统

随着计算机科学技术的研究与迅速发展，计算机作为一种实用工具，为人们提供了先进的手段，极大地提高了人们的工作效率。利用计算机技术实现公路系统管理工作的科学化和现代化。公路收费系统的出现解决了以前公路收费的种种难题，如：收费员贪赃票款、票据丢失、流失通行费、结算通行费收费额复杂、数据上传不实时、查询历史数据困难等。数据库管理技术已成为计算机应用系统中不可缺少的重要组成部分。数据库的出现为利用计算机来管理公路收费工作更加方便、更加快捷、更加有效地提供了工具支持。

1　系统总体设计

1.1　系统介绍

系统工作原理如图1所示。

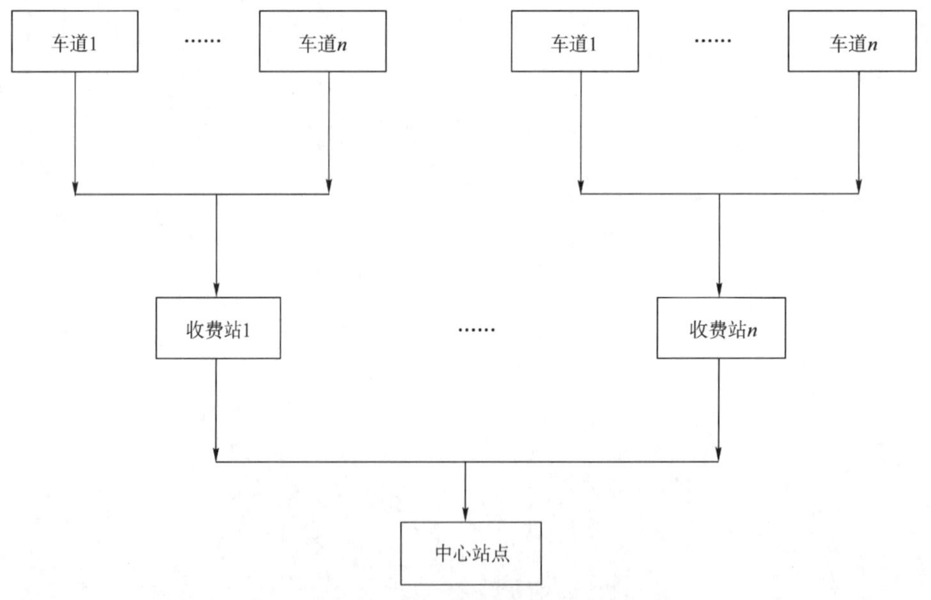

图1　系统工作原理图

本系统分为前台系统和后台系统两部分，并且采用三级网络模式进行数据传输，直接面对收费员用户、稽查用户、系统管理员用户、测试用户、高级管理用户。利用车道前台系统对车道的日常收费进行处理，收集车道原始数据，接收收费站下发的收费参数。利用收费站前台系统接收车道上传数据，监控车道状态，车道收费数据，数据的汇总和报表的处理。利用中心级别站点前台收费系统可以对各个收费站进行实时监控，接收各个收费站上传的原始数据和汇总数据，查看各个收费站的运营情况，对所有收费站数据进行分析和报表处理。

本系统所用到的开发环境和工具如下：

(1)开发环境：Window 2000。

(2)开发工具。

①语言：Delphi；

②编译器：Delphi7.0；

③服务器：Windows Server 2003 服务管理器；

④数据库：FireBird,SQL Server 2000。

1.2 系统概要设计

(1)系统用户分类：收费员用户，稽查用户，系统管理员用户，测试用户，高级管理用户。

(2)系统功能简介

①车道部分：无人值守，军警车道，收费车处理，免费车处理，冲卡车处理，拖车处理，IC 卡车处理，车队车处理，军警车处理，重打发票处理，修改发票处理等。

②收费站部分：数据上传处理，数据监控处理，数据汇总处理，数据备份处理，数据查询处理等。

③中心级别部分：数据上传处理，数据监控处理，数据汇总处理，数据备份处理，数据查询处理，数据分析处理，指令下达处理，修复报告处理，文件传输等。

1.3 系统用户模型设计

(1)系统用户模型：系统用户模型如图 2 所示。

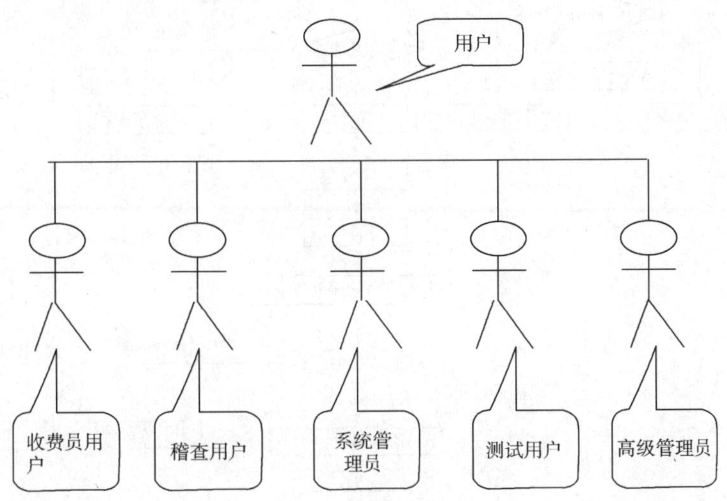

图 2 系统用户模型

(2)数据库模型：数据库模型如图 3 所示。

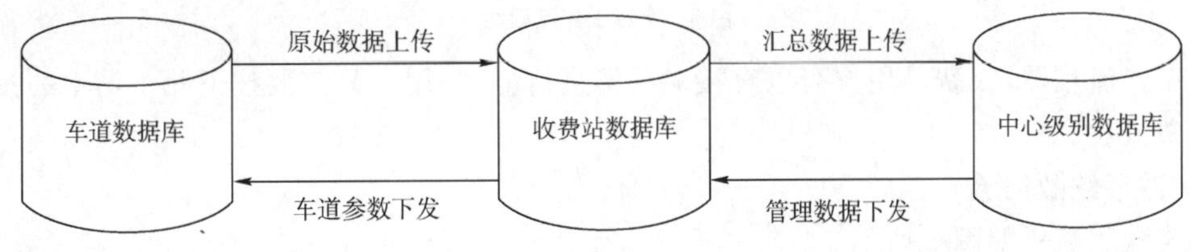

图 3 数据库模型

2 车道

2.1 车道系统概要设计

车道总体流程如图 4 所示。

图4　车道总体流程图

当车辆到达收费窗口时，收费员根据车辆类型，车辆性质进行收费处理(包括：收费车、免费车、冲卡车、拖车、IC卡车、军警车、车队车等)。当车离开后线圈当次收费流程结束。

2.2　车道系统模型设计

车道工作流程如图5所示。

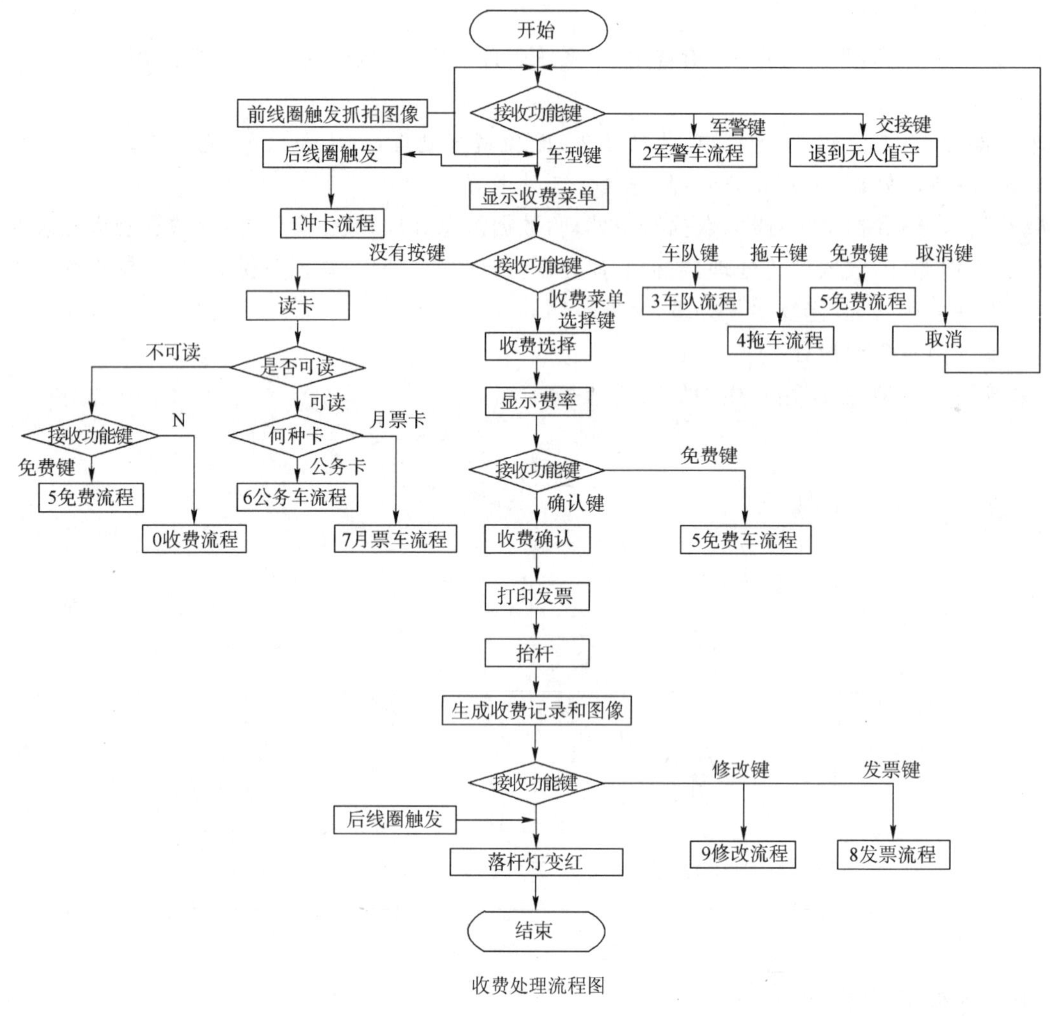

图5　车道工作流程图

按照该工作流程图，收费员用户可以直接对车辆进行处理，用户只需要按下几个简单的按钮就可以实现一次收费流程。

2.3　车道系统数据流

车道系统数据流程如图6所示。

车道系统根据程序的配置文件，初始化参数，用户登录信息，车辆的收费情况和数据，存放于车道数据库中，并利用车道系统的后台处理线程对收费数据上传到收费站端处理。

2.4　车道数据库设计

车道数据库系统具备数据存储，备份，定时删除历史冗余数据等功能。包括上传数据和接收下发数据两部分。上传数据包括：车道流水数据表、车道状态表、图片表等，接收下发数据包括：用户登录表、费

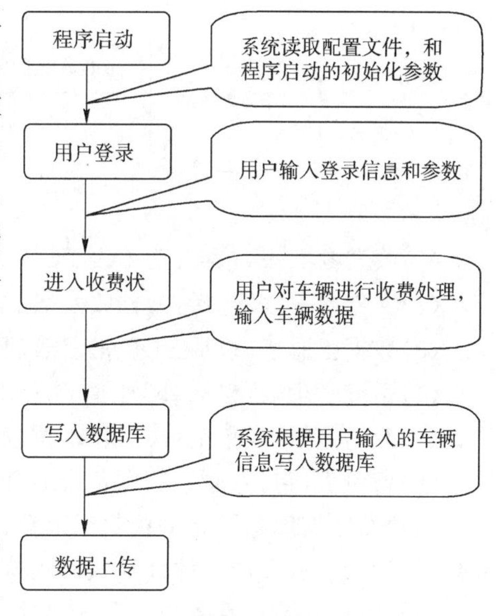

图 6　车道系统数据流程图

率表、IC 卡表、IC 卡黑名单表、工班表、文件接收表等。并且在各个表中保留一定的备用字段，以备以后系统功能扩展。在数据库中对各个表进行加密处理和设置登录权限，防止数据的外泄和保证数据的安全。

根据数据库的设计的要求，采用 firebird 嵌入式数据库。Firebird 是一个全功能的，强大高效的，轻量级，免维护的数据库。支持关系数据库的全部特性（事务、存储过程等），并且分发应用程序非常方便，实为单机开发和网络开发的首选。

3　收费站

3.1　收费站系统概要设计

收费站总体流程如图 7 所示。

收费站服务器端收到各个车道上传上来的数据时候，接收并存储数据，并对数据进行汇总和处理。当收费站要向车道下发收费参数数据时，通过网络（局域网）下发到各个相应的车道。

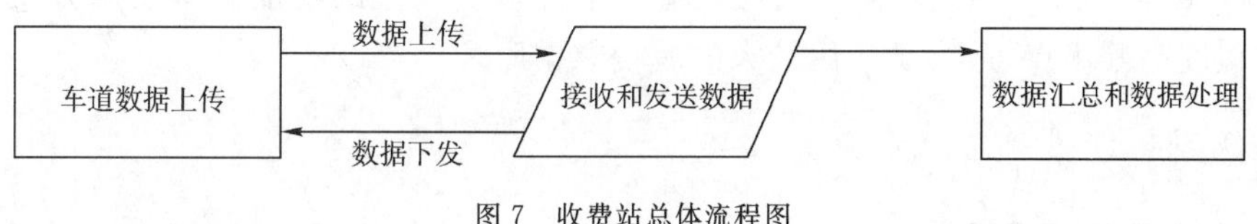

图 7　收费站总体流程图

3.2　收费站系统模型设计

车收费站工作流程如图 8 所示。

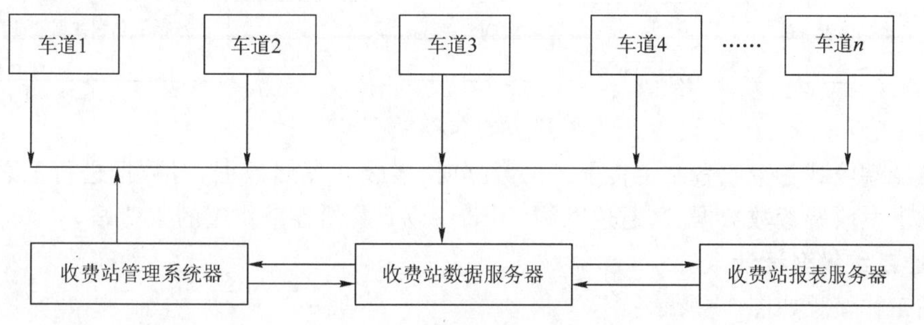

图 8　车收费站工作流程图

（1）收费站数据服务器：接收车道上传的车道数据，实时监控车道的运行状态和收费情况，显示车道收费状态。对车道上传的数据进行存储、转换，并对车道下发指令等。

（2）收费站报表服务器：连接数据服务器，对数据库进行操作，进行数据汇总，数据处理，数据备份等，并生成打印各种信息报表等。

（3）收费站管理系统：连接数据服务器，管理收费站的各种参数和数据，如：IC 卡管理、用户身份管理等，用于收费站的日常管理和文件的下载。

3.3　收费站系统数据流

收费站系统数据流如图 9 所示。

收费站数据库系统接收车道上传的车道数据，进行处理和汇总，最后通过 Internet 上传给中心级别数据库。

3.4　收费站数据库设计

收费站数据库系统表可以分为如下六类：

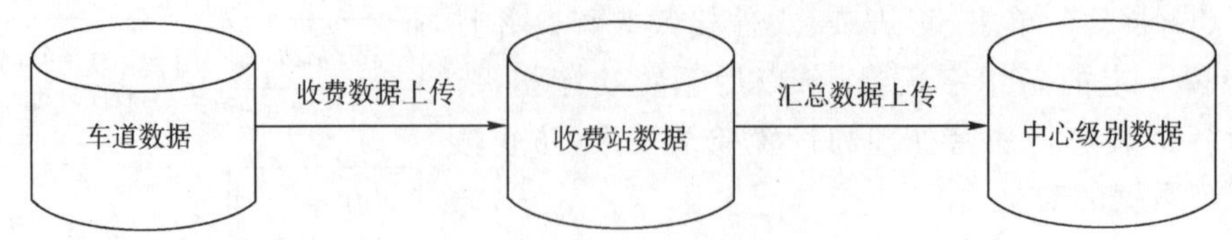

图9 收费站系统数据流图

(1)收费参数表,包括:费率表、IC卡表、黑名单表等。

(2)文件收发表,包括:文件收发表、文件下载表、故障报修表等。

(3)数据汇总表,包括:工班汇总表、日汇总表、月汇总表、年汇总表、收费员汇总表、车流汇总表等。

(4)系统管理表,包括:IC卡管理表、图片管理表、用户信息表等。

(5)原始数据表,包括:车道流水记录表、通讯状态表等。

(6)备份表,包括:原始数据备份表、图片备份表等。

收费站数据库除了具备接收车道数据库上传的数据以外,同时包括以上系统表,用于记录车道的各种数据,记录服务器的各种登录状态和操作,接收中心级别下发的文件和数据等。

根据收费站数据库系统的设计要求,采用收费站数据库系统采用SQL Server 2000大型数据库对数据进行存储,处理。SQL Server 2000是Microsoft公司推出的SQL Server数据库管理系统,该版本继承了SQL Server 7.0版本的优点同时又比它增加了许多更先进的功能具有使用方便可伸缩性好与相关软件集成程度高等优点,适合于应用较大的后台数据库。

4 中心级别

4.1 中心级别系统概要设计

收费站总体流程如图10所示。

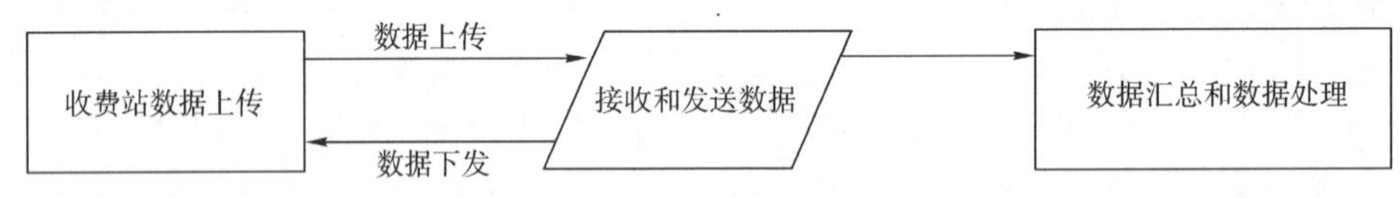

图10 收费站总体流程图

中心服务器端收到各个收费站上传上来的数据时,接收并存储数据,对数据进行汇总和处理,当中心要向收费站下发收费参数数据时,通过网络(Internet)下发到各个相应的收费站。

4.2 中心系统模型设计

车收费站工作流程如图11所示。

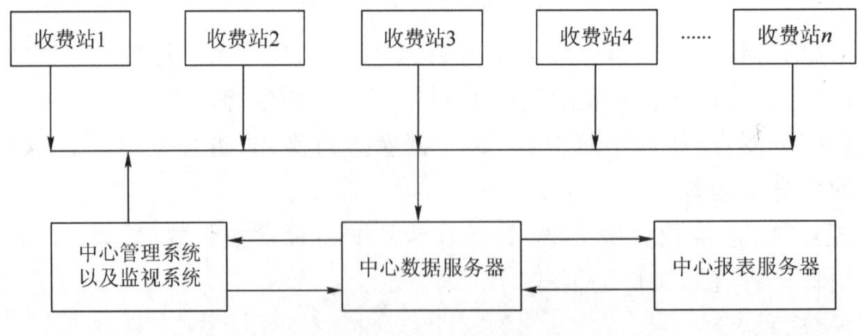

图11 车收费站工作流程图

(1)中心数据服务器:接收收费站上传的车道数据,实时监控收费站的运行状态和收费情况。对收费站上传的数据进行存储、转换、分析。并对收费站下发指令,文件传输等。

(2)中心报表服务器:连接数据服务器,对数据库进行操作,进行数据汇总、数据处理、数据备份等功能,并生成打印各种信息报表等。

(3)中心管理系统:与数据服务器连接,管理中心的各种参数和数据。用于中心的日常管理。如:IC卡管理、用户身份管理等,故障保修、数据查询、图片查询、视频查询等。

4.3 中心系统数据流

收费站系统数据流程如图12所示。

中心数据库系统接收收费站上传的收费站数据,对数据进行处理和汇总,对于要下发给收费站的各种数据通过数据库系统的后台程序进行传输。

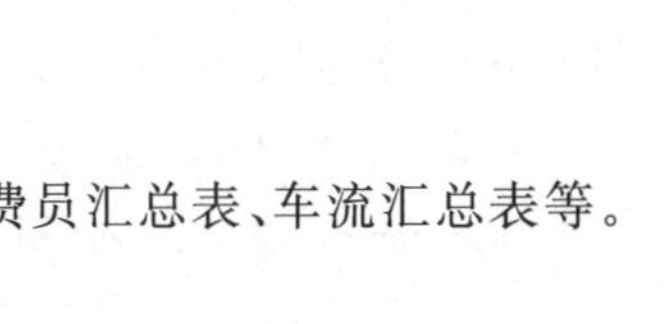

图12 收费站系统数据流图

4.4 中心数据库设计

中心级别数据库系统表可以分为如下六类:

(1)收费参数表,包括:费率表、IC卡表、黑名单表等。

(2)文件收发表,包括:文件收发表、文件下载表、故障报修表等。

(3)数据汇总表,包括:工班汇总表、日汇总表、月汇总表、年汇总表、收费员汇总表、车流汇总表等。

(4)系统管理表,包括:IC卡管理表、图片管理表、拥护信息表等。

(5)原始数据表,包括:车道流水记录表、通讯状态表等。

(6)备份表,包括:原始数据备份表、图片备份表等。

由于中心数据库系统与收费站端的数据库系统的功能和结构相似,所以中心数据库系统采用SQL Server 2000大型数据库对数据进行存储,处理。中心数据除了具备接收收费站数据库上传的数据以外,同时具备故障报修,文件传输,各个收费站数据汇总,中心数据汇总,数据分析,指令下发等功能。

5 开发技术简介

5.1 数据库处理

在车道端,通过FireBird数据库控件对数据库进行查询、修改、删除、更新、插入等操作。

在收费站和中心端,通过标准的T—SQL语句对数据库进行查询、修改、删除、更新、插入等操作。

5.2 程序处理过程和处理函数

为了使系统的模块实现强内聚、弱藕合,系统中采用了模块化处理,编写功能单一的处理过程和函数,如:

KeyTouchProc(); 键盘触发模块;

GetCar_To_Type(i: Integer) : string; 车型转换函数。

5.3 控制程序处理

通过主控制模块和子控制模块控制程序的流向。如:

MainFlowControlProc(); 主流程控制模块;

SubFlowIntoProc(); 支流程引导模块。

5.4 网络传输

通过TCP/IP和FTP网络协议进行文件的传输和下载。

5.5 线程处理

通过线程处理,进行后台数据进行处理。

如:图片上传线程

```
procedure TPictureUpThread.Execute;
begin
while not Terminated do
begin
  try
```

```
    FTPClient_Center.SendImage;
   except
   end;
   Sleep(3713);
  end;
end
```

根据上述的技术条件，采用 Delphi 7.0 作为开发工具。Delphi 7 是美国 Borland 公司推出的一款面向对象的可视化开发工具，它具备优秀的可视化开发环境、高效率的编译器、结构良好的编程语言、对数据库和网络编程的灵活支持以及层次清晰和可伸缩的框架。

参考文献

[1] 郑阿奇 主编.刘启芬，顾韵华.编著.SQL Server 实用教程.电子工业出版社，2002.
[2] 杨华民，梁水，李方超.编著.Delphi 函数参考大全.人民邮电出版社，2006.
[3] 求是科技 编著.Delphi 7 程序设计与开发技术大全.人民邮电出版社，2004.

75. 信息化技术在公路工程建设领域的应用

黄文清
(广州诚泰交通机电工程有限公司)

摘 要 本文介绍了信息化技术在公路工程建设领域的应用。对公路工程项目建设管理技术进行研究,并通过计算机技术进行软件开发,从而使用信息化技术手段进行公路工程项目建设管理,提高了公路工程项目建设的信息化水平。

关键词 公路工程 信息化 项目管理 项目管理软件

随着我国国民经济的快速发展,公路客货运输量急剧增加,为了适应经济发展的需要,我国的公路建设特别是高等级公路建设正处于高速发展时期。随着公路建设的快速发展,公路工程建设管理水平也在不断提高。

20 世纪 90 年代以后,我国建设领域应用信息化技术取得了突飞猛进的发展,为项目管理软件的普及推广提供了必要的条件。主要表现在:

①网络技术的普及,网站建设有政府网站、行业网站、企业网站三个层次,网络为远程即时通信提供了条件。

②计算软件和工具软件的广泛应用。

③在工程施工中推广应用以信息技术为特征的自动化控制技术,取得了较好的效果。随着计算机技术的发展,运用信息技术提升公路工程建设管理水平是我国公路建设发展的客观要求。

通过信息化技术在我国公路工程建设中的应用,不断实践探索适合我国公路建设的管理方法,用以指导软件的研究开发,推动实际应用的深入,对于提高我国公路建设项目管理水平、实现行业信息化、产业结构高度化,都是极具现实意义的。

1 系统功能需求

1.1 公路建设信息化现状

在公路工程建设项目管理领域,大部分还停留在传统的管理模式,或者部分采用单一功能软件进行项目建设管理,没有形成统一的项目管理系统软件。采用这种管理模式使各种管理工作不能达到标准化,各种报告、信息、数据及各种费用项目的划分等均没有标准化;工作过程中的随意性,非程序化工作和干扰,使先进的计划方法、控制方法和控制流程难以使用,难以显示出它们的效果。

1.2 公路建设信息化方法

公路工程项目管理软件是指以项目的施工环节为核心,以时间进度控制为出发点,以质量控制、成本控制为依托,利用计算机技术、信息化技术、网络技术,对施工过程中的进度、费用、资源等进行综合管理的应用软件。它包括清单编制功能、进度计划管理功能、资源管理功能、费用管理功能、质量管理功能、报表处理功能、辅助功能等。工程项目管理软件应包括项目管理工作的各种应用软件,涉及进度、费用、资源、质量、安全、组织等各个方面,是将项目管理各种相关软件集成化到一个系统中。

2 系统设计

2.1 系统设计思路

本系统按照通用业务管理信息系统的设计原则,在结合当前国内公路施工管理特点的情况下,把本系统划分为三个版本，分别为业主版、监理版及承包商版。其中业主版功能最全，涵盖监理版的所有功能，而监理版也涵盖了承包商版的功能，根据实际情况，可以采用VPN形式让监理版及承包商版连业主的数据库，采用唯一的数据库；如无上网条件，也可各版本采用各自的分数据库，用数据交换的方法实现数据同步。本系统设计遵循实用性、通用性、易用性、可维护性和先进性的原则。

2.2 系统结构设计

本系统在计算机网络平台上，设计以数据库应用为核心，以网络分布模式为基础，将建设过程中的建设各参与方的信息收集并交流，促进工程项目管理的规范化、合理化、高效化。利用计算机强大的计算存储能力和数据分析能力，为公路工程建设管理中的业务决策提供可靠的决策依据，有效地降低公路工程建设的总体成本。

考虑到系统既可以基于局域网域VPN网络运行，也可以单机运行于各施工参与方，通过存储介质进行数据交换，本系统采用C/S结构。本系统建议使用网络环境模式运行。系统数据库设计于服务器端，客户端通过网络对数据库进行统一访问。若按单机版运行，各单机版必须单独安装数据库系统，通过专用程序进行转换传输。系统结构如图1所示。

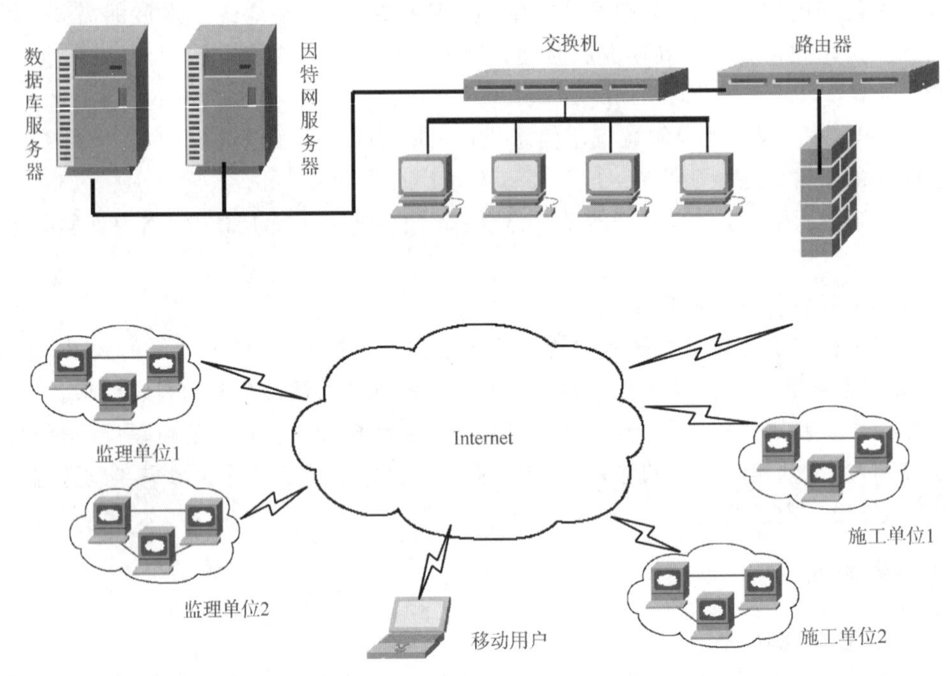

图1 系统结构图

2.3 系统数据库设计

为了照顾公路工程建设的实际环境，本系统采用C/S结构设计，以方便单机用户的使用。系统推荐的方式是基于网络访问环境的结构，系统数据库设计于服务器端。数据库系统采用Microsoft SQLServer 2000。数据库以公路工程建设项目为系统最大的管理单元，所有的业务管理都是以工程建设项目为单位进行管理。一个工程建设项目又可以划分为若干个标段，一个标段又可以分为若干个工程单元，每个工程单元又可划分为单位工程、分部工程、子分部工程、分项工程、分项工程子工程、子分项工程等。以上述划分为基础设计数据库的体系结构，依据分项工程与标段之间的对应关系，即可映射出各个标段的工程量清单及其在分项工程中的分布。具体结构关系如图2所示。

2.4 系统模块设计

本系统包括的主要功能模块：权限管理、清单编制、招投标管理、变更管理、标段管理、合同管理、计量支付管理、工程量计算、概算管理、材料管理、质量管理、安全管理等。系统采用积木式结构，将各功能模块集成到统一的操作界面。系统各功能模块采用面向对象的方法设计。系统模块框图如图3所示。

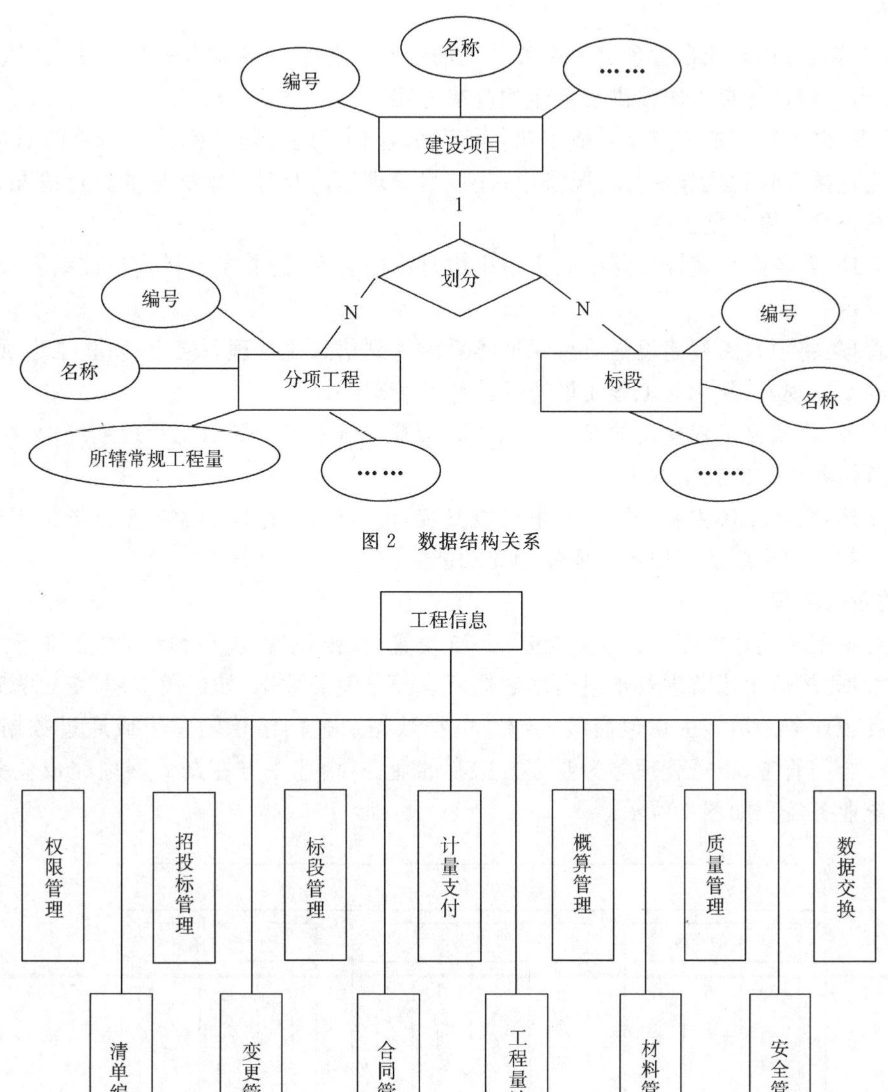

图 2　数据结构关系

图 3　系统模块框图

(1)权限管理:对整个系统各功能模块提供相关权限设置数据,控制某个用户在相关模块内进行操作的权限。

(2)清单编制:对工程项目的工程量清单、分项工程量清单、汇总清单进行编制,为后续各项管理工作提供基础数据。

(3)招投标管理:对工程项目进行招投标工作的管理。将资格预审、投标报价、开标数据、专家评分、中标结果公布等招投标过程纳入系统管理。

(4)变更管理:对工程施工管理过程中的变更意向、变更申请、变更令及变更通知书等业务加以管理并建立工程变更台账。

(5)标段管理:管理如施工日志、监理日志等与工程相关的各个标段的日常信息登记,以供监理及业主备案查询。

(6)合同管理:由业主管理与工程相关的合同登记、拨款、结算、合同一览等事宜,实现各个合同的合同文件、相关附件、合同支付情况及合同结算情况等信息的分类查询。

(7)计量支付:管理工程建设过程各工程合同的计量及处理相关审批流程,计量的工作量作为工程合同支付的依据。

(8)工程量计算:将建设项目管理过程中涉及到的所有工程量计算需求囊括其中,并通过与管理系统的严密整合,为工程量计算工作提供信息化的解决方案。

(9)概算管理:概算管理的重点是对概算执行情况的管理。通过建立概算与清单的对应关系,让计量与变更的变化直接反映到概算执行情况表中,让项目管理部门及时了解概算的执行情况,使项目建设成本严格控制在批准的概算范围内。

(10)材料管理:管理工程建设过程中业主对甲供材料的管理,为业主与供货单位结算及与施工单位计量支付提供依据。

(11)质量管理:将项目工程建设的质量保证体系融入到信息化管理系统中,防止工程现场质量控制与进度相脱节的不良现象,强化对工程质量过程监控的管理手段。

(12)安全管理:将项目工程建设的安全与职业健康管理体系融入到信息管理系统中,在整个工程建设过程中实时监控各单位的安全管理工作。

(13)数据交换:数据交换主要应用于各单机版安装,将承包商、监理和业主三方数据同步,从而保证数据的一致性。基于网络版的应用不需要使用此功能。

2.5 系统业务流程

首先需要对系统基础数据库进行设置,包括系统设置、权限设置、清单编制,之后进行招投标管理,确定基础清单数据,然后生成监理及承包商用数据库。部分业务数据,如标段管理、变更管理、计量支付及计划进度等各项业务的申报由承包商版发起。申报数据通过网络传输完成或通过数据文件的导出(入)操作完成。合同管理、概算管理等为业主方独有的业务,由业主方在局域网内完成业务处理,无需交换传输。系统业务流程如图4所示。

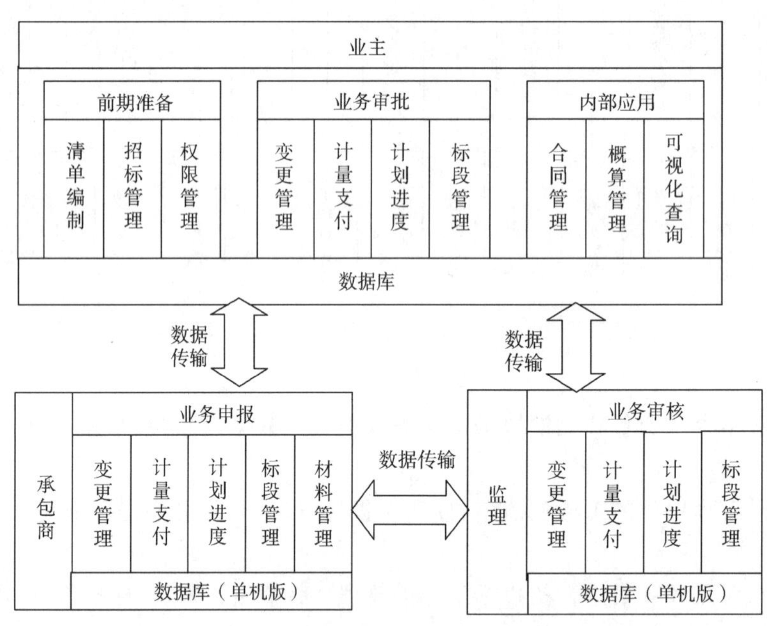

图4 系统业务流程

3 系统应用

3.1 系统的运行环境

本系统各版本将在网络环境下运行,建议配备一台服务器和若干台客户机。

对于服务器,要求具有512MB以上内存,硬盘空间能够安装服务器操作系统、SQL Server 2000数据库系统及相关服务器应用软件且有1G以上的剩余空间用于创建数据库。

对于客户机，Pentium III 以上处理器，要求至少能够安装 Windos2000，内存在 128M 以上，硬盘有 3G 以上空间。

服务器操作系统选用 Windows2000 Server。服务器端主要提供数据库服务。数据库服务器选用 SQL SERVER 2000。

客户机操作系统建议使用 Windows2000，预安装办公软件 Office2000/XP，PDF 文档生成工具 AcrobatWriter5.0，工程制图软件 AutoCAD2004。

3.2 系统运行说明

第一次运行本系统，系统启动后，用系统管理员登录设置与工程相关的组织机构，建立相关工程信息数据，建立用户组织机构及人员信息并设置用户权限。组织机构按项目、单位、部门、人员四级结构组织。然后由系统管理员设置签名流程。上述设置完成后，各客户端用户即可根据自己所获得的权限进行登录相应的操作。系统权限设置界面如图 5 所示。

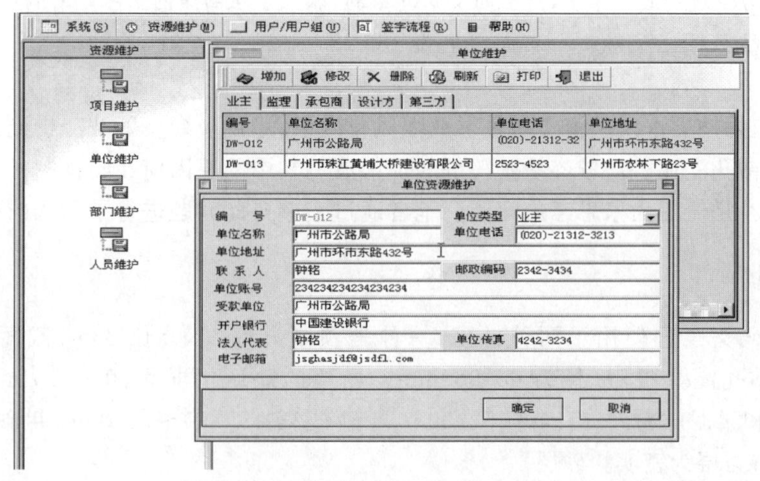

图 5 权限设置界面

系统正常运行后，首先需要在清单编制子系统中完成清单编制工作(包括设置清单范本、设置单元范本、划分标段、录入常规工程量、生成招标清单)，将生成的清单加以设置后进行招投标工作(包括投标单位管理、招标清单设置、资格预审、发盘、清单补遗、开标、数据检查、经济标评标、技术标评标、签订合同)，之后将中标单位清单纳入系统数据库，在业主数据库基础上生成监理及承包商版本的数据库。这样，原始基础数据即可完成，然后就可以在此基础上进行其他业务流程的操作了。

4 结束语

通过对公路建设工程项目管理技术的研究，应用信息化技术而开发的公路工程项目管理信息系统，实现了工程项目管理的智能化管理，使工程项目实行了标准化、规范化、高效化的管理，极大提高了公路工程建设项目的管理水平，提高公路工程项目管理效益，将有力地促进公路建设事业的健康发展。本系统在广州市珠江黄埔大桥建设有限公司、佛山四航广明高速公路有限公司(广明高速高明段)等单位实际使用，系统运行稳定可靠，满足了各工程项目管理单位的信息化管理需求，产生了良好的社会效益及经济效益。

76. 预制桩难以测到桩底反射波的原因分析

刘永翔
（广州市公路管理局工程研究所）

摘　要　用低应变反射波法检测钻孔灌注桩较容易获得桩底反射波；而预制桩却很难测到桩底反射波。应力波在桩中的传播可用一维波动方程解释。测桩过程中，应力波出现了很大的衰减，其主要原因在于波前扩散和透射损失。与钻孔灌注桩相比，预制桩因截面积较小、桩尖呈"V"形，以及桩周土受挤密后，其波阻抗升高，致使更多应力波透射到了土中，产生的反射波很弱，以至于在曲线图上难以看到桩底的反射信号。

关键词　预制桩　桩底反射波　衰减　扩散　透射

对于预制桩，如果桩尖进入了密实的土层或强风化岩层，用低应变反射波法检测很难测到桩底反射波。而同样场地的钻孔灌注桩却较容易获得桩底反射波。其中的原因何在？预制桩与灌注桩在测试中的响应有什么不同？是值得大家思考的问题。笔者通过实例对此问题进行了深入的探索。

1　一个实例

南海九江镇某码头工程使用了两种桩型：一种是预制方桩，单节长36m，截面尺寸为550mm×550mm；另一种是钻孔灌注桩，桩径为Φ1 000mm。场地的地质情况为：0～0.75m，素填土；0.75～25.40m，淤泥质土和淤泥质粉砂；25.40～58.50m，粉砂，密实；58.50～74.09m，粗砂，密实。桩的入土深度为32～34m，持力层为密实粉砂层。

检测后发现两种桩型在测试上出现了较大的差异：钻孔桩的波形图上有明显的同相桩底反射波，而预制桩的波形图上不见有明显的缺陷反射波，也看不到桩底反射波。图1列出了两类桩的典型速度曲线。图中波形均采用指数放大，最大倍数为10。

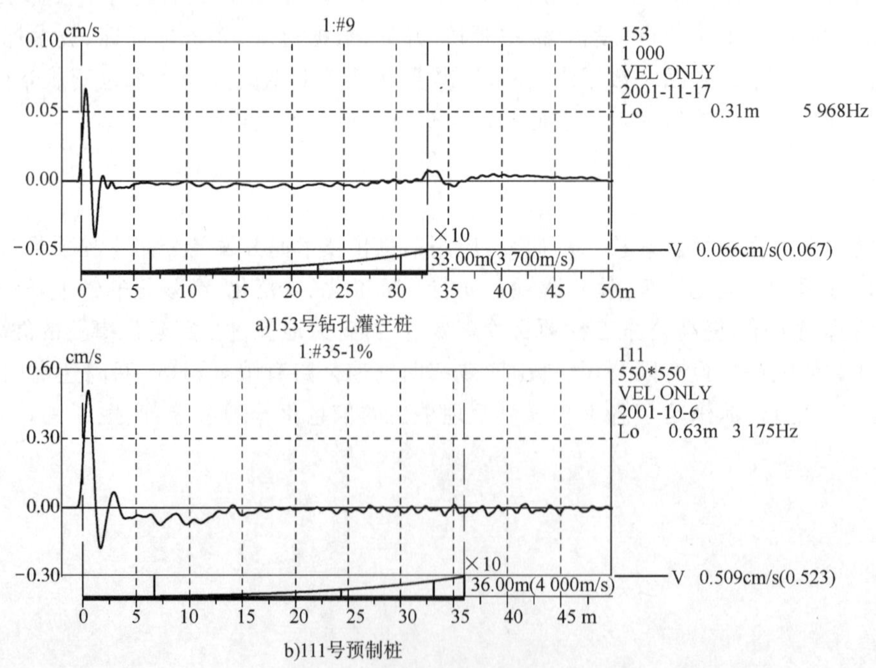

a)153号钻孔灌注桩

b)111号预制桩

图1　某码头基桩实测波形

为什么在同一场地、桩的入土深度相近、桩端位于同一持力层的钻孔桩与预制桩在测试上有如此大的差异呢？要想解释这一问题，首先要知道应力波在桩中的传播规律。

2 桩的一维波动方程

当桩的长度远大于桩的直径时，可假设桩为一维线弹性杆。应力波在桩身内的传播满足一维波动方程：

$$\frac{\partial^2 u}{\partial t^2} = c^2 \frac{\partial^2 u}{\partial x^2} - \frac{R}{\rho \cdot A} \tag{1}$$

用手锤或力棒敲击后，应力波 V_i 自桩顶往下传播，遇到波阻抗 Z 发生变化的界面时产生反射波 V_r 和透射波 V_t。假定应力波从介质 I(阻抗为 Z_1)进入介质 II(阻抗为 Z_2)，则有：

$$V_r = V_i \cdot \frac{Z_1 - Z_2}{Z_1 + Z_2} \tag{2}$$

$$V_t = V_i \cdot \frac{2Z_1}{Z_1 + Z_2} \tag{3}$$

当 $Z_1 > Z_2$ 时，反射波与入射波同相；当 $Z_1 = Z_2$ 时，$V_r = 0$，$V_t = V_i$，入射波完全透射，无反射波产生；当 $Z_1 < Z_2$ 时，反射波与入射波异相。反射波的幅值取决于界面两侧阻抗差。阻抗差越大，产生的反射波越强。

在反射波法测桩中，桩底与持力层之间是一个非常重要的界面。在上例中，持力层为粉砂层，其阻抗小于桩身的阻抗，应出现同向反射，如图 1a)。但图 1b)没有出现类似的反射，即在预制桩的顶面没有收到桩底反射信号。而桩底界面是客观存在的，现在没有发现其反射信号，表明应力波出现了很大衰减，产生的反射波很弱。图 1a)中的钻孔灌注桩虽有明显的桩底反射，但信号也比较弱小(图中桩底信号经过了 10 倍的放大)，同样说明应力波出现了大幅的衰减。但相对而言，预制桩衰减的更为严重。

下面，进一步来探讨应力波的衰减规律。

3 应力波的衰减原因

应力波是一种在物质中传播的机械波，与声波和地震波的传播规律一致。根据传统的声学和地球物理学理论，造成了应力波的衰减主要有下列四种原因：

(1)波前的球面扩散，又称几何扩散(见图 2)。在均匀介质中，当震源为点源时，其波前为球面，随着传播距离的增大，球面也逐渐扩大，单位面积上的能量相应减少，造成波的衰减。波的振幅与传播距离成反比。

(2)折射，亦称透射。当应力波由一种介质进入另一种介质时，将在界面产生反射和透射。反射波和透射波的大小和方向满足斯奈尔定理。对于桩而言，透射分为两部分：一是从桩侧透射进入桩周土，二是从桩底透射进入持力层。如图 2 所示。

(3)吸收。根据弹性黏滞理论，由均匀的非完全弹性介质所产生的吸收作用，将使应力波的振幅随传播距离的增大呈指数规律衰减，即：

$$A = A_0 e^{-\alpha r} \tag{4}$$

式中：A——传播到距离 r 处的振幅；

A_0——初始振幅；

α——吸收系数。

α 与频率成正比，表明应力波的高频部分较易衰减。对于混凝土桩而言，α 约为 0.01～0.02/m，且桩的长度有限，对应力波衰减作

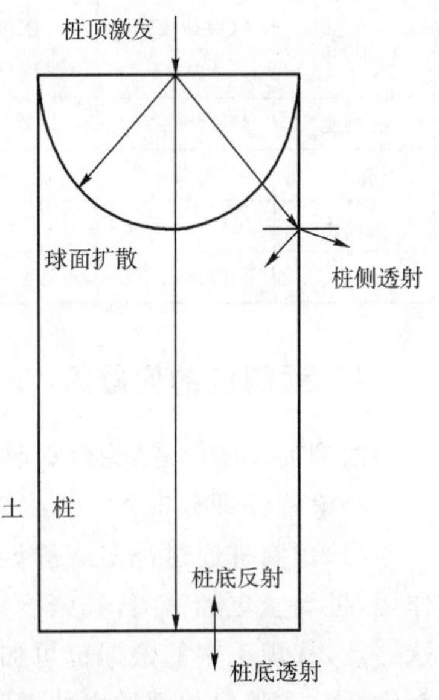

图 2 应力波在传播过程中的衰减示意图

用很小，一般可忽略。

(4)散射。声波在其传播途径中遇到障碍物或介质的不均匀处要发生散射，从不均匀处向四周发出散射波。一般来说，障碍物尺度甚小于波长时，散射效应不大；障碍物尺度接近或大于波长时，散射强烈。

测桩时，锤击力波的频率较低，主要在2kHz以内。混凝土的波速一般为3 500～4 200m/s，可计算出力波的波长>1.75m，远大于混凝土中骨料的粒径，可知应力波在混凝土中传播时散射效应不大。

因此在反射波法测桩过程中，造成应力波衰减的原因主要在于球面扩散和透射损失。

也有人认为，造成应力波衰减的主要原因是土阻力（主要是阻尼力）。他们认为应力波向下传播时激发了上行土阻力波使应力波衰减。土阻力越大，衰减越快。他们用了一个模型试验加以佐证。模型桩桩长4米，桩身完好，未入土时，可轻易测到数十次的桩底反射。将桩打入土中后，能测到的桩底反射次数和幅度明显减少（如图3所示）。

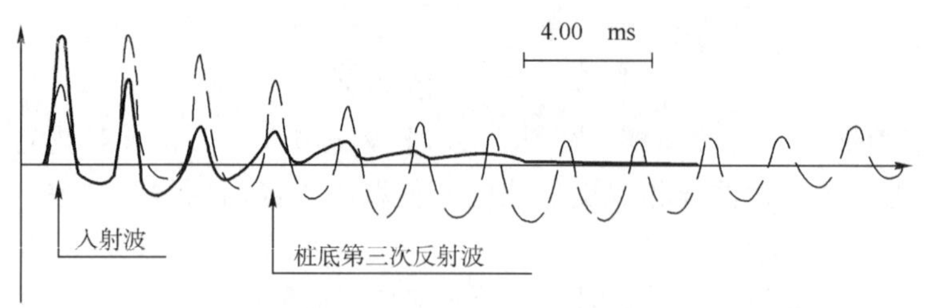

图3 模型试验桩实测波形

————（虚线）空气中的自由桩；—（实线）桩入土四个月

这种观点与传统声学理论有差异。如果用传统的声学理论，该如何解释图3的现象呢？

笔者认为图3中的现象与传统的声学理论并不冲突。未入土的自由桩，四周为空气。而空气的波阻抗远小于混凝土的波阻抗（见表1），应力波在桩/空气界面几乎产生全反射。即应力波被约束于桩身中，很难扩散和透射到空气中，因而在桩身内来回反射。

当桩打入土中后，桩周围的介质变成了土层，桩的边界条件发生很大的变化。土层的波阻抗与混凝土大体处于同一数量级，两者的波阻抗差大大缩小，实际上桩已处在一个三维介质环境中，应力波随即扩散和透射到土中，产生了较大的衰减。

与桩土体系相关的介质的波阻抗值 表1

介质	纵波速度 V_p (m/s)	密度 ρ (g/cm^3)	波阻抗 $Z/10^3$ ($g/cm^2 \cdot s$)	介质	纵波速度 V_p (m/s)	密度 ρ (g/cm^3)	波阻抗 $Z/10^3$ ($g/cm^2 \cdot s$)
混凝土	3 500～4 200	2.3～2.5	800～1 050	沉积岩	1 600～6 000	1.2～3.3	190～1 980
黏土	610～1 830	1.8～2.0	110～370	花岗岩	4 500～6 500	2.6～3.3	1 170～2 145
亚黏土	610～1 350	1.8～2.0	110～310	空气	340	1.225×10^{-3}	0.042
湿砂	1 200～2 500	1.6～2.0	190～500				

4 预制桩的问题

回到前面的问题，为什么钻孔灌注桩较易测到桩底反射信号，而预制桩却难以测到桩底反射呢？

经笔者仔细分析，认为与钻孔灌注桩相比，预制桩在下列三个方面存在不利因素。

(1)预制桩通过锤击或静压沉入土中，属于挤土桩，桩身与周围土层结合紧密。同时，由于桩的挤压作用，桩周土更加密实，其密度和波速得以提高，相应其波阻抗也增加，与混凝土的阻抗更为接近。关于这一点，从规范中的数据也可加以证实。如打入桩在密实粉砂层的端阻力经验值为1 900～3 500kPa。而钻孔桩在强风化硬质岩的端阻力经验值才有1 000～1 600kPa。这说明粉砂层受挤压后的物理力学性能得以提高。

因此，对于预制桩，由于桩周土被挤密，使桩/土界面的阻抗差进一步缩小，更多的能量透射到了土中，造成应力波大幅衰减。

(2)预制桩的尺寸较小。前例中，方桩的截面积约为 $0.3m^2$，灌注桩的截面积约为 $0.8m^2$。因桩底的反射面积等于桩身的截面积，而反射波的能量大体于反射面积成正比。这样由于方桩的反射面积较小，其反射波的能量也相应较小。

(3)为了利于沉桩，预制桩的桩尖一般都制成“V”形，这是因为“V”桩尖比平底面的桩尖受到的阻力小。同样，在测桩中，“V”形桩尖利于应力波从桩尖透射进入土中，而产生较小的反射波(对应沉桩时受到较小的阻力)。钻孔桩则为平底或下凹的弧形底，均有利于反射。

此外，测试技术上的一个问题也不容忽视。为了工作方便，在工地现场，一般使用黄油、橡皮泥等黏结剂来安装传感器，而不是采用螺栓进行刚性连接，以至于传感器的高频部分基本被损失掉。同时，黏结剂为黏性物质，对应力波的吸收作用明显。这样，预制桩弱小的桩底反射波传至桩顶面后，进一步被黏结剂所吸收，同时其高频部分受损，致使其强度与噪声水平相当，甚至有可能低于传感器的最小分辨率，以至于在曲线上识别不出桩底反射信号。

5 结束语

(1)在反射波法测桩过程中，应力波产生了很大的衰减。造成应力波衰减的主要原因在于：

①应力波随传播距离的增大，其波前不断地扩散；

②应力波通过桩侧和桩底透射进入土层中。

(2)与钻孔灌注桩相比，预制桩由于其截面积较小，桩尖呈“V”形，以及桩周土受挤密后，波阻抗升高的原因，致使更多应力波透射到了土中，产生的桩底反射波很弱。微弱的反射波传到桩顶面后，进一步被传感器与桩顶混凝土面之间的黏结剂所吸收，最终被噪声淹没，无法识别。

参考文献

[1] 罗骐先.桩基工程检测手册[M].北京：中国交通出版社，2002.

[2] 吴庆曾等.基桩动测技术(初稿)[M].北京：国家建筑工程质量监督检验中心，1996.

[3] 马大猷.现代声学理论基础[M].北京：科学出版社，2005.

[4] 柯李文.PIT应用研究.95'PDA/PIT用户论文集，1995.

[5] 何樵登，熊维纲.应用地球物理教程-地震勘探[M].北京：地质出版社，1991.

[6] 顾晓鲁等.地基与基础[M].北京：中国建筑工业出版社，2004.

[7] 广州市建筑科学研究院.DBJ 15-31—2003 建筑地基基础设计规范.北京：中国建筑工业出版社，2003.

77. 浅谈业主对工程造价的控制

熊　颖
（广州市公路管理局）

摘　要　从业主角度出发，从五个方面下手，提出如何有效控制工程造价。指出设计阶段是关键，招投标是基础，严格把关竣工决算审核，并针对工程中的实际情况提出个人的看法和可实施的解决方案，供工程管理人员参考。

关键词　业主　工程造价　控制

建设工程项目由于成本费用高、工作量大、涉及面广、影响因素多、环境复杂、施工周期长、政策性变化、材料市场价格波动大，所以给合理确定工程造价增加了很大的难度。如何合理控制工程造价，提高投资效益，是摆在业主面前的一个重要问题。业主怎样才能控制好工程造价？

1　优化设计方案，同时加强对设备的采购控制

设计阶段是控制工程造价的关键。实践证明，设计方案的合理性对工程造价起着决定作用，但是在建筑工程管理中，往往只重视施工阶段造价控制和对竣工后决算审核，而忽视对造价影响举足轻重的初步设计阶段的成本控制。根据有关专家研究分析，设计费一般只相当于建设工程全寿命费用的1%以下，但正是这少于1%的费用却影响项目投资的可能性高达75%以上。设计的优化主要是在保证工程功能要求的前提下，挖掘设计人员的最大潜力，在有限的资金条件下做出最优秀的设计。目前设计市场普遍存在设计周期缩短的现象，由于设计周期缩短，外界条件比较粗，往往设计深度达不到相应水平。设计考虑不周全，设计方案不够合理。有的图纸不详，致使难以准确计算工程量，很容易造成工程量多估冒算。加上施工中变更多，现场签证多，也很容易造成工程量产生多估冒算。笔者认为可以从下面几个方面来达到优化设计方案的目的。

(1)对一些大工程不妨采用招标选择设计方案，加强设计监理。为促使设计人员做好方案，应将竞争机制引入设计阶段，通过竞争让那些造价低、功能好、效益好的方案脱颖而出。由于设计工作专业性强，业主可以委托社会监理公司对设计阶段的技术与经济进行监理，以加强对建设工程的前期控制，力求在技术先进条件下达到经济合理。

(2)要认真积极组织各有关专家和专业技术人员做好图纸会审工作，及时纠正设计中的缺陷和失误，提高设计深度和设计质量，使设计更加完善合理，减少和杜绝设计变更。并及时对图纸不合理的地方提出修改建议，优化设计方案以便节约投资。

(3)站在决算的角度看施工图纸，往往存在着一些不能满足编制决算要求的地方。比如详图不全，细部做法不明确，有的甚至矛盾，错误百出，致使难以准确计算工程量和套用定额。造成工程计价或定价时的多估冒算。往往要在预决算员进行工程决算时才能发现这些图纸问题。但是此时，问题已经发生，这必然会影响到工程造价。诸如以上的图纸设计的缺陷，要求工程预决算人员要提早熟悉图纸，及时向设计单位提出图纸中发现的问题，并针对图纸中所发现的问题到施工现场实地了解情况，做好记录，以便今后决算。

2　做好招标工作和合同签订工作

2.1　招投标是控制工程造价的基础

1999年8月30日，全国人大常务委员会第十一次会议通过了《中华人民共和国招标投标法》标志

着我国建筑市场迈进了法制化时代。对国家《中华人民共和国招标投标法》规定的项目，及一些较大型工程项目，要进行公开招标。在评标活动中遵循公平、公正、公开科学择优的原则。在招标过程中，要有透明度，要真正的体现在市场经济条件下进行公平竞争。把真正有技术力量和工程项目建设中有雄厚的技术力量和质量意识比较强的，素质比较好并且有相当的工程建设经验的施工单位通过招标招进来，从而使工程造价得到有效地控制。据有关统计资料显示，建筑工程实行招投标管理，可降低工程造价的5%～10%，比定额工期缩短20%以上。

2.2 重视合同签订

合同有它的严肃性，即合同一经签订就不得单方更改，合同便成为日后双方行为的准则。合同书宜采用国家商务部和建设部推荐的《建设工程合同示范文本》格式订立合同，避免用业主和施工单位协商订立的“自由格式合同”。从造价角度看合同中的每一句话都有可能成为日后双方争论的焦点。合同条款中语言应周密、翔实，不能有模棱两可的解释，任何模棱两可的文字，都可能给业主造成不应有的损失。因此在中标之后的签约阶段，业主在签订合同时要仔细斟酌，认真考虑各项条款，为今后决算打好基础，也可避免日后被乙方钻空子。

3 加强施工过程中的变更和隐蔽工程签证管理

由于建筑工程的复杂性，影响因素的多变性，加上设计深度达不到相应水平，工程建设阶段往往会出现一些意想不到的工程费用项目，如隐蔽工程的签证、机械台班签证等。而隐蔽工程的工程计量往往对造价有很大的影响。有时现场隐蔽工程签证多，施工单位常常有意无意地在工程报价中多报工程量，或以次充好、偷工减料。加上有的监理公司管理不善，管理工作人员缺乏良好的职业道德和专业水平，不能及时在签证审核过程中发现并剔除多算。甚至施工单位说多少就签多少，给施工单位多估冒算提供方便，这就要求甲方现场工地代表和预决算人员做好隐蔽工程量的统计复核工作，及时准确的做好隐蔽工程量的记录，作好施工日志。隐蔽工程量的统计，是工程造价管理中一项最基本的工作，在工程造价控制中有着举足轻重的地位。甲方施工管理人员和预决算人员既要熟悉施工图纸的内容，又要经常深入工程施工第一线，了解和掌握第一手资料，严把隐蔽工程签证关。对于一些难以确定价格的签证，但在工程中又经常遇到(如材料的二次搬运等)，我们的做法是找一家信誉好的工程造价事务所对此进行现场测算，补充相应的定额，并以此为依据对此项签证进行决算。

4 优化施工组织设计方案

合理的施工组织设计是施工单位实现科学管理的重要环节，是施工单位高质量、高效率、低成本、低消耗的重要手段，也是业主控制工程造价的重要措施，因此由施工单位编制施工组织设计必须要业主审定通过才允许实施。不合理的施工组织设计不仅给工程建设造成困难，影响工期，而且也将影响工程造价的合理性。大型土方工程要合理调配，优化施工方案，做到挖填平衡，减少不合理的工程量发生。还有模板的选择等等都将影响地工程造价合理性。

5 加强决算时的造价控制

竣工决算的审核是确定工程造价的依据，须严格把关。加强业主造价人员的业务能力培训和职业道德教育，选用和配备职业道德过硬，业务水平高，责任心强的专业技术人员担任工程预决算工作，严把工程决算审查关，做好工程竣工的决算审核工作。工程决算人员既要熟悉施工图纸的内容(包括图纸说明及有关标准图集)，又要深入工程施工第一线，了解和掌握第一手资料。熟悉掌握隐蔽工程量、设计变更、现场工程施工方法的更改、材料价差、以及施工图预算中的错算、重算等问题。掌握工程建设的全貌，杜绝工程计价多估冒算现象。努力学习和贯彻执行国家以及建设行政管理部门制订的建筑经济法规和有关规定。掌握并熟悉各项定额子项工作内容，取费标准的组成和计算方法。不但要对定额中工程量计算规则、套价上的活口、单位工程类别划分及取费标准要有正确、深入的理解，而且要掌握对建筑施工技术及施工工艺流程。否则只会死套定额,造成工程子项目错算及重复计算。例如:在某工程正值雨季施工,因为下雨,为了保证工程质量,乙方在混凝土施工工程中添加了早强剂,花费材料费二万元。在决算时乙方提出根据实际的发生付款。看起来似乎合情合理,但是这比费用甲方是不应该承担的,因为这笔费用已包含在其它直接费的冬雨季施工增加费中,定额已经综合考虑了,不能再计取费用。熟悉施工单位在投标时施工组织设计及施工方案,了解土方开挖方法、施工机械使用,钢筋加工连接方法,模板类型,混凝土的配比试验,分部分项工程施工中技术交底等。在工程预决算管理中,把各种动态因素渗透到决算过程中。重视三材及贵重材料的市场差的调整。注意主材价格信息的采集工作,面对庞大的建筑市场,仅靠当地造价部门发布的工程造价信息,显然是不够的,对一些特殊材料还要及时做市场调查,取得第一手市场信息。对一些经常用到的行业材料,其价格相对建筑三材较稳定,不妨采用招标的方式,选定3～4家入围的生产厂家,指定施工单位在其中购买,这样不但可以确保材料的质量,而且价格透明,业主不需要花费大量的时间和施工单位在材料价格上周旋。目前建筑工程大多为包工包料,而三材及贵重材料市场价又随着市场行情而波动产生价差,很多业主在决算时往往忽略了时间这一关键因素。大型项目工期长,而施工单位在决算时提供的材料发票却是在施工期间某个时间段发生的最高价发票,据此要求业主给予调差。这就要求业主在签订工程合同时,明确对争议较大的材料市场价差调整方式方法和取费标准给予。根据工程施工进度、施工时期,按不同时期的信息价分段调整。

6 结束语

工程造价管理是工程管理中的重要环节,是市场经济条件下建筑市场发展的需要,业主在实施工程造价管理中,必须对工程全过程进行有效的科学管理。对于当前在控制造价管理方面的一些缺陷与不足,要不断总结经验。努力控制好建设投资成本。维护业主自身利益,为国家和企业节约资金。

参考文献

[1] 工程建设监理规范编委会.工程建设监理规范实施手册[S].北京:光明日报出版社.

[2] 周锦安.工程造价管理的几个关键环节[J].华北水利水电学院学报,2001.

78. 对计算机视觉技术在公路规费征稽过程应用的一些探讨

段小振
（广州市公路规费征稽处车籍管理中心）

摘 要 随着中国经济的飞速发展，中国汽车保有量前所未有的现了猛增的态势，据统计截至2007年9月广州市的汽车保有量已经突破了100万辆。这势必给公路规费征稽工作带来沉重的压力。计算机科学技术的发展为我们解决这一矛盾提供了一个新的平台。本文就着重探讨计算机视觉技术在公路规费征稽中关于收费和新车入户的一些应用。

关键词 计算机视觉技术

1 机器视觉的介绍

机器视觉主要用计算机来模拟人的视觉功能从客观事物的图像中提取信息，进行处理并加以理解，最终用于实际检测、测量和控制。一个典型的工业机器视觉应用系统包括光源、光学系统、图像捕捉系统、图像数字化模块、数字图像处理模块、智能判断决策模块和机械执行模块，如图1所示。

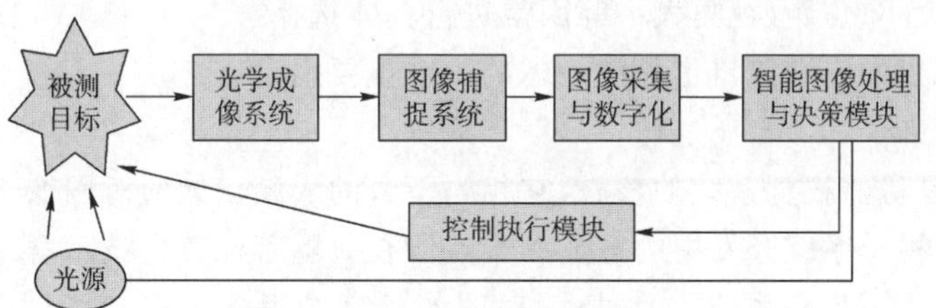

图1 典型工业机器视觉系统结构

首先采用摄像机获得被测目标的图像信号，然后通过A/D转换变成数字信号传送给专用的图像处理系统，根据像素分布、亮度和颜色等信息，进行各种运算来抽取目标的特征，然后再根据预设的判别准则输出判断结果，去控制驱动执行机构进行相应处理。

机器视觉是一项综合技术，其中包括数字图像处理技术、机械工程技术、控制技术、光源照明技术，光学成像技术、传感器技术、模拟与数字视频技术、计算机软硬件技术、人机接口技术等。机器视觉强调实用性，要求能够适应工业现场恶劣的环境，要有合理的性价比、通用的工业接口、较高的容错能力和安全性，并具有较强的通用性和可移植性。它更强调实时性，要求高速度和高精度。

2 机器视觉关键技术的发展现状

在机器视觉系统中，关键技术有光源照明技术、光学镜头、摄像机、图像采集卡、图像处理卡和快速准确的执行机构等几个方面。

(1)光源

在机器视觉应用系统中，好的光源与照明方案往往是整个系统成败的关键，起着非常重要的作用，它并不是简单的照亮物体而已。光源与照明方案的配合应尽可能地突出物体特征量，在物体需要检测的部分与那些不重要部份之间应尽可能地产生明显的区别，增加对比度；同时还应保证足够的整体亮度，物体位置的变化不应该影响成像的质量。在机器视觉应用系统中一般使用透射光和反射光。对于反射光情况应充分考虑光源和光学镜头的相对位置、物体表面的纹理、物体的几何形状、背景等要素。光源的选择必须符合所需的几何形状、照明亮度、均匀度、发光的光谱特性等,同时还要考虑光源的发光效率和使用寿命。表1列出了几种主要光源的相关特性。

各种光源对比　　表1

光　源	颜　色	寿命(h)	发光亮度	特　点
卤素灯	白色,偏黄	5 000～7 000	很亮	发热多,较便宜
荧光灯	白色,偏绿	5 000～7 000	亮	较便宜
LED灯	红,黄,绿,白,蓝	60 000～100 000	较亮	发热少,固体,能做成很多形状
氙灯	白色,偏蓝	3 000～7 000	亮	发热多,持续光
电致发光管	由发光频率决定	5 000～7 000	较亮	发热少,较便宜

在光源方面值得注意的是,LED光源因其显色性好,光谱范围宽,能覆盖可见光的整个范围,且发光强度高,稳定时间长,随着其制造工艺和技术的成熟,价格的降低,它必将得到越来越广泛的应用,成为图像领域新的亮点。还有高频荧光灯因其发光强度高、性价比好,在某些应用场合也是很好的选择。

(2)光学镜头

光学镜头相当于人眼的晶状体,在机器视觉系统中非常重要。一个镜头的成像质量优劣,即其对像差校正的优良与否,可通过像差大小来衡量,常见的像差有球差、彗差、像散、场曲、畸变、色差等六种。对定焦镜头和变焦镜头来讲,同一档次的定焦镜头的像差肯定比变焦镜头的小,因为变焦镜头必须折衷考虑,使各种不同焦距下的成像质量都相对较好,不允许出现某个焦距(在变焦范围内)下很差的情况。所以在机器视觉应用系统中,根据被测目标的状态应优先选用定焦镜头。此外再综合考虑图像的放大倍率、视场大小、光圈大小、焦距、视角大小等因素进行具体选择。

当然,镜头与摄像机的安装接口也是应考虑的一个重要因素。

(3)图像信号处理卡

图像信号的处理是机器视觉系统的核心,它相当于人的大脑。如何对图像进行处理和运算,即算法都体现在这里,是机器视觉系统开发中的重点和难点所在。随着计算机技术、微电子技术和大规模集成电路技术的快速发展,为了提高系统的实时性,对图像处理的很多工作都可以借助硬件完成,如DSP、专用图像信号处理卡等,软件则主要完成算法中非常复杂、不太成熟、尚需不断探索和改变的部分。

在图像信号处理的时间上必须要注意的是:为了满足系统对物料图像连续无遗漏处理的实时性要求,必须使一帧图像的处理时间小于等于一帧图像的采集时间,即图像处理速度大于等于图像采集的速度。

(4)集成式机器视觉组件

目前,基于PC机的机器视觉系统结构没有模块化,安装不方便,可移植性差,特别是与PLC接口比较麻烦。从软件和硬件开发两个方面来考虑,都需要一种更适合工业需求的集成式机器视觉组件。目前COGNEX公司已经开发出了一种叫做视觉传感器的模块化组件,这种视觉传感器集成了光源、摄像头、图像处理器、标准的控制与通讯接口,自成为一个智能图像采集与处理单元,内部程序存储器可存储图像处理算法,并能使用上位计算机,利用专用组态软件编制各种算法,然后下载到视觉传感器的程序存储器中。视觉传感器将PC的灵活性,PLC的可靠性、分布式网络技术结合在一起。用这样的视觉传感器和PLC可以更容易地构成机器视觉系统。

3　对计算机视觉技术在公路规费征稽应用的探讨

计算机视觉技术好似计算机的"眼睛"通过该系统计算机可以代替人的眼睛对各种图片信息,文字信息进行读取处理和分析。本节将讨它在公路征稽系统的应用,以及它为我们的工作带来的方便和快捷。

(1)计算机视觉技术在车牌识别系统中的应用

自动识别系统的工作流程主要分车辆检测、图像抓拍、牌照自动识别、数据传输等;整个具体流程就是当车辆通过埋在车道上的感应线圈时,车辆检测器向处理单元发出车辆通过信号,处理单元收到车辆通过信号后启动抓拍单元的辅助光源,发出一束宽度为 0.1ms 的脉冲闪光,同时采集牌照摄像头送出的图像信号,通过抓拍单元所得的图像信息,牌照自动识别单元将牌照进行定位、字符边缘提取、字符粗切分、字符细切分、字符特征提取、字符识别、牌照底色识别等处理,完成对车辆牌照的自动识别过程(自动识别过程时间仅需 0.5～1s 时间),数据传输单元把识别出的车辆牌照信息及图像传输给上端机处理后并打印出来(整个过程所需时间仅为 4～5s)。车牌自动识别系统的主要功能有自动识别汽车牌照中的颜色、汉字、字母和数字,通过以太网向上端机传送抓拍的图像。此项技术已经广泛的应用于高速路征费系统中。

(2)计算机视觉技术在养路费征收工作中应用的设想

养路费的收缴是本人所在单位征稽日常业务中工作量最大的一个环节。如果能将计算机视觉技术应用在该环节上,将平时的手工操作改为计算机自主识别车辆行驶证和车主身份证将大大提高员工的工作效率。

养路费的收缴工作主要包括以下步骤:

①输入行驶证上面的车牌号;

②复核数据库中该车资料和行驶证上的资料是否相符,其中由征稽员复核的内容包括:车主姓名、车辆型号、车辆车架号码、车辆发动机号码。如果这些内容准确证明选中车辆为当前缴费车辆可以缴费;

③依照省财政厅和交通部制定的收费标准予以征收养路费。车辆行驶证如图 2 所示。

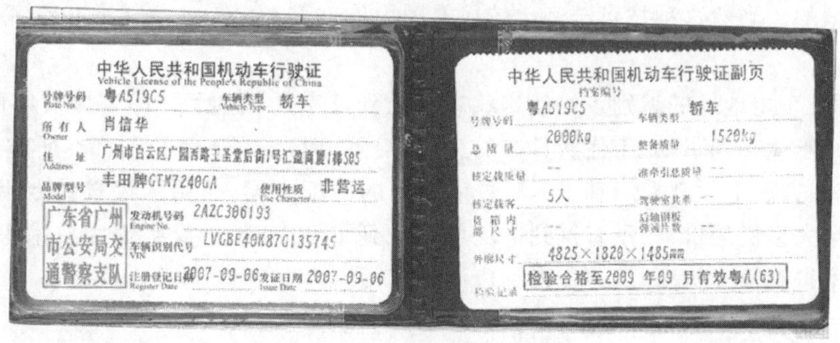

图 2 车辆行驶证

参考上述的车牌识别系统,用计算机视觉系统自主的完成这样一个收费的过程一般可以划分为以下几步完成。

①采用摄像机获得被测目标的图像信号,具体一点就是先获得行驶证的图象信号。

②根据像素分布、亮度和颜色等信息,进行各种运算来抽取目标的特征。完成字符边缘提取、字符粗切分、字符细切分、字符特征提取、字符识别。

③计算机将行驶证上采集来的数据与数据库中关于本车的信息进行复核。如若数据吻合执行收费程序,如若不吻合提出警报。

(3)对这三步在技术上的可行性逐个探讨

①行驶证图像的采集

摄像机和图像采集卡共同完成对物料图像的采集与数字化。高质量的图像信息是系统正确判断和决策的原始依据,是整个系统成功与否的又一关键所在。目前在机器视觉系统中,CCD 摄像机以其体积小巧、性能可靠、清晰度高等优点得到了广泛使用。CCD 摄像机按照其使用的 CCD 器件可以分为线阵式和面阵式两大类。线阵 CCD 摄像机一次只能获得图像的一行信息,被拍摄的物体必须以直线形式从摄像机前移过,才能获得完整的图像,因此非常适合对以一定速度匀速运动的物料流的图像检测;而面阵CCD摄像机则可以一次获得整幅图像的信息。

在机器视觉系统中，图像采集卡是控制摄像机拍照，完成图像采集与数字化，协调整个系统的重要设备。它一般具有以下功能模块：

a)图像信号的接收与A/D转换模块，负责图像信号的放大与数字化；

b)摄像机控制输入输出接口，主要负责协调摄像机进行同步或实现异步重置拍照、定时拍照等；

c)总线接口，负责通过计算机内部总线高速输出数字数据；

d)通讯接口，负责通讯。

目前，图像采集卡种类很多，按照不同的分类方法，有黑白图像和彩色图像采集卡，有模拟信号和数字信号采集卡，有复合信号和RGB分量信号输入采集卡。在选择图像采集卡时，主要应考虑到系统的功能需求、图像的采集精度和与摄像机输出信号的匹配等因素。总的来说图象的采集是比较容易实现的。

②对图像中的字符汉字的识别

图像信号的处理是机器视觉系统的核心，它相当于人的大脑。如何对图像进行处理和运算，即算法都体现在这里，是机器视觉系统开发中的重点和难点所在。随着计算机技术、微电子技术和大规模集成电路技术的快速发展，为了提高系统的实时性，对图像处理的很多工作都可以借助硬件完成，如DSP、专用图像信号处理卡等，软件则主要完成算法中非常复杂、不太成熟、尚需不断探索和改变的部分。

在图像信号处理的时间上必须要注意的是：为了满足系统对物料图像连续无遗漏处理的实时性要求，必须使一帧图像的处理时间小于等于一帧图像的采集时间，即图像处理速度大于等于图像采集的速度。

而对于行驶证这种特定的识别对象我们必须处理两类不同的字符。

a)对英文字母和阿拉伯数字的识别主要针对行驶证上面的车牌号、车辆型号、车辆发动机号、长度、重量等等这些数据的。当然这种技术已经比较成熟国内外许多知名企业都相继开发了很多算法。我们完全可以拿来用。

b)对车主名称，车主地址的识别。当然这些就牵扯到汉字的识别了。印刷体汉字的识别最早可以追溯到20世纪60年代。到了80年代的日本的三洋、松下、理光、富士等公司都在研究自己的汉字识别系统，但这些系统在方法上大都采用基于KL数字变换的匹配方案，使用了大量的专用硬件，其设备有的相当小型机甚至大型机的价格，没有得到广泛应用。到了2000年后汉字识别技术得到迅速的发展，识别速度和准确率得到很大提高，从而才得到广泛的应用。

由此可见这一步在技术上是完全可行的。

接着就是对识别的车辆的各种信息加以整理然后同数据库中该车的资料进行复核。有了前两步的基础做铺垫这一步已经成为水到渠成的事情无须做太多的说明。